Deutung
und Krisenbegleitung

Europäische Hochschulschriften
Publications Universitaires Européennes
European University Studies

Reihe VI
Psychologie

Série VI   Series VI
Psychologie
Psychology

Bd./Vol. 680

PETER LANG
Frankfurt am Main · Berlin · Bern · Bruxelles · New York · Oxford · Wien

Wolfhard Schweiker

Deutung und Krisenbegleitung

Eine empirische Interview- und Fragebogenstudie über Eltern von Kindern mit Down-Syndrom: Perspektiven der lebensanschaulichen und religiösen Bewältigung

PETER LANG
Europäischer Verlag der Wissenschaften

Die Deutsche Bibliothek - CIP-Einheitsaufnahme

Schweiker, Wolfhard:

Deutung und Krisenbegleitung : eine empirische Interview-
und Fragebogenstudie über Eltern von Kindern mit Down-
Syndrom; Perspektiven der lebensanschaulichen und
religiösen Bewältigung / Wolfhard Schweiker. - Frankfurt am
Main ; Berlin ; Bern ; Bruxelles ; New York ; Oxford ; Wien :
Lang, 2001
 (Europäische Hochschulschriften : Reihe 6, Psychologie ;
 Bd. 680)
Zugl.: Tübingen, Univ., Diss., 2000
ISBN 3-631-37310-4

Gedruckt auf alterungsbeständigem,
säurefreiem Papier.

D 21
ISSN 0531-7347
ISBN 3-631-37310-4
© Peter Lang GmbH
Europäischer Verlag der Wissenschaften
Frankfurt am Main 2001
Alle Rechte vorbehalten.

Das Werk einschließlich aller seiner Teile ist urheberrechtlich
geschützt. Jede Verwertung außerhalb der engen Grenzen des
Urheberrechtsgesetzes ist ohne Zustimmung des Verlages
unzulässig und strafbar. Das gilt insbesondere für
Vervielfältigungen, Übersetzungen, Mikroverfilmungen und die
Einspeicherung und Verarbeitung in elektronischen Systemen.

Printed in Germany 1 2 4 5 6 7

www.peterlang.de

**Eltern von Kindern mit Down-Syndrom
gewidmet**

Nicht die Dinge,
sondern die Meinung von den Dingen
beunruhigen die Menschen.
So ist ein Kind mit Down-Syndrom nichts Schreckliches,
sondern die Meinung von dem Kind mit Down-Syndrom,
dass es etwas Schreckliches sei,
das ist das Schreckliche.

Nach Epiktet

„Ich denke, dass der Begriff Frühförderung auch auf die Eltern zutrifft.
Denn auch sie müssen gefördert werden.
Sie müssen früh gefördert werden (...)
Ich denke, dass Frühförderung eine Familiensache ist.
Die trifft nicht nur auf das Kind zu.
Die Eltern müssen wieder auf die Beine kommen."

Vater eines Kindes mit Down-Syndrom

Vorwort

Thema und Konzeption dieser Dissertation sind 1993/ 94 während meiner 1 1/2- jährigen studentischen Mitarbeit im Forschungsprojekt "Mitteilung der Diagnose Down-Syndrom an die Eltern" am Fachbereich Sonderpädagogik der Pädagogischen Hochschule Ludwigsburg mit Sitz in Reutlingen allmählich gereift. Für wichtige Impulse, viele Anregungen und seine langjährige gute Begleitung bin ich dem Projektleiter Prof. Dr. Werner Dittmann sehr dankbar.

Im Forschungsprojekt hatte ich bei der Erstellung einer Handreichung als Erstinformation für Eltern von Kindern mit Down-Syndrom (Dittmann/ Schweiker 1994) die Gelegenheit, das Versorgungssystem der Frühen Hilfen im Landkreis Reutlingen detailliert kennenzulernen, mit betroffenen Angehörigen in Kontakt zu kommen und mich in ihre Situation hineinzudenken. Mein besonderes Interesse galt der Frage, wie sie als Betroffene auf dem Hintergrund ihrer Lebensanschauung und Religion damit umgehen, ein *behindertes* Kind bekommen zu haben. Dieser Fragestellung bin ich in meiner Diplomarbeit (Schweiker 1995) und im Teil A dieser Studie weiter nachgegangen.

Dass ich im Rahmen des genannten Forschungsprojektes über die theoretische Beschäftigung hinaus auch eine empirische Untersuchung durchführen konnte, verdanke ich vor allem den vielen betroffenen Eltern, die bei diesem Vorhaben sehr engagiert mitgearbeitet haben. Ihr großes Engagement war angesichts der sehr persönlichen Fragestellungen und ihrer Belastungssituation nicht selbstverständlich. Sie, ihre Erfahrung, ihre Kompetenz und ihr Bemühen um Deutung stehen im Zentrum dieser Studie. Ihnen möchte ich herzlich danken, sowohl für ihre Bereitschaft zur Mitarbeit als auch für die freundlichen und offenen Gespräche bei ihnen zuhause. Ohne sie wäre dieses Unternehmen unmöglich gewesen! Mit ihren Beiträge konnte die Notwendigkeit einer verstehenden Krisenbegleitung, einer Emanzipation dieser psychosozialen Unterstützung der Eltern gegenüber der Förderung des Kindes und einer diesbezüglichen Verbesserung der Aus- und Fortbildung erst in vollem Ausmaß sichtbar gemacht werden.

Mein besonderer Dank gilt Prof. Dr. Dr. h.c. Karl Ernst Nipkow an der theologischen und erziehungswissenschaftlichen Fakultät der Universität Tübingen. Er hat mich vor und nach seiner Emeritierung ermutigend und inspirierend begleitet. Ihm verdanke ich die entscheidenden Hinweise zur empirischen Theologie. Gefreut habe ich mich über die freundliche Unterstützung von Prof. Dr. Johannes A. van der Ven an der Katholischen Universität Nijmegen in den Niederlande. Er hat mir wichtige Meßskalen für die Fragebogenerhebung zur Verfügung gestellt.
Prof. Dr. Günter L. Huber bin ich vor allem für die Beratung bei der empirischen Analyse und die von ihm begleitete Nutzung seines computerunterstützten Textanalyseprogramms AQUAD sehr dankbar.
Der Gustav-Werner-Stiftung zum Bruderhaus in Reutlingen danke ich für logistische Unterstützung und für die Möglichkeit, in den diakonischen Arbeitsfeldern Altenhilfe, Behindertenhilfe, Sozialpsychiatrie und Jugendhilfe als Pfarrer z.A. wertvolle Erfahrungen in der Seelsorge sammeln zu können, die zur Vertiefung dieser Studie bei-

getragen haben. Den vielen Gesprächspartner/innen und Freunden/innen aus unterschiedlichen sozialen Berufs- und Praxisfeldern gilt mein herzlicher Dank für ihre wertvollen Rückmeldungen und Anregungen sowie Ulrike Schönberger und Dorothea Schweiker für ihre Korrekturarbeiten.

Schließlich bin ich allen, die mich auf meinem bisherigen Lebensweg begleitet haben, zuallererst meinen Eltern und meiner Frau, in tiefer Dankbarkeit verbunden. Ohne die verständnisvolle Unterstützung, den materiellen Verzicht und die tatkräftige Entlastung meiner lieben Frau Dorothea, sowie die Freude an unseren Kindern Jonas, Tabea und Julia, wäre diese Arbeit nicht zu schaffen gewesen.

Und endlich auch Dank dem, der alles in allem ermöglicht: Soli Deo Gloria! Möge seine Hilfe und unsere verstehende Begleitung denen zugute kommen, die sie brauchen und wünschen!

Mössingen-Talheim, im Januar 2000　　　　　　　　　　　　　Wolfhard Schweiker

INHALTSVERZEICHNIS

Vorwort 9

Inhaltsverzeichnis 11
Abbildungsverzeichnis 15

0. Einführung
0.1 Thema 17
0.2 Motivation 19
0.3 Intention 20
0.4 Konzeption 24

A. THEORETISCHER TEIL

1 Kritisches Ereignis "Diagnose Down-Syndrom" 27

1.1 Down-Syndrom 29
1.1.1 Terminologie 30
1.1.2 Entstehungsweise und Entstehungsursache 32
1.1.3 Auftretungs- und Verbreitungshäufigkeit 35
1.1.4 Down-Syndrom als "Gesamt-Gestalt" 37
1.1.4.1 Erscheinungsbild 37
1.1.4.2 Struktur- und Funktionsbedingungen 38
1.1.4.3 Intelligenz 38
1.1.4.4 Zukunftsperspektiven 39

1.2 Diagnose Down-Syndrom 41
1.2.1 Diagnose Down-Syndrom im Kontext der Eltern 41
1.2.1.1 Lebenssituation der Eltern (Kontextmerkmale) 42
1.2.1.2 Erwartungshorizont der Eltern (Antezedenzmerkmale) 44
1.2.1.3 Einstellungshorizont der Eltern (Personenmerkmale) 45
1.2.2 Im Kontext der Zeit 49
1.2.2.1 Pränatale Diagnose 49
1.2.2.2 Perinatale Diagnose 54
1.2.2.3 Postnatale Diagnose 57
1.2.3 Im Kontext der Vermittlung 58
1.2.3.1 Bedeutung der Diagnoseeröffnung 59
1.2.3.2 Praxis der Diagnoseeröffnung 60
1.2.3.3 Inhalte der Diagnoseeröffnung 63

1.3 Zu einer Taxonomie des kritischen Ereignisses "Diagnose Down-Syndrom" 65
1.3.1 Kritische Ereignisparameter im Überblick 66
1.3.2 Kritische Ereignisparameter in systematischer Ordnung 69

2	Coping und Deutung		73
2.1	Coping		73
2.1.1	Zur Copingforschung		73
2.1.2	Zum kognitiven-transaktionalen Copingmodell		75
2.1.3	Zum ABC-X-Modell		79
2.1.3.1		Herkunft des ABC-X-Modells (Hill)	79
2.1.3.2		Doppeltes ABC-X-Modell (McCubbin et al.)	82
2.1.3.3		Doppeltes ABC-X-Modell und Sonderpädagogik	83
2.2	Deutung		89
2.2.1	Deutung und doppeltes ABC-X-Modell		89
2.2.2	Bedeutung der Deutung		90
2.2.3	Deutung und theoretische Konzeptionen		93
2.2.3.1		Zur kognitiven Einschätzung (Lazarus)	93
2.2.3.2		Zu den Attributionstheorien (Heider, Kelley et al.)	97
2.2.3.3		Zum Deutungsprozess bei Eltern von Kindern mit einer Behinderung	103
3	Religiöse und lebensanschauliche Deutung		107
3.1	Begriffs- und Verhältnisbestimmung		107
3.1.1	Weltanschauung und Lebensanschauung		107
3.1.2	Religiöse Anschauung		113
3.1.3	Verhältnis der lebensanschaulich-religiösen und -profanen Deutung		118
3.2	Religionspsychologie und Deutung		121
3.2.1	Religion und Coping		122
3.2.2	Religion und Deutung		125
3.2.3	Religiöse Deutung und Gottesbild		127
3.3	Theologie und lebensanschaulich-religiöse Deutung		131
3.3.1	Theologische Deutung: Theodizee und Sinnfrage		131
3.3.2	Empirisch-theologische Deutung und Theodizee (van der Ven)		135
3.3.3	Empirisch-theologische Theodizeeforschung und ABC-X-Modell		143

B. EMPIRISCHER TEIL

1	Empirisches Forschungsdesign	147
1.1	Theoretisch-konzeptuelles Modell	148
1.2	Theoriegeleitete Hypothesen	150
1.2.1	Hypothesen zum theoretisch-konzeptuellen Modell	150
1.2.2	Erhärtete Hypothesen von van der Ven (1990)	151
1.2.3	Hypothesen zur Reorganisation der Deutungsstrukturen	151
1.2.4	Hypothesen zu den W-Fragen	151
1.2.5	Hypothese zur Einschätzung kritischer Ereignisparameter	152
1.2.6	Hypothesen zur Korrelation von Weltanschauung und Einschätzung des kritischen Ereignisses	152
1.3	Variablen und Forschungsinstrumente	152
1.3.1	Die unabhängigen Variablen	153
1.3.2	Die intervenierenden Variablen	154
1.3.3	Die abhängigen Variablen	159
1.3.3.1	C-Variablen in bezug auf Faktor A	159
1.3.3.2	C-Variablen in bezug auf Faktor B obj.	161
1.3.3.3	C-Variablen in bezug auf Faktor B 1 sbj.	162

2		Quantitative Untersuchung: Fragenbogenerhebung	163
2.1		Planung	163
2.1.1		Stichprobengewinnung	163
2.1.2		Konstruktion des Fragebogens	164
2.2		Durchführung	165
2.2.1		Fragebogenverschickung	165
2.2.2		Auswertungsmethode	166
2.3		Auswertung und Diskussion	167
2.3.1		Stichprobenbeschreibung und Hintergrundvariablen	167
2.3.2		Intervenierende Variablen	176
2.3.3		Abhängige Variablen	183
2.3.3.1		Deutung des kritischen Ereignisses (Faktor A)	183
2.3.3.2		Deutung der sozialen Ressourcen (Faktor B obj.)	193
2.3.3.3		Deutung der Lebensanschauung (Faktor B 1 sbj.)	203
2.3.4		Analytische Statistik	207
2.3.4.1		Faktoren- und Reliabilitätsanalysen	207
2.3.4.2		Korrelationen zwischen intervenierenden und unabhängigen Variablen	211
2.3.4.3		Pfadanalyse	213
2.3.4.4		Analytisch-statistische Überprüfung von Hypothesen	218
3		Qualitative Untersuchung:Offene W-Fragen des Fragebogens und halbstrukturierte Interviews	221
3.1		Auswertung der offenen W-Fragen des Fragebogens	221
3.1.1		Deutung der Wodurch-Frage	222
3.1.2		Deutung der Warum-Frage	225
3.1.3		Deutung der Wozu-Frage	238
3.1.4		Diskussion der Ergebnisse	246
3.1.4.1		Deutungssymbole und Fragestellung im Vergleich	246
3.1.4.2		Systematisierung der Deutungssymbole	247
3.1.4.3		Deutungssymbole und Theodizeesymbole im Vergleich	259
3.1.4.4		Chancen und Gefahren der Deutungssymbole	251
3.2		Auswertung der halboffenen Interviews	256
3.2.1		Untersuchungskonzept	256
3.2.2		Grundanschauung und Deutung	257
3.2.2.1		Theismus	257
3.2.2.2		Deismus	260
3.2.2.3		Naturalismus	261
3.2.2.4		Nihilismus	265
3.2.2.5		Ergebnisse und Diskussion	266
3.2.3		Deutungsprozesse vor der Diagnoseeröffnung	271
3.2.4		Diagnoseeröffnung und ganzheitliche Bewältigung	274
3.2.4.1		Emotionale Reaktionen	274
3.2.4.2		Handlungsorientierte Reaktionen	276
3.2.4.3		Kognitive Reaktionen	278
3.2.5		Krisenbegleitung und –beratung	279
3.2.5.1		Erfahrungen	279
3.2.5.2		Bedürfnisse und Erwartungen	285
3.2.5.3		Erwartungen und Visionen	289

C. PRAKTISCHER TEIL

1	Verstehende Krisenbegleitung	297
1.1	Notwendig und ergänzend	299
1.1.1	Klientenzentrierte Gesprächsführung (Rogers)	303
1.1.2	Logotherapeutische Unterstützung (Frankl)	305
1.1.3	Philosophische Beratung (Ruschmann)	306
1.2	Systemisch und transdisziplinär	307
1.2.1	Ökologische Begleitung durch Nahestehende (B 2)	310
1.2.2	Erfahrungskompetente Begleitung durch Gleichbetroffene (B 2/ B 3)	311
1.2.3	Inter- und transdisziplinäre Begleitung durch Fachleute (B 3)	313
1.3	Qualitätsmerkmale einer verstehenden Krisenbegleitung	315
1.3.1	Verstehend und begleitend	316
1.3.2	System- und lösungsorientiert	319
1.3.3	Aufsuchend und rechtzeitig	321
2	Konzeptionelle Bausteine einer verstehenden Krisenbegleitung	323
2.1	Orientierung am kritischen Ereignis (A)	323
2.1.1	Ereignismerkmale	323
2.1.2	Erwartungskollision	325
2.1.3	Einstellungskollision	325
2.2	Orientierung an der individuellen Lebensanschauung (B 1 sbj)	326
2.2.1	Bedeutung der Lebensanschauung	327
2.2.2	Grundanschauungen	328
2.2.3	Wandel und Konstanz	330
2.3	Orientierung an existenziellen Fragen und Deutungen (C)	330
2.3.1	Existenzielles Fragen	331
2.3.2	Existenzielles Deuten des Ereignisses	332
2.3.3	Existenzielles Deuten der Ressourcen	334
3	Folgerungen für die Praxis, Forschung und Bildung	337
3.1	Folgerungen für die frühen Hilfen	337
3.2	Folgerungen für die Copingforschung	338
3.3	Folgerungen für die Aus- und Fortbildung	341

Literaturverzeichnis 345

Anhang A: Fragebogen 367
Anhang B: Anworten auf die offenen W-Fragen 381
            Antworten auf die Schuld-Frage 381
            Antworten auf die Warum-Frage 388
            Antworten auf Wozu-Frage 406
Anhang C: Die Spezialmutter 419

ABBILDUNGSVERZEICHNIS

A. Theoretischer Teil

1. Abbildung: Kategoriale Ordnung der Parameter des kritischen Ereignisses „Diagnose Down-Syndrom" — 66
2. Abbildung: Pyramide kritischer Ereignisparameter der postpartualen Diagnose Down-Syndrom — 70
3. Abbildung: Stuktur des ABC-X-Modells nach Hill — 81
4. Abbildung: Das doppelte ABC-X-Modell nach McCubbin/ Patterson (1983) — 83
5. Abbildung: Die gegliederten Dispositionsbereiche des Faktors B — 85
6. Abbildung: Die transaktionalen Bezüge der Subfaktoren B 1-3 — 85
7. Abbildung: Das doppelte ABC-X-Modell systemisch interpretiert — 88
8. Abbildung: Drei Formen der primären Einschätzung (C→A 1-3) — 95
9. Abbildung: Faktor C bzw. c in Anlehnung an Larzarus — 97
10. Abbildung: Strukturierung der Welt- und Lebensanschauung — 110
11. Abbildung: Theodizeesymbole nach van der Ven — 138
12. Abbildung: Das theologisch-konzeptuelle Modell Theodizee — 140
13. Abbildung: Theodizee und Kosmodizee: Mittlere Skalenpunktwerte (MSW), Standardabweichungen (SA) — 141

B. Empirischer Teil

1. Abbildung: Wissenschaftlicher Status der Studie in der Matrix der Forschungsformen — 148
2. Abbildung: Theoretisch-konzeptuelles Modell — 149
3. Abbildung: Stufen einer wissenschaftlich-empirischen Studie — 163
4. Abbildung: Altersverteilung der Eltern in Jahren (F 20) — 168
5. Abbildung: Religions- und Konfessionszugehörigkeit (F 26) — 168
6. Abbildung: Religionsverbundenheit der Religionsmitglieder (F 27) — 169
7. Abbildung: Schulabschluss der Eltern (F 29) — 170
8. Abbildung: Berufsabschluss der Eltern (F 29) — 170
9. Abbildung: Berufsstand der Eltern (F 28) — 171
10. Abbildung: Kinderzahl der Eltern (F 21) — 172
11. Abbildung: Stellung des Kindes mit Down-Syndrom in der Geschwisterreihe (F21) — 173
12. Abbildung: Altersverteilung der Kinder mit Down-Syndrom (F 22) — 173
13. Abbildung: Zeitraum der Diagnoseeröffnung — 174
14. Abbildung: Deskriptionswerte des Zeitpunktes der Diagnoseeröffnung in Tagen — 175
15. Abbildung: Kulturelle Anschauungswerte (F 1) — 176
16. Abbildung: Grundanschauungen (F 2) — 178
17. Abbildung: Sieben Theodizeesymbole (F 3) — 179
18. Abbildung: Vier Theodizeesymbole (F 3) — 180
19. Abbildung: Deskriptionswerte der vier Theodizeesymbole im Vergleich (F 3) — 181
20. Abbildung: Extrinsische und intrinsische Religiosität (F 4.2) — 181
21. Abbildung: Stellung von W-Fragen (F 5-7) — 183

22. Abbildung: Geschlechtsspezifik der W-Fragenstellung (F 5-7) 185
23. Abbildung: Frühester Zeitpunkt der W-Fragen (F 9) 186
24. Abbildung: Antworten auf W-Fragen (F 8) 187
25. Abbildung: Geschlechtspezifik der Antworten auf W-Fragen (F 8) 188
26. Abbildung: Einschätzung des kritischen Ereignisses: Kraft (F 15) 189
27. Abbildung: Einschätzung des kritischen Ereignisses: Bewertung (F 16) 190
28. Abbildung: Einschätzung kritischer Ereignisparameter (F 18) 191
29. Abbildung: Verstehende Unterstützung durch Personen und Institut. (F 11) 194
30. Abbildung: Wunsch nach mehr verstehender Unterstützung (F 12) 195
31. Abbildung: Agenten der verstehenden Unterstützung nach Rang und Zahl (F 12) 198
32. Abbildung: Agenten der verstehenden Unterstützung in Prozent ungewichtet und gewichtet (F 12) 200
33. Abbildung: Relevanz der Lebensanschauung (F 4.1) 203
34. Abbildung: Zweifel an der Lebensanschauung (F 10) 204
35. Abbildung: Nutzen der Lebensanschauung (F13) 205
36. Abbildung: Veränderung der Lebensanschauung (F 14) 206
37. Abbildung: Faktorenanalyse: Kulturelle Werte 208
38. Abbildung: Faktorenanalyse: Grundanschauungen 208
39. Abbildung: Theodizeesymbole: Faktorenanalyse Niveau 1 209
40. Abbildung: Theodizeesymbole: Faktorenanalyse Niveau 2 209
41. Abbildung: Theodizeesymbole: Faktorenanalyse Niveau 3 210
42. Abbildung: Theodizeesymbole: Faktorenanalyse Niveau 4 210
43. Abbildung: Faktorenanalyse: Extrinsität, Intrinsität, Relevanz, Ausbildung 211
44. Abbildung: Faktorenanalyse der Osgood-Skalen 211
45. Abbildung: Korrelationen zwischen intervenierenden und unabhängigen Variablen 212
46. Abbildung: Korrelation zwischen Grundanschauungen und Theodizeesymbolen 213
47. Abbildung: Pfaddiagramm (ohne kritische Ereignismerkmale) 214
48. Abbildung: Pfaddiagramm der kritischen Ereignismerkmale 217
49. Abbildung: Berechnungen zu Hypothese 4 219
50. Abbildung: Vergleich von Grundanschauungen und Einschätzung des kritischen Ereignisses 220
51. Abbildung: Häufigkeit von Deutungen auf die offene Wodurch-Frage 224
52. Abbildung: Häufigkeit von Deutungen auf die offene Warum-Frage 237
53. Abbildung: Häufigkeit von Deutungen auf die offene Wozu-Frage 245
54. Abbildung: Kontinuität der Deutungsmodelle bei den W-Fragen 247
55. Abbildung: Inhaltliche Korrelationen der Deutungssymbole von Eltern 248
56. Abbildung: Systematik der Deutungssymbole von Eltern 249
57. Abbildung: Theodizeesymbole (van der Ven) und Deutungssymbole (Eltern) 250
58. Abbildung: Grundanschauung und Häufigkeit von Deutungen in den Interviews 267
59. Abbildung: Deutung im Kontext ganzheitlicher Bewältigung 274

0   Einführung

0.1   Thema

"Eingebranntes Erlebnis. Sein glühender, unvergleichlich einsamer Schmerz, unvergessen, gegenwärtig noch nach Jahren. Fünf Jahre. Eintausendachthundertsechsundzwanzig Tage, von denen ich nur die ersten acht zählte. Die ersten acht Tage währten länger als die folgenden eintausendachthundertzwölf und alle, die jemals folgen werden. Acht Tage, im tränenlosen Schmerz, der sich an den verzweifelten Warum-Fragen vergebens blutig rieb. Acht Tage für den Hader mit Gott und die hoffnungslose Trauer". [1]

Ein *"eingebranntes Erlebnis"* ist jenseits der Alltagserfahrung. Wie ein Blitz schlägt es ein, trifft Menschen senkrecht von oben, unerwartet und unvorbereitet, unterbricht die Routine des Lebens und gräbt sich in Fleisch und Seele, verletzt und zerstört.

Als "eingebranntes Erlebnis" beschreibt eine Mutter die Geburt ihres Kindes, eines Kindes das nicht so ist wie andere Kinder, auch nicht so wie sie sich ihr Wunschkind vorgestellt hatte, weil es das "Down-Syndrom" hat. Die Wahrscheinlichkeit, so "getroffen" zu werden, ist gering. Doch plötzlich ist alles anders. Die Tatsache "Diagnose Down-Syndrom" bricht unabänderlich in das Leben ein, zerstört Einstellungen und Erwartungen, "ent-täuscht" falsche Selbstverständlichkeiten, macht "be-troffen". Mehr noch: sie stellt das Bisherige in Frage und zielt aufs Ganze: Die Wertigkeit, die Anschauung, die Ausrichtung des Lebens.
Gewohnheiten wird der Boden entzogen. Das Außerordentliche kann in die tagtägliche Lebensordnung von "Herz, Hand und Verstand" nicht mehr eingefügt werden. Es bringt Verlust, Bedrohung und Chaos mit sich. So Getroffene hadern mit Gott und der Welt, reiben sich *"an den verzweifelten Warum-Fragen blutig"*. Sie werden in die Krise gerissen, im wörtlichen Sinn, in die Scheidung zwischen Katastrophe und Reorganisation, zwischen Resignation und Lernchance. Das bislang Gültige gerät ins Wanken.

Im Schockzustand dieser kritischen Zeit werden vom Ereignis betroffene Eltern vor schwierige Aufgaben gestellt. Sie werden gezwungen, sich auf die innere und äußere Suche zu machen. Nach außen ist die Suchbewegung auf das konkrete Zusammenleben mit dem Kind und seiner Behinderung gerichtet. Nach innen ist es eine Expedition ins Ich, um herauszufinden, was diese Behinderung für das eigene Leben bedeutet[2]. Auf dem Weg nach innen geht es darum, dem Ereignis, Mutter oder Vater eines Kindes mit Down-Syndrom (geworden) zu sein, in der inneren Welt deutend eine Heimat zu schaffen (Assimilation) bzw. die eigenen Lebensanschauung und -philosophie so zu reorganisieren, dass die Behinderung in ihr Lebensraum gewinnt (Akkomodation)[3].

---

[1] Angelika-Martina Lebéus in Zeile 1991, 19.
[2] Zur Unterscheidung von innerer und äußerer Suche, die aber von der Autorin nicht konsequent durchgehalten wurde vgl. Miller 1997, 57 und 69.
[3] Zur Assimilation und Akkomodation siehe Piaget 1976, 13f.

Auf dem steinigen Weg des inneren Suchprozesses nach Definition und Reorganisation erhalten Eltern von behinderten Kindern i. d. R. keine Unterstützung. Sie bleiben in *ihrem "unvergleichlich einsamen Schmerz"* sich selbst überlassen und geraten so in die Gefahr der sozialen Isolation. *"Verbittert kapselte ich mich zeitweilig ab, igelte mich ein ..."*[4].
Gerade in der "chaotischen Zeit" nach Bekanntwerden der Diagnose ihres Kindes, in der die Eltern schockiert und gelähmt die Grenze ihrer Bewältigungsmöglichkeiten überschreiten und sich selbst nicht helfen können, müssen sie sich meist selbst, ohne Hilfe von außen, aus der Krise befreien.
So wird im sonderpädagogischen Niemandsland zwischen Diagnosemitteilung und Frühförderung, wo vieles bitter nötig wäre, am meisten versäumt, z. B. eine einfühlsame und verstehende Krisenbegleitung im Deutungs- und Reorganisationsprozess.
„Fatalerweise wird dieser Prozess gerade am Beginn der Auseinandersetzung mit der Behinderung kaum unterstützt. Vielmehr erleben sich vor allem die Mütter bei der Geburt und der Diagnosevermittlung alleine gelassen, rat- und hilflos und einem von Ärzten prognostizierten ´Horrorszenario´ ausgesetzt."[5]

Die Reaktion auf die Diagnose Down-Syndrom verläuft nicht immer so wie bei der eingangs zitierten Mutter, auch nicht immer so, wie ich es soeben beschrieben haben. Die Geburt eines Kindes mit Down-Syndrom muss keineswegs zwangsläufig zur Krise führen.
Wie Menschen mit kritischen Lebensereignissen umgehen, welche Faktoren dabei bestimmend sind und wie sie zur Krise und Bewältigung beitragen, ist Gegenstand wissenschaftlichen Interesses. Eine gesamte Forschungsrichtung, die Copingforschung, befasst sich in unterschiedlichen (Teil-) Disziplinen wie Sozialpsychologie, klinische Psychologie, Religionspsychologie, sowie der Praktischen und Empirischen Theologie mit diesen Fragen.

Die vorliegenden Studie bezieht sich auf die *stresstheoretische Tradition der Copingforschung*. Sie geht von der Annahme aus, dass die Entstehung und Bewältigung einer Krise nicht unvermittelt durch das kritische Ereignis bedingt wird, sondern von mindestens drei Faktoren abhängig ist: Erstens von der Beschaffenheit und Intensität des Ereignisses selbst, zweitens von der personalen, interpersonalen und gesellschaftlichen Situation und drittens von der subjektiven Wahrnehmung der betroffenen Person; kurz: Ereignis (A), Situation (B) und subjektive Deutung der Person (C).

Im Zentrum unseres Themas stehen die *Deutung (C)* und die Krisenbegleitung. Die Deutung wird im Prozess von Krise und Bewältigung als Schlüsselfaktor betrachtet. Diese Annahme basiert auf der theoretischen Grundlage einer Weiterentwicklung des ABC-X-Modells von Reuben Hill und der kognitiven-transaktionalen Copingtheorie von Richard S. Lazarus. Beide Bewältigungskonzeptionen gehen davon aus, dass nicht das Ereignis und die Situationsfaktoren in einer linearen Kausalität zu Stress und in die Krise führen, sondern dass die subjektive Deutung der Person, der "defi-

---

[4] Zeile 1991, 77
[5] Pretis 1998, 56.

nition process", mitentscheidend ist. Die Bedeutung des Deutungsprozesses gründet in dem anthropologischen Selbstverständnis, dass der Mensch ein homo poeta (Ernest Becker), ein sinnschaffender Mensch ist und eine außergewöhnliche Fähigkeit besitzt, durch die Kraft der Deutung "Tragödie in Triumph zu verwandeln" (Viktor Frankl)[6].

Deutungen werden subjektiv und individuell im hermeneutischen Interpretationsrahmens des persönlichen Vorverständnisses und der biographischen Vorerfahrungen vorgenommen. Dass subjektive Deutung und individuelle Lebensanschauung in einem wechselseitigen Transaktionsverhältnis stehen, ist die *hermeneutischen Basishypothese* dieser Studie. Auf der Grundlage dieser Annahme wird untersucht, wie unterschiedliche Formen und Aspekte der Lebensanschauung den Deutungsprozess einer Person beeinflussen. Anders ausgedrückt: Welche Bedeutung hat das, was für einen Menschen "die Welt im Innersten zusammenhält" (Goethe)[7], bzw. das, "darauf er alle sein Herz setzet" (Luther)[8], sei es Geld oder Gott, für die Einschätzung, Deutung und Bewältigung eines kritischen Lebensereignisses? Ein zentrales Anliegen der Untersuchung ist es, herauszufinden, welche existenziellen Fragen durch Krisenerfahrungen aufbrechen und wie Betroffene ihr Schicksal deuten.
Im Blick ist aber nicht die Krisenbewältigung im Allgemeinen, sondern die Deutung und Krisenbegleitung von Menschen, die Vater oder Mutter eines Kindes mit Down-Syndrom (geworden) sind im Besonderen. Ihre spezifischen Deutungsversuche und Deutungsvoraussetzungen bilden die empirische Grundlage, die in 96 Fragebögen und 10 Interviews ermittelt wurden. Die Ergebnisse dieser Studie sollen jedoch nicht nur wissenschaftlich diskutiert, sondern auch für eine hilfreiche Begleitung des Deutungs- und Reorganisationsprozesse fruchtbar gemacht werden. Thema ist darum auch die *Begründung einer empirisch und theoretisch fundierten verstehenden Krisenbegleitung* betroffener Eltern und Familien.

0.2 Motivation

Eltern in der lebensanschaulichen Auseinandersetzung mit ihrer behinderungsfeindlichen Umwelt und der Besonderheit ihres Kindes nicht allein zu lassen, ist ein zentrales Motiv dieser Studie. Im Vordergrund steht nicht der Erwerb neuer Wissensbestände, auch nicht die Erlangung des akademischen Grades, sondern ein praktischer Nutzen für Eltern und Familien von Kindern mit Down-Syndrom. Theorie und Empirie dürfen nicht zum Selbstzweck verkommen. Sie sollen dem Menschen dienen: scholae *et* vitae! Der Leitspruch, die Wissenschaft habe nicht nur der Lehre, sondern auch dem Leben zu dienen, steht über einer Tür am Evangelischen Stift in Tübingen, durch die ich in meiner Studienzeit ein- und ausgegangen bin. In seinem Sinn soll diese Studie Familien zugute kommen, die Kinder mit einer Behinderung haben.

---

[6] Frankl 1979, 47.

[7] Johann Wolfgang Goethe: Der Urfaust. In: Wiegler, Paul: Goethes Werke in Auswahl, Bd. 6. Berlin: Aufbau-Verlag, 1949, S.14.

[8] Martin Luther: Der Große Katechismus. In: Die Bekenntnisschriften der evangelisch-lutherischen Kirche. Göttingen: Vandenhoeck & Ruprecht, 1986, S. 561.

Menschen mit einer sogenannten geistigen Behinderung fühle ich mich seit meiner Kindheit verbunden, weil ich mit ihnen häufig zusammen war. Die Schwierigkeiten ihrer Eltern habe ich aber erst allmählich verstehen gelernt, als ich selbst Vater wurde, der Spielkamerad meines Sohnes in seiner Entwicklung zurückblieb und schließlich eine schwere geistige und körperliche Behinderung bei ihm diagnostiziert wurde. Warum hat es ihn getroffen und nicht meinen Sohn? Warum die befreundeten Eltern und nicht uns? Die Rätselhaftigkeit kritischer Ereignisse, ihre Sinnlosigkeit und Sinnfindung ist ein Bestandteil des menschlichen Daseins, mit dem wir uns hier auseinanderzusetzen haben.

Ich gehe davon aus, dass sich niemand kritischen Ereignissen und existenziellen Fragen auf Dauer entziehen kann. Philosophische und religiöse Grundfragen brechen spätestens im Schatten von Grenzerfahrungen auf, allerspätestens an der Grenze des eigenen Lebens. Da ich im pastoralen Übergangsfeld von Leben und Tod tätig bin und als Seelsorger mit Schicksalsfragen konfrontiert werde, war es für mich eine spannende Herausforderung, das Thema „Deutung und Krisenbegleitung" empirisch zu bearbeiten. Die Erfahrungen der befragten Eltern habe ich als Bereicherung und innere Vorbereitung auf das empfunden, was mich, wenn auch auf andere Weise, jederzeit selbst treffen kann.

An diesem entscheidenden religionspädagogischen Punkt der existenziellen Auseinandersetzung mit kritischen Lebensereignissen fließen meine theologischen, psychologischen und erziehungswissenschaftliches Interessen zusammen. In einem interdisziplinären Zugang Menschen zu einem konstruktiven Umgang mit Tränen und Deutungen zu befähigen und damit zu einem Leben in seiner ganzen Erfahrungstiefe, ist das grundlegende Motiv dieser Studie.

0.3 Intention

Die *primäre Intention* dieser Studie ist es, die Relevanz der Deutung im Krisenprozess theoretisch und empirisch zu untersuchen. Damit wird eine lebensanschauliche, religiöse Dimension ins Zentrum gerückt, die in der Copingforschung bis dato ein Schattendasein führt. Diese Untersuchung soll insbesondere in die lebensanschauliche Bedingtheit der Deutung Licht bringen. Auf die konkrete Situation der Eltern von Kindern mit Down-Syndrom bezogen, sollen z. B. Erkenntnisse darüber erzielt werden, welche existenziellen Fragen im Bewältigungsprozess aufbrechen, ob, wie und welche Deutungen vorgenommen werden oder wie die persönliche Lebensanschauung in diesem Prozess eingeschätzt und verändert wird. Damit ist die Hoffnung verknüpft, dass die subjektive Sichtweise und Interpretation, sowie die religiöse und profane Deutung in der Copingforschung eine größere Beachtung finden möge.

Das *sekundäre Anliegen* ist es, zu prüfen, wie, durch wen und ob überhaupt die befragten Mütter und Väter in ihrem lebensanschaulichen Deutungs- und Reorganisationsprozess unterstützt wurden. Die Ergebnisse haben erbracht, dass bei der psychosozialen-lebensanschaulichen Begleitung eine qualitative wie quantitative Angebotslücke klafft und ein enormen Mehrbedarf an diesbezüglicher Unterstützung vorhanden ist. Als während der Auswertung offensichtlich wurde, wie notwendig die psychische Erste Hilfe einer Frühbegleitung ist, die nicht zu spät kommt, die einfühlsam, aufsuchend und anschauungsorientiert agiert, entstand ein weiteres Anliegen.

Die *weitergehende terziäre Intention* dieser Studie entwickelte sich dahingehend, die theoretischen und die empirischen Erkenntnisse dieser Arbeit für eine effiziente Unterstützung des Deutungsprozesses der Krisenbewältigung fruchtbar zu machen und konzeptionelle Bausteine für eine hermeneutische Krisenbegleitung von Eltern behinderter Kindern zu erarbeiten.

Eine ferne Zielbestimmung ist es, die traditionelle Fokussierung der Frühen Hilfen auf die behinderungsorientierte Förderung des Kindes zugunsten einer bewältigungsorientierten „Förderung der Eltern" bzw. des sozialen Umfelds aufzugeben und gegenüber der Frühförderung und Frühberatung ein eigenständiges Tätigkeitsfeld einer Unterstützung zu etablieren, das wir hermeneutische Krisenbegleitung nennen. Eine solche verstehende Begleitung sollte kompetent sein, betroffenen Familien in ihren existenziellen Sinn- und Anschauungsfragen hilfreich zur Seite zu stehen. Eine Ergänzung der Interdisziplinarität durch Vertreter der religiösen und profanen Anschauungssysteme, eine transdisziplinären Kooperation mit erfahrungskompetenten Gleichbetroffenen und eine fundierten Qualifizierung ihrer Mitarbeiter/innen ist folglich anzustreben. Schließlich sollte diese Form der Begleitung ein neues Verständnis gegenüber Betroffenen begründen, das ein asymetrisches Profi-Laien-Verhältnis hinter sich läßt, die Erfahrungskompetenz der Angehörigen wahrnimmt und ihre enorme Lebens- und Bewältigungsleistung wertschätzt.

Um Voraussetzungen für eine verstehende Krisenbegleitung zu schaffen, werden in dieser Studie vier grundlegende Problemfelder bedacht und bearbeitet. Dabei bleiben institutionelle und finanzielle Schwierigkeiten, die einer Krisenbegleitung im Weg stehen, unberücksichtigt.

Das sozio-kulturelle Problem
Eine wesentliche gesellschaftliche Veränderung in der Moderne ist der Verlust eines einheitlichen Horizonts aller Lebensverhältnisse. Die Säkularisierung und Ausdifferenzierung zu einer komplexen, multikulturellen Gesellschaft hat dazu geführt, dass wir nicht mehr in *einer* Welt, sondern in Welten leben. In der Pluralität der Lebenswelten und im Pluralismus der Welt ist eine gemeinsame, homogene Sinn- und Deutungsstrukur der Gesellschaftsmitglieder verloren gegangen[9]. Ein kultureller Konsens der christlich-abendländischen Weltanschauung ist in der westlichen Welt nicht mehr vorhanden. Dieser Verlust an gemeinsamen Sinnbeständen, Lebensgewohnheiten und Lebensanschauungen stellt die eigentümliche Orientierungskrise der Moderne dar. Sie bietet dem einzelnen einerseits die Befreiung aus einem engen Anschauungs- und Normensystem, andererseits aber auch die Unausweichlichkeit, sein Leben selbstbestimmt gestalten und deuten zu müssen. Mit dieser Gestaltungsaufgabe stellt sich jedoch ein erhöhter kollektiver Bedarf an Begleitung und Beratung ein, der sich auf die Krisenbegleitung erschwerend auswirkt. Die psycho-soziale Unterstützung kann heute nicht mehr auf eine selbstverständliche Gemeinsamkeit an

---

[9] Vgl. im Folgenden die Ausführungen von Erne 1999, 191ff und die dort angeführten Literaturverweise (P.L. Berger, Th. Luckmann, U. Beck etc.), sowie Nipkow 1998, insbesondere Bd. 1, 29ff.

Grundüberzeugungen und lebensanschaulichen Bewältigungsformen zurückgreifen. Insbesondere in der verstehenden Krisenbegleitung muss sie mit einer bunten Vielfalt individueller Deutungskonzepte umgehen lernen, die den professionellen Helfer/innen oft fremd geworden sind.

Das Kommunikationsproblem

Durch diese sozio-kulturellen Entwicklungen sind Religion und Lebensanschauung weitgehend zur Privatsache geworden. Sie werden nicht selten als Intimbereich empfunden und sind mit Tabu oder Scham belegt. Gleichzeitig wird an der Wende von der aufklärungsgeprägten Neuzeit zur Postmoderne ein neue Hinwendung zum Übersinnlichen, wie z. B. zur Esoterik oder zur alternativen Medizin spürbar. Die Schere zwischen der Relevanz der individuellen Lebensanschauung einerseits und der intersubjektiven Nichtverstehbarkeit fremder Anschauungs- und Deutungsmodelle scheint zunehmend auseinanderzuklaffen. Im Alltag und in der Begleitungssituation ist nicht das gegenseitige Verstehen, sondern das Missverstehen das Selbstverständliche geworden. Soll der "definition process" zur Bewältigung der Krise hilfreich unterstützt werden, muss es zur Verständigung und zum Verstehen kommen. Zur Überwindung des Kommunikationsproblems bedarf es einer Kunst des Verstehens und einer verstehenden Leistung. Dazu ist die hermeneutische Anstrengung erforderlich, die Welterfassung des Gesprächspartners nachzuempfinden, die Welt so zu sehen, wie er sie sieht und eine Sprache zu sprechen, die er versteht.

Das Qualifikationsproblem

Professionelle Kräfte stehen den sozio-kulturellen und kommunikativen Herausforderungen, die durch die Individualisierung, die Ausdifferenzierung und den Traditionsverlust an Deutungsgewohnheiten der pluralen Gesellschaft an sie gestellt werden, oft ratlos gegenüber. In der Beratungssituation reagieren sie nicht selten mit einer "buchstäblichen Sprachlosigkeit" und einem "lähmenden Unvermögen", Menschen in ihrer suchenden Verzweiflung beizustehen[10]. Traditionelle Antwort- und Deutungsmodelle auf existenzielle Fragestellungen sind im sozio-kulturellen Kontext der Modernisierung zu einem großen Teil bedeutungslos oder durch den Traditionsverlust unverfügbar geworden. Zugleich bietet die Fachliteratur den Professionellen in Frühberatung und Krisenbegleitung noch immer keine zureichende Unterstützung, ein Verständnis für die individuellen Deutungssysteme und -prozesse ihres Klientels zu entwickeln.

Das Forschungsproblem

Wie Menschen „Schicksalsschläge" auf dem Hintergrund ihrer Lebensanschauung religiös oder profan deuten, wurde im deutsch-anglo-amerikanischen Sprachraum bis dato weder von der kritischen Lebensereignisforschung noch von anderen Traditionslinien der Bewältigungsforschung zu einem eigenständigen Untersuchungsfeld gemacht. Nicht einmal in der stresstheoretischen Forschung wurde der Schlüssel-

---

[10] Vgl. van der Ven 1990, 180ff.

faktor „Deutung" im Kontext der persönlichen Lebensanschauung theoretisch und empirisch gründlich bearbeitet[11].
Inhaltlich differenzierte lebensanschauliche und religiöse Variablen, wie sie hier mit den Skalen von van der Ven erhoben werden, fehlen in Studien zur Copingforschung und in den meisten sozial- und religionspsychologischen Untersuchungen. Eine weitergehende Spezifizierung der empirischen Erhebung der Lebensanschauung und des religiösen Glaubens im Copingprozess ist dringend erforderlich[12]. Dies trifft auch auf die religionspsychologische Forschung zu. Sie ist fast ausschließlich an strukturellen Aspekten, wie z. B. der extrinsischen/ intrinsischen Religiosität oder der sinnstiftenden, kausalattributiven Funktion der Religion interessiert. Die substanzielle Dimension der Lebensanschauung, die sich in konkreten Vorstellungen, systematischen Topoi und geisteswissenschaftlichen Traditionen manifestiert, wird von ihr kaum in den Blick genommen. Es fehlt jedoch nicht nur das erkenntnisleitendem Interesse an lebensanschaulichen Inhalten, sondern in gleichem Maße das empirische Forschungsinstrumentarium, sie zu erheben[13].
Aus der Perspektive dieses Forschungsstandes kann es darum kaum überraschen, dass zum Deutungsprozess bei Eltern von Kindern mit Behinderungen und insbesondere von Kindern mit Down-Syndrom bislang noch keine (inhaltlich differenzierten) quantitativen und fast keine qualitativen Studien vorliegen[14]. Auch die Untersuchungen zur Veränderung der Lebensanschauung im Bewältigungsprozess ist noch zu sehr auf den Teilbereich des Wertewandels reduziert. Aus der Sicht des Alltags ist dieses Forschungsdefizit dagegen erstaunlich; denn unzählige Erfahrungsberichte von betroffenen Eltern, auch die hier aufgeführten, stellen die Relevanz von existenziellen Fragen und persönlichen Lebensanschauungen für die Krisenbewältigung deutlich vor Augen.
Die hier umrissene Wahrnehmungs- und Forschungssituation hat m. E. dazu beigetragen, dass in der Frühberatung und den sogenannten helfenden Berufen noch immer fast ausschließlich die psychoanalytisch orientierten Phasenmodelle der Krisenverarbeitung rezipiert werden. Sie kommen in der Krisenbegleitung bevorzugt zur Anwendung, obwohl sie einer empirischen Verifikation nicht standhalten können. Hier bedarf es einer praxisrelevanten Alternative, die stärker system-, lösungs- und anschauungsorientiert ist[15].

---

[11] Vgl. dazu Steinebach 1997, 18: „Will man zur Bewältigung der Beratungsaufgaben auf empirische Forschung zur Frühförderung zurückgreifen, so wird deutlich, dass empirische Grundlagen fehlen." und Lang 1999, 33: „Autoren kommen daher zu dem Schluss, dass Untersuchungen darüber benötigt werde, welche unterschiedlichen Bedeutungs- oder Sinnkonstruktionen in Familien zu finden sind, die sich mit einem spezifischen Stressor auseinandersetzen müssen".
[12] Siehe unten unter Teil A, 3.2.1.
[13] Vgl. z. B. Lang 1999, 17: „... angesichts fehlender Fragebogen zu den inhaltlichen Dimensionen des religiösen Glaubens, basiert die Studie vorrangig auf Interviews ..."
[14] Siehe weitere Details und Literaturverweise zu den folgenden Ausführungen unter Teil A, 2.2.3.3.
[15] Zu den Folgerungen für die Copingforschung und zur Kritik an den Phasenmodellen siehe Teil C, 3.2.

0.4 Konzeption

Der Aufbau dieser Studie ist in einen theoretischen, empirischen und einen praktischen Teil gegliedert. Im Anhang finden sich der hier erarbeitete und benutzte Fragebogen, sowie die Beantwortung der existenziellen W-Fragen (F 5-7)[16].

Theoretischer Teil
Das *erste Kapitel* nimmt die *Objektseite der Deutung* in den Blick, die spezifische "Krise", auf die sich das Thema dieser Studie bezieht: Das kritische Ereignis „Diagnose Down-Syndrom". Es wird auf der theoretischen Basis der Down-Syndrom-Forschung und der Life-Event-Forschung auf kritische Ereignisparameter untersucht. Zuerst ist das Phänomen „Down-Syndrom" selbst (1.1.), dann die unterscheidende Erkenntnis "mein Kind hat das Down-Syndrom" im Kontext der Eltern, der Zeit und der Vermittlung (1.2.) Gegenstand der Betrachtung. Zuletzt werden die herausgearbeiteten kritischen Merkmale dieses Ereignisses taxonomisch geordnet und hypothetisch bewertet (1.3.).

Das *zweite Kapitel* beschäftigt sich mit dem *Wesen der Deutung* im Kontext von Krise und Bewältigung. Mit Bezug auf das kognitiv-transaktionale Copingmodell von Lazarus wird auf die Bewältigungsforschung eingegangen und anschließend das auf Hill zurückgehende doppelte ABC-X-Modell als kontextuelle Rahmentheorie ausführlich beschrieben, sowie systemisch interpretiert (2.1.). Im zweiten Abschnitt dieses Kapitels wird die Deutung im Kontext des ABC-X-Modells erörtert und die Relevanz der Deutung, ihre evaluative (Lazarus) und kausale Dimension (Attributionsforschung) näher bestimmt (2.2.1.). Das Kapitel schließt mit einem Seitenblick auf die Forschungslage zur Deutung bei Eltern von Kindern mit Behinderung.

Das *dritte Kapitel* wendet sich der *Subjektseite der Deutung* zu, den Lebensanschauungen von Menschen und der Bedeutung von weltanschaulichen Systemen. Nach einer Präzisierung der Begriffe „Weltanschauung" und „Lebensanschauung" wird versucht, das spezifische Phänomen der Lebensanschauung im Horizont des Religiösen zu erschließen und eine Unterscheidung zwischen weltanschaulich-religiöser und weltanschaulich-profaner Deutung zu treffen (3.1.).
Danach werden themarelevante religionspsychologische Ergebnisse zur religiösen Bewältigung, zur religiösen Deutung im Allgemeinen und in Bezug auf Gott als lebensanschauliches Ausrichtungszentrum dargestellt und im Kontext der Forschungssituation bewertet (3.2.).
Im letzten Abschnitt dieses Kapitels wird die lebensanschauliche Deutung aus der christlichen Innenperspektive wahrgenommen und die Theodizee aus dem Blickwinkel der Gotteslehre betrachtet. Zuerst werden die Möglichkeiten und Grenzen der explizit-theologischen Deutungsversuche angesichts der Theodizeeproblematik kritisch ausgelotet. Dann werden die Konzeption und die Ergebnisse der empirisch-theologischen Forschung zu den impliziten Theodizee- und Kosmodizeesymbolen von van der Ven referiert und in den kontextuellen Bezugsrahmen des ABC-X-Modells gestellt (3.3.).

---

[16] Die Angabe in Klammer bezieht sich auf die Nummerierung der Fragen im Fragebogen. Auf den Abdruck der Interviews im Anhang wurde wegen ihres großen Umfangs verzichtet.

Empirischer Teil
Auch der empirische Teil ist dreigeteilt. Im *ersten Kapitel* wird in einem Forschungsdesign Rechenschaft über die Ziele, Formen und Methoden der empirischen Untersuchung abgelegt und das theoretisch-konzeptuelle Modell der quantitativen Erhebung vorgestellt (1.1.). Es zielt auf die Erforschung der Deutung (C) und versucht auf explorativ-erklärendem Weg die sie bedingenden mittelbaren und unmittelbaren Variablen zu bestimmen; es sind intervenierende Variablen des Deutungsrahmens, den wir Lebensanschauung nennen (B 1 sbj.), und diverse Hintergrundvariablen des kritischen Ereignisses (A) sowie persönlicher und sozialer Merkmale der Betroffenen (B). Anschließend werden die im theoretischen Teil erarbeiteten und in der empirischen Studie zu überprüfenden Hypothesen vorgestellt (1.2.). Schließlich werden die im Fragebogen zur Anwendung gebrachten Variablen und Forschungsinstrumente einzeln besprochen und ausgewiesen (1.3.).
Das *zweite Kapitel* präsentiert und diskutiert die Ergebnisse der quantitativen Erhebung. Zuerst erörtert es die Planung (2.1) und dann die Verschickung, den Rücklauf und die Auswertungsmethode des Fragebogens (2.2.). Der dritte Abschnitt (2.3.) versucht, die Stichprobe der Studie mit Hilfe von Hintergrundvariablen detailliert zu beschreiben. Anschließend wird die Auswertung der intervenierenden und abhängigen Variablen anhand von Diagrammen einzeln vorgestellt und im Horizont der Fachliteratur diskutiert. Abschließend werden in der analytischen Statistik ausgewählte Erhebungsskalen gezielt auf ihre Validität hin untersucht, Korrelationen errechnet und die noch nicht erhärteten Hypothesen aufgrund der empirischen Ergebnisse überprüft.
Das *dritte Kapitel* ist zweigeteilt und befasst sich mit der qualitativen Untersuchung von offenen W-Fragen aus dem Fragebogen (F 5-7) und mit zehn halbstrukturierten Interviews. Im ersten Abschnitt (3.1.) werden die Deutungsversuche der Eltern auf ihre Fragen nach dem Wodurch, dem Warum-ich und dem Wozu des kritischen Lebensereignisses gesichtet, gruppiert und systematisiert, sowie in ihren Chancen und Gefahren bewertet. Im zweiten Abschnitt (3.2.) findet sich die Auswertung der Interviews, die mit betroffenen Eltern geführt wurden. Im Blick sind hier die grundlegenden Ausrichtungen ihrer Lebensanschauung, ihre Reaktionen auf die Diagnoseeröffnung sowie ihre Erfahrungen, Bedürfnisse, Erwartungen und Vision bezüglich einer verstehenden Krisenbegleitung.

Praktischer Teil
Der letzte Teil der Studie versucht den theoretischen und empirischen Teil für die Konzeption und Praxis einer verstehenden Krisenbegleitung fruchtbar zu machen.
Das *erste Kapitel* beantwortet die Frage, wie diese Form der Unterstützung konzipiert und gestaltet werden könnte. Im ersten Abschnitt wird zusammengefasst, warum eine eigenständige hermeneutische Krisenbegleitung unverzichtbar ist, wie sich ihr Verhältnis zur Frühberatung bestimmen läßt und mit welchen konzeptionell-methodischen Beratungsansätzen sie zu bereichern wäre (1.1.). Auf systemtheoretischer Basis wird überlegt, wie eine Krisenbegleitung im Kontext des gesamten Hilfesystems zu koordinieren wäre und welche Personen bei der Durchführung der verstehenden Unterstützung inter- und transdisziplinär beteiligt werden müssten (1.2.). Im letzten Abschnitt wurden, ausgehend von vergangenen Erfahrungen und zukünftigen Erwartungen befragter Eltern, Qualitätsmerkmale einer verstehenden Krisenbegleitung aufgestellt und auch erläutert, was mit der inhaltlichen Profilierung „verste-

hend und begleitend, system- und lösungsorientiert, aufsuchend und rechtzeitig" gemeint ist (1.3.).

Im *zweiten Kapitel* wird der Vorschlag unterbreitet, das doppelte ABC-X-Modell zur theoretischen Grundlage eines umfassenden Theorie-Praxis-Modells der psychosozialen-lebensanschaulichen Unterstützung von Familien mit behinderten Kindern zu machen. In den theoretische „Rohbau" des ABC-X-Modells werden konzeptionelle Bausteine eingearbeitet, die aus den theoretischen und empirischen Ergebnissen dieser Studie gewonnen wurden. Es wird der Frage nachgegangen, wie sie für die Begleiter/innen zu einer hilfreichen Orientierung im Prozess der verstehenden Unterstützung werden könnten.

Das *abschließende Kapitel* zieht aus der vorliegenden Studie einzelne Folgerungen im Blick auf die Frühen Hilfen, die Copingforschung sowie die Aus- und Fortbildung. Im ersten Abschnitt wird die hermeneutische Krisenbegleitung in ihrer Dringlichkeit und Profilierung zusammenfassend für die frühe Interventionspraxis konkretisiert (3.1.). Der zweite Abschnitt wendet sich den Defiziten der Bewältigungsforschung zu, übt Kritik an den Phasenmodellen der Krisenverarbeitung und erörtert, welche forschungsspezifischen Voraussetzungen für eine verstehende Krisenbegleitung erarbeitet werden müssten (3.2.). Im letzten Abschnitt wird das Schlüsselproblem der Qualifizierung von Begleiter/innen angedacht. Wie könnte es zu einer praxisbegleitenden Ausbildung und einer fortbildungsbegleitenden Praxis kommen, die Menschen theoretisch fundiert und erfahrungsorientiert zu einer verstehenden Krisenbegleitung befähigt?

A. THEORETISCHER TEIL

1 Kritisches Ereignis "Diagnose Down-Syndrom"

Das erste Kapitel stellt sich die Aufgabe, das komplexe und dynamische Geschehen der Geburt eines Kindes mit Down-Syndrom im Hinblick auf betroffene Eltern detailliert zu untersuchen. Zu diesem Zweck soll das in der klinisch-psychologischen Forschung entstandene, heute in vielen Bereichen der Psychologie verbreitete[17] *Konzept des kritischen Lebensereignisses* als Hintergrundtheorie zur Analyse des Ereignisses „Diagnose Down-Syndrom" herangezogen werden.

Angesichts der unüberschaubaren Anzahl und Variationsbreite unterschiedlicher Ereignisse, die Menschen in eine Lebenskrise stürzen können, steht diese sogenannten *Life-Event-Forschung* vor der Schwierigkeit, eine Definition zu formulieren, die alle kritischen Lebensereignisse einschließt, ohne unpräzise zu werden.
Sigrun-Heide Filipp hat das Spektrum der kritischen Lebensereignisse, das sich eindrücklich an umfangreichen Auflistungen der Fachliteratur ablesen lässt[18], auf drei gemeinsame *Definitionsmerkmale* reduziert:

1. Die "*raumzeitliche, punktuelle Verdichtung eines Geschehensablaufes*" innerhalb und außerhalb der Person", sowie die ereignis-inhärente "*raumzeitliche Datier- und Lokalisierbarkeit*" des kritischen Lebensereignisses.
2. Kritische Lebensereignisse stellen "*Stadien des relativen Ungleichgewichts*" im Passungsgefüge zwischen Person und Umwelt dar, die eine "Neuorganisation des Person-Umweltgefüges erforderlich" machen.
3. Die Tatsache einer "*emotionalen Nichtgleichgültigkeit*" der betroffenen Person, die "nicht zwangsläufig negativer Qualität" sein muss, sondern auch positive kritische Ereignisse einschließt[19].

Diese von Filipp innerhalb der Life-Event-Forschung vorgenommene konzeptuelle Präzisierung des kritischen Lebensereignisses liefert uns den theoretischen Rahmen für die Spezifizierung und Differenzierung des kritischen Ereignisses der „Diagnose Down-Syndrom". Ihr heuristisches Modell zur Erforschung kritischer Lebensereignisse ist der entwicklungspsychologischen Perspektive und dem kognitiv-transaktionalen Ansatz von Lazarus verpflichtet[20].

Der transaktionalen und entwicklungspsychologischen Richtung folgend, besitzt das kritische Ereignis *keine Zwangsläufigkeit*. Es entfaltet seine Wirksamkeit am Menschen nicht automatisch. Der Mensch ist ihm nicht schutzlos ausgeliefert, sondern besitzt eine vergleichbare Variationsbreite von Anpassungs- und Veränderungsfähig-

---

[17] Vgl. Filipp 1981, 4f.
[18] Vgl. Filipp 1981, 23 und 74ff.
[19] Soweit die Zusammenfassung der Definition von Filipp 1981, 24f.
[20] Vgl. Filipp 1981, 7-9. Auf Lazarus' Copingtheorie wird unten in A, 2. näher eingegangen.

keiten, sogenannte Bewältigungsstrategien. Mit ihnen kann er aktiv auf das kritische Ereignis einwirken und sich der Krise entziehen. Das Kritische eines Ereignisses ist darum von subjektiven Voraussetzungen abhängig. Ereignis und Bewältigung stehen in einem dynamischen, komplexen und wechselseitigen *Interaktionsverhältnis*[21].

So ist mit "*Ereignis*" nicht nur ein objektiver Vorgang, z. B. die Geburt eines Kindes oder die Tatsache der Behinderung des eigenen Kindes gemeint, sondern auch die subjektive Realisierung eines äußeren Phänomens[22]. Dieser relationale, subjektbezogene Aspekt wird durch den Begriff "Ereignis" unterstrichen, dessen Etymologie auf "Eräugung" als ein "vor Augen stellen" verweist[23].

Auf dem Hintergrund der Interaktion und Interdependenz von Person und Situation entsteht für eine Life-Event-Forschung, die mechanistische Verkürzungen vermeiden will, die Notwendigkeit, kritische Merkmalstrukturen von Lebensereignissen subjektbezogen zu analysieren. Noch ist die Rolle, die die Auslöse- und Interaktionsbedingungen des kritischen Ereignisses für den Deutungs- und Bewältigungsprozess spielt, weitgehend unspezifiziert[24].

Seit Anfang der 80er Jahre wurden erste Vorschläge und Ansätze gemacht, eine "Taxonomie von Stresssituationen"[25] zu erarbeiten. Eine umfassende, wissenschaftliche Systematik der Unterscheidung und *Klassifikation kritischer Merkmale* von Lebensereignissen steht noch immer aus. Dies gilt sowohl für konkrete klassische Ereignisse, wie z. B. Krebs oder Arbeitslosigkeit, als auch für kritische Ereignisse im allgemeinen.

Ein Versuch, die stressrelevanten Merkmale des kritischen Ereignisses "Diagnose Down-Syndrom" herauszuarbeiten, kann sich allerdings auf Filipps "allgemeines Modell für die Analyse kritischer Lebensereignisse" stützen[26]. Darüber hinaus können zahlreiche, in der Fachliteratur verstreut vorliegende, diakritische Parameter herangezogen werden. Die kritischen Ereignismerkmale der Diagnose Down-Syndrom sollen jedoch primär aus theorie- und sachgeleiteten Überlegungen abgeleitet und erst sekundär durch die ihnen entsprechenden Parameter der Literatur bezeichnet werden. Im soeben skizzierten interaktionalen Kontext sind diese Merkmale nicht als "naturgegebene Entität", sondern als "heuristische Strukturierung und Organisation" des kritischen Ereignisses zu verstehen[27].

---

[21] Zur genaueren Verhältnisbestimmung vergleiche die Ausführungen unter A, 2.1.2. und A, 2.1.3.

[22] Ein Ereignis ist immer subjektbezogen und ich-relevant. Es kommt erst dann zustande, wenn die Behinderung des eigenen Kindes z. B. von den betroffenen Personen auch wahrgenommen wird. Zuvor ist es ein irrelevantes Geschehen.

[23] Duden "Etymologie" 1997, 160 unter „Ereignis".

[24] Vgl. Herrmann 1988, 91 und Filipp 1981, 79.

[25] Brüderl 1988b, 33; sie führt mehrere Autoren an (Haan , Filipp, Reese, Smyer), die diesbezüglich Anstrengungen unternommen haben.

[26] Vgl. Filipp 1981, 9-47.

[27] So auch Herrmann 1988, 89 im Kontext der Attributionsforschung.

Dem soeben beschriebenen Vorhaben sei noch eine wichtige, *methoden-kritische Anmerkung* vorangestellt:
Eine subjektrelevante Merkmalstruktur des kritischen Ereignisses „Diagnose Down-Syndrom", die für jede Eltern-Kind-Situation gültig sein will, kann im Dienst der generalisierenden wissenschaftlichen Erkenntnis immer nur eine idealtypische, die komplexe Wirklichkeit reduzierende Darstellung sein. Die spezifischen Kontext- und Personenmerkmale des Einzelfalles müssen dabei zwangsläufig unberücksichtigt bleiben. Im Brennpunkt des theoretischen Teils stehen die Grundprobleme und Grundfragen, mit denen alle Eltern von Kindern mit Down-Syndrom unabhängig von ihrer individuellen Situation konfrontiert werden.
Das anthropologische Dilemma dieser wissenschaftlichen Abstraktion kann nicht vermieden, soll aber durch Bewusstwerdung minimiert werden[28]. Der einzelne Mensch in seiner individuellen Situation darf durch Theorie und Empirie nicht auswechselbar werden, sondern muss unverwechselbar bleiben. Wenn den Fachleuten die Einzigartigkeit des Individuums, auch jedes Kindes mit Down-Syndrom, so deutlich vor Augen steht wie den betroffenen Eltern, ist für das theoretische Arbeiten viel gewonnen.

Auf der soeben skizzierten, theoretischen Grundlage wollen wir nun die kritische Merkmalstruktur des Ereignisses "Diagnose Down-Syndrom" näher bestimmen.

1.1 Down-Syndrom

Es war der englische Arzt *John Langdon Haydon Down*, der 1866 in seinem Aufsatz "Observations on the ethnic classification of idiots"[29] als erster eine wissenschaftliche Beschreibung und Abgrenzung der Behinderung veröffentlichte[30], die heute seinen Namen trägt.

In seiner nun fast 130 Jahre alten *Geschichte* fand das Phänomen des Down-Syndroms unterschiedliche Beachtung. In ihrer ersten Hälfte stand die ärztliche Beschreibung eines "Krankheitsbildes" und seine Abgrenzung gegenüber ähnlichen „Pathologien" im Brennpunkt medizinischer Betrachtung. Mit Waardenburgs Vermutungen im Jahre 1932, dem "Mongoloismus" könnten "bestimmte Chromosomenaberrationen" zugrunde liegen[31], rückten ätiologische und genetische Fragen der Forschung in den Vordergrund. Es dauerte länger als ein Jahrhundert, bis hinter Krankheitsbild und Syndrom der Mensch zum Vorschein kam und als bildbar und för-

---

[28] Vgl. van der Ven/ Ziebertz 1993, 73ff.

[29] Zur deutschen Übersetzung "Betrachtungen zu einer rassenspezifischen Klassifikation Geistesschwacher" vgl. Down 1866 in Ders. 1966.

[30] Es ist wissenschaftlich nicht unumstritten, Down 1866 die Erstbeschreibung zuzuweisen. Einzelne Wissenschaftler favorisieren Chambers 1844, Séquin 1843 und 1846, Lombroso 1846 oder Down bereits 1860 bzw. 1861. Vgl. Dittmann 1982, 14f.

[31] Vgl. das Zitat Waardenburgs in Schmid 1976, 2. Von „Aberration" also von „Verirrung" sollte heute nicht mehr gesprochen werden, sondern wertneutral von einer Veränderung (Mutation).

derungswürdig erkannt wurde. Zu zahlreichen medizinischen Behandlungsmöglichkeiten traten nun auch heilpädagogische Fördermaßnahmen[32].

Erst seit Mitte der 80er Jahre wird verstärkt der soziale und gesellschaftliche Kontext von Menschen mit Down-Syndrom wahrgenommen. Dies zeigt sich in der aktuellen Bemühung um die Integration der Menschen mit Down-Syndrom in die Gesellschaft, der Normalisierung ihrer Lebensbedingungen und der angestrebten gleichberechtigten Kooperation von betroffenen Eltern und Fachleuten. Die Eltern als primäre Bezugspersonen rücken - wie es auch in dieser Arbeit geschieht - verstärkt ins Blickfeld. All diesen Anstrengungen zum Trotz ist die medizinische Tradition vom Down-Syndrom als Krankheit (sbild) lebendig geblieben und mit ihr die der medizinischen Definitionsgewalt.

1.1.1 Terminologie

Down bezeichnete die nach ihm benannte Behinderungsform als *Mongolismus* und die betroffenen Personen als "typische Mongolen". Als Kind seiner Zeit verband er Auffälligkeiten im Erscheinungsbild mit einer Degenerations- und Rassentheorie, die im 19. Jahrhundert weite Verbreitung fand. Seine Konzeption ging von der Prämisse aus, diese von ihm beschriebenen Menschen der kaukasischen Gruppe "stellten eine atavistische Regression auf eine frühere Stufe der Mongolen dar"[33]. Aufgrund der Diskriminierung des mongolischen Volkes und seiner seit den 20er Jahren nachgewiesenen sachlichen Unrichtigkeit[34] wird heute versucht, die Bezeichnung Mongol(o)ismus durch den Terminus *Down-Syndrom* zu ersetzten. In den 70er Jahren wurde gegen besseres Wissen am Mongol(o)ismus-Begriff festgehalten und auch verteidigt. Seine internationale Verbreitung und der Mangel an besseren Alternativen wurde für ihn ins Feld geführt[35].

Heute konnte sich der Begriff Down-Syndrom auf publizistischer Ebene weitgehend durchsetzen, doch die *Vielfalt und Uneinheitlichkeit der Nomenklatur* ist geschichtlich unverändert geblieben. Noch immer wird in jeder zweiten ärztlichen Diagnosemitteilung an die Eltern von Mongol(o)ismus gesprochen und in der pädagogischen und alltäglichen Praxis werden verniedlichende, diskriminierende Diminutive wie "Mongo", "Mongölchen" oder "Mongis" verwendet[36].
Betroffene Eltern werden auch heute noch, und sei es durch Gedrucktes, mit ca. 40 unterschiedlichen Bezeichnungen ihres Kindes konfrontiert, die sich auf einen eth-

---

[32] Die Einteilung der Epochen ist an Schmid 1976, 5f. angelehnt.
[33] Dittmann 1982, 20.
[34] Das Down-Syndrom kommt in allen Völkern der Welt vor, auch im mongolischen. Es unterscheidet sich aber deutlich von den Gestaltmerkmalen der Mongolen; vgl. Dittmann 1982, 17f., 20 und Rett 1983, 13.
[35] Vgl. Rett 1977, Schmid 1976, Wunderlich 1977 et al. in Dittmann 1982, 20.
[36] Vgl. Dittmann 1982, 21, sowie 1994b, 38/1, Püschel 1985, 104 und Rett 1983, 15.

nologischen Hintergrund, auf spezifische Entwicklungs-, Erscheinungs- und Konstitutionsbesonderheiten oder auf den Eigennamen "Down" beziehen[37].

Die Denotation dieser Begriffe bezeichnet jeweils nur einen kleinen Teilaspekt des Gesamtphänomens. Sie führt *Konnotationen* mit sich, die in einer ethnischen oder medizinischen, in einer ausgrenzenden oder diskriminierenden Tönung mitschwingen. Sie sind meist ethnologisch-diskriminierend oder medizinisch-pathologisierend[38].
Eine, wenn auch gemäßigte, negative Konnotation konnte auch bei der aktuellen, hier verwendeten Bezeichnung nicht vermieden werden. Der Begriff Down-Syndrom ist der medizinische Terminus für ein Krankheitsbild und impliziert eine indirekte Verbindung zur rassistischen Theorie von J.L.H. Down[39]. Die negativ besetzte Terminologie beim Phänomen Down-Syndrom kann als erster Hinweis verstanden werden, dass es sich bei der Geburt solcher Kinder um ein **kritisch-negatives Ereignis** handelt[40].

Für Eltern von Kindern mit Down-Syndrom erwachsen aus der Terminologie drei Schwierigkeiten, die jedoch nicht überbewertet werden sollten[41]:
Zum einen trägt die *heterogene und plurale Nomenklatur* des Phänomens zur Irritation und Verunsicherung der Eltern bei (1). Zum anderen ist die Konnotation der möglichen Begriffe - seien sie ethologisch oder medizinisch - durchgehend *negativ* (2). Zuletzt wird mit den zur Verfügung stehenden Begriffen die Individualität einer betroffenen Person auf einen partiellen Aspekt des Gesamtphänomens eingeengt. Das Individuum Eva oder Alexander wird auf ein "Down-Kind", im schlimmeren Fall auf einen "Mongo", in jedem Fall aber auf ein Gruppenwesen und Krankheitsphänomen *reduziert* (3).

1.1.2 Entstehungsweise und Entstehungsursache

Zu den ersten Fragen, die sich Eltern nach der Geburt ihres Kindes mit Down-Syndrom stellen, gehören die Fragen nach der Entstehungsweise und Entstehungsursache der Behinderung[42].

---

[37] Diese Einteilung wurde von Dittmann 1982, 19-24 vorgenommen; vgl. die dort aufgeführte und nachgewiesene Vielzahl der Termini.

[38] Dies gilt auch für die medizinische Beschreibung des Phänomens Down-Syndrom. Der Gebrauch von Begriffen wie "Sattelnase", "Stiersnacken", "Affenfurche" etc. ist noch lange nicht vollständig überwunden.

[39] Vgl. Booth 1985, 7. Nach Pschyrembel 1990, 1627 ist ein Syndrom eine "Gruppe von gleichzeitig zusammen auftretenden Krankheitszeichen". Da die Unterscheidung von Krankheit und Behinderung in der Medizin noch nicht Eingang gefunden hat, wird über den Begriff Down-Syndrom auch Kranksein attribuiert.

[40] Zu positiven kritischen Ereignissen vgl. Filipp 1981, 25 und Oerter 1987, 67.

[41] Rauh 1988, 461 relativiert die kritische Bedeutung einer negativen Terminologie.

[42] Diese theoretische Unterscheidung ist von Wunderlich 1970, 10ff und 34 übernommen. Sie ist, obwohl nicht lückenlos stringent (vgl. ebd. 10), für unseren Zusammenhang sehr hilfreich. Wunderlichs medizinische Terminologie "Pathogenese" und "Ätiologie" wird aus oben erörterten Gründen vermieden

Als im Jahre 1959 J.Lejeune, M.Gautier und R.Turpin bei drei "mongoloiden" Knaben ein gleichaussehendes, überzähliges Chromosom 21 nachweisen konnten[43], schien die Frage nach der Entstehung des Down-Syndroms beantwortet: die Trisomie 21. Das im genetischen Material zusätzliche und im Karyotyp nachgewiesene dritte Chromosom wurde auf eine Non-Disjunktion des 21. Chromosomenpaares bei der Reduktionsteilung der Meiose I oder der Reifeteilung der Meiose II zurückgeführt[44]. Menschen mit Down-Syndrom haben damit kein „überzähliges" Chromosom bzw. eines „zu viel" wie oft abschlägig formuliert wird, sondern ein Chromosom extra. Sie sind nicht „subnormal" oder „abnormal", sondern haben lediglich „eine etwas seltenere Konstitution im Rahmen der genetischen Variabilität, mit der man als Mensch geboren werden kann."[45] Mit dem zytogenetischen Nachweis dieses weiteren Chromosoms in der Chromosomenanalyse kann heute die Diagnose Down-Syndrom zuverlässig und endgültig gestellt werden. Die eindeutig nachweisbare Andersartigkeit des Chromosomensatzes ihres Kindes hat für die Eltern weitreichende Implikationen:

Der besondere Chromosomensatz ist eindeutig nachweisbar und medizinisch *diagnostizierbar*; ein Irrtum ist so gut wie ausgeschlossen[46]. Der Sachverhalt ist *definitiv* und die genetische Prädisposition des Kindes ist *unumkehrbar*. Mit der zytologischen Diagnose wird eine Endgültigkeit besiegelt und ein "point of no return" erreicht. Da eine Manipulation oder Therapie der genetischen Disposition nicht möglich und das Syndrom selbst *"unheilbar"* ist[47], bleibt die Grundtatsache "Down-Syndrom" unabänderlich. Die Diagnose Down-Syndrom kann darum als ein **irreversibles Ereignis** bezeichnet werden.

Die definitive Unabänderlichkeit der Diagnose und der genetischen Prädisposition provoziert bei betroffenen Eltern die Frage nach der Entstehungsursache. Das *Wodurch* der Nondisjunktion drängt sich mit existenzieller Dringlichkeit auf. Doch gerade hier kann die Medizin betroffenen Eltern nicht weiterhelfen. Trotz einer beachtlichen Zahl ätiologischer Hypothesen steht bis heute keine allgemeingültige und hinreichende wissenschaftliche Kausalbegründung der Chromosomopathie beim Down-Syndrom zur Verfügung[48]. Dieses kritische Ereignis bleibt in Bezug auf Formal- und Wirkursache **unerklärbar**.

Die pathogenetischen Erklärungen der Humangenetiker und Zytogenetiker sind lediglich geeignet, das *Woraus* (causa materialis) der Behinderung zu erklären. Durch dieses Wissen wird immerhin die Entstehungsweise **beschreibbar**.

---

[43] Vgl. Dittmann 1982, 31; Rett 1983, 21.
[44] Vgl. Wunderlich 1970, 21ff.
[45] Stengel-Rutkowski/ Anderlik 1999, 3.
[46] Dittmann 1982, 32 führt seltene Ausnahmen an, in denen die Chromosomenuntersuchung keine endgültige Entscheidungsgrundlage bieten konnte.
[47] Siehe Gath 1978, 2.
[48] Die erste ätiologische Hypothese (Tuberkulose) stammt von Down (1866 bzw. 1966) selbst. Selbmann in Dudenhausen 1992, 18 meint, die epidemiologische Erforschung der Ursache des Down-Syndroms scheint bis heute (abgesehen vom Alter der Eltern) auch international nicht weit gekommen zu sein.

Die Antworten, die auf das Wodurch (causa efficiens) gegeben werden müssen, bewegen sich dagegen ausschließlich in einem *spekulativ-subjektiven Deutungsraum*, der in einen persönlichen (internen) und einen situationalen (externen) Bereich eingeteilt werden kann[49].

Mehrere *exogene Faktoren* wie z. B. ionisierende Strahlen, mutagene Chemikalien, besondere Virenarten oder immunbiologische Variablen werden im Einzelfall in ihrem unterschiedlichen Kombinations- und Wechselspiel als Ursache des zusätzlichen Chromosoms in wissenschaftlichen Hypothesenbildungen in Erwägung gezogen[50]. Bei diesen im weitesten Sinne ökologischen Kausalbedingungen sind die Eltern als unmittelbare Verursacher auszuschließen. Ursachen- und Schuldverstrickungen können aber dennoch subjektiv auf vielschichtige Weise empfunden werden.

Bei den wenig bedeutsamen *endogenen* Verursachungskomponenten Vererbung und Alter der Eltern[51] scheinen die Eltern unmittelbarer involviert zu sein. Es ist kein Zufall, dass genetische Mutation und Vererbung im Verständnis von Laien zusammenfallen. Die Ursachenforschung hatte bis in die 70er Jahre endogene Aspekte überbetont und tut es z.T. bis heute[52]. Doch in der Tat ist das Down Syndrom in nur 2-3 %, maximal aber in 5 % aller Fälle durch Vererbung bedingt[53]. Erbliche Komponenten können nur eine Rolle spielen, wenn beim Kind eine Translokation (3-5 %) oder eine Mosaikstruktur (2-3 %) vorhanden ist. Das theoretische Vererbungsrisiko liegt bei diesen 5-8 % der Gesamtpopulation je nach Art dieser Sonderfälle bei 0-100 %[54]. Das empirische Vererbungsrisiko lässt sich nicht überprüfen. Aufgrund natürlicher Aborte dürfte es wesentlich geringer sein als das theoretische, so dass eine Erblichkeit von 2-3 % aller Fälle noch zu hoch estimiert ist. Der Vererbung kommt realiter eine verschwindende Bedeutung zu.
Im Definitions- und Zuschreibungsprozess der Gesellschaft kommt diesem Aspekt aufgrund historisch vermittelter erb- und rassenideologischer Einstellungen eine übersteigerte, fast übermächtige Rolle zu[55].

Ein erstes Informationsgespräch mit den Eltern sollte klarstellen, dass das Down-Syndrom *nicht vererbt* worden ist. Dies kann bei der freien Trisomie, d. h. in 93-96 % aller Fälle, ohne vorherige Klärung festgestellt werden. Doch auch bei einer selten auftretenden erblichen Komponente sollte erklärt werden, dass nicht die Eltern bzw.

---

[49] Diese Unterscheidung geht auf die Attributionstheorie Heiders (1958, 82) zurück.
[50] Vgl. Wunderlich 1970, 39-44. Andere Faktoren wie Mangelernährung, Mondphasen, Klimabedingungen, Alkohol, Nikotin oder geographische Aspekte sind in der aktuellen Diskussion irrelevant geworden. Rassen- und Atavismustheorien sind als Erklärungsmuster schon längst obsolet oder sollten es sein.
[51] Das Alter der Eltern scheint die einzige, gut nachweisbare ätiologische Variable zu sein. Trotz Verschiebungen in jüngster Zeit steigt mit dem Alter der Eltern, insbesondere der Mutter, das Entstehungsrisiko eines Kindes mit Down-Syndrom; vgl. Selbman in Dudenhausen 1992, 14f und 18.
[52] Wunderlich 1970, 10f beklagt schon früh die einseitig zytogenetische Forschung.
[53] Vgl. Wunderlich 1970, 44
[54] Vgl. Dittmann 1982, 31 und Murken in Ders. 1990, 16f.
[55] Nach Bracken 1971, 81 gibt die Mehrheit der Bevölkerung den Eltern die Schuld an der geistigen Behinderung ihres Kindes.

ein Elternteil die Verursacher sind, sondern als Betroffene lediglich an der Entstehungsweise teilhaben. Dies trifft sowohl bei der unbalancierten Translokations-Trisomie 21 eines Elternteils zu, die mit 25 % theoretischer Wahrscheinlichkeit vererbt wird, als auch bei einer freien Trisomie 21, wenn es um die Frage gehen sollte, ob eine Non-Disjunktion in der Meiose des väterlichen Spermatogoniums oder der mütterlichen Eizelle stattgefunden hat[56]. In jedem Fall sollte den betroffenen Eltern verständlich gemacht werden, dass sie - auch wenn sie ihr Kind gezeugt und geboren haben - nicht die Verursacher des Down-Syndroms sind oder bei vorliegenden Erbfaktoren nur an der Genese partizipieren. Eine strikte Unterscheidung zwischen Entstehungsweise und Entstehungsursache ist nicht nur sachlich, sondern auch psychologisch geboten.

Die Geburt eines Kindes mit Down-Syndrom ist, wenn es von Betroffenen oder Außenstehenden negativ interpretiert wird, ein Übel, das von den Eltern nicht aktiv verursacht, sondern passiv ertragen werden muss. Dieses "Übel" ist - um eine klassische Unterscheidung von Augustinus aufzugreifen - **nicht ethischer Natur** (malum morale), d. h. die Folge einer menschlichen Handlung oder Gesinnung, sondern **ontischer Natur** (malum physicum), eine Folge des So-Seins irdischer Existenz[57]. Eltern von Kindern, die mit Down-Syndrom geboren sind, sind nicht "Täter", sondern "Betroffene" dieses Ereignisses.

Dieser Sachverhalt spricht Eltern *frei von Schuld*, die sie sich selbst zuschreiben oder die ihnen von anderen zugeschrieben wird. Im Gegensatz zu vielen anderen kritischen Ereignissen ist eine schuldhafte, interne Verursachung der Behinderung ihres Kindes mit äußerster Wahrscheinlichkeit objektiv nicht gegeben. Das Ereignis ist **extern** verursacht.

Die Kehrseite der entlastenden Freiheit von Verursachung und Schuld ist die *Bürde der offenen Fragen*. Da betroffene Eltern an der Verursachung unbeteiligt sind, bleibt ihnen eine Einflussnahme auf das Ereignis verwehrt. Es kommt über sie und entzieht sich der Entscheidungskontrolle ihrer Person. Zwar bleibt ihnen die Last der Mitverursachung erspart, doch gleichzeitig ist ihnen die Möglichkeit einer Vermeidung genommen[58].

Die *Unkontrollierbarkeit*[59] und Verursachungs- bzw. Schuldlosigkeit zielt unabdingbar auf die Frage nach Gerechtigkeit: *Warum ich* (causa formalis), der/die ich nichts dafür kann, noch dagegen tun konnte? Die Frage nach der Formal- und Wirkursache kann aber auch zur Frage nach der Zielursache (causa finalis) gewendet werden. Das unbeantwortbare Warum und Wodurch verwandelt sich in ein Wozu, das existenziellen

---

[56] Vgl. Wunderlich 1970, 19.

[57] Vgl. Brantschen 1980, 9. Das Down-Syndrom auf die Industrialisierung und somit auf menschliche Verursachung zurückzuführen ist hypothetisch, wenn auch nicht auszuschließen. Dagegen spricht einiges dafür, dass es das Down-Syndrom vermutlich schon immer gegeben hat und es eine natürliche Variante des Lebens darstellt (vgl. Dittmann 1982, 16; Kunze in Dudenhausen 1992, 9). Theologisch gedeutet, ist es ein Teil von Gottes guter Schöpfung und ein Teil der Gottebenbildlichkeit.

[58] Die pränatale Diagnostik stellt in bestimmten Fällen eine Ausnahme der Unkontrollierbarkeit dar. Dazu weiter unten unter A, 1.2.2.1.

[59] Die Unkontrollierbarkeit ist ein in der Bewältigungsforschung häufig verwendeter Parameter; vgl. z. B. Filipp 1981, 97 u. 101, Oerter 1987, 70, Park et al. 1990, 564.

Sinndeutungen offensteht[60]. Das unerklärbare Ereignis „Diagnose Down-Syndrom" kann somit, je nach individueller Bewertung, im weiten Deutungsraum zwischen **sinnvoll** und **sinnlos** eingeschätzt werden.

Zwei *Hypothesen* lassen sich hiervon ableiten:
1. Schuldgefühle und Schuldzuweisungen der Eltern spielen, da sie i. d. R. über die Entstehungsweise und Entstehungsursache des Down-Syndroms informiert sind, eine geringe oder keine Rolle.
2. Es besteht eine hohe bzw. höhere Veranlassung, Warum-Fragen zu stellen, als bei stärker kontrollierbaren aversiven Ereignissen, da beim Down-Syndrom eine Verursachung und Verschuldung durch die Eltern weitgehend ausgeschlossen werden kann[61].

1.1.3 Auftretungs- und Verbreitungshäufigkeit

Die Auftretungs- und Verbreitungshäufigkeit[62] des Down-Syndroms ist für betroffene Mütter und Väter zunächst uninteressant. Ob ein Baby mit Down-Syndrom unter 700 Geburten oder unter 1000 Geburten ein einziges Mal zur Welt kommt, ist für sie irrelevant[63], denn dieses eine Kind mit Down-Syndrom ist ihr Kind. Egal wie **unwahrscheinlich** oder **selten** dieses Ereignis in Zahlen ausgedrückt vorkommen mag, die *Eintrittswahrscheinlichkeit* dieses Ereignisses ist sehr gering[64], und in ihrem konkreten Fall trifft es nicht eine der zahllosen anderen Familien, nein, es trifft sie selbst.

Die Behinderung des Babys ist zufällig, **wider alle Erwartung** zustande gekommen. Es ist ein im Lebenszyklus unübliches, **"non-normatives Ereignis"**[65]. Es weicht von den zu erwartenden Ereignissen deutlich ab und erweist sich im sozialen Kontext der Eltern i .d. R. als ein isoliertes Einzelphänomen.
Mit dem Eintreffen dieses Ereignisses gehören die Eltern des Kindes mit Down-Syndrom nicht mehr zu den anderen, sondern erst einmal zu niemandem. Sie nehmen sich als allein betroffen wahr, als die einzigen unter 700 bzw. 1000 anderen.

---

[60] Vgl. Schuchardt in: Badenhop 1984, 6.
[61] Vgl. zum systematisch-theologischen Zusammenhang von schuldlosem Leid und Theodizee Brantschen 1980, 10.
[62] Hier soll die im anglo-amerikanischen Raum gebräuchliche Unterscheidung von "incidence" und "prevalence" aufgegriffen werden; vgl. Speck 1993, 53. Der medizinische Begriff Epidemiologie wird hier bewußt vermieden.
[63] In der Bundesrepublik Deutschland gibt es auch aufgrund der Erfahrungen der NS-Zeit keine brauchbare Datenerfassung. Bei epidemiologischen Angaben muss auf Daten anderer Länder oder auf Schätzungen zurückgegriffen werden. Ein internationaler Durchschnittswert liegt bei 1:1000, d. h. ein Kind mit Down-Syndrom auf 1000 Geburten (vgl. Selbmann 1992, 13ff). Vgl. zum epidemiologischen Angabenspektrum Rett 1983, 29ff; Schmid 1976, 95; Wunderlich 1970, 3f; und Murken in Ders. 1990, 11.
[64] Nach Filipp 1981, 28 verwenden Brim & Ryff den Parameter "Höhe der Eintrittswahrscheinlichkeit".
[65] Vgl. Filipp 1981, 11ff.

Ganz zufällig gehören sie nicht mehr dazu; "sie sind zur 'Sonderfamilie' geworden. Sie sind ausgestoßen aus der Mehrheit der Gesunden und Tüchtigen"[66]. Die Geburt ihres Babys erweist sich als ein **ausgrenzendes** Ereignis. Anfangs wird die Krisensituation der Eltern stark durch das Ausgegrenzt-Sein und das Allein-Betroffen-Sein mitbestimmt.

Erst später realisieren die Eltern, nicht allein betroffen zu sein, sondern einer winzigen Minderheit anzugehören, einer Minderheit, die innerhalb der Randgruppe geistig behinderter Menschen die größte Gruppe bildet[67]. Dies mag auf den ersten Blick irrelevant erscheinen. Dieser Parameter des kritischen Ereignisses erweist sich aber - je länger je mehr - als ein Faktor, der durch zahlreiche nationale und internationale Down-Syndrom-Vereinigungen hilfreiche Ressourcen der Krisenbewältigung eröffnet[68].

In diesem Zusammenhang ist bedeutsam, dass das Down-Syndrom kein regionales, nationales, ethnisches oder sozio-kulturelles Phänomen ist, das allen diskriminierenden Elementen zum Trotz auftritt. Es trifft Eltern ohne Ansehen der Person, der sozialen Schicht, Herkunft und Rasse. Somit ist es ein **selektiv-indifferentes Ereignis.** Dies hat auch zur Folge, dass es keine soziologischen Eigenschaften bzw. Stigmata gibt, die für Eltern von Kindern mit Down-Syndrom charakteristisch sind.
Die Geburt eines Babys mit Down-Syndrom tritt nicht nur lokal auf, sondern ist **global** verbreitet[69]. Sie bindet Eltern von Kindern mit Down-Syndrom in eine weltweite Gemeinschaft "zufällig" Mitbetroffener aller couleur ein.
Mit großer Wahrscheinlichkeit war dies von alters her so der Fall, so dass von einem **non-epochalnormierendem Ereignis** gesprochen werden kann[70].

1.1.4 Down-Syndrom als "Gesamt-Gestalt"

Menschen, die das Down-Syndrom haben, unterscheiden sich von anderen Menschen nicht durch die Summe von Einzelmerkmalen, sondern, wie das Wort *Syndrom* (gr. zusammenlaufen) andeutet, durch die Zusammenschau einer "in sich geschlossenen psychosomatischen Einheit, die jedermann, der einige dieser Kinder gesehen hat, auch wiedererkennt"[71]. Wunderlich geht selbst soweit, diesen Menschen das Etikett "ein neuer Typ Mensch"[72] zu verleihen, indem er von einer normabweichenden, ontogenetischen Entwicklung ausgeht, die ihren Ursprung in der Chromosomopathie der Meiose bzw. Mitose hat. Auch wenn Wunderlich in untragbarer Einseitigkeit die pathogenetische Andersartigkeit und Normabweichung des Down-Syndroms

---

[66] Beuys 1993, 12. Siehe auch Goerres 1987, 21.
[67] Vgl. Dittmann 1982, 14 und die dort angeführten Belege.
[68] Vgl. Selikowitz 1990, 199f.
[69] Vgl. Dittmann 1982, 17f, 4, Schmid 1976, 96, Wunderlich 1970 und bes. Selbmann 1992, 14.
[70] Dieser Parameter ist Filipp 1981, 100 entnommen.
[71] König 1959, 40.
[72] Wunderlich 1970, 45.

betont und somit die allgemein menschlichen Gemeinsamkeiten vernachlässigt, ist ihm in diesem zuzustimmen:
Der pathogenetische Formwandel führt in unterschiedlichen Bereichen, wie z. B. Morphologie, Intelligenz, Physiognomie, zu einem Funktions- und Strukturwandel und dadurch zu *einer neuen "Gesamt-Gestalt"* der Menschen mit Down-Syndrom[73].

Die "Gesamt-Gestalt" der Menschen mit Down-Syndrom setzt sich aus über 200 fakultativen Symptomen zusammen, die mit unterschiedlich hoher "Penetranz" auftreten. Doch keines dieser Symptome ist in 100 % der Fälle ausgeprägt, auch die Trisomie 21 nicht[74]. Unser Augenmerk ist nun nicht auf die Vielzahl der Einzelmerkmale gerichtet, von denen die auffälligsten im Bereich der Physiognomie liegen. Es sind u. a. die Brachykephalie, die Epikanthusfalte der Augenlider, die schräggestellte Lidachse, der flache Nasenrücken, die Hypotonie, die Kurzfingrigkeit, die sogenannte Vierfingerlinie und die Sandalenlücke [75].
Im Kontext soziokultureller Reaktionen tragen u. a. auch diese Einzelmerkmale zur *Stigmatisierung* von Menschen mit Down-Syndrom bei. In diesem Zusammenhang ist für betroffene Eltern das gesamte Erscheinungsbild ihres Kindes von Bedeutung.

1.1.4.1   Erscheinungsbild

Das Down-Syndrom gibt seinen Trägern und Trägerinnen ein norm-abweichendes Erscheinungsbild, das trotz einer großen Variabilität eine "verblüffende Einheitlichkeit" aufweist. "Dieser neue Phänotyp verschleiert unterschiedlich stark die intrafamiliäre Verwandtschaft und führt statt dessen zu *einer verblüffenden extrafamiliären Ähnlichkeit ...*"[76]. Angesichts dieser kollektiven, extrafamiliären Ähnlichkeiten besteht für Eltern, und nicht nur für sie, die Schwierigkeit, sich selbst im eigenen Kind visuell wiederzufinden und hinter dem vermeintlichen "Gruppenwesen" den Blick für die *individuelle Einzigartigkeit* und Unverwechselbarkeit ihrer Tochter bzw. ihres Sohnes frei zu bekommen. Die Gesellschaft mit ihrem negativ gefärbten Verständnis von Behinderung und Normabweichung ist ihnen dabei eher hinderlich als hilfreich.

Betroffene Eltern können sich mit ihrem Kind der normalen, "anderen Welt" an keinem Ort entziehen[77]. Das äußere abweichende Erscheinungsbild ihres Kindes fällt sofort ins Auge. Hinter diese Tatsache gibt es kein Zurück, auch nicht durch Rückzug in die Isolation oder durch plastische Schönheitschirurgie[78]. Die *omnipräsente und omnitemporäre Sichtbarkeit* ist mit dem kritischen Ereignis unauslöschbar gegeben.

---

[73] Vgl. Wunderlich 1970, 47-49.
[74] Siehe Schmid 1976, 7.
[75] Vgl. die ausführlichen Beschreibungen in Schmid 1976, 7-74, Rett 1983, 39-77, ferner Cunningham 1988, 107-119 und Selikowitz 1990, 29-32.
[76] Wunderlich 45f.
[77] Vgl. Beuys 1993, 45.
[78] Vgl. die Stellungnahme und Kritik von Cunningham 1988, 119f an der plastischen Chirurgie bei Menschen mit Down-Syndrom.

Es ist nicht privat oder latent, sondern **öffentlich** und salient, d. h. ins Auge springend und sichtbar vorhanden und ist von den Eltern vor der Öffentlichkeit **nicht zu verheimlichen**.

1.1.4.2 Struktur- und Funktionsbedingungen

Der genetisch bedingte Formwandel führt bei Menschen mit Down-Sydrom zu physiologischen Strukturveränderungen, u. a. im Bau des Skelletts, des Magen-Darm-Trakts, der Haut- und Hautanhangsgebilde, des Kiefers, der Augen und der Ohren[79]. Sie können die Funktionen dieser Bereiche beeinträchtigen, so dass u. a. die akustische und optische Sinneswahrnehmung, die Grob- und Feinmotorik, die Sprachentwicklung und der Gesundheitszustand (Immunschwäche etc.) betroffen sind.

1.1.4.3 Intelligenz

Ein weiteres zentrales Merkmal des kritischen Ereignisses ist eine andersartige Begabung bzw. eine normabweichende Intelligenz. Es kann als "das Leitsymptom des Down-Syndroms" bezeichnet werden[80], das in einer großen "interindividuellen Variationsbreite" in Erscheinung tritt. Daher muss von einer "komplexen dynamisch variablen intellektuellen Leistung"[81] ausgegangen werden. Dies bedeutet, dass nur wenige Aussagen über die Intelligenzleistung und -entwicklung gemacht werden können, die verallgemeinerbar sind und auf jedes Individuum mit Down-Syndrom zu übertragen sind.
Soviel kann jedoch als wissenschaftlich abgesichert gelten: Eine intellektuelle Entwicklung, die der durchschnittlichen Norm von nichtbehinderten Menschen entspricht, wird von Menschen mit Down-Syndrom nicht erreicht[82]. Ihr Intelligenzniveau bewegt sich in den Grenzen der gesamten Bandbreite der kognitiven Minderbegabung. Die überwiegende Mehrzahl von ihnen befindet sich *im mittleren Schweregradniveau* der Imbezilität bzw. der "mäßig-schweren" geistigen Behinderung[83]. Dies ist eine *allgemeingültige und endgültige Tatsache*.

---

[79] Vgl. die einschlägigen Beiträg in Murken 1990.

[80] Dittmann 1982, 51; diese Monographie bietet eine profunde Aufarbeitung internationaler Forschung zur Intelligenz beim Down-Syndrom.

[81] Dittmann 1982, 54.

[82] Vgl. Dittmann 1982, 146; diese Feststellung impliziert einen dezelerierten Entwicklungsverlauf.

[83] Vgl. Dittmann 1982, 57f, 61und 146. Diese Klassifikationen beziehen sich zum einen auf die alte psychiatrische Einteilung Debilität, Imbezilität, Idiotie und zum anderen auf die Vierer-Skala der American Association of Mental Deficiency (AAMD): mild, moderate, severe, profound, in deutscher Benennung: leicht, mäßig, schwer, sehr schwer; vgl. ebd. 42f.

1.1.4.4 Zukunftsperspektiven

Die zu erwartende *Kinderlosigkeit* bei Männern und Frauen mit Down-Syndrom[84] setzt der Möglichkeit der Nachkommenschaft in der Enkelgeneration und dem familiären Stammbaum definitive Grenzen. Kinder mit Down-Syndrom können daher nur bedingt als "Stammhalter" oder "Stammhalterin" empfunden werden. Ob dies für die Eltern je bedeutsam ist, hängt u. a. von ihrer Lebensanschauung oder der Stellung des betroffenen Kindes in der Geschwisterreihe ab.
Im Zusammenhang der kognitiven Minderbegabung des eigenen Kindes und seiner besonderen physiologischen Konstitutionsbedingungen kann es u. a. "zur Unterbrechung von familiären, persönlichen oder beruflichen Zielantizipationen kommen"[85].
Vater oder Mutter eines Kindes mit Down-Syndrom geworden zu sein, setzt der Zukunftserwartung neue, definitive Grenzen und erweist sich als ein - nicht selten zukunftbegrenzendes - immer **zukunft- und lebenveränderndes Ereignis**[86].

Jenseits dieser begrenzenden, allgemeingültigen Aussagen kann *keine interindividuelle Prognose* zur intellektuellen Entwicklung gegeben werden, die für jedes Individuum mit Down-Syndrom zutreffend ist. Eltern, denen die Frage nach den Entwicklungschancen unter den Nägeln brennt, kann durch prognostische Aussagen nicht geholfen, sondern eher geschadet werden. Sinnvolle, differenzierte Prognosen zur intellektuellen Entwicklung des Kindes können nur unter Berücksichtigung der individuellen Person- und Kontextmerkmale auf der Basis einer gesamten "Lebenslaufanalyse" gestellt werden. Dies ist jedoch in den zwei ersten Lebensjahren des Kindes nicht möglich[87].
Betroffene Eltern bleiben im Blick auf die Zukunft im Ungewissen. Dies gilt auch für die individuellen Perspektiven der sozialen, emotionalen und persönlichkeitsbezogenen Entwicklung, für die zu erwartende Gesundheits- und Lebenserwartung[88] und für die damit verbundenen Anforderungen. Die Geburt eines Kindes mit Down-Syndrom erweist sich in dieser Hinsicht als ein *zukunftoffenes*, in seinen Konsequenzen variables Ereignis mit **nicht vorhersagbaren, kaum kontrollierbaren Folgen**.

Die Folgen, die dieses kritische Ereignis für betroffene Eltern hat, können nicht konkret-inhaltlich, sondern nur allgemein-strukturell benannt werden. Die medizinischen und intellektuellen Struktur- und Funktionsbedingungen bringen für betroffene Eltern, u. U. vom ersten Tag an oder schon vor der Geburt ihres Kindes, zusätzliche Bela-

---

[84] Männer mit Down-Syndrom sind i. d. R. unfruchtbar und Frauen mit Down-Syndrom selten fruchtbar (vgl. Kunze 1992, 10).

[85] Dittmann 1994a, 117.

[86] Filipp 1981, 97 führt Holmes & Rahe, sowie Tennant & Andrews an, die den Parameter "Grad der Lebensveränderung" verwenden.

[87] Siehe hierzu Dittmann 1982, 152-154 und 146f;

[88] Ein erhöhtes Risiko, aber keine Zwangsläufigkeit zu (lebensgefährdenden) Erkrankungen besteht im ersten Lebensjahr (besonders Herz und Lunge betreffend) und im Erwachsenenalter ab dem dritten Lebensjahrzehnt (bes. Morbus Alzheimer bzw. frühe, senile Dementia betreffend). Die Lebenserwartung bei Menschen mit Down-Syndrom ist, auch wenn sie in den vergangenen Jahrzehnten ununterbrochen angestiegen ist, geringer als bei Menschen, die dieses Syndrom nicht haben. Vgl. Dittmann 1982, 141-145; Kunze 1992,10, Rett 1983, 118-128.

stungen und Anforderungen mit sich. Abhängig von Person- und Kontextbedingungen im Einzelfall kann es sich um einen erhöhten Pflege- und Betreuungsaufwand, um zusätzliche Arzttermine, Operationen und ihre Nachsorge, Fördermaßnahmen, zusätzlichen bürokratischen Aufwand, Behördengänge und mehr handeln[89]. Sie wirken sich auf die Eltern in ihrer Ganzheit und auf das Familiensystem insgesamt aus und sind auf Dauer angelegt. In bezug auf diesen zeitlichen Aspekt wird in der wissenschaftlichen Diskussion von "permanenter Elternschaft"[90] gesprochen. Die Geburt eines Kindes mit Down-Syndrom kann als ein kritisches Ereignis mit zeit- und arbeitsintensiven, **permanenten Folgen** beschrieben werden.

1.2 Diagnose Down-Syndrom

Unter "Diagnose" soll, im Sinn der ursprünglichen, griechischen Wortbedeutung, eine "*unterscheidende Erkenntnis*"[91] verstanden werden. Diagnose Down-Syndrom meint demnach die diakritische Erkenntnis, dass bei einer Person das Down-Syndrom vorliegt. Aus der für uns relevanten Perspektive der Eltern ist es die subjektive Realisierung: "Ich bin Vater oder Mutter eines Kindes mit Down-Syndrom (geworden)".

Die Diagnose Down-Syndrom bezeichnet primär die *Elementardiagnose*, die im Sinne von "elementum" den Anfang und den Grund des kritischen Ereignisses bezeichnet[92]. Es ist die Diagnose, die, als ein einmaliger und für immer vollzogener Akt, die Tatsache festhält: "Mein Kind hat das Down-Syndrom".

Darüber hinaus kann die Diagnose Down-Syndrom ein Leben lang immer wieder neu zum Ereignis werden. Nicht nur die elementare Tatsache, ein Kind mit Down-Syndrom zu haben, sondern auch alle für die Eltern relevanten Implikationen dieser Tatsache sind Teil des Ereignisses und seiner diakritischen Erkenntnis. Sie unterwerfen Eltern immer neuen, sich permanent verändernden Lebensbedingungen, die das kritische Ereignis reaktivieren können.

Ein *Diagnosebegriff* in diesem allgemeinen Sinn geht über das medizinische Verständnis von Diagnose weit hinaus. Er nimmt die Eltern als erkennende Subjekte im Sinne einer allgemeinen Diagnose und als aktive Rezipienten der medizinischen Diagnose wahr. Zugleich bewahrt der interaktive, prozessuale und subjektorientierte Charakter dieses Begriffes vor einer Reduktion und Festschreibung eines Phänomens auf das medizinisch Diagnostizierte.

---

[89] Zum Letzteren vgl. Masur in Dudenhausen 1992, 142-146.
[90] Balzer/ Rolli 1975. Vgl. z. B. Dittmann 1992b, 33.
[91] Duden "Fremdwörterbuch" 1982, 180.
[92] Vgl. Duden "Fremdwörterbuch" 1982, 211.

1.2.1 Diagnose Down-Syndrom im Kontext der Eltern[93]

Die Einzelfaktoren, die im Zusammenhang der elterlichen Lebenssituation kritische Merkmale der Diagnose Down-Syndrom produzieren und reduzieren, können hier in ihrer Komplexität und Fülle weder aufgezählt noch behandelt werden. Zu ihnen gehören u. a. wirtschaftliche, kulturelle, gesellschaftliche, psychosoziale, sozioökologische, bildungs- und erfahrungsspezifische Faktoren. Die Geburt eines Kindes mit Down-Syndrom ist, wie wir festgestellt haben, ein selektiv-indifferentes Ereignis. Es ist gegenüber der Mehrzahl dieser Faktoren indifferent. Für den Zusammenhang der taxonomischen Analyse unseres Ereignisses sind nur Faktoren von Interesse, die die Diagnose Down-Syndrom allgemeingültig und ereignisspezifisch qualifizieren. In diesem Abschnitt sind es kritische *Kontext-, Antezedenz- und Personenmerkmale* aus der Perspektive betroffener Eltern.

Ein Kind mit Down-Syndrom kann für unterschiedliche Personen zu einem kritischen Ereignis werden. Zu ihnen können neben den Eltern auch die Geschwister, Großeltern und jede Person im unmittelbaren sozio-ökologischen Umfeld des Kindes gehören. Wir beschränken uns hier auf die Eltern, weil sie die primären Bezugspersonen sind und weil unser Ereignis ein elternbezogenes, **populationsspezifisches** Ereignis ist[94].

Präzise betrachtet müssten wir die Eltern eines Kindes mit Down-Syndrom als *mittelbar Betroffene* bezeichnen. Denn unmittelbar betroffen sind die Menschen mit Down-Syndrom selbst[95]. Sie sind es, die tagtäglich mit den kognitiven, sozialen, sprachlichen und physiologischen Einschränkungen, den gesellschaftlichen Benachteiligungen und vielem mehr vom Säuglings- bis ins Greisenalter leben müssen. Von den Stigmata des Down-Syndroms werden Eltern "nur" **indirekt betroffen**. Unmittelbare physische, kognitive und psychosoziale Funktionseinschränkungen bleiben ihnen erspart. Die existenzielle, indirekte Betroffenheit ist jedoch aufgrund der engen sozialen Bindung und der elterlichen Verantwortung so groß und umfassend, dass die Behinderung des Kindes sie mit hoher Wahrscheinlichkeit in eine persönliche Krise führt. Nehmen wir also die Intensität des Effektes und die kritische Potenz der Diagnose Down-Syndrom in den Blick, können Mütter und Väter zu Recht als mittelbar Betroffene angesehen werden.

1.2.1.1 Lebenssituation der Eltern (Kontextmerkmale)

Das Elementarereignis, Mutter oder Vater eines Kindes mit Down-Syndrom zu werden, korrespondiert mit der ontogenetischen Entwicklung der Eltern und weist einen engen Zusammenhang mit ihrem Lebensalter auf. Es findet im direkten Kontext der

---

[93] Wo im Folgenden von „Eltern" gesprochen wird, sind die gesetzlichen Vertreter und primären Bezugspersonen mit eingeschlossen.

[94] Nach Filipp 1981, 96 verwenden Costatini et al. den Ereignisparameter: "keine - nur populationsspezifiziert".

[95] Diese Unterscheidung trifft auch Schuchardt 1993, 148.

Geburt eines leiblichen Kindes statt, die i. d. R. ihren biographischen Ort im *frühen Erwachsenenalter* hat.
Prinzipiell ist aber mit einer Zeitspanne zwischen Gebär- bzw. Zeugungsfähigkeit und -unfähigkeit zu rechnen, so dass Menschen von der Adoleszenz bis ins mittlere Erwachsenenalter, bei Männern bis ins hohe Erwachsenenalter ein Kind mit Down-Syndrom bekommen können[96]. Da das Elementarereignis „Diagnose Down-Syndrom" an das Kinder-Bekommen gebunden ist, können wir auch von einem lebensphasenbezogenen bzw. **altersspezifischen Ereignis** sprechen.

Eltern sind, so banal diese Tatsache auch klingen mag, i. d. R. immer zu zweit, als Vater und Mutter gemeinsame, wenn auch auf geschlechtsspezifische Weise, vom kritischen Ereignis „Diagnose Down-Syndrom" betroffen. Es ist ausschließlich *ihr* leibliches Kind. Die *gemeinsame Betroffenheit* ist formal auch gegeben, wenn die Eltern in einem getrennten, zerrütteten oder beziehungslosen Verhältnis zueinander stehen. In den meisten Fällen bietet die gemeinsame Elternschaft einen zwischenmenschlichen Rückhalt und psychosoziale Ressourcen[97]. Gerade in der Zeit unmittelbar nach der Diagnoseeröffnung, in der sich Eltern von ihrer sozialen Umgebung völlig allein gelassen fühlen können[98], bleibt nur der/die Partner/in an der eigenen Seite und wird in der Retrospektive nicht selten als die "wichtigste Beziehungsperson" im Bewältigungsprozess empfunden[99]. Die indirekte Betroffenheit äußert sich primär als eine elternzentrierte, dyadische Betroffenheit.

Mit der Geburt eines Kindes wird die Dyade der Partnerbeziehung zur Triade der Familie erweitert oder der Kleinfamilie wird ein weiteres Mitglied hinzugefügt. Mit dem Übergang zur ersten oder weiteren Elternschaft verändert sich die *Familiensituation* mit ihren Beziehungsstrukturen und -qualitäten spürbar[100].

Heute müssen wir selbstverständlich davon ausgehen, dass die klassischen Institutionen der Ehe und der Kleinfamilie in praxi längst durch alternative, pluriforme Modi des Zusammenlebens bereichert wurden. Sie werden u. a. als Lebens(abschnitts)-partnerschaft bzw. als patchwork-Familie bezeichnet. Letztere kann im Falle von Alleinerziehenden auch ohne die Dimension der Partnerschaft existieren.

Die Geburt eines Kindes richtet an die Mitglieder der Familie eine "phasenspezifische Entwicklungsaufgabe" (Rossi)[101]. Ihr Interaktionsmuster muss umstrukturiert und die Familie reorganisiert werden[102]. Dieses Ereignis gilt als ein kritisches Phänomen im

---

[96] Zur Einteilung der Lebensalter vgl. Erikson 1993, 150f.
[97] Selikowitz 1990, 13 stellt bei Eltern mit einem Down-Kind keine höhere Scheidungsrate fest. Schmidt 1976, 208 nennt bei 1135 betroffenen Eltern nur fünf Scheidungen. Gath 1978, 58ff und 66 sieht die Tendenz, dass sich gute Partnerschaften stabilisieren, schlechte labilisieren.
[98] Nach Tamm 1994, 43 fühlten sich 17 % der Eltern nach der Geburt ihres Kindes mit Down-Syndrom völlig alleingelassen.
[99] Rauh 1988, 460.
[100] Zum Übergang zur Erst- und Zweitelternschaft vgl. die ausführliche Monographie von Brüderl 1989, bes. die theoretischen Grundlagen S. 3-26. McCubbin/ Paterson 1983,12f bezeichnet „normative transitions" als einen von „five broad types of stressors".
[101] Dem Forschungsüberblick von Oerter 1987, 349ff lassen sich u. a. die kritischen Merkmale finanzielle Sorgen, nicht geplantes Kind, Dauer der Partnerschaft, Anpassung an die Partnerbeziehung, Alter der Eltern entnehmen.
[102] Vgl. Hill 1949, Rauh 1988, 454.

Familienzyklus und gehört zu den Vorgängen, die "in der Regel zum normalen Erwartungshorizont im Leben eines Menschen zählen"[103]. Es ist ein normatives, kritisches Lebensereignis und u. a. Gegenstand der Life-Event-Forschung[104].

Tritt mit der Geburt des Kindes die Situation ein, dass die Dyade zur Triade erweitert und der Übergang zur *Ersteltemschaft* vollzogen wird, ist mit einer Zunahme der persönlichen Belastung zu rechnen[105]. Die neue Situation der Elternschaft löst bei einem Teil der "neuen" Mütter und Väter eine Krise aus. Auch wenn die Forschungsergebnisse zur Häufigkeit und Bestimmung dieser Krise erheblich schwanken[106], an der kritischen Potenz der Geburt des ersten Kindes kann nicht gezweifelt werden.

Ein Kind zu bekommen, das das Down-Syndrom hat, fällt somit als ein nonnormatives kritisches Ereignis zeitlich mit dem normativen, kritischen Lebensereignis Geburt eines Kindes und im Falle der Erstgeburt mit dem kritischen Übergang zur Elternschaft weitgehend zusammen. Dadurch verweben sich kritische Merkmale zweier oder mehrerer Ereignisse zu einem multiplexen, kritischen Geschehen. Es kann in diesem Zusammenhang von einem **multi-kritischen Ereignis** gesprochen werden.

1.2.1.2 *Erwartungshorizont der Eltern (Antezedenzmerkmale)*

Das zeitliche Zusammenfallen der *Geburt eines Kindes* mit der Diagnose Down-Syndrom dieses Kindes bringt Eltern in eine multi-kritische Situation, nicht aber in eine multi-negative. Zwar wird die Gefährdung der Geburt seit Urzeiten durch magische Gebräuche abgewehrt, das Wohlergehen der Gebärenden durch Tabu-Verordnungen herbeigeschworen[107] oder es werden Geburtsschmerzen etwa als eine von Gott verhängt Strafe interpretiert[108]. Doch das Zur-Welt-Kommen des Kindes wird kulturübergreifend als ein *positives Ereignis* bewertet. Die freudige Neuigkeit der Geburt wird Verwandten und Bekannten gern übermittelt, Glückwünsche werden ausgesprochen und Geschenke überreicht.

Das kritische Ereignis der Geburt ist ein positives. Hier wird deutlich, was die Life-Event-Forschung seit zwei Jahrzehnten erkannt hat: Auch positive Ereignisse können

---

[103] Katschig 1988, 398.

[104] Vgl. Oerter 1987, 67 und 350, Lambeck 1992, 14 oder die Krisen im Lebenszyklus bei Erikson 1993.

[105] Vgl. Oerter 1987, 350f u. 354.

[106] Nach Oerter 1987, 352f stellt Rusell (1974) bei nur 4 % der Eltern eines nichtbehinderten erstgeborenen Kindes eine schwere und ausgedehnte, postnatale Krise fest, Dyer (1963) bei 53 %, LeMasters (1975) sogar bei 80 %.

[107] Vgl. Hultkrantz, 1239.

[108] So z. B. in der biblischen Paradies- und Sündenfallgeschichte Gen 3,16: „Viel Mühsal bereite ich dir, sooft du schwanger wirst. Unter Schmerzen sollst du Kinder gebären."

als kritische Phänomene pathogene Auswirkungen haben, auch wenn sie i. d. R. nicht dieselbe Intensität besitzen wie negative Ereignisse[109].

Wer Vater oder Mutter wird, ist trotz mancher Befürchtungen erwartungsfroh. Zukünftige Eltern gehen mit Hoffnungen, Träumen und Wünschen für ihr Kind schwanger. Die Vielzahl potentieller Projektionen und *positiver Zuschreibungen* kann hier nur exemplarisch angedeutet werden:
Das eigene Kind wird als Stammhalter verehrt, als Bestätigung der eigenen Fruchtbarkeit betätschelt, als wirtschaftliches Kapital für schwierige Zeiten angelegt, als soziale Heimat für das Alter ersehnt, als Messias der eigenen Hoffnungslosigkeit gefeiert, als Vollender des persönlichen Lebenswerkes verplant, als personifizierte Unsterblichkeit der eigenen Person vergöttert und mit einem mehr oder weniger inhaltsvollen Namen benannt. Es ist nicht selten das "ideale Selbst"[110], in dem sich Eltern widerfinden wollen.

Ein Kind zu bekommen bedeutet für Eltern i. d. R. Genugtuung, Selbstwertgefühl, gesellschaftliche Anerkennung, Sozialprestige und vieles mehr[111]. Je intensiver werdende Eltern ihre positiven Erwartungen und Hoffnungen auf das Ungeborene richten, desto stärker schirmen sie ihre Befürchtungen und Ängsten mit den ihnen zur Verfügung stehenden bewußten und unbewußten Abwehrmechanismen ab. Ganz selbstverständlich rechnen sie mit einem "normalen", einem "geistig und körperlich unversehrten, wohlgestalteten Kind"[112]. Wird die in den Köpfen vorhandene, theoretische Möglichkeit, ein behindertes Baby zur Welt zu bringen, Wirklichkeit, trifft die Eltern ein **völlig unerwartetes Ereignis**.

Mit der Geburt des unerwarteten Kindes verlieren die Eltern ihr Wunschkind. Sie fühlen sich oftmals so, als ob jemand gestorben wäre. Mit dem virtuellen Tod des ersehnten Kindes müssen Eltern falsche Vorstellungen, Hoffnungen und Träume „begraben". Sie müssen für immer Abschied nehmen von der antizipierten Selbständigkeit ihres Kindes jenseits der Adoleszenz, von einer glänzenden schulisch-beruflichen Karriere, von ihrer eigenen "Selbstverwirklichung" im selbst erdachten Kind. Wie beim Verlust eines Menschen löst der virtuelle Tod des nichtgeborenen Kindes Trauer aus. Dabei haben Eltern behinderter Kinder es schwerer, sich aus der Trauer herauszulösen, weil ihnen der Grund ihrer Trauer *scheinbar* täglich vor Augen steht[113].
Diese Hinweise sollen genügen, um wahrzunehmen, wie bedeutungsgeladen die Geburtssituation aus der Sicht der Eltern ist und wie sich die Ankunft des Kindes nach

---

[109] Vgl. Oerter 1987, 67; nach Brüderl 1988, 29 hat bereits Selye (1974) freudige Ereignisse in die Stressforschung einbezogen.

[110] Jonas 1990, 60.

[111] Vgl. Rauh 1988, 457; Oerter 1987, 349 referiert, dass sie erst als Eltern das Gefühl haben, "richtige Erwachsene zu sein".

[112] So z. B. in dem Erfahrungsbericht von Lebéus 1993, 16. Vgl. auch Dittmann 1994b, 38 und Hinze 1993, 99.

[113] So Bölling-Bochinger 1998, 109. Vgl. auch Stengel-Rutkowski/ Anderlik 1998.

der Diagnosemitteilung als ein **erwartungskonträres und -enttäuschendes Ereignis** entpuppen und zu einem tragischen **Verlustereignis** werden kann[114].

Hoffnungsvolle Zuschreibungen und gute Erwartungen bilden die positive Kontrastfolie, auf der sich das zukunftsverändernde, irreversible und ungewisse Elementarereignis der Diagnose Down-Syndrom abzeichnet. Dieses Geschehen wird somit häufig als ein **negatives Kontrastereignis** auf einem *positiv-bedeutungs-geladenen Hintergrund* gedeutet[115].

1.2.1.3   Einstellungshorizont der Eltern (Personenmerkmale)

Der *negativ-positiv-Kontrast* spitzt sich durch das Einstellungsprofil der Eltern zum Down-Syndrom weiter zu. Die idealistisch überhöhte positive Einstellung der Eltern zu ihrem Wunschkind soll nun ihrer Einstellung zu Behinderungen und zu Kindern mit Down-Syndrom in der Zeit vor ihrer persönlichen Betroffenheit gegenübergestellt werden.

Wie die Eltern unserer Stichprobe das Down-Syndrom vor ihrer existenziellen Begegnung gesehen haben, lässt sich nur hypothetisch rekonstruieren. Wir gehen von den Ergebnissen der Attitüdenforschung aus. Sie besagen, dass Einstellungen nicht aus der Persönlichkeitsstruktur des Individuums abzuleiten sind, sondern aus dem gesellschaftlichen Normensystem. Die Sichtweise der Eltern "stellt die phänomenale, in den Eltern psychisch repräsentierte und von ihnen subjektiv gedeutete gesellschaftliche Situation dar"[116]. Es muss damit gerechnet werden, dass die Einstellung der Gesellschaft zum Down-Syndrom sich in den Einstellungen ihrer Mitglieder widerspiegelt. Diese Einstellungen sind auf der Grundlage der selektiv-indifferenten Zufallsverteilung des Down-Syndroms auch bei zukünftig betroffenen Eltern in analoger Weise repräsentiert. Werdende Eltern von Kindern mit Down-Syndrom sind *attitüdenkonform*. Sie weisen gegenüber der Gesamtheit der erwachsenen Bevölkerung des Bundesgebietes keine diakritischen Einstellungsmerkmale auf[117].

Auf dem Hintergrund dieser Prämissen stützen wir uns auf *Ergebnisse der Attitüdenforschung* zum Down-Syndrom, die für erwachsene Menschen unseres Kulturraums gültig, repräsentativ und so aktuell wie möglich sind.
Es empfehlen sich die empirischen Untersuchungen von Bracken (1976), Christiansen-Berndt (1981) und die EMNID-Erhebung 1969 und 1983, Lenzen (1985). Diese

---

[114]   Hinze 1993, 99f stellt bei Eltern von Kindern mit einer geistigen Behinderung fest, dass insbesondere Väter von Jungen durch Verlusterfahrungen niedergeschlagen sind: „Mit ihm einmal Fussball zu spielen, auf Bäume zu klettern und ein kameradschaftliches Verhältnis zu haben, kam wohl nicht mehr in Frage."

[115]   Der Kontext eines Ereignisses kann u. U. - wie in unserem Fall - bedeutsam sein und kritische Merkmale aufweisen. Zur Verdeutlichung ein Beispiel: Es macht einen Unterschied, ob jemand sich sein Bein beim Einkauf oder beim 400m-Hürdenlauf als Goldmedaillenanwärter bei der Olympiade bricht.

[116]   Lambeck 1992, 32; vgl. auch Rauh 1988, 466-468.

[117]   So auch Dittmann 1994a, 124.

Studien beziehen sich auf Einstellungen gegenüber Kindern mit geistiger Behinderung. Wir beziehen uns vorrangig auf die *EMNID-Erhebung*, weil sie als einzige deutsche Studie separate Resultate für Kinder mit Down-Syndrom bietet, die zugleich repräsentativ sind[118].

Bei unseren Überlegungen zur Terminologie des Down-Syndroms haben wir erste Hinweise auf die gesellschaftlich negative Zuschreibung dieses Phänomens erhalten[119]. Übereinstimmend wird eine geistige Behinderung von einem Großteil der Bevölkerung *als schwerste Behinderungsform* angesehen, die ein Kind treffen kann[120]. Ob diese Sichtweise auch uneingeschränkt für das Down-Syndrom zutrifft und welche Rolle Kinder mit Down-Syndrom innerhalb der Gruppierung "geistige Behinderung" spielen, wird in keiner der genannten Studien präzise bestimmt. Sie dürften aber "ähnlich wie geistig mittelschwer behinderte Kinder eingeschätzt"[121] werden.

Die Angaben zum *Bekanntheitsgrad* sind zwischen 1969 und 1983 konstant geblieben[122]. Ungefähr die Hälfte der befragten Repräsentativgruppe kennt ein Kind, das geistig oder körperlich behindert ist, persönlich. Gut einem Fünftel der Gesamtheit der Befragten ist ein behindertes Kind nur flüchtig bekannt und bei wiederum ca. einem Fünftel dieser Teilgruppe (ca. 4 % der Gesamtheit) handelt es sich um eine intensivere Bekanntschaft, also um ein Kind aus der Nachbarschaft, Verwandtschaft oder dem Bekanntenkreis[123].

Wir müssen also davon ausgehen, dass die überwiegende Mehrheit der Eltern vor der Geburt *kaum oder keine Vorerfahrung* mit geistiger Behinderung hatten. Ihr Kind mit Down-Syndrom ist darum eine Herausforderung zu neuen und unbekannten Aufgaben, die ihre überkommenen elterlichen Verhaltensmuster übersteigen. Unvorbereitet sind sie gezwungen, sich in einer sogenannten "*traditionslosen Elternschaft*"[124] zurechtzufinden. Sie können auf keine antizipatorische Sozialisation zurückgreifen, die ihnen situationsadäquate Handlungsressourcen und -kompetenzen an die Hand geben könnte.
In diesem Kontext zeigt sich uns das non-normative Phänomen der Diagnose Down-Syndrom als ein kritisches, **traditionsloses Ereignis**.

Eines scheint deutlich zu sein: Die öffentliche Einstellung zum Down-Syndrom hat sich in den vergangenen 30 Jahren stark verändert. Lenzen spricht von einem "eklatant positiven Wandel!" in Bezug auf den Informationsgrad der Bevölkerung. So hatte 1969 noch jeder zweite Respondent (49 %) vorgegeben, über die Behindertengruppe

---

[118] Zur Verallgemeinerbarkeit vgl. Lenzen 1985, 55.
[119] Vgl. unten unter A, 1.1.1.
[120] Vgl. Mühl 1984, 23, Wendeler 1993, 47, Lenzen 1985, 55; dieser Sachverhalt wird in der Fachliteratur damit erklärt, dass die Intelligenz des Menschen als seine höchste Würde angesehen wird; vgl. Speck 1993, 285.
[121] Lenzen 1985, 56.
[122] Vgl. Lenzen 1985, 60.
[123] Siehe Lenzen 1985, 55 u. 60f sowie Rauh 1988, 458.
[124] So Balzer 1975. Vgl. Dittmann/ Klatte-Reiber 1993b, 166/2 (Kursivdruck vom Verfasser).

Down-Syndrom bzw. Mongoloismus nichts zu wissen, 1983 war es nur noch jeder sechzehnte (6 %)[125]. Diese Trendwende in unserer Gesellschaft lässt sich auch bei der positiveren Einschätzung des Behinderungsgrades von Kindern mit Down-Syndrom 1983 gegenüber 1969 nachweisen[126], sowie bei den Vorstellungen, die Kinder sollten im Elternhaus bleiben, besondere Fürsorge erhalten und dann die Sonderschule besuchen, die 1983 (36 %) gegenüber 1969 (16 %) mehr als doppelt so häufig geäußert wurden[127].

Wie sehr es sich bei der *postulierten Trendwende* um eine reale Einstellungsänderung oder aber um einen Bias handelt, der aus einer Unsicherheit der Respondenten oder einer heute viel sensibler erspürten sozialen Erwünschtheit resultiert[128], muss offen bleiben. Die Frage nach den tatsächlichen Einstellungen sollte - da sie Handlungsbereitschaften implizieren - heute angesichts einer "neuen Behindertenfeindlichkeit" und einer neuen Euthanasiedebatte verschärft gestellt und neu beantwortet werden.

Am Ende der EMNID-Studie wurde ein *Eigenschaftszuordnungstest* durchgeführt. Die Respondenten sollten beim Anblick von acht Kindern mit Down-Syndrom, die auf Schwarz-Weiß-Fotografien abgebildet waren, ihre Gedanken und Empfindungen äußern. Die spontanen Antworten wurden bei der Auswertung zu 10 Meinungsgruppen zusammengefasst. Es fällt auf, dass diese Meinungsgruppen innerhalb des begrenzten Spektrums extrem negativer ("Befürwortung des Gnadentodes") und sachlicher, d. h. formaler ("mongoloid") Äußerungen liegen. Ein positives Spektrum ist (bei diesen spontanen Reaktionen) nicht vorhanden! Mehr als die Hälfte der Nennungen (1969: 51 % und 1983: 56 %) befinden sich in der Gruppe "Traurig, bedauernswert, bemitleidenswert, erschütternd"[129]. Die Zwiespältigkeit und negative Pointe der vorherrschenden Haltung des Mitleids muss mit Dörners kritischer Analyse "Tödliches Mitleid" deutlich vor Augen gestellt werden[130].

Der Grad und die Intensität negativer Einstellungen können durch einzelne Items aus der Untersuchung von Bracken (1976) noch deutlicher herausgestellt werden. Nahezu die Hälfte der Befragten äußerten Gefühle der Befremdetseins, der Unsicherheit, der Angst und der Ablehnung gegenüber geistig behinderten Kindern. Ein Drittel war nicht bereit, das eigene Kind mit einem geistig behinderten Kind gemeinsam spielen zu lassen und nahezu alle lehnten die Adoption eines geistig behinderten Kindes ab. Fast drei von vier Personen (70 %) meinten, es sei besser, wenn ein solches Kind früh sterben würde[131].

---

[125] Lenzen 1985, 60.
[126] Vgl. Lenzen 1985, 63.
[127] Vgl. Lenzen 1985, 64.
[128] Vgl. Wendeler 1993, 49 und Lenzen 1985, 65.
[129] Lenzen 1985, 65.
[130] Dörner 1988; vgl. auch Wendeler 1993, 47f.
[131] Bracken 1976; vgl. Speck 1993, 286, Mühl 1984, 23.

Übertragen wir diese Ergebnisse auf die Eltern, wird der eklatante Konflikt, in den sie nach der Geburt ihres Kindes mit Down-Syndrom geraten, mit Händen greifbar. Ein positiver Erwartungshorizont und ein negativer Einstellungshorizont prallen kontradiktorisch aufeinander: *Wunsch versus Wirklichkeit* des eigenen Kindes. Diese Diskrepanz erfasst die ganze Person. Sie berührt die kognitive, emotionale und konative Komponente des Verhaltens und Erlebens. *Konkret formuliert* kann dies bedeuten: Das Kind, das besser sterben sollte, ist das Kind, in dem ich mich verwirklichen und verewigen will. Das Kind, das Angst, Befremden und Ablehnung in mir aufsteigen lässt, ist das Kind meiner Hoffung und Liebe. Das Kind, das ich nicht adoptieren würde, ist mein Kind.

Das multikritische Ereignis der Diagnose Down-Syndrom reißt einen tiefen Graben zwischen Sein und Sein-Sollen, zwischen Kind mit Down-Syndrom und Wunschkind[132]. Dieser *attitudionale, holistische Grundkonflikt* kann zu massiven Erwartungsenttäuschungen, Verlusterfahrungen, Frustrationen und Depressionen führen. Er ist ein kritisches Merkmal des Elementarereignisses, das weitgehend generalisierbar zu sein scheint und qualifiziert die Diagnose Down-Syndrom als ein **extrem unerwünschtes, einstellungskonträres und labilisierendes Ereignis.**

---

[132] Dittmann 1993b, 168/1 sieht einen stresserzeugenden Grundkonflikt in der Diskrepanz zwischen dem Sosein vor der Geburt und dem Jetzt-Sein nach der Geburt. Das Kontradiktorische liegt in den faktischen Veränderungen, die sich der Deutung der Eltern zufolge unter Einbeziehung ihrer objektiven und subjektiven Lebensrealität vollzogen haben. Der hier sich abzeichnende Konflikt wird dagegen zwischen den Polen der Deutung des faktischen Jetzt-Seins (Elternbild vom Kind mit Down-Syndrom) und des fiktiven Jetzt-Anders-Sein-Sollens (Wunschkind) gesehen.

1.2.2 Im Kontext der Zeit

Die Erkenntnis, ein Kind zu bekommen oder zu haben, das in mancherlei Hinsicht anders ist als andere Kinder, kann sich zu unterschiedlichen Zeitpunkten einstellen. Aus der Perspektive der Eltern betrachtet, geschieht dies frühestens wenige Monate nach der Befruchtungs- bzw. Konzeptionsfähigkeit und/oder es kann über die ganzen Lebensspanne der Eltern oder des Kindes erneut aktualisiert werden.
Der zeitliche Kontext dieses Ereignisses ist nicht beliebig. Er liefert vielmehr eine Bedingungsgrundlage für das eine oder andere kritische Merkmal der Diagnose Down-Syndrom. Da die Geburt des Kindes als Symbol seiner Existenz, einen neuralgischen Punkt bildet, wollen wir das *Diagnoseereignis* des Kindes mit Down-Syndrom *im prä-, peri- und postnatalen Stadium* unter die Lupe nehmen.

1.2.2.1 Pränatale Diagnose

Das Down-Syndrom kann bereits während der Schwangerschaft diagnostiziert werden. Die Implikationen einer pränatalen Diagnose bergen für werdende Eltern spezifische und weitreichende Konsequenzen.
Da die Wirkursache des Down-Syndroms unerforscht ist, eröffnet die Pränataldiagnose *keine therapeutische Möglichkeit*, das Syndrom des sich entwickelnden Kindes zu vermeiden. Eine medizinische Prävention im Sinne einer Therapie ist beim Down-Syndrom im Pränatalstadium ausgeschlossen[133]. Das pränatale Wissen um die Behinderung des Kindes kann für die Betroffenen nur den Sinn haben, sich schon früher, während der Schwangerschaft, auf ein Kind mit einer Behinderung einzustellen, oder aber die Sicherheit zu erhalten, kein chromosomenverändertes Kind zu bekommen bzw. bei positivem Befund bekommen zu müssen. Die Möglichkeit, die Schwangerschaft abzubrechen bzw. das ungeborene Leben abzutöten, ist auch nach dem neuen Schwangeren- und Familienhilfeänderungsgesetz (SFHÄndG), das am 1. Oktober 1995 in Kraft trat, noch gegeben.

Altes Gesetz zur sogenannten embryopathischen Indikation
Bis September 1995 konnte ein *straffreier Schwangerschaftsabbruch* aufgrund einer embryopathischen Indikation nach § 218a Abs. 3 StGB in Verbindung mit Abs. 2 Nr. 1 *vor der 22. Woche* post conceptionem durchgeführt werden. Auch beim Down-Syndrom galten die Voraussetzungen erfüllt, dass "das Kind infolge einer Erbanlage oder schädlicher Einflüsse vor der Geburt an einer nicht behebbaren Schädigung seines Gesundheitszustandes leiden würde, die so schwer wiegt, dass von der Schwangeren die Fortsetzung der Schwangerschaft nicht verlangt werden kann"[134].
Mit dem Zugeständnis eines Schwangerschaftsabbruchs bis zur 22. Woche räumte der Gesetzgeber eine 10 Wochen längere Frist bei der *sogenannten eugenischen bzw. embryopathischen Indikation* gegenüber anderen Indikationen ein. Diese Sonderfrist begründete eine Ungleichbehandlung zwischen dem ungeborenen behinder-

---

[133] Vgl. Tamm 1994, 55f.
[134] Gastiger Juli 1993, StGB § 218a (3) 1, S. 54; vgl. auch Bundesgesetzblatt I 1992, 1398ff.

ten und nichtbehinderten Leben, die im Widerspruch zum Grundrecht auf Gleichheit vor dem Gesetz nach Art. 3 GG stand.

Von diesem Sachverhalt konnte m. E. zweierlei abgeleitet werden:
Zum einen war der Gesetzgeber bereit, einen hohen Preis für bestimmte - wohl primär wirtschaftliche [135] - Interessen zu bezahlen: die *pränatale Aufhebung des Gleichheitsgrundsatzes*. Behindertes Leben wurde während der Schwangerschaft weniger wert geachtet als das Leben, das von "nicht behebbarer Schädigung seines Gesundheitszustandes" frei ist. Die *Sonderfrist* von 22 Wochen stellte eine Diskriminierung behinderten menschlichen Lebens dar. Sie ermöglichte einen Abbruch der Schwangerschaft zu einem Zeitpunkt, an dem das Ungeborene die rund fünffache Länge und das 25-fache Gewicht im Vergleich zur Regelfrist (12. SSW) aufwies.
Zum anderen spiegelte diese *diskriminierende Gesetzesgrundlage* eine gesellschaftliche Haltung wider, die dem menschlichen Leben mit Behinderung die Vermeidung, bzw. den Abbruch dieses Lebens vorzieht[136]. Positiv verschleiernd konnte sie als eine "präventive Eugenik des Mitleids" (Wolff) bezeichnet werden[137]. Während 80 % der Ärzte einen Schwangerschaftsabbruch als "Tötung" ablehnen, wird er, wenn eine Behinderung vorliegt, überwiegend akzeptiert[138]. Die kindliche oder euphemistisch *sogenannte eugenische Indikation* offenbarte eine gesellschaftliche Grundhaltung der Euthanasie, die im postnatalen Bereich wieder bzw. noch (weitgehend) tabuisiert werden kann[139].

Neuregelung des Schwangerschaftsabbruchs
Mit der Aufhebung der embryopathischen Indikation wird der Gleichheitsgrundsatz wiederhergestellt und die diskriminierende Gesetzeslage de iure beseitigt. In Bezug auf die Gesetzgebung und Rechtsprechung ist darin ein Fortschritt zu erkennen.
„Dies bedeutet aber nicht, dass eine Frau, die ein behindertes Kind erwartet, nach Ablauf der in § 218 a Abs. 1 StGB geregelten 12-Wochen-Frist keinen Abbruch mehr vornehmen darf. Derartige Fälle sollten nun als medizinisch indizierte Schwangerschaftsabbrüche dargestellt werden."[140] Zwar kann nun eine Behinderung nach dem Gesetz nicht mehr als Grund für die Minderung des pränatalen Lebensrechtes gelten, nach der aktuellen Praxis hat sich aber der Schutz des ungeborenen behinderten Lebens deutlich verschlechtert. Denn nach § 218 a Abs. 1 Nr. 2 ist ein Schwangerschaftsabbruch auch im Rahmen der sogenannten medizinischen Indikation möglich, „.... um eine Gefahr für das Leben (der Schwangeren) oder die Gefahr einer schwerwiegenden Beeinträchtigung des körperlichen oder seelischen Gesundheitszustandes der Schwangeren abzuwenden, und die Gefahr nicht auf eine andere

---

[135] Vgl. Tamm 1994, 56f (Kosten-Nutzenberechnungen etc.).
[136] Diese Feststellung deckt sich mit der von Bracken (1981) erhobenen Einstellung von 70 % der Befragten, es sei besser, wenn ein solches Kind früh sterben würde und einer Haltung, die davon ausgeht, dass das Down-Syndrom heute nicht mehr vorkommen müsse. Vgl. Tamm 1994, 55.
[137] Vgl. Ringler 1992, 56 oder Wolff, G.: Ethik Med. 1: 184 (1989).
[138] So das Ergebnis referierter Studien in Lambeck 1992, 95.
[139] Zur alten "Euthanasie" und zur neuen "Euthanasie"-Debatte kann hier lediglich auf Einstiegsliteratur verwiesen werden: Siehe Klee 1985, Tolmein 1990, Wils 1990, zum Down-Syndrom s. Tamm 1994, 56-61.
[140] Zimmermann 1997, 189.

für sie zumutbare Weise abgewendet werden kann." Die hier ausgeführten psychosozialen Gründe lassen sich bei einer großzügigen Auslegung der sogenannten „ärztlichen Erkenntnis" auch auf werdende Mütter von Kindern mit Down-Syndrom anwenden. Mit der Integration der embryopathischen in die medizinische Indikation aber wird das pränatale Lebensrecht dieser Kinder extrem gefährdet. Dies läßt sich an vier höchst problematischen Punkten aufzeigen.

Erstens ist damit die Fristenregelung für das ungeborene behinderte Leben vollständig aufgehoben und ein Schwangerschaftsabbruch bei entsprechenden Voraussetzung bis zum natürlichen Zeitpunkt der Geburt möglich.

Zweitens besteht bei der medizinischen Indikation keine Beratungspflicht.

Drittens schließt sie die Möglichkeit ein, dass der diagnostizierende und beratende Arzt den Abbruch selbst vornehmen kann; ausreichend ist allein die ärztliche Erkenntnis gem. § 218 a Abs. 1 Nr. 2.

Viertens ist die indizierende Instanz des Mediziners nicht sachgemäß, da er ein fachfremdes Urteil zu dem ihm fremden Sachverhalt der Beeinträchtigung eines *seelischen* Gesundheitszustandes fällen muss und der Ermessensspielraum des Gesetzestextes zu groß ist.

Fünftens kommt die ärztliche Grundhaltung erschwerend dazu, derzufolge „sich fast 30 % der Gynäkologen u. U. nicht einmal an die 22-Wochen Frist halten würden und für fast 50 % der Ärzte eine Wahrscheinlichkeit der Schädigung von unter 50 % genügt".[141]

Insgesamt machen diese Punkte alarmierend deutlich, dass die Neuregelung des Schwangerschaftsabbruches den Rechtsschutz nicht verbessert, sondern die Rechtsunsicherheit und die Gefährdung des ungeborenen behinderten Lebens beträchtlich erhöht haben.

Wird die Pränataldiagnostik auf der Basis der ärztlichen, elterlichen und gesellschaftlichen Negativeinstellungen zur Behinderung und dem weiten Entscheidungsspielraum der gesetzlichen Bestimmungen praktiziert, ist das ungeborene behinderte Leben gefährdet und das Lebensrecht behinderter Menschen in Frage gestellt. Das Ereignis der Geburt eines Kindes mit Down-Syndrom löst bei der sozialen Umwelt kaum Einfühlung und Interesse, geschweige denn Anerkennung aus, sondern eher hilfloses Schweigen, Mitleid und einen immensen sozialen Rechtfertigungsdruck auf die Eltern mit der vorwurfsvollen Frage, warum sie keine pränatale Untersuchung durchführen und es so weit kommen ließen. Die gesellschaftliche Einstellung ist: „So etwas kann man heute doch vermeiden!"[142]. Die Geburt eines Kindes mit Down-Syndrom erweist sich auf diesem Hindergrund als ein **gesellschaftlich extrem unerwünschtes Ereignis.**

Eltern eines Kindes mit Down-Syndrom werden auf dem Hintergrund von Art. 3 GG und § 218 (2) StGB mit zwei divergierenden, um nicht zu sagen *schizoiden Erwartungshaltungen der Gesellschaft* konfrontiert. Vor der Geburt ist es ihre Aufgabe, als

---

[141] Zimmermann 1997, 192 führt hier die Ergebnisse einer empirischen Studie von M. Häussler-Sczepan: Arzt und Schwangerschaftsabbruch. Freiburg 1989, 186-187 an.

[142] Vgl. Tamm 1994, 55, Bölling-Bochinger 1998, 99 und Kammeier 1999, 178f.

"gute Eltern", dem Kind, sich und der Gesellschaft die Behinderung zu ersparen[143]. Nach der Geburt werden sie - trotz gesellschaftlicher Vorurteile und Negativeinstellungen - mit einer Flut von Anforderungen bedrängt, die von der Annahme ihres Kindes über die Hingabe bis zur Förderung reicht[144].

Noch sind nicht alle Eltern dem gesellschaftlichen Erwartungsdruck, einen Schwangerschaftsabbruch vorzunehmen, unmittelbar ausgesetzt. Nach einem Urteil des Bundesgerichtshofes 1983 müssen nur Eltern mit einem erhöhten Risiko für ein Kind mit Down-Syndrom auf die Möglichkeit einer pränatalen Diagnostik und einer genetischen Beratung hingewiesen werden[145]. Dies ist erst *bei Müttern ab dem 35. und bei Vätern ab dem 50. Lebensjahr* der Fall[146]. Ein Einschnitt um das 35. Lebensjahr legt sich bei Frauen nahe, weil sich in diesem Altersbereich das Risiko, bei der invasiven Pränataldiagnose einen Abort auszulösen, mit der Wahrscheinlichkeit, ein Kind mit Down-Syndrom zu bekommen, die Waage hält[147].

Wird eine Schwangere in der *Altersgruppe ab 35 Jahren* auf die Möglichkeit einer pränatalen Untersuchung hingewiesen, muss und kann sie sich, mit oder ohne Partner, "autonom" entscheiden. Mit der Entscheidung für ein pränatales Diagnoseverfahren geht sie je nach Wahl der Methode das Risiko ein, zu 0,5 - 1 % oder ca. 3 % der Frauen zu gehören, bei denen die Untersuchung eine Fehlgeburt auslöst. Gleichzeitig erhält sie aber durch die Diagnosemitteilung mit einer Sicherheit von ca. 95-98 % die Gewissheit[148], ob bei ihrem Kind eine Chromosomopathie vorliegt oder nicht. Der betroffenen Frau blieben je nach Zeitpunkt der ärzlichen Empfehlung und Wahl des Diagnoseverfahrens wenige bis max. 17 Wochen Entscheidungszeit[149].

Die *ärztliche Diagnosemitteilung* erhielt die Betroffene 1 Tag bis 3 Wochen nach Durchführung des Diagnoseeingriffs im schlimmsten Fall in schriftlicher Form[150]. Dieser Zeitdruck bei der Entscheidungsfindung wurde mit der Neuregelung des Schwangerschaftsabbruches aufgehoben. Über die pränatale Praxis der Diagnosemitteilung Down-Syndrom liegen aber meines Wissens im Unterschied zur postnatalen Situation keine empirischen Studien vor. Offensichtlich ist aber, dass die mit der

---

[143] Vgl. Ringler 1992, 57: "Die pränatal diagnostische Vorsorge entspringt dem Wunsch, besonders gute Eltern sein zu können".

[144] Dittmann 1993a, 132 zitiert eine betroffene Person: "Die Ärztin teilte mit, dieses Kind *müßte ich besonders gern haben, denn es sei behindert*".

[145] Siehe Murken 1990, 23. Die Möglichkeit einer genetischen Beratung muss den Betroffenen diesem Urteil zufolge zugesichert werden.

[146] So Pschyrembel 1990, 1347, vgl. Denger 1990, 28. Eine väterlichen Alterseffekt auf die Häufigkeit des Down-Syndroms läßt sich nach Holzgreve 1992, 38 bislang nicht nachweisen.

[147] Die Empfehlung zur Pränataldiagnose bei "gleichem Risiko" ist eine Spiegelung der gesellschaftlichen Negativhaltung: "Besser kein Kind als ein behindertes Kind!".

[148] Vgl. Holzgreve 1992, 38; bei der Amniozentese sind es 98 %, bei der Chorionzottenbiopsie 95 %.

[149] Murken 1992, 21 gibt den frühestmöglichen Untersuchungszeitpunkt bei der Chorionzottenbiopsie mit der ca. 10. SSW, bei der Amniozentese mit der ca. 16. SSW und der Nabelschnurpunktion mit der ca. 20. SSW an.

[150] Murken 1992, 21 beziffert die Dauer der Chromosomenanalyse bei der Chorionzottenbiopsie auf ein Tag bis eine Woche, bei der Amniozentese auf 2-3 Wochen und bei der Nabelschnurpunktion auf eine Woche.

medizinischen Indikation verbundene Rechtsunsicherheit eine interdisziplinäre Entscheidungsinstanz erforderlich macht und nach einem umfangreichen Angebot der psychosozialen Beratung und Begleitung verlangt. Wie der Bedarf nach einer verstehenden Unterstützung im pränatalen Deutungs- und Entscheidungsprozess bei werdenden Eltern von behinderten Kindern ist, sollte verstärkt zum Gegenstand wissenschaftlicher Untersuchungen gemacht werden. Insbesondere beim Down-Syndrom sollten sich sonderpädagogische und interdisziplinäre Forschungsanstrengungen zur Krisenbegleitung heute noch stärker auf den pränatalen Bereich der Diagnose Down-Syndrom konzentrieren. Denn zum einen ist ein pränatales Sceeningverfahren zur Erkennung von chromosomalen Mutationen schon technisch möglich geworden. Zum anderen werden zukünftige Mütter und Väter während und nach ihrem Schwangerschaftskonflikt um ein behindertes Kind alleingelassen. Zudem kann eine kompetente psychosoziale-lebensanschauliche Krisenbegleitung vor und nach der Geburt dazu beitragen, dass die Gefahr einer schwerwiegenden Beeinträchtigung des seelischen Gesundheitszustandes, wie es im oben angeführten Gesetztestext heißt, „auf eine andere für sie zumutbare Weise abgewendet werden kann."

Die pränatale Diagnose Down-Syndrom stellt Betroffene in mancherlei Hinsicht vor andere *spezifische Probleme* als nach der Geburt. Das kritische Ereignis tritt nicht mit derselben Plötzlichkeit und Unerwartetheit ein. In der Regel geht eine *längere Verdachtsphase* von mehreren Wochen voraus, die sich zwischen der Diagnose der Schwangerschaft und der genetischen Pränataldiagnose auf die altersspezifisch erhöhte, wenn auch relativ geringe Wahrscheinlichkeit richtet, ein Kind mit Down-Syndrom zu bekommen.

Die Betroffenen sind *keinem unkontrollierbaren Ereignis* ohnmächtig und passiv ausgesetzt. Sie sind vielmehr *zwangs-aktiv* vor zwei existenzielle und schwere Entscheidungen gestellt. Diese müssen in der relativen Unfreiheit eines soeben skizzierten gesellschaftlichen Erwartungsdrucks gefällt werden. Die Betroffenen haben zum einen die Möglichkeit, die Wahrheit zu erfahren und zum anderen die Möglichkeit, die Endgültigkeit der Behinderung ihres Kindes durch die Endgültigkeit des Lebensabbruches ihres sich entwickelnden Kindes zu ersetzen. Ein behindertes Kind zu bekommen ist nur unter der *psychisch-moralischen Hypothek* reversibel zu machen, kein Kind zu bekommen. Die Pränataldiagnose Down-Syndrom führt in eine klassische Dilemmasituation des moralischen Urteils, in der nur das vermeintlich geringere Übel gewählt werden kann. Sie wird zu einem **Dilemmaereignis.**

Die Pränataldiagnose Down-Syndrom steht nicht im direkten Kontext des kritischen Ereignisses "Geburt eines Kindes". Sie ist *kein multi-kritisches Ereignis*, aber ein Ereignis, das gleichfalls auf einem positiv bedeutungsgeladenen Hintergrund stattfindet. Zum Zeitpunkt der pränatalen Diagnosemitteilung haben sich i. d. R. bereits positive Erwartungen und Einstellungen gegenüber dem eigenen Kind aufgebaut.

Allein die *invasiven Methoden* der genetischen Diagnoseermittlung, die im allgemeinen nur im Erst- und Zweittrimester der Schwangerschaft durchgeführt werden, können sichere und beweisende Ergebnisse liefern. Darüber hinaus ist nur eine *hinweisende Diagnose*, z. B. durch Ultraschalluntersuchung, möglich. Sie ist vor der 24. Schwangerschaftswoche kaum geeignet, Fehlbildungen sonographisch gut nachzuweisen[151] und kann in 25 % aller Fälle keine Auffälligkeiten aufzeigen. Erschwerend kommt hinzu, dass das Down-Syndrom nicht aus pathognomischen Einzelsymptomen besteht und - von der Chromosomenanalyse abgesehen - nur durch das Erkennen der Gesamt-Gestalt diagnostizierbar ist[152].

Von der *Ultraschalluntersuchung* sind Mütter aller Lebensalter betroffen, da sie aus medizinischer Sicht mindestens zweimal während jeder Schwangerschaft durchgeführt werden sollte[153]. Obwohl durch diese Methode eine medizinische Diagnose Down-Syndrom nicht zu gewährleisten ist, kann sie sowohl trügerische Sicherheit suggerieren[154] als auch beunruhigende Hinweise liefern und so eine Verdachtsphase während der Schwangerschaft eröffnen. Die Wahrscheinlichkeit des zweiten Falles dürfte angesichts der sich ständig innovierenden sonographischen Technik, die Gynäkologen immer häufiger bei Routineuntersuchungen einsetzen, in den vergangenen Jahren sprunghaft angestiegen sein.

Über sonographisch erkennbare Stigmata des Down-Syndroms hinaus[155], können - besonders während des dritten Schwangerschaftstrimesters - auch *Irregularitäten*, wie z. B. ein Nackenödem, ein Herzfehler, eine verringerte Kindsbewegung oder eine erhöhte Fruchtwassermenge (Hydramnion) auftreten, die Mütter wie Väter irritieren und verunsichern können[156].

Grundsätzlich ist jedoch zu sagen, dass eine Schwangerschaft mit einem Kind mit Down-Syndrom auch völlig ohne Komplikationen verlaufen kann und nur unspezifische Merkmale aufweist, die auch in regulären Fällen auftreten können[157].

1.2.2.2   Perinatale Diagnose

Die *Perinatalperiode* wird in der Medizin auf den "Zeitraum zw. dem Ende der 28. SWW u. dem 7. Lebenstag (einschl.) nach der Geburt"[158] festgelegt. Da eine invasive Diagnose Down-Syndrom nach der 22. und eine nicht invasive nach der 28. SSW i. d. R. nicht gestellt werden kann, beziehen wir uns hier ausschließlich auf den *postpartualen Zeitraum* der Perinatalperiode.

Eltern haben gerade während der kritischen Zeit der Geburt eine "suspicious awareness"[159], eine *sensible Intuition für Ungereimtheiten*. Dieses besondere Bewusstsein wird weiter geschärft, wenn bereits pränatale Verdachtsmomente aus der Schwangerschaft vorliegen.

---

[151] Siehe Merz 1992, 24.
[152] Vgl. Dittmann 1982, 27 und Merz 1992, 28.
[153] Vgl. Pschyrembel 1990, 1347.
[154] Tamm 1994, 20: "Wir haben beim Ultraschall ein unheimlich schönes Bild von ihm gesehen, und da waren wir so beruhigt".
[155] Vgl. die Ausführungen zu feststellbaren Auffälligkeiten bei Merz 1992, 25-27.
[156] Vgl. Tamm 1994, 20.
[157] Vgl. Tamm 1994, 20f.
[158] Pschyrembel 1990, 1276.
[159] So nennt Strauss, A.L./ Glaser, B.G. in: Am. Sociol. Review 29 (1969), 669-679 dieses Phänomen.

Betroffene Eltern nehmen erschrockene Blicke, betretenes Schweigen, eine außergewöhnliche Atmosphäre oder eine Besonderheit ihres Kindes sehr feinfühlig wahr und schöpfen Verdacht. Dies dürfte heute bei der Hälfte bis zwei Drittel der Betroffenen der Fall sein[160]. Bei der Mehrzahl der Eltern, die ein Kind mit Down-Syndrom bekommen haben, müssen wir demnach eine Teilerkenntnis, im wörtlichen Sinne: eine *Teildiagnose*, in einem sehr frühen postpartualen Zeitraum annehmen[161].

Fassen wir mit Dittmann (1994b) die aktuellen *Forschungsergebnisse* von Bullack/ Dittmann 1990, Esser/ Storm (1989) und Tamm (1994) über den *Zeitpunkt der Diagnosemitteilung* beim Down-Syndrom zusammen, ergibt sich, dass insgesamt 80-85 % der (postnatal) betroffenen Eltern innerhalb der ersten Lebenswoche ihres Kindes über seine Behinderung informiert waren[162]. Die (postnatale) Perinatalperiode kann somit als die *Elementarperiode* der Diagnose Down-Syndrom schlechthin verstanden werden.

Dies war nicht immer so. In den *50er und 60er Jahren* hielt sich das medizinische Personal überwiegend an die Empfehlung, den Eltern die Diagnose nicht zu früh zu eröffnen[163]. Nach Drillien (1964), der frühesten Untersuchung zu unserem Thema, wurden nur 22,5 % der betroffenen Mütter innerhalb der ersten zehn Lebenstage ihres Kindes informiert, 12,7 % erst nach dem zweiten Lebensjahr[164].
In jüngster Zeit wurde bei rund 35 % der befragten Eltern eine Karyogrammdiagnose gar nicht erst abgewartet. Sie wurden unmittelbar nach der Geburt via "prima-vista Diagnose" über das Down-Syndrom ihres Kindes aufgeklärt[165].
Es ist festzustellen, dass in den vergangenen Jahrzehnten eine deutliche *Tendenz zu einer Vorverlagerung* des Mitteilungszeitpunktes verzeichnet werden kann. Vermutlich werden in naher Zukunft mehr als bislang 35 % der Gesamtheit der Befragten die entscheidende Nachricht aufgrund einer Erste-Blick-Diagnose umittelbar nach der Geburt erhalten. Diese Erstinformation kann zwar noch keine letzte Sicherheit bringen[166], aber die kritischen Teilphasen "Unwissenheit" und "Unsicherheit" in der Periode der "Ungewissheit"[167] zeitlich verkürzen.

Der Zeitpunkt der Diagnosemitteilung Down-Syndrom muss m. E. als ein kritisches Merkmal des Ereignisses betrachtet werden. Die Frage nach dem *richtigen Zeitpunkt*

---

[160] Bullak/ Dittmann 1990, 41 gibt für Bullak (1989) 48 % und für Theile (1978) etwa 18 % an. Tamm 1994, 22 spricht von etwa zwei Drittel der Befragten. Da diese divergierenden Ergebnisse mit dem Zeitfaktor korrelieren könnten, gehe ich von den beiden jüngsten Resultaten aus.

[161] Carr 1978, 76f gibt in ihrer Untersuchung an, dass 40 % der Mütter schon vor der Benachrichtigung dachten, dass mit ihrem Kind etwas nicht in Ordnung ist.

[162] So Dittmann 1994b, 37/1.

[163] Vgl. Tamm 1994, 27.

[164] Vgl. Lambeck 1992, 42f.

[165] Siehe Dittmann 1994 b, 37/1.

[166] Die Prima-Vista-Diagnose ist nicht zu 100% sicher und bei Neugeborenen weit schwieriger; vgl. Tamm 1994, 25.

[167] Vgl. Schuchardt 1993, 29f.

der Diagnoseeröffnung wird in den meisten Studien, die zu diesem Thema vorliegen, erörtert.

Erstens wird der *Wunsch betroffener Eltern* ermittelt. Aktuellen, deutschen und angloamerikanischen Studien zufolge wollen Eltern - aus der Retrospektive betrachtet - die Diagnose möglichst frühzeitig erfahren[168]. Dabei kommt ihnen die aktuelle "Tendenz zu einem frühen Mitteilungszeitpunkt"[169] entgegen.

Zweitens werden *Gründe für einen möglichst frühen Zeitpunkt* der Diagnosemitteilung genannt, die den elterlichen Wunsch fundieren sollen. Ein paar wenige Nennungen sollen hier genügen:
Das Recht der Eltern zur frühen Kenntnisnahme, die psychische Belastung einer nachträglichen, korrigierenden Benachrichtigung der Verwandt- und Bekanntschaft, die Unfairness, Eltern mit dem vagen Gefühl von Befürchtungen alleinzulassen[170], das Vertrauen zu den bis dahin betreuenden Personen, das aufs Spiel gesetzt wird und die wertvolle Zeit für Informationen sowie Bewältigungsbemühungen, die verloren geht [171]. Ferner bleiben Eltern bei einer frühzeitigen Eröffnung der Diagnose "Versuche, über die Tatsachen hinweggetäuscht zu werden", Fehlinformationen und Vertröstungen erspart[172].

Drittens gibt es Stimmen, die einer Mitteilung, die "sofort"[173] oder möglichst früh erfolgen sollte, mit kritischer Distanz gegenüberstehen. Sie räumen vor allem den Müttern nach den Strapazen der Geburt eine angemessene Erholungsfrist[174] ein oder betonen Aspekte der Mutter-Kind-Bindung[175].
Alle drei Aspekte sollten bei einer Ermittlung der *"Rechtzeitigkeit"*[176] der Diagnosemitteilung berücksichtigt werden, damit **das kritische Merkmal des Mitteilungszeitpunktes** in naher Zukunft weiter reduziert werden kann.

---

[168] Vgl. Dittmann 1994b, 37/1; nach Tamm 1994, 28 hätten zwei Mütter eine spätere Aufklärung vorgezogen.
[169] Bullak/ Dittmann 1990, 41.
[170] Vgl. Tamm 1994, 27
[171] Vgl. Storm 1987, 576, aber auch Lambeck 1992, 44.
[172] So Bullak/ Dittmann 1990, 42.
[173] Tamm 1994, 29.
[174] So Bullack/ Dittmann 1990, 41.
[175] Vgl. Dittmann, 1994b, 38/3, Lambeck 1992, 46; Lenzen 1992, 54. Tamm 1994, 28 zitiert eine Mutter, die unsicher war, ob ein früherer Mitteilungszeitpunkt besser gewesen wäre, denn "diese erste Freude, die da war, die ist uns geblieben".
[176] Weiß 1989, 14f schlägt vor, im Kontext der Frühförderung besser von Rechtzeitigkeit statt von Frühzeitigkeit zu reden. Dies ist m. E. auch in unserem Zusammenhang sinnvoll.

1.2.2.3 Postnatale Diagnose

Wie wir gesehen haben, kommt es nur bei einem kleinen Teil der postpartual benachrichtigten Eltern (15-20 %) zu einer *postnatalen Elementardiagnose*. Sie dürfte in den überwiegenden Fällen nicht mehr während des Klinikaufenthaltes, sondern zuhause, bzw. während eines verabredeten Arzttermins übermittelt werden. Trotz der Tendenz zur Frühmitteilung ist die Serie der zeitlichen *Extrembeispiele* der Erstbenachrichtigungen noch nicht abgerissen[177]. Der postnatale Zeitraum wird somit zu einer vermeidbaren Problemperiode der Erstdiagnose Down-Syndrom.

Sehen wir von der Erst- bzw. Elementardiagnose Down-Syndrom ab, kann von einer allgemeinen, sich je neu aktualisierenden Erkenntnis dieses Grundereignisses im triadischen, dyadischen oder familiären Leben der Eltern gesprochen werden. Diese Diagnose ist, weil sie von einem allgemeinen Diagnosebegriff ausgeht und permanent oder punktuell jede Mutter und jeden Vater eines solchen Kindes zu jeder Zeit betreffen kann, eine allgemeine Diagnose. Besonders *virulente Ereigniszentren* können biographische Übergänge des Kindes, wie z. B. der Eintritt in den Kindergarten, die Einschulung, der Beginn des Berufslebens oder das Verlassen des Elternhauses sein, sowie signifikante Veränderungen im biographischen Zeitplan der Eltern[178]. Die *kritische* Erkenntnis, mein Kind hat das Down-Syndrom, kann potenziell **permanent** innerhalb der Lebensspanne des betroffenen Kindes stattfinden.

Die *allgemeine, biographische Diagnose* Down-Syndrom ist häufiger, wenn auch weniger neuralgisch. Dennoch ist sie, meines Wissens, kein Gegenstand der Forschung. Auch die sich auf der Zeitachse wandelnde diakritische Erkenntnis und Deutung, Mutter oder Vater eines Kindes mit Down-Syndrom (geworden) zu sein, ist bis dato weitgehend unerforscht.

Zusammenfassung:

Die *Pränatalperiode* lässt sich grob in eine beweisende Diagnose während der beiden ersten Schwangerschaftstrimester und in eine hinweisende Diagnose im dritten Trimenon einteilen. Betroffene Frauen ab dem 35. und Männer ab dem 50. Lebensjahr befinden sich per se in einer relativen Verdachtssituation. Ihnen steht die Möglichkeit zur diagnostischen Gewissheit und zum Schwangerschaftsabbruch mit allen ihren Implikationen offen. Frauen aller Altersgruppen können besonders durch routinemäßige Ultraschalluntersuchungen im letzten Schwangerschaftsdrittel mit erhöhter Wahrscheinlichkeit in eine Phase der Ungewissheit geraten.
Die aktuelle Relevanz der pränatalen Periode ist aufgrund statistischer Problemkonstellationen und mangelnder empirischer Untersuchungen quantitativ kaum auszuloten, qualitativ aber bei positivem Diagnosebefund hochbrisant und existenziell. Die Pränatalperiode könnte aber aufgrund gesellschaftlicher und diagnosetechnischer

---

[177] Vgl. Tamm 1994, 27f.

[178] Vgl. dazu die von Dittmann 1994a, 126 erruierten Kontaktdichtebereiche der Eltern von Kindern mit Down-Syndrom.

Entwicklungen binnen weniger Jahre zum allein entscheidenden Kontext der Diagnose Down-Syndrom werden.

Heute scheint die *postpartuale Perinatalperiode* noch immer das numerische Zentrum der Erstdiagnose zu bilden. Die Diagnoseeröffnung innerhalb dieses Zeitraums entspricht dem retrospektiven Wunsch betroffener Eltern. Ihr geht in den meisten Fällen eine perinatale Phase der Befürchtung und des Verdachts voraus.

Die *Postnataldiagnose* ist durch die Tendenz zur Frühmitteilung als Elementar-Diagnose numerisch unbedeutender geworden, signalisiert aber noch immer vorhandene Mitteilungsdefizite. Dagegen sollte die biographische, aktualisierende Diagnose Down-Syndrom in ihrer Bedeutsamkeit entdeckt und ernstgenommen werden.

Das kritische Ereignis Diagnose Down-Syndrom erhält im Kontext der Zeit unterschiedliche Facetten. Der variierende Zeitpunkt der Diagnose verleiht dem bislang so homogen erscheinenden Ereignis unterschiedliche, *zeitspezifische kritische Merkmale*. Darum muss bei der Analyse unseres Gegenstandes das jeweilige Datum des Ereigniseintritts in Relation zum Alter des betroffenen Kindes beachtet werden. Diese zeitliche, entwicklungspsychologische Dimension qualifiziert die Diagnose Down-Syndrom als ein **altersvariables und entwicklungsbezogenes Ereignis**.

1.2.3 Im Kontext der Vermittlung

Nachdem wir uns dem Zeitpunkt der Diagnose Down-Syndrom zugewandt haben, soll nun nach ihrem *Modus* gefragt werden. Am Übergang vom "Wann?" zum "Wie?" wird deutlich, dass das Erste das Zweite mitbedingt. Die Vermittlung der Erkenntnis wird durch den Zeitpunkt mitbestimmt. Sie wird während der Schwangerschaft andere Formen, Inhalte und Akteure aufzeigen als bei der Geburt oder zwei Monate danach[179]. Die Vielfalt der Erkenntnisweisen des Down-Syndroms beim eigenen Kind legt einen Begriff nahe, der dieses plurale Spektrum der Vermittlungsarten widerspiegelt.

In der deutschsprachigen Fachliteratur hat sich der Begriff *Diagnosemitteilung* eingebürgert[180]. Diese Bezeichnung stammt aus der medizinischen Theorie und Praxis und grenzt die Erkenntnisvermittlung der Diagnose Down-Syndrom auf den ärztlichen Akt der Informationsübermittlung eines genau definierten Krankheitsbildes ein. Die Betroffenen werden dabei zu unwissenden Laien und zum bloßen Objekt der Informationen sachkompetenter Fachleute. Der Begriff Diagnosemitteilung suggeriert ferner, dass es sich um einen einmaligen und punktuellen Informationsakt handelt und klammert damit einen längeren Gesprächs- und Beratungsprozess aus.

---

[179] Der Zeit-Modus-Effekt läßt sich z. B. gut an Tabelle 1 in Esser 1989, 876 ablesen.

[180] Chronologisch geordnet wurde dieser Begriff in Theile 1978, Bullak 1989, Bullak/ Dittmann 1990, Dittmann 1994b, Tamm 1994, 27ff zugrunde gelegt.
In den ersten britischen Studien ist übereinstimmend von "telling" die Rede ("Telling Parents" oder "When Should Parents be Told? etc.), vgl. Lambeck 1992, 42ff und 119ff.

Diagnosemitteilung als ein terminus technicus sollte m. E. aufgegeben werden, da er nur noch geeignet ist, eine traditionelle und innovationsbedürftige medizinische Mitteilungspraxis zu umschreiben und das Gesamtphänomen der Erkenntnisvermittlung nicht umfassen kann.
Als gute Alternative bietet sich m. E. die Bezeichnung *Diagnoseeröffnung* an[181]. Dieser Begriff lässt drei Möglichkeiten der Vermittlung offen:

Erstens eine *transitive Vermittlung*: Die Diagnose wird einer anderen Person eröffnet. Sie entspricht der Diagnosemitteilung, lässt aber eine Gegenseitigkeit im Sinne eines Diagnosegesprächs offen[182].
Zweitens eine *intransitive Vermittlung*: Die unterscheidende Erkenntnis eröffnet sich selbst; sie ereignet sich. Dies geschieht z. B. wenn Betroffenen es "wie Schuppen von den Augen fällt" und sie realisieren, dass es sich um das Down-Syndrom handelt.
Drittens eine *reflexive Vermittlung*: Die neue Erkenntnis wird durch den Erkennenden selbst eröffnet. Sie tritt ein, wenn Betroffene aktiv ihrem Verdacht nachgehen, sich in Nachschlagewerken, Fachliteratur oder auf andere Weise kundig machen und sich selbst die Antwort geben.

1.2.3.1 Bedeutung der Diagnoseeröffnung

Mitte der 60er Jahre wurde in Großbritannien die Bedeutung der „Diagnosemitteilung" an Eltern von behinderten Kindern, auch Kindern mit Down-Syndrom, entdeckt. Dies wird durch die weltweit ersten empirischen Studien dokumentiert, die diesen Gegenstand betreffen[183]. Nach Bullak und Dittmann stand bis 1990 den mehr als einem Dutzend anglo-amerikanischen empirischen Untersuchungen zur Diagnosemitteilung nur eine veröffentlichte Studie in deutscher Sprache gegenüber[184].

Dittmann, der die Notwendigkeit erkannte, dieses Forschungsdefizit zu begleichen, sieht in der Erstmitteilung einen oftmals "prägenden Einfluss auf den weiteren Ablauf der Interaktion, der Begegnung zwischen Eltern und ihrem Kind"[185] und hält das Erstgespräch "für die Eltern, ihre Attitüdenbildung und ihre Zugangsmöglichkeiten zu den zukünftigen Erziehungsaufgaben sowie für ihre Kooperationsbereitschaft mit den zu konsultierenden Fachkräften" für *signifikant bedeutend*[186].

---

[181] So Lambeck 1992.
[182] "Wann soll über die Diagnose gesprochen werden?" formuliert Storm 1987, 576.
[183] Vgl. die Auswertung der Forschungsliteratur Lambeck 1992, 43ff.
[184] Bullak/ Dittmann 1990, 40; die besagte Studie ist Schuhmacher 1976. Eine unveröffentlichte Studie führte Thiel 1978 durch. Auch die klassischen Monographien zum Down-Syndrom übergingen dieses Thema völlig oder weitgehend. Eine Ausnahme stellt Wunderlich 1970, 94 dar, der die Diagnosemitteilung als "Kernpunkt" der ärztlichen Betreuung sieht.
[185] Dittmann 1994b, 39/1f.
[186] Bullak/ Dittmann 1990, 39.

Die große Bedeutsamkeit der Diagnoseeröffnung lässt sich auch an den Tatsachen ablesen, dass Eltern die Erstmitteilung selbst dann thematisierten, wenn sie nicht direkt danach gefragt wurden[187] und ihnen dieser nicht selten "traumatischexistenzielle" Vorgang "meist über Jahre hinweg lebendig präsent" bleibt[188]. Die Umstände der Diagnoseeröffnung scheinen je nach Ausprägung für den Bewältigungsprozess der Eltern eminent *positiv oder negativ* bedeutsam zu sein.

Die in der Literatur vorliegenden Untersuchungen zur Mitteilungspraxis an Eltern behinderter Kinder blenden die *Perspektive des beteiligten Personals*, von einzelnen Ausnahmen abgesehen, aus[189]. Die Ergebnisse einer ausführlichen, aber nicht repräsentativen Studie von Darling (1979) zur Motivation und Einstellung übermittelnder Pädiater stimmen in vielen Punkten mit den Einschätzungen, die Eltern behinderter Kinder von ihnen haben, überein[190]. Die Aussagen der Eltern sollten darum als wichtige Basis wissenschaftlicher Beschäftigung sachlich ernst genommen und durch weitere Perspektiven und Forschungszugänge ergänzt werden[191].

1.2.3.2 Praxis der Diagnoseeröffnung

Wir fragen nun nach der Praxis der Diagnoseeröffnung Down-Syndrom Anfang der 90er Jahre. Dabei klammern wir die Visionen einer besseren Praxis (vorerst) aus und beschränken uns auf die Forschungslage der elementaren Diagnoseeröffnung durch das medizinische Fachpersonal.

Wem wird eröffnet?
Dittmann (1994b) fasst die Ergebnisse wie folgt zusammen: "Die schockierende Diagnosemitteilung erhielten zu 50 % die Mütter und zu 25 % die Väter allein, d. h. 75 % der Eltern wurden jeweils singulär informiert"[192]. Nach Tamm (1994) wurde über 60 % der singulär informierten Eltern das in dieser Schocksituation Unzumutbare aufgebürdet, den Partner oder die Partnerin selbst informieren zu müssen[193]. Dies bedeutet, dass in ca. der Hälfte aller Fälle ein Elternteil die Erstinformation nicht vom (medizinischen) Fachpersonal, sondern vom Partner oder der Partnerin erhielt. Diese klinikzentrierte Praxis der ärztlichen Diagnosemitteilung hat zur Folge, dass rund ein Viertel aller Erstmitteilungen nicht alle "primärbetroffenen" Väter und Mütter erreicht

---

[187] Vgl. Lambeck 1992, 32.
[188] Bullack/ Dittmann 1990, 39.
[189] Dies wird von Lambeck 1992, 66 festgestellt und von Dittmann 1994b, 38/2 zu den Studien Bullack/ Dittmann 1990 und Tamm 1994 angemerkt.
[190] So Lambeck 1992, 71, die S. 66-73 Darling (1979) ausführlich referiert und diskutiert.
[191] Es fehlen z. B. angemessene Zugänge, die einen unmittelbaren Einblick in die Live-Situation ermöglichen.
[192] Dittmann 1994b, 37/3. Vgl. auch Hinze 1993, 113: 35 % der Mütter von Kindern mit einer geistigen Behinderung wurden allein informiert.
[193] Tamm 1994, 39; vgl. Dittmann 1994b, 37/3.

und den Informierten mit der zu leistenden Mitteilung an den eigenen Partner eine zusätzliche, schwere Last auferlegt wird.

Wer eröffnet?
Kinderärzt/innen oder Geburtshelfer/innen werden in der vorliegenden Forschungsliteratur als die Akteure der Erstinformation schlechthin verstanden[194]. Dass de facto jede vierte Diagnoseübermittlung an *betroffene Eltern* von dieser Personengruppe selbst geleistet werden muss, bleibt fast völlig ausgeblendet[195]. Die Möglichkeit, dass eine "Erstinformation" durch das Vermuten, Entdecken und Erkennen betroffener Väter und Mütter erfolgt, findet zwar häufig Beachtung[196], wird aber als eigenständiges Item empirischer Erhebungen nicht ernst genommen. Die *Fachkraft-Laien-Perspektive*, die Eltern zu unwissenden Rezipienten degradiert, ist noch immer stark ausgeprägt. Müttern und Vätern wird dadurch die Rolle mitbetroffener Patienten zugewiesen und die Rolle verantwortlicher, kompetenter Eltern implizit aberkannt. Es besteht somit die Gefahr, dass die Diagnose Down-Syndrom im Kontext ärztlicher Vermittlung ein *entmündigendes Ereignis* für betroffene Eltern wird.

Wo wird eröffnet?
Ein charakteristischer, typischer Ort der Diagnoseeröffnung lässt sich nicht ausmachen. Im Kontext der *perinatalen Diagnosemitteilung* kann es der Kreißsaal, das Kranken-, Sprech-, Arzt- und Säuglingszimmer sein[197], sogar der Krankenhausflur. Ein für die ärztliche Diagnosemitteilung eigens vorgesehener Raum, der eine angemessene, ungestörte Atmosphäre bietet, ist in vielen Krankenhäusern nicht vorhanden. Dadurch wird eine durch die Sache schon prekäre Gesprächssituation durch ungünstige Bedingungen des "settings" zusätzlich unnötig belastet.

Als ein typischer *Ort* der perinatalen Diagnoseeröffnung kann jedoch die *Institution Krankenhaus* angesehen werden. Obwohl die Klinik für Menschen mit Down-Syndrom und ihre Angehörige kaum oder keine Lebens- und Krisenbewältigung bieten kann, wird sie als heute weit verbreiteter Ort der Entbindung auch zum Ort der Diagnose Down-Syndrom. So findet das kritische Ereignis in einer für die betroffenen Eltern *alltagsfremden, ungewohnten Umgebung* statt.

Es sind im wesentlichen *zwei Grundstrukturen des Krankenhauses*, die in unserem Zusammenhang die Rahmenbedingungen prägen:

---

[194] Als weitere mögliche Personen werden auch heterogene Gruppen wie z. B. Krankenschwester, Sonderschullehrer, Hausarzt und Gesundheitsamt genannt. So z. B. in Bullack/ Dittmann 1990, 42. Vgl. auch Hinze 1993, 113, der bei Kindern mit einer geistigen Behinderung zu 15 % diagnosestellende Therapeuten anführt.

[195] So z. B. Bullack/ Dittmann 1990, 42, Lambeck, 1992, 36-38, Tamm 1994, 38-40. Die Eltern als Erstmitteilende sind auch bei der Diagnoseübermittlung an Geschwister und Großeltern noch kaum beachtet worden. Als Ausnahme kann z. B. Gath 1978, 80 gelten.

[196] Vgl. z. B. Lambeck 1992, 23, Tamm 1994, 23. Carr 1978, 76 spricht von über ein Fünftel der Betroffenen ihrer Erhebung, die es selbst entdeckten.

[197] So in Esser/ Storm 1989, 876.

Zum einen ist es die Art des Krankenhauses, seine Arbeitsbedingungen, der ökonomische und zeitliche Effizienzdruck und die physisch-psychische Belastungssituation des Krankenhauspersonals.
Zum anderen ist es die statusabhängige Asymmetrie zwischen dem gesunden, kompetenten Personal und den kranken, hilfebedürftigen Patienten[198].

Die besagte Institution stellt jede dort zu betreuende Person, wie der Name Krankenhaus anschaulich verdeutlicht, unter das *Verdikt des Krank-Seins*. Dies ist selbst dann so, wenn es sich wie im Falle der Schwangerschaft oder der Behinderung nicht einmal explizit um eine Krankheit handelt[199]. Die Schwangerschaft kann auf dem Hintergrund der Normalität von diesem Urteil und Attribut subjektiv befreit werden. Bei der Diagnose Down-Syndrom ist dies nur schwer möglich. Die Behinderung wird von den Betroffenen im Kontext von Krankenhaus, Diagnose, Medizin, sowie populären und medizinischen Begriffsauffassungen, die in der Behinderung das Pathophysiologische sehen, fast zwangsläufig als (unheilbare) Krankheit verstanden.

Das Down-Syndrom ist, wenn wir von vereinzelten physio-pathologischen Begleiterscheinungen wie z. B. einem Herzfehler absehen, *keine Krankheit*, die medizinisch behandelt oder therapiert werden kann[200]. Das non-normative Ereignis Diagnose Down-Syndrom fällt darum aus den Betriebsstrukturen des Krankenhauses, das für non-normative Gesundheitszustände geschaffen ist, heraus, da in dieser Institution keine behinderungsspezifischen Handlungskonzepte, wie z. B. Frühberatung oder -förderung verfügbar sind. Die Geburt eines Babys mit Down-Syndrom ist im Kontext des Krankenhauses ein auch für das Personal unerwartetes und medizinisch nicht bewältigbares, daher **strukturkonträres Ereignis**.

Wie wird eröffnet?
Die kontextuellen Strukturbedingungen des Krankenhauses wirken über das Arzt-Patienten-Verhältnis auf die Qualität der Interaktionsprozesse beim Erstgespräch. Durch eine einseitig verteilte, vom Arzt verfügbare Experten-, Definitions-, Steuerungs- und Sanktionsmacht kommt es bei der Diagnoseeröffnung häufig zu einer "asymmetrischen sozialen Beziehung" (Siegrist) und einer *Kommunikationsstörung* zwischen Arzt und Eltern[201].
Neben diesen strukturellen Widrigkeiten gibt es auch *emotionale und attitudionale Konfliktfelder*. Nach Darling (1979) "antizipieren fast alle Pädiater eine emotionale Reaktion der Eltern auf die Nachricht, die sie lieber vermeiden würden"[202]. Zudem scheinen Ärzte - wie viele Elternberichte und wenige Erhebungen zeigen - in gleicher Weise wie andere Personengruppen von gesellschaftlichen Negativeinstellungen gegenüber Menschen mit geistiger Behinderung „infiziert" zu sein. Ferner ist das Personal im Krankenhaus durch seine Ausbildung schlecht auf die Diagnosemitteilung und

---

[198] Vgl. Lambeck 1992, 61-63.
[199] Vgl. Lambeck 1992, 61 Anm. 1.
[200] Vgl. Carr 1978, 16. Seit damals sind in dieser Hinsicht keine medizinischen Durchbrüche erzielt worden.
[201] Siehe Lambeck 1992, 63-65; vgl. Dittmann 1994b, 38.
[202] Lambeck 1992, 67.

die Krisenbegleitung vorbereitet. Sein Verhalten ist gegenüber Eltern mit behinderten Kindern von massiver Hilflosigkeit geprägt[203]. Diese Phänomene erschweren es Eltern, frühzeitig eine positive Beziehung zu ihrem Kind aufbauen zu können.

1.2.3.3 Inhalte der Diagnoseeröffnung

"Die Eltern gehen davon aus, dass die Erstinformation ihnen sachlich, ehrlich, kompetent, einfühlsam - im Beisein des Kindes - überbracht werden sollte. Sie erwarten, dass die vor ihnen liegende Zukunft realistisch aufgezeigt wird"[204]. Nach Dittmanns aktueller *Forschungsbilanz* war auf der Basis dieser Erwartungen ca. die Hälfte der Befragten mit der ärztlichen Diagnosemitteilung zufrieden. Die andere Hälfte äußerte Kritik, die sich primär auf folgende vier Bereiche bezog: Die überbrachten Inhalte (1), die Verständlichkeit der Inhalte (2), die gewählten Begriffe zur Charakterisierung des Down-Syndroms (3) und die Art des emotionalen Zugangs zu den Eltern (4)[205].

Was wird vermittelt?
Es liegen bereits mehrere hilfreiche *Verbesserungsvorschläge* zur Diagnosemitteilung vor, die auch darauf eingehen, welche Informationen ein Erstgespräch im Idealfall zum Inhalt haben sollte[206]. Dabei werden die Ursachen, die Charakteristika und das Entwicklungsspektrum des Down-Syndroms genannt; es werden medizinische Vorsorgeuntersuchungen, Frühfördermöglichkeiten und ihre Vermittlung, die Erziehbarkeit in vielen Entwicklungsbereichen als Inhalte empfohlen und vieles mehr. Im Gegensatz zu detaillierten Vorschlägen können oder konnten die konkreten Inhalte der tatsächlich stattgefundenen Gespäche *nur bedingt empirisch erhoben* werden. In der Schock- und Stresssituation des Erstgespräches registrieren Eltern "möglicherweise nur ein Teil dessen, was ihnen an Information mitgeteilt wurde"[207] oder ihnen sind bei der Befragung Einzelheiten zwischenzeitlich in Vergessenheit geraten. Es muss jedoch davon ausgegangen werden, dass Ärzte auf dem strukturellen Hintergrund ihres Arbeitsplatzes das Handlungskonzept haben, „in einer knappen, wissenschaftlich sachlichen (nicht emotionalen) Gesprächsform die zentralen Inhalte zu überbringen"[208].

Nach Ansicht betroffener Mütter vermitteln Ärzte "oft ein unrealistisches negatives Bild vom Down-Syndrom, welches auf unzeitgemäßen und unzureichenden Informationen basiert"[209]. Dies muss im Zusammenhang der gesellschaftskonformen Atti-

---

[203] Vgl. Darling 1979, Lambeck 1992, 66-73, Tamm 1994, 34 und Pretis 1998, 57.
[204] Dittmann 1994b, 37f.
[205] So Dittmann 1994b, 38/1. Zum letzten Punkt vgl. auch den vorausgehenden Abschnitt.
[206] Vgl. Storm 1987, 577f, Tamm 1994, 30, Lambeck 1992, 111-115 und besonders Jupp 1999, 10ff.
[207] Vgl. Storm 1987, 578. Vgl. auch Tamm 1994, 33: "Eltern können sich zwar oft nicht mehr genau an den Inhalt des Gespräches erinnern, wohl aber an die Atmosphäre" und ebd. S. 34 die Aussage einer Mutter : "Es ist absolut alles abgeblockt" sowie Bölling-Bechinger 1998, 98.
[208] Dittmann 1994b, 38/2.
[209] Dittmann 1994b, 38/1.

tüde der Ärzte und dem Defizit eines medizinischen Handlungskonzeptes verstanden werden.

Was wird verstanden?
Ärzte verwenden in ihrer täglichen Arbeit *medizinische Fachtermini*, die ihnen seit ihrer Ausbildung zu einer selbstverständlichen, zweiten Sprache geworden sind. Da Eltern in der Regel medizinische Laien sind und es dem Fachpersonal oft nicht gelingt, auf Fachsprache zu verzichten, bleibt Betroffenen so manche Erklärung unverständlich[210]. So wurden z. B. häufig Begriffe wie „Chromosomenaberration" oder „Trisomie 21" ohne zusätzliche Erklärungen verwendet[211]. Die sprachliche Asymmetrie der sozialen Beziehungen resultiert in einer *Kommunikationsstörung*, welche die psychische Blockade der Eltern eher verstärkt als sie abzubauen. Nach der Untersuchung von Tamm teilte knapp die Hälfte der Eltern mit, im Gesprächsverlauf der Erstmitteilung eine ihnen verständliche Diagnose vom Arzt erhalten zu haben[212].

Wie wird das "Down-Syndrom" bezeichnet?
Nach aktuellen Untersuchungen "wurde bei 50 % der befragten Eltern der Terminus *Mongolismus* benützt"[213]. Unter Berücksichtigung der Elternwünsche[214] und der anfangs genannten Gründe sollte er heute durch die Bezeichnung *Down-Syndrom* ersetzt werden.
Der höhere Bekanntheitsgrad des Mongolismus-Begriffes[215] darf nicht als Argument für seine Fortschreibung stark gemacht werden. Denn eine detaillierte, sachkundige und stereotypenfreie Erläuterung des Phänomens ist bei jedem Erstgespräch sinnvoll und unerlässlich.

Abschließend muss davon ausgegangen werden, dass spezifische Inhalte, ein unverständlicher Sprachgebrauch und eine Verwendung negativ besetzter Begriffe während der ärztlichen Erstinformation den attitudionalen, holistischen Grundkonflikt bei ca. der Hälfte der betroffenen Eltern eher vertiefen anstatt ihn zu entschärfen. Die Diagnose Down-Syndrom zeigt sich hierin als ein **vermittlungskritisches Ereignis.**

---

[210] Vgl. Lambeck 1992, 111.
[211] Vgl. Dittmann 1994b, 38/1.
[212] Vgl. Tamm 1994, 40.
[213] Dittmann 1994b, 38/1. Hervorhebung vom Verfasser.
[214] Püschel 1985, 104 stellt fest, dass die meisten Eltern den Begriff Mongolismus ablehnen.
[215] Nach Tamm 1994, 40 wurde das Wort "Mongolismus" von fast allen Befragten verstanden.

1.3 Zu einer Taxonomie des kritischen Ereignisses "Diagnose Down-Syndrom"

Im ersten Kapitel haben wir das kritische Ereignis Diagnose Down-Syndrom einerseits unter medizinischen, psychologischen und pädagogischen Aspekten der Down-Syndrom-Forschung betrachtet. Andererseits haben wir dieses Ereignis aus der spezifischen Perspektive betroffener Eltern nach Antezedenz-, Person- und Situationsmerkmalen untersucht. Dies geschah mit dem Ziel, ereignisspezifische Parameter, die eine Krise begünstigen, herauszuarbeiten.

Nun wollen wir in zwei Schritten versuchen, in Ansätzen eine Taxonomie des kritischen Ereignisses „Diagnose Down-Syndrom" zu erstellen. Durch sie soll eine *Strukturierung und Differenzierung der kritischen Potenz* dieses Ereignisses ermöglicht werden, so dass erstens eine Abgrenzung und Zuordnung gegenüber anderen kritischen Ereignissen im Sinne einer detaillierten "Classification of Stressor Events"[216] angestrebt und zweitens die Erkenntnis kritisch-neuralgischer Elemente für die Krisenberatung und Begleitung fruchtbar gemacht werden kann.

In einem ersten Schritt wollen wir einen Überblick über die in diesem Kapitel gewonnenen kritischen Ereignisparameter geben.
In einem zweiten Schritt stellen wir uns die Aufgabe, die zentralen Ereignisparameter nach ihren inneren Zusammenhängen zu systematisieren und zu evaluieren.

1.3.1 Kritische Ereignisparameter im Überblick

Die kritischen Merkmale des Ereignisses „Diagnose Down-Syndrom", die im ersten und zweiten Teil dieses Kapitels gewonnen und durch Fettdruck im Text kenntlich gemacht wurden, wollen wir uns nun auf einen Blick tabellarisch vergegenwärtigen. Sie sollen *in ihren bipolaren Dimensionen* ohne Rang und inneren Zusammenhang aufgelistet werden. Dies geschieht nicht in der oben erarbeiteten Reihenfolge, sondern *unter Anwendung unterschiedlicher Ordnungs- und Erkenntniskriterien.*
Erstens wird das kritische Ereignis nach Ursache, Wesen und Folgen klassifiziert[217].
Mit dieser Differenzierung ergeben sich **drei kategoriale Klassifikationssysteme**:

---

[216] Hill 1958, 141/2.
[217] Diese Einteilung entspricht den von Hill 1958, 141/2 beschriebenen drei Klassifikationssystemen der Stressereignisse nach "source", "effects" und "type of events".

Polare Parameter / Kategorien	objektive Perspektive	intersubjektive Perspektive / gesellschaftliche Perspektive	Subjektive Perspektive der Eltern
A Die Ursache des Ereignisses			
Formalursache (causa formalis) Frage: Warum?	bekannt vs. **unbekannt**	bekannt vs. **unbekannt**	erklärbar vs. unerklärbar deutungsbedürftig vs. nicht deutungsb.
Materialursache (causa mater.) Frage: Woraus?	bekannt vs. **unbekannt** diagnostizierbar vs. nicht diagnostizierb.	bekannt vs. **unbekannt**	erklärbar vs. unerklärbar beschreibbar vs. unbeschreibbar
Wirkursache (causa efficiens) Frage: Wodurch?	bekannt vs. **unbekannt** extern vs. intern	bekannt vs. **unbekannt**	erklärbar vs. unerklärbar verschuldet vs. unverschuldet
Zielursache (causa finalis) Frage: Wozu?	bekannt vs. **unbekannt**	sinnvoll vs. **sinnlos**	sinnvoll vs. sinnlos
B Das Wesen des Ereignisses			
Quantität	normativ vs. **non-normativ** wahrscheinlich vs. **unwahrscheinlich**	häufig vs. **selten**	erwartet vs. unerwartet
Qualität	ontisch vs. ethisch	positiv vs. **negativ** sichtbar vs. **unsichtbar** salient vs. latent einstellungskonträr vs. einstell.konform	ausgrenzend vs. integrierend öffentlich vs. privat zu verheimlichen vs. nicht zu verheim. einstellungskonträr vs. einst.konform
Relation - Geburt - Ort (Krankenhaus) - Eltern	**multikritisch** vs. monokritisch kontrastreich vs. kontrastarm **strukturkonträr** vs. strukturkonform **altersspezifisch** vs. nicht altersspezifisch populationsspezifisch vs. **-unspezifisch**		fremd vs. vertraut
- Gesellschaft		erwünscht vs. **unerwünscht**	stigmatisierend vs. nicht stigmatisier.
Modalität	angekündigt vs. **unangekündigt** sozio-spezifisch vs. **sozio-unspezifisch** selektiv-different vs. **selekt.-indifferent**		vorhersehbar vs. unvorhersehbar antizipiert vs. nicht antizipiert vorbereitet vs. unvorbereitet mit Vorerfahrung vs. ohne Vorerfahr.
	vermittlungsvariabel vs. nicht -variabel		vermittlungsrelevant vs. nicht -relev.
Raum	global vs. lokal		fremd vs. vertraut
Zeit	epochal vs. **non-epochal** reversibel vs. **nicht reversibel**		Natur- vs. Zivilisationsphänomen heilbar vs. nicht heilbar permanent vs. temporär

C Die Folgen des Ereignisses			
Quantität	kalkulierbar vs. nicht kalkulierbar	kontrollierbar vs. nicht kontrollierbar	kontrollierbar vs. nicht kontrollierbar existenziell vs. nicht existenziell
Qualität		positiv vs. negativ erwünscht vs. unerwünscht	positiv vs. negativ erwünscht vs. unerwünscht Gewinn vs. Verlust
Relation - Kind - Gesellschaft - Eltern	direkt vs. indirekt direkt vs. indirekt direkt vs. indirekt		betroffen *vs.* nicht betroffen entlastend vs. belastend
Modalität	zukunftverändernd vs. nicht veränd.	zukunftverändernd vs. nicht verändernd	zukunftbegrenzend vs. nicht -begrenz. Homöostase vs. keine Homöostase
Raum	omnipräsent vs. nicht omnipräsent		
Zeit	permanent vs. temporär altersvariabel vs. nicht altersvariabel.		lebensverändernd vs. nicht lebensverä. vorhersagbar vs. nicht vorhersagbar

1. Abbildung: Kategoriale Ordnung der Parameter des kritischen Ereignisses „Diagnose Down-Syndrom"

Einige Beispiele sollen die *Lesart* der Abbildung 1 kurz erläutern:

- In Bezug auf die Ursache des Ereignisses ist ihre Entstehungsweise (Materialursache), die dazu führt, dass Eltern ein Kind mit Down-Syndrom bekommen, aus der quasi objektiven Perspektive der medizinischen Wissenschaft *bekannt*. Sie liegt in der eindeutig *diagnostizierbaren* chromosomalen Besonderheit der Trisomie 21 begründet. Aus der subjektiven Sicht der Eltern ist das Problem, wodurch ihr Kind das Down-Syndrom bekam, (evtl.) *erklärbar* und der zytologische Vorgang, wie es dazu kam, *beschreibbar.*
- Das kritische Ereignis „Diagnose Down-Syndrom" selbst (Wesen) ist aus der intersubjektiven Perspektive der Gesellschaft in Bezug auf die Gesellschaft (Relation) aufgrund von Kosten-Nutzen-Analysen etc. *unerwünscht.*
- Das Wesen unseres Ereignisses ist aus der quasi objektiven Sicht der Lebenslaufforschung in Bezug (Relation) auf die Lebenssituation der Eltern *altersspezifisch*, da es nur in einem gewissen biographischen Zeitraum auftreten kann.
- Die Folgen, die das Ereignis, ein Kind mit Down-Syndrom zu haben aus der subjektiven Sicht der Eltern mit sich bringt, können in Abhängigkeit von Bewältigungsmöglichkeiten der Betroffenen mehr oder weniger *existenziell* und *unkontrollierbar* sein.

Das erste Klassifikationssystem wird mit Hilfe der *Ursachenlehre von Aristoteles* nach Form, Material, Wirkung und Zweck der Ursache kategorisiert. Daraus ergeben sich vier Fragen, die geeignet sind, die elementaren Dimensionen eines geistigen Phänomens zu erschließen. Diese Grundfragen zielen auf die Formursache (causa formalis), die Materialursache (causa materialis), die Wirkursache (causa efficiens) und die Zielursache (causa finalis).
Beziehen wir diese Grundkategorien auf unsere konkrete Situation, ergeben sich die Fragen nach dem Warum, Woraus, Wodurch und Wozu des kritischen Ereignisses.
Die beiden anderen Klassifikationssysteme, die sich auf Wesen und Folgen des Ereignisses beziehen, werden jeweils durch die a priorischen, d. h. reinen *Verstandesbegriffe Immanuel Kants* weiter unterteilt.
Die reinen Verstandesbegriffe Kants sind die vier Kategorien Quantität, Qualität, Modalität und Relation, sowie die beiden Anschauungsformen Raum und Zeit[218]. Diese Kategorien können nicht aufeinander zurückgeführt werden und eignen sich darum zu einer elementaren (Erkenntnis-) Unterscheidung kritischer Ereignisse.

Zweitens werden die polaren Ereignisparameter durch die **drei hermeneutischen Distinktionen** subjektive, intersubjektive und objektive Perspektive spezifiziert. Es wird versucht, die kritischen Merkmale des Ereignisses „Diagnose Down-Syndrom" durch verschiedene Modi der Betrachtung zu unterscheiden und dieses Ereignis im Interaktionsprozess von Situation und Person durch objektive Merkmale, durch subjektive - von der betroffenen Person wahrgenommene - Merkmale oder durch intersubjektiv gewonnene Merkmale zu qualifizieren. Dadurch soll zum einen kenntlich gemacht werden, *wer* ein Merkmal als kritisch definiert: die "scientific community", der gesellschaftliche Konsens oder das Individuum und zum anderen, *mit welchen Maßstäben* es als kritisch eingeschätzt wird.

Nach Filipp messen sich
1. *die objektiven Ereignisparameter* daran, "ob sie indikativ für das Ereignis selbst und theoretisch voraussetzungsfrei zu formulieren sind",
2. *die intersubjektiven bzw. objektivierenden Ereignisparameter* daran, "ob sie Merkmale darstellen, die man kritischen Lebensereignissen qua intersubjektiver Konsensbildung oder qua theoretischer Setzung zuschreibt" und
3. *die subjektiven Parameter* daran, "ob sie zur Kennzeichnung der Art und Weise, wie die jeweils betroffene Person das Ereignis wahrnimmt und interpretiert, herangezogen werden"[219].

Der jeweils *fett gedruckte* Ereignisparameter eines bipolaren Merkmalpaares gibt an, welche der beiden kritischen Eigenschaften das Ereignis „Diagnose Down-Syndrom" qualifiziert. Bei den subjektiven Ereignismerkmalen wurde aufgrund einer hohen interindividuellen Variabilität auf eine Kennzeichnung verzichtet. Vermutungen und Annahmen, die oben im Text geäußert wurden, bedürfen vor ihrer Festschreibung der empirischen Überprüfung.

---

[218] Vgl. Kant 1781, bzw. 1990, 69ff sowie 116ff.
[219] Filipp 1981, 25.

Die kategoriale und hermeneutische Ordnung der kritischen Parameter unseres Ereignisses kann in einer Zusammenschau der Abbildung 2 entnommen werden. Diese Tabelle ist in ihrer Aussagekraft limitiert. Sie kann die Schematisierung und Vereinfachung unserer Ergebnisse nicht vermeiden. So lässt sie z. B. die zeitliche Dimension der Diagnose außer Acht und beschränkt sich primär auf die postpartuale Elementardiagnose.

1.3.2 Kritische Ereignisparameter in systematischer Ordnung

Die kritischen Merkmale des Ereignisses „Diagnose Down-Syndrom", die auf der Basis relevanter Fachliteratur in einem *analytischen* Vorgang gewonnen wurden, liegen nun nach Kategorien und hermeneutischen Dimensionen geordnet vor.

Die kritischen Ereignismerkmale wurden in einem *evaluativ-selektiven* Prozess auf relevante und zentrale Parameter untersucht. Nach inhaltlichen Gesichtspunkten wurden diejenigen ausgewählt, die mit hoher hypothetischer Wahrscheinlichkeit eine kritische Potenz besitzen. Infolgedessen wurde auf die Polarität der Eigenschaftspaare und die Vollständigkeit der kritischen Parameter bewusst verzichtet.
Ein zweiter, *synthetischer* Prozess hatte zum Ziel, das Grundgerüst für eine Taxonomie des kritischen Ereignisses „Diagnose Down-Syndrom" zu erstellen. Die ausgewählten Parameter wurden nun nach ihren Zusammenhängen in eine systematische Ordnung gebracht. An ihr soll aufgezeigt werden, wie einzelne kritische Ereignismerkmale möglicherweise aufeinander bezogen sind und voneinander abhängen. Durch die Gewichtung der Merkmalsbezüge können Hinweise auf zentrale, neuralgische Krisenherde und mögliche negative Folgen[220] des kritischen Ereignisses gegeben werden.

Die systematische Taxonomie der selektierten und evaluierten Ereignisparameter ist in Abbildung 2 zusammenfassend dargestellt.
Die *Pyramide kritischer Ereignisparameter* der Diagnose Down-Syndrom besteht aus horizontalen Schichten, die aus Elementen vergleichbarer Größen zusammengesetzt sind. Diese Pyramide ist *schichtweise aufgebaut*, aber - anders als die Pyramide Ägyptens - von oben nach unten. Ihre Spitze, das kritische Ereignis selbst, bildet den Ausgangspunkt. Nicht die vorgegebenen Wesensmerkmale konstituieren das Ereignis; vielmehr konstituiert das kritische Ereignis sich und seine charakteristischen Merkmale im Interaktionsprozess von Person und Situation.

Ausgehend vom Ereignis als *Spitze* (I) fächert sich die Pyramide der kritischen Ereignisparameter in ihrer *zweiten Schicht* (II) nach der Klassifizierung von Filipp in objektive, intersubjektive und subjektive Parameter auf[221].

---

[220] Die verfolgte Perspektive orientiert sich an den *kritischen* Merkmalen und ist rein negativ. Die selbstverständlich vorhandenen positiven Aspekte und Effekte der Diagnose Down-Syndrom bleiben hier (vorerst) ausgeblendet.
[221] Vgl. Filipp 1981, 25ff.

Die *dritte Schicht* (III) ergibt sich durch die Betrachtung der drei Merkmalsklassen unter dem Aspekt der Normativität. Aus der wissenschaftlichen, quasi objektiven Perspektive betrachtet weicht das Ereignis „Diagnose Down-Syndrom" durch die geringe Verbreitungshäufigkeit der Trisomie 21 deutlich von der Norm ab. Aus gesellschaftlicher und (i. d. R. auch) individueller Sicht werden diesem kritischen Ereignis negative Eigenschaften zugeschrieben.

Die beiden *Schichten drei und vier* bilden die Mitte - quasi die „Schatzkammer" - der Merkmalspyramide, in der sich *die kritischen Zentralmerkmale* befinden. Schicht *vier* (IV) ist die letzte Schicht, in der die Klassifikation der zweiten Schicht durchgehalten wird. Ab *Schicht fünf* (V) wird eine ausschließlich subjektive Perspektive eingenommen, die sich in den beiden letzten Schichten auf kritische Parameter der Ereignisfolgen bezieht. Die *sechste Schicht* (VI) bezeichnet Merkmale, die im Zusammenhang mit der unmittelbaren Anforderungsflut des kritischen Ereignisses stehen. Werden die Anforderungen im Kontext des kritischen Ereignisses nicht bewältigt, kann dies in *Schicht sieben* (VII), infolge einer Maladaption, zu einer psychosozialen Desorganisation und Destabilisierung oder infolge einer Bonadaption zu einer Homöostase mit neuen Chancen und Möglichkeiten führen.
Die *Verweispfeile* zwischen den Schichten der Merkmalspyramide sowie ihren Auswirkungen, dürfen nicht als lineare, monokausale Verbindungen interpretiert werden. Sie sind hypothetisch-evaluativ und schließen interaktionale Bezüge und weitere Zusammenhänge ein.

Als *neuralgische Merkmale* mit einem erhöhten Gehalt an kritischer Potenz müssen m. E. die sechs subjektiv wahrgenommenen Eigenschaften der fünften Pyramidenschicht angesehen werden. Sie sollen hier noch einmal aufgeführt werden.

Die **Unvorhersehbarkeit** des Ereignisses schließt die reale Möglichkeit aus, sich äußerlich und innerlich angemessen auf das Unvermeidbare vorzubereiten. Das Ereignis trifft plötzlich, traditionslos und ohne eigens entwickelte Bewältigungsressourcen ein.

Mit der **Unkontrollierbarkeit** dieses Ereignisses wird ein Doppeltes ausgesagt. Das kritische Ereignis kann durch die betroffene Person zum einen nicht vermieden werden, da es i. d. R. weder angekündigt noch voraussehbar ist, zum anderen kann es post partum nicht mehr rückgängig und ungeschehen gemacht werden. Es läßt sich nicht wegtherapieren.

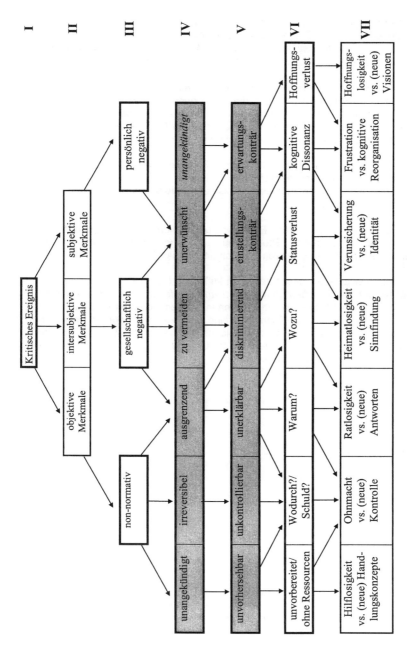

2. Abbildung: Pyramide kritischer Ereignisparameter der postpartualen Diagnose Down-Syndrom

Die **Unerklärbarkeit** des Ereignisses „Diagnose Down-Syndrom" ist ein kritischer Parameter, der offene Fragen aufwirft. Die Fragen nach dem Wodurch, dem Warum und dem Wozu des Ereignisses dürften primär durch die Unerklärbarkeit, aber auch durch andere kritische Parameter (z. B. aus Schicht V) bedingt werden[222].

Die **Diskriminierung**, die Eltern eines Kindes mit Down-Syndrom häufig zu spüren bekommen, ergibt sich zum einen durch die geringe Eintrittswahrscheinlichkeit des Down-Syndroms und die damit verbundene soziologische Zuordnung zu einer Minderheitengruppe, zum anderen durch die in der Bevölkerung repräsentativen negativen Einstellungen gegenüber Menschen mit geistiger Behinderung.

Vater oder Mutter eines Kindes mit Down-Syndrom (geworden) zu sein, ist i. d. R. auch vom Individuum unerwünscht und steht damit in Dissonanz zu den gesellschaftlichen *und* persönlichen Attitüden. Es ist **einstellungskonträr** und führt u. a. zu kognitiven Dissonanzen.

Der sechste und letzte zentrale Ereignisparameter, **das Erwartungskonträre** dieses Ereignisses, führt betroffene Eltern durch sein unangekündigtes, unerwünschtes Eintreffen in einen Grundkonflikt von Wunsch und Wirklichkeit.

Die soeben skizzierten, sechs zentralen kritischen Parameter bilden den *Ausgangspunkt für den weltanschaulich-religiösen und -profanen Umgang* betroffener Eltern mit der Diagnose Down-Syndrom. An ihnen können sich offene Fragen entzünden, durch sie eine Suche nach Sinn oder eine Reorganisation der Lebensanschauung (inklusive der Einstellungen, Werte, Visionen etc.) ausgelöst werden. Sie sind mehr als alle anderen Ereignismerkmale für die Objektseite des Deutungsprozesses von betroffenen Müttern und Vätern konstitutiv.

---

[222] Weiner (1985) z. B. sieht in den Parametern "unerwartete (versus erwartete) Ereignisse" und "Nichterreichen (versus Erreichen) eines Zieles" zwei Schlüsselfaktoren für die Auslösung von Attributionen; vgl. dazu Stroebe 1990, 125. Besonders für den ersten Parameter gibt es in der Forschung eine breite Bestätigung.

2 Coping und Deutung

Im ersten Kapitel haben wir mir dem kritischen Ereignis „Diagnose Down-Syndrom" die Objektseite der Deutung theoretisch analysiert. Nun gilt unsere Aufmerksamkeit dem *Wesen der Deutung* im wissenschaftlichen Kontext der Krise und ihrer Bewältigung.

2.1 Coping

Die Wissenschaft, die Bewältigungsprozesse, bzw. das "coping" untersucht, ist in den vergangenen Jahren zu einem komplexen, kaum überschaubaren interdisziplinären Forschungsbereich angewachsen. Interdisziplinäre Anstrengungen, den menschlichen Umgang mit belastenden Lebenssituationen zu analysieren, zu verstehen und therapeutisch-poimenisch zu unterstützen, führten zur Ausdifferenzierung einer Fülle heterogener Konzepte und Methoden der Bewältigungsforschung.

2.1.1 Zur Copingforschung

Die Copingforschung wurde primär von drei historischen Konzeptionen befruchtet[74]. Die *psychoanalytische Forschungsrichtung* entwickelte aus Sigmund Freuds klinischem Begriff der "Triebabwehr" zahlreiche weitere Abwehrmechanismen, die im Gefolge Anna Freuds als allgemeine Formen psychischer Ich-Reaktion auf Emotionen und bedrohliche Reize der Umwelt verstanden wurden[75]. Als die zweite, umfang- und einflussreichste Wurzel der Bewältigungsforschung gelten *Stresskonzeptionen*, die dem US-amerikanischen Behaviorismus entstammen und sich heute z.T. weit von ihrem Ursprung entfernt haben. In ihrem Einflussbereich haben sich *ideographisch orientierte Persönlichkeitstheorien* mit neuer Akzentuierung entwickelt.
Die Copingforschung begann mit bescheidenen Anfängen in den 50er Jahren als eine Randnotiz zur Stresstheorie[76]. Sie erhielt entscheidende Impulse durch die Psychoanalyse und Lindemanns Einführung des Krisenbegriffs und entwickelte sich bald "zum Kernstück neuerer Modelle über Stress und Stressverarbeitung"[77].

Heterogenität der Copingforschung
In den 60er und 70er Jahren stieg die Zahl der Untersuchungen zur Krisenbewältigung so sprunghaft an, dass in den 80er Jahren die Einheit ihres theoretischen Konzepts in Frage gestellt war. Der Terminus Coping wurde daraufhin als "umbrella concept" kritisiert, "das mehr verdecke als es offenlege"[78]. In der zweiten Hälfte des

---

[74] Vgl. Brüderl et al. 1988, 26-30.
[75] Vgl. Anna Freud 1964 (urspr. 1936), Brüderl et al. 1988, 26f und zu den neueren Tendenzen der psychoanalytischen Abwehrlehre Beutel 1988, 7-32, bes. die Übersichtstabelle 26-29.
[76] Vgl. Olbrich 1988, 5.
[77] Olbrich 1988, 5.
[78] Olbrich 1988, 5. Vgl. dazu Filipp 1984.

letzten Jahrzehnts wurden darum synthetisierende Versuche "hin zu einer Präzisierung der komplexen Bewältigungstheorie"[79] zu einem allgemeinen *Belastungs-Bewältigungsparadigma* unternommen. In dieses Paradigma wurden vor allem folgende Theorien integriert:

"Das Krisen-Konzept aus der Sozialpsychiatrie (Lindemann, Caplan), die life-event-Forschung (Dohrenwend-Dohrenwend), die neuere kognitive Stress-Forschung (Lazarus), die Theorie der 'erlernten Hilflosigkeit' (Seligman), das Konzept der 'generalisierten Kontrollüberzeugung' (Rotter), Theorien der Kausalattribution (Heider), kognitive Theorien von Thomae und Lehr, Konzepte und Methoden aus der socialsupport-Forschung, Entwicklungspsychologie der Lebensspanne"[80].

Diese umfangreiche und dennoch unvollständige Aufzählung skizziert das Spektrum aktueller Zugänge zur Copingforschung innerhalb der klassischen Psychologie, das in Grundzügen auch für diese Arbeit richtungsweisend ist. Als primären theoretischen Zugang, der ein integrierendes Verständnis von Coping im Sinne des Belastungs-Bewältigungsparadigmas eröffnet, wählen wir die kognitiv-transaktionale Konzeption der Forschergruppe um Richard S. Lazarus.

Eine Definition von Coping:
Lazarus und Folkman (1984) konzeptualisieren Coping "als sich ständig verändernde, kognitive und verhaltensmäßige Bemühungen einer Person, die darauf gerichtet sind, sich mit spezifischen externen und/oder internen Anforderungen auseinanderzusetzen, die ihre adaptiven Ressourcen stark beanspruchen oder übersteigen"[81].

Bevor Lazarus' Konzeption des Copings detaillierter entfaltet wird, sollen die zentralen Merkmale seiner Definition genannt werden:

1. Coping als *Prozess*
Coping ist nicht, wie das deutsche Wort "Bewältigung" suggeriert, das erfolgreiche Ergebnis eines Vorgangs, sondern es ist dieser selbst: ein auf der Zeitachse sich ständig verändernder Prozess.

2. *Kognitive und konative Formen* des Copings
Lazarus unterscheidet zwei grundlegende Formen der Bewältigung, die im Copingprozess gemeinsam oder einzeln auftreten können: Eine kognitive, nicht beobachtbare Form intrapsychischer Mechanismen und eine verhaltensmäßige, beobachtbare Form, die durch direkte Aktionen gekennzeichnet ist.

3. Coping *als Versuch* zur Veränderung
Mit Coping ist der mehr oder weniger bewußte Bewältigungsversuch einer Person gemeint und damit die Normativität der subjektiven Intention zur positiven Verände-

---

[79] Olbrich 1988, 6; vgl. auch Beutel 1988, 49. Theoretische Integrationen streben besonders die Arbeiten von Ulich et al. 1985, Ulich 1987 und die Autoren in Brüderl 1988b an.
[80] Ulich 1985, 11.
[81] Trautmann-Sponsel 1988, 15.

rung, nicht aber die objektive Realisierung derselben. Der Copingversuch hat aller Regel nach eine wie auch immer geartete Veränderung der Person-Umwelt-Passung zur Folge[82].

4. Coping als *zweifach-funktionales Verhalten*
Coping hat die doppelte Funktion, sich mit Anforderungen, die von der (externen) Situation und von der (internen) betroffenen Person selbst ausgehen durch instrumentelles, situationveränderndes und palliativ-kognitives, personveränderndes Copingverhalten auseinanderzusetzen.

5. Bewältigung als *nicht-automatisiertes Verhalten*
Indem von Coping erst gesprochen wird, wenn externe und interne Anforderungen die adaptiven Ressourcen einer Person stark beanspruchen oder übersteigen, grenzt sich diese Definition von einem automatisierten Bewältigungsverhalten und einem allgemeinen Adaptionsbegriff ab, der in fast jedem Verhalten einen Anpassungsversuch sieht.

2.1.2 Zum kognitiven-transaktionalen Copingmodell

Die für uns relevanten Aspekte der von *Lazarus* et al. entwickelten Copingtheorie sollen im Duktus dieser Arbeit herangezogen und vertieft werden. Der theoretische Hintergrund dieser Theorie ist eine *Stresskonzeption*, die eine in der behavioristischen Tradition umstrittene Weiterentwicklung und radikale Modifizierung des klassischen stimulus-reaction-Modells darstellt. Stress spielt in der Copingforschung eine zentrale, wenn auch inhomogene Rolle. Darum lohnt es sich, diesen Begriff zu differenzieren, forschungsgeschichtlich einzuordnen und von konkurrierenden Konzepten zu unterscheiden.

Exkurs: Stress
Stress ist für Fachleute und Laien ein gleichermaßen geläufiger Begriff. Längst ist er zu einem festen Bestandteil der modernen Alltagssprache, ja sogar zu einem Modewort geworden. Sein selbstverständlicher Gebrauch hat seine Verständlichkeit verflacht und vernebelt, auch innerhalb der wissenschaftlichen Diskussion.
Die Vorstellung von Stress war ursprünglich in der Maschinentechnik (engineering) beheimatet, in der sie die "external force directed at some physical object" bezeichnete[83]. Demnach ist Stress eine Krafteinwirkung, die notwendig eine physikalische Auswirkung nach sich zieht: auf "stress" folgt "strain". Das sich dahinter verbergende theoretische Prinzip bildet den Ausgangspunkt der psychologischen Stressforschung und diente als Vorbild für das *Reiz-Reaktions-Schema*. Mit ihm korrespondiert die Annahme eines *Gleichgewichtsmodells* von Homöostase und Disäquilibrati-

---

[82] Lazarus unterscheidet sich von Braukmann & Filipp 1984, indem er die Normativität in der individuellen Intention, nicht aber im Erfolg einer vollzogenen Meisterung oder Anpassung verortet.
[83] Lazarus 1966, 12.

on, die im Sinne eines durch Stress verursachten Ungleichgewichts allen Stresskonzeptionen gemeinsam ist[84].

Der Stressbegriff, im Index des "Psychological Abstracts" zuerst 1944 genannt[85], findet in Selye's Buch "Stress" (1950) seine präziseste Konzeptualisierung[86]. Doch bereits hier war unklar, ob sich Stress auf die anfängliche Einwirkung des Stressors, auf den Anpassungsmechanismus oder auf die negativen Konsequenzen bezieht[87].
Der *Definitionsstreit*, ob Stress Reiz, Reaktion oder Transaktion ist, ob er positiv oder negativ konzipiert werden soll, durchzieht seine Forschungsgeschichte[88]:
Die Stressforschung stand in ihren Anfängen in einer *physiologisch-biologischen Tradition*. Sie stützte sich nicht auf reale Lebenssituationen, sondern auf unzählige Laboruntersuchungen, die durch das, auf Cannon (1914) zurückgehende und von Selye ausgearbeitete, *Belastungs-Aktivierungs-Paradigma* angeregt wurden und überwiegend physiologische Stressindikatoren verwendeten[89].
In einer zweiten, wichtigen Phase ging der Trend in der Stressforschung von den physiologisch-biologischen, *reizorientierten* Reflexmodellen hin zur *persönlichkeitstheoretischen Forschung*. Nun wurde nach *reaktionsorientierten,* internen Persönlichkeitsvariablen, die Stress erzeugen oder reduzieren, gefragt (z. B. Lazarus 1966). Hier wurde bereits die Bedeutung subjektiver Einschätzungsprozesse als entscheidende Moderatoren hervorgehoben.
Die persönlichkeitstheoretische Tradition wurde zum *kognitiv-transaktionalen Ansatz* weiterentwickelt (Folkman 1984, Lazarus 1980, 1981a). Diese "kognitive" Stressforschung macht den Auseinandersetzungsprozess mit belastenden Ereignissen zu ihrem direkten Gegenstand und beschäftigte sich hauptsächlich mit kognitiven Einschätzungen als zentralen Handlungsdeterminanten[90].
Wie oben bei den forschungsgeschichtlichen Aspekten zum Coping beschrieben, flossen in einer vierten Phase neben vielen anderen Ansätzen auch relevante Stresskonzepte in das integrierende Belastungs-Bewältigungsparadigma ein. Da mit diesem aktuellen Stressbegriff nun weniger physiologische, vielmehr überwiegend psycho-soziale und gesellschaftliche Belastungen gemeint sind, wird auch von einem (integrierenden) *Life-Stress-Ansatz* gesprochen[91].

Durch die Überwindung des physiologischen Reflexmodells und die Integration in ein übergreifendes Coping-Paradigma ist der *Stressbegriff allgemeiner und unpräziser* geworden:
Stress wurde zur belastend empfundenen Diskrepanz zwischen internen oder/ und externen Anforderungen einerseits und adaptiven Ressourcen andererseits. Er bezeichnet zahllose Formen der Belastung, "vor allem Anforderungsdruck, Zeitdruck,

---

[84] Vgl. Semmer 1993, 744.
[85] Vgl. Lazarus 1966, 9.
[86] Vgl. Arnold et al. 1993, 2230-2234.
[87] Vgl. Lazarus 1966, 13.
[88] Vgl. Semmer 1993, 744, 746 und 750.
[89] Vgl. Ulich et al. 1985, 26f.
[90] Vgl. Ulich et al. 1985, 27.
[91] Siehe zur Forschungsgeschichte Ulich 1987, 118-122 und Lazarus 1981a, 198-201.

Handlungsdruck, Überforderung und negative Emotionen, wie Missmut, sich Sich-gehetzt-Fühlen ..."[92].

Die aus der Perspektive der Stressforschung bedenkliche, schrankenlose Ausweitung ihres Zentralbegriffs einerseits hat ihn andererseits *für die Krisen- und Bewältigungsforschung geöffnet*. Diese wird von ihm aber "nur dann profitieren können, wenn das *Spezifische* von Stress gegenüber anderen Formen von Belastung wieder hergestellt bzw. herausgestellt wird"[93].

Auch Lazarus versucht sich dem Definitionsdilemma des Stressbegriffs zu entziehen. Er definiert Stress als "ein spezifisches Verhältnis zwischen Person und Umgebung, das in der Wahrnehmung der Person ihre Ressourcen bis zu deren Grenze oder darüber fordert und ihr Wohlbefinden bedroht"[94].
Lazarus' Intention ist es, Stress weder als Reiz der Umgebung, noch als Reaktion der Umgebung zu konzipieren, sondern als ein spezifisches Verhältnis beider Größen. Diese Konzeption stimmt mit seiner Coping-Definition überein, in der er von "spezifischen externen und/ oder internen Anforderungen", also von Stressfaktoren spricht.

Lazarus' Stress- und Copingkonzeption ist eingebettet in ein stimmiges System, eine Metatheorie. Er selbst bezeichnet sie als ein Paradigma[95]. Dieses *Paradigma von Stress und Stressbewältigung* baut auf unterschiedlichen Prämissen auf:

Anthropologisch-hermeneutische Prämisse
Lazarus geht seit den 50er Jahren - in Abgrenzung zur psychoanalytischen Vorstellung von Trieb und Abwehr - von der bewussten Aktivität und verändernden Einwirkungskraft des Menschen in der Auseinandersetzung mit seiner Umwelt aus. Der Mensch als homo faber weist "individuelle Differenzen als vermittelnde Faktoren"[96] in der Interaktion mit sich und seiner Umgebung auf. Als den zentralen anthropologischen Vermittlungsfaktor sieht Lazarus den kognitiven Wahrnehmungs- und Beurteilungsprozess.

Kognitiv-phänomenologische Prämisse
Lazarus betont: "Mein Ansatz zur Erforschung von Stress und Stressbewältigung ist explizit kognitiv-phänomenologisch orientiert"[97]. Anfang der 60er Jahre vollzog Lazarus zusammen mit der US-amerikanischen „main-stream-psychology" die *kognitive Wende*[98], in deren Anschluss davon ausgegangen wurde, "dass Emotionen (und Stress) das Resultat von Kognitionen sind, d. h. das Ergebnis dessen, wie eine Person ihre Beziehung zu ihrer Umwelt bewertet oder konstruiert"[99]. Dabei wird der

---

[92] Ulich 1987, 118.
[93] Ulich 1987, 221.
[94] Folkman/ Lazarus 1984, 19; Übers. d. Verf.
[95] So in Lazarus 1981a, bes. S. 1.
[96] Lazarus 1981a, 199.
[97] Lazarus 1981a, 201.
[98] Vgl. Lück 1991, 161; Die Bezeichnung "Wende" trifft für die deutsche Psychologie, in der nichtkognitive Strömungen stets eine stärkere Bedeutung hatten, nicht in gleicher Weise zu.
[99] Lazarus 1981a, 201.

Wechselprozess einer rückwirkenden Beeinflussung der Kognitionen nicht ausgeschlossen.

Transaktional-prozessuale Prämisse
Die Stresserzeugung und -bewältigung ist nach Lazarus seinem Wesen nach ein prozesshaftes Wechselspiel von Person und Situation. Dieses Wechselspiel, das Lazarus mit "Transaktion" bezeichnet, hat für ihn zwei Bedeutungselemente: Erstens beeinflussen sich beide Größen *wechselseitig*. Nicht nur die Situation wirkt im Sinne des Reiz-Reaktion-Schemas auf die Person, sondern auch die Person bestimmt und verändert aktiv die Situation.
Zweitens werden die kausal-antezedenten Variablen *nicht als separate Entitäten* betrachtet, sondern als solche, die im transaktionalen Prozess sich verändern oder ganz verschwinden. Darin unterscheidet sich die Transaktion von der Interaktion. "Transaktion impliziert darüber hinaus die Verschmelzung von Person und Umwelt zu einer neuen Einheit, einem System"[100]. Diese neue Entität ist die spezielle Beziehung zwischen Person und Situation.

Die Transaktion ist ein dynamisches, prozesshaftes Geschehen. Nach Lazarus' Terminologie enthält *Prozess* "zwei Elemente, nämlich einmal den aktuellen Austausch zwischen Person und Umwelt (oder zwischen Kräften innerhalb der Person) und zweitens die Transformation und Veränderung dieses Austausches über die Zeit hinweg"[101]. Das Konzept "Prozess" wird von Lazarus gegenüber dem in der Entwicklungspsychologie verbreiteten "Struktur"-Konzept favorisiert[102].

Methodologische Prämissen
Der anthropologischen Prämisse gemäß geht Lazarus bei seinem empirischen Forschungszugang von der Dialektik ipsativer und normativer Methoden aus. Durch qualitative Methoden soll die spezifische Variabilität von Person und Kontext berücksichtigt und durch quantitative Methoden dem normativ-generalisierenden Aspekt Rechnung getragen werden. Dabei weiß er sich - in Distanz zur experimentellen Laboruntersuchung - dem *Naturalismus* verpflichtet[103]. Die empirischen Erhebungen in natürlichen Lebenssituationen sollen die Differenzierung *von drei Analyseebenen* berücksichtigen: die interpersonell-soziale, die psychische und die physische Ebene[104].

Konsequenzen und Probleme
Die transaktionale Stresstheorie von Lazarus löste nicht nur intensive *Methodendiskussionen*[105], sondern auch neue *theoretische Problemstellungen* aus:
Wie können die stressauslösenden Bedingungen im transaktionalen Prozess lokalisiert werden? Jede beliebige situative und/oder personale Variable kann, muss aber

---

[100] Lazarus 1981a, 205.
[101] Lazarus 1981a, 205.
[102] Vgl. Lazarus 1981a, 206.
[103] Lazarus 1981a, 210-212 und 202-204.
[104] Lazarus 1981a, 207-210.
[105] Vgl. Beutel 1988, 50f.

nicht, zum Stressor werden. So entsteht die Schwierigkeit einer "inhaltlichen Beliebigkeit auslösender Bedingungen"[106].
Welche Variable ein Stressor ist, kann erst retrospektiv, nach Vollzug des interaktiven Einschätzungsprozesses, ermittelt werden. Sie lassen sich im voraus nur als Risikofaktoren im Sinne einer Wahrscheinlichkeitsbeziehung bestimmen. Ein Stressor hat ergo keine Realität an sich. Hier stellt sich das *Problem der logischen Zirkularität und der Definition*[107]. Kann ohne vorausgehende Analyse einer spezifischen Person-Kontext-Konstellation überhaupt von einem Stressor gesprochen werden und ist diese Analyse noch durchführbar?

2.1.3 Zum ABC-X-Modell

Die Stress- und Copingtheorie von Lazarus ist ein individualistisches, aus der Perspektive des Individuums konzipiertes Modell, das die psychischen Prozesse und insbesondere den kognitiven Einschätzungsprozess des einzelnen im Blick hat[108]. Da es sich bei der Diagnose Down-Syndrom um ein kritisches Ereignis handelt, das sich im sozialen Kontext der Elternpaare und Familien vollzieht und dazu auch brisante gesellschaftliche Bezüge aufweist, stellen wir dem individuo-zentrierten transaktionalen Modell das soziologische ABC-X-Modell zur Seite. Dieses *sozio-zentrierte Konzept* soll die ökologische, soziokulturelle Einbindung der Stresstheorie in das Familien- und Gesellschaftssystem gewährleisten.

2.1.3.1 Herkunft des ABC-X-Modells (Hill)

In seiner Studie "Family Under Stress" entwickelte Reuben Hill (1949) auf der Basis einer noch jungen, seit den 30er Jahren bestehenden *soziologischen Familien-Stress-Forschung*[109] das heuristische Konzept des ABC-X-Modells, das von da an bis in die jüngste Zeit diesen Forschungsbereich dominiert hatte.

Hill stellte sich auf dem praktischen Hintergrund der *Sozialarbeit* die Frage nach den verursachenden Faktoren der Krisenanfälligkeit (crisis-proneness) einer Familie, mit dem Ziel, die Ressourcen und die Krisenresistenz zu fördern. Sein spezifisches Forschungsfeld waren Familien, die durch den Krieg auseinandergerissen wurden (dismemberment), bzw. nach dem Krieg wieder zusammen kamen (accession).

ABC-X-Modell nach Hill
Das von Hill konzipierte, heuristische Modell fragt nach den determinierenden Kausalfaktoren (A,B,C) für die Krisenanfälligkeit (X) von Familien.

---

[106] Semmer 1993, 746/2.
[107] Vgl. Semmer 1993, 746/2.
[108] Vgl. Burr 1994, 51.
[109] Vgl. Burr 1994, 31.

Faktor A:
Der erste Faktor ist nach Hill "The Crisis Precipitating Event", der Stressor, oder "crisis provoking event"[110]. Er will von Hill als Variable, nicht als Konstante verstanden werden, da jeder *"stressor event"* sich nach seiner Intensität durch die Härte (concept of hardship), die das Ereignis begleitet, unterscheidet[111].

Die Vorstellung, das kritische Ereignis sei der Stressor, verweist auf die frühe, behavioristische Stresstheorie. Hill geht jedoch nicht von einer direkten Event-Crisis-Reaction aus, sondern nimmt in der Krisengenese zwei sukzessiv intervenierende Variablen (B, C) an. Das krisenauslösende Ereignis (A) interagiert (zuerst) mit Faktor (B)[112].

Faktor B:
Die *"Crisis-Meeting-Resources"* einer Familie (B) bewahren diese - wenn sie vorhanden sind - vor der Krise oder zwingen sie - wenn sie nicht vorhanden sind - in die Krise hinein. Die krisenbeständigen Ressourcen bilden die *latente Handlungsprädisposition* der Familie, die im Ernstfall der Krise aktiviert werden. Sie können unter die beiden übergreifenden Konzepte Integrationsfähigkeit (integration), wie z. B. Kohärenz und Eintracht der Familienmitglieder, gemeinsame Interessen, Zuneigung etc. und Anpassungsfähigkeit (adaptability) inklusive der Handlungsnormen subsummiert werden. Hill bietet keine eigene Konzeption des Faktors B; er bezieht sich hier u. a. auf den Familiensoziologen R.C. Angell[113].

Faktor C:
Der Faktor B interagiert mit dem Faktor C, das heißt mit der Definition, die sich die Familie von einem Ereignis macht. Die Faktoren B und C liegen - im Gegensatz zu A - innerhalb der Familie und müssen als ihre Struktur (structure) und Werthaltungen (values) angesehen werden[114]. Ob es zur Krise kommt hängt unmittelbar von "meaning of the event" oder *"definition of the event"* ab, die sich die Familie macht. Nur wenn das Ereignis als stressreich (Definition of the Event as Stressful) eingeschätzt wird und der Bewertungshorizont (meaning aspect) „schwarz gefärbt" ist, kommt es zur Transformation von Stressor zu Krise (X) [115].

Faktor X:
Hill definiert *Krise* als „any sharp or decisive change, for which old patterns are inadequate"[116]. Mit der Vorstellung von einer scharfen, entscheidenden Wende lehnt sich Hill an die ursprüngliche griechische Wortbedeutung an. Krise ist Entscheidungs- und Wendezeit. In ihr entscheidet sich, ob es zu einer beginnenden Anpassung oder zu einer bleibenden Desintegration des kritischen Ereignisses und damit

---

[110] Hill 1958, 140/2.
[111] Hill 1958, 141/1. Das Konzept der Härte ist bei Hill noch vage und undifferenziert, es wird aber schon das angedeutet, was im doppelten ABC-X-Modell "pile up of demand" genannt wird.
[112] Vgl. Hill 1958, 143/2.
[113] Vgl. Hill 1958, 144/1.
[114] Vgl. Hill 1958, 141/2.
[115] Vgl. Hill 1958, 141 und 145.
[116] Siehe Hill in McCubbin 1982, 5.

zu einer radikalen Verschlechterung kommt. Die von der Krise betroffene Person bewegt sich damit auf dem schmalen Grat zwischen gelungener und misslungener Bewältigung[117].

Das ABC-X-Modell von Hill hat also folgende Struktur:

$$A \Leftrightarrow B \Leftrightarrow C \Rightarrow X$$

3. Abbildung: Stuktur des ABC-X-Modells nach Hill

Das ABC-X-Modell ist, wie unser Schema zeigt, *linear* konzipiert und neigt zu *einem kausal-mechanistischen Verständnis* der Krisengenese. Was mit der Interaktion (interacting) der Faktoren gemeint ist, bleibt ebenso unausgesprochen, wie die detaillierte Konzeption der einzelnen Faktoren, ihre Bezüge zueinander (z. B. A-C, B-C) oder ihre Veränderungen entlang der Zeitachse.
Bei aller berechtigten Kritik an der linearen, mechanistischen und reiz-reaktionsorientierten Ausrichtung dieses Modells, will der logische Positivismus, den W. Burr et al. Hill unterstellen, nicht einleuchten[118].

Positiv festzuhalten ist:
Hill unterscheidet auf der Personseite zwei wesentliche Faktoren: Ressourcen (B) und Definition (C), die neben dem Ereignis (A) in einer Kausalkette interagierender Kettenglieder (nach quantitativem Verständnis) zur Stressreaktion führen. Das Stress-Reaktions-Schema wird damit nicht nur multifaktoriell, sondern auch interaktional modifiziert.
Hills Modell wurde in der Familienforschung bis in unsere Zeit hinein vielfach verändert, modifiziert und durch systemische, prozessuale und non-positivistische Zusätze erweitert[119].

---

[117] Vgl. Schnurr 1990, 61-63.
[118] Vgl. Burr 1994, 31. Die von Hill 1958, 141 und 145 betonte Bedeutung des subjektiven Definitionsprozesses weist z. B. nicht in Richtung Positivismus, sondern auf hermeneutisch-geisteswissenschaftliche Aspekte.
[119] Vgl. Burr 1994, 31.

2.1.3.2 Doppeltes ABC-X-Modell (McCubbin et al.)

McCubbin und Patterson (1982) modifizieren durch das doppelte ABC-X-Modell das Basismodell von Hill in vier Punkten (vgl. unten Teil A, Abb. 4):

1. Sie redefinieren und präzisieren die inhaltliche Füllung der drei Variablen (A,B,C) und bestimmen ihre Bezüge *zirkulär* - anstatt linear -, so dass nun jeder Faktor mit jedem (auch A mit C) interagiert.

2. Sie erweitern das Basismodell durch *Verdoppelung* desselben. Das doppelte ABC-X-Modell erfasst nun neben den traditionellen Variablen des Krisenprozesses auch den Copingprozess samt seinen verursachenden Faktoren. Es ist - wie es die Autoren betitelt haben - ein "Model of Family Stress and Adaption". Beide Prozesse, hin zur Krise (pre-crisis) und hin zur Adaption (post-crisis) sind analog konzipiert und werden durch die gleichen Faktorengruppen determiniert. Die Analogie dieser Prozesse wird von Hill (1958) bereits angedeutet, jedoch nicht entfaltet[120].

3. Neu am doppelten ABC-X-Modell ist auch das *Konzept der Anforderungsflut* (concept of stress pile-up). Dieses Konzept nimmt den Zeitfaktor und Prozesscharakter ernst. Es sieht Stress "as a process, a complex set of changing conditions that have a history and future, rather than a short-term, single stimulus"[121]. Im Blick ist nun nicht nur ein einzelner Stressor, sondern die Anzahl und Qualität zusätzlicher Stressfaktoren (additional stressors), die im raum-zeitlichen Kontext eines kritischen Ereignisses vorhanden sind und sich - da ihre Wirksamkeit oft anhält - im Verlauf der Zeit anhäufen (pile-up). Diese Stressfaktoren und Anforderungen, wie z. B. vorausgehende und begleitende Ereignisse, Rollenwechsel, chronische Anforderungen etc., können dem Familiensystem zu jeder Zeit, auch simultan, zugeführt werden. Mit diesem Konzept wird ein *systemisches Element* in das Modell aufgenommen[122].

4. Das Resultat des Familienprozesses in der Auseinandersetzung mit Krise und Anforderungsflut ist die *Anpassung der Familie*. Sie schließt die Möglichkeit einer Periode der Desorganisation ein und wird auf einem Kontinuum gemessen, an dessen negativem Ende die misslungene Anpassung (maladaption) und dessen positivem Ende gelungene Anpassung (bonadaption) steht. Sie werden als maximale bzw. minimale kontinuierliche Diskrepanz oder Unbalanciertheit zwischen Anforderungsflut und familiären Möglichkeiten, diesen positiv zu begegnen, definiert[123].

---

[120] Vgl. Hill 1958, 146/1: "... the adjustment of the family to the crisis, would reveal again an interplay of many of the same factors reflecting family adequacy-inadequacy which made families prone to crisis originally".
[121] Lavee 1985, 812/2.
[122] Vgl. Lavee 1985, 811ff und Burr/ Klein 1994, 37.
[123] So Lavee 1985, 813.

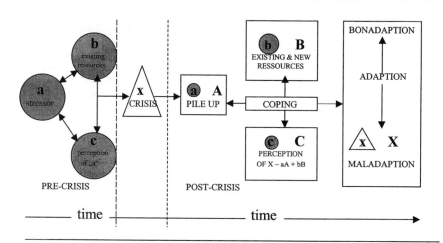

4. Abbildung: Das doppelte ABC-X-Modell nach McCubbin/ Patterson (1983, 12)

Das Doppelte ABC-X-Modell ist eine *empirisch überprüfbare Theorie*. Seine theoretischen Bezüge, Variablen und Konstrukte wurden durch ein Reihe empirischer Studien mit unterschiedlichen Ergebnissen, wenn auch noch nicht erschöpfend, evaluiert[124]. So konnte z. B. das Konzept der Anforderungsflut durch Lavee et al. (1985) validiert werden[125].

2.1.3.3 Doppeltes ABC-X-Modell und Sonderpädagogik

Das ABC-X-Modell erwies sich, obwohl an Familien im Kontext des Militärdienstes entwickelt, in der US-amerikanischen Sonderpädagogik als äußerst fruchtbar[126] und wird seit den 90er Jahren auch in der deutschen Sonderpädagogik als *heuristisches Analyse- und Forschungskonzept* für die Eltern- und Frühberatung von Familien, die Kinder mit einer geistigen Behinderung haben, nutzbar gemacht[127].
Mit Hilfe des (doppelten) ABC-X-Modells wurden die relevanten Faktoren des Krisen- und Copingprozesses identifiziert, detailliert beschrieben und als Ansatzpunkte für die Beratungssituation der Eltern von Kindern mit Down-Syndrom herausgestellt.

---

[124] Siehe die Studien von Lavee et al. 1985, Minnes 1988, Orr et al. 1991, Peterson 1984 etc.
[125] Vgl. Lavee et al. 1985, 811.
[126] Dies belegen neben vielen anderen Veröffentlichungen Minnes 1988, Orr et al. 1991, Peterson 1984, Wikler 1986, Zeitlin et al. 1987,
[127] So in Dittmann 1992b, 1994a, 1994b und Dittmann/ Klatte-Reiber 1993a, 1993b.

Für die Krisenbewältigung und Krisenberatung besonders bedeutsam erwies sich der Faktor B. Ziel der *Elternberatung* ist es, "Eltern zu aktivieren, mittels Copingstrategien die Stress- und Krisensituation zu bewältigen"[128], die betroffene Familie in eine "psychische Homöostase" zu bringen und das Kind zur Autonomie zu führen[129]. Dabei steht die Aktivierung vergangener, die Nutzung, Entwicklung und Stärkung vorhandener und die *Schaffung zusätzlicher Ressourcen* im Zentrum. Gelingt dieser Prozess nicht, "wird die Familie möglicherweise im Dauerstress bleiben mit allen negativen Folgen für die familiäre Lebensführung, aber auch für die Entwicklung und das Selbständigwerden des Kindes mit Down-Syndrom"[130].

Der **Faktor B** wurde von Dittmann weiter konkretisiert und zuletzt in vier **"Ressourcenbereiche"** unterteilt [131]:

"B 1: *Intrapsychische Ressourcen*/Reserven (z. B. psychische Stabilität, Glaube, Lebenserfahrung, Reife der Persönlichkeit, Selbstwertgefühl).

B 2: *Interfamiliäre Ressourcen* (z. B. die Art und Qualität der Beziehungen zum Partner, zu Familienangehörigen oder zu Bekannten).

B 3: *Materielle Ressourcen* (z. B. finanzielle Situation, Wohnmöglichkeiten, Unterstützungen durch Dritte, vorhandene Informationsquellen wie Literatur oder medizinisch-soziale Dienste).

B 4: *Gesellschaftlich-kulturelle Ressourcen/* Kräfte (z. B. sozial-ethisch-rechtliche Wertvorstellungen, Einstellungen der Gesellschaft)"[132].

Diese Unterteilung des Faktor B soll in leicht *modifizierter* Form übernommen werden. Da von materiellen Ressourcen m. E. auf allen Ebenen gesprochen werden kann, werden die drei Breiche intrapersonale, interpersonale und gesellschaftlich-kulturelle Ressourcen durch die *diakritischen Parameter "materiell - ideell"* weiter differenziert. Als "materiell" werden alle "äußeren" finanziellen, physischen Mittel bezeichnet, "ideell" schließt alle "inneren" kognitiv-emotionalen Kräfte, wie z. B. Überzeugungssysteme, Einstellungen, Informationen oder Affekte ein. Konsequent ist es dann, sich von dem (exklusiv) psychologischen Begriff "intrapersonal" zu verabschieden und statt dessen von der *"personalen" Ebene* zu sprechen.

---

[128] Dittmann 1994b, 41/2.
[129] Vgl. Dittmann 1992b, besonders S. 36.
[130] Dittmann/ Klatte-Reiber 1993b, 168 bzw. 1993a, 131.
[131] In Dittmann 1994a und 1994b wird B 1 und B 2 (Dittmann 1992b, Dittmann/ Klatter-Reiber 1993b und 1993a) durch B 3 und B 4 ergänzt bzw. "die materiellen, kulturell-gesellschaftlichen Ressourcen (B 3)" (Dittmann 1992b, 38) in zwei getrennte Bereiche unterteilt.
[132] Dittmann 1994a, 118. Die interfamiliären Ressourcen werden an anderen Stellen (Dittmann/ Klatter-Reiber 1993b; 1993a etc.) auch als "interpersonelle Ressourcen" bezeichnet.

Der **Faktor B** (Dispositionen) untergliedert sich nun folgendermaßen:

Parameter: Dispositionsbereiche	materiell	ideell
B 1: Personale Dispositionen	z. B. persönliches Einkommen	z. B. Intrapsychische Dispositionen
B 2:Interpersonale Dispositionen (Mikro-, Meso-, Exosystem)	z. B. Unterstützung durch Freunde und Verwandte	z. B. Qualität d. Partner- und Familienbeziehung
B 3:Gesellsch.-kulturelle Dispositionen (Makrosystem)	z. B. Finanzielle Hilfen, Nachteilsausgleich, Steuervergünstigung	z. B. gesell. Einstellung, Soziale Dienste, Frühberatung etc.

5. Abbildung: Die gegliederten Dispositionsbereiche des Faktors B

Wie oben mit „Einstellungen der Gesellschaft" unter B 4 angedeutet wurde, sind auf den einzelnen Ebenen nicht nur positive Ressourcen vorhanden, sondern auch Kräfte mit negativem Charakter wirksam, wie z. B. die gesellschaftliche Abwertung von Menschen mit einer Behinderung. Da diese "negativen" Kräfte im Krisen- und Copingprozess bedeutsame Faktoren sind, soll bei Faktor B nicht von Ressourcen, sondern non-normativ und in einem allgemeinen Begriffsverständnis von *Dispositionen* gesprochen werden[133]. Dadurch wird angezeigt, dass die Aufgabe der Krisenberatung und -begleitung nicht allein der Aufbau (positiver) Ressourcen, sondern auch der Abbau negativer Kräfte im Individuum und in allen ökologischen Bereichen des Mikro-, Meso-, Exo- und Makrosystems ist[134].

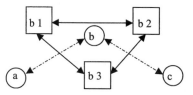

6. Abbildung: Die transaktionalen Bezüge der Subfaktoren B 1-3

---

[133] Der Begriff Disposition wird hier nicht nur im psychologischen Sinn als Persönlichkeitsmerkmal verstanden, sondern in einem sehr globalen Sinn als (personale, interpersonale und kulturell-gesellschaftliche) Umstände. Vgl. z. B. Böckle 1980, 213ff.
Von "Ineffektive Ressourcen (b-)" (Dittmann/ Klatte-Reiber 1994b, 173) zu sprechen, ist m. E. ein Selbstwiderspruch, denn "Ressource", zu deutsch "Hilfsmittel" (Duden 1982, 667), ist per definitionem ein normativ-positiver Begriff; daraus folgt: eine ineffektive Ressource hat bereits aufgehört eine solche zu sein. Vgl. z. B. auch Spilka et al. 1985, 24, die in ihrer Attributionstheorie von "dispositional influences" als dritten Faktor sprechen.

[134] Zur genauen Definition dieser Systeme vgl. Bronfenbrenner 1979, 22-26. Hill 1958, 141 ging bei Faktor B noch exklusiv vom Mikrosystem aus, d. h. von den Ressourcen, die innerhalb der Familie liegen.

Zwischen den drei ökologischen Ebenen des Faktors B gibt es wechselseitige Durchlässigkeiten. Die drei Subfaktoren B 1, B 2 und B 3 bilden keine in sich abgeschlossenen Einheiten. Vielmehr befinden sie sich, wie die obenstehende Abbildung zeigt, in einem interaktiven Feld gegenseitiger Beeinflussung, das mit der transaktionalen Beziehung der Faktoren A, B und C vergleichbar ist.

Problemstellungen des linear-mechanistischen (doppelten) ABC-X-Modells

Die genannten sonderpädagogischen Veröffentlichungen verwenden das (doppelte) ABC-X-Modell in der linearen Hill-Version (1958) oder/ und in seiner doppelten Gestalt von McCubbin/ Patterson (1983) bzw. Lavee et al. (1985). Welche Ausprägung des Modells nun jeweils zugrunde gelegt sein mag[135], *das Festhalten an der ursprünglichen kausal-linearen Theorie* der frühen biologischen Stresstheorie ist unübersehbar.

So wird von Dittmann/ Klatte-Reiber (1993b, 169/1) beim doppelten ABC-X-Modell vor der Krise (pre-crisis) eine unmittelbare Kausalverbindung zwischen Stressor (a) und Krise (b) angenommen, die bei Lavee et al. (1985, 812) im Zug einer zirkulären, systemischen Erweiterung nicht vorgesehen ist. Dadurch wird die Funktion von Faktor A als Stressor wieder stärker unterstrichen.

Im Forschungsprojekt "Mitteilung der Diagnose Down-Syndrom an die Eltern" wurde von Seiten betroffener Eltern Kritik an der Konzeption des *Faktor a/A* geäußert, "der den Eindruck entstehen lässt, das Kind selbst stelle den 'Stressor' dar"[136]. Wie aus Elternberichten hervorgeht, wurde keineswegs allein das Kind, sondern auch veränderte soziale, sozio-kulturelle Faktoren als stressauslösend empfunden[137]. Die Kritik am "Stressor Kind" darf m. E. nicht als ein Missverständnis auf Seiten der Eltern aufgrund erhöhter Sensibilisierung o.ä. verstanden werden. Sie ist sachlich begründet und richtet sich unmittelbar gegen die Vorstellung "Stressor" und damit gegen das kausal-lineare Modell selbst.

Auf die Kritik der Eltern am Stressor „Kind" mit der Einführung der *Hilfsgröße* "Imago Kind als Stressor (a)"zu reagieren, ist m. E. nicht weitreichend genug und fügt dem ABC-X-Modell einen heterogenen, inkonsistenten Faktor hinzu. Heterogen ist "Imago Kind", weil diese Hilfsgröße als eine "gesellschaftlich vermittelte Vorstellung"[138] der Eltern vom Kind bereits eine Interaktionsgröße von Faktor A (kritisches Ereignis), B (gesellschaftlich vermittelte, intra- und interpersonale Attitüden zur Behinderung) und

---

[135] Welche Konzeption verwendet wird, bleibt oft unklar: Dittmann 1992b, 34f bezieht sich auf das doppelte Modell von McCubbin/ Patterson (1983), beschreibt im Folgenden aber nur die Faktoren der Hill-Version. Er geht in ders. (1994b, 39ff) und in Dittmann/ Klatte-Reiber 1993b, 165-168/1 von Hill aus. Das wird z. B. an der rechtsrandigen Faktorenbezeichnung (ABCX) in der Abbildung 2 (Dittmann 1994b, 40) deutlich. In dieser Abbildung beschreibt Dittmann beide Prozesse -"Stressentstehung" und "Stressbewältigung"- im Rahmen des "einfachen" ABC-X-Modells. Dadurch entstehen theorieinterne Modelldivergenzen. So erscheint z. B. "Deutung und Gewichtung Stress (3)" unter Faktor B (anstatt unter C).
In demselben Aufsatz (Dittmann/ Klatte-Reiber 1993b) bezieht sich Klatte-Reiber auf das doppelte ABC-X-Modell von Lavee et al. 1985

[136] Dittmann/ Klatte-Reiber 1993b, 169/1.

[137] Vgl. Dittmann/ Klatte-Reiber 1993b, 169/1

[138] Dittmann/ Klatte-Reiber 1993b, 169/1

C (persönliche Einschätzung) darstellt und sie ist inkonsistent, weil sie kein - von B und C - unterscheidbarer Faktor mehr ist.

In einem Interaktionsmodell, das linear (Hill) oder zirkulär (McCubbin et al.) ist, kann m. E. *kein Stressor "a priori"*, d. h. vor aller Erfahrung und jenseits empirischer Fallanalysen, mono-kausal identifiziert werden. Denn jeder im Modell wirkende Faktor (A,B,C) bzw. Subfaktor ist ein potentieller Stressor, der nur retrospektiv verifiziert werden kann.

Die theoretische Diskrepanz der gleichzeitigen Annahme eines Stressors und eines Interaktionsprozesses ist ein Beispiel für eine Inkonsistenz, die das doppelte ABC-X-Modell von McCubbin et al. mit zahlreichen anderen Weiterentwicklungen dieser Stresstheorie gemeinsam hat. Solche Inkonsistenzen sind die Folgen einer *Traditionsvermischung*, die in den beiden letzten Jahrzehnten durch nonpositivistische, systemische Erweiterungen und Verbesserungen des alten Hill'schen Modells entstanden sind[139].

In ihrem Sammelband "Reexamining familiy stress: new theory and research" machen Burr et al. (1994) den Vorschlag: "to separate the more linear, deterministic, causal ABC-X ideas from the nonlinear, indeterministic, systemic family stress model"[140]. Aus der *Trennung* dieser beiden vermengten Ansätze und Traditionen würden *zwei separate Theorien* resultieren, die jede für sich ertragreicher, heuristischer und konsistenter wäre und neue Zugänge eröffnete[141].

Dieser Vorschlag soll in der vorliegenden Arbeit realisiert werden, indem das systemische doppelte ABC-X-Modell möglichst frei vom physikalischen Stress-Reaktions-Schema interaktional, bzw. *transaktional interpretiert* wird. So soll das McCubbin-Modell auf dem unter A, 2.2 beschriebenen theoretischen Hintergrund von Lazarus' Stress-, Coping- und Transaktionsverständnis verstanden werden. Dies ist m. E. möglich, da die theoretischen Grundannahmen von Lazarus' und McCubbins Modell kompatibel sind[142].

Die *Synthese* dieser beiden systemischen Theoriemodelle impliziert z. B. den Verzicht auf die a priorische Identifizierung eines Stressors. Der Faktor A ist darum nicht der *Stressor*, sondern - wie es in Kapitel 1 im Kontext unseres Themas beschrieben wurde - das kritische Ereignis „Diagnose Down-Syndrom". Es kann, wenn nicht als Stressor, so doch als Auslöser verstanden werden, als a priorischer Auslöser des Transaktionsprozesses. Mit Sicherheit ist er in nicht wenigen Einzelfällen a posteriori als einer der Stressoren identifizierbar.

---

[139] Vgl. Burr/ Klein 1994, 30-32.
[140] Burr/ Klein 1994, 32, vgl. auch S. 30: Dieser Vorschlag geht ursprünglich auf Robert Burr (1989) zurück.
[141] Vgl. Burr/ Klein 1994, 30 und 32.
[142] Übereinstimmungen der beiden Modelle werden (trotz der unterschiedlichen sozio- und individuozentrierten Analyseebenen) von Burr/ Klein 1994, 51 bestätigt.

Denn gemäß der Systemtheorie gilt, dass sich Stress bei unterschiedlichen Personen auf unterschiedlichen Ebenen unterschiedlich auswirkt. In gleicher Weise gilt, dass der Stressor nicht mehr generalisierend, unabhängig vom konkreten Fall, verortet werden kann[143].

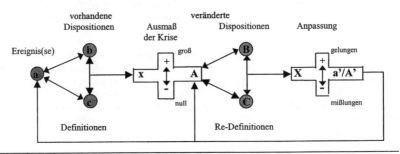

7. Abbildung: Das doppelte ABC-X-Modell systemisch interpretiert

Eine weitere Implikation der systemischen Annahme eines Transaktionsprozesses ist *der Non-Determinismus*, die Offenheit des Ausgangs. Ob bestimmte Ereignismerkmale und Dispositionen zu Stressoren werden und es zur Krise und Anhäufung von Anforderungen kommt, hängt von der - kaum prognostizierbaren - Struktur und Interaktion der drei Variablen A, B und C ab. Beides, die Möglichkeit, dass es in einzelnen Fällen nicht zur Krise kommt - wovon auch in der Literatur ausgegangen wird[144] - und die Unmöglichkeit eines Reiz-Reaktion-Automatismus[145], spiegelt sich im ABC-X-Modell wider.

Der Faktor "x" wird darum - wie bei Faktor "X" bereits bei McCubbin et al. (1982) geschehen - *non-normativ*, als das *Resultat (outcome)* der vorausgehenden, interagierenden Variablen verstanden und als "das Ausmaß der Krise" auf einer bipolaren Skala, die von einem extremen Pluspunkt bis zu einem extremen Minuspunkt reicht, gemessen. Das Resultat "x" liegt somit - nicht nur im Regelfall, sondern ausnahmslos - zwischen extremer Krise und keiner Krise. Es führt bei Negativanteilen zu Anforderungen (Faktor A) und zur Anpassungsnotwendigkeit (Faktor X).

Das doppelte ABC-X-Modell "focuses on family events over time"[146]; es ist, wie auch das Konzept der Anforderungsflut deutlich macht, prozess- und zeitorientiert. Von einer *Fortsetzung neuer ABC-X-Modelle* entlang der Zeitachse auszugehen, wie dies

---

[143] Hill 1958, 141 kann die Stressquelle noch - als innerhalb oder außerhalb der Familie liegend - lokalisieren.
[144] Vgl. die Formulierung in Dittmann 1994a, 116: "für die überwiegende Mehrheit" und die sich anschließenden Literaturangaben.
[145] Orr 1991, 449/1 kommt z. B. zu dem Ergebnis: "The first is that we cannot a priori resume that an event related to a child's disability is a stressful event".
[146] Orr 1991, 445/1.

Dittmann/ Klatte-Reiber (1993b, 169) tun, ist m. E. eine konsequente, theoriekonforme Weiterentwicklung dieses Modells.

Der *Prozess der Krise und der Prozess der Bewältigung* sollen jedoch nicht als separate, chronologisch aufeinanderfolgende Vorgänge betrachtet werden. Die lineare Abbildung von zwei aufeinanderfolgenden Prozessen auf der Zeitachse dient lediglich unserer begrenzten Vorstellungskraft. In Wirklichkeit handelt es sich *um zwei synchrone, ineinandergreifende und konvergente Prozesse* desselben Phänomens. Krise und Coping bedingen sich gegenseitig. Die Zeitachse muss - wie es der Riemann'schen Geometrie entspricht - zirkulär gedacht werden. Da es aufgrund der sphärischen Krümmung des Raumes keine parallelen Linien gibt, ist jede Gerade in Wirklichkeit ein Ausschnitt aus einem Kreisbogen[147].

2.2 Deutung

Gegenstand dieser Arbeit kann nicht der komplexe und dynamische Krisen- und Copingprozess als solcher sein, sondern lediglich ein Teilaspekt dieses Phänomens: die Deutung.
In der psychologischen Fachliteratur sind *zahlreiche Termini* mit unterschiedlichen Akzenten zu finden, die das umschreiben, was hier mit Deutung gemeint ist. Ohne Anspruch auf Vollständigkeit sind dies: Bedeutung / definition (z. B. Hill), Einschätzung / appraisal (z. B. Lazarus, Spilka), Zuschreibung / attribution (z. B. Heider), evaluierende Perzeption (Vossen), Sinndeutung, -gebung, -findung / meaning-making (z. B. Frankl), Interpretation (Berkowitz).

2.2.1 Deutung und doppeltes ABC-X-Modell

Die Deutung als ein spezifisches Phänomen des Krisen- und Bewältigungsgeschehens wird in der Basistheorie des doppelten ABC-X-Modells durch den *Faktor c/ C* repräsentiert. Wie das Modell zeigt, ist die Deutung ein integrativer Bestandteil des ganzen Systems und kann darum nicht isoliert betrachtet werden. Die systemische Einbindung des Deutungsprozesses hat *drei Dimensionen:*

1. Die Deutung weist *zwei transaktionale Relationen* auf: Sie steht in Bezug zu dem, was gedeutet wird (c→a/ C→A) und zu dem, womit gedeutet wird (c→b/ C→B). Die *Objektseite der Deutung* ist unserem Thema gemäß primär auf das kritische Ereignis Diagnose Down-Syndrom (Faktor a/A) bezogen, sekundär auf die Dispositionen (Faktor b/B 1 sbj.). Mit *der Subjektseite der Deutung* (Faktor b/B) werden wir uns in Hinsicht auf die religiöse und profane Lebensanschauung in Kapitel drei beschäftigen.

---

[147] Vgl. Dethlefsen/ Dahlke 1989, 92ff.

2. Die Deutung weist *zwei polare Wirkungen* auf: Sie kann darauf zielen, die Krise bzw. Adaption zu begünstigen *oder* sie zu hemmen. Ob die Wirkrichtung positiv oder negativ sein wird, definiert sich durch Qualität und Transaktion der ABC-Faktoren.

3. Die Deutung weist *zwei konvergente Perspektiven* auf: Sie kann unter dem Aspekt der Stresserzeugung mit Resultaten zwischen Krise und Stabilität betrachtet werden *oder* unter dem Aspekt der Bewältigung mit Ergebnissen zwischen Bonadaption und Maladaption.

Neben Perspektiven, Wirkungen, Objekt und Medium (Anschauung) der Deutung wird die Frage nach dem *Subjekt der Deutung* virulent. Sie kann unterschiedlich beantwortet werden[148]. Deutendes Subjekt ist im Kontext von Stresserzeugung und -bewältigung in erster Linie das Individuum, das von einem Ereignis betroffen ist. Deutung findet primär auf der *personalen Ebene* statt. In zweiter Linie kann Deutung aber auch auf der interpersonalen Ebene als ein Konsens der individuellen Deutungen betroffener Personen verstanden werden, z. B. als die Deutung der Eltern oder die Deutung der Familie. Von dieser Ebene geht das soziologische Familien-Stress-Modell von Hill aus[149]. In unserem Kontext beschränken wir uns auf die *Subjektebene des Individuums*. Auf eine kulturelle oder objektive Ebene wird - auch wegen des zunehmend hypothetischen Charakters des deutenden Subjektes - verzichtet[150]. Die kulturell-gesellschaftliche Dimension der individuellen und familiären Deutung wird durch die Interaktion mit gesellschaftlichen Kräften (z. B. Attitüden) gewährleistet (C→ B 1), die z.T. auch personal (B 1) oder interpersonal (B 2) repräsentiert sind.

2.2.2 Bedeutung der Deutung

Das ABC-X-Modell ist ein Konzept, das der Deutung im Krisen- und Bewältigungsprozess eine separate, *intervenierende Variable* einräumt. Hill geht in der Frage nach krisenbedingenden Faktoren (crisis-proneness) von der *Schlüsselstellung der Deutung* aus. "The key appears to be at the 'meaning' dimension. Stressors become crises in line with the definition the family makes of the event"[151].
Neben Hill ist es vor allem das Forscherteam um Lazarus, das die "kognitive Einschätzung" (cognitive appraisal) als "critical determinant of the coping process" [152] in

---

[148] Hill 1958, 145/1 unterscheidet drei Arten der Definition: objective, cultural, subjective.
[149] Hill 1958, 141 spricht von "A family's definition of the event" oder von "*Family Definitions, the C Factor*"
[150] Dittmann/ Klatte-Reiber 1993b konzipieren die Ebenen des Faktor c/C "in Entsprechung zu den real vorhandenen Ressourcen" (S. 171/1), d. h. analog zu b/B 1-3. Für ihre Einteilung ist nicht die Frage leitend: wer deutet? sondern: was wird gedeutet? Faktor c/C wird hier mono-relational auf Faktor b/B, d. h. auf die "vorhandenen" bzw. "neu aufgebauten Ressourcen" (vgl. S. 171/2, 174), nicht aber gleichzeitig auf Faktor a/A bezogen.
[151] Hill 1958, 141/1. Siehe auch McCubbin/ Patterson 1983, 16.
[152] Folkman/ Lazarus 1980, 231.

das Zentrum der Stress- und Bewältigungstheorie stellt[153]. Doch Lazarus geht - anders als der Soziologe Hill - von der subjektiven Deutung des Individuums aus. Beiden ist die *Grundposition gemeinsam*, dass Stress und Krise nicht (schon) durch die äußere Einwirkung einer Situation per se hervorgerufen werden, sondern durch die innere Einschätzung der Person. "Entscheidend ist also nicht die von außen geschätzte 'objektive' Schwere des Ereignisses, sondern die subjektive Bedeutung, die der Situation von den Betroffenen beigemessen wird" [154].

Dieser Sachverhalt wird bereits von dem griechische Philosophen *Epiktet* (um 50-138) in treffende Worte gefasst:
"Nicht die Dinge, sondern die Meinungen von den Dingen beunruhigen die Menschen. So ist der Tod nichts Schreckliches (...), sondern die Meinungen von dem Tode, dass er etwas Schreckliches sei, das ist das Schreckliche"[155].

Auf unseren konkreten Kontext übertragen, würde dieses Diktum lauten:
"So ist das Down-Syndrom nichts Schreckliches (...), sondern die Meinungen von dem Down-Syndrom, dass es etwas Schreckliches sei, das ist das Schreckliche".

Nicht die unfassbaren, objektiven Tatsachen einer Situation, sondern die subjektive Sichtweise derselben formt die Wirklichkeit der Person und erzeugt reale Konsequenzen. "Nur das was sie für wahr hält, beeinflusst ihre Reaktionen direkt, die tatsächliche Realität hat, wenn überhaupt, nur eine indirekte psychologische Bedeutung"[156]. Diese stoische (Epiktet), existentialistische Grundhaltung hat auch in der Sozialpsychologie eine lange Tradition. Sie betont die wirklichkeitschaffende und -verändernde Kraft der subjektiven Deutung des Menschen. Die "Brille" des Menschen ist seine Begrenzung und Chance.

Die individuelle Deutung kann zu einer bedeutsamen Copingressource werden. Lazarus unterscheidet zwei Grundfunktionen der Bewältigungsprozesse. Die erste, *problemorientierte* zielt auf die Verbesserung der objektiven Situationsbedingungen, die zweite, *emotionsorientierte* auf die Veränderung der subjektiven Personbedingungen[157].
Die *Chance der Deutung* besteht darin, dass sie zu einer bedeutsamen, emotionsorientierten Bewältigungsressource wird. Der Deutungsprozess kann die subjektive Wirklichkeit einer Situation aktiv gestalten. Diese Handlungmöglichkeit ist auch dann gegeben, wenn die äußeren Bedingungen unveränderbar sind und eine problemorientierte Bewältigung wirkungslos bleibt. Einer völlig unkontrollierbaren Situation ist das Individuum darum nicht ohnmächtig und tatenlos ausgeliefert. Rothbaum et al. (1982) sprechen in diesem Zusammenhang u. a. von der "Interpretationskontrolle"

---

[153] So in Lazarus 1981a, 212f; vgl. auch Brüderl/ Halsig/ Schröder 1988b, 33 und Meinicke 1993, 11.
[154] Meinicke 1993, 11.
[155] Epiktet 1926, 360.
[156] Heider 1977, 205.
[157] Zur Unterscheidung von "emotion-focused coping" und "problem-focused coping" siehe Folkman/ Lazarus 1980, Lazarus 1981a, 216f.

(*interpretative control*) der Person[158]. Die Möglichkeit einer Veränderung der Wahrnehmung und Interpretation kann einer Person niemals entzogen werden. Sie bleibt im Sinne der emotionsorientierten Bewältigung potentiell jederzeit handlungsfähig. Die Bedeutung der Deutung wird zur Chance für die Bewältigung und die Veränderung einer Person und bildet einen *Kristallisationspunkt für pädagogisches und begleitendes Handeln*.

Die zentrale Bedeutung des Faktors c/C wird auch durch den spezifischen Kontext unseres Themas hervorgehoben. Vier der sechs zentralen Parameter des kritischen Ereignisses „Diagnose Down-Syndrom" (unvorhersehbar, unkontrollierbar, unerklärbar, diskriminierend) sind faktisch nicht oder kaum durch die Betroffenen beeinflussbar. Es wird darum von folgender *Hypothese* ausgegangen[159]:
Das Ereignis „Diagnose Down-Syndrom" schränkt die Möglichkeiten einer problemorientierten Bewältigung ein und macht einen erhöhten Grad an kognitiver, emotionsorientierter Bewältigung erforderlich.

Die subjektive Deutung im Copingprozess gewinnt nicht allein durch unsere Themenstellung und die Auswahl der angeführten Autoren Bedeutung. Zahlreiche andere Autoren in der psychologischen Stress- und Bewältigungsforschung nehmen vergleichbare Haltungen ein[160]. "Die Mehrzahl vorliegender Stress- und Bewältigungstheorien geht mehr oder minder explizit von der Annahme aus, dass *kognitive Bewertungsprozesse* die Reaktionen auf ein belastendes Ereignis weitgehend bestimmen"[161].

Dieser in der psychologisch-kognitiv orientierten Forschung weitreichende Konsens spiegelt einen Emanzipationsprozess gegenüber der behavioristischen Tradition und eine Öffnung zur humanistischen Psychologie wider[162]. Er kann aber auch als ein anthropologischer Hinweis auf ein *allgemein menschliches Universal* (vgl. homo significans bzw. semioticus) verstanden werden, wie es in geistes- und sozialwissenschaftlichen Veröffentlichungen häufig vertreten wird.

---

[158] Rothbaum et al. 1982, 24-27; vgl. auch Trautmann-Sponsel 1988b, 23.

[159] Vgl. zu dieser Hypothese Folkman/ Lazarus 1980, 232/1: "under conditions of no control, palliative (emotion-focused) forms of coping increase and appear successful in lowering distress and somatic disturbance"und die dort angegebenen Literaturbelege.

[160] Norma Haan und Hans Thomae gehen in ihren - heute aktuellen - Copingtheorien von dem Grundgedanken aus, dass ein Ereignis erst durch die subjektive Sicht des Individuums als Belastung erlebt wird (vgl. Brüderl/ Halsig/ Schröder 1988b, 33); Vossen 1989, 168f untersucht die "Attribution religiöser Kognitionen (...) als ein Element der evaluativen Perzeption der Leidenssinngebung"; vgl. auch Vossen 1993, bes. 20. Stroebe et al. 1990, 143 sieht in der Attributionsforschung eindeutige Hinweise darauf, "dass Attributionen bei der Verursachung und Behandlung von Störungen eine bedeutende Rolle spielen".

[161] Beutel 1988, 50.

[162] Vgl. Lück 1991, 166.

2.2.3 Deutung und theoretische Konzeptionen

In den beiden vorangehenden Abschnitten haben wir den Ort und die Bedeutung der Deutung im Prozess der Stresserzeugung und -reduktion näher beschrieben. Nun ist es an der Zeit, *Wesen und Struktur* dieses Phänomens präzise zu bestimmen. Was ist mit Deutung bzw. Einschätzung, Definition, Attribution gemeint? Welche Konzeptualisierung soll die theoretische Basis dieser Arbeit bilden?

2.2.3.1 Zur kognitiven Einschätzung (Lazarus)

Zur Bestimmung des Faktors C stütze ich mich auf die *Annahmen* zur kognitiven Einschätzung bei Lazarus, die m. E. weitestgehend elaboriert und als ein integraler Bestandteil seiner Stress- und Copingtheorie konzipiert sind. Die oben angeführten Prämissen und Definitionen dieser Theorie haben darum auch für den Deutungsprozess Gültigkeit.

Lazarus unterscheidet zwei Arten der evaluierenden Wahrnehmung: die primäre und die sekundäre Einschätzung[163].

Die primäre Einschätzung (primary appraisal)
Mit der Attribution dieser Einschätzung als "primär" stellt Lazarus weder eine zeitliche noch eine normative Rangordnung auf; vielmehr bezeichet er damit zwei unterschiedliche Relationen.
Die primäre Einschätzung bezieht sich auf die Person-Umwelt-Transaktion eines Individuums, das die Bedeutung dieses Vorgangs für das eigene Wohlbefinden auslotet. Diese subjektive, interaktionale Einschätzung einer Situation durch eine Person kann in ihrem *Resultat drei Formen* annehmen: Die Situation kann als irrelevant, positiv oder stressreich bewertet werden.
Als *irrelevant* wird eine Situation eingeschätzt, wenn sie keine Folgen für das Wohlbefinden einer Person hat. *Positiv* fällt eine primäre Einschätzung aus, wenn die Situation das Wohlbefinden steigert. Für unseren Zusammenhang ist die dritte Bewertungsform maßgebend: die Einschätzung als *stressreich*.

Von den subjektiv empfundenen Folgen einer Situation ausgehend unterteilt Lazarus diese dritte Form in *drei Subtypen*:
Schädigung / Verlust (1), Bedrohung (2) und Herausforderung (3).

Die Bewertung der Situation als *Verlust oder Schaden* bezieht sich auf ein bereits eingetretenes Ereignis, z. B. auf den Verlust einer Person, einer körperlichen Funktion oder wie bei unserem Thema etwa auf den Verlust von Einstellungen, Erwartungen, Berufs- und Lebensperspektiven oder auf Statusverlust. Diese Einschätzung

---

[163] Die folgenden Ausführungen beruhen primär auf Lazarus 1981a, 212-216 und Folkman/ Lazarus 1984, 31ff.

kommt durch eine Vorher-Nachher-Bilanzierung aus der Retrospektive zustande, die negativ ausfällt[164].

Der Subtyp *Bedrohung* kann sich auf dieselben Ereignisse richten. Diese Einschätzung erfolgt jedoch nicht aus der Retrospektive, sondern aus der Prospektive. Sie ist auf ein bevorstehendes, antizipiertes Ereignis bezogen. Diese Zukunftsperspektive spielt in unserem Kontext eine zu vernachlässigende Rolle, da das kritische Ereignis „Diagnose Down-Syndrom" (i. d. R.) unangekündigt und unvorhersehbar ist. Sobald wir aber die zukünftigen Folgewirkungen eines vergangenen Ereignisses in die Definition dieses Subtyps integrieren, bekommt er für uns Relevanz. Die Einschätzung „Bedrohung" richtet sich dann auf die antizipierten, noch nicht eingetretenen Anforderungen, die in unserem Zusammenhang durch die kaum prognostizierbare physische, psychische und soziale Entwicklung des Kindes oder etwa die „permanente Elternschaft" und mehr ausgelöst werden können.

Die Einschätzung *Herausforderung* bezieht sich darauf, die Krise als eine Möglichkeit zum persönlichem Wachstum, Nutzen oder zur Meisterung einer Situation aufzufassen"[165]. Lazarus beschreibt hier m. E. eine Dimension der Einschätzung, die zeitübergreifend ist und auf vergangene, gegenwärtige und antizipierte Ereignisse zugleich bezogen werden kann. Es ist eine Einschätzung der Gesamtsituation, die auf eine positive Re-Definition im Horizont der Lebensperspektive zielt. Diese Ausprägung des Deutungsprozesses kann m. E. am besten als Sinndeutung, -gebung oder -findung wiedergegeben werden.

Darüber, welcher Subtyp der primären Einschätzung für welches Individuum, für welches Ereignis besonders charakteristisch und für welche Deutungseffekte spezifisch ist, wissen wir noch wenig. Hinreichend geklärt jedoch ist, "dass die primäre Einschätzung die Intensität und Qualität der emotionalen Reaktionen bestimmt"[166]. So führen positive Einschätzungen (auf dem theoretischen Hintergrund der kognitiv-phänomenologischen Prämisse) zu positiven Gefühlen, negative dagegen zu negativ getönten Emotionen wie z. B. Angst, Furcht, Ärger, Schuld etc. Lazarus nimmt an, dass jeder emotionalen Qualität und Intensität ein ihr eigenes Bewertungsmuster zugrunde liegt.

Primäre Einschätzungen schließen auch Rückmeldungen über fortlaufende Veränderungen innerhalb der Person-Umwelt-Transaktionen ein, die Lazarus *„Neueinschätzungen"* nennt. Sie finden ihre Entsprechung in den Transaktionsprozessen der Faktoren c und a (bzw. c' und a' etc.) und sollen wie folgt abgekürzt werden: c→a bzw. c→a'. Das heißt: die primäre Einschätzung (C→A) wird im Sinne des doppelten ABC-X-Modells neu eingeschätzt (c→a). Die erneute Bewertung dieser Neueinschätzung wäre dann c→a' u. s. w..

---

[164] Dittmann stellt m. E., indem er beim Deutungsprozess vom "Vergleich des Soseins vor der Geburt des Kindes mit dem Jetzt-Sein" (Dittmann/ Klatte-Reiber 1993b, 168/1) ausgeht, den Subtyp "Verlust" in der Vordergrund.

[165] Lazarus 1981a, 212.

[166] Lazarus 1981a, 213.

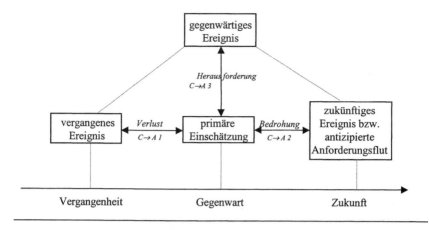

8. Abbildung: Drei Formen der primären Einschätzung (C→A 1-3)

Die sekundäre Einschätzung (secondary appraisal)
Bezog sich die primäre Einschätzung auf die Bedeutung einer Person-Situation-Transaktion für das subjektive Wohlbefinden, so bezieht sich die sekundäre Einschätzung (secondary appraisal) auf eine *Person-Disposition-Transaktion* zur Erhaltung bzw. Wiederherstellung dieses Wohlbefindens.
Lautet die Antwort der primären Einschätzung "ich bin in Gefahr", so ist ein "zentraler, adaptiver Prozess, nämlich der der Bewältigung"[167] nötig, um diese Gefahr abzuwenden oder sie in Grenzen zu halten. Die Aufgabe der sekundären Einschätzung in diesem Prozess ist es, Informationen und Erfahrungen über die persönlichen und sozialen Dispositionen zu aktualisieren und auszuwerten, die zur Bewältigung der verlustreichen, bedrohlichen und herausfordernden Situation effizient sind. Diese zweite Einschätzung muss beantworten, ob *Anpassungs- und Bewältigungsmöglichkeiten* verfügbar und geeignet sind, und wenn ja, welche.
Lazarus schreibt die sekundäre Einschätzung exklusiv dem *Copingprozess* zu. Dies ist stringent, da er - wie Hill und McCubbin et al. es tun - ausschließlich von (den zu bewertenden) Ressourcen spricht. Bezieht sich die evaluative Wahrnehmung allein auf *Ressourcen* als Hilfsmittel der Bewältigung, bekommt die sekundäre Einschätzung eine ausschließlich positive Tendenz.
Zutreffend ist m. E., dass die sekundäre Einschätzung im Kontext der kognitiven und konativen Bemühung einer Person um Bewältigung die Ressourcen im Blick hat. Sie kommt aber nicht umhin, auf allen Ebenen (b/B 1-3) auch die coping-widrigen Dispositionen in ihre Bewertung einzubeziehen. Denn die Einschätzung fragt nicht nur, welche Ressourcen das Wohlbefinden der Person wieder herstellen können, sondern auch welche negativen Dispositionen dem Copingprozess im Weg sind bzw. den Krisenprozess auf den Weg bringen.

---

[167] Lazarus 1981a, 214

Die sekundäre Einschätzung muss darum konsequenterweise die drei Bewertungsformen irrelevant, positiv und stressreich aufweisen, das Resultat der Bewertung offen lassen und eine Neueinschätzung einschließen, so wie dies auch bei der primären Einschätzung der Fall ist. Erst am Ende jeder sekundären Einschätzung wird es sich zeigen, welche Dispositionen sich bezüglich der estimierten Situationsanforderungen (primäre Einschätzung) als Hilfsmittel und welche sich als Hemmnisse erweisen, bzw. ob die Bemühungen der betroffenen Person sich in Richtung Krise oder in Richtung Bewältigung auswirken. Auch hier ist von *non-deterministischen und systemischen Annahmen* auszugehen.

Das *Verhältnis* des primären und des sekundären kognitiven Einschätzungsprozesses bestimmt Lazarus ganz im Sinne des systemisch interpretierten doppelten ABC-X-Modells:
"In einem kognitiven System, das, wie das hier dargestellte, dynamisch und auf zeitliche Verläufe bezogen ist, sind Prozesse der sekundären und primären Einschätzung voneinander abhängig und scheinen sogar untrennbar. Die einzige Unterscheidung liegt darin, dass sich diese Prozesse auf unterschiedliche Sachverhalte beziehen"[168].

Diese systemische, funktionale Konzeption brachte Lazarus den Vorwurf der Zirkularität ein. In der Tat können die bedingenden Variablen auf diesem theoretischen Hintergrund nicht mehr eindimensional und monodirektional bestimmt werden. Sie erschließen sich nicht mehr kausal-deterministisch, sondern multi-funktional durch die Wirkungen des Gesamtsystems und sind darum *schwer zu operationalisieren*[169].

Auf der gemeinsamen theoretischen Grundlage des systemischen Ansatzes ist der Faktor c/C des doppelten ABC-X-Modells mit dem Konzept der kognitiven Einschätzung von Lazarus *widerspruchsfrei harmonisierbar und differenzierbar*.
Die dualen, transaktionalen Relationen des Faktors c/C können im Sinne der Person-Umwelt-Transaktion der primären Einschätzung (C→A bzw. c→a) oder der Person-Disposition-Transaktion der sekundären Einschätzung (C→B bzw. c→b) interpretiert werden. In Entsprechung zu den drei Subtypen der primären Einschätzung Verlust (C→A 1), Bedrohung (C→A 2) und Herausforderung (C→A 3) können wir auch drei Subtypen der sekundären Einschätzung konzipieren. Es ist die Einschätzung der internen, intrapersonalen Dispositionen (C→B 1) und der externen[170] interpersonalen (C→B 2) und gesellschaftlich-kulturellen Dispositionen (C→B 3).

Beide Konzeptionen, das sozio-zentrierte, familien-soziologische doppelte ABC-X-Modell und das individuo-zentrierte, sozialpsychologische Modell von Lazarus, können als systemische Theorien in eine fruchtbare, konsistente Wechselbeziehung gestellt werden. Zu unterscheiden ist jedoch, wer das Subjekt der Deutung ist: das Individuum oder die Gruppe (Familie).

---

[168] Lazarus 1981a, 215.
[169] Vgl. Semmer 1993, 747.
[170] Die Unterscheidung "interne und externe Ressourcen" wird von Lazarus 1981a, 213 vorgenommen.

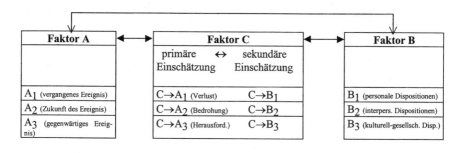

9. Abbildung: Faktor C bzw. c in Anlehnung an Larzarus[171]

2.2.3.2 Zu den Attributionstheorien (Heider, Kelley et al.)

Die Forschungsrichtung der sozialpsychologischen, kognitiv ausgerichteten Attributionstheorien ist aus dem Teilgebiet der Personenwahrnehmung hervorgegangen und beschäftigt sich mit den Erklärungen des "gesunden Menschenverstandes" (common sense explanations) für soziale Ereignisse. Diese Erklärungen richten sich im Gegensatz zur life-event- und Bewältigungsforschung nicht nur auf kritische Ereignisse, sondern auch auf alltägliche Situationen[172]. Das erkenntnisleitende Interesse dieser Forschungsrichtung spiegelt sich in ihrer *Grundfrage*: Wie versuchen Menschen soziale Ereignisse, mit denen sie konfrontiert werden, (kausal) zu erklären?[173]

Die *Warum-Fragen* und Deutungen des Menschen sind das zentrale Thema, das sie aber nur in - wenn auch wichtigen - Teilaspekten beleuchten. Die eingeschränkte Sicht auf den Deutungsprozess gilt in zweifacher Hinsicht:

Zum einen beschäftigten sich die Attributionstheorien ausschließlich mit der *kausalen Form* der Deutung und dies in einem eingegrenzten alltäglichen Kausalitätsverständnis. Sie beziehen Kausalität - in der Tradition des naturwissenschaftlichen Weltbildes - vorrangig auf die Wirkursache und die Materialursache eines Phänomens. Die philosophische Frage nach der ersten Ursache (causa prima bzw. formalis) und die existenzielle nach dem Sinn (causa finalis) bleiben unberücksichtigt.

Zur besseren Differenzierung soll die *kausale Deutung* im Sinne der Attributionstheorien von der *evaluativen Deutung* der kognitiven Einschätzung (Lazarus et al.) unter-

---

[171] Zur Vereinfachung der Abbildung werden nur Großbuchstaben verwendet. Die entsprechenden Kleinbuchstaben sind, wie auch im Folgenden, i. d. R. impliziert mitzudenken.
[172] Die anthropologische Prämisse der Attributionsforschung ist das fundamentale Bedürfnis des Menschen, seiner Wirklichkeit Sinn und Bedeutung zuzuschreiben; vgl. Spilka et al. 1985, 20.
[173] Vgl. Herrmann 1988a, 88f und Stroebe et al. 1990, 112f.

schieden werden. Beide Deutungsformen, die Qualitätseinschätzung und die Ursachenbegründung, stehen jedoch in einem - noch weitgehend unerforschten - gegenseitigen Abhängigkeitsverhältnis[174].

Zum anderen werden Kausalattributionen *hinsichtlich sozialer Ereignisse* (Faktor A), i. d. R. aber nicht in Blick auf interne und externe Dispositionsbedingungen einer Person (Faktor B) untersucht. Sie werden vorrangig auf den primären Deutungsbereich hin untersucht, insbesondere auf das vergangene und gegenwärtige Ereignis und sollen für unser Vorhaben darauf beschränkt bleiben.

In diesem engen, aber zentralen Bereich des Deutungsprozesses erhoffen wir uns von der Attributionsforschung themarelevante Hinweise auf Wesen, Ursache und Wirkung von sogenannten naiv-psychologischen Erklärungen im allgemeinen und von Kausalerklärungen im besonderen (vgl. C→A).

Was sind Kausalattributionen bzw. Alltagserklärungen?

Kausalattributionen sind *Zuschreibungen von Ursachen* oder Ursachenerklärungen an äußere Phänomene. Für unseren Zusammenhang soll diese provisorische Definition genügen. Fritz Heider, der in seinem Buch "The Psychology of Interpersonal Relations" (1958) entscheidende Impulse zur Begründung einer Attributionsforschung setzte, die nach "zehnjähriger Inkubationszeit" in den 70er Jahren einen Boom erfuhr[175], führt soziale Attributionen und Bewertungen des Individuums auf Wahrnehmung zurück[176].

In der *Wahrnehmung* unterscheidet Heider die *phänomenale* Beschreibung von der *kausalen*. Die phänomenale Beschreibung bezeichnet die Art des direkten Kontaktes zwischen einer Person und ihrer Umwelt; sie versucht das Wahrgenommene direkt zu fassen. Mit kausaler Beschreibung bezeichnet er "die Analyse der zugrundeliegenden Bedingungen, die eine Wahrnehmungserfahrung veranlassen"[177]; sie versucht die "unsichtbaren" Motive und Ursachen hinter dem Wahrgenommenen zu erfassen[178]. Die kausale Analyse richtet sich auf den gesamten Wahrnehmungsprozess, der *zwei Endpunkte* umfasst: Das "distale" *Objekt* als Teil der Umwelt und das "proximale" *Perceptum* als die Art, wie uns das Objekt erscheint. Das Objekt als "initialer Brennpunkt" des Wahrnehmungsbogens wird von Heider als "distaler Reiz" verstanden, das Perceptum - auch Repräsentation oder Vorstellungsbild genannt - bildet als "terminalen Brennpunkt" (Brunswik) den "proximalen Reiz"[179].

---

[174] Diese Unterscheidung und Verhältnisbestimmung geht auf Heider 1977, 201 zurück.

[175] Vgl. Heckhausen 1989, 397.

[176] Heider 1977, bes. 91ff und 97. Unter Wahrnehmung soll hier in einem weiten Begriffsverständnis die Input-Seite des Organismus verstanden werden, die kurzfristige Variationen der Stimulationsbedingungen hervorruft.

[177] Heider 1977, 34.

[178] Nur direkte Wahrnehmungstheorien vertreten die - nicht zu erhärtende - Hypothese einer "phänomenalen Kausalität": Kausalität sei in Abhängigkeit vom Reizgeschehen direkt wahrnehmbar, das Wahrnehmungssystem dagegen kognitiv unzugänglich; vgl. Prinz 1994, 546-549 und 574f.

[179] Heider 1977, 35f.

Beide Formen der Wahrnehmung, die phänomenale und die kausale, fließen ineinander über. Die Repräsentation des Wahrgenommenen ist von seiner Deutung nicht zu trennen. In Übereinstimmung mit indirekten, konstruktivistisch orientierten Wahrnehmungskonzepten gehen wir davon aus, dass das Perceptum immer auch von bewussten oder unbewussten *"Zutaten" des wahrnehmenden Subjekts*, wie z. B. Gefühlszuständen, Wünschen, Erklärungen oder Einschätzungen durchdrungen wird, die in Abhängigkeit zu den realen oder potentiellen Auswirkungen des Objektes stehen[180]. Eine besondere Art dieser "Zutaten" stellt die Kausalattribution dar: Die bewusst zugeschriebene Ursache. Die Erkenntnis, es handele sich bei der Deutung um subjektive Theorien individueller Prägung, ist bei der empirischen Analyse zu beachten.

Attributionsfehler
Heider ging davon aus, dass die Percepta der Wahrnehmung i. d. R. ein adäquates, wenn auch subjektives Bild von der Wirklichkeit zeichnen. In der zwischenzeitlichen Forschung wurden sogenannte Attributionsfehler bzw. Verzerrungen der Wahrnehmung beschrieben, die von einem normativen Attributionsprozess, wie ihn z. B. Kelleys Kovarianztheorie annimmt, abweichen[181].

Interne und externe Attribution
Der möglicherweise wichtigste *Beitrag Heiders* zur Attributionsforschung war die Unterscheidung zwischen internen und externen Ursachen einer Handlung, bzw. zwischen "autonomen Ereignissen", die durch die betroffene Person verursacht sind und "heteronomen Ereignissen", deren Ursachen in den äußeren Umständen liegen[182]. Diese Distinktion ist grob und fundamental zugleich; sie muss weiter differenziert werden.
So ist es z. B. für die Wirkung einer externen Attribution (im Copingprozess) nicht gleichgültig, ob die Ursache eines (heteronomen) Ereignisses als Schicksalsschlag, als Willen Gottes oder als Handlung einer anderen Person attribuiert wird. Die Differenzierung, welche konkrete Attribution bei welcher Person auf welchem Anschauungshintergrund etc. welche Wirkungen hervorruft, ist nötig, obgleich sie für eine empirische Detailanalyse eine kaum zu bewältigende Aufgabe darstellt.

Wie werden Attributionen gemacht ? (Kovarianztheorie von Kelley)
In unserem Zusammenhang soll zur Hypothesenbildung auf eine spezifische Attributionstheorie zurückgegriffen werden, die auf Heider aufbaut: Die Kovarianztheorie von Harold H. Kelley. Diese Theorie versucht den Prozess der Ursachenbeschreibung modellhaft abzubilden und idealtypische Regeln aufzustellen, die es *ermöglichen, generalisierende Prognosen* auf die Richtung der Attributionen abzuleiten.

---

[180] Vgl. Heider 1977, 196f und Heckhausen 1989, 388f. Auf der theoretischen Basis einer indirekten, kognitiv-konstruktivistischen Wahrnehmungskonzeption (vgl. Prinz 1994, 575f) lässt sich der Faktor C/c, der von McCubbin et al. mit "perception" bezeichnet wird, plausibel als "Deutung" interpretieren.

[181] Auf die klassischen Attributionsfehler, wie z. B. "self-other" Effekt bzw. "actor-observer-difference", kann hier nicht eingegangen werden. Auch die Forschung zur "positiven Illusion" und zum "Gerechten Welt Glauben" (M.J. Lerner (1980), S.E. Taylor, J.D. Braun, C. Dalbert etc.) muss hier aus Raumgründen ausgeklammert werden.

[182] Heider 1977, 194. Vgl. Bierhoff 1992, 60, Stroebe et al. 1990, 113.

Sie setzt bei der Frage an, welche Informationen zur Kausalattribution verwendet werden, um gegenseitige Abhängigkeiten zwischen einem beobachteten Effekt und seinen möglichen Ursachen herzustellen. Die drei Arten der Information, *Konsensus, Distinktheit und Konsistenz*[183], korrespondierten mit den drei Dimensionen möglicher Attributionsobjekte. Die Grundannahme der Kovariationstheorie ist, dass die drei *Attributionsobjekte Person, Stimulus und Situation* notwendige Bedingungen und potentielle Ursachen eines Ereignisses darstellen und eine Person ihre Attributionen in einer Regelhaftigkeit auf Dimensionen richtet, bei denen ein unerwarteter Kontrast auftritt.

Attributionsregeln
Die Attributionsregeln, an die sich Personen halten, lauten:
- "Wenn ein niedriger Konsensus gegeben ist (nur die Zielperson macht eine spezielle Erfahrung), bezeichne die Person als die unnormale Bedingung, die das Ereignis verursacht.
- Wenn hohe Distinktheit (nur dieser Stimulus erzeugt die spezielle Erfahrung) gegeben ist, bezeichne den Stimulus als die unnormale Bedingung, die das Ergebnis verursacht.
- Wenn niedrige Konsistenz (nur dies speziellen Umstände erzeugen die spezielle Erfahrung) gegeben ist, bezeichne die gegebenen Umstände als die unnormale Bedingung, die das Ergebnis verursacht"[184].

Kovarianztheorie und kritisches Ereignis „Diagnose Down-Syndrom"
Wenden wir die Regeln der Kovarianztheorie auf das Ereignis „Diagnose Down-Syndrom" an, so ergibt sich folgendes Bild[185]:
Der **Konsensus** des Ereignisses, Vater oder Mutter eines Kindes mit Down-Syndrom (geworden) zu sein, ist, wie die geringe Verbreitungshäufigkeit (ca. 1:700 bzw. 1000) zeigt, sehr niedrig. Aus der direkten, sozialen Perspektive ist es *"nur" diese Person*, die ein Kind mit Down-Syndrom hat. Die Information, dass es weltweit unzählig viele sind, wird diesen Eindruck kaum modifizieren können. Darum wird beim Ereignis „Diagnose Down-Syndrom" der Regel gemäß die betroffene Person als die unnormale, verursachende Bedingung erlebt[186].

Die Reizgegebenheit der Diagnose Down-Syndrom ist uneindeutig. Durch welche Stimuli das Primärereignis hervorgerufen wird, ist ungeklärt. Eine **Distinktheits**information ist darum *nicht gegeben* und kann darum bei der Ursachen-Attribution auch

---

[183] Vgl. Stroebe et al. 1990, 116.

[184] Bierhoff 1992, 61/1.

[185] Die Kovarianztheorie von Kelley lässt sich nicht völlig kongruent auf das Ereignis "Diagnose Down-Syndrom" anwenden, da der zweite Aspekt (Stimulus und sein wiederholtes Auftreten bei einer Person) nicht deutlich gegeben ist. Die Ergebnisse ihrer Anwendung haben hier nur eine hypothetische, bewusstseinsschärfende Bedeutung.

[186] Die Ursachenzuschreibung an die Person wird durch den sogenannten fundamentalen Attributionsfehler weiter verstärkt, denn ihm ist es eigen, personale Kausaleinflüsse tendenziell zu hoch und situationale tendenziell zu gering einzuschätzen. Dies gilt auch für die Zuschreibung an den mitbetroffenen Partner. In Bezug auf die Selbstzuschreibung wird die Wirkung des fundamentalen Attribu-tionsfehlers jedoch durch das "self-other"-Effekt relativiert (vgl. Stroebe 1990, 128-130).

nicht berücksichtigt werden. In Einzelfällen kann es auch Ausnahmen geben, wenn Übereinstimmungen zwischen mehreren Reizsituationen beobachtet werden. Bekommen z. B. zwei oder mehrere Angestellte einer Firma der chemischen Industrie innerhalb eines kurzen Zeitraums ein Baby mit Down-Syndrom oder kommt es zu einer erhöhten Prävalenz in einer Großfamilie, kann der Stimulus - in evtl. Übereinstimmung mit Ursachenhypothesen (z. B. mutagene Chemikalien) - in die Zuschreibung der Ursache einbezogen und somit zum bestimmenden Faktor der Attribution werden.

Unser Ereignis zeigt keine niedrige **Konsistenz**, d. h. es weist als selektivindifferentes Ereignis, wie oben deutlich wurde, *keine spezifische Dispositionsmerkmale* oder Modalitäten auf, die als verursachend betrachtet werden könnten.

Folgerungen
Nach dem generalisierenden Prinzip der Kovarianztheorie kann i. d. R. *hypothetisch* geschlossen werden, dass die Ursache der Diagnose Down-Syndrom seltener den Umständen (cf. B 2+3) und der Reizgegebenheit (cf. A), sondern mit erhöhter Wahrscheinlichkeit der Person (cf. B 1) attribuiert wird. Das bedeutet, dass die beobachtbaren Informationsbedingungen eine *Tendenz zur internalen Attribution* auslösen und den "Wahrnehmungsdruck" (Heider) erzeugen, die an der Handlung beteiligte, eigene oder fremde Person als unnormale, verursachende Bedingung herauszustellen.

Dieser Wahrnehmungsdruck und Attributionsfehler kann und sollte durch Informationen über die Entstehungsbedingungen des Down-Syndroms und die wissenschaftliche Schuld-Entlastung der Eltern weitgehend reduziert werden, auch wenn er aufgrund der persistierenden Wahrnehmungsbedingungen niemals ganz eliminiert werden kann.

Auf diesem theoretischen Hintergrund können folgende *Schlüsse* gezogen werden:
1. Betroffene Eltern sind (bei hoher Distinktheit) dem Druck ausgesetzt, die Ursache des Ereignisses „Diagnose Down-Syndrom" internal (auf die eigene Person oder die des Partners/ der Partnerin) zu attribuieren.
2. Je geeigneter das externale Deutungsangebot an Kausalattributionen ist (z. B. Vorstellungen vom Schicksal oder von der Solidarität Gottes), desto eher kann der internale Zuschreibungsdruck verringert und die offene Ursachenfrage external beantwortet werden.
3. Da eine befriedigende Ursache in den Umständen, der Reizsituation nur schwer gefunden werden kann, drängt sich auf der Grundlage des "Prinzips der hinreichenden Ursache"[187] eine weitere Suche nach den formalen und finalen Ursachen auf.

Wann werden Kausalattributionen gemacht?
Die Frage nach den Auslösungsbedingungen wurde in der Attributionsforschung noch nicht hinreichend untersucht. Die Forschungsanstrengungen, die "Ungeklärtheit

---

[187] Dieses Prinzip wurde von Jones E.E./ Davis K.E. (1965) aufgestellt. Es besagt, dass die Suche nach einer Ursachenerklärung so lange fortgesetzt wird, wie noch keine plausible Ursache gefunden worden ist. Ist diese gefunden, werden weitere Informationen vernachlässigt.

der Wann-Frage"[188] zu beantworten, nehmen in diesem Bereich zu. Es liegt aber - auch aus methodischen Gründen - noch keine geschlossene Theorie vor, die aufzeigen könnte, unter welchen Person- und Situationsbedingungen Menschen Kausalattributionen vornehmen. Zur Zeit können lediglich einzelne auslösende Faktoren nachgewiesen werden. Einige wurden schon im ersten Kapitel genannt, wie z. B. die *Schlüsselfaktoren* "unerwartetes Ereignis" und "Nichterreichen eines Zieles" (Weiner), die in der Forschung konsensfähig sind[189]. Sie stimmen auch mit Kelleys Kovarianztheorie überein, nach der eine kausale Zuschreibung dort erfolgt, wo ein unerwarteter Kontrast auftritt.

Schon früh wurde anerkannt, dass ein bedeutender Auslöser für die Suche nach Erklärungen auch in der Motivation zur Kontrolle liegt.

Wozu Kausalattributionen?

Kausalattributionen erfüllen im Wesentlichen *zwei Funktionen*: die Aufrechterhaltung der Selbstwertschätzung und die Kontrolle der Umwelt. Diese Funktionen spielen im Bewältigungsprozess eine bedeutsame Rolle, da sie Emotionen, Erwartungen und künftiges Handeln beeinflussen[190].

Die Selbstwerteinschätzung kann entscheidend gefördert und die Lebenslage einer Person in ihrer subjektiven Empfindung entscheidend verändert werden, wenn die persönlichen Möglichkeiten ausgeschöpft werden, negative Ereignisse extern und labil, positive Ereignisse intern und stabil zu attribuieren [191]. So können Kausalattributionen zu *Regulativen sozialer Beziehungen* im Sinne der Selbstrechtfertigung und der Kritik an andere werden[192] und - sofern sie wirklichkeitsnah und kommunikabel sind - langfristig zu wirksamen *Copingstrategien* im Bewältigungsprozess werden.

Kausalattributionen können auch den Anpassungsprozess begünstigen, indem sie das Gefühl hervorrufen, ein kritisches Ereignis erklären und die Wiederholung eines solchen Ereignisses vermeiden zu können[193]. Eine positive Korrelation zwischen der wahrgenommenen persönlichen *Kontrolle der Umwelt und Bewältigung* konnte bei unterschiedlichen Ereignissen auch für die Selbstzuschreibung bzw. -anklage (selfblame) festgestellt werden, auch bei Müttern von behinderten Kindern[194].

Die Forschungsergebnisse in diesem Bereich sind jedoch ambivalent und weisen auch zahlreiche gegenteilige Effekte nach [195]. Mit der Distinktion von "behavioral self-blame" und "characteriological self-blame" wurde versucht, diese Ambivalenz zu erhellen. Es zeigte sich, dass nur die *Selbstzuschreibungen*, die die Ursache im (veränderbaren) Verhalten der eigenen Person sehen (behavioral self-blame) und somit

---

[188] Heckhausen 1989, 409/2; vgl. auch Stroebe 1990, 142.
[189] Vgl. Stroebe 1990, 125 und Heckhausen 1989, 409f.
[190] Vgl. Herrmann 1988a, 89.
[191] Vgl. dazu die Ergebnisse der attributionalen Theorie von Weiner (1986) sowie Stroebe 1990, 138f.
[192] Vgl. Heckhausen 1992, 396.
[193] Vgl. Stroebe 1990, 137ff, Tennen et al. 1986, 690.
[194] Tennen et al. 1986, 690 führt hierfür sechs Belegstudien auf.
[195] Vgl. Tennen et al. 1986, 690,

die Kontrolle einer Ereigniswiederhoung (recurrence) nahelegen, den Bewältigungsprozess begünstigen.
Bei Eltern von Kindern mit Down-Syndrom ist dieser positive Effekt einer verhaltensbedingten Selbstanklage nicht auszuschließen, ist aber sehr unwahrscheinlich. Er erscheint aber auf dem Hintergrund der minimalen Wiederholungswahrscheinlichkeit irrelevant.

2.2.3.3 Zum Deutungsprozess bei Eltern von Kindern mit einer Behinderung

Wie Eltern auf dem Hintergrund ihrer Anschauungen mit der Lebenssituation umgehen, Mutter oder Vater eines Kindes mit Behinderung bzw. mit Down-Syndrom (geworden) zu sein, ist eine Frage, die in der psychologischen und sonderpädagogischen Forschung noch kaum gestellt wurde.

Forschungssituation
Eine aktuelle *Computersuche* in den Datenbanken Psychlit und Eric mit relevanten Stichworten zu den Themenfeldern "Deutung" (meaning, perception, why, definition etc.) und "geistige Behinderung" (Down's Syndrome, mental retardation, neonatal disorders etc.) *ergab nur zwei Literaturhinweise* auf Monographien und wissenschaftliche Aufsätze.
Auch wenn hiermit das Vorhandensein weiterer wissenschaftlicher Arbeiten zu diesem Thema nicht ausgeschlossen werden können, ist dieses Ergebnis angesichts einer sehr umfangreichen psychologischen Attributions- und Copingforschung überraschend. Bedenken wir ferner, dass die Forschungen zu Familien mit behinderten Kindern durch Hills ABC-X-Modell und seine Fortschreibungen bestimmt wurden[196], ist dieser Forschungsstand verwunderlich. Denn die Deutung (Faktor C) ist konstitutiver Bestandteil der ABC-X-Forschung und wird - wie wir oben gezeigt haben - als eine bedeutende intervenierende Variable herausgestellt.

Auch Studien zur Lebenssituation von Eltern und Kindern mit (geistiger) Behinderung würdigen den Faktor C als eine Moderatorvariable, die Stress reduzieren und Anpassung begünstigen kann[197]. Doch scheint bislang keine empirische Untersuchung vorzuliegen, die primär die Deutung (C) zu Ihrem Gegenstand gemacht hätte. *Die Schwerpunkte empirischer Erhebungen* werden aufgrund ökologischer und systemtheoretischer Zugänge vorzugsweise auf die externalen Aspekte der Faktoren A und B gelegt. Im Brennpunkt stehen Variablen wie Geschlecht und Alter des Kindes, familiäre Beziehungen oder diverse Formen der sozialen Unterstützung (social support)[198].

---

[196] Vgl. Gallimore et al. 1993, 188/2.
[197] So z. B. Peterson 1984, 339, Abbot/ Meredith 1986, 371f, Minnes 1988, Sloper et al. 1991, 656, Lauth 1985, 108 und Orr et al. 1991.
[198] So in Dyson 1993, 209/1. Gallimore et al. 1993, 186f legt seiner Untersuchung eine Liste von 10 ökokulturellen Anpassungsvariablen zugrunde. Die Partnerbeziehung wird z. B. von Friedrich et al. 1979 als "key predictor" bezeichnet; vgl. dazu auch Abbott/ Meredith 1986, 371f.

Forschung zum Deutungsprozess (Faktor C)
Zu den wenigen empirischen Studien, die die Wahrnehmung und Definition der Familie in ihr Forschungsdesign integriert haben, zählt die Untersuchung von *Abbott/ Meredith (1986)*. Sie haben die Ressourcen (strengths) von 78 Elternpaaren mit lernbehinderten Kindern und dabei auch "the parents definition of the situation or interpretation of the crisis event"[199] untersucht. Zu diesem Zweck wurde ein "Family Adjustment Survey" konzipiert, das aus einem Katalog von fünf offenen Fragen besteht. Die Formulierungen dieser Fragen lassen jedoch vermuten, dass dem Faktor C kein schlüssiges theoretisches Konzept zugrunde liegt[200]. Folglich sind die Ergebnisse zum Faktor Deutung ohne inhaltliche Substanz und eher tautologisch: "successful adaptation of these parents was accomplished, in part, because they defined their situation in a positive way"[201].

Würden empirische Studien den *hermeneutischen Voraussetzungen* des Definitionsprozesses größere Aufmerksamkeit schenken, wie dies z. B. DeVellis et al. (1988) tun, wären viele Resultate ihrer Untersuchungen aussagekräftiger. Die genannten Autoren kommen bei einer Stichprobe von Eltern mit kranken Kindern z. B. zu dem überraschenden Schluss: Je größer der Glaube an eine göttliche Einflussnahme (divine influence) ist, desto eher sind Eltern von kranken Kindern bereit, spirituelle Hilfe und Unterstützung durch Ärzte, Freunde und Verwandte aufzusuchen. Indem die Definition der Eltern durch die religiöse Variable "divine influence" spezifisch qualifiziert wurde, konnte auf der Basis der positiven Korrelation dieser besonderen Deutung und der Suche nach Hilfe (Help Seeking Index) ein relevantes Ergebnis ermittelt werden: Diese spezifischen, religiösen Deutungen "appear to be associated with more self-efficacious beliefs and active responding to symptoms"[202].

Religiöse Deutung
Einige Studien liegen vor, die die *geistliche Unterstützung (spiritual support)* empirisch erhoben haben. Gemeint war aber nicht das persönliche Glaubenssystem (belief system), sondern die *externen Faktoren* soziale Unterstützung durch die Glaubensgemeinschaft und Religionszugehörigkeit (religious affiliation)[203]. An dieser Stelle muss die personale von der interpersonalen bzw. gesellschaftlich-kulturellen Ebene deutlich unterschieden werden. Der Gegenstand unseres Themas beschäftigt sich ausschließlich mit internen, deutungsspezifischen Variablen der personalen

---

[199] Abbott/ Meredith 1986, 372.

[200] Das Survey hat folgende Fragen (Abbott/ Meredith 1986, 373/1): "(a) Is your family getting along as well as most other families you know who do not have the extra challenges of raising a disabled child? (b) If so, how or why are you coping successfully? (c) Are there any unique problems your family has faced because of the disabled child? (d) Has your family developed any additional family strengths as a result of this situation? and, (e) What or who has given you the most help and support in dealing with the challenges of raising a disabled child?".

[201] Abbott/ Meredith 1986, 374/1.

[202] Abbott/ Meredith 1986, 195, vgl. zu den Ergebnisse auch S. 193.

[203] Vgl. Minnes 1988, 186. Friedrich et al. 1988, 40f und Abbott/ Meredith 1986, 371/2 nennen je zwei weitere Studien, die die Religionszugehörigkeit als Variable im Copingprozess untersucht haben.

Ebene. Zu den religiösen Deutungen, die Eltern aufgrund der Behinderung ihres Kindes vornehmen, liegen noch fast keine empirischen Ergebnisse vor[204].

Deutungsvoraussetzungen im Wandel

Zu den hermeneutischen Voraussetzungen der Deutung, die in der Literatur die größte Beachtung finden, gehören zwei Teilbereiche der Weltanschauung: *die Wert- und Sinnanschauung*[205]. Vor allem auf die Umstellung dieser Anschauungen im Verlauf des Copingprozesses wird häufig verwiesen. So berichtet Klatte-Reiber im Anschluss an die Pilotbefragung 1992 des Forschungsprojektes "Mitteilung der Diagnose Down-Syndrom an die Eltern", es würde "ein Wertewandel, eine Umorientierung und Neufindung von Lebenszielen vorgenommen" und illustriert dies an zahlreichen Elternzitaten[206]. Eine detaillierte Untersuchung dieses Wandlungsprozesses mit Längsschnittuntersuchungen steht jedoch noch aus.

Im Rahmen dieser Studie soll nun geklärt werden, wieviele Eltern eine Unterstützung bei der Umstellung ihrer Deutungsstrukturen wünschen oder suchen und wie eine *Begleitung* aus der Sicht der Betroffenen gestaltet werden soll, die sich die Mutter eines Kindes mit Down-Syndrom in folgender Äußerung wünscht: *"Auch was ganz wichtig ist, so eine Art Begleitung bei der Umstellung der Wertmaßstäbe"*[207].

Auf dem Hintergrund der Wertanschauung drängt sich die umfassendere Fragestellung auf: Wie muss eine hilfreiche Begleitung der Umstellung von Deutungsstrukturen (religiöse und profane Lebensanschauung) und vom Deutungsvorgang (Attribution und Einschätzung) konzipiert werden? Dies hängt zum einen von den Bedürfnissen der betroffenen Personen ab, zum anderen vom Deutungszusammenhang selbst. Beides wurde bei Eltern von Kindern mit Down-Syndrom noch nicht hinreichend erforscht.

Kritik am Phasenmodell

Folgen wir dem *Phasenmodell der Krisenverarbeitung* von Erika Schuchardt, wird die Frage "Warum gerade ich?" von Betroffenen in einer bestimmten Zeitspanne gestellt. Es ist die Spiralphase 3, die mit Aggression gekennzeichnet wird. Sie scheint notwendig auf die Warum-Frage zuzuführen. Mit dieser Phase beginnen die "'emotionalen' und 'ungesteuerten' Phasen der Gefühlsausbrüche"[208], die auf die rationale, fremdgesteuerte Phase der Gewißheit folgen.

Ohne die Bedeutung dieses Modells zu schmälern, das auf der Grundlage einer Literaturanalyse von über 1000 Lebensgeschichten entworfen wurde, wird diese Annahme durch einzelne empirische Befunde relativiert.

---

[204] Lang 1999 stellt eine große Ausnahme dar und Ammermann 1994, 80 stellt fest, dass in der Psychologie persönlicher Konstrukte bislang keine Projekte zur „Konstruktion religiöser Weltansichten" vorliegen.
[205] Siehe dazu die fünf psychologischen Teilbereiche der Weltanschauung unter A, 3.1.
[206] Dittmann/ Klatte-Reiber 1993b, 174/1.
[207] Dittmann/ Klatte-Reiber 1993b, 174/1.
[208] Schuchardt 1993, 33.

Existenzielle Fragen
Affleck et al. (1991, 31f) berichten, dass sich (nur) 3/4 der befragten Eltern von frühgeborenen Kindern, die intensiv-medizinisch versorgt werden mussten, *die Frage "Warum gerade ich?" gestellt haben*. Von diesen hatten 42% auch eine Antwort. Meinicke (1993, 77f) kommt in einer kleinen Stichprobe (n=28) aus Eltern von Kindern mit (in 89% der Fälle geistiger) Behinderung zu einem vergleichbaren Ergebnis. 22 Personen, d. h. 76% der Gesamtstichprobe, haben sich die Warum-Frage gestellt, 13 Personen (über die Hälfte) hatten keine Antwort darauf[209].

Davon, dass im Copingprozess zu einem bestimmten Zeitpunkt notwendigerweise W-Fragen aufbrechen, kann (u. a.) auf dem Hintergrund dieser Zahlen nicht ausgegangen werden[210]. Vermutlich gibt es *keine Zwangsläufigkeit der Warum-Fragen* in kritischen Lebenssituationen. Vielmehr ist zu fragen, welche Faktoren und Variablen die W-Fragen und ihre (positive) Beantwortung im einzelnen bedingen.

Die Untersuchung von Meinicke (1993, 78) gibt z. B. Hinweise auf die Hintergrundvariable "Geschlecht". Nur 4 von 8 Männern (50%), aber 17 von 19 Frauen (90%) der Frauen haben sich die Warum-Frage gestellt. Diese sehr kleine Stichprobe ist nicht repräsentativ. Mit einer *geschlechtsspezifischen* Verteilung muss aber aufgrund anderer Studien gerechnet werden[211].

Selbsterfahrungsberichte betroffener Mütter und Väter
Werfen wir einen Seitenblick auf die Literatur der Selbsterfahrungsberichte von Müttern und Vätern behinderter Kinder, die z. B. von Schuchardt (1993) zu ihrer Forschungsgrundlage gemacht wurde, so lässt sich eine *deutliche Diskrepanz* erkennen. Während die wissenschaftlich-empirische Literatur die lebensanschaulich-religiösen und -profanen Fragen der Deutung in diesem sonderpädagogischen Bereich vernachlässigt als seien sie bedeutungslos, scheinen sie (wie auch Schuchardt 1993 zeigt) für Eltern gewichtig zu sein. Ist es Zufall, dass in dem Sammelbändchen von Zeile (1991) alle Mütter von Kindern mit Down-Syndrom in ihren Berichten explizit auf religiöse Sinn- und Anschauungsfragen Bezug nehmen?[212].

Die Bemühung um eine detaillierte, empirische Untersuchung des Faktors C und seiner bedingenden Faktoren und Variablen wird durch diesen knappen Forschungseinblick zur Deutung bei Eltern von Kindern mit (geistiger) Behinderung verständlicher und dringlicher.

---

[209] So Meinicke 1993, 78f und 62. Vgl. auch Affleck et al. 1985a, 371.
[210] Vgl. dazu auch van der Ven 1990, 193: Er weist auf Arbeiten von TerBogt und Döbert hin, die eine unabdingbare Notwendigkeit von Sinnreflexionen bestreiten.
[211] Vgl. z. B. Sloper et al. 1991, bes. 656, Hinze 1993, bes. 73, 76 und 79 sowie Kravetz et al. 1993.
[212] Vgl.zu den fünf Erfahrungsberichten Zeile 1991, 19 u. 34, 62ff, 96f, 136f u. 139, 164f.

3 Religiöse und lebensanschauliche Deutung

Die sozialpsychologische Forschung konnte, wie wir in Auszügen sahen, ein umfangreiches Wissen darüber erwerben, wann wer wie und wozu die Warum-Frage stellt und Antworten findet. Bei diesem umfangreichen und differenzierten Interessenspektrum werden, wie auch die Auswertung der Studien zum Deutungsprozess bei Eltern von Kindern mit Behinderung nahelegt, die Voraussetzungen des Deutungs- und Attributionsprozesses weitgehend vernachlässigt und/ oder an die Religionspsychologie delegiert. Immerhin: Es scheint unter forschenden Akteuren ein Bewusstsein darüber vorhanden zu sein, dass Deutung auf der Grundlage einer individuellen oder kollektiven Wahrnehmungs- und Deutungsstruktur vorgenommen wird. Dies veranschaulichen z. B. zahlreiche Begriffe, die von unterschiedlichen Autoren zur Bezeichnung der hermeneutischen Basisstruktur der Deutung verwendet werden: Lazarus (1966, 133) spricht z. B. von "General Belief System", Spilka (1986, 88) von "explanatory framework", Hill (1958, 145) in einer spezifisch soziologischen Weise von "value system" und Heider (1977, 204) bezeichnet sie als ein "subjektives und rationales Verständnissystem". Wir bezeichnen sie als Welt- oder Lebensanschauung.

3.1 Begriffs- und Verhältnisbestimmung

Die "*stiefmütterliche Behandlung*" der profanen und religiösen Anschauungsfrage kann nur unzureichend mit dem mangelnden Bewusstsein der Forschenden erklärt werden. Sie ist vielmehr im soziokulturellen Zusammenhang der historischen und zeitgeschichtlichen Rahmenbedingungen dieses Sachverhalts zu sehen. Es sollen nun sukzessiv die Phänomene Weltanschauung und Lebensanschauung in geschichtlicher und hermeneutischer Perspektive betrachtet und das Verhältnis dieser Begriffe bestimmt werden.

3.1.1 Weltanschauung und Lebensanschauung

Weltanschauung ist ein *schillernder Begriff*, sein Gebrauch ist uneinheitlich. Im uneigentlichen Sinne wird heute von orientalischer und abendländischer, materialistischer und idealistischer, rechtlicher und politischer Weltanschauung, aber auch von der Weltanschauung Goethes bzw. von individueller Weltanschauung gesprochen. Die Vielfalt der Wortbedeutung "Weltanschauung" spiegelt den Mangel an geschlossener und bewusster Überzeugung des heutigen Menschen wider und belegt den Zerfall einer einheitlichen Gesamtschau von Mensch und Welt[213].

Begriffsgeschichtliche Skizze
Der Begriff "Weltanschauung" wurde von *Kant* in der "Kritik der Urteilskraft" an der Wiege der Aufklärung in die wissenschaftliche Diskussion eingeführt. Im Laufe des 19. Jahrhunderts wurde er - auch international und in der deutschen Bezeichnung - für unterschiedliche politische, religiöse und ideologische Gesinnungen verwendet.

---

[213] Vgl. Klein 1986, 1605.

Diese Formen der Weltanschauung dienten im fortschreitenden Prozess der Entchristlichung, Ausdifferenzierung und Pluralisierung der industriellen Gesellschaft als Anschauungsersatz und als "Lückenbüßer für den Sicherheit und Halt suchenden Menschen der Neuzeit"[214].
Als nach dem zweiten Weltkrieg die amerikanische Wissenschaft in Deutschland an Einfluss gewann, wurde der Weltanschauungsbegriff zurückgedrängt und durch die Übersetzung soziologischer und psychologischer Begriffe, wie z. B. "belief system" (s.o.) ersetzt, die den Geltungsbereich "im Hinblick auf die Strukturen und Funktionen der Weltanschauung nicht völlig abdecken"[215].
In den vergangenen Jahrzehnten ist in unserem Kulturraum der Einfluss *vorgegebener,* schriftlich kodifizierter Weltanschauungssysteme, inklusive der religiösen Systeme[216], dramatisch zurückgegangen. Dies kann nach dem Scheitern des realen Sozialismus in Osteuropa am Beispiel des Marxismus-Leninismus historisch eindrücklich dokumentiert werden. Auf einen Rückgang des Bedürfnisses nach Weltanschauung kann hieraus jedoch nicht geschlossen werden. Vielmehr ist von einer Aufsplitterung kollektiver Systeme in unzählige privatisierte, persönliche Anschauungen auszugehen, die i. d. R. eklektizistisch und heterogen sind[217].

Zur Begriffsunterscheidung
Heute ist dem Menschen mehr denn je zuvor die Entwicklung und Harmonisierung seiner persönlichen Lebensanschauung *aufgegeben.* Darum bezeichnen wir ein individuelles Anschauungssystem, das nicht eine vorgegebenes kollektives System übernimmt, dem vielmehr die Synthese seines eigenen Systems primär aufgegeben ist, im Unterschied zur Weltanschauung als Lebensanschauung[218].
Lebensanschauung gibt es darum auch ausschließlich auf der mikro-ökologischen Ebene. Als individuelle *"patchwork"-Anschauung* hat sie i. d. R. ein geringeres Maß an systematischer Geschlossenheit und Einheitlichkeit als die Weltanschauung. Zugleich beschneidet die Vielfalt und Heterogenität der individuellen Lebensanschauungen die Möglichkeit der Forscher/innen und Praktiker/innen weitgehend, sie in ihrer Ausformung empirisch zu erheben oder in praxi zu erkennen. Vielleicht liegt darin ein wesentlicher Grund der wissenschaftlichen Vernachlässigung von Lebensanschauungen im Kontext von Coping und Deutung.

---

[214] Klein 1986, 1604.
[215] Benesch 1993, 339.
[216] Ein Ausnahme bildet hier die erstarkende fundamentalistische Bewegung innerhalb des Islams. Hier sei auch erwähnt, dass sich evangelische Theologen aus verständlichen Gründen weigern, ihre Religion als Weltanschauung zu bezeichnen (vgl. Benesch 1993, sowie den Exkurs zum Religionsbegriff unter 3.1.2).
[217] Vgl. Benesch 1993, 344f.
[218] Was hier mit „Lebensanschauung" bezeichnet wird, nennt Ruschmann 1999, 18 etc. „individuelle Weltsicht" oder „Lebensphilosophie".

Was ist Welt- und Lebensanschauung ?
Kant verstand unter "Weltanschauung" die von der Stimme der Vernunft geforderte, selbst das Unendliche (Raum und Zeit) und perzeptiv Unfassbare einschließende persönliche "Zusammenfassung in *eine* Anschauung"[219]. Weltanschauung bei Kant umfasst die Totalität, die Gesamtheit aller Wahrnehmungsinhalte, selbst solche, die "niemals ganz aufgefasst werden können". Sie werden in der Weltanschauung zu der Einheit eines Sinnganzen zusammengefasst. Dazu ist "ein Vermögen, das selbst übersinnlich ist im menschlichen Gemüte" erforderlich, das dem Menschen als Vernunftwesen (homo noumenon) zueigen ist[220].
Unterschiedlichen Welt- und Lebensanschauungsbegriffen sind die ursprünglichen Aspekte "Totalität" und "Einheit" gemeinsam. Darum gehen wir von der *Hypothese* aus, dass Welt- und Lebensanschauung eine geschichtliche, mehr oder weniger bewusste Grundstruktur der Selbst- und Weltauslegung des Individuums ist, die auf Totalität und Einheit zielt. Diese Sicht von Welt- und Lebensanschauung weist *fünf Wesensmerkmale* auf:

1. Individualität: Sie wird auf dem Hintergrund der zeitgeschichtlichen, soziokulturellen Situation und des Gegenstandes dieser Erörterung auf die individuelle Perspektive eingegrenzt.

2. Geschichtlichkeit: Sie ist ein soziokulturelles und entwicklungspsychologisches Phänomen, das in primären und sekundären Sozialisationsprozessen durch das Vehikel der Konversationsmaschine (conversational apparatus) internalisiert und konstruiert wird[221]. Im dynamischen Geschehen der Zeit und Biographie bleiben Rekonstruktionen, Resozialisationen und Transformationen der persönlichen Lebensanschauung nicht aus[222].

3. Hermeneutische Grundstruktur: Welt- und Lebensanschauung ist das individuelle Basissystem, von dem aus Wirklichkeit wahrgenommen und interpretiert und in das hinein Wirklichkeit eingeordnet und integriert wird.

4. Ausrichtung auf Einheit: Sie strebt einem zentralen Organisationsprinzip gemäß nach einem Höchstmaß an Geschlossenheit und Einheit. Dieses Einheitsprinzip wirkt darauf hin, dass die Wert- und Machtzentren (centers of value and power), die mit anderen Personen (z. B. Familienmitgliedern) und Gruppen geteilt werden[223], hierarchisch geordnet und einem einzigen Zentrum unterworfen werden.

---

[219] Kant 1989, § 26, S. 177.
[220] Kant 1989, 177.
[221] Vgl. Berger 1980, 139-148 und 163.
[222] Zur soziologischen Theorie vgl. Berger 1980, 167-174; zu den entwicklungspsychologischen Konzepten vgl. Piaget 1959 und 1976, Erikson 1993, Oser/ Gmünder 1988 und Fowler 1991.
[223] Vgl. Fowler 1991, 37f.

5. *Ausrichtung auf Totalität*: Sie ist eine Totalperspektive, die das Ganze im Blick hat [224]. Sie ist die Quelle zur Beantwortung von Sinn- und Ursachen-Fragen, die das Sichtbare, Fassbare und Erklärbare übersteigen.

Strukturen und Funktionen der Welt- bzw. Lebensanschauung
Die hermeneutische Grundstruktur „Welt- bzw. Lebensanschauung" konstituiert sich nach dem Einheitsprinzip aus zahlreichen Wert- und Machtzentren, die nicht nur aus Strukturen bestehen, sondern auch konkrete, individuelle Inhalte aufweisen. Auf der Strukturebene unterscheiden wir **fünf Teil- und Strukturbereiche einer Welt- bzw. Lebensanschauung**, die von niederen zu höheren Anteilen hierarchisch geordnet sind:

Einstellungen (1), Wert- und Moralanschauung (2), Sinnanschauung (3), Welt- und Menschenbild (4) und Wert- und Machtzentrum (5)[225].

Im Kern der Lebensanschauung befinden sich die Grundanschauung mit ihrem Wert- und Machtzentrum, das auch elliptisch mit zwei oder mehreren Zentren vorgestellt werden kann. Die übrigen Strukturbereiche legen sich wie diffundierende Schalen einer Zwiebel um diesen Kern herum und befinden sich in einem Ökosystem gegenseitiger Beeinflussung und Durchlässigkeit. Wird dieses System mit einem Veränderungsdruck von außen konfrontiert, ist anzunehmen, dass die notwendigen Modifikationen von außen nach innen vorgenommen werden müssen. Eine Umstrukturierung der Grundanschauung und Neuausrichtung der Anschauungszentren wird i. d. R. vorgenommen, wo die Reorganisation äußerer Schichten nicht zu einer befriedigenden Anpassung führt.

10. Abbildung: Strukturierung der Welt- und Lebensanschauung

---

[224] Vgl. Glock 1965, 5.
[225] Ich nehme hier modifizierend Bezug auf die psychologisch fundierte Analyse von Benesch 1993, 340f. Er nennt fünf Bereiche der Weltanschauung: Menschenbilder (1), Weltbilder der Moderne (2), Wertanschauungen (3), Sinnanschauungen (4) und Moralanschauungen (5).

Die fünf Strukturbereiche der Welt- bzw. Lebensanschauung können mit einer großen formalen und inhaltlichen Vielfalt ausgestattet sein und für ihre Träger drei nützliche Funktionen erfüllen[226]:

1. Die kausale Funktion
Sie liefert dem Menschen ein spezifisches Repertoire an Begründungs- und Erklärungsmöglichkeiten für seine Wirklichkeit. Sie stellt ihm die Hintergrundinformationen zur **kausalen Deutung** bereit.

2. Die evaluative Funktion
Sie enthält Einstellungen, Normen, Werte und (moralische) Prinzipien, mit welchen eine Person menschliches Verhalten und Erleben einschätzen, überprüfen und ausrichten kann. Sie dienen ihr als Grundlage für die **evaluative Deutung** von Ereignissen und Dispositionen sowie für (intervenierendes) Handeln.

3. Die sinnexplikative Funktion
Sie ermöglicht nicht nur Erklärungen und Einschätzungen vergangener und gegenwärtiger Phänomene. Sie erschließt (möglicherweise) auch eine Hoffnungs- und Sinndimension, die als **Sinndeutung** auch das Unfassbare impliziert[227].

Lebensanschauliche Deutung und doppeltes ABC-X-Modell
Wie soeben an den drei Funktionen der Lebensanschauung deutlich wurde, ist lebensanschauliche Deutung keine neue, zusätzliche Deutungsform, sondern ein Aspekt, der in jedem Deutungsprozess und in jeder Deutungsform impliziert ist. Jede wie auch immer geartete Deutung ist lebensanschauliche Deutung. Wir gehen darum im Folgenden von der *hermeneutischen Basishypothese* aus, dass die spezifische Gestalt eines persönlichen Lebensanschauungssystems für den individuellen Deutungsprozess fundamental und qualitativ bestimmend ist und auch auf den Bewältigungsprozess unmittelbaren Einfluss nimmt[228]. Jede individuelle Deutung setzt eine Lebensanschauung als Geltungshorizont im Hintergrund voraus.

Die lebensanschauliche Deutung unterscheidet sich von den in Kapitel 2 erörterten Deutungsformen darin, dass sie - statt Auskunft über die Objektseite zu geben - die *Subjektseite der Deutung*, d. h. ihre intrapersonalen Voraussetzungen beleuchtet. Die individuelle Lebensanschauung, als Voraussetzung der Deutung, ist konsequenterweise in den personalen Dispositionen des Faktor B 1 zu lokalisieren. Die kollektiven Anschauungssysteme sind dagegen Bestandteile der externen, ideellen Subfaktoren von B. In ihrer unverschriftlichten Form gehören sie zu den interpersonalen Dispositionen (B 2), in kodifizierter Form zu den kulturell-gesellschaftlichen (B 3). Beide ex-

---

[226] Vgl. Benesch 1993, 341f.
[227] Vgl. Benesch 1993, 341 und 1984, 45ff, sowie Jörns 1997, 11ff.
[228] Diese Prämisse, obwohl sie ein hermeneutische Selbstverständlichkeit darstellt, findet nur geringe empirische Beachtung. Ausnahmen sind z. B.: Orr et al. 1991, 449/1 betont, "Beliefs and values serve as filter" im Deutungsprozess und Hill 1958, 145 sieht in der Deutung der Familie z.T. ihr Wertsystem reflektiert.

ternalen Anschauungsformen stehen qua Sozialisationsprozess in regem Austausch mit der - für die Deutung ausschlaggebenden - persönlichen Anschauung.

Da es nun Dispositionen gibt, die gedeutet werden und solche, mit denen gedeutet wird, kann das internale Subsystem B 1 in Relation zur Deutung (C) in eine Subjektseite (B 1 sbj.) und in eine Objektseite (B 1 obj.) unterteilt werden.
Nun kann der Fall eintreten, dass die Deutungsvoraussetzungen (B 1 sbj.) selbst zum Objekt der Deutung werden (C→B 1 sbj.). Diese Form der metaperzeptiven Deutung bzw. Meta-Kognition soll *tertiäre Deutung* genannt werden. Um eine tertiäre Deutung handelt es sich auch in dem Sonderfall, in welchem die Deutung selbst gedeutet, d. h. interpretiert oder re-interpretiert wird (C→c).

Ein *Beispiel* für eine terziäre Deutung ist die Überlegung: Wie schätze ich als Betroffene(r) die Bedeutung meiner Grundanschauungen für die Bewältigung meiner Lebenssituation ein (C→B 1 sbj.)? oder: Wie beurteile ich heute (aus der Retrospektive) meine einstmalige Antwort auf die Frage, warum ich Vater eines Kindes mit Down-Syndrom geworden bin bzw. meine diesbezügliche Ratlosigkeit (C→C_A)?

3.1.2 Religiöse Anschauung

Es gibt keine eigenständige, unabhängige religiöse Anschauung, die nicht zugleich ein Wahrnehmungs- und Deutungssystem der Welt, sprich Weltanschauung ist[229]. Die religiöse Sichtweise des modernen Menschen ist nicht weltanschauungslos oder -neutral, sondern ist *religiöse Lebensanschauung*. Wir unterscheiden darum religiöse und profane Formen der Weltanschauung bzw. - auf dem Hintergrund des individuellen patchwork-Verhaltens – Formen der Lebensanschauung.

Kollektive Anschauungssysteme
Auf der *makro-ökologischen Ebene* kodifizierter Anschauungssysteme (B 1) lassen sich religiöse und profane Formen aufgrund ihrer relativen Geschlossenheit wesentlich leichter unterscheiden als auf der mikro-ökologischen Ebene individueller Lebensanschauungen (B 3).

Religiöse Weltanschauungssysteme sind solche, die ihrem Selbstverständnis nach auf Religionen oder Religionsgemeinschaften zurückgehen. Religionen, die es nachweislich in allen Gesellschaftsformen gibt und gab[230], üben auch in unserem Kulturraum einen bedeutenden - wenn auch rückläufigen - Einfluss auf die soziale und psychologische Wirklichkeit des einzelnen und seine persönliche Lebensanschauung aus. Jeder Mensch, ganz gleich an welchem Ort, wird in eine Welt hineingeboren, in der es religiöse Institutionen gibt, deren (indirektem) Einfluss er sich nicht entziehen kann [231]. Auch wir in unserer "säkularisierten", westlichen Gesellschaft leben in einem sozio-kulturellen Raum, für den "zwei korrespondierende historische Bewegungen charakteristisch (sind): *Die Geschichte des Christentums und die neuzeitliche Freiheitsgeschichte*"[232].
Der westliche Mensch befindet sich in keinem weltanschaulichen Vakuum. Er steht vielmehr unwillkürlich in dem omnipräsenten religiösen Kontext jüdisch-christlicher (bzw. abrahamitischer) Tradition, die ein elementares geistiges Fundament seines Gesellschaftssystems und eine wesentliche Quelle seiner individuellen Lebensanschauung bildet. Soziokulturelle und individuelle Anschauungssysteme stehen in einem permanenten, dialektischen Beziehungsgeflecht[233].

Funktion kollektiv-religiöser Anschauungssysteme
Institutionelle religiöse Anschauungssysteme fördern mit ihrem reichen Traditionsschatz an Vorstellungen, Mythen und Symbolen, an Gottes-, Welt- und Menschenbildern die Entwicklung individueller Lebensanschauungen und sei es auf dem indirekten Weg der Kultur[234]. Religionen unterstützen auch, wie am Beispiel des

---

[229] Ev. Theologen bestreiten diese Tatsache aus systematisch-theologischen Gründen, die systemintern plausibel sind, aber an dem Postulat, dass es keinen ideologiefreien Raum gibt (Habermas) ihre Grenze finden; vgl. Klein 1986, 1605 und Benesch 1993, 339.
[230] Vgl. Glock/ Stark 1965, 3 und Spilka et al. 1985, 17.
[231] Vgl. Spilka et al. 1985, 2 und 17f, Meinicke 1993, 27.
[232] Nipkow 1990, Bd.1, 173.
[233] Vgl. Nipkow 1993, 54 und 57.
[234] Vgl. dazu die empirischen Belege in Lang 1999, 29-43.

Christentums gezeigt werden kann, die kausale, evaluierende und sinnexplikative Funktion, die Lebensanschauungen für Menschen haben.

1. Die kausale Funktion

Die biblischen Schriften, sowie die jahrhundertealte Dogmen- und Theologiegeschichte des Christentums bieten eine unüberschaubare Fülle an Erklärungsversuchen und Deutungssystemen der Wirklichkeit "zwischen Himmel und Erde", die z.T. auch heute noch lebendig sind. Fragen nach dem Anfang von Welt und Kosmos, nach Gott, nach dem Wesen des Menschen, nach dem Ursprung des Bösen und einer letzten Gerechtigkeit werden in Geschichten, Mythen und Ätiologien erörtert, in ausgefeilten theologischen Lehrsystemen behandelt und in Kosmologien, Anthropologien, Schöpfungslehren, Gotteslehren und Rechtfertigungslehren bis in Details behandelt und beantwortet.

Wie es scheint, kann die christliche Religion mit ihrem geistigen „Multi-Markt" unbegrenzter Erklärungsangebote für jeden Mensch und jeden Zweck ihrer vielmals zugeschriebenen kausalen Aufgabe "explaining to ignorance the nature of the Unknowable"[235] - jenseits des Vermittlungsproblems - problemlos nachkommen.

2. Die evaluative Funktion

Die Einschätzung und Ausrichtung menschlichen Verhaltens reicht als ein Wesensmerkmal des Christentums bis zu seiner Wiege zurück und hat es in seiner Geschichte als ethische Religion im Sinne von "My religion is to do good"[236] auch zuweilen beherrscht. Anleitungen zum gemeinsamen Leben, Gebote, Satzungen, Moral und ethische Prinzipien gehören wie selbstverständlich zum Repertoire des Christentums und sind Teil von Moraltheologien, theologischen Ethiken und Enzykliken.

3. Die sinnexplikative Funktion

Das Christentum als ein pluriformes Anschauungssystem beschäftigt sich von alters her mit den existenziellen Fragen des Menschseins. Seinem Anspruch gemäß klammert es keine aus, fragt nach dem ungerechten Leiden, nach Schuld und Tod, nach Gerechtigkeit, Hoffnung und Lebenssinn und antwortet jenseits von Theodizeen, Eschatologien, Soteriologien und Christologien auch mit dem Hinweis auf das "Geheimnis des Glaubens".

Dieses knappe, kompakte Panorama über mögliche Funktionen des Christentums als Anschauungssystem sollte einen exemplarischen Eindruck vermitteln, welche kognitiven Dispositionen und Ressourcen (B 3) Religionen für die individuelle Lebensanschauung und Deutung zur Verfügung stellen können. Die Rolle der Religionen kann es jedoch nicht sein, gebrauchsfertige Produkte für Erklärungen, Handlungsanweisungen und Sinndeutungen auf den Markt zu bringen, sondern einen dynamischen und vielfältigen Orientierungs- und Erklärungsrahmen für eine individuelle Anschauungsentwicklung und eine selbst vollzogene Deutungsanstrengung bereitzustellen.

---

[235] Spilka et al. 1985, 1 stellen ihrer Religionspsychologie u. a. dieses Diktum von A. Bierce (The Enlarged Devil's Dictionary. New York, 1967, 241) voran, um typische Charakteristica von Religion aufzuzeigen.

[236] Spilka et al. 1985, 1 zitieren Thomas Paine (The Political Works of Thomas Paine. Chicago, 1897, 406).

Auf der ***individuellen, mikro-ökologischen Ebene*** der Anschauungsfrage (B 1 sbj.) stoßen wir auf das patchwork-Problem des *intrapersonalen lebensanschaulichen Pluralismus*. Seit der Neuzeit ist die Lebensanschauung des einzelnen zunehmend zu einem Teppich aus lose nebeneinander liegenden, sich überlappenden und heterogen ineinander verwobenen Flickenstücken geworden. Bei dieser Verwobenheit ist es nur noch schwer möglich, religiöse und profane Elemente auseinanderzudividieren. Dennoch scheint es angebracht, Kriterien der Trennung aufzustellen. Dazu wird es nötig, auf die *Spezifizierung des Religiösen* einzugehen, um eine Unterscheidung von profaner und religiöser Deutung treffen zu können.

Exkurs: Das Problem des Religionsbegriffs

Stärker noch als das Wort Coping scheint der Religionsbegriff ein Regenschirm-Konzept (umbrella concept) zu sein, das mehr verdeckt als es aufdeckt. Bereits Generationen von Philosophen und Wissenschaftlern mühten sich ab, das "very complex, multidimensional phänomenon"[237] der Religion in einer theoretisch, teilweise auch empirisch fundierten, allgemeingültigen Definition zu erfassen, und entwarfen *eine breite Vielfalt divergierender Religionsbegriffe*. Doch kein Entwurf konnte bis dato die zeit- und raumübergreifende Komplexität und Weite des Religionsbegriffes ganz erschließen, ohne zugleich sein Spezifikum zu verlieren; seine Begriffs- und Wesensbestimmung bleibt ein unlösbares Problem[238].

Definitionen von Religion sind darum, wollen sie angemessen verstanden werden, eher ein *Ausdruck des subjektiven Blickwinkels* ihrer Autoren bzw. Autorinnen als hinreichende Bestimmungen des zu beschreibenden Gegenstandes selbst. Dieser Umstand macht die - im Rahmen einer wissenschaftlichen Abhandlung per se geforderte - Darlegung des Vorverständnisses ihres Autors um so dringlicher. Im Folgenden soll darum geklärt werden, aus welcher - naturgemäß partikularen - Perspektive das Religiöse betrachtet werden wird.

Bei der Begriffs- und Wesensbestimmung des Religiösen lassen *sich zwei theoretische Denkmodelle* unterscheiden: Das induktive und das deduktive Modell. Beide religionstheoretischen Modelle sind für die Konzeption der vorliegenden Arbeit von Bedeutung und sollen in einem "konvergenztheoretisch-dialektischen Orientierungsmodell" im Sinne eines Spannungsverhältnisses von "Zusammenhang und Unterscheidung" zueinander in Beziehung gesetzt werden[239].
Das induktive Modell geht von den vielfältigen empirischen Erscheinungsformen religiöser Wirklichkeit aus (*ex datis*), beschreibt ihre gemeinsamen Merkmale, generalisiert sie und fasst die gewonnenen Verallgemeinerungen zu Begriffsbestimmungen

---

[237] Spilka et al. 1985, 29.
[238] Vgl. Glock/ Stark 1965, 3; Spilka et al. 1985, 29 und 33, Richter 1986, 969.
[239] Nipkow 1990, Bd. 1, 173-177 (bes. 177) entfaltet das konvergenztheoretische Modell, jedoch in einem anderen Zusammenhang.
Hier kann soviel schon vorausgeschickt werden: Die konvergenztheoretische In-Beziehung-Setzung von induktivem und deduktivem Religionsbegriff findet ihre methodologische Entsprechung im dialektischen Prozess qualitativer und quantitativer Erhebungsverfahren.

zusammen[240], die operationalisiert werden können [241]. Solche Definitionen beschreiben die religionssoziologische und -psychologische Außenseite bzw. die phänomenologische Oberfläche des kulturspezifischen Gegenstandes in Teilaspekten, dringen aber i. d. R. nicht zum Wesen des Religiösen vor[242].

Auf die Operationalisierung und Induktion des Religiösen kann im Rahmen einer quantitativ-empirischen Erhebung nicht verzichtet werden. Verzichtet werden soll aber auf eine solipsistisch phänomenologisch-induktive Begriffsbestimmung des Religiösen, wie sie in den Sozialwissenschaften weitgehend Usus ist. Vielmehr sollen induktive und deduktive Ansätze in ein konstruktives Gespräch gebracht werden.

Das deduktive Modell setzt nicht religionssoziologisch bzw. -psychologisch bei den äußeren Phänomenen ein, "sondern religionsphilosphisch bei der Analyse des religiösen Selbstbewusstseins. In der Rückwendung auf sich selbst entdeckt das reflektierende Bewusstsein, warum es religiöses Bewusstsein werden kann, ja, werden muss"[243]. Die transzendentale Philosopie Kants ebnet(e) den Weg für einen a priorischen Reflexionsstandpunkt des erkennenden Subjekts, mit dessen Hilfe das individuelle Bewusstsein zum Wesen des Religiösen vordringt, zum Wesenskern des Religiösen, der *(ex principiis)* in der notwendigen Bedingung der Möglichkeit besteht, religiös sein zu können. Der deduktive Religionsbegriff erschließt die transzendentale Innenseite seines Gegenstandes durch existenzielle Erfahrung und Entscheidung und tastet sich von der individuell-religiösen Erfahrung zum allgemeinen Wesenskern des Religiösen vor[244].

Auf dem Hintergrund des transzendental-philosophischen, deduktiven Rahmenmodells sollen im Rekurs auf Paul Tillich und James W. Fowler *Wesensmerkmale des Religiösen* bestimmt und dieser Arbeit zugrunde gelegt werden.
Mit Fowler unterscheiden wir zunächst *drei Dimensionen des Religiösen* (faith): Die ontologische, die axiologische und die epistemologische Dimension[245]:

1. Die ontologische Dimension
Fowler geht in seinem Religionsbegriff von der Prämisse aus, "that faith is a human universal". Religiosität ist eine artspezifische Eigenschaft, zu der alle Menschen begabt sind[246]. Diese von Fowler dem Menschen zugeschriebene religiöse Eigenschaft soll aber nicht im Sinne von "unabänderlich bestehenden, höheren *Seinsqualitä-*

---

[240] Vgl. Nipkow 1990, Bd. 1, 141.
[241] Spilka et al. 1985, 30-60 bietet einen Forschungsüberblick von operationalen Definitionen der Religion.
[242] Vgl. Spilka et al. 1985, 6.
[243] Nipkow 1990 Bd. 1, 141.
[244] Vgl. Richter 1986, 970f.
[245] Vgl. Fowler 1984, 294-296. Fowler spricht nicht von Religion, sondern von Glaube (faith) in einem kulturübergreifenden, anthropologisch-universalen Sinn, der als Religion verstanden werden kann. Zur Zusammenfassung seines Religionsbegriffs vgl. Schweiker 1991, 2-5 (Glaube als ontologisches Phänomen, als Beziehung und als „Einbildungskraft").
[246] Vgl. Fowler 1989, 78.

ten"[247] verstanden werden, die aus jedem Menschen unwillkürlich und wesenhaft einen homo religiosus machen, sondern ausschließlich als transzendentale Wesensstrukturen des homo noumenon, die keine Notwendigkeit, vielmehr eine Möglichkeit der Bedingung darstellen, religiös zu sein[248]. Der ontologische Religionsbegriff dieser Interpretation stempelt den Menschen nicht zum unentrinnbar zwangsreligiösen Subjekt ab, dessen Deutungen von Welt immer schon religiöse Deutungen sind. Er hat die Möglichkeit, auch areligiös, agnostisch und atheistisch zu sein.

2. Die axiologische Dimension

Die axiologische Dimension kann als das Herzstück des Religionsbegriffes verstanden werden. Sie versucht (in formaler Weise) zu seinem Wesen vorzudringen. *Tillich* hat das Wesen des Religiösen bzw. des Glaubens mit Hilfe der Korrelationsmethode als Beziehung zu dem bezeichnet, "was uns unbedingt angeht" (*ultimate concern*). Er konkretisiert: "The religious concern is ultimate; it excludes all other concerns from ultimate significance; it makes them preliminary" [249]. Tillichs Religionsbegriff setzt bei der existenziellen Erfahrung an, bei dem, was mich unbedingt angeht, nicht aber beim Unbedingten selbst. "The word 'concern' points to the 'existential' character of religious experience"[250]. Die Religiosität des Menschen ist seine existenzielle Ausrichtung auf das für ihn ultimativ, bedingunglos und universal Gültige.

Der *Bezugspunkt des Letztgültigen* wird auch von induktiven Religionsbestimmungen geteilt. Emil Durkheim spricht von einem "unified System of Beliefs and Practices relative to sacred things"[251]. Glock und Stark glauben unterschiedliche Definitionen zu der Synthese zusammenfassen zu können: "Religion (...) comprises an institutionalized system (...) focused on questions of ultimate meaning"[252]. Die Ausrichtung der Religion, bzw. des Menschen auf das Ultimate soll hier als zentraler Parameter des Religiösen gelten.

Auch *Fowler* teilt diesen Grundgedanken, indem er von einem "*gemeinsamen Wert- und Machtzentrum*" spricht, auf das sich der Mensch im Glauben bezieht. Das Religiöse ist für ihn immer auch Beziehung; es ist *relational und triadisch*. Mit der triadischen Vertrauens- und Bündnisstruktur macht Fowler die soziale Dimension zu einem konstitutiven Bestandteil seines Religionsbegriffs. Die religiöse Ausrichtung des Menschen ist kein isoliert individuelles Phänomen. Sie vollzieht sich im Beziehungszusammenhang und bezieht sich auf *gemeinsame*, mit anderen Menschen geteilte Zentren, die unbedingte Gültigkeit haben[253]. Hier wird deutlich, dass die gemeinsamen Wert- und Machtzentren in der Transzendenz *und* in der Immanenz liegen können. Das Wesen des Religiösen wird nicht durch den Transzendenzbezug

---

[247] Nipkow 1990, 153.
[248] Vgl. Nipkow 1990, 152-154.
[249] Tillich 1951, 11f.
[250] Tillich 1951, 12.
[251] Glock/ Stark 1965, 4 zitieren aus Durkheim: Les formes élémentaires de la vie religieuse. Paris, 1912 in der Übersetzung von J.W. Swain (The Elementary Forms of the Religious Life. London, 1905).
[252] Glock/ Stark 1965, 4.
[253] Vgl. Fowler 1991, 36ff.

definiert, sondern erschließt sich der sozialen Ausrichtung auf das existenziell empfundene Letztgültige.

3. Die epistemiologische Dimension
Die dritte zentrale Dimension des Religiösen ist nach Fowler die "*Einbildungskraft*". Er verwendet diesen Begriff im Sinn einer Wort-für-Wort-Übersetzung: Das Religiöse ist die Kraft, die Einheit zu bilden vermag (forming into one)[254], die unsere vielfältigen und ambivalenten Erfahrungen vereinigt.
Anders als das instinktgeleitete Tier ist uns als Menschen die Last und die Chance gegeben, unsere Wirklichkeit sinnvoll ordnen zu müssen. Der Mensch ist ein sinnschaffendes (meaning making) Wesen, ein "homo poeta" (Ernest Becker)[255], der seiner vielfältigen, zuweilen paradoxalen und zusammenhangslosen Welt eine Bedeutung und Ausrichtung geben kann, die auch die unsichtbaren Bedingungen des Seins zu integrieren vermag.
Fowler nimmt an, dass sich der religiöse Prozess der "Ineinsformung" nicht durch Begriffe, sondern durch *Bilder* vollzieht, aus denen der Glaube sich mit Hilfe der Wert- und Machtzentren ein einziges Bild seiner "letzen Umwelt" (ultimate environment) formt, wie etwa das Bild vom Reich Gottes[256].

Zusammenfassung:

Die persönliche Religion des Menschen ist eine universal-anthropologische Möglichkeit, die, so sie Wirklichkeit wird, in einer existenziellen, interpersonalen und ultimaten Ausrichtung besteht, die neben sich keine andere Ausrichtung duldet und somit exklusiv auf *ein* gemeinsames Wert- und Machtzentrum und qua ihrer (religiösen) "Einbildungskraft" auf ein einziges Anschauungsbild zielt.

3.1.3 Verhältnis der lebensanschaulich-religiösen und -profanen Deutung

Für die Bestimmung von Zusammenhang und Unterscheidung der profanen und religiösen Deutung greifen wir auf die soeben beschriebenen Wesensmerkmale des Religiösen zurück. Der Zusammenhang beider Größen ist durch den gemeinsamen Weltanschauungsbegriff gegeben. Profane und religiöse Selbst- und Weltauslegung basiert auf einer hermeneutischen Grundstruktur, die eine Tendenz zur Gesamtschau (Totalität) und zur Homogenisierung (Einheit) aufweist. Ferner können alle Deutungsformen, seien sie kausal, evaluierend, primär, sekundär oder tertiär, sowohl profan als auch religiös sein.

Die Unterscheidung dieser Größen ist dagegen ungleich schwieriger zu treffen; die Anwendung einer einzigen diakritischen Kategorie reicht dazu nicht aus. Darum sind

---

[254] Vgl. Fowler 1991, 45ff.
[255] Vgl. Fowler 1991, 26 und 45.
[256] Vgl. Fowler 1991, 31und 46.

auf dem Hintergrund unseres Religionsbegriffes drei *simplifizierende Lösungen abzulehnen*:

a) Religiöse Deutung ist auf Transzendenz gerichtet, profane Deutung auf Immanenz.
b) Religiöse Deutung basiert auf Anschauungssystemen von Religionen, profane Deutung auf nicht-religiösen Anschauungssystemen.
c) Religiöse Deutung ist Sinndeutung, profane Deutung ist Ursachendeutung. Eine Unterscheidung der lebensanschaulichen Deutungsformen muss mehrdimensional, zumindest aber auf der strukturellen und der inhaltlichen Ebene getroffen werden.

Formal-strukturell unterscheiden sich beide Deutungsformen in der Art, wie ihre Ausrichtung auf Einheit und Totalität zielt. Diese Unterscheidung wird bewusst aus der religiös-theologischen *Innenperspektive* vorgenommen. Sie hat einen ideologischen, d. h. standortbezogenen Charakter.

Die profane Ausrichtung ist eine extrinsisch-pragmatische, die den Zweck hat, kognitive Dissonanzen zu vermeiden bzw. kognitive Konsistenz herzustellen, wann immer das Gleichgewicht der Kognitionen gefährdet ist[257]. Anders die religiöse Ausrichtung: Sie ist *intrinsisch-existenziell*, d. h. sie hat ihren Zweck in sich selbst. Sie betrifft nicht nur die intrapsychische Funktion, sondern die ganze Person. Ferner besitzt die religiöse Anschauung in unserem Kulturkreis im Unterschied zur profanen per definitionem eine *mono-zentrische* Ausrichtung, die als ein einheitstiftendes und organisierendes Prinzip der Lebensanschauung und Deutung für das religiöse Individuum konkurrenzlos ist.

In der intrinsisch-existenziellen und der monozentrischen Ausrichtung liegt m. E. die besondere Bedeutung der persönlichen Religion zur Überwindung eines intrapersonal-lebensanschaulichen Pluralismus, Indifferentismus und Labilismus, sowie eine Chance für die Sinn- und Identitätsfindung.

Material-inhaltlich können religiöse Deutungsformen durch ihre Ausrichtung auf Wert- und Machtzentren von profaner Deutung unterschieden werden. Vier Grundarten von Ausrichtungszentren sind m. E. denkbar[258]. Wir nennen diese elementaren Formen, die den Kern der Lebensanschauung bilden, *Grundanschauungen*[259]. In schematisierender Weise soll im Bereich der Transzendenz von einem theistischen und deistischen, in der Immanenz von einem naturalistischen und nihilistischen Zentrum gesprochen werden. Mit dieser Unterscheidung wird einer klaren, dualen Distinktion

---

[257] Zur kognitiven Konsistenz vgl. Heider 1958, zur Dissonanztheorie Festinger (in Stroebe 1990, 157ff dargestellt). Beide gehen von einem Balancemodell der Kognitionen aus.

[258] Bei dieser Einteilung beziehe ich mich auf van der Ven 1990, 202f und 206. Er unterscheidet in Anlehnung an Felling et al. 1987 und Thung et al. 1985 die drei Anschauungstypen Theismus, Deismus und Immanentismus. Angesichts der weiten Verbreitung agnostischer, atheistischer und nihilistischer Grundhaltungen ist es erforderlich, den letzten Typus in die Annahme (Naturalismus) und in die Ablehnung (Nihilismus) einer höheren Wirklichkeit in der Immanenz zu unterteilen.

[259] Siehe A, Abbildung 10.

gegenüber einer differenziert theologischen Verhältnisbestimmung von Immanenz und Transzendenz der Vorzug gegeben und auf eine Vermittlungskategorie, wie z. B. "transzendente Immanenz" verzichtet[260].

Die Grundanschauung *Theismus* ist in unserem Kulturraum vor allem auf die Gottesvorstellungen der drei abrahamitischen Religionen (Judentum, Christentum, Islam) ausgerichtet. Ihr Kennzeichen ist der Glaube an einen persönlichen Gott, der sich jedem einzelnen Menschen fürsorglich und gnädig zuwendet.

Die Grundanschauung *Deismus* besteht dagegen in der Vorstellung eines unpersönlichen, unnahbaren Gottes in Gestalt einer höheren Macht oder Wirklichkeit, wie sie z. B. im Taoismus oder in der abendländischen Philosophie anzutreffen ist[261]. Beide transzendenten Zentren[262] können im Kontext unseres Kulturbereichs als Ausdruck der historischen Bewegungen der abrahamitischen Religionen (Theismus) und der neuzeitlichen Freiheitsgeschichte transzendentaler Richtung (Deimus) verstanden werden[263].
Wird eine höhere Macht im Horizont der innerweltlichen Realität angenommen, soll dieses Anschauungszentrum naturalistisch genannt werden.

Der *Naturalismus* leugnet die Existenz einer transmundanen bzw. transzendenten Macht und schließt "übernatürliche Eingriffe als Selbstwidersprüche Gottes aus"[264]. Eine höhere Macht bzw. Gott wird, wie dies z. B. auch im Buddhismus der Fall ist, innerhalb der Grenzen der naturgegebenen Welt angenommen.

Wird eine höhere Wirklichkeit in der Transzendenz und Immanenz bestritten und das Dasein als sinn- und ziellos betrachtet wird, sprechen wir von *Nihilismus*. Auch diese Form der Anschauung stellt ein Wert- und Machtzentrum dar, indem sie gerade die Existenz einer ultimaten Macht für alles Sein negiert und durch die Totalität und Einheit stiftenden Prinzipien des Nichts oder etwa des Zufall ersetzt.

Deutungen auf der Grundlage einer nihilistischen Anschauung bzw. eines radikalen Atheismus oder Agnostizismus sollen darum auch *religiös* genannt werden, insofern sie sich nicht nur von einer Transzendenz abgrenzen, sondern auf ein klar definiertes

---

[260] Van der Ven 1990, 250f und 253 trägt mit der Unterscheidung von absoluter und immanenter Transzendenz dem theologisch-christlichen Aspekt der Kondeszendenz Gottes und dem Panentheismus Rechnung und konzipiert Transzendenz normativ-sequentiell (vgl. Devenish 1991, 5f). Hier soll dagegen Transzendenz (wie es der klassischen philosophischen Tradition entspricht) statt qualitativ oder quantitativ eindeutig in Abgrenzung zur Immanenz definiert werden.
[261] Unter Deismus lässt sich der a priorische Deismus (Transzendentalphilosophie etc.) und der empirische Deismus positiver Ausprägung subsumieren; der empirisch-negative Deismus (vgl. Ramsey 1986, 58f.) im Sinne des englischen Deismus oder etwa des Deismus eines Reimarus wird dagegen bereits dem Naturalismus zugeschrieben (vgl. Schmidt, M. 1986).
[262] Der Transzendenzbegriff wird sehr weit, als Gegensatz von Immanenz, interpretiert, nicht aber streng philosophisch, so dass er auch die Transzendentalität einschließen kann.
[263] Empirisch-theologische Studien (van der Ven 1990, 228-232; Vossen 1993, bes. 31) ergaben, dass sich die Theismus-Deismus-Distinktion als ein empirisch-induktives Phänomen nur schwer nachweisen ließ.
[264] Blumenberg 1986, 1332.

letztgültiges Ausrichtungszentrum wie etwa Fatalismus, Dezisionismus oder Materialismus bezogen sind. Werden Deutungen auf der Basis der Ausrichtungszentren von Theismus, Deismus, Naturalismus und Nihilismus vorgenommen, gelten sie materialinhaltlich als weltanschaulich-religiös. Dies trifft zu, wenn sie zugleich auch den formal-strukturellen Kriterien genügen. Tun sie es nicht, sind auch profan-theistische oder -deistische Deutungen denkbar.

3.2 Religionspsychologie und Deutung

Die individuelle Lebensanschauung, sei sie religiös oder profan, wird in ihrer Bedeutung für die Deutung und Bewältigung von Krisensituationen von der Attributions-, Life-event- und Copingforschung weder theoretisch noch empirisch hinreichend gewürdigt, geschweige denn als ein zentraler Faktor differenziert realisiert[265]. Attributionstheoretiker "have focused almost exclusively on naturalistic or secular explanations: dispositional factors, situational factors, luck, etc."[266] Und selbst die Sozialwissenschaftler innerhalb der Religionspsychologie "have, by and large, neglected the role of religious concepts in the attributional process"[267]. Attributionstheorien, die in der Sozialpsychologie eine bedeutende Stellung innehaben, wurden erst seit Mitte der 70er Jahre in der Religionspsychologie zögerlich rezipiert[268], und noch 1988 bemerkte Gorsuch in seinem religionspsychologischen Überblick, dass noch immer zu wenige Studien ein Attributionskonzept verwenden, um eine Rezension (review) dieses Forschungsbereiches zu rechtfertigen[269].
Auch wenn die religiöse Deutung in der Vielfalt ihrer Anschauungssysteme noch *längst kein eigenständiges Thema* der allgemeinen Attributions- und Copingliteratur geworden ist[270], besteht die Hoffnung, dass sie es als eine bedeutende Forschungsrichtung innerhalb der Religionspsychologie werden könnte[271].

Im Folgenden sollen nun für unseren Kontext relevante, theoretische und empirische, Resultate der (primär angloamerikanischen) Religionspsychologie in Bezug auf Coping, Deutung und Gotteskonzepte dargestellt werden.

---

[265] McIntosh 1993, 812 bemängelt: "relatively little empirical work has been conducted on the association between religious variables and the process of adjustment to major stressful life events" und nennt sechs bemerkenswerte Ausnahmen. Pargament et al. 1990, 794 bedauert, dass "within the general coping literature, religion has not been examined at close range or in much detail". Von philosophischer Seite kritisiert Ruschmann 1999, 12, die Psychologen seien an weltanschaulichen Fragen oft nicht interessiert.
[266] Lupfer et al. 1992, 486.
[267] Lupfer et al. 1992, 487. Vgl. auch DeVellis et al. 1988, 186.
[268] Vgl. Spilka et al. 1985a, 20 und 173.
[269] Siehe Gorsuch 1988, 217.
[270] Vgl. Pargament/ Hahn 1986, 193 und Pargament 1990, 793 u. 797f.
[271] Vgl. Loewenthal/ Cornwall 1993, 39.

3.2.1 Religion und Coping

Die Summe der theoretischen Literatur legt in großer *Übereinstimmung einen positiven Zusammenhang zwischen Religion und Bonadaption* nahe[272]. Die Annahme, Religion sei in kritischen Lebenssituationen eine Hilfe zur Bewältigung, die über gewöhnliche Bewältigungsmöglichkeiten hinausgehe, wird von vielen betroffenen Personen in Selbsterfahrungsberichten, Selbstaussagen und Selbsteinschätzungen - und mit zunehmender Häufigkeit bei älteren Menschen - bestätigt[273]. Solche Selbsteinschätzungen können die tatsächliche Verbindung von Religion und Coping jedoch nicht ausreichend qualifizieren und verifizieren. Dazu sind ergänzende empirische Bestätigungen nötig.

Ergebnisse von derzeit vorliegenden *religionspsychologischen, quantitativen Studien* scheinen einen positiven Religion-Coping-Zusammenhang empirisch zu untermauern: Religion kann Sicherheit angesichts des Todes vermitteln (Tebbi et al. 1988), zu einer Kompensationsquelle bei Verlusterfahrungen werden (Cook/ Wimberley 1982), Stress reduzieren und die psychosoziale Gesundheit fördern (McIntosh 1993), Depressionen dämpfen (Park et al. 1990), das Selbstbewusstsein stärken (Maton 1989), Sinn stiften (Peterson/ Roy 1985), Problemlösungen unterstützen (Pargament et al. 1988) etc. Die Liste, die Religion als "protective-defensive-system" (Spilka et al. 1991, 295) ausweist, könnte in dieser Allgemeinheit fortgesetzt werden. Witter et al. 1988 stellten in einer Meta-Analyse 28 Studien mit 56 Ergebnissen zusammen, die eine positive Relation von Religiosität und Wohlbefinden (wellbeing) aufzeigen[274]. Dieser Zusammenhang konnte auch bei Eltern von Kindern mit geistiger Behinderung aufgezeigt werden[275].

Die Resultate religionspsychologischer Studien weisen aber auch *gegenteilige, variable oder keine Effekte* nach[276], so dass abschließend von einer nur begrenzten Beweiskraft empirischer Befunde ausgegangen werden kann[277].
Die Divergenz und Variabilität empirischer Befunde zur Rolle der Religion im Copingprozess kann auf die Multidimensionalität beider Größen zurückgeführt werden. Noch ist weitgehend ungeklärt, wie, wann und wo welcher Teilaspekt der Religion bei wel-

---

[272] Vgl. Pargament et al. 1990, 798, Spilka et al. 1985, 12ff.
[273] McIntosh 1993, 812 nennt fünf Studien, die diese Annahme bestätigen. Vgl. auch Tebbi et al. 1987, 683 u. 694. In der Studie von Stuart/ Martin (Burr/ Klein 1994, 159) gaben 92 % der Respondenten, die Copingstrategie "Tried to have more faith in God" als sehr hilfreich an; sie wurde von 80 Items auf Rang 5 plaziert.
[274] Witter et al. 1985, 335 gibt die Effektgröße dieser Ergebnisse zwischen -0,01 bis +0,58 an, ein Konfidenzintervall für die Korrelation von 95 % zwischen 0,14 und 0,25.
[275] Friedrich et al. 1988, bes. 42f konnten in einer Stichprobe von 140 Müttern, die ein Kind mit einer mindestens mäßigen (moderaten) Behinderung hatten, eine positive Wirkung der Religiosität (7-Item-Messung) auf das Wohlbefinden feststellen.
[276] Meinicke 1993, 87f stellt eine signifikante Korrelation zwischen Zweifel an Gott und depressiven Symptomen fest. Maton 1989 konnte keine positive signifikante Korrelation zwischen "perceived support from God" und "low-life-stress" nachweisen; vgl. weiter Chaimberlain/ Zika 1988, 411, Pargament et al. 1990, 796.
[277] Pargament et al. 1990, 798 spricht von "limited empirical evidence".

cher Person (B 1), Disposition (B), Definition (C) und welchem Ereignis (A) welche Effekte (X') hervorbringt. Welcher Aspekt des Religiösen im Spektrum der erfahrungsbezogenen, ideologischen, ritualistischen, intellektuellen oder handlungsorientierten Dimensionen[278] gemeint ist und welche Konzeption und Operationalisierung von Religion einer Studie zugrunde liegt, ist u. a. entscheidend für ihr Resultat[279].

Extrinsische und intrinsische Religiosität
Ein Ansatz, der den bislang größten Einfluss in der Religionspsychologie ausübte und in der Lage ist, die Komplexität von Religion etwas zu differenzieren, ist das Konzept der extrinsischen und intrinsischen Religiosität von Gordon W. Allport[280]. Mit dieser fundamentalen Unterscheidung beschrieben Allport/ Ross (1967) ein *Kontinuum* zwischen zwei Idealtypen, auf dem jede religiöse Person (zeitvariabel) angesiedelt werden kann.

Das Kriterium der Unterscheidung ist *Nützlichkeit und Selbstzweck*: "the extrinsically motivated person *uses* his religion, whereas the intrinsically motivated *lives* his religion"[281]. Die intrinsische Religion wird als die ganzheitliche, tolerante, reife und integrative Ausprägungsform konzipiert, die mit geistiger Gesundheit (mental health) korreliert. Die extrinsische Religion dagegen wird als partikular, exkludierend, unreif, utilitaristisch und als eine Form des Flucht- und Abwehrmechanismus angesehen[282].

Diese Distinktion ermöglicht eine ausreichend validierte, nützliche, aber nicht hinreichend differenzierende Messung von Religiosität, die in der Version der Vierfach-Typologie von Allport-Hood auch in einer säkular-religiös gemischten Population noch sinnvoll anwendbar ist[283].

Viele quantitative Studien operationalisieren und messen *Religion mit nur einer Skala oder wenigen dispositionalen Indikatoren* (wie z. B. Häufigkeit des Kirchenbesuchs oder des persönlichen Gebets) und sind i. d. R. nicht in der Lage, in der Komplexität und Vielschichtigkeit der Zusammenhänge spezifische religiöse Effekte zu isolieren und zu identifizieren[284]. Dies trifft insbesondere auf die verschwindend geringe Zahl

---

[278] Diese in der Religionspychologie weit verbreitete Dimensionierung von Religion wurde zuerst von Glock/ Stark 1965, 19ff vorgenommen.

[279] Dies gilt entsprechend auch für die Effektgröße. So wird z. B. Wohlbefinden (well-being) übereinstimmend als ein multidimensionales Phänomen angesehen, das sehr unterschiedlich konzipiert wird; vgl. Petersen/ Roy 1985, 50.

[280] Vgl. Donahue 1985, 400f und Spilka et al. 1985, 18f u. 44f.

[281] Allport/ Ross 1967, 434/1.

[282] Vgl. die Zusammenfassung im "review" von Donahue 1985, 401. Die extrinsische Religiosität kann auch auf dem Hintergrund der "defensiv-protektiven Tradition" der Religionspsychologie (vgl. Spilka 1985, 12ff) oder mit der scholastischen Unterscheidung als fides quae creditur in Abgrenzung zur fides qua verstanden werden.

[283] Die vierfache Typologie kennt neben der extrinsischen und intrinsischen Kategorie auch eine "indiscriminately proreligious" und eine "indiscriminately antireligious" Kategorie (vgl. Donahue 1985, 401 u. 408ff).

[284] Vgl. Pargament et al. 1990, 794, Petersen/ Roy 1985, 50.

empirischer Studien zur Bewältigung von Vätern und Müttern geistig behinderter Kinder zu, die einzelne religiösen Variable einbeziehen[285] bzw. in ihren Untersuchungen auf die Relevanz religiöser Zusammenhänge stoßen[286].

Angesichts dieser Forschungslage verstärken sich in der Religionspsychologie die Bemühungen um und Forderungen nach einer *Spezifikation der Religion im Copingprozess*. Aktuelle religionspsychologische Resultate legen sachgemäßere, theoretisch gründlicher fundierte Konzeptionen von Religiosität nahe, die auf die interdisziplinäre Frage nach dem Wesen der Religion, des Gebets, des Glaubens etc. zielen[287] und eine Vielzahl zusätzlicher Detailuntersuchungen und Differenzierungen notwendig machen[288].

In der hier vorliegenden empirischen Studie wird dieser religionspsychologischen Zielsetzung durch eine Einschränkung des Gegenstandes auf ein *spezifisches Ereignis* (Diagnose Down-Syndrom), einen *spezifischen Copingfaktor* (Deutung) und einen *spezifischen Deutungsagenten* (Weltanschauungszentrum bzw. Gott) entsprochen.

---

[285] Afflek et al. 1991, Dyson 1993, Gallimore et al. 1993, Kravetz et al. 1993, Petersen 1984, Sloper et al. 1991 etc. und selbst Leyser/ Dekel 1991, die sehr religiöse, jüdisch orthodoxe Familien in Jerusalem untersuchten (!), klammerten die religiöse Dimension bei ihren Untersuchungen (Coping der Eltern und Kind mit Behinderung) völlig aus. Meinicke 1993 in ihrer Untersuchung zur Rolle der persönlichen (inklusiv religiösen) Orientierung und Lang 1999 stellen hier bemerkenswerte Ausnahmen dar. Eine CD-ROM-Suche im Jahr 1995 in den psychologischen Datenbanken von ERIC und PSYCHLIT mit den Stichworten Down-Syndrom und relig* bzw. God, why, meaning, perception konnte keine Veröffentlichungen ausfindig machen und eine Suche im Jahr 2000 in denselben, aktualisierten Datenbanken erbrachte unter der Suchkombination „mental retardation and parents and religion bzw. definition" zwei Veröffentlichungen. Bei „mental retardation and parents and coping" waren es dagegen 29.

[286] Abbott/ Meredith 1986, bes. 373 kommen aufgrund einer offenen Frage zu dem Ergebnis, dass 42% der Eltern behinderter Kinder von ihrem religiösen Glauben, bzw. ihrer Kirche bedeutende Unterstützung (important support) erhielten.

[287] Vgl. Pargament et al. 1990, 794. An dieser Stelle bietet sich ein interessanter Anknüpfungspunkt für einen Dialog zwischen Religionspsychologie und Theologie bzw. Religionswissenschaft.

[288] Pargament et al. 1990, 796 trifft die hilfreiche Unterscheidung von Religion als einem Element unterschiedlicher Copingfaktoren (1), als einem Wirkfaktor (contributor) (2) und als einem Produkt des Copingprozesses.

3.2.2 Religion und Deutung

Spilka/ Hood/ Gorsuch (1985) haben als erste einen attributionalen Theorieansatz (attributional approach) in der Religionspsychologie eingeführt. Sie trugen damit der seit einem Jahrzehnt zwar kaum, jedoch allmählich zunehmend realisierten Bedeutung der Attributionstheorie in ihrer Disziplin Rechnung.

Was trägt Religion für die Deutung aus?
Religionspsychologen erkennen die Bedeutung, die ein Anschauungssystem für Deutung und Coping hat, klarer als ihre Kolleg/en/innen in der Sozialpsychologie. Religion wird als eine *spezifische Form der Anschauung* wahrgenommen und als "framework for understanding" (Pargament/ Hahn 1986, 193), "provision of a theodicy or explanation" (Cook/ Wimberley 1983, 223) oder als "prime example of belief system" (McIntosh 1993, 813) verstanden. Sie wird als ein "kognitives Schema "konzipiert, das als eine Organisationsstruktur der Erfahrung die Assimilation und Verarbeitung von Informationen beschleunigen und auf die Verhaltensregulierung Einfluss nehmen kann[289].

Eine herausragende Funktion des Kognitionsschemas Religion wird in ihrer Eigenschaft gesehen, Fragen beantworten zu können, die ansonsten unbeantwortet blieben[290]. Diese *ätiologische, kausalattributive Funktion der Religion* wird auch in der allgemeinen Attributionsforschung zur Kenntnis genommen. Dagegen ist *die implikative, sinnstiftende Funktion* überwiegend in religionspsychologischen Studien von theoretischer und empirischer Bedeutung. Dort wird vielfach davon ausgegangen, dass Sinn (meaning) eines der drei großen Themen der Krisenbewältigung ist[291] und religiöse Anschauungssysteme in besonderer Weise Sinnstiftung in einer kritischen Lebenssituation vermitteln können[292].

Wann werden reliöse Deutungen vorgenommen?
Eine Anzahl von empirischen Untersuchungen berichten, dass nach Sinn und *Erklärungen oft während Krisen* gesucht wird[293].
Die paper-pencil Studie von Schaefer/ Gorsuch (1993, bes. 146) mit protestantischen Respondenten legt nahe, dass bei perzeptierten Situationen auf hohem Stressniveau die Deutungen weniger auf die Aktivität des Subjekts (intern) und stärker auf Gott (extern) gerichtet waren.

---

[289] Vgl. McIntosh et al. 1993, 813/1 und die dort angeführten Literaturverweise.
[290] So Lupfer 1992, 487 und Cook/ Wimberley 1983, 223; vgl. auch Friedrich et al. 1988, 40.
[291] Sinn als zentrales Thema des Copings wurde zuerst 1983 von Taylor vertreten; vgl. dazu Rothbaum et al. 1982 und McIntosh et al. 1993, 813/2 und die entsprechenden Verweise.
[292] Siehe Cook/ Wimberley 1983, 223, McIntosh 1993, 812 und sechs weitere Literaturverweise S. 813/2. Vgl. auch McCubbin/ Patterson 1982, 36: „religion and/ or religious beliefs enable these families to ascribe an acceptable meaning to their situation" und ebd. S. 37: „The factors associated with the family's perceptions were their a) religious beliefs and b) ability to redefine ...".
[293] So McIntosh 1992, 813/2 (mit vier Literaturverweisen).

Dieser Befund stimmt mit Maton (1989) überein, dessen Resultat die stressreduzierende Funktion der Religion (hier: perceived support from God) in stressreichen Lebenssituationen im Vergleich zu stressarmen als proportional höher nachweist.

Loewenthal/ Cornwall (1993, 42) unterschieden drei Typen von kritischen Lebensereignissen und stellten fest, dass religiöse Respondenten Kausalzuschreibungen an Gott bei gesundheitsbezogenen *(health related) Ereignissen (Tod, Krankheit, Behinderung) signifikant häufiger treffen* als bei berufs- bzw. finanzbezogenen und beziehungsbezogenen Ereignissen. Zugleich wurde deutlich, dass die säkularen Kausalzuschreibungen von religiösen Respondenten nicht weniger häufig genannt wurden als von nicht-religiösen Respondenten. Es stellt sich somit die Frage nach dem quantitativen Verhältnis von religiösen und kausalen Deutungen.

Wann deuten Menschen religiös, wann säkular?

Spilka/ Shaver/ Kirkpatrick (1985c) setzen für religiöse *Personen zwei suffiziente Deutungssysteme* voraus: ein profanes und ein religiöses. In ihrer "psychological availability"-Hypothese stellen sie *vier formale Kriterien* für den Entscheidungsprozess auf, wann welches Deutungssystem verfügbar ist und zur Anwendung kommt:

Eine Person hat (1.) eine allgemeine Prädisposition (vgl. $B_{1\ sbj}$.), die sich in einem Verfügbarkeitsniveau (availability level) für die Anwendung ihres profanen oder säkularen Deutungssystems ausdrückt und durch (2.) den Kontext der Person (vgl. B) modifiziert wird. Auf dieser Basis evaluiert die deutende Person (attributor) in einer primären Einschätzung (3.) die Natur des Ereignisses (vgl. A) in Verbindung mit der sekundären Einschätzung (4.) des Ereigniskontextes (vgl. B).

Stellt das prädominante Anschauungssystem eine befriedigende Erklärung bzw. Einschätzung zur Verfügung, wird die Deutung von seiner Art sein; in dem Maße, in dem diese Bedürfnisbefriedigung nicht gelingt, wird sich die deutende Person einem anderen System zuwenden[294]. **Das profane Deutungssystem ist i. d. R. prädominant**[295].

Die Ergebnisse von Lupfer et al (1992, 501) legen nahe, dass es sich bei säkularen und religiösen Anschauungssystemen um "*multiple necessary schemata* rather than multiple sufficient schemata" handelt; es muss die Interdependenz beider Systeme angenommen werden, die z. B. auch eine direkte Verbindung und Abhängigkeit von proximal-säkularen und distal-religiösen Deutungen innerhalb derselben Kausalkette einschließen kann.

---

[294] Siehe Spilka et al. 1985, 9. Vgl. Lupfer et al. 1992, 487f.
[295] Vgl. Lupfer et al. 1992, 488; bei Kausalattributionen von alltäglichem Verhalten (everyday behavior) haben fast alle Respondenten profane Deutungen vorgezogen (S. 498) und zwar in ca. 90% aller Fälle (S. 500); bei non-normativen, kritischen Ereignissen dürfte das Ergebnis anders ausfallen (s.o.). Die Häufigkeit der religiösen Attributionen korrelierte - wie zu erwarten war - positiv mit der Verpflichtung zum traditionellen Christentum (S. 489).

Welche religiösen Aspekte fördern Sinnfindung ?
Religionspsychologische Resultate weisen darauf hin, dass *mehrere verschiedene religiöse Aspekte* zur Sinnstiftung im Deutungs- und Copingprozess positiv beitragen können[296]. Doch nur wenige Variablen wurden daraufhin genauer untersucht.
Nach McIntosh et al. (1993) nahm der Sinn, den Eltern in dem plötzlichen Tod ihres Kindes finden konnten, mit der Häufigkeit ihres *Kirchenbesuchs* (participation) und der Relevanz, die sie ihrer Religion für ihr Leben beimaßen (importance) zu[297]. Partizipation erwies sich in zahlreichen anderen Studien (doch nicht ausnahmslos) als "consistent predictor of life satisfaction", korrelierte aber nicht immer positiv mit Sinnfindung[298]. Auch *Relevanz* konnte als ein zuverlässiger Prädiktor für Sinn weiter bestätigt werden[299].

Dieser dünne empirische Befund macht, wie McIntosh (1993, 820) betont, weitere detaillierte Untersuchungen von Teilaspekten der kognitiven Struktur religiöser und säkularer Anschauungssysteme erforderlich. Erste Versuche einer Differenzierung der nach Inhalt und Funktion stark divergierenden Deutungssysteme[300] wurden bereits oben im Bereich der kausalen Zuschreibungen an Gott und Gottesvorstellung unternommen[301].

3.2.3 Religiöse Deutung und Gottesbild

Gott wird in der Fachliteratur als *einer von fünf Hauptverursachern* (causal agents) von (kritischen) Ereignissen genannt, auf die Personen ihre kausale Deutung richten[302].
Im Kontext der Attributionsforschung "researchers have generally examined God as a single dimension"[303]. Gott ist jedoch nicht nur ein Adressat von Kausalattributionen, sondern zugleich das (bzw. ein) *Wert- und Machtzentrum* des Anschauungssystems eines religiösen Individuums[304].

---

[296] Vgl. Chamberlain/ Zika 1988, McIntosh et al. 1993, bes. S. 817, Petersen/ Roy 1985, bes. S. 56, Tebbi et al. 1987.

[297] Vgl. McIntosh et al. 1993, 816. Sinn wurde mit der Frage gemessen: "Have you made any sense or found any meaning in your baby's death?", Partizipation mit: "How often do you attend religious services?", Relevanz mit: "How important is religion in your life?". Die Variablen wurden auf einer 5-Punkte Likert-Skala erhoben (S. 815).

[298] Pargament et al. 1985, 411; vgl. auch S. 412. Petersen/ Roy 1985, 55f konnten keine Korrelation von Lebenssinn und Partizipation feststellen.

[299] Petersen/ Roy 1985 stellten einen signifikanten Effekt von "religious salience" (vgl. die Roof-Skala S. 61f) auf "meaning and purpose" fest.

[300] Vgl. Ryan et al. 1993, 586.

[301] Siehe oben unter A, 2.2.3.2.

[302] Pargement/ Hahn 1986, 194 nennt in Anlehnung an Levenson und Kopplin die kausalen Agenten "self, chance, others, natural forces, and God".

[303] Pargament, Hahn, 1986, 194; vgl. die dort angegebenen Studien.

[304] Die Kausalattribution an Gott und das Gottesbild einer Person hängen systematisch zusammen; vgl. Furnham/ Brown 1992, 39, sowie unsere hermeneutische Basishypothese oben Teil A, unter 3.1.1.

Als ein zentraler Orientierungspunkt der persönlichen Lebensanschauung ist das Bild von Gott *kultur- und sozialisationsabhängig* und weist, wie einzelne religionspsychologische Publikationen bestätigen, eine so große Variationsbreite auf, dass von der Tatsache der Gottesvorstellung nicht auf spezifische Inhalte geschlossen werden kann[305]. Ebensowenig kann die kaum zu bezweifelnde Auswirkung der Gottesvorstellung auf die primäre und sekundäre Einschätzung[306] unabhängig von der Qualität dieser Vorstellungen prognostiziert werden. Je nach *Art des persönlichen Gottesbildes*, respektive des Kontexts, wird es Stress erzeugen oder reduzieren, zur Kraftquelle oder zur Fessel im Copingprozess werden[307].

Empirische Ergebnisse zeigen z. B., dass Attributionen an einen liebenden und einen mysteriösen Gott mit positiver Anpassung verbunden sind, dagegen die Vorstellung, ein strafender Gott habe eine Situation herbeigeführt, mit negativer Anpassung korreliert[308]. Neben den drei Gottesbildern, strafender, liebender, mysteriöser Gott, wird in der religionspsychologischen Literatur auch der nicht-intervenierende (apathische) Gott genannt[309].

Diese Gottesbilder werden in der psychologischen Copingliteratur m. E. *nirgendwo eigens zum Thema gemacht*, theoretisch reflektiert, konzeptionalisiert oder empirisch untersucht. Sie bleiben mehr oder weniger ein Reflex von Kausalattribution, wie sich z. B. am Duktus folgender Passage zeigen lässt: "For instance, differing views of God can lead to different appraisals of situations. Life events can be viewed as a reward from a loving God, punishment from an angry God ...". Hathaway/ Pargament (1991, 75) beenden diese Aufzählung mit der Attribution "and as an opportunity or challenge for growth", für die sie keine eigene Gottesbeziehung nennen bzw. haben. So wenig die *Anschauungssysteme* von Personen zum theoretischen und empirischen Gegenstand gemacht werden, so wenig werden auch ihre *Ausrichtungszentren*, wie z. B. die Gottesvorstellung selbst, thematisiert. Um dies tun zu können, wäre eine theoretische Auseinandersetzung mit den Traditionen nötig, die zur Internalisierung und Sozialisierung solcher Vorstellungen führen. Eine Konzeptionalisierung von Anschauungszentren müsste auch aus christlich-theologischen, philosophischen, islamischen (etc.) Denktraditionen heraus entwickelt werden und wäre auf einen interdisziplinären Dialog angewiesen.

Jenseits einer theoretischen Konzeption von Gottesbildern sind *zwei religionspsychologische Ansätze* erwähnenswert, die in einem mittelbaren Bezug zum Gottesverständnis stehen.

Zum einen konnten Pargament et al. (1988) in ihrer Studie *drei Stile des Copings* nachweisen (S. 95f), die sich bezüglich der Beziehungen von Gott und Individuum

---

[305] Vgl. Fisher 1993, 83f, Pargament/ Hahn 1986, 194.
[306] Hathaway/ Pargament 1991, 74ff macht diesen Gott-Einschätzung-Zusammenhang theoretisch plausibel, liefert aber keine empirischen Belege.
[307] Vgl. Hathaway/ Pargament 1991, 81.
[308] Vgl. Cook/ Wimbley 1983, sowie Hathaway/ Pargament 1991, 76 und die dort angegebene Literatur.
[309] Vgl. Hathaway/ Pargament 1991, 75.

unterscheiden (S. 91f): Coping als Problemlösung wird ermöglicht 1. durch die eigene Person aufgrund der von Gott verliehenen Freiheit (self-directing style) 2. durch aktiven Austausch (collaborative style) und 3. durch Gott selbst (deferring style). In Übereinstimmung mit der jüdisch-christlichen Tradition korrelierte die Messung von Religion (insbesondere Häufigkeit des Gebets und Relevanz) stärker mit dem zweiten, kollaborativen Stil als mit dem dritten Stil (S.98). Die Ergebnisse ergaben u. a. eine signifikante Interkorrelation aller drei Copingstile, so dass angenommen wird, dass Personen in unterschiedlichen Situationen unterschiedliche Bewältigungsstile benutzen. Es wird davon ausgegangen, dass der selbst-direktive Stil bei kontrollierbaren, der "deferring style" *bei unkontrollierbaren Ereignissen* hilfreicher ist, insgesamt aber der kollaborative Copingstil anzustreben sei (S. 102).

Zum anderen haben Rothbaum et al. (1982) den Versuch unternommen, die Vorzüge von *vier Formen der "passiven", sekundären Kontrolle* gegenüber klinischen Ansätzen wie z. B. der "Theorie der gelernten Hilflosigkeit"[310] geltend zu machen. Die sekundäre Kontrolle, die in der Veränderung der Person resultiert (Changing the Self), wird der primären Kontrolle, die eine Veränderung der Situation anstrebt (Changing the World), in ihrer Bedeutung im Copingprozess gleichgestellt. So können Attributionen, (1.) die keine primären Handlungsmöglichkeiten einräumen (deferring style), in Form einer *prädiktiven Kontrolle* vor unerfüllbaren Erwartungen und Enttäuschungen schützen. Attributionen, (2.) die in einem Ereignis Zufall oder Schicksal sehen, können zwar in die Passivität führen, aber in Form einer *illusorischen Kontrolle* Energien erhalten, die für den intrapersonalen Bewältigungsprozess eingesetzt werden können. Attributionen, (3.) die auf ein mächtiges Gegenüber gerichtet sind, können zwar Unterwerfung gegenüber einem Gott etc. implizieren, in Form einer *stellvertretenden Kontrolle* (vicarious control) aber auch die Teilhabe an ihrer Kraft ermöglichen. Alle diese Attributionen, (4.) können eine *interpretative Kontrolle* ermöglichen, durch die betroffene Personen Erklärungen und Sinn für ansonsten unkontrollierbare Ereignisse gewinnen[311].

Abschließend werden auf der Basis dieser Resultate folgende *religionspsychologischen Grundannahmen* zum kritischen Ereignis „Diagnose Down-Syndrom" aufgestellt:

1. Da es sich bei der Diagnose Down-Syndrom um ein non-normatives, "gesundheitsbezogenes", unvorhersehbares, unkontrollierbares, unerklärbares und irreversibles Ereignis handelt, werden *religiöse Deutungen* in kausaler und evaluativer Form *überproportional häufig* vorgenommen.

1.1. Bei der Deutung des Ereignisses „Diagnose Down-Syndrom" erhöht sich das Verfügbarkeitsniveau des religiösen Anschauungssystems und wird nicht selten auch prädominant.

---

[310] Vgl. Brunstein 1988b, 115-128.
[311] So Rothbaum et al. 1982, 5 und 12ff; vgl. Afflek et al. 1991, 72ff. Zum positiven Verhältnis von religiöser Anschauung und Copingaktivität vgl. DeVellis et al. 1988, 193-195.

1.2. So ist Religiosität beim Ereignis „Diagnose Down-Syndrom" nicht nur ein Element und ein Wirkfaktor im Copingprozess, sondern auch ein Resultat des Copingprozesses.
1.3. Das Anschauungssystem der Eltern von Kindern mit Down-Syndrom zeigt im Verlauf des Copingprozesses die religiöse Tendenz zur Ausrichtung auf ein einziges (theistisches, deistisches oder immanentes) Anschauungszentrum.

2. Da es sich bei religiösen Deutungen (i. d. R.) um Vorgänge mit stressreduzierender und depressionshemmender Wirkung handelt, die bei unkontrollierbaren und unerklärbaren Ereignissen zunimmt, können sie den Bewältigungsprozess bei Eltern von Kindern mit Down-Syndrom begünstigen.

2.1. Religiöse Anschauungssysteme können Deutungsmöglichkeiten bereitstellen, die dazu beitragen, die Rätselhaftigkeit und Unerklärbarkeit der „Diagnose Down-Syndrom" in Sinn und Bedeutung zu verwandeln.
2.2. Die Wirkungsrichtung und -intensität der religiösen Deutung auf den Copingprozess wird durch die Beschaffenheit des individuellen, religiösen Anschauungssystems, insbesondere ihres Ausrichtungszentrums, bestimmt.
2.3. Die spezifischen Art der Gottesvorstellung - als *das* Ausrichtungszentrum einer persönlichen Anschauung schlechthin - prägt die individuelle Art der Deutung und bestimmt die Tendenz zur Bonadaption oder Maladaption.

Schlussbemerkung
Zum einen kann die religionspsychologische Forschung aus ihrer vermeintlich neutralen, wissenschaftlichen Außenperspektive die Wirkung der religiösen Anschauung im Coping- und Deutungsprozess erhellen. Vielfach ist sie in der Lage, die erklärende und sinnstiftende Kraft der Religion empirisch nachzuweisen und beschwört dort die ätiologische und implikative Funktion der Religion, wo Aufklärung und Säkularität an ihre Grenzen stoßen. Religion wird religionspsychologisch oder soziologisch *funktionalisiert* und mit Vorliebe auf Kontingenzbewältigung *reduziert*. Religion soll mit der metaphysischen Hilfe eines Notfall-Gottes (God of the gaps[312]) bewältigen, was technologisch nicht mehr zu bewältigen ist[313].
Zum anderen wird in der Religionspsychologie zunehmend realisiert, *dass die Wirksamkeit der Religion von ihrer individuellen Ausprägungform abhängig ist*. Die Funktion der religiösen Deutung kann nur dann angemessen verstanden und beschrieben werden, wenn sie aus der *Innenperspektive*[314] des religiösen Anschauungssystems

---

[312] Die in der defensiv-protektiven Tradition der Religionspsychologie häufig anzutreffende "God of the gaps"-Hypothese besagt, dass Gott nur dann verantwortlich gemacht wird, wenn keine andere Ursache (causal agent) verfügbar ist. Sie konnte durch Gorsuch/ Smith (1983) für Menschen, die Gott nahe stehen (Near to God) nicht, für andere geringfügig bestätigt werden.
[313] Vgl. Peukert 1982, 80-86, Spilka et al. 1985a, 12-14.
[314] Spilka et al. 1985, 4f unterscheidet eine "Outside"- und eine "Inside"-Perspektive. Kriterium seiner Differenzierung ist die kollektive/ institutionelle versus individuelle Sicht. Mit Innenperspektive soll hier ein weiteres gemeint sein: Nicht allein eine Perspektive vom Individuum aus, sondern auch eine anschauungsgemäße Perspektive, die der (z. B. transzendentalen bzw. metaphysischen) Hermeneutik des einzelnen gerecht wird, anstatt sie durch wissenschaftliche Anschauung (positivistisch) zu überformen. Dies kann nur von einer standortbezogenen, religiösen Reflexion geleistet werden.

eines Individuums betrachtet wird und das Wesen der Religiosität in den Blick kommt.

3.3 Theologie und lebensanschaulich-religiöse Deutung

Sollen Menschen in den Grenzfragen ihres Lebens, in ihrer nach Antwort ringenden Ratlosigkeit und ihrer existenziellen Erklärungs- und Sinnsuche nicht allein gelassen, sondern vielmehr mit Hilfe einer wissenschaftlichen Theorie verständnisvoll begleitet werden, wird es nötig, ihre subjektiven, religiösen Ansichten von ihrer Binnenstruktur her, ihrem religiösen Wesen aus zu verstehen. Eine unverzichtbare *Verstehens- und Verständigungshilfe für religiöse Deutungen* innerhalb der westlichen Kultur ist die theologische Wissenschaft, angesichts unserer interreligiös und interkulturell geprägten Gesellschaft aber auch die Religionswissenschaft, Religionsphilosophie und die geistesgeschichtliche Tradition unterschiedlicher Religionen.

Eine *Aufgabe der Theologie* ist es, existenzielle Fragen und Probleme, mit denen der Mensch in den Grenzsituationen des Lebens konfrontiert wird, im Horizont des christlichen Glaubens zu reflektieren und vielfältige Antwortmöglichkeiten systematisch zu entwickeln. Die *systematische Theologie* versucht u. a., Erfahrungen von Negativität, Leid und Enttäuschung auf den umfassenden christlichen Sinnhorizont hin zu ordnen. Insofern ist sie eine wissenschaftliche Theorie religiöser Deutungen. Die Stärke dieser Theologie ist zugleich ihre Schwäche. Denn allzu leicht läuft und lief sie *Gefahr*, alles, selbst die Sinnlosigkeit, zu deuten, eine allversöhnende Überbeantwortung zu geben und dort zu reden, wo sie besser geschwiegen hätte. Dann tut sie im Stil ihrer griechischen Erbschaft, was von ihr erwartet wird: Für jede Kontingenz ein passendes Angebot einer (kognitiven) Bewältigungsform zu liefern. Die Gefahr, allzu schnelle Antworten auf die Unbegreiflichkeit des Übels in der Welt oder des Vorhandenseins von Behinderung zu geben, ist in der Theologie insbesondere bei der Theodizeefrage vorhanden.

3.3.1 Theologische Deutung: Theodizee und Sinnfrage

Das uralte Problem von Gottesfrage und Übel wurde von dem antiken Philosophen Epikur (341-270 v.Chr.) zuerst logisch zwingend formuliert und von Leibniz 1693 in Anschluss an Römer 3,5 als Theodizee bezeichnet[315].

Die reiche geisteswissenschaftliche Tradition dieser Problemstellung vernachlässigend, konzentrieren wir uns auf die theologische *Kernfrage der Theodizee*: Wie kann Gottes Güte und Macht angesichts des Übels in der Welt gerechtfertigt werden? Das Anliegen der Theologie war von alters her, das Trilemma der Koexistenz von göttlicher Güte, göttlicher Allmacht und weltlichem Übel so zu lösen, dass die Existenz eines omnipotenten, liebenden Gottes gedanklich aufrechterhalten werden konnte.

Die *Antworten der Theologie* auf die Theodizeefrage als Rechtfertigung Gottes (enger Theodizeebegriff) waren vielfach eindeutig und klar, konnten aber dennoch - oder gerade darum - nicht verhindern, dass der Skandal des Übels zum "Fels des

---

[315] Vgl. Häring 1988, 1235f.

Atheismus" (Büchner) wurde[316]. Das *Problem der Theodizee* ist umfassender geworden. Heute wird nicht nur gefragt: "Wo ist die Güte, wo ist die Allmacht Gottes?"; die Frage wird radikaler gestellt: "Wo ist Gott?" (erweiterter Theodizeebegriff[317]). Unter Theodizee soll hier im Sinne des weiten Begriffsverständnisses die Be- oder Hinterfragung eines transzendenten Anschauungszentrums (vgl. Tillich) angesichts der Erfahrung von Negation verstanden werden, die auch die Möglichkeit der Nichtexistenz Gottes einschließt[318].

"Wo war Gott in Auschwitz?" ist die schärfste Form, die Theodizeefrage zu stellen. Die unvergleichlich grausame Zuspitzung des Bösen in den Vernichtungslagern spottet jeder Sinngebung und macht jeden weiteren Versuch einer Rechtfertigung Gottes unerträglich[319]. Dies wurde in der Nachkriegszeit trotz einer "erstaunlichen Verblüffungsfestigkeit" (Metz 1990, 103) auch in der Theologie allmählich erkannt. Antworten kommen heute stockender von ihren Lippen. Spätestens "nach Auschwitz" ist das augustinische Paradigma von der Erbsündenlehre, das den Menschen für das Böse (malum morale), das Leiden (malum physicum)[320] und die Endlichkeit (malum metaphysicum) allein verantwortlich machte, endgültig zerbrochen. Infolgedessen geriet auch die unhinterfragbare Prämisse der Güte und der Allmacht Gottes ins Wanken und mit ihr die Vorstellung von einer sinnhaft geordneten Welt.

Die theologische Antworten auf das Theodizeeproblem sind offener, das Übel geheimnisvoller und rätselhafter denn je geworden. *Eine* theologische Reaktion auf das Dilemma von Auschwitz zielte auf die *Infragestellung des überkommenen Gottesbegriffs*[321]. Das Postulat der Allmacht, nicht aber der Güte Gottes wurde zugunsten des Mitleidens und der Solidarität Gottes aufgegeben und die Rechtfertigung Gottes erfuhr in unterschiedlichen theologischen Ansätzen eine vorherrschend christologische Wendung[322]. Auch der Verzicht auf das Allmachtpostulat bietet *keine Erklärung oder Lösung des Theodizeeproblems*. Dieser Anspruch wird von keinem theologischen Entwurf erhoben. Erwartungen an eine metaphysische "God of the gaps"- Lösung des Unlösbaren werden von der Theologie enttäuscht und kausaltheologische Deutungen unmöglich gemacht. Das Leiden lässt sich durch den christlichen Glauben, in Übereinstimmung mit den Aussagen des Neuen Testaments, nicht erklären, auch

---

[316] Vgl. Brantschen 1980, 9. Zu Büchner siehe Dantons Tod, 3. Akt.

[317] Der Theodizeebegriff hat auch außerhalb der Theologie eine große Ausweitung erfahren. In der Religionspsychologie verwenden Cook/ Wimberley 1983, 287 Theodizee im allgemeinen Sinne einer Erklärungsform von Negationserfahrung (type of explanation).

[318] Diese Definition lehnt sich an van der Ven (1989a, 6 und 1990, 197) an. Unter Kosmodizee soll in analoger Weise der Bezug auf ein immanentes Anschauungszentrum verstanden werden.

[319] Vgl. Sparn 1990, 700ff und H. Jonas 1987, 13.

[320] Vgl. Brantschen et al. 1980, 9. Die Unterscheidung malum morale und malum physicum geht auf Augustinus (Contra Adimantum , PK 42, 169) zurück, Leibniz fügt das malum metaphysicum hinzu.

[321] Vgl. H.Jonas 1987, bes. 9.

[322] Vgl. Sparn 1990, 701f, Schuchardt 1993, 119-136, bes. 137, H.Jonas 1987, 37ff. Christologische bzw. trinitätstheologische Zugänge zum Theodizeeproblem wurden von Hans Küng, Jürgen Moltmann, Eberhard Jüngel, Dorothee Sölle u. a. unternommen.

nicht verstehen, sondern allein im Vertrauen auf Gottes Gegenwart und Zukunft *bestehen*[323].

Die Theologie zählt seit den 20er Jahren, spätestens aber "nach Auschwitz" zur Theodizee auch die Kritik der Theodizee, ohne sich dadurch schon der Gefahren einer "unangemessenen Überbeantwortung" (Metz) entledigen zu können[324]. "An die Stelle der Theodizee tritt programmatisch die radikale *Teilnahme* der Theologie an der *Situation des modernen Menschen*"[325]. Der Wegfall eines umfassenden metaphysischen Deutungssystems hat nicht dazu geführt, dass der Anspruch des modernen Menschen auf Erklärung und Sinn bescheidener geworden wäre[326].

Mit der Brüchigkeit der christlichen Tradition ist dem modernen Menschen auch die selbstverständliche Vorstellung eines allmächtigen, die Geschicke der Welt lenkenden Gottes verloren gegangen. Dieser Verlust bringt dem immanent denkenden Menschen, der sich mit einem ungerechten Schicksal konfrontiert sieht, einerseits den Vorzug einer kognitiven Entlastung. Denn ihm drängt sich die unlösbare Theodizeefrage nun nicht mehr unmittelbar auf. Andererseits führt das Verlöschen von vorgegebenen Sinnhorizonten zur Dramatisierung der Sinnfrage, weil sie durch persönliche Anschauungsleistungen kompensiert werde müssen. Als Sinnkrise ist sie zu einem kulturellen Phänomen geworden, das für die Bewältigung kritischer Lebensereignisse eine zusätzliche Belastung darstellt. Die Frage nach dem Sinn des Lebens ist heute eine von vier großen religiösen Glaubens- und Anschauungsfragen geworden, die sich Menschen im Unterschied zur Gottesfrage auch losgelöst von metaphysischen Traditionszusammenhängen stellen[327].

Der Verlust des Weltzusammenhangs versagt dem modernen Menschen, auf a priori vorgegebenen Sinnsysteme zurückgreifen zu können. Ihm ist die Last aufgegeben, Sinn a posteriori erzeugen zu müssen. Er kann sich im Deutungsprozess nicht mit der Sinnfindung eines „gegebenen" Sinnes begnügen, sondern *muss die Sinngebung selbst leisten*[328].

Mit der neuzeitlichen Gewichtsverschiebung von der Sinnfindung zur Sinngebung vollzog sich zugleich die Bedeutungserweiterung des Sinnbegriffs. Das Grimm'sche Wörterbuch zeigt, dass der heute ausgedehnte Gebrauch des Wortes erst neueren Datums ist. Die elementare Bedeutung war ursprünglich auf die Gerichtetheit der

---

[323] Vgl. z. B. Küng 1974, 25.

[324] Metz 1990, 117; Metz hinterfragt, ob die christologischen Antworten vom "leidenden Gott" (Leiden in Gott) nicht eine "sublime Verdoppelung" und eine "heimliche Ästhetisierung des Leidens" erzeugen und stellt ihnen die eschatologische Rückfrage an Gott (Leiden an Gott) gegenüber.

[325] Sparn 1980, 249.

[326] Vgl. Sparn 1980, 247.

[327] Zu diesem Ergebnis kommt Nipkow in einer qualitativen Analyse von 1236 Texten württembergischer Berufsschüler; vgl. Nipkow 1988a, bes. 46f u.51 und ders. 1988b, 52-60. Neben der Theodizeefrage sind es die religiösen Fragen nach dem Sinn des Lebens, nach dem Tod und nach der Existenz Gottes.

[328] Vgl. Sauter 1982, 39-70. Der Autor analysiert das soziologische Sinnkonzept bei Luhmann und Berger als eine Reduktion auf den Handlungssinn, die den Menschen nicht selten überfordert.

Wahrnehmung der menschlichen Sinnesorgane bezogen. Gemäß des althochdeutschen „sinnan" *eine Fährte suchen* oder des lateinischen „sentire" *einer Richtung nachgehen* konnte von Sinn gesprochen werden, wenn einer Wahrnehmung eine bestimmte Ausrichtung bzw. Orientierung gegeben wurde, wenn also ein Phänomen zielgerichtet gedeutet wurde[329].

Heute dagegen bezeichnet das „semantische Chamäleon"[330] der Kategorie Sinn neben der Sinneswahrnehmung u. a. Sinn als Bedeutung, Zweck, Wert und auch den Lebens- bzw. Daseinssinn[331]. Die Sinnfrage steht damit in einer umfassenden Bedeutungsvielfalt und sollte nicht auf einen Teilaspekt reduziert werden.

Die Sinnfrage wird nicht nur in der finalen Suche nach dem Zweck als Wozufrage formuliert. Sie kehrt ebenso in dem nach einem übergreifenden Zusammenhang fragenden Warum wieder. Nach Sinn suchen z. B. Eltern von Kindern mit Down-Syndrom, wenn sich ihnen die Fragen stellen: Warum die Behinderung, warum das "Leiden" meines Kindes (malum physicum)?[332]; warum die negativen, lebens- und behindertenfeindlichen Haltungen von Mitmensch und Gesellschaft (malum morale)?

Die Frage nach dem Sinn wird gerade dann aufgeworfen, wenn etwas als unbegreiflich, beziehungslos und abgründig erscheint und die Herkunft, das Wesen und die Zukunft dieses Phänomens innerhalb der Lebensanschauung verortet werden soll[333]. Sie kann darum in Gestalt jeder der vier aristotelischen Grundfragen auftreten. Nicht nur das Wozu, auch das Warum, Woraus und Wodurch können zu Fragepronomen der Sinndeutung von Leiderfahrung werden.

Zugleich ist zu betonen, dass sich Sinnverwirklichung nicht nur in einem kognitiven Frage- und Antwortprozess vollzieht, sondern ebenso in einer emotionalen und konativen Dimension. Sinn wird auch dort hergestellt, wo ein Mensch mit seiner Schaffenskraft in kreativer, schöpferischer oder erhaltender Weise *produktiv* eine Aufgabe verwirklicht und ebenso dort, wo er *rezeptiv* einen anderen Menschen, die Natur oder etwa die Kunst auf sich wirken lässt[334].

Die Sinndeutung richtet sich damit sowohl auf die produktive, rezeptive als auch rein kognitive Form der Sinnfindung bzw. -gebung. Um die letztgenannte Form, sogar in Gestalt einer metakognitiven Ausprägung, handelt es sich bei der Rechtfertigung Gottes angesichts der ungerechtfertigten Leiderfahrung.

Das Problem der Theodizee und der Sinngebung des Leidens ist in unserer Zeit *dunkler*, aber auch *aktueller* geworden. Zugleich haben theologische Zugänge zur

---

[329] Vgl. Sauter 1982, 12f und Duden 1997, 675.

[330] Kurz 1991, 10.

[331] Vgl. die zehn verschiedenen Sinn-Verständnisse bei Kurz/ Sedlak 1995, 101-108.

[332] An dieser Stelle entsteht eine "semantische Schwierigkeit" (Schuchardt 1993, 125). Die meisten Theologen bezeichnen Behinderung als ein Leiden. Dies muss zu Recht verärgern und aus sonderpädagogischer Sicht als Gedankenlosigkeit angeprangert werden. Denn viele Menschen leiden nicht an ihrer Behinderung, sondern an der Leidzuschreibung und Mitleidsbekundung ihrer Mitmenschen. Leiden wird jedoch hier nicht in seinem medizinisch-physiologischen Sinn verwendet, sondern theologisch-philosophisch als ein Übel der Natur (malum physicum) verstanden.

[333] Vgl. Sauter 1982, 27 und 59 sowie den Subtyp „Herausforderung" der primären Einschätzung bei Lazarus (s. Abb. 7).

[334] Diese drei Dimensionen der Verwirklichung von Sinn lehnen sich an Frankls Konzept der Werteverwirklichung an. Er spricht in ders. 1966, 60f von schöpferischen Werten, Erlebniswerten und Einstellungswerten.

Theodizee und Sinnfrage in der Gegenwart kaum noch Kurswert [335]. Dies dürfte seinen Grund u. a. in einer geschichts- und traditionsgebundenen Wahrnehmungsbegrenzung der Theologie haben, mit der vielfach ein beklagenswerter "Erfahrungsmangel" und "Wirklichkeitsverlust" einhergeht[336].

3.3.2 Empirisch-theologische Deutung und Theodizee (van der Ven)

Zu den Anstrengungen der Theologie, an die religiöse und säkulare *Erfahrung des modernen Menschen* anzuschließen[337], gehört u. a. die Etablierung einer "empirischen Theologie" an zahlreichen praktisch-theologischen Instituten.

Was ist empirische Theologie?
Der Begriff wurde von D. McIntosh mit "Theology as an empirical science" (1919) innerhalb der frühen Schule von Chicago in die Wissenschaft eingeführt, seine theologiegeschichtlichen Wurzeln reichen jedoch bis auf Friedrich *Schleiermacher* zurück, der 1830 unter die historische Theologie das Fach "kirchliche Statistik" aufnahm[338].
Eine empirische Theologie, wie sie in den 70er und 80er Jahren im niederländischen, angelsächsischen und deutschen Sprachraum aus der Subdisziplin "Praktische Theologie" herausgewachsen ist, geht als ein theologisch nicht unumstrittenes Unternehmen[339] über frühere Versuche hinaus, sich der "Erfahrungswelt" bzw. der "sozialkulturellen Lebenswelt" (Drehsen) zu widmen[340].
Empirische Theologie will in wissenschaftstheoretischer Absicht weder angewandte (psychologische, soziologische, pädagogische) Sozialwissenschaft im Sinne einer "rezipierten Empirie" (Bartholomäus) sein, noch eine angewandte (biblische, historische, dogmatische, ethische) Theologie im Sinne einer exekutiven Hilfswissenschaft sein[341]. *Im Dialog* mit den Sozialwissenschaften und den theologische Subdisziplinen[342] behauptet sie als integrativer Bestandteil der Theologie (part and parcel of theology)[343] ihre *Eigenständigkeit*, dokumentiert diese seit 1985 mit der Buchreihe "Theologie en Empirie" sowie seit 1988 mit dem "Journal of Empirical Theology" und drängt auf einen Paradigmenwechsel in der Praktischen Theologie, der wachsende Unterstützung findet[344].

---

[335] Vgl. Schuchardt 1993, 136.
[336] Vgl. Sparn 1980, 266.
[337] Vgl. van der Ven 1984, 102.
[338] Siehe van der Ven 1988a, 284f und 1988b, 13f.
[339] Van der Ven 1984, bes. 103-105 und ders. 1993 setzt sich z. B. in apologetischer Absicht mit Einwänden (theologisch) auseinander.
[340] Die frühen "empirischen" Versuche am Anfang unseres Jahrhunderts sind mit Personen wie Paul Drews, Otto Baumgarten, Friedrich Niebergall, Richard Kabisch verbunden; vgl. Nipkow 1993, 51, Ven 1988a, 284.
[341] Siehe Ven 1988a, 284f und vgl. Nipkow 1993, 50ff.
[342] Vgl. z. B. Fowler 1989, 29-32.
[343] Nipkow 1993, 54.
[344] Siehe dazu Nipkow et al. 1993 und van der Ven/ Ziebertz 1993.

Theodizee in der empirischen Theologie (van der Ven et al.)
Die Theodizee als ein vernachlässigter Aspekt in der Religionspsychologie und von dieser selbst beklagt, wurde von Johannes A. van der Ven und seinen Mitarbeitern an der katholischen Universität Nijmegen in unterschiedlichen Theodizeeprojekten zu einem Gegenstand des empirisch-theologischen Forschungsprogramms RECOMET (Religious Communication in an Empirical Theology) gemacht. Mit Schwerpunkt auf einem Survey-Projekt, das 1984-1989 mit 161 kernkirchlichen Erwachsenen in katholischen Pfarreien durchgeführt wurde, sollen im Folgenden relevante Gesichtspunkte und Ergebnisse zur religiösen Deutung im Copingprozess zur Sprache kommen.

Auch die *Projekte des Theodizeeprogramms* orientierten ihr Forschungsdesign - unter dem Vorzeichen der empirischen Eigenständigkeit und Intradisziplinarität[345] - an einem **empirisch-theologischen Zyklus in fünf Phasen** (und weiteren Teilphasen):
Theologische Problem- und Zielentwicklung (1), Theologische Induktion (2), Theologische Deduktion (3), Empirisch-theologische Überprüfung (4), Theologische Evaluation (5)[346]. Dieser Zyklus spiegelt die Erfahrungsprozesse von Menschen wider und entspricht *den vier interagierenden Erfahrungsaktivitäten* Wahrnehmen (2), Versuchen (3), Erproben (4), Beurteilen (5), Wahrnehmen (2) usw.[347].

Theologische Problem- und Zielentwicklung: Leiden in der Pastorale (1)
In der ersten Phase wurde das Problem und Ziel der empirischen Forschung angesichts der religiösen Praxis vom direkten Objekt (Gott) und indirekten Objekt (Glaube an Gott) der Theologie her bestimmt.
Dies sei an einem *Beispiel* konkretisiert: Als Problem wurde u. a. wahrgenommen, dass Seelsorger kein oder ein nur unzureichendes Bewusstsein von der Theodizee (bzw. Kosmodizee) ihrer Gemeindeglieder haben (Qualifikationsproblem) und das Ziel formuliert, durch die empirische Erhebung der im Modernisierungsprozess entstandenen Vielfalt von Theodizee-/ Kosmodizeevorstellungen in Krisen eine effektive Hilfe vom christlichen Glauben her ermöglichen zu können (Kommunikationsproblem)[348].
Auf unseren Kontext übertragen hieße dies: Die religiösen Deutungsmuster der Eltern, die sie für ihre Definition des kritischen Ereignisses „Diagnose Down-Syndrom" benützen, sind professionellen Kräften in Frühberatung und Krisenbegleitung i. d. R. nicht bekannt. Zur Verbesserung der Beratungsbedingungen müssen Kenntnisse über die persönlichen Theodizee-Entwürfe gewonnen werden.

---

[345] Van der Ven 1990, 107-129 nennt drei wissenschaftsorganisatorische Modelle. Das multidisziplinäre und das interdisziplinäre sind Modelle einer angewandten empirischen Theologie, das intradisziplinäre gestaltet das empirisch-methodologische Forschungsdesign und -vorhaben selbständig.
[346] Van der Ven 1990, 138-179 beschreibt den empirisch-theologischen Zyklus ausführlich und exemplifiziert ihn am Beispiel der Theodizee (180-256); vgl. auch van der Ven 1988a, 185.
[347] Vgl. van der Ven 1990, 130ff.
[348] Van der Ven 1990, 180-185.

Theologische Induktion: Religiöse Sinngebung des Leidens (2)
Die zweite Phase der theologischen Induktion wurde sukzessiv in *vier Teilphasen* vollzogen: theologische Wahrnehmung (1), theologische Reflexion (2), theologische Fragestellung (3) und empirisch-theologisches Forschungsdesign (4).

In der ersten Teilphase, *theologische Wahrnehmung*, wurden mit unterschiedlichen methodologischen Zugängen[349] einige erste empirische Pilotuntersuchungen durchgeführt. Vorläufige Ergebnisse waren z. B.: Gläubige Respondenten zeigten im Gegensatz zu Seelsorgern, die eher die Mitleidtheodizee präferierten bzw. aufoktroyierten, eine sehr breite Skala von Theodizeesymbolen. Bei nicht gläubigen Respondenten war nicht klar, ob hinter ihrem Agieren, z. B. gegen Vergeltungs- und Plantheodizee, nicht doch religiöses Schuld- und Fügungsdenken steckte und sich ein Verlangen nach adäquaten Theodizeesymbolen verbarg[350].

In der Teilphase der *theologischen Reflexion* wurde eine Übersicht zur theoretischen und empirischen Literatur der Theodizee erstellt. Ein "computer search" nach empirischen Studien zu den Stichworten Leiden und Religion, sowie Leiden und Theodizee konnte keine Untersuchungen ausfindig machen (wohl aber zu anderen Variablen), während sich die theoretische Literatur als so umfangreich erwies, dass eine Auswahl notwendig wurde. Von den vier Begriffsarten der Theodizee in der theologischen Literatur (fundamentaltheologisch, erkenntnistheoretisch, anthropologisch, inhaltlich-theologisch) wurde aus thematischen und systematisch-theologischen Gründen der inhaltlich-theologische Zugang gewählt und unter Absehung von der Schöpfungslehre, Christologie, Soteriologie und Eschatologie die Sinngebung aus der *Perspektive der Gotteslehre* in den Mittelpunkt gestellt[351].
Die dreifache theologische Reflexion (Extrapolation/Anwendung, Analyse, Evaluation) der Literatur führte auf den Grundlagen von drei Kriterien (wissenschaftliche Relevanz, praktische Relevanz, Erforschbarkeit) *zu drei theologischen Fragestellungen*:

1. Welche Haltungen hinsichtlich der religiösen Sinngebung des Leidens gibt es?
2. Durch welche Faktoren werden sie bestimmt?
3. Welche pastoralen Erkenntnisse sind daraus abzuleiten?

Zur Beantwortung dieser Fragen wurde kein deskriptiv-evaluatives, sondern *ein explorativ-erklärendes, korrelationales Forschungsdesign* gewählt[352].

---

[349] Beim Theodizeeprojekt wurden mehrere Wahrnehmungsformen unterschieden und (mit Ausnahme der verdeckten Wahrnehmung) auch angewandt: systematische und unsystematische (1), teilnehmende und nicht-teilnehmende (2), direkte und indirekte (3) sowie Fremd- und Selbstwahrnehmung (4); siehe van der Ven 1990, 185-188.
[350] Van der Ven 1990, 186.
[351] Van der Ven 1990, 188-192; für die Auswahl der Gotteslehre waren auch die Ergebnisse von Nipkow 1988a mitbestimmend.
[352] Van der Ven 1990, 192-196.

Theologische Deduktion: Theodizeehaltungen (3)

In der ersten Teilphase, *theologische Konzeptualisierung*, wurden die Begriffe der theologischen Fragestellungen nach den wissenschaftstheoretischen Kriterien von Popper (konsistent, unabhängig, genügend, notwendig)[353] konzeptualisiert.

Bezüglich der Theodizeehaltungen wurde mit Berger (1973) zwischen impliziter und expliziter Theodizee unterschieden. Die *implizite Theodizee* nimmt auf "die kognitiven und affektiven Motive im religiösen Bewusstsein 'normaler' Menschen, die dem Leiden einen Platz zu geben versuchen" Bezug[354]. Sie steht in dialektischer Beziehung zur *expliziten Theodizee*, die von der systematischen Theologie wissenschaftlich konzipiert wird. Im Theodizeeprojekt ging es "um eine empirische Untersuchung über die 'implizite Theodizee' mit Hilfe der 'expliziten Theodizee'"[355].

Aus der Gotteslehre der theologischen Wissenschaft wurden sieben quasi repräsentative Gottes- bzw. Theodizeesymbole herausgeschält, die mit Moltmann (1980) den polaren Vorstellungen vom nahen (transzendent-immanenten) oder vom fernen (transzendenten) Gott zugeteilt wurden.

Es ergab sich folgendes Ergebnis:

Naher und ferner Gott	Gottessymbole	Theodizeesymbole	
Transzendenz	apathischer Gott	Apathie	
Transzendenz	vergeltender Gott	Vergeltung	
Transzendenz	planender, verfügender Gott	Plan	Pädagogik
Zwischenraum	"heilender" Gott	Therapie	
Immanenz	mitleidender Gott	Mitleid	
Immanenz	stellvertretender Diener Gottes	Stellvertretung	Solidarität
Immanenz	myst. Einheit suchender Gott	Mystik	

11. Abbildung: Theodizeesymbole nach van der Ven[356]

Zum besseren Verständnis sollen die drei Solidaritätssymbole inhaltlich genauer beschrieben werden. Beim Symbol vom mitleidenden Gott geht es nicht um eine Bemitleidung aus der Ferne, die zu einem „tödlichen Mitleid" (Dörner 1988) führen kann. Ganz im Gegensatz beschreibt das Mitleidsymbol Gottes inkarnierte Zuwendung zum Menschen, wie sie im Leben und Wirken Jesu zum Ausdruck kommt: Jesus stellt Beziehung her, unterstützt, heilt und tröstet. An ihm wird deutlich, wie Gott dem Leidenden leidend bis in die größte Not hinein nahe kommt und ihm helfend solidarisch ist. Das Symbol der Stellvertretung wurzelt in den Gottesknechtliedern des Deuterojesaja, in denen „die Heilsbedeutung des unschuldigen Leidens für andere mit Hilfe von

---

[353] Vgl. van der Ven 1990, 148-151 und 197.
[354] Van der Ven 1990, 197.
[355] Van der Ven 1990, 197f.
[356] Siehe dazu van der Ven 1990, 198ff u. 216.

Begriffen wie Opfer und Märtyrerschaft besungen wird."[357] Stellvertretend für andere übernimmt der unschuldig Leidende fremdes Leid und verwirklicht darin Gottes Wirken in der Welt.

Schließlich wird noch auf das Symbol der Mystik eingegangen: Es ist der Versuch, das Leiden als ein Geburtsleiden zu verstehen bei dessen Vorgang und Ende die Einheit mit Gott steht. Das Leiden wird dabei nicht ersehnt, aber doch als ein Weg betrachtet, Gott nahe zu kommen und darin seine Sinnlosigkeit aufzuheben[358].

Die Analyse der theoretischen Literatur ergab "mehrere Alternativen zur Theodizee: die Kosmodizee, Anthropodizee, Soziodizee, Biodizee, Logodizee. In ihnen werden der Kosmos, das Menschsein, das gemeinsame Menschsein (Zusammenleben), das Leben überhaupt und die Vernunft als Sinnträger vorgeschlagen, von denen her dem Leiden eine Bedeutung zugeschrieben werden kann"[359]. In das Theodizeeprojekt wurde nun "als immanente Ergänzung und/oder immanente Alternative" *auch die Kosmodizee* aufgenommen. Da bis dato keine theoretische Konzeption der Kosmodizee in der Literatur vorlag, wurde in einem "konzeptuellen Experiment" parallel zur Einteilung der Theodizeesymbole eine Liste mit Kosmodizeesymbolen konstruiert[360].

Die zweite Teilphase der theologischen Deduktion beschäftigt sich mit *der Erstellung eines theologisch-konzeptuellen Modells*, das Auskunft über drei Aspekte gibt: Untersuchungselemente (1), Konzepte bzw. theoretische Variablen (2) und die Beziehung zwischen diesen Konzepten bzw. Variablen (3). Das theologisch-konzeptuelle Modell des Theodizeeprojekts ist in Abbildung 12 dargestellt.

Wie die Pfeile des Modells als Zeichen eindirektionaler, kausaler Zusammenhänge erkennen lassen, bilden die Theodizeesymbole und ihre Bedingungsfaktoren das Zentrum der theoretischen Konzeption.

Hier sollen nun die *Variablen* kurz beschrieben werden, die in unsere Untersuchung aufgenommen wurden und erklärungsbedürftig sind.

Die *intervenierenden Variablen der kulturellen Haltungen* sollen den in der theologischen Literatur postulierten Kausalzusammenhang zwischen traditionellen Theodizeemodellen (Apathie, Vergeltung, Plan) und Bürgerlichkeit überprüfen. Bürgerlichkeit wurde als *Familialismus* und *Ökonomismus* konzeptualisiert, wobei die erste Variable "das Haben einer Familie in den Mittelpunkt" stellt, die zweite Variable „das erfolgreiche Durchlaufen einer gesellschaftlichen Karriere"[361].

---

[357] Van der Ven 1990, 200.
[358] Vgl. Sölle 1993, 119f und van der Ven 1990, 200.
[359] Van der Ven 1990, 193.
[360] Van der Ven 1990, 200; vgl. auch van der Ven 1989a.
[361] Beide Zitate van der Ven 1990, 206.

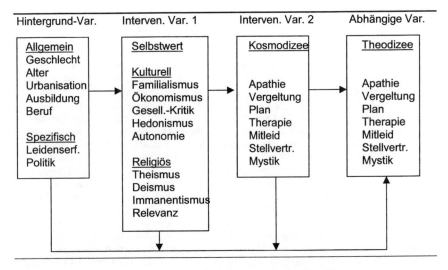

12. Abbildung: Das theologisch-konzeptuelle Modell Theodizee[362]

Als Gegenstück wurden die anti-bürgerlichen Variablen *Gesellschaftskritik* und *Hedonismus* aufgenommen, um ihre positiv-kausale Korrelation zu den traditionskritischen Theodizeesymbolen (Mitleid, Stellvertretung) zu überprüfen. *Autonomie*, die fünfte und letzte kulturelle Variable, verläuft quer zur Bürgerlichkeit und ihrer Kritik. Sie "kann als ein typisch 'aufgeklärter' Wert bezeichnet werden, der den Theodizeesymbolen entgegensteht, in denen gerade die 'absolute Abhängigkeit' des Menschen im Hinblick auf Gott im Mittelpunkt steht"[363].

Als letzter Teilschritt der theologischen Deduktion erfolgt die *Operationalisierung* der abhängigen, intervenierenden und unabhängigen Variablen durch die Übernahme vorhandener oder die Erstellung eigener Messskalen. So wurde z. B. bei den kulturellen Haltungen auf die Skalen von Felling, Peters, Schreuder (1983) zurückgegriffen, die (je) sieben Kosmodizee- und Theodizeesymbole wurden dagegen im Theodizeeprojekt durch insgesamt 56 Items (4 pro Symbol) selbst operationalisiert und mit einer 5-Punkte-Likert-Skala versehen[364].

Empirisch-theologische Überprüfung: Erklärung der Theodizeehaltungen (4)
Die vierte Phase des empirisch-theologischen Zyklus gliedert sich in die *Teilphasen* Datensammlung (1), Präparieren des Datensets (2) und empirisch-theologische Datenanalyse (3). Die letzte Teilphase liefert Ergebnisse. Sie erbrachten detaillierte und

---

[362] Diese Abbildung ist van der Ven 1990, 203 entnommen.
[363] Van der Ven 1990, 206. Zu den religiösen Variablen vergleiche die Ausführungen zum Religionsbegriff unter 3.1.2.
[364] Vgl. van der Ven 1990, 209f, 216 und van der Ven 1989a, 16.

umfangreiche Informationen zu allen im theologisch-konzeptuellen Modell aufgeführten Variablen und ihren Beziehungen (inklusive der Interkorrelation der Theodizeesymbole), auf die hier nicht eingegangen werden kann[365].

Theologische Evaluation: Reflexion der Theodizeehaltungen (5)
Die zentralen Ergebnisse des Theodizeeprojektes, die in drei *Teilphasen* theologisch zu interpretieren (1), theologisch (2) und theologisch-methodologisch zu reflektieren (3) waren, wurden von van der Ven so beschrieben:

1. Welche Haltungen hinsichtlich des religiösen Leidens gibt es?
Die Antwort ergab erstens, "dass die sieben durch uns aus der theologischen Literatur unterschiedenen Theodizeesymbole faktorenanalytisch auf vier zu reduzieren waren"[366]. Es sind die Theodizeesymbole Apathie, Vergeltung, Pädagogik und Solidarität (vgl. Abbildung 12). Diese Vierteilung, und auch jede Hypothese, die sich durch die empirische Überprüfung nicht falsifizieren ließ, wurde aufgrund der selektiven (kernkirchlichen) Stichprobe lediglich als eine *erhärtende (coroborated) Hypothese*, nicht aber als eine bewiesene These betrachtet.
Zweitens konnte eine *Präferenzstruktur* dieser vier Theodizeesymbole mit der Rangordnung (von großer zu geringer Zustimmung) Solidarität, Pädagogik, Apathie, Vergeltung (vgl. Abbildung 13) festgestellt werden, die sich durch eine weitere selektive Stichprobe (n = 102) erhärten ließ.

2. Durch welche Faktoren werden die Theodizee- und Kosmodizeesymbole beeinflusst?

	Theodizee		Kosmodizee	
	(MSW)	(SA)	(MSW)	(SA)
Apathie	3.90	.73	2.90	.75
Vergeltung	4.34	.67	4.19	.68
Pädagogik	2.96	.68	3.23	.65
Solidarität	2.60	.59	3.19	.61

Reichweite: 1 (völlige Zustimmung) – 5 (völlige Ablehnung)

13. Abbildung: Theodizee und Kosmodizee: Mittlere Skalenpunktwerte (MSW), Standardabweichungen (SA)[367]

Für unseren Zusammenhang sind folgende Ergebnisse interessant:

- Die Hypothese, die Zunahme des Ausbildungsniveaus führe zu einer Abnahme der Akzeptanz traditioneller Theodizeesymbole und zu einer Zunahme der Akzeptanz traditionskritischer Symbole, wurde für die traditionellen Theodizesymbole (Apathie

---

[365] Siehe dazu van der Ven 1990, 210-238.
[366] Van der Ven 1990, 239.
[367] Diese Abbildung ist van der Ven 1990, 237 entnommen.

und Vergeltung) bestätigt, in ihrem zweiten Teil für die traditionskritischen Symbole (Pädagogik und Solidarität) falsifiziert.

- Die Hypothese, die in Schriften der politischen Theologie vertreten wird, bürgerlicher Familialismus und Ökonomismus übe einen positiv-kausalen Effekt auf traditionelle Theodizeehaltungen und einen negativ-kausalen Effekt auf traditionskritische Theodizeehaltungen aus, wurde falsifiziert. Es ergaben sich Hinweise, dass Familialismus (keine negative, sondern) eine positive Wirkung auf das traditionskritische Symbol der Solidarität ausübt.

- Die Hypothese, es gebe einen kausalen Pfad, der von der Ausbildung über die Relevanz (des Glaubens) zum Theismus führt, danach im negativen Sinn zur Apathie und dann wiederum negativ zu den traditionskritischen Symbolen verläuft, wurde empirisch erhärtet; der Pfad wurde als *"via negativa"* bezeichnet.

- Die Hypothese, es gebe einen kausalen Pfad, der von der Ausbildung über die Relevanz zum Theismus und danach zum Plan- und zum Therapiesymbol und schließlich im negativen Sinn zu traditionskritischen Symbolen gelegt werden kann, wurde in ihrem ersten Teil bestätigt. Im zweiten Teil zeigte sich dagegen keine negative Beziehung zwischen Pädagogik- und Solidaritätssymbol, sondern eine positive; dieser relativ oft begangene Pfad *wurde "via paedagogica"* genannt.

- Die Hypothese, es gebe einen kausalen Pfad, der im negativen Sinn von der Ausbildung zum Familialismus und von dort im positiven Sinn zum Plan- und zum Therapiesymbol und schließlich im negativen Sinn zu traditionskritischen Symbolen verläuft, wurde in ihren ersten vier Annahmen bestätigt. Die Pädagogik- und Solidaritätssymbole zeigten jedoch einen positiv-kausalen Zusammenhang auf. Dieser Pfad wurde *"via familialis paedagogica"* genannt[368].

- Die Hypothese, die Haltungen zu den Kosmodizeesymbolen würden diejenige zu Theodizeesymbolen positiv beeinflussen[369], konnte für die Symbole Vergeltung und Solidarität nicht nachgewiesen werden. Nur für die beiden anderen Theodizeesymbole Apathie und Pädagogik konnte ein positiver Einfluss durch die parallelen Kosmodizeesymbole aufgezeigt werden.

Den sehr umfangreichen und differenzierten Ergebnissen des Theodizeeprojektes kann diese Darstellung nicht gerecht werden.

Zum Schluss sei nur noch ein wichtiges Resultat *zum Verhältnis von Kosmodizee und Theodizee* erwähnt. Bei der selektiven Stichprobe kernkirchlicher Repondenten konnten Belege für eine identische Struktur der Kosmodizee- und Theodizeesymbole und damit für „an overarching world-view consciousness structure with respect to

---

[368] Van der Ven 1990, 240-244.
[369] Van der Ven 1990, 241f. Die Kosmodizeesymbole als bedingende Variablen der Theodizeesymbole beruhen auf einer theologischen Entscheidung für eine bestimmte Interpretation der sogenannten natürlichen Theologie (ebd. 207).

suffering"[370] erbracht werden. „There is no evidence of a subordination of the cosmic consciousness to the religious consciousness, but rather, of coordination"[371]. Die *Annahme einer koordinierten, übergreifenden religiös-säkularen Anschauungsstruktur* geht über die Prämissen der "psychological availability"-Hypothese von Spilka et al. (1985c) hinaus, teilt aber die Vorstellung, dass religiöse Personen ihre Wirklichkeit auf der Grundlage unterschiedlicher, suffizienter Anschauungsformen betrachten können[372].

3.3.3 Empirisch-theologische Theodizeeforschung und ABC-X-Modell

Wie die bisherigen Erörterungen gezeigt haben, wird der Aspekt der religiösen und säkularen Lebensanschauung einer Person in der psychologischen Coping- und Attributionsforschung (vgl. Teil A, 2.2.) und in der Religionspsychologie im Kontext des Deutungsprozesses vernachlässigt oder gar ausgeklammert. Weitgehend wird gedacht und geforscht, als ob Menschen ihre Attributionen und Einschätzungen auf einer hermeneutischen "tabula rasa" jenseits ihrer Vorerfahrung und ihres Vorverständnisses vornehmen würden.

Mit den empirisch-theologischen Arbeiten zur Theodizee, die van der Ven und Mitarbeiter im Rahmen des RECOMET-Programms durchgeführt haben, liegt nun ein detailliert ausgearbeitetes Theoriekonzept und empirisch-theologisches Forschungsdesign vor, das auch *empirische Informationen zum weltanschaulichen Orientierungsrahmen der Deutung* von Negationserfahrung gibt.
Durch die Schwerpunktsetzung der Forschung aus der Perspektive der Gotteslehre wird nun auch *ein empirischer Zugang zu den lebensanschaulichen Dispositionen* eröffnet (B 1 sbj.), durch deren hermeneutische Brille individuelle Deutung vollzogen wird (C). Zugleich wird mit dieser Forschung der Akzent auf das Herzstück einer jeden Form von Lebensanschauung gesetzt, das wir mit Grundanschauung bezeichnet haben. Es ist bedeutsam, dass mit der RECOMET-Forschung zur Theodizee ein stattlicher Anfang gemacht wurde - vom Standpunkt der theologischen Innenperspektive - die Anschauungszentren durch eine Typologie von Theodizee- und Kosmodizeesymbolen qualitativ und quantitativ zu differenzieren.

Dieser Forschungszugang nimmt nun auch die Subjektseite der Deutung ernst. Die bedingenden Faktoren der Deutung können nun nicht mehr auf die Objekte der Deutung (A und B) eingegrenzt werden. Deutung (C) ist auch ein Resultat einer spezifischen, individuellen Lebensanschauung (B 1 sbj.). Der *Subfaktor Lebensanschauung* übt entscheidenden unmittelbaren Einfluss auf die Deutung und mittelbaren Einfluss auf Krisenprävention und Bewältigung aus.

---

[370] Van der Ven 1989a, 18.
[371] Van der Ven 1989a, 18; vgl. auch ebd. S. 24f.
[372] Vgl. oben unter A, 3.2.2.

Diese *hermeneutische Basishypothese* findet eine erste theoretische Unterstützung durch Ergebnisse, die in Kapitel 1 gewonnen wurden. Nicht nur objektive, auch subjektive und intersubjektive Kriterien qualifizieren ein Ereignis als ein kritisches Ereignis. So sind die kritischen Parameter "einstellungskonträr" und "erwartungskonträr", die wir in der Literaturanalyse für das Ereignis „Diagnose Down-Syndrom" erarbeitet haben, nicht objekiv gegeben, sondern wurzeln in der subjektiven Lebensanschauung der jeweils betroffenen Person. Sie werden in ihrer Ausprägung durch spezifische Wertanschauungen (z. B. Attitüden), Menschenbilder (z. B. homo oeconomicus) und Lebensanschauungen (z. B. Lebenskonzept Karriere) bestimmt[373]. Lebensanschauungen betroffener Mütter und Väter mit Einstellungen und Erwartungen, die diese subjektiven kritischen Ereignisparameter entschärfen oder gar nicht erst ermöglichen, sind denkbar und empirisch nachweisbar[374].

Die stressreduzierende, adaptive Funktion der persönlichen Lebensanschauung tritt hier deutlich zutage. Die größte *Chance der religiösen und profanen Lebensanschauung* liegt in ihrer Veränderbarkeit. Die jederzeit gegebene Flexibilität einer hermeneutischen Grundhaltung ist gerade in der Konfrontation mit endgültigen, irreversiblen Tatsachen eine potentielle und bedeutende Bewältigungsressource.

Auf der theoretischen Grundlage des ABC-X-Modells stehen Lebensanschauung (B 1 sbj.) und Deutung (C) in einer transaktionalen Beziehung. Sie sind Geschwister im Wechselspiel des Krisen- und Copingprozesses, der zu einer *spezifisch pädagogischen Herausforderung* wird, denn die Strukturen der Lebensanschauung und die Möglichkeiten der Deutung sind flexibel, entwicklungsoffen, zugleich aber auch biographisch und heterogen geprägt. Die *"Krise als Lernchance"* (Schuchardt) sollte Pädagog/en/innen dazu drängen, dort mit Herz, Hand und Verstand zur Seite zu stehen, wo begleitende Unterstützung im Entwicklungs- und Wandlungsprozess von Anschauung und Deutung erwünscht oder gesucht wird.

Zu denken ist aber auch an eine *Pädagogik der hermeneutischen Prävention*. Sie könnte durch eine kritische Auseinandersetzung mit Vorurteilen, Attitüden, Anthropologie und Lebensanschauungen (etc.) stressreduzierende Deutungen wahrscheinlich machen, die Krisenentwicklungen und die subjektiv-kritischen Merkmale "a priori" vermeiden.

Zu den pädagogischen Aufgaben zählt ferner die *Vermeidung von Einseitigkeiten*. Eine pädagogische Fixierung auf den Deutungsaspekt ist um jeden Preis zu vermeiden. "Changing the World" und "Changing the Self" (Rothbaum et al. 1982) gehören untrennbar zusammen. Die Pädagogik einer kognitiv-lebensanschaulichen Bildung ist ergänzungsbedürftig. Sie muss mit einer Bemühung gepaart sein, die auf die externen Faktoren (A und B) unterstützenden und verändernden Einfluss nimmt[375]. Die

---

[373] Vgl. oben unter A, 3.1.

[374] Vgl. oben unter A, 2.2.3.3.

[375] Vgl. hierzu die Literatur zur sozialen Unterstützung, z. B. Brüderl 1988b, 149-159; zu den sozialen, therapeutischen, psychologischen, finanziellen Unterstützungsmöglichkeiten, die Eltern von Kindern mit Down-Syndrom zur Verfügung stehen (können), siehe z. B. die Handreichung, die vom

Unterscheidung von aufhebbarem und unaufhebbarem Leid sollte das pädagogische Bewusstsein schärfen[376]. Wo das Leid aufhebbar ist, sollte weder die Anschauung noch die Deutung verändert, sondern das Leid abgeschafft werden. Wo das Leid unaufhebbar ist, sollte darauf geblickt werden, was veränderbar ist: auf die stresserzeugende, leidvolle Anschauung und Deutung. Beide pädagogischen Perspektiven sind synchron zu verfolgen. Das Flussdiagramm des ABC-X-Modells kann hierbei als Orientierungshilfe und kritisches Korrektiv dienen.

Forschungsprojekt "Mitteilung der Diagnose Down-Syndrom an die Eltern" herausgegeben wurde (Dittmann/ Schweiker 1994).

[376] Vgl. Nipkow 1988b, 58f.

B. EMPIRISCHER TEIL

Im ersten Teil wurden die theoretischen Grundlagen des Themas erarbeitet. Zentrale Begriffe wie Krise, Deutung, Diagnose Down-Syndrom und Lebensanschauung wurden beschrieben und definiert, relevante Forschungsliteratur gesichtet und bewertet. Ferner wurde der Versuch unternommen, unterschiedliche theoretische Konzepte zu synthetisieren und zu einer wissenschaftlichen Konzeption weiterzuentwickeln, die unserem Thema und den Bewährungskriterien einer brauchbaren Theorie angemessen sind[1]. Diese theoretische Basis bildet den Ausgangs- und Orientierungspunkt für die Planung, Durchführung und Auswertung der empirischen Untersuchung.

1 Empirisches Forschungsdesign

Das empirische Forschungsdesign gründet somit auf der hier erarbeiteten theoretischen Konzeption und ist mit seinen empirischen Ergebnissen zugleich die Grundlage der Kritik an derselben. Die *wissenschaftstheoretische Dialektik von Theorie und Empirie* gilt in dieser Studie als fundamental. Die komplementären Wechselprozesse von empirischer Verifikation und theoretischer Modifikation sollen im Rahmen einer *methodologischen Dialektik von quantitativem und qualitativem Verfahren* vollzogen werden[2].
Unter dieser Prämisse wurde die *empirische Untersuchung in zwei Sequenzen* geplant und durchgeführt.
Die erste Untersuchungssequenz stützt sich auf *quantitativ-statistische Methoden*. Theoretische Grundannahmen und Hypothesen, die durch die Reflexion der empirischen und theoretischen Fachliteratur gewonnen wurden, werden auf der Basis einer Fragebogenerhebung statistisch überprüft, bewertet und diskutiert.
In der zweiten empirischen Sequenz werden die vorliegenden quantitativen Ergebnisse weiter vertieft und die aufgebrochenen Problem- und Fragestellungen durch *qualitative Methoden* auf dem theoretischen Boden der „grounded theory" von Glaser und Strauss (1979) weiterbearbeitet.
Der *wissenschaftliche Status* dieser empirischen Studie hat, da mit ihrer spezifischen Fragestellung z.T. forschungsgeschichtliches Neuland betreten wird und das theoretisch-konzeptuelle Modell nur in Einzelfragmenten empirisch validiert ist, explorativen Charakter. Bei der vorliegenden Untersuchung handelt es sich in erster Linie um eine Pilotstudie, da nur in begrenztem Umfang auf Ergebnisse eines etablierten Forschungsfeldes zurückgegriffen werden kann.
Gehen wir mit van der Ven (1990, 144ff) von einer *Matrix der Forschungsformen* aus, deren horizontale Linie den Forschungsstand, d. h. den Umfang und die Sicherheit der schon vorhandenen wissenschaftlichen Erkenntnisse angibt, ist unsere Studie eher auf der Seite der explorativen Forschung als auf der Seite der überprüfenden Forschung anzusiedeln, auch wenn u. a. vorgefundene Resultate und Hypothesen aus der Fachliteratur weiter überprüft werden.
Die vertikale Linie der Matrix gibt das Forschungsziel an. Da es bei der Fragestellung

---

[1] Nach Popper (1994, 41) muss ein theoretisches System auch im Rahmen einer empirischen Untersuchung vier Bewährungskriterien genügen: Es muss nach den Regeln der Logik widerspruchsfrei (1), unabhängig (2), hinreichend (3) und notwendig sein, d. h. keine überflüssigen Bestandteile enthalten (4); vgl. auch van der Ven 1990, 148ff und Bortz 1993, 13 u. 104.

[2] Vgl. oben unter A, 2.1.2 die Verhältnisbestimmung von Lazarus zwischen ipsativen und normativen Methoden.

unseres Themas nicht nur um die Beschreibung des Phänomens, sondern auch um eine Analyse von Wesen, Funktion und Interaktion der Deutung im Copingprozess geht, liegt unser empirischer Zugang näher am erklärenden als am deskriptiven Endpunkt der Vertikalen. Dadurch kommt die hier geplante Untersuchung in dem Feld der *explorativ-erklärenden Forschungsform* zu liegen[3].

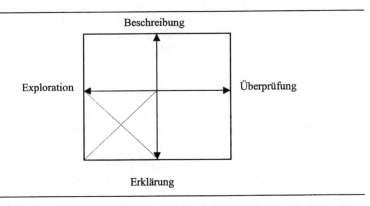

1. Abbildung: Wissenschaftlicher Status der Studie in der Matrix der Forschungsformen

Grundlegend und richtungsweisend für das empirische Forschungsdesign ist ein konzeptuelles Modell, das durch die theoretische Vorarbeit in Teil A gewonnen wurde. Die empirischen Resultate und ihre Interpretation der quantitativen Sequenz werden zeigen, inwiefern es bestätigt werden kann und inwiefern es verändert werden muss.

1.1 Theoretisch-konzeptuelles Modell

Brennpunkte der theoretischen Grundlagenarbeit in Teil A waren zwei wissenschaftliche Anliegen: *Die Wesensbestimmung und die Funktionsbestimmung der Deutung (C) im Krisen- und Bewältigungsprozess.*
Das erste Anliegen galt den bedingenden Faktoren der Deutung (A,B→C), das zweite der Deutung als Vorbedingung der bedingenden Faktoren und der Krise bzw. Bewältigung (C→ABX).
Der *Gegenstand der quantitativen Erhebung* soll weitgehend auf das erste wissenschaftliche Anliegen, die Wesensbestimmung der Deutung (C) durch die Faktoren A und B mit besonderer Berücksichtigung der religiösen und profanen Lebensanschauung (B 1 sbj.), beschränkt werden. Wie das theoretisch-konzeptionelle Modell in Abbildung 2 erkennen läßt, ist die Aufmerksamkeit *einseitig* auf Kausalpfeile gerichtet, die auf Faktor C zulaufen.

---

[3] Vgl. van der Ven 1990, 144ff u. 194.

Hintergrundvariablen (Faktor A und B obj.)

Faktor A:
- Kritische Ereignisparameter (F 18)

Faktor B obj.:
- Geschlecht der Eltern (F 19)
- Alter der Mutter/ des Vaters (F 20)
- Ausbildung der Mutter/ des Vaters (F 28, 29)

- Kinderzahl/ Geschwisterreihe (F 21)
- Alter des Kindes mit Down-Syndrom (F 22)
- Familienstand/ soziale Lebensform (F 24, 25)

- Religionszugehörigkeit bzw. lebensanschauliche Bindung (F 26)
- Religionsverbundenheit (F 27)

Intervenierende Variablen (Faktor $B_{1\,sbj}$)

- Kulturelle Anschauungswerte: Familialismus, Ökonomismus, Gesellschaftskritik, Hedonismus, Autonomie (F 1; van der (Ven bzw. Felling et al.)
- Höhere Wirklichkeit: Theismus, Deismus, Naturalismus, Nihilismus (F 2; van der Ven bzw. Thung)
- Extrinsische-intrinsische Religiosität (F 4.2; Meinicke bzw. Allport)
- Theodizeesymbole (F 3; van der Ven)

Abhängige Variablen (Faktor C)

in bezug auf Faktor A (C→A):
- W-Fragen und Deutungen (F 5-9)
- Einschätzung des kritischen Ereignisses (F 15-17; Osgood)
- Einschätzung kritischer Ereignisparameter (F 18)

in bezug auf Faktor B obj. (C→B):
- Soziale Unterstützung (F 11, 12)

in bezug auf Faktor B 1 sbj. (C→B 1 sbj.):
- Relevanz der Lebensanschauung (F 4.1; van der Ven)
- Hilfe und Zweifel durch Lebensanschauung (F 10, 13)
- Veränderung der Lebensanschauung (F 14)

2. Abbildung: Theoretisch-konzeptuelles Modell[4]

---

[4] Die in Klammern gesetzten Zahlen mit „F" beziehen sich auf die numerierten Fragen der quantitativen Erhebung. Der Fragebogen ist im Anhang abgedruckt. Die eingeklammerten Namen geben die Autoren an, die die Items des Fragebogens entwickelt haben.

Die *Deutung (Faktor C)* wird somit als eine *abhängige Variable* konzipiert, eingedenk der Tatsache, dass sie im Interaktionsprozess der Wirklichkeit immer auch eine bedingende, unabhängige Variable ist. Der Faktor C selbst bezeichnet die je aktuelle Attribution und Einschätzung, die von einer Person vorgenommen werden. Sie werden in primärer Hinsicht vorgenommen im Blick auf das kritische Ereignis (A), in sekundärer Hinsicht im Blick auf die intra- und interpersonalen sowie gesellschaftlich-kulturellen Dispositionen (B) und in tertiärer Hinsicht im Blick auf die hermeneutischen Deutungsvoraussetzungen (B 1 sbj.).
Die verschiedenen Hintergrundvariablen A und B obj. werden als *unabhängige Variablen* und die diversen Aspekte der religiösen und profanen Lebensanschauung (B $_{sbj}$) als *intervenierende Variablen* konzipiert. Beide sollen als direkte bzw. indirekte Kausalbedingungen in ihrem qualitativen und quantitativen Einfluss auf die Deutung genauer untersucht werden[5]. Dabei gilt es, neue Daten und Erkenntnisse zu gewinnen, die in der Forschung bislang nicht erhoben wurden, zu alten Ergebnissen Vergleiche zu ziehen und vorgefasste Hypothesen durch analytische Statistik zu erhärten bzw. zu verwerfen.

1.2 Theoriegeleitete Hypothesen

Von den theoretischen Erwägungen in Teil A werden nun Hypothesen und Grundannahmen abgeleitet und in einem Überblick dargestellt. Sie sollen in der Fragebogenerhebung an den Erfahrungen von betroffenen Vätern und Müttern überprüft werden. Dabei handelt es sich sowohl um Alternativhypothesen der Unterscheidung und des Zusammenhangs als auch um die Validierung von bereits erhärteten Hypothesen. Sie wurden als gerichtete und ungerichtete, spezifizierte und unspezifizierte Hypothesen formuliert.[6]

1.2.1 Hypothesen zum theoretisch-konzeptuellen Modell

Hypothese 1:
Der Subfaktor Lebensanschauung (B 1 sbj.) einer Person übt als eine intervenierende Variable unmittelbaren Einfluss auf ihre Deutung des kritischen Ereignisses „Diagnose Down-Syndrom" und mittelbaren Einfluss auf ihre Krisenprävention und Bewältigung aus. Dies ist die hermeneutische Basishypothese unserer Untersuchung[7].

Hypothese 2:
Die intrapersonalen, interpersonalen und kulturell-gesellschaftlichen Dispositionen einer Person (B obj.) und die kritischen Merkmale des kritischen Ereignisses „Diagnose Down-Syndrom" (A) üben als Hintergrundvariablen einen unmittelbaren Einfluss auf den Subfaktor Lebensanschauung (B 1 obj.) und einen mittel- und unmittelbaren Einfluss auf die Deutung dieses Ereignisses aus.

---

[5] Das kritische Ereignis (Faktor A) kann als bedingende Variable der Deutung (C) nur durch eine Kontrollgruppe oder ein vergleichendes Verfahren ermittelt werden. Wir beschränken uns hier auf die Untersuchung der Beurteilung kritischer Parameter des Faktors A durch betroffene Personen.
[6] Siehe Teil A unter 3.1.1.
[7] Siehe Teil A unter 3.1.1.

1.2.2 Erhärtete Hypothesen von van der Ven (1990)

Hypothese 3:
Die Zunahme des Ausbildungsniveaus führt zu einer Abnahme der Akzeptanz traditioneller Theodizeesymbole.

Hypothese 4:
Bürgerlicher Familialismus und Ökonomismus üben einen positiv-kausalen Effekt auf traditionelle Theodizeehaltungen und eine positive Wirkung auf das traditionskritische Symbol der Solidarität aus.

Hypothese 5:
Es gibt einen kausalen Pfad, der von der Ausbildung über die Relevanz des Glaubens zum Theismus führt, danach im negativen Sinn zur Apathie und dann wiederum negativ zu den traditionskritischen Symbolen (*„via negativa"*).

Hypothese 6:
Es gibt einen kausalen Pfad, der von der Ausbildung über die Relevanz des Glaubens zum Theismus und danach zum Plan- und Therapiesymbol führt und schließlich im positiven Sinn zu den traditionskritischen Symbolen gelangt (*„via paedagogica"*).

Hypothese 7:
Es gibt einen kausalen Pfad, der im negativen Sinn von der Ausbildung zum Familialismus und von dort im positiven Sinn zum Plan- und Therapiesymbol und im positiven Sinn zu den traditionskritischen Symbolen verläuft (*„via familialis paedagogica"*).

1.2.3 Hypothesen zur Reorganisation der Deutungsstrukturen

Hypothese 8:
Die unvorhersehbare, erwartungs- und einstellungskonträre Tatsache, ein Kind mit Down-Syndrom (bekommen) zu haben, zwingt fast alle betroffenen Eltern, ihre Deutungsstrukturen grundlegend zu verändern[8].

Hypothese 9:
Auf eine professionelle, verstehende Krisenbegleitung beim lebensanschaulichen Deutungs- und Reorganisationsprozess können betroffene Eltern, insbesondere im sonderpädagogischen Niemandsland zwischen Diagnosemitteilung und Frühförderung, kaum zurückgreifen, obwohl sie sich eine solche wünschen würden[9].

1.2.4 Hypothesen zu den W-Fragen

Hypothese 10 (Wann?):
W-Fragen (Warum? Wozu? Wodurch?) werden von betroffenen Eltern überwiegend im ersten Jahr nach der Diagnoseeröffnung gestellt, können aber auch an biographischen Übergängen des Kindes virulent werden[10].

---

[8] Vgl. Teil A unter 2.2.3.3. und F 14 + 10.
[9] Vgl. Teil A unter 0.1. und F 11 + 12.
[10] Vgl. Teil A unter 1.2.2.3. und F 9.1-3.

Hypothese 11 (Warum?):
Zu keinem Zeitpunkt im Copingprozess gibt es eine Zwangsläufigkeit für betroffene Eltern, sich die Frage „Warum gerade ich?" zu stellen. Der prozentuale Anteil an Eltern von Kindern mit Down-Syndrom, die sich die Warum-Frage stellen, ist mit ca 75% mindestens so hoch oder höher als bei Eltern von Kindern mit (anderen) Behinderungen. Ungefähr die Hälfte der Eltern, für die das Warum zur Frage wird, findet keine Antwort[11].

Hypothese 12 (Schuld?):
Da betroffene Eltern über die Entstehungsweise und die externen Entstehungsursachen des Down-Syndroms informiert sind, spielen Schuldgefühle und Schuldzuweisungen bei ihnen eine geringe bzw. keine Rolle. Dennoch wird von der Mehrzahl von ihnen eine Antwort auf die Schuld- bzw. Ursachenfrage gesucht und gefunden[12].

Hypothese 13 (Wozu?):
Betroffene Eltern verwandeln - nach dem Prinzip der hinreichenden Ursache – unbeantwortbare Warum- und Wodurch-Fragen in Wozu-Fragen, die sie sich zeitlich nachgeordnet mindestens so häufig bzw. länger stellen[13].

Hypothese 14 (W-Fragen):
Eltern von Kindern mit Down-Syndrom gehen mit W-Fragen geschlechtsspezifisch um. Dies gilt sowohl für die Häufigkeit der Fragestellung als auch für die Häufigkeit der Fragebeantwortung.

1.2.5 Hypothese zur Einschätzung kritischer Ereignisparameter

Hypothese 15:
Betroffene Eltern schätzen das kritische Ereignis „Diagnose Down-Syndrom" als unwahrscheinlich, unerwartet, ausgrenzend, unvermeidbar, existenziell, nicht erklärbar, nicht zu verheimlichen, unerwünscht, labilisierend und unangekündigt ein[14].

1.2.6 Hypothesen zur Korrelation von Weltanschauung und Einschätzung des kritischen Ereignisses

Hypothese 16:
Die Verinnerlichung traditioneller Theodizeemodelle beeinflußt die Einschätzung des kritischen Ereignisses Diagnose Down-Syndrom negativ, die Verinnerlichung traditionskritischen Theodizeemodellen positiv (F 3 und F 15-18).

Hypothese 17:
Die Ausrichtung auf ein transzendentes Wert- und Machtzentrum (Transzendenz), sowie intrinsische Religiosität begünstigen eine positive Einschätzung des kritischen

---

[11] Vgl. Teil A unter 1.1.2. sowie 2.2.3.3. und F 6, 8 u. 9.
[12] Vgl. Teil A unter 2.2.3.3. und Hinze 1993, 100 u. 107.
[13] Vgl. Teil A unter 1.1.2. und 2.2.3.2.
[14] Vgl. Teil A unter A, 1.3.1. und F 18.

Ereignisses, während die Ausrichtung auf ein immanentes Wert- und Machtzentrum (Imanenz) eine negative Einschätzung des kritischen Ereignisses und eine internale Kausalattribution begünstigt (Tl I, 94).

1.3 Variablen und Forschungsinstrumente

Das Spektrum der theoretischen Fragestellungen und empirischen Möglichkeiten, die das Forschungsdesign in unserem konzeptuellen Modell enthält, erschöpft sich nicht in der Erhärtung und Überprüfung von Hypothesen. Allen Spuren der Erkenntnis kann in diesem weiten Konzeptionsrahmen nicht nachgegangen werden. Welche Erklärungen hier gesucht und welche Phänomene beschrieben werden, wird durch den Leitfaden der theoretischen Überlegungen vorgegeben und durch die Dynamik des Untersuchungsprozesses aufgegeben.
Nachfolgend werden nun die Variablen der quantitativen Untersuchung erläutert und begründet. Wie das theoretisch-konzeptionelle Modell zeigt, wurden zahlreiche Merkmale zur genaueren Untersuchung aufgestellt, die bei den Teilnehmern unserer Stichprobe nicht konstant, sondern in unterschiedlicher Form, also variabel, ausgeprägt sind. Jede Variable, die als Gesamtheit der Ausprägung eines Merkmals bezeichnet wird und mindestens zwei Werte annehmen kann[15], wurde einer von drei Rubriken zugeteilt: der unabhängigen, intervenierenden bzw. moderierenden und abhängigen Variablenklasse.
Als *abhängige Variablen* werden solche verstanden, die durch die Auswirkungen anderer Merkmale bestimmt werden. Sie sind die Zielgröße der Untersuchung. Die Merkmale, die Einfluss auf die Zielgrößen ausüben, die sogenannte Einflussgrößen, werden als unabhängige Hintergrundvariablen (Faktor A und B obj.) und als intervenierende, d. h. dazwischentretende Variablen bzw. Moderatorvariablen (Faktor B 1 sbj.) bezeichnet.
Die *intervenierenden Variablen* sind in Blick auf die Hintergrundvariablen abhängige, im Blick auf die Zielgrößen unabhängige Variablen. Anders verhält es sich mit den Moderatorvariablen: Sie verändern das Verhältnis von unabhängigen bzw. abhängigen Merkmalen. Diese Einflussgrößen sollen in ihrer Wirkung auf die Zielgrößen der Untersuchung, die abhängigen Merkmale, überprüft werden[16]. Die *abhängigen Variablen* sind in unserer Studie die konkreten, unterschiedlichen Deutungen von Personen, die gegenüber dem kritischen Ereignis und diversen Dispositionen vorgenommen werden.
Die Kriterien für die *Auswahl und Klassenzuteilung* der einzelnen Variablen ergaben sich zum einen durch die theoretische Frage- und Aufgabenstellung, zum anderen durch das in der sozialwissenschaftlichen Forschung in diesem Sektor begrenzt zur Verfügung stehende Messinstrumentarium. Die Neuentwicklung von eigens konzipierten Skalen, die z. B. auch unterschiedliche Funktionen und Dimensionen der Lebensanschauung einer Person erfassen könnten, konnte im Rahmen dieser Arbeit nicht realisiert werden, weil zuvor eine Phase der Skalenvalidierung erforderlich gewesen wäre. Neben den hier ausgesuchten Merkmalen können auch unberücksichtigte Merkmale auf die Ergebnisse Einfluss nehmen. Solche *Störvariablen* lassen sich in einer explorativen Felduntersuchung, die keine kontrollierten Laborbedingungen ermöglicht, nicht ausschließen. So weist unser Untersuchungsmodell auch keine

---

[15] Vgl. Bartel 1983, 3 und van der Ven 1990, 152.
[16] Vgl. Bortz 1993, 7f.

experimentellen Variablen bzw. Kontrollvariablen auf, die geeignet wären, Störelemente zu isolieren. Dieser Sachverhalt ist bei der Beurteilung der Resultate zu berücksichtigen.

1.3.1 Die unabhängigen Variablen

Die unabhängigen Variablen bzw. Hintergrundvariablen sind auf der theoretischen Grundlage des ABC-X-Modells den Faktoren A und B zugeordnet.
Wie wir im theoretischen Teil gesehen haben, werden die *Variablen des Faktors A* primär durch die kritischen Ereignisparameter gebildet[17]. Sie wurden in ihrer Benennung, Anzahl und Gewichtung von uns zwar theoretisch postuliert, sind aber als Merkmale des Ereignisses objektiv *nicht messbar*, sondern subjektiv durch die individuelle Einschätzung der betroffenen Personen zu überprüfen[18]. Als ein weiteres kritisches Merkmal wurde der Zeitpunkt der Elementardiagnose in die Untersuchung aufgenommen.

Die *Variablen des Faktors B* können - im Gegensatz zu den A-Variablen - alle auf unterschiedlichen Skalenniveaus gemessen werden und sind somit eindeutig von einem empirischen Relativ in ein numerisches Relativ übertragbar. Von sieben B-Variablen liegen die drei persönlichen Eigenschaften Geschlecht, Alter und Bildung auf der intrapersonalen Ebene B 1, die drei Variablen Kinderzahl/ Geschwisterreihe, Alter des Kindes mit Down-Syndrom und soziale Lebensform auf der interpersonalen Ebene B 2, sowie die Variable Religionszugehörigkeit bzw. lebensanschauliche Bindung auf der gesellschaftlich-kulturellen Ebene B 3.
Diese Hintergrundvariablen wurden mit den geläufigen Messmethoden der deskriptiven Statistik erhoben. In Bezug auf das zur Anwendung gebrachte Messverfahren ist besonders die intrapersonale Variable der Bildung erwähnenswert.

Ausbildung
Der Bildungsstand der Untersuchungspersonen wurde durch die Verbindung der Subvariablen *Schulabschluss* und *Berufsabschluss* (F 29) erhoben[19]. Der Schulabschluss erhielt die Unterteilung und Codierung kein Abschluss/ Grundschule (1), Hauptschulabschluss (2), Mittlere Reife (3), Fachhochschulreife (4) und Abitur (5). Beim Berufsabschluss sind es die Qualifikationsgrade kein Abschluss (1), Berufsschulabschluss (2), Fachhochschulabschluss/ höherer Berufsschulabschluss (3) und Universitätsabschluss (4).

---

[17] Auch hier muss wiederholt betont werden, dass die Faktoren A und B im Sinne des systemisch interpretierten ABC-X-Modells keine absoluten, unabhängigen Größen sind, sondern in einem transaktionalen Prozess stehen. Das hier gewählte Untersuchungskonstrukt ist darum arbiträr und reduziert die Wirklichkeit auf eine bestimmte Perspektive; auch dies darf bei der Auswertung der Ergebnisse nicht außer Acht gelassen werden. Vgl. oben in Teil B unter 1.1.
[18] Vgl. das theoretisch-konzeptuelle Modell (B, Abb. 2) und zu den Faktor A-Variablen im einzelnen Teil B, 1.3.3.1.
[19] Die neue Variable Ausbildung wurde über das SPSS-Programm errechnet; vgl. Kähler 1992, 196ff.

1.3.2 Die intervenierenden Variablen

Auf der theoretischen Grundlage der hermeneutischen Basishypothese wurde die religiöse und profane Lebensanschauung (B 1 sbj.) als intervenierender bzw. moderierender Faktor der Deutung angenommen. Es wurde versucht, den Faktor Lebensanschauung durch vier Variablengruppen zu umschreiben. Eine vollständige und repräsentative Operationalisierung ist damit jedoch nicht gewährleistet. Die Ursache dafür liegt in der Vielschichtigkeit des Lebensanschauungsbegriffes, in dem Mangel seiner empirischen Konzeptionalisierung und in der oben dargestellten fehlenden Belichtung dieses Phänomens in der aktuellen sozialwissenschaftlichen Forschung[20].

Ferner ist eine völlige methodologische Erfassung eines empirischen Untersuchungsgegenstandes im Sinne eines Operationalismus weder realisierbar noch erstrebenswert. Eine sogenannte *Surplus-Bedeutung des theoretischen Konzeptes* muss auch dann angenommen werden, wenn die empirische Umsetzung von Variablen weitestgehend optimiert wird[21].

Daraus folgt: Es wird nicht das gesamte Spektrum der persönlichen Lebensanschauung eines Respondenten erhoben. Die Akzente liegen vielmehr auf der Wertanschauung und den Vorstellungen, die sich eine Person von einer höheren bzw. letztgültigen Wirklichkeit macht.

Bei der Operationalisierung dieser Strukturbereiche wurde auf schon vorhandene Messinstrumente zurückgegriffen, die in ihrer Skalendignität bereits überprüft wurden. Die theoretischen Grundlagen ihrer Konzeption beruhen ausnahmslos auf den sozialpsychologischen Erkenntnissen der Attitüdenforschung, auf die sich auch van der Ven in seinen empirisch-theologischen Untersuchungen zur Theodizee bezieht. In Orientierung an van der Ven (1990), wurden *vier Entscheidungen* getroffen, die zur Wahl der hier verwendeten attitudinalen Skalen geführt haben[22]:

Erstens wurden die lebensanschaulichen Haltungen der Untersuchungspersonen in der quantitativen Sequenz nicht mit offenen Fragen, sondern überwiegend mit Hilfe von *prä-codierten, vorformulierten Items* erhoben.
Zweitens fiel die Entscheidung hinsichtlich des Einstellungskonstruktes nicht auf das klassische Dreikomponentenmodell der Einstellungen von Rosenberg & Hovland, sondern auf *das eindimensionale Erwartungs-Wert-Modell* von Fishbein (1967) bzw. Ajzen & Fishbein (1975)[23] und damit auf eine Mittelposition zwischen kognitiven und affektiven Dispositionen gegenüber einem Einstellungsobjekt. Die handlungsorientierte Komponente wurde hier aus Gründen theoretischer Inkonsistenzen des Dreikomponentenmodells[24] und des begrenzten empirischen Zugangs ausgeklammert.

---

[20] Siehe dazu die Ausführungen oben unter A, 3.1.1, S. 109ff und A, 3.2.3, S. 128ff.
[21] Vgl. van der Ven 1990, 155f.
[22] Vgl. im Folgenden van der Ven 1990, 156ff.
[23] Einstellung ist nach dem Erwartungs-Wert-Modell das gemeinsame Produkt der *Bewertung* (bzw. Deutung) der Eigenschaften, die einem Objekt zugeschrieben werden und der *Erwartung*, d. h. der subjektiv wahrgenommenen Wahrscheinlichkeit, dass das Einstellungsobjekt diese Eigenschaften auch tatsächlich besitzt (siehe Stroebe et al. 1990, 145ff und 166f).
[24] Stroebe et al. 1990, 147f kommen zu dem Urteil, die theoretische Annahme des Dreikomponentenmodells, es gebe einen moderaten, eindeutig voneinander unterscheidbaren Zusammenhang der kognitiven, affektiven und konativen Dimension, könne durch die faktorenanalytischen Testverfahren von Forschungsstudien nicht gestützt werden. Zudem würden die Operationalisierungen von Einstellungen i. d. R. auf der Grundlage des eindimensionalen Konzeptes vorgenommen.

Drittens wurde bei der Operationalisierung der kognitiven und der affektiv-evaluativen Einstellungsdimensionen *der globale Zugang* dem spezifischen Zugang vorgezogen. Das bedeutet, dass den Respondenten verbale Aussagen vorgelegt wurden, die einen allgemeinen, abstrakten Charakter haben.
Eine dargebotene Aussage lautet z. B. so: „Das Leiden hat einen Platz in der Bestimmung Gottes", nicht aber „In der Behinderung meines Kindes sehe ich keine Zufälligkeit, sondern ich glaube, dass es von Gott so gewollt und geplant wurde". Die Entscheidung für allgemeine Formulierungen liegt darin begründet, dass hier nicht die konkrete Deutung des spezifischen Ereignisses (abhängige Variablen C) untersucht werden soll, sondern die Lebensanschauung im allgemeinen (intervenierende Variablen $B_{1\,sbj}$.).
Viertens fiel die Entscheidung im Rahmen der möglichen Messmethoden auf eine *Fünf-Punkte-Likert-Skala*. Die äußeren Endpunkte „1" und „5" dieser Skala wurden mit „äußerst wichtig" und „völlig unwichtig" bzw. „totale Übereinstimmung" und „überhaupt keine Übereinstimmung" o.ä. gekennzeichnet. Zwischen diesen verbal gekennzeichneten Polen liegen die Antwortkategorien „2, 3, 4", die ohne eine sprachliche Benennung belassen wurden, so dass den Respondenten in mathematisch-statistischer Hinsicht eine Skala mit gleichen Intervallen vorgelegt werden konnte.

Fünf-Punkte-Skala nach Likert
Die fünfstufige Rating-Skala wurde gewählt, weil sie nachweislich am häufigsten von den Untersuchungsteilnehmern als angemessen bezeichnet wird[25] und sich bei einer höherstufigen Skala das Risiko für die Überschreitung der Differenzierungskapazität der Beurteiler zunimmt. Die ungerade Fünf-Stufen-Skala impliziert zugleich einen neutralen Mittelwert, der bei unsicheren Urteilen das Ausweichen auf eine Neutralkategorie offen lässt. Der Nachteil einer sich dadurch verstärkenden Zentraltendenz wurde der Einführung eines sechsten, separaten Skalenpunktes mit der Bedeutung „noch nie darüber nachgedacht" vorgezogen. Denn die Gefahr, dass ein Respondent den Bedeutungsgehalt des sechsten Skalenpunktes überliest oder während des Ausfüllens vergisst und ihn somit in die übrige Skala einreiht, was zur Verfälschung aller Werte führt, ist m. E. größer als der Nutzen dieser zusätzlichen Kategorie.

Obwohl die Likert-Skala zur Messung von Einstellungen sehr geeignet und beliebt ist, birgt sie *methodologische und messtheoretische Schwierigkeiten*:
Ein *erstes* Problem liegt in der Mehrdeutigkeit der mittleren Skalenpunktwerte, da sie sowohl die Folge eines moderaten Antwortverhaltens als auch von inkonsistenten Antwortmustern wie z. B. Enthaltungen, Nichtverstehen der Fragestellung etc. sein können. Dadurch ist ein Hang zur zentralen Tendenz schon strukturell vorgegeben.
Ein *zweites* Problem liegt darin, dass das Antwortverhalten möglicherweise durch das Motiv der sozialen Erwünschtheit bzw. positiven Selbstdarstellung oder der bewussten Einflussnahme auf die Ergebnisse bestimmt wird.
Eine *dritte* Schwierigkeit tritt dort auf, wo Respondenten zu einem bestimmten Einstellungsobjekt keine klar oder explizit formulierte Einstellung besitzen, aber durch die Befragung zu einer Entscheidung gedrängt werden. Solche Messwerte können u. U. sehr zufällig und labil sein[26].
Das *vierte* und zugleich schwierigste Problem besteht in der fraglichen Qualität der

---

[25] So Rohrmann 1978, 230. Die 5-stufige Skala wurde von der „normalen Bevölkerung" mit 2/3 Mehrheit gegenüber anderen Skalenformen bevorzugt (S.238); vgl. auch Bortz 1984, 123.
[26] Vgl. Stroebe et al. 1990, 151f.

Likert-Skala. Die Kontroverse zwischen messtheoretischen Puristen und Praktikern, ob die Likert-Skala Anforderungen an eine Intervallskala genüge, hat eine lange Tradition.

Wir folgen hier dem Rat von Bortz, bei der Begründung der Angemessenheit eines statistischen Verfahrens zwischen messtheoretischen Interpretationsproblemen und mathematisch-statistischen Voraussetzungen zu unterscheiden[27].

Die statistischen Voraussetzungen sind bei unseren Skalen, die keine verbal gekennzeichneten Zwischenstufen aufweisen, gegeben[28]. Das Hauptkriterium ist die Äquidistanz: So ist der Abstand zwischen Kategorie „1" und „2" mathematisch zweifelsfrei gleich groß wie zwischen Kategorie „2" und „3".

Schwieriger gestaltet sich dieser Sachverhalt auf der messtheoretischen Ebene. Fraglich ist, ob die gleiche Zahlendifferenz auch gleiche Merkmalsunterschiede repräsentiert. Dies kann nicht nachgewiesen werden, da das empirische Relativ der Einstellungen keinen mathematischen Gesetzmäßigkeiten unterliegt. Es gibt jedoch empirische Belege für die Behauptung, dass parametrische Verfahren - wie z. B. Signifikanztests, die Intervall- oder Verhältnisskalenniveau verlangen - auch dann zu korrekten Ergebnissen führen, wenn das Zahlenmaterial nicht exakt intervallskaliert ist[29]. Das Messen mit Rating-Skalen bleibt ein auf Hypothesen gegründetes Unterfangen. Doch Bortz kommt zu dem Schluss: „Solange die Forschung mit Rating-Skalen zu inhaltlich sinnvollen Ergebnissen gelangt, die sich in der Praxis bewähren, besteht nur wenig Veranlassung, an der Richtigkeit der impliziten messtheoretischen Hypothesen zu zweifeln"[30].

Um mögliche Fehlerquellen bei der Anwendung von parametrischen Verfahren zu minimieren und die Wahrscheinlichkeit für intervallskalierte Skalen-Urteile zu maximieren, orientieren wir uns an folgenden *Qualitätskriterien*:

1. Die Zwischenkategorien der Likert-Skala sind ohne verbale Kennzeichnung zu belassen.
2. Der Median der Häufigkeitsverteilung soll möglichst nahe beim Mittelwert der Skala (Kategorie „3") liegen, um zu vermeiden, dass die Respondenten für überproportional besetzte Intervalle breitere Intervalle verwenden.
3. Die Vorgabe möglichst extremer Untersuchungsobjekte zur Wahrung der interindividuellen Vergleichbarkeit von Rating-Urteilen[31].

Im Folgenden werden nun die gruppierten Variablen einzeln vorgestellt:

Kulturelle Anschauungswerte (F 1)

Zu einem Teilbereich der Lebensanschauung gehören die kulturellen Anschauungswerte. Wir haben uns für die kulturellen Werte Familialismus, Ökonomismus, Gesellschaftskritik, Hedonismus und Autonomie entschieden. Diese Größen wurden im Theodizeeprojekt von van der Ven (1990) als intervenierende Variablen eingesetzt.

---

[27] Vgl. Bortz 1984, 125 in Anlehnung an Gaito.
[28] Siehe die fünf statistischen Voraussetzungen einer Intervallskala bei Bortz 1993, 21f.
[29] So Bortz 1984, 125.
[30] Bortz 1984, 125.
[31] Vgl. zu den beiden letzten Kriterien Bortz 1984, 126

Wir übernehmen hier das von ihm verwendete Messinstrumentarium[32].
Der Familialismus wurde durch fünf Fragebogenitems in Form von Aussagestatements[33], der Ökonomismus, die Gesellschaftskritik und die Autonomie durch vier und der Hedonismus durch drei Items erhoben.
Die dahinterstehende Forschungsintention ist es, den Einfluss dieser Werte auf die Theodizeesymbole zu überprüfen (vgl. die zu erhärtenden Hypothesen) und den Einfluss auf die Variablen des Faktors C zu erruieren. Auf dem Hintergrund unserer theoretischen Erwägungen ist zu vermuten, dass die Variablen Familialismus und Gesellschaftskritik bei Eltern von Kindern mit Down-Syndrom in Folge des Auseinandersetzungsprozesses stärker ausgeprägt sind als die Variablen Ökonomismus, Hedonismus und Autonomie und sich diese Tendenz im Verlauf der lebensanschaulichen Reorganisation noch deutlicher abzeichnet[34].

Höhere Wirklichkeit (F 2)

Die religiösen Variablen von einer höheren Wirklichkeit beziehen sich - wie oben beschrieben wurde[35] - auf die vier Grundarten des lebensanschaulichen Ausrichtungszentrums einer Person. Wir haben sie als Theismus (2), Deismus (3), Naturalismus (2) und Nihilismus (2) bezeichnet. Die Zahlen in Klammern geben die Anzahl der Fragebogenitems an, die zur Messung der Variablen verwendet wurden. Die Operationalisierung der drei ersten Variablen wurde dem Fragebogen „Glaube und Kirche" von van der Ven entnommen[36], die Items zum Nihilismus selbst konstruiert[37].

Theodizee- und Kosmodizeesymbole (F 3)

Die sieben aus der theologischen Fachliteratur eruierten Theodizeesymbole wurden von van der Ven mit je drei Fragebogenitems, d. h. mit insgesamt 21 Items operationalisiert[38]. Die Items der Theodizeeskala wurden in unserer Erhebung, von formalsprachlichen Glättungen abgesehen, wörtlich übernommen und in einer zufälligen Anordnung präsentiert.
Da die Theodizeesymbole auf die transzendente Grundanschauung „Gott" bezogen sind, wurden Respondenten, die an keine höhere Wirklichkeit glauben, aufgefordert, anstelle dieses Fragekomplexes auf einem separaten Blatt zu beschreiben, warum es ihrer Meinung nach das Leiden gibt.

---

[32] Die Skalen für die Messung der bürgerlichen Werte des Familialismus und des Ökonomismus bezieht van der Ven (1990, 206) von Felling et al. 1983. Zu den kulturellen Werten im einzelnen vgl. oben Teil A unter 3.3.2.

[33] Bortz 1984, 182f. sieht in „statements" gegenüber der geschlossenen Frageform die bessere Methode, Einstellungen zu erheben.

[34] Vgl. oben unter A, 3.2.3, S. 128ff.

[35] Siehe die Ausführungen unter A, 3.1.3, S. 119ff.

[36] Siehe Fachgruppe Pastoraltheologie 1994, 7f (kulturelle Werte), 20 (höhere Wirklichkeit) und 13f (Theodizeesymbole).

[37] Die Items, die den Nihilismus umschreiben, wurden mit der negativen Formulierung „Ich glaube, es gibt weder eine höhere Wirklichkeit, noch irgendeine höhere Wirklichkeit" und der positiven Formulierung „Gott ist nur ein Produkt des Menschen und seiner Sehnsüchte" operationalisiert.

[38] Vgl. oben unter A, 3.3.2, S. 136ff und van der Ven 1990, 216: Um einem Response-Set entgegenzuwirken wurden je vier Items entworfen, drei positiv und ein negativ formuliertes. Aufgrund der Reliabilitätstests mußten alle negativ formulierten Items - mit Ausnahme einer negativen Formulierung des Apathiesymbols - entfernt werden.

Extrinsische und intrinsische Religiosität (F 4.2)

Die klassische Unterscheidung von extrinsischer und intrinsischer Religiosität wurde in unserer quantitativen Sequenz mit einer Skala erhoben, die sieben Items enthält. Diese Fragebogenitems wurden aus unterschiedlichen Religionsskalen der Fachliteratur ausgewählt. Von den vier *intrinsischen Items* wurden die Formulierungen „Mein religiöser Glaube ist Grundlage meiner Ansichten über das Leben" sowie „Ich versuche meinen religiösen Glauben in alle Lebensbereiche hineinzutragen" der Skala „Religious Orientation" von Allport/ Ross (1967, 436) entnommen und die Items „Ohne Glaube wäre mein Leben sinnlos" sowie „Durch den Glauben habe ich schon oft die Nähe Gottes erfahren" gehen auf die Skala „Aspekte der Religiosität" von Boos-Nünning (1972, 105) zurück.

Die *extrinsische Orientierung* wurde durch drei Items operationalisiert. Zwei Items, „Der Glaube dient mir hauptsächlich dazu, Sicherheit und Schutz zu erhalten" und „Der Glaube ist besonders wichtig für mich, da er mir Antworten auf viele Fragen gibt", wurden ebenfalls der Skala von Allport & Ross entnommen, das dritte „In schwierigen Situationen hilft mir mein Glaube an Gott" entstammt der Religiositätsskala von Dalbert (1995)[39].

Die *Messung* der intrinsischen und extrinsischen Religiosität beruht primär auf Einstellungswerten der kognitiven Dimension. Die einzigen Ausnahmen sind das auf Erfahrung und Emotionalität zielende Item „Durch den Glauben habe ich schon oft die Nähe Gottes erfahren" und das handlungsorientierte Item „Ich versuche, meinen religiösen Glauben in alle Lebensbereiche hineinzutragen".

1.3.3 Die abhängigen Variablen

Die abhängigen Variablen des theoretisch-konzeptionellen Untersuchungsmodells sind als ein Versuch zu verstehen, die Deutung (Faktor C) der Respondenten empirisch zu erfassen. Dass dies nur in selektiven, wenn auch zentralen Ausschnitten gelingt, leuchtet angesichts der nahezu unbegrenzten Deutungsmöglichkeiten und -objekten unmittelbar ein. So wird die persönliche Deutung einer Person, die nach der Art ihres Deutungsobjektes in die drei Bezugsfaktoren A, B obj. und B 1 sbj. unterteilt wurde, in unserem Untersuchungsdesign ungleich beleuchtet.

Die Wahrnehmung der Dispositionen (C→B obj) ist mit einer einzigen Variablen, die nur auf die interpersonale und gesellschaftlich-kulturelle Ebene Bezug nimmt, vertreten und somit unterrepräsentiert und partikular. Das Schwergewicht der Erhebung liegt, in Übereinstimmung mit dem hermeneutischen Ansatz dieser Studie, auf der Deutung der Lebensanschauung (C→B 1 sbj.) und des kritischen Ereignisses (C→A).

1.3.3.1 C-Variablen in bezug auf Faktor A

Die Deutung des kritischen Ereignisses erhält mit den drei Variablenkomplexen W-Fragen (1), Einschätzung des kritischen Ereignisses (2) und der kritischen Ereignisparameter (3) das ihr gebührende Gewicht. Sie wurden wie alle übrigen C-Variablen mit der schon beschriebenen Fünf-Punkte-Skala nach Likert erhoben.

---

[39] Vgl. zu dieser Auswahl von Items die Untersuchung von Meinicke (1993, 56ff).

W-Fragen-Variablen (F 5-9)

Die Art und Weise, wie betroffene Eltern das kritische Ereignis konkret deuten, wurde mit den drei Grundfragen Warum, Wozu und Wodurch untersucht und zwar auf vierfache Weise:
Zuerst wurde nach der *Häufigkeit* gefragt, mit der die betroffenen Personen sich die W-Fragen gestellt haben. Die Häufigkeit sollte durch eine subjektive Bewertung auf einer Fünf-Punkte-Skala nach Likert zwischen den Polen „Nein, nie" und „Ja, sehr oft" angegeben werden. Sodann wurde diese quantitative Messung durch eine qualitative ergänzt. Die Respondenten wurden in einer offenen Frageform gebeten, die Antworten, die sie evtl. auf ihre W-Fragen gefunden haben, zu Papier zu bringen. An dritter Stelle wurde erhoben, wie häufig die profane bzw. religiöse Lebensanschauung eine Antwort auf die drei W-Fragen bereitstellen konnte (F 8). Schließlich wurde in Erfahrung gebracht, in welchen *Zeiträumen* - bezogen auf das Alter des Kindes - die betroffenen Eltern sich diese Fragen überwiegend gestellt haben (F 9).
Die Intention dieses Fragekomplexes zielt auf die Häufigkeit, die temporale Verteilung und den Inhalt der Deutungsprozesse und somit auf die kognitive Dimension. Im Blick ist die *Retrospektive der kausalen Deutung* vom Standpunkt der Gegenwart.

Einschätzung des kritischen Ereignisses (F 15-17)

Der Variablenkomplex „Einschätzung des kritischen Ereignisses" lässt sich nach Lazarus als „primäre Einschätzung" verstehen[40]. Unser Interesse richtet sich hier auf die affektive Dimension der *evaluativen Deutung zum aktuellen Zeitpunkt* der Befragung, insbesondere auf die Qualität und Intensität der emotionalen Reaktion (wie z. B. Verlust, Herausforderung, Bedrohung), die durch die primäre Einschätzung hervorgerufen wird.
Zur Messung der affektiven Dimension der primären Einschätzung wurde das sogenannte **semantische Differenzial** von Osgood, Suci & Tannenbaum (1957) ausgewählt. Es basiert auf dem eindimensionalen Attitüdenmodell und hebt eindeutig - im Sinne der kognitiv-phänomenologischen Prämisse (s.o.) - auf die *emotionale Dimension* der Einschätzung ab. Es bietet den Vorteil, dass es auf ganz unterschiedliche Einstellungsobjekte *universell anwendbar* ist. Dadurch konnte auf eine für unseren Gegenstand eigens konstruierte Skala verzichtet werden.
Ein weiteres Auswahlkriterium für das semantische Differenzial liegt in der guten Evaluation dieser Messmethode. Neben dem Qualitätsmerkmal der Nützlichkeit sind auch die *Gütekriterien* der Objektivität, Reliabilität und Validität positiv zu bewerten[41]. Ferner erreicht die Messgüte eine Sensitivität, die nachweislich Bedeutungsnuancen erfassen kann, die deutlich gefühlt, aber nur schwer verbalisiert werden können[42]. Nicht zuletzt kann - wenn auch mit einzelnen Einschränkungen[43] - von der Vergleichbarkeit (comparability) der Messungen von unterschiedlichen Kulturen, Wort-

---

[40] Siehe dazu die Ausführungen oben unter A, 2.2.3.1., S. 64ff.

[41] Vgl. Osgood 1952, 230ff. Den Reliabilitätskoeffizienten gibt Osgood (S. 230) mit 0,85 an. Nach der Studie von Ostendorf (1994, 425ff) erwies sich die Zuverlässigkeit der Prototypizitätsbeurteilungen des semantischen Differenzials mit einer Intraklassenkorrelation (ICC) zwischen 0,92 und 0,97 als durchaus akzeptabel.

[42] Vgl. Osgood 1952, 230.

[43] Die Tatsache, dass es individuelle Unterschiede in der semantischen Struktur von Personen unterschiedlicher Herkunft und Sozialisation gibt, schränkt die Vergleichbarkeit ihrer Werte ein. Darüber hinaus ist zu beachten, dass die Meßwerte nicht Auskunft über die denotative Bedeutung des Einstellungsobjektes geben, sondern über seine emotional vermittelte, konnotative Qualität; vgl. Osgood 1952, 231 und Ders. 1969, 195.

arten (z. B. Adjektive, Substantive), Konzepten (z. B. Farben, Formen, Ereignisse) und Personen ausgegangen werden[44].

Die *Theorie des semantischen Differenzials* geht davon aus, dass jedes Konzept (Einstellungsobjekt) auf verschiedenen bipolaren Ratingskalen, deren Endpunkte durch gegensätzliche Adjektive wie z. B. „hart/weich" oder „schnell/langsam" markiert sind, eingestuft werden kann. Mit Hilfe von Faktorenanalysen wurden von Osgood et al. aus 1000 Adjektivpaaren die 40 Paare mit den höchsten Ladungen errechnet und drei Basisdimensionen bestimmt, die als *Bewertung* (evaluation), *Aktivität* (activity) und *Kraft* (power) interpretiert wurden[45]. Diese sogenannten affektiven E-P-A-Komponenten haben eine kultur- und sprachübergreifende, universal-anthropologische Gültigkeit. Osgood führt ihre Universalität auf die Angeborenheit des emotionalen Reaktionssystems des Menschen zurück[46].

Die *praktische Anwendung* des semantischen Differenzials in unserem Fragebogen folgt den drei Basisdimensionen der E-P-A-Komponenten, die mit je vier gegensätzlichen Adjektivpaaren versehen wurden. Die polaren Adjektive wurden Ergebnistabellen aus drei unterschiedlichen Faktorenanalysen entnommen, die eine Liste von 63 Adjektivpaaren mit den höchsten Ladungen enthalten [47]. Ausgewählt und übersetzt wurden diejenigen Adjektive, die erstens die höchste Ladung aufzeigten, zweitens am häufigsten in den genannten Tabellen vertreten waren und drittens für die Teilnehmer/innen und den Kontext unserer Untersuchung angemessen erschienen. Sie wurden nicht auf einer von Osgood gebräuchlichen Sieben-Punkte-Skala gemessen, sondern - um den Respondenten die Umstellung auf unterschiedliche Skalen zu ersparen - einheitlich auf einer Fünf-Punkte-Skala.

Um einem Antwortverhalten vorzubeugen, das sich an sozialer Erwünschtheit und Selbstdarstellung orientiert, wurde die Einschätzung des kritischen Ereignisses bei den Fragen 16 und 17 über einen *Heterostereotyp* abgefragt. So wurde die Evaluation des Ereignisses aus der fiktiven Perspektive der umwohnenden Bevölkerung und die Aktivität des Ereignisses aus der Perspektive anderer Eltern eines Kindes mit Down-Syndrom erhoben. Um im Sinne der assoziativen Skalierungsmethode von Osgood eine möglichst störungsfreie Erhebung der Affekte zu ermöglichen, wurden die Respondenten in einleitenden Sätzen aufgefordert, sich in die Eigenschaftspaare hineinzufühlen und spontan, „aus dem Bauch heraus" zu antworten[48].

Einschätzung kritischer Ereignisparameter (F 18)

Auch bei der Einschätzung kritischer Ereignisparameter wurden den Respondenten bipolare Adjektivpaare vorgelegt, die sie in gleicher Weise bewerten sollten. Hier waren es jedoch nicht die Gegensatzpaare der E-P-A-Dimensionen von Osgood, sondern elf Gegensatzpaare (neun unipolare und zwei bipolare[49]) aus der kategorialen Parameterordnung des kritischen Ereignisses „Diagnose Down-Syndrom" (vgl. Abb. 1), deren kritische Potenz aus der subjektiven Perspektive der Eltern überprüft und bestimmt werden soll. Lag der Untersuchungsakzent beim semantischen Differenzial allein auf der emotionalen Reaktion der Respondenten, so kommt bei der

---

[44] Vgl. Osgood 1952, 230 und Ders. 1962, 12-28.
[45] Vgl. Stroebe et al. 1990, 150 und Osgood 1969, 194ff.
[46] So Osgood 1969, 195; vgl. auch Ders. 1962, 21.
[47] Siehe Osgood 1969, 11.
[48] Vgl. den im Anhang abgedruckten Fragebogen und Osgood 1952, 222.
[49] Die Form der Gegensatzpaare hat geringfügige Effekte; so Bortz 1984, 122 und 130.

Einschätzung der Ereignisparameter auch das Interesse an den Eigenschaften des kritischen Lebensereignisses dazu.

1.3.3.2 C-Variablen in bezug auf Faktor B obj.

Soziale Unterstützung (F 11-12)

Die Frage nach der sozialen Unterstützung ist pointiert auf die verstehende interpersonale und gesellschaftlich-kulturelle Begleitung bei der Suche nach dem Warum, Wozu und Wodurch formuliert. Auf einer Fünf-Punkte-Skala mit den Polen „Nein, nie" und „Ja, sehr oft" soll hier festgestellt werden, wie häufig Betroffene nach ihrer Einschätzung in diesem Kontext unterstützt wurden. In einer Ordinalskala soll zusätzlich die Bezeichnung und Rangordnung der Unterstützungsagenten (Personengruppen und Institutionen) angegeben werden (F 11). Die Frage 12 zielt darauf, zu ermitteln, ob die Unterstützungsangebote (quantitativ) als ausreichend oder als ergänzungsbedürftig empfunden wurden.

1.3.3.3 C-Variablen in bezug auf Faktor B 1 sbj.

Mit den nachstehenden Variablen wird die Bedeutsamkeit, Qualität und Variabilität der Lebensanschauung im verstehenden Copingprozess erfragt, wie betroffene Eltern sie deuten.

Relevanz der Lebensanschauung (F 4.1)

Die Variable „Relevanz der Lebensanschauung" fragt in einem Set von fünf Items, die dem Fragebogen „Glaube und Kirche" von van der Ven entnommen wurden[50], nach der Bedeutsamkeit, die betroffene Eltern ihrer persönlichen Lebensanschauung grundsätzlich und in unterschiedlichen Lebensbezügen (tägliches Leben, Entscheidungsfindung, politische Äußerungen) beimessen. Hier wird nur auf die Lebensanschauung im allgemeinen abgehoben, nicht auf ihre religiösen Aspekte.

Hilfe und Zweifel durch Lebensanschauung (F 10/ 13)

Welche Qualität die Lebensanschauung im Allgemeinen und für die Beantwortung der W-Fragen hat, soll durch zwei Fragestellungen erhoben werden. Zum einen wird ermittelt, ob durch das kritische Ereignis die persönliche Anschauung oder das weltanschaulich-religiöse Ausrichtungszentrum in Zweifel gezogen wurde (F 10). Zum anderen wird danach gefragt, ob die profane bzw. religiöse Lebensanschauung eher eine Hilfe oder ein Hindernis war, die neue Lebenssituation zu bewältigen (F 13). Beide Fragen wurden ohne einen konkreten Zeitbezug gestellt und mit der Fünf-Punkte-Skala nach Likert gemessen.

Veränderung der Lebensanschauung (F 14)

Mit der letzten C-Variable sollte in Erfahrung gebracht werden, ob und wie sehr sich die Lebensanschauung der Betroffenen ihrer eigenen Einschätzung zufolge verändert hat. Auf qualitative Aspekte wurde dabei verzichtet.

---

[50] Fachgruppe Pastoraltheologie 1994, 10.

2 Quantitative Untersuchung: Fragenbogenerhebung

Die Darstellung des empirischen Forschungsdesigns mit seinen Hypothesen, seinem theoretisch-konzeptuellen Modell, den Variablen und Messinstrumenten hat schon in die theoretischen Vorarbeiten der quantitativen Untersuchung eingeführt.
In diesem Kapitel soll nun die Planung (1), Durchführung (2), sowie die Darstellung (3) und die Diskussion der Ergebnisse (4) der vorliegenden Fragebogenerhebung behandelt werden. Der Duktus dieses Kapitels folgt den vier Stufen, die bei der Beschreibung einer empirischen Studie üblich sind, aber in der Praxis ihrer Erstellung nicht linear, sondern in Kreisprozesse durchschritten werden, so, wie es in der untenstehenden Abbildung zu sehen ist[51].

```
          ┌──► Planung ◄──┐
          │       │       │
          │       ▼       │
          │──► Durchführung│
          ▲       │       │
          │       ▼       │
          │ Darstellung der Ergebnisse
          ▲       │       │
          │       ▼       │
          └── Diskussion der Ergebnisse ──┘
```

3. Abbildung: Stufen einer wissenschaftlich-empirischen Studie

2.1 Planung

Zur Planung eines Fragebogens gehören theoretische Vorarbeiten und Vorbereitungen, die in unserem Fall schon weitgehend dargestellt wurden: Die Entfaltung der Forschungsfrage, der Zielsetzung und Motivation der Studie, die Ausarbeitung einer Hintergrundtheorie und eines Forschungsdesigns mit der Auswahl und Begründung des empirischen Zugangs, der Variablen, der Untersuchungsinstrumente u. s. w. Da bereits eingehend erörtert wurde, was und wie exploriert und analysiert werden soll, wird nun nach den Untersuchungselementen bzw. -teilnehmer/innen gefragt.

2.1.1 Stichprobengewinnung

Das Thema dieser empirischen Studie gibt die zu befragenden Personen bereits vor. Es sind Eltern, Mütter und Väter von Kindern mit Down-Syndrom. Die Eigenschaft der leiblichen bzw. in einem Fall angenommenen Elternschaft bei einem Kind mit Down-Syndrom ist die einzige *Merkmalskonstante*, die diese Population aufweist.
Eine geographisch begrenzte Vollerhebung ist nicht möglich, da keine datentechnische Erfassung dieser Personengruppe vorliegt[52]. Darum müssen wir uns mit der

---

[51] Vgl. Sachs 1993, 149 und im Detail 153.
[52] In der Bundesrepublik Deutschland gibt es aufgrund der schrecklichen NS-Erfahrungen nach dem

Ziehung einer *Stichprobe* begnügen. Dies stellt für unsere Erhebung keine wesentliche Einschränkung dar. Denn auf dem Hintergrund des explorativen Charakters der hier geplanten Untersuchung und ihrer durch die Neuheit des Forschungsfeldes begrenzten methodologischen Möglichkeiten ist es nicht zwingend, generalisierbare Ergebnisse vorzulegen, die sich auf die Grundgesamtheit beziehen.

Die hier zugrunde gelegte Stichprobe wurde im Rahmen des *Forschungsprojektes* „Mitteilung der Diagnose Down-Syndrom an die Eltern" an der Pädagogischen Hochschule Ludwigsburg mit Sitz in Reutlingen gewonnen. Bei wissenschaftlichen Vorträgen des Projektleiters im Inland, u. a. auf Tagungen der „European Down's Syndrome Association" (EDSA), wurde betroffenen Müttern und Vätern die Mitarbeit in diesem Forschungsprojekt angeboten. Auf ausgeteilten, an das Forschungsprojekt adressierten Postkarten erhielten sie die Möglichkeit, ihre Bereitschaft zur Mitarbeit schriftlich zu erklären. Durch die Werbung bereits beigetretener Eltern konnten zahlreiche weitere gewonnen werden.

Durch diesen spezifischen Zugang konnte eine *selektierte Stichprobe* gewonnen werden, die zwei Merkmale aufweist: „Teilnahme an einer Down-Syndrom Fachveranstaltung" (1) und/ oder „Selbstbestimmung und Engagement zur Mitarbeit" (2). Es ist darum anzunehmen, dass aus der heterogenen Grundgesamtheit der Eltern, die durch das non-selektive Ereignis „Diagnose Down-Syndrom" betroffen sind, eine Auswahl getroffen wurde, die nicht mehr repräsentativ ist, sondern vermutlich untypische, homogene Merkmale wie etwa Annahme, Aktivität, Solidarität[53] oder ein höheres Bildungsniveau aufzeigen dürfte.

2.1.2 Konstruktion des Fragebogens

Die Entscheidung für eine *postalische Befragung* wurde aus organisatorischen Gründen getroffen, denn die über die gesamte Bundesrepublik verstreut lebenden Respondenten waren im Rahmen der gegebenen Möglichkeiten nur auf diese Weise erreichbar. Der Fragebogen wurde auf der Grundlage des theoretisch-konzeptuellen Untersuchungsmodells und der theoretischen Vorarbeiten entworfen. In allen Prozessphasen der Fragebogenkonstruktion wurden Inhalte und Formen immer wieder verworfen und neu konzipiert.

Probelauf

Nach Fertigstellung einer vorläufigen Endversion wurde ein Probelauf (try-out) des Fragebogens vorgenommen. Die Teilnehmer/innen dieses Testlaufes gehörten aber nicht dem Datenpool des Forschungsprojektes an.
Insgesamt neun Personen, fünf Mütter und vier Väter, sandten nach vorausgehender telefonischer Voranfrage ausgefüllte Fragebogen zurück. Mit Ausnahme des Berufs- und Bildungsstandes waren die Populationsparameter dieser sehr kleinen Stichprobe in zufriedenstellender Streuung und Varianz ausgeprägt[54].
In einem persönlichen Begleitschreiben wurden die Teilnehmer/innen aufgefordert,

---

BSHG keine Meldepflicht für Kinder mit Down-Syndrom und ihre Eltern (vgl. Teil A unter 1.1.3.). Dadurch ist eine Vollerhebung dieser Personengruppe nicht möglich und eine Teilerhebung sehr erschwert.

[53] Dies sind die drei Eigenschaften im Ziel-Stadium des phasenbezogenen Krisenverarbeitungsmodells von Schuchardt 1993, 36-39.

[54] Hier nennenswerte Stichprobenwerte: Alter des Kindes mit Down-Syndrom 9 Monate - 27 Jahre; Wohnort des Kindes : 7 zuhause, 2 außer Haus; Religionszugehörigkeit: 3 evang., 4 kath., 2 freikirchlich; Beruf: Bürokauffrau bis Zahnärztin; Schulabschluß: Realschule bis Abitur.

den Fragebogen mit Anstreichungen und Kommentaren zu versehen. Auf der Basis von kritischen Anmerkungen der Probanden und ihres Antwortverhaltens wurde der Fragebogen gründlich überarbeitet. Formulierungen wurden verändert, Instruktionen präzisiert, Fragen ergänzt, Skalierungen vereinheitlicht u. s. w.

Endversion des Fragebogens

Die Fragebogenversion, die unserer empirischen Erhebung zugrunde gelegt wurde, besteht aus einem zweiseitigen persönlichen Begleitbrief, einem Deckblatt und aus elf Seiten mit Frageblättern[55]. Im Begleitschreiben wurde u. a. auf die Arbeit des Forschungsprojektes sowie Thema und Intention der Fragebogenerhebung Bezug genommen. Ferner wurde darauf hingewiesen, dass die persönlichen Angaben (Name, Adresse, Telefonnummer) durch Abtrennen des Deckblattes anonymisiert werden. Das Deckblatt enthält darüber hinaus sechs allgemeine Regeln, die zur korrekten Handhabung des Fragebogens anleiten sollen. Der Frageteil selbst besteht aus sieben Abschnitten, die jeweils eine Überschrift (z. B. „Lebenseinstellung" oder „Angaben zu Ihrer Person"), allgemeinverständliche Einleitungssätze und wo nötig konkrete Instruktionen zum Ausfüllen der nachstehenden Items enthalten.

Die Anordnung der Fragebogenitems folgt nicht dem theoretisch-konzeptuellen Modell, sondern den antizipierten Bedürfnissen der Respondenten. Mit Rücksicht auf die anfangs noch gute Konzentrationsfähigkeit wurden die geschlossenen Bewertungsstatements in einer inhaltlich aufeinander aufbauenden Reihenfolge vorangestellt. Als Einstieg wurde die am wenigsten persönliche Frage nach den kulturellen Einstellungswerten gewählt. Die sich anschließenden Abschnitte wurden in aufgelockerter Weise im Wechsel von Frage- und Statementeinheiten angeordnet und mit dem formalen Teil der Personaldaten abgeschlossen.

2.2 Durchführung

2.2.1 Fragebogenverschickung

Der Fragebogen „Lebensanschauung und Diagnose Down-Syndrom" wurde im September 1994 auf den Postweg gebracht. Aus dem Datenpool des Forschungsprojektes konnten Fragebogen an 132 Familien adressiert werden. Jede Mutter und jeder Vater erhielt einen geschlechtsspezifisch gekennzeichneten Bogen zum Ausfüllen, so dass insgesamt *258 Einzelexemplare* (126 an Paare, 6 an Einzelpersonen) verschickt wurden. Dem Fragebogen war neben dem erwähnten Begleitschreiben ein adressiertes, unfrankiertes Rücksendecouvert beigelegt. Auf ein vorausgehendes Ankündigungsschreiben der geplanten Erhebung wurde verzichtet.

Rücklauf

In einer Rücklaufzeit von 5 Monaten wurde eine Rücklaufquote von 37,2 % erreicht. Dies enspricht einer Anzahl von 96 Fragebogen. Mit der Entscheidung von knapp zwei Drittel der angeschriebenen Personen, an der Erhebung nicht teilzunehmen, ist *eine zweite Selektion der Stichprobe* entstanden.
Über die Entscheidungskriterien der Eltern für oder gegen die Teilnahme kann hier

---

[55] Vgl. den im Anhang abgedruckten Fragebogen.

nur spekuliert werden. Neben äußeren Gründen wie Zeitdruck, Versäumnis, Adressenänderung etc. müssen auch innere in Erwägung gezogen werden. So könnten die Ursachen für eine Antwortverweigerung auch in einer individuellen Haltung gegenüber dem recht intimen Untersuchungsthema liegen und mit Desinteresse, Scheu, religiösem Skrupel verbunden sein oder ihren Grund in der mangelnden bzw. nicht vorhandenen Beziehung der Respondenten zum Untersucher finden[56]. Ferner ist nicht auszuschließen, dass eine Person über die Adresse ihres (evtl. ehemaligen) Partners bzw. ihrer Partnerin (postal) nicht erreicht wurde. Es bleibt darum offen, wieviele Fragebogen de facto bei den Adressaten angekommen sind.

2.2.2 Auswertungsmethode

Zur Auswertung des Untersuchungsmaterials wurde auf die EDV-Unterstützung des Softwareprogramms „Superior Performing Software System" SPSS / PC+ in der Version 4.0 zurückgegriffen[57]. Dieses Programmsystem ist geeignet, empirisch erhobenes Datenmaterial mit Hilfe eines Mikrocomputers nach den gängigen parametrischen und nicht-parametrischen Verfahren statistisch auszuwerten.
Als Vorbereitung für die Dateneingabe in den Computer wurde ein Codierungsskript mit einem *Codeplan* erstellt, der für jedes Fragebogenitem die zu verwendenden numerischen und alphanumerischen Codes festlegt und den Items bzw. Variablen ein Kurzbezeichnung zuordnete. Dieses Codierungsskript schafft die Voraussetzung für eine EDV-gerechte Aufbereitung der Erhebungsdaten und gewährleistet zugleich eine jederzeit zuverlässig nachvollziehbare Entschlüsselung aller Daten und Variablennamen.
Auf der Grundlage des Codeplans wurde im Programm SPSS eine sogenannte DATA LIST erstellt, in welcher die Namen, die Codierungsart (numerisch bzw. alphanumerisch) und die Zeichenpositionen mit den variablenspezifischen Positionswerten innerhalb der Datenmatrix festgelegt wurden[58]. Darauf erfolgte die Eingabe der codierten Daten in eine aus Untersuchungsteilnehmern (Zeilen) und Variablen (Spalten) bestehenden Datenmatrix. Fehlende Daten (missing data) wurden gesondert mit einem Querstrich („-") gekennzeichnet. Abschließend wurde die formale Richtigkeit des Datenmaterials mehrfach überprüft[59].
Die Auswertungsoperationen wurden nach Maßgabe der jeweiligen Datenqualität auf der Basis der zu überprüfenden Hypothesen und der zu beschreibenden Variablen durchgeführt. Sie werden, wo nötig, bei der Darstellung der Ergebnisse begründet und erläutert.

---

[56] Vgl. die Erwägungen von Bortz 1984, 187.
[57] Der frühere Name dieses Programmsystems lautete „Statistical Package for the Social Science" (Kähler 1992, 2).
[58] Vgl. Kähler 1992, 43-53.
[59] Mit einem SPSS-internen Kontrollprogramm konnte eine unkorrekte Codierungsart ausgeschlossen werden (vgl. Kähler 1988, 50). Mit der Befehlsform „SELECT IF" wurde überprüft, ob die Daten der Einschätzungskalen innerhalb der zulässigen Werte zwischen eins und fünf liegen (ebd. S. 51-56). Durch die mehrfache optische Kontrolle der Datenkolumnen konnte eine korrekte Positionierung der Datenwerte gewährleistet werden. Alle Plausibilitätschecks der Meßwerte bestätigten die Zuverlässigkeit der Dateneingabe.

2.3 Auswertung und Diskussion

2.3.1 Stichprobenbeschreibung und Hintergrundvariablen

Zusammensetzung

Alle 96 Teilnehmer/innen der Untersuchung sind Väter oder Mütter eines Kindes mit Down-Syndrom. Von ihnen stammen 94 Personen aus der Bundesrepublik Deutschland inklusive den neuen Bundesländern und zwei aus den Niederlanden. Ohne Ausnahme haben sie jeweils als Mutter oder Vater selbständig einen eigenen Fragebogen ausgefüllt. Mit 56 Frauen (55%) gegenüber 40 Männern (45 %) ist bei der Beteiligung ein geschlechtspezifisches Übergewicht an Frauen festzustellen. Unsere Stichprobe repräsentiert damit nicht exakt die Geschlechterverteilung der Grundgesamtheit aller betroffenen Eltern von ungefähr je 50 %. Vielmehr spiegelt sich in der Teilnahme die gesellschaftliche Situation wider, dass Väter gegenüber Müttern unterproportional mit den Angelegenheiten ihrer Kinder verwoben sind. In 19 Familien füllten nur die Mütter, nicht aber die Väter Fragebogen aus. Unter diesen 19 Müttern sind 7 alleinerziehend. Dagegen gab es unter den Vätern keinen alleinerziehenden und nur drei partizipierten an der Befragung ohne Partnerin. Vergleichen wir die Zahlen zur sozialen Lebensform mit dem Bundesdurchschnitt, so zeigt es sich, dass die alleinerziehenden Eltern, Mütter wie auch Väter, in unserer Stichprobe unterrepräsentiert sind.[60]

Insgesamt beteiligten sich ungefähr drei Viertel der Eltern (77 %) als Elternpaare und ein Viertel als Einzelpersonen ohne die Teilnahme des Partners bzw. der Partnerin. In diesem Zusammenhang ist zu beachten, dass sich die Angaben von Elternpaaren jeweils auf ein und dasselbe Kind beziehen. Der Erhebung liegen also nicht 96, sondern nur 59 Kinder mit Down-Syndrom zugrunde[61].

Wie die untenstehende Abbildung zeigt, gehören die befragten Eltern mit wenigen Ausnahmen je zur Hälfte den beiden Altersgruppen zwischen 30 und 50 Jahren an. Ihr Altersdurchschnitt liegt bei 41,5 Jahren, wobei die Väter im Durchschnitt erwartungsgemäß älter sind als die Mütter. Es fällt auf, dass die Altersgruppe unter 30 Jahre - von einer Person abgesehen (28) - nicht repräsentiert ist. Dies läßt sich mit der Altersverteilung der Down-Kinder (siehe B, Abb. 12) und der erhöhten Auftretungshäufigkeit bei zunehmendem Alter der Eltern weitgehend erklären.

---

[60] Statt 7,3 % in unserer Stichprobe sind in der Bundesrepublik Deutschland 18,5 % der Mütter alleinerziehend, statt 0 % der Väter in Deutschland 3,4 %. Die bundesrepublikanischen Angaben wurden vom Statistischen Bundesamt im April 1994 bei Vätern und Müttern von Kindern unter 28 Jahren erhoben.

[61] Die Datenerhebung aus der Perspektive der Eltern impliziert eine teilweise Verdoppelung von Werten, die sich auf das Kind mit Down-Syndrom beziehen. Alle durch Paarkonstellation duplizierten Daten, die zu den Kindern erhoben wurden, z. B. der Zeitpunkt der Diagnoseeröffnung, wurden auf die Anzahl der Kinder mit Down-Syndrom reduziert.

Altersverteilung der Eltern

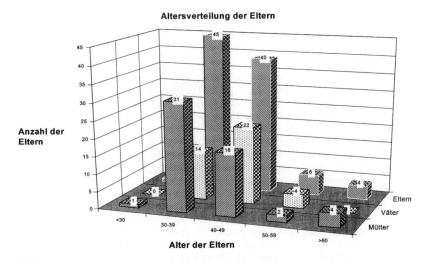

4. Abbildung: Altersverteilung der Eltern in Jahren (F 20)

Religiöse bzw. weltanschauliche Gebundenheit

Bezüglich ihrer religiösen Bindung machten die Eltern folgende Angaben: 70 Personen (73 %) gaben an, Mitglied einer Religionsgemeinschaft zu sein, 26 Personen (27 %) waren ohne Religionsmitgliedschaft. Dies entspricht in etwa der bundesdeutschen Verteilung. Von den 27 Nichtmitgliedern machten 17 Personen weitere Angaben zu ihrer Lebensanschauung. Fünf bezeichneten sich im weitesten Sinne als christlich, sieben gaben die Anschauungsformen Atheismus, Humanismus, abendländische Anschauung, Reinkarnation, Realismus, Taoismus, Zen-Buddhismus an und fünf Personen machten Umschreibungen wie z. B. „Es kommt wie's kommt. Wir haben auf unser Leben und dessen Verlauf nur sehr bedingt Einfluss".

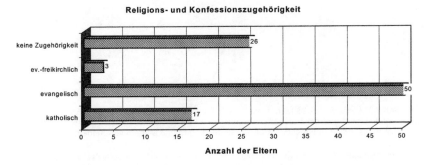

5. Abbildung: Religions- und Konfessionszugehörigkeit (F 26)

Diese Umschreibungen bilden in Ansätzen den lebensanschaulich-religiösen Pluralismus ab, der in unserer offenen interkulturellen Gesellschaft vorherrschend ist. In ihm fließen weltanschauliche Vorstellungen teilweise synkretistisch ineinander und gehen weit über die traditionellen Formen der Weltreligionen hinaus. Bei der Zugehörigkeit zu einer Religion bzw. Konfession zeigt sich, dass Eltern mit evangelischer Konfession in der Stichprobe dreimal so häufig aufgetreten sind als solche mit katholischer Konfession. Am bundesdeutschen Durchschnitt orientiert müßten es dagegen gleichviel Katholiken (33,7 %) wie Protestanten (34,6 %) sein[62]. Diese Ungleichheit dürfte damit zusammenhängen, dass unsere Untersuchung vom evangelischen Südwesten aus durchgeführt wurde und von dort die meisten Respondenten stammen. Während Eltern mit evangelischer Konfession einen extremen Überhang zeigen, sind Eltern katholischer Konfession unterproportional und Eltern nichtchristlicher Religionen überhaupt nicht repräsentiert. Dieses Ergebnis kann auch als Hinweis dafür verstanden werden, dass ausländische Eltern und Mitglieder nichtchristlicher Religion in unserer Stichprobe nicht vorkommen oder unterrepräsentiert sind. Der hohe Anteil an evangelischen Kirchenmitgliedern führt u. a. dazu, dass in unserer Population die Kirchenmitglieder stärker vertreten sind als im Bundesdurchschnitt. Zugleich dürfte die teilweise christlich-religiöse Ausrichtung des Fragebogens Kirchenmitglieder stärker zum Ausfüllen bewogen haben als Nichtmitglieder.

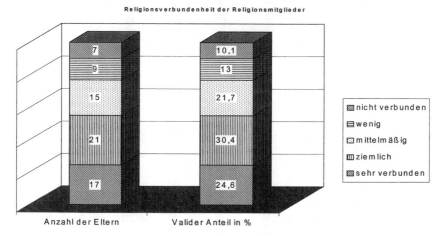

6. Abbildung: Religionsverbundenheit der Religionsmitglieder (F 27)

Bei der Religionsverbundenheit wurde eine Teilstichprobe gezogen. Nur diejenigen (70) Eltern, die angaben, Mitglied einer Religion zu sein, wurden berücksichtigt. Bemerkenswert ist der hohe Anteil an Eltern, die sich ihrer Religion sehr bzw. ziemlich verbunden fühlen (55 %) gegenüber denen, die sich nicht verbunden fühlen (7 %).

---

[62] Die Angaben in Klammern sind die offiziellen Verhältniszahlen der Bevölkerung im Bundesgebiet nach Religionszugehörigkeit des Statistischen Bundesamtes mit Stichtag 31.12.1994.

Bildung

Im Vergleich zur Schulausbildung der Bevölkerung in der Bundesrepublik im analogen Alter von 30-50 Jahren[63] zeigt es sich, dass das allgemeine Bildungsniveau der Teilnehmer/innen unserer Untersuchung signifikant höher ist. Die Differenz bei der Fach- und Hochschulreife sowie beim Hauptschulabschluss liegt bei ca. 30 Prozentpunkten und trifft für Männer und Frauen in gleicher Weise zu.

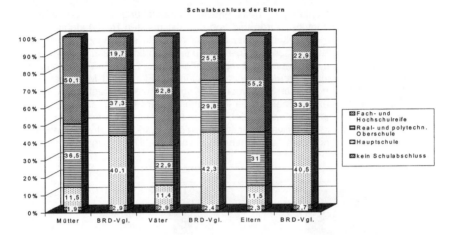

7. Abbildung: Schulabschluss der Eltern (F 29)

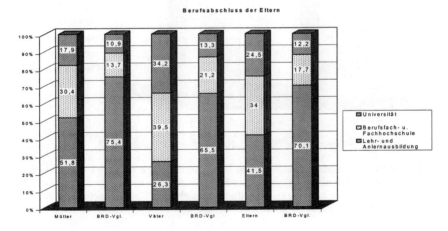

8. Abbildung: Berufsabschluss der Eltern (F 29)

---

[63] Die Werte des BRD-Vergleichs sind der Erhebung des Statistischen Bundesamtes vom April 1996 für die Altersgruppe 30-50 Jahre in der Bundesrepublik entnommen.

Das sehr hohe, überdurchschnittliche Bildungsniveau der Eltern spiegelt sich auch in ihrem Berufsabschluss wider. Der Anteil der Befragten mit einem Fachhochschul- und Universitätsabschluss ist um fast 30 % größer als im Bundesdurchschnitt[64] und an der Lehr- und Anlernausbildung um diesen Anteil geringer. Dieses Ergebnis korrespondiert mit den Werten beim Schulabschluss.

Hier ist jedoch im Unterschied zum Schulabschluss zu beobachten, dass der Berufsabschluss der befragten Mütter im Verhältnis zu den Männern geringer ansteigt. Dies könnte durch die besonderen Anforderungen bei der Versorgung des Kindes mit Down-Syndrom bedingt sein, die i. d. R. von den Müttern erbracht wird. Die allgemeine Schulbildung ist meist vor der Geburt des Kindes abgeschlossen, die Berufsausbildung aber muss häufig mit der Versorgung des Kindes bzw. der Kinder in Einklang gebracht werden. Bemerkenswert ist, dass auch alle Mütter einen anerkannten Berufsabschluss aufweisen.

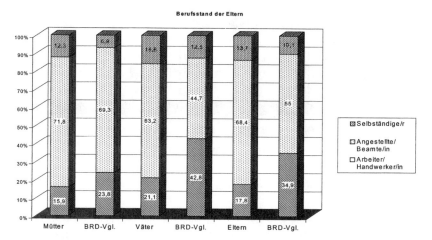

9. Abbildung: Berufsstand der Eltern (F 28)

Der Berufsstand der Eltern wurde auf der Grundlage des zuletzt ausgeübten Berufs (F 28) ermittelt. Die aktuelle Nichterwerbstätigkeit, zu der bislang noch immer die Hausarbeit gezählt wird, bleibt hier unberücksichtigt. Der Vergleich mit den repräsentativen Zahlen des Bundesdurchschnitts zeigt[65], dass unter den befragten Eltern sich deutlich weniger Arbeiter und Handwerker/innen befinden. Der weit höhere Anteil an Selbständigen schlägt besonders bei den Müttern zu Buche. Beim Blick in die Liste der Berufsbezeichnungen fällt besonders bei den Müttern auf, wie hochqualifiziert ihre Berufsabschlüsse sind. Es befinden sich etliche Ärztinnen, Gymnasiallehrerinnen und Inhaberinnen eines Hochschuldiploms unter ihnen.

---

[64] Die Vergleichswerte der Ausbildungsabschlüsse in Klammern beziehen sich auf die Angaben des Statstissischen Bundesamtes vom April 1995 für die Altersgruppe 30-50 Jahre in der Bundesrepublik.
[65] Die Vergleichswerte entstammen den Angaben des Statistischen Bundesamtes zu den Erwerbstätigen nach Stellung im Beruf in der Altersgruppe 30-50 Jahre vom April 1995.

Insgesamt lassen die Ergebnisse des Schul- und Berufsabschlusses sowie der Stellung im Beruf klar erkennen, dass der Bildungs- und Berufsstand der befragten Eltern signifikant höher liegt als das Niveau der Grundgesamtheit.

Kinder

Von den Kindern mit Down-Syndrom sind 45 % weiblich und 55 % männlich, so dass dies ungefähr dem Geschlechterverhältnis von etwas mehr männlichen als weiblichen Geburten in der Bevölkerung entspricht.

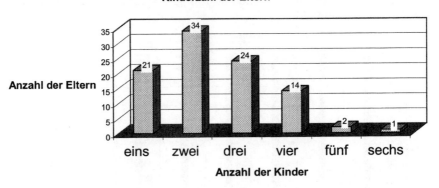

10. Abbildung: Kinderzahl der Eltern (F 21)

Die Anzahl der Kinder, die von den untersuchten Eltern angegeben wurden, liegt zwischen einem und sechs Kindern. Mit 2,4 Kindern, die im Mittel auf eine Mutter bzw. einen Vater kommen, wird der bundesdeutsche Durchschnitt von 1,4 Kindern pro Familie überschritten. Diese klare Normabweichung dürfte jedoch nicht auf den Bias der Stichprobe zurückzuführen sein, sondern ein Spezifikum von Familien darstellen, die ein Kind mit Down-Syndrom haben.[66]

Ein einziges Elternpaar hatte nach der Geburt eines leiblichen Kindes mit Down-Syndrom ein zweites Kind mit Down-Syndrom adoptiert. Ein anderes Paar ist Adoptivmutter und Adoptivvater eines Kindes mit Down-Syndrom[67]. Da sich die Eltern frei zu diesem Schritt entschieden haben und die Mutter am Ende ihres Fragebogens anmerkte, die Warum- und Schuldfrage habe sich ihr gar nicht gestellt, folglich sei der Wunsch nach Unterstützung und Begleitung auch nicht so dringlich, wurden diese Untersuchungsteilnehmer bei der Auswertung der Fragen 6, 8, 9, 11, 12 aus der Stichprobe herausgenommen.

---

[66] Dieses Ergebnis stimmt mit der Manchester Cohort Study (Byrne 1988, 20) überein. In dieser Studie, die sich auf 181 Familien mit Down-Kindern stützt, liegt der Durchschnitt der Kinderzahl bei über 2,6. Stark abweichend ist der Anteil der Eltern, die nur ein Kind haben (10 % statt 21,9 %).
[67] Byrne (1988, 19) nennt mit 6 % einen vergleichbaren Anteil an Eltern, die ein Kind mit Down-Syndrom adoptiert haben. In unserer Studie sind es 4,2 %.

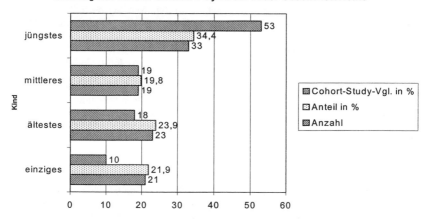

11. Abbildung: Stellung des Kindes mit Down-Syndrom in der Geschwisterreihe (F21)

Bei 21 Elternteilen ist das Kind mit Down-Syndrom das einzige Kind in der Familie. Dieser Anteil von 22 % ist gegenüber dem Vergleichswert der Manchester Cohort Study (10 %) stark erhöht. In 78 % der Fälle hat das Kind mit Down-Syndrom ein Geschwisterkind und ist am häufigsten das jüngste Kind (35 %), danach das älteste (24 %) und am seltensten das mittlere bzw. ein mittleres Kind (20 %).

Altersverteilung der Kinder mit Down-Syndrom

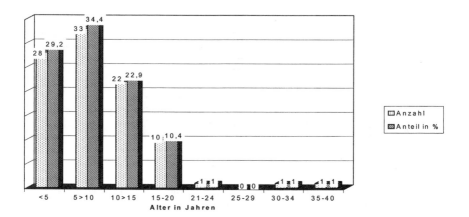

12. Abbildung: Altersverteilung der Kinder mit Down-Syndrom (F 22)

Das jüngste Kind war bei der Befragung der Eltern *ein* Jahr alt, das älteste 37 Jahre. Das durchschnittliche Alter der Kinder mit Down-Syndrom lag bei 8,2 Jahren. Dies bedeutet zugleich, dass die Diagnoseeröffnung der befragten Eltern *im Durchschnitt 8,2 Jahre* zurücklag.
Grob betrachtet ist das Alter der Kinder zu einem Drittel zwischen 0 und 5 Jahren, zu einem Drittel zwischen 5 und 10 Jahren sowie zu einem weiteren Drittel zwischen 10 und 20 Jahren. Das frühe und mittlere Erwachsenenalter sowie das Säuglingsalter ist deutlich geringer repräsentiert als das Kleinkinder-, Kinder- und Jugendalter.
Fast alle Kinder mit Down-Syndrom wohnen bei ihren Eltern zuhause. Der mit 4,2 % sehr geringe Anteil, der außerhalb der eigenen Familie bzw. im Heim untergebracht ist, kann mit der spezifischen Stichprobe besonders engagierter Eltern weitgehend erklärt werden.

Diagnoseeröffnung

Keinem Elternteil in unserer Stichprobe wurde die Diagnose bereits pränatal eröffnet. Demnach befinden sich in unserer Untersuchung keine Eltern, die trotz einer positiven Pränataldiagnose ein Kind mit Down-Syndrom bekommen haben. Ferner ist der Anteil der perinatalen Diagnoseeröffnungen, die innerhalb der ersten Lebenswoche des Kindes stattfanden, mit 71,9 % kleiner als der entsprechende Anteil in aktuellen Studien (80-85 %)[68].

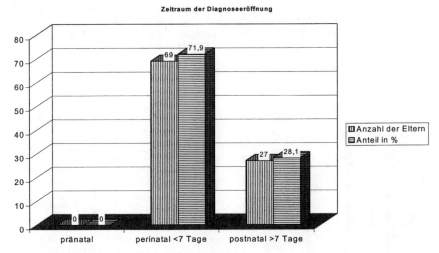

13. Abbildung: Zeitraum der Diagnoseeröffnung

Dies dürfte damit in Verbindung stehen, dass die Diagnosemitteilungen in der Stichprobe bis zu einem Zeitraum von 40 Jahren zurückreichen.

---

[68] Siehe die Zusammenfassung in Dittmann 1994b, 37/1 und vgl. unter A, 1.2.2.2.

Stichprobe	Zeitraum	Mittelwert	M-Wert zus.	St. Dev.	Minimum	Maximum
Mütter	perinatal	1,4	19,3	1,6	0	7
	postnatal	73,1	19,3	87,2	8	300
Mütter von Kindern (0–10 Jahre)	perinatal	1,4	11,2	1,7	0	7
	postnatal	68,5	11,2	59,9	8	180
Mütter von Kindern 0-5 J.	perinatal	0,9	10,9	1,3	0	4
	postnatal	50,8	10,9	29,4	8	75

14. Abbildung: Deskriptionswerte des Zeitpunktes der Diagnoseeröffnung in Tagen

Die Teilstichprobe „Mütter von Kindern mit Down-Syndrom" schließt die Doppelung von Werten aus und deckt - mit Ausnahme der drei Väter, die ohne Partnerin geantwortet hatten - die gesamten Untersuchungsteilnehmer/innen ab. Die Ergebnisse dieser Teilstichprobe zum Zeitpunkt der Diagnoseeröffnung bestätigen die in der Forschungsliteratur mehrfach festgestellte Tendenz zu einem früheren Diagnosezeitpunkt. So verringert sich der Mittelwert im perinatalen Bereich von 1,4 Tagen bei allen Müttern auf 0,9 Tage bei Müttern, deren Kind maximal 5 Jahre alt ist. Im postnatalen Bereich reduziert er sich von 73 auf 51 Tage, also um rund ein Drittel. Der sich fortsetzende Trend zu einer Vorverlagerung der Diagnoseeröffnung ist zu begrüßen. Dennoch sind die postnatalen Zeiträume angesichts der vorhandenen diagnostischen Möglichkeiten der Karyogrammdiagnose und der Prima-Vista-Diagnose entschieden zu lang. Sie sollten in naher Zukunft so weit reduziert werden können, dass nahezu alle Diagnosemitteilungen perinatal erfolgen können und der postnatale Zeitraum beim Down-Syndrom i. d. R. kein diagnostische Relevanz mehr besitzt.

Zusammenfassung der Stichprobenbeschreibung
An der schriftlichen Befragung nahmen teil: 96 Eltern von Kindern mit Down-Syndrom, 56 Frauen und 40 Männer, drei Viertel als Elternpaare und ein Drittel als Einzelpersonen, davon sieben alleinerziehende Frauen. Die Eltern besitzen ein Bildungs- und Berufsniveau, das weit über dem arithmetischen Mittelwert der bundesdeutschen Bevölkerung liegt. Ihr durchschnittliches Alter ist 41,5 Jahre, das ihrer Kinder mit Down-Syndrom 8,2 Jahre. Auf eine befragte Familie kommen im Mittel 2,4 Kinder. Der Zeitraum der Diagnoseeröffnung lag bei 82 % der Eltern im Perinatal- und bei 28 % im Postnatalbereich.

Stichproben-Bias
Die Werte der Hintergrundvariablen bestätigen unsere Vermutung, eine zweifache Selektion bei der Auswahl der Stichprobe könne zu Merkmalen führen, die für die Grundgesamtheit in unserem Erfassungsbereich untypisch sind. Unsere Stichprobe weicht in einzelnen Punkten von der Population der „Eltern von Kindern mit Down-Syndrom" ab.

Deutlich mehr Mütter als Väter haben an der Befragung teilgenommen. Das Ausbildungsniveau der Stichprobe liegt weit über dem Bundesdurchschnitt. Eltern unter 30 und über 50 Jahren sind unterrepräsentiert. Ihre Zugehörigkeit zur evangelischen Konfession ist überproportional hoch, und der Anteil der Kinder, die außerhalb der Familie wohnen, ist etwas geringer als in der Grundgesamtheit. Diese Devianzen gilt es bei der Interpretation der weiteren Ergebnisse zu berücksichtigen.

2.3.2 Intervenierende Variablen

Neben variablen Merkmalen wie Alter, Bildung oder Geschlecht der Eltern (Hintergrundvariablen) wird der Deutungs- und Einschätzungsprozess (C) auf unmittelbare Weise von unterschiedlichen lebensanschaulichen Aspekten beeinflußt. Von den unmittelbar wirkenden epistemologischen Merkmalen wurden fünf kulturelle Anschauungswerte, vier Grundanschauungen, sieben Theodizeesymbole und die beiden Formen der extrinsischen bzw. intrinsischen Religiosität (intervenierende Variablen) ausgewählt.

Kulturelle Anschauungswerte

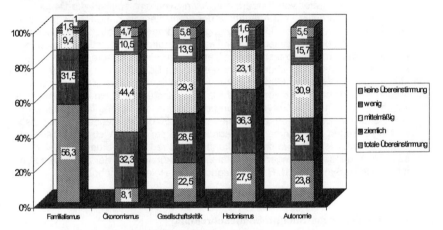

15. Abbildung: Kulturelle Anschauungswerte (F 1)

Bei den kulturellen Anschauungswerten lässt sich eine *Tendenz zur positiven Bewertung* beobachten. Alle Mediane liegen unter dem mittleren Skalenpunktwert (3,0). Die mit Abstand größte Zustimmung erzielten die Aussagen zum Familialismus. Für die Wertschätzung der Familie sprach sich eine klare Mehrheit mit totaler Übereinstimmung und ein Drittel der Eltern mit ziemlicher Übereinstimmung aus. Der *Familialismus* kann damit als *kultureller Leitwert* betrachtet werden[69]. Es ist anzunehmen, dass Werte, die der Familie, der Partnerschaft und den Kindern zugemessen werden durch die Geburt eines behinderten Kindes an Bedeutung gewinnen. Eine Bestätigung dieser Annahme kann auch in der überdurchschnittlichen, für die höhere Bildungsschicht untypisch hohen Kinderzahl der Respondenten gefunden werden. Hier könnte sich jedoch auch der Stichproben-Bias der Eltern auswirken, die sich für ihr Kind mit Down-Syndrom überproportional engagieren. Immerhin wäre aus theoretischer Perspektive auch eine Abwertung des Familialismus denkbar. Denn bei einem misslingenden Bewältigungsprozess könnte es auch zu einem Wertewandel kommen, der sich von der Familie distanziert. Das geringe Maß an Ablehnung gegenüber dem Familialismus ist folglich bemerkenswert.

---

[69] Auch in Lang 1999, 300 ist für 24 Frauen (51 %) die Familie der zentrale kulturelle Wert.

Die deutlich geringste Befürwortung erhält der *Ökonomismus*. Die Einstellung, sich durch materielle Erfolge bedeutende Werte schaffen und sich durch Finanzen gegen Nöte absichern zu können, wird mit der Behinderung des eigenen Kindes in Frage gestellt. Dieses Ereignis fordert vielmehr zur Reorganisation der Lebensanschauung und ihrer gesellschaftskonformen Leistungswerte heraus[70]. Festzuhalten bleibt, dass die beiden bürgerlichen Werte Familialismus und Ökonomismus konträr bewertet werden.

Die kulturelle Anschauung *Hedonismus* wird sehr positiv beurteilt und erzielt gegenüber Gesellschaftskritik und Autonomie sogar höhere Verteilungs- und Deskriptionswerte. Dies überrascht auf den ersten Blick. Es leuchtet jedoch ein, dass in einer Belastungssituation, die durch Fremdbestimmung und vielfältige Anforderungen gekennzeichnet ist, es für viele betroffene Eltern um so erstrebenswerter wird, das Leben zu genießen und Spaß zu haben. Ein Wert kann gerade dann große Bedeutung erlangen, wenn er für eine Sehnsucht steht, die im praktischen Leben nur unter Widerständen verwirklicht werden kann.

Die Zustimmung zur *Gesellschaftskritik* war aufgrund der spezifischen Zusammensetzung engagierter Eltern zu erwarten. Der Sinn für eine gerechte Verteilung von Einkommen, Macht und Partizipation in der Gesellschaft dürfte bei ihnen durch die vielfach als ungerecht und ausgrenzend empfundene gesellschaftliche Benachteiligung eines behinderten Menschen und seiner Familie über die Jahre geschärft worden sein und zugleich das Bedürfnis geweckt haben, gegen diese Zustände etwas zu unternehmen[71].

Die Items des kulturellen Wertes *Autonomie* wurden sehr heterogen bewertet. Der Aspekt von Autonomie „tun und lassen können, was ich will" wurde überwiegend negativ bewertet. Gerade das unabhängige Verfügen über eigenes Tun und Lassen wird durch die Geburt eines Kindes, und verstärkt eines Kindes mit einer Behinderung, eingeschränkt. Doch trotz des dadurch zunehmenden Bedürfnisses nach sozialer Entlastung betonen betroffene Eltern das familiäre Eingebundensein als einen hohen Wert. „Nicht an Regeln gebunden sein" erfährt dagegen nur eine ganz geringe Zustimmung.

Die Autonomie, die von betroffenen Eltern wertgeschätzt wird, hat nichts mit Libertinismus zu tun, sondern ist auf eine kognitive und alltagspraktische Unabhängigkeit gerichtet. Mit sehr großer (völliger) Übereinstimmung (45 %) möchten sie „selbst herausfinden, was im Leben gut und was schlecht ist" und äußern mehrheitlich das Bedürfnis, „von niemandem abhängig zu sein".

Grundanschauungen
Nach der Ausrichtung ihrer Lebensanschauung befragt, votierten die Untersuchungsteilnehmer/innen erwartungsgemäß kontrovers, denn die vier angebotenen Grundanschauungen zielen auf Wert- und Machtzentren, die sich teilweise per definitionem ausschließen. Die Annahme eines göttlichen Wesens (Deismus) streitet

---

[70] Dies findet auch in der signifikanten Korrelation zwischen zunehmendem Alter des Kindes bei abnehmenden ökonomischen Werten seine Bestätigung. Vgl. unter B, 2.3.4.3.
[71] Diese Vermutung steht im Einklang mit Deutungen von Eltern, die in B, 3.2.3. unter „Lernchance für die Gesellschaft" aufgeführt sind.

z. B. ab, dass es nichts Höheres als das Gegebene gibt (Nihilismus). So wird verständlich, warum die Bewertungen der Eltern eine große Polarität aufweisen, die Zwischenwerte zwei und vier oft reduziert sind und die Standardabweichungen recht hoch ausfallen (zw. 1,2 u. 1,6). Zugleich wird aber auch bestätigt, wie plural und dissonant die Grundanschauungen unserer Gesellschaft und ihrer Mitglieder sind. Bei den Eltern von Kindern mit Down-Syndrom können polare Einschätzungen insbesondere bei der *theistischen* Grundanschauung festgestellt werden. Hier hält sich Zustimmung und Ablehnung fast die Waage.

Vier Grundanschauungen

	Theismus	Deismus	Naturalismus	Nihilismus
überhaupt keine Übereinstimmung	34,7	20,8	18,4	
wenig	6,8	8,7	42,4	60,5
mittelmäßig	12,6	14,5	21,6	
ziemlich	14,2	14,5	17,9	7,4
totale Übereinstimmung	31,6	43,5	30	12,6 / 4,2 / 15,2

16. Abbildung: Grundanschauungen (F 2)

Beim *Naturalismus* ist dagegen die stärkste Zentraltendenz zu erkennen. Rund einem Viertel der Eltern fällt es schwer, sich in einer klaren Eindeutigkeit für oder gegen die naturalistische Grundhaltung zu entscheiden. Dennoch erhält der Naturalismus in der Gesamtbewertung die geringste Ablehnung (18,4 %). Die relativ hohe Akzeptanz des Naturalismus steht im Einklang mit dem naturwissenschaftlich-neuzeitlichen Weltbild, das in unserer Gesellschaft vorherrschend ist. Da die naturalistische Sichtweise einen hohen Grad an Selbstverständlichkeit erreicht hat, bedarf sie weniger Reflexion und Konfession, was den geringen Anteil an totaler Übereinstimmung erklären könnte.

Die größte Elterngruppe, die mit einer Grundanschauung völlig übereinstimmt, verbucht der Deismus, gefolgt vom Theismus und erst an dritter Stelle der Naturalismus. Die überraschend hohen Zustimmungswerte bei der deistischen und theistischen Anschauungsform können mit dem hohen Anteil an christlicher Konfessionszugehörigkeit und Religionsverbundenheit weitgehend erklärt werden. Es könnte sich hier aber auch das religionspsychologische Phänomen ausgewirkt haben, dass die Bewältigung eines kritischen Lebensereignisses transzendierende, religiöse Effekte nach sich zieht. Dies läßt sich jedoch nur vermuten, im Rahmen dieser Studie aber nicht belegen[72].

---

[72] Siehe Teil A unter 3.2.3. die religionspsychologische Grundannahme 1.2.

Der *Nihilismus* erhält mit Abstand die geringste Zustimmung. Er wird nur von einer kleinen Gruppe (15 %) entschieden befürwortet, von der überwiegenden Mehrheit (60 %) aber strikt abgelehnt. Aufgrund des Stichprobenbias muss allerdings davon ausgegangen werden, dass die nihilistische Grundanschauung in der Bevölkerung stärker repräsentiert ist als bei den hier befragten Eltern.

Insgesamt erhalten die transzendenten Grundanschauungen Theismus und Deismus im Vergleich zu den immanenten Anschauungen Naturalismus und Nihilismus bei den Untersuchungsteilnehmer/innen einen leichten Vorzug.

Theodizeesymbole

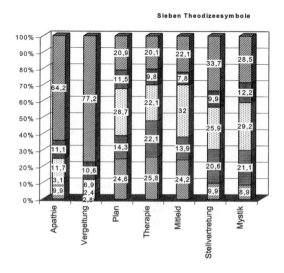

17. Abbildung: Sieben Theodizeesymbole (F 3)

Die Fragebogenitems der Theodizeesymbole wurden von 15 Teilnehmer/innen nicht oder nur sehr lückenhaft ausgefüllt. Es ist zu vermuten, dass es sich bei diesen Eltern um eine Personengruppe handelt, die in ihrer Lebensanschauung die Existenz einer höheren Wirklichkeit ausschließt[73].

Von den Theodizeesymbolen werden die *traditionellen Symbole* Apathie und Vergeltung entschieden und fast ausschließlich negativ bewertet. Die stärkste Ablehnung bei verschwindend geringer Zustimmung erfährt die Vorstellung, das Ereignis sei eine Strafe bzw. *Vergeltung* für ein vorausgehendes Fehlverhalten. Dieser Schuld-Sühne-Zusammenhang christlich-jüdischer Herkunft wird schon in der alttestamentlichen Tradition bei Hiob überwunden, setzt sich aber in seiner Wirkungsgeschichte an den Rändern bis heute fort. Bei den hier befragten Eltern spielt diese

---

[73] Die Personengruppe (15 %), die der nihilistischen Anschauung völlig zustimmt, entspricht grob dem Anteil der fehlenden Werte. Somit könnten es die Respondenten, die an keine höhere Wirklichkeit glauben, gewesen sein, die die Items zu den Theodizeesymbolen nicht ausgefüllt haben. Dies entspricht der im einleitenden Teil dieses Fragekomplexes (F 3) formulierten Aufforderung, die Frage auszufüllen, „wenn Sie in irgendeiner Weise an Gott (...) glauben."

Vorstellung von der Vergeltung eine verschwindend geringe Rolle (2,8 bzw. 5,2 %). Dies ist überraschend, da sich ein großer Teil der Befragten der christlichen Tradition verpflichtet fühlen. Allerdings könnte das überdurchschnittliche Bildungsniveau zu diesem positiven Trend mit beigetragen haben.

Es stellt sich ferner die Frage, welchen Einfluss die Kenntnis über die Entstehungsweise des Down-Syndroms gespielt hat. Wurde diese Deutungsform der strafenden Selbstzuschreibung durch eine gute medizinische Aufklärung abgemildert und ist in ihrer lebensanschaulichen Grundform weit ausgeprägter vorhanden, oder ist sie grundsätzlich bedeutungslos und wurde in den wenigen Fällen sogar trotz einer medizinischen Aufklärung aufrecht erhalten?

Die meiste Übereinstimmung erzielt das *Pädagogiksymbol*. Die pädagogische Deutung der Therapie „durch das Leiden zu lernen bzw. reifer zu werden" erreicht sogar höhere Werte als das Plansymbol, nach dem „das Leiden einen Platz in der Bestimmung Gottes hat".

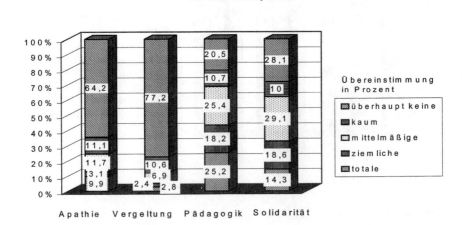

18. Abbildung: Vier Theodizeesymbole (F 3)

Bei den Symbolen Apathie, Vergeltung und Pädagogik stimmen die arithmetischen Mittelwerte unserer Untersuchung mit den entsprechenden Werten bei van der Ven (1990, 222) weitgehend überein. Anders aber als in seiner Studie mit kernkirchlichen Teilnehmern/innen findet bei den Eltern von Kindern mit Down-Syndrom nicht das Solidaritätssymbol die stärkste Unterstützung, sondern das *Pädagogiksymbol*. Dies überrascht, denn bei den Items der Theodizeesymbole haben nur Eltern geantwortet, die an eine immanente oder transzendente höhere Wirklichkeit glauben und dadurch ist die Vergleichbarkeit der Stichproben gegeben. Es ist also zu vermuten, dass die spezifischen Lernerfahrungen, die Eltern mit ihrem besonderen Kind gemacht haben, für die größere Neigung zum pädagogischen Deutungssymbol verantwortlich sind.

Parameter	Apathie	Vergeltung	Pädagogik	Solidarität
Median	5,0	5,0	2,7	3,0
Arithmet. Mittel	4,17 (3,90)[74]	4,57 (4,34)	2,82 (2,96)	3,19 (2,60)
Standardabweichung	1,24 (0,73)	0,75 (.67)	1,10 (0,68)	,93 (0,59)

19. Abbildung: Deskriptionswerte der vier Theodizeesymbole im Vergleich (F 3)

Das *Solidaritätssymbol* wird von den befragten Eltern im Unterschied zu den Kernkirchlichen bei van der Ven tendenziell negativ bewertet. Der Stellvertretungsgedanke, „durch das Leiden anderer helfen zu können", und die mystische Vorstellung „im Leiden findet eine Einswerdung mit Gott statt" wird von ihnen stärker abgelehnt als befürwortet. Nur das Solidaritätssymbol „Mitleid" erzielt ein so positives Einschätzungsniveau, dass es mit dem Plansymbol vergleichbar ist. Angesichts der negativen Konnotation dieses Symbols im Sinne einer „Bemitleidung" ist die hohe Bewertung einer Aussage wie z. B. „Gott ist voller Mitleid mit den Leidenden" erstaunlich, wobei die Formulierung „Gott tröstet die Leidenden" einen deutlich größeren Vorzug erhielt.

Bei der Auswertung der existenziellen W-Fragen ist zu erwarten, dass die Einschätzungsergebnisse der Theodizeesymbole sich in den Antworten der betroffenen Eltern widerspiegeln und sich in ihren subjektiven Deutungen proportional abbilden.

Extrinsische und intrinsische Religiosität

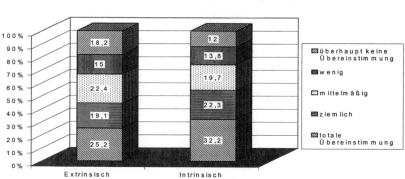

20. Abbildung: Extrinsische und intrinsische Religiosität (F 4.2)

Die sieben Fragen zur extrinsischen und intrinsischen Religiosität wurden von 25 Respondenten nicht beantwortet. Bei dem Wechsel des Frageobjekts von „Lebensanschauung" nach „religiöser Glaube" fühlten sich die Teilnehmer/innen mit einer areligiösen oder nihilistischen Anschauung vermutlich nicht mehr angesprochen. Die

---

[74] Die Werte in Klammern beziehen sich auf die Ergebnisse von van der Ven (1990, 222).

fehlende Anzahl entspricht fast genau den (26) Personen, die nicht Mitglied einer Religionsgemeinschaft sind.

Die angewandte Skala der Religiosität konnte mit der vorliegenden Studie faktorenanalytisch validiert werden (siehe B, Abb. 42). Mit der intrinsischen Form der Religiosität eines gelebten Glaubens stimmte ein Drittel der Befragten völlig überein, mit der extrinsischen Form eines instrumentalisierten Glaubens dagegen nur ein Viertel. Insgesamt fand die intrinsische Religiosität im Vergleich zur extrinsischen etwas größere Zustimmung und etwas weniger dezidierte Ablehnung.

Bezüglich der einzelnen Items ist bemerkenswert, dass 36 % völlig, aber nur 2,8 % gar nicht mit dem intrinsischen Statement „Mein religiöser Glaube ist Grundlage meiner Ansichten über das Leben" übereinstimmen. Folglich hat die Lebensanschauung bei einem Drittel der „Religionsmitglieder" und bei 26,8 % der Befragten eine dezidiert religiöse Grundlage und es ist davon auszugehen, dass sich bei ca. 70 % der Eltern religiöse Aspekte nach eigener Einschätzung mehr oder weniger auf ihre Lebensanschauung auswirken.

Mit dem extrinsischen Statement „Der Glaube ist besonders wichtig für mich, da er mir Antworten auf viele Fragen gibt" stimmen 26 % der Antwortenden (20 % der Gesamtheit) völlig überein. Dies bedeutet, dass für ein Fünftel der Eltern ihr persönlicher Glaube für die Deutung des kritischen Ereignisses von herausragender Bedeutung ist.

Zusammenfassung: Intervenierende Variablen

Die Rangfolge der kulturellen *Anschauungswerte* ist mit der höchsten Bewertung beginnend Familialismus, Hedonismus, sowie Gesellschaftskritik mit Autonomie gleich stark bewertet und zuletzt Ökonomismus. Durch die Geburt eines Kindes mit Down-Syndrom beginnen sich die kulturellen Werte weg vom Ökonomischen hin zur Familie als Leitwert zu verschieben.

Die polaren Bewertungen der vier *Grundanschauungen* zeigen, wie plural und kontrovers die lebensanschaulichen Ausrichtungen der befragten Eltern sind. Der gesellschaftskonforme Naturalismus findet in der Gesamtbewertung die größte Zustimmung und die geringste Ablehnung. Die größte Elterngruppe, die mit einer Grundanschauung völlig übereinstimmt, hat sich den Deismus zueigen gemacht, gefolgt vom Theismus und dann vom Naturalismus. Der Nihilismus wird von der Mehrheit abgelehnt, von einer kleinen Minderheit (15 %) völlig befürwortet.

Von den *Theodizeesymbolen* wird insbesondere das Vergeltungssymbol, aber auch das Symbol von der Apathie Gottes mit deutlicher Mehrheit abgelehnt. Die größte Zustimmung erhalten die pädagogischen Symbole Therapie und Plan. Die Solidaritätssymbole werden dagegen kontrovers bewertet. Die Vorstellung der Stellvertretung und Mystik wird überwiegend abgelehnt, das Mitleidsymbol, das im Gegensatz zur Apathie Gottes steht, erhält dagegen eine dem Plansymbol vergleichbare Zustimmung.

Mit der *intrinsischen Form* gelebter Religiosität stimmen ein Drittel der Befragten völlig überein, mit der *extrinsischen Form* genutzter Religiosität eine etwas kleinere Gruppe von einem Viertel der Eltern. Für ein Viertel aller Eltern hat ihre Lebensanschauung eine eindeutig religiöse Grundlage und ein Fünftel von ihnen erwartet, dass der persönliche Glaube ihnen Antworten auf existenzielle Fragen gibt.

2.3.3 Abhängige Variablen

Im Anschluß an die Auswertung zahlreicher Variablen, die sich mittelbar und unmittelbar auf den Deutungs- und Einschätzungsprozess (C) der befragten Eltern auswirken, steht nun dieser Prozess mit seinen Zielvariablen im Zentrum des Interesses. Im Folgenden sollen nun die Ergebnisse der C-Variablen vorgestellt und diskutiert werden.

2.3.3.1 Deutung des kritischen Ereignisses (Faktor A)

Die Behinderung des eigenen Kindes fordert zur direkten Deutung dieses kritischen Ereignisses heraus (A). Die Frage ist aber, wie zwangsläufig und intensiv sich diese existenzielle Auseinandersetzung aufdrängt.

Stellung von W-Fragen

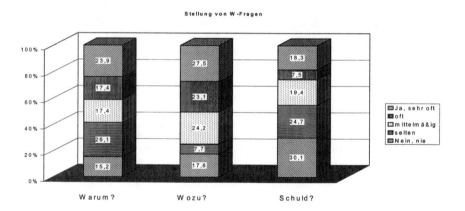

21. Abbildung: Stellung von W-Fragen (F 5-7)

Ungefähr jede sechste Person hatte sich die Warum- und Wozu-Frage nie gestellt, fast jede dritte Person nie die Schuldfrage. Ferner gaben vier Befragungsteilnehmer/innen (zwei Mütter und zwei Väter) an, sich nie auch nur eine der drei W-Fragen gestellt zu haben[75].

Damit kann die **Hypothese 11**, das kritische Ereignis „Diagnose Down-Syndrom" führe bei betroffenen Eltern zu keiner Zwangsläufigkeit, sich W-Fragen zu stellen, erhärtet werden. Es wird deutlich, dass die Behinderung eines Kindes mit Down-Syndrom nicht automatisch existenzielle Fragen auslöst und nicht notwendigerweise in eine existenzielle Krise führt. Denkbar ist auch, dass sich betroffene Eltern zwar in

---

[75] Bei „nie Wozu" und „nie Schuld" sind es sieben Personen, bei „nie Wozu" und „nie Warum" vier, bei „nie Warum" und „nie Schuld" sind es dreizehn Personen. Das „nie Warum" findet sich auch in Elternberichten, z. B. Miller 1997, 40: „Ich dachte niemals: 'Warum ich?'".

der Krise befinden, sich aber keine existenziellen Grundfragen stellen. Es ist zu bezweifeln, dass die Warum-ich-Frage und die Wozu-Frage tatsächlich einen integralen Bestandteil des Krisen- und Trauerprozesses darstellt, wie es von der Theorie der Phasenmodelle postuliert wird[76].

Bei der überwiegenden Mehrheit der Eltern brachen existenzielle Fragen irgendwann einmal auf. Zu beachten ist, dass bei ihrer Befragung die Häufigkeit, nicht aber die Intensität der Fragestellungen erhoben wurden. Summieren wir die Anteile der Skalenpunkte 2-5 auf, haben 85 % der betroffenen Eltern und damit deutlich mehr als drei Viertel sich irgend wann einmal gefragt: „Warum ich?"[77]. Die Wozu-Frage haben sich 82 % und die Ursachenfrage 70 % der Eltern mindestens einmal gestellt. Die Tendenz, sich häufig zu fragen, ist bei der Warum-Frage am größten, bei der Schuldfrage am kleinsten.

Der erste Teil der **Hypothese 12**, es würde sich die Mehrzahl der Eltern die Frage nach Ursache bzw. Schuld der Behinderung ihres Kindes stellen, kann somit erhärtet werden; 70 % von ihnen gaben an, sich irgendwann einmal diese Frage gestellt zu haben. Die im Vergleich zur Warum-Frage geringere Ausprägung der Ursachenfrage kann teilweise damit erklärt werden, dass die biologische Entstehungsweise des Down-Syndroms den Eltern i. d. R. schon im Erstgespräch vermittelt wird, also zu einem Zeitpunkt bevor oder während sie die Wodurch-Frage stellen. Bei Behinderungen, deren Entstehungsweisen weniger klar sind, erhält diese Frage jedoch ein weitaus größeres Gewicht.

Die **Hypothese 13**, die Wozu-Frage würde mindestens so häufig gestellt werden wie die Warum-Frage, kann bezüglich der absoluten Häufigkeit bestätigt werden. Die Wozu-Frage wurde durchweg häufiger gestellt als die Warum-Frage. Aber auf die Anzahl der Personen bezogen waren es insgesamt mehr Eltern, die sich „Warum ich?" fragen mußten. Dies kann bereits als erster Hinweis verstanden werden, dass das Wozu bei den Betroffenen einen größeren Zeitraum beansprucht als das Warum.

Die **Hypothese 14**, W-Fragen würden von Betroffenen in ihrer Häufigkeit auf geschlechtsspezifische Weise gestellt, kann nicht uneingeschränkt erhärtet werden. Bei der Schuldfrage ist die Übereinstimmung der Werte zwischen Müttern und Vätern so groß, dass von einem geschlechtskonformen Ergebnis bei der Auftretungshäufigkeit der Schuldfrage gesprochen werden muss. Das zu erwartende Ergebnis, Frauen würden häufiger nach der Schuld fragen als Männer, ist nicht eingetroffen. Ob bei Frauen die Fragerichtung stärker auf eine interne Attribution abzielt, wie es die Fachliteratur nahelegt, bleibt bei diesem Resultat jedoch offen.

---

[76] Siehe z. B. die erste Grundannahme in Schuchardt 1993, 148.

[77] Zu dem identischen Ergebnis von 85,1 % kommt auch die neuere Untersuchung von Lang 1999, 145, der zufolge 40 von 47 Mütter von Kindern mit einer geistigen Behinderung sich die Warum-Frage gestellt haben.

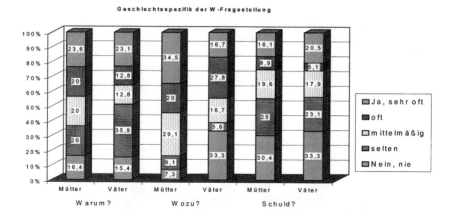

22. Abbildung: Geschlechtsspezifik der W-Fragenstellung (F 5-7)

Bei der Warum-Frage läßt sich bei den Vätern eine leichte Tendenz erkennen, die Frage seltener zu stellen. Nur die *Wozu-Frage* weist eine deutliche Geschlechtsspezifik auf. 26 % mehr Frauen als Männer stellten sich die Wozu-Frage und zwar zugleich deutlich häufiger. Für jeden dritten Mann (gegenüber jeder 14. Frau) war die Wozu-Frage nicht virulent. Das Ziel und den Sinn der Behinderung des eigenen Kindes herauszufinden, scheint für die befragten Väter weit weniger bedeutsam zu sein, vermutlich weil sie sich in viel geringerem Maße über ihr Kind definieren. Frauen sind hingegen stärker gezwungen, ihre Identität und Rolle, insbesondere als Mutter und Hausfrau, neu zu finden. Die Wozu-Frage ist in unserem Zusammenhang eine primär *frauenspezifische Fragestellung.*

Frühester Zeitpunkt der W-Fragen
Für die Begleitung in existenziellen Fragen ist es von großer Bedeutung, in welchen Zeiträumen betroffene Eltern die unterschiedlichen W-Fragen stellen und zu deuten versuchen. Im folgenden wurde ausgewertet, in welchem Lebensjahr ihres behinderten Kindes sich Eltern zum ersten Mal die drei W-Fragen gestellt haben.

Die Ergebnisse zum frühesten Zeitpunkt zeigen, dass die Warum- und Schuldfragen - mit ganz wenigen Ausnahmen - immer schon und fast ausschließlich im ersten Lebensjahr des Kindes mit Down-Syndrom gestellt wurden. Nur ein verschwindend kleiner Anteil (5 bzw. 2 %) fragte erst nach dem ersten Lebensjahr „warum-ich?" und „wer/ was ist schuld?" Es kann also festgehalten werden, dass die Warum- und *Schuldfrage fast immer und fast ausschließlich ganz am Anfang* auftaucht.

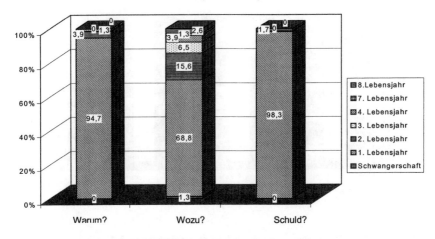

23. Abbildung: Frühester Zeitpunkt der W-Fragen (F 9)

Die *Wozu-Frage* ist hingegen bei einem Drittel der Eltern ein Phänomen *nach dem ersten Lebensjahr*. Die finale Frage kann auch erst zwischen dem zweiten und achten Lebensjahr des Kindes virulent werden. Bei all diesen Angaben muss jedoch aufgrund des über Jahre abnehmenden Erinnerungsvermögens eine gewisse Unschärfe in Rechnung gezogen werden. Dennoch zeichnet sich klar ab, dass die Frage nach Sinn und Ziel eines Lebens mit Behinderung des eigenen Kindes in den meisten Fällen den Fragen nach dem Warum der eigenen Betroffenheit und nach der Ursache der Behinderung zeitlich nachgeordnet ist. Die tendenzielle zeitliche Nachordnung der Wozu-Frage gegenüber der Warum-Frage befindet sich im Einklang mit der in den Phasenmodellen postulierten Reihenfolge[78], was aber die Ausnahmen von der Regel nicht ausschließt.

Antworten auf W-Fragen

Es ist nun von Interesse, wieviele der sich fragenden Eltern bei ihrer Suche nach Klärung eine Antwort gefunden haben. Die Kenntnis darüber ist u. a. bedeutsam, weil wir davon ausgehen, dass dort, wo befriedigende Antworten auf existenzielle Fragen gefunden werden, der Bewältigungsprozess gefördert wird.

Die unten stehende Abbildung zu den Antworten auf W-Fragen enthält nur die Voten von Untersuchungsteilnehmer/innen, die sich die jeweiligen Fragen irgendwann einmal gestellt haben. Bei der Antwort auf das Warum sind es 76, bei der Wozu-Antwort 74 und bei der Anwort auf die Schuldfrage 63 Elternteile. Vergleichen wir jedoch diese Zahlen mit den Anteilen an Personen, die sich nie die jeweiligen W-Fragen gestellt haben, ergeben sich kleine Differenzen. Es ist darum davon auszugehen, dass auch einzelne Eltern, die sich eine Frage nie gestellt hatten, angaben, nie eine Antwort gefunden zu haben.

---

[78] Vgl. z. B. Schuchardt 1993, 39.

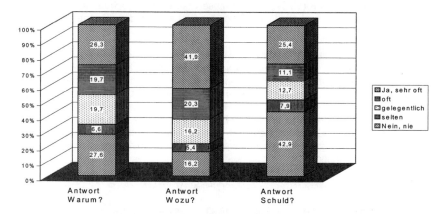

24. Abbildung: Antworten auf W-Fragen (F 8)

Nie („1") oder selten („2") eine Antwort auf die Warum-Frage gefunden zu haben, gab jede dritte Person (34,2 %) an, bei der Wozu-Frage ca. jede fünfte (21,6 %) und bei der Schuldfrage jede zweite (50,8 %). Dieser Trend, dass die Antworten von der Schuld- (AM 2,68) über die Warum- (AM 3,11) bis zur Wozu-Frage (AM 3,66) zunehmen, läßt sich auch an den Deskriptionswerten der arithmetischen Mitte ablesen.

Die **Hypothese 12**, die Mehrzahl der betroffenen Eltern würde eine Antwort auf die Schuldfrage suchen und finden, obwohl sie über ihre eigene Schuldlosigkeit und die wissenschaftliche Unbeantwortetheit dieser Frage informiert ist, konnte, wie wir gesehen haben, in ihrem ersten Teil bestätigt werden. Die Mehrzahl der betroffenen Eltern suchen nach einer Antwort, d. h. sie stellen sich die Schuldfrage. Der zweite Teil konnte jedoch nicht bestätigt werden. Zwar konnte die Mehrzahl der sich fragenden Personen eine Antwort auf die Schuldfrage finden (67 %), das ist aber nicht die Mehrheit aller Betroffenen. Nur 40 % der Gesamtzahl der Eltern haben - selten bis sehr oft - eine externale oder internale Kausalattribution bezüglich der Schuldfrage gefunden.

Dass die *Schuldfrage* den mit Abstand größten Hang zur Nicht-Beantwortung zeigt, ist überraschend. Denn gerade bei dieser Frage besteht eine hohe Aufklärungsmöglichkeit. Es stehen biologische Antworten zur Entstehungsweise des Down-Syndroms zur Verfügung, die den Eltern in aller Regel auch weitervermittelt werden. Offensichtlich sind demnach biologische Erkenntnisse über die Trisomie 21 zur Beantwortung der Schuldfrage nicht zureichend. Es ist zu vermuten, dass die Richtung dieser Frage bei den betroffenen Eltern nicht auf die biologische Entstehungsweise oder die physiologische Entstehungsursache der Trisomie 21 abzielt, sondern auf *eine philosophische Letztbegründung*.

Bei der *Wozu-Frage* fällt es den Betroffenen am leichtesten, eine Antwort zu finden. Nur jede sechste Person (16 %), bei der diese Frage aufgebrochen ist, konnte sich das Wozu nie beantworten. Die Wozu-Frage tendiert eindeutig zur Beantwortung.

Die *Warum-Frage* dagegen nimmt eine Mittelposition zwischen Schuld- und Wozu-Frage ein und tendiert nur leicht zur Antwort hin. Es ist hier klar zu erkennen, dass das an der Ursache und der Vergangenheit orientierte Suchen weit schwerer zum Erfolg führt als das zukunfts- und zielorientierte Fragen. Der Grad der Beantwortung liegt hier mit 84 % um 12 Prozentpunkte höher als in der Interviewstudie von Lang (1999, 150), in der zwei Drittel der Mütter ihre Antwort auf die Warum-Frage im Rahmen ihres religiösen Glaubens gefunden haben. Dieser Vergleich scheint unsere theoretische Annahme zu erhärten, dass ein religiöser Interpretationsrahmen ein Antwortfinden begünstigt.

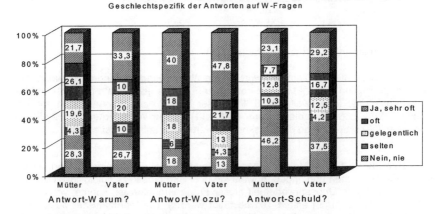

25. Abbildung: Geschlechtspezifik der Antworten auf W-Fragen (F 8)

Ein geschlechtsspezifisches Verhalten nach Häufigkeit der Beantwortung ist bei keiner der drei W-Fragen deutlich erkennbar. Damit kann auch der zweite Teil der **Hypothese 14**, Eltern würden W-Fragen ihrer Häufigkeit nach geschlechtsspezifisch beantworten, nicht erhärtet werden. Dieses geschlechtskonforme Ergebnis könnte u. a. auch mit dem interagierenden Frage- und Deutungsprozess von Elternpaaren in Zusammenhang stehen, zumal die Elternpaare immerhin drei Viertel aller Respondenten stellen.

Bei der Schuld-Antwort sind die geschlechtspezifischen Abweichungen zwischen Müttern und Vätern am größten. Während weit mehr als die Hälfte der Mütter (56,5 %) nie oder kaum eine Antwort auf die Schuldfrage finden konnten, waren es bei den Vätern „nur" 41,7 %. Insgesamt zeigt sich bei allen Fragen eine schwache Tendenz, dass Väter sich mit Antworten bzw. Deutungen leichter tun als Mütter.

Einschätzung des kritischen Ereignisses

Bei den existenziellen Fragen und ihrer Beantwortung standen kognitive Prozesse der Bewältigung im Vordergrund. Nun geht es im Zusammenhang der primären Einschätzung um die affektive Dimension des Deutungsprozesses. Es geht also nicht mehr um die Häufigkeitsverteilung von existenziellen Fragen und Antworten, sondern um die Intensität des existenziellen Ereignisses selbst.

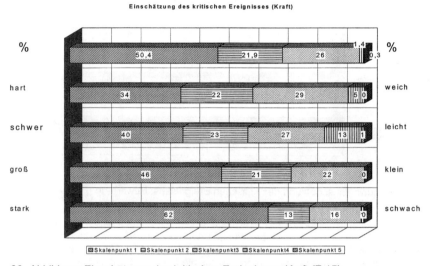

26. Abbildung: Einschätzung des kritischen Ereignisses: Kraft (F 15)

Die *Kraft (power)* des kritischen Ereignisses, ein Kind mit Down-Syndrom (bekommen) zu haben, hat nach Einschätzung der Betroffenen einen hohen Ausprägungsgrad. 68 % der antwortenden Eltern bewerten es übereinstimmend als stark, groß, schwer bzw. hart. So gut wie keine Eltern (1,6 %) haben das Ereignis als schwach, klein, leicht bzw. weich beschrieben[79]. Demnach geht von der Tatsache „mein Kind hat das Down-Syndrom" für zwei Drittel der Eltern eine große bis sehr große Dynamik aus. In welche Richtung diese Kraftausübung wirkt, ob sie positiv oder negativ empfunden wird, ist damit noch nicht ausgesagt. Klar aber ist: Niemanden aus der großen Zahl der Mütter und Väter läßt dieses Ereignis unberührt. Auf alle wirken Kräfte ein, die mit maßvollen Emotionen (25 %) bis sehr intensiven Gefühlen (74 %) verbunden sind. Dies bedeutet zugleich, dass das Ereignis Down-Syndrom bei allen Betroffenen eine emotionale Dynamik freisetzt, die mit z. T. „orkanischen" Kräften wirkt und je nach Lage der Ressourcen und ihrer Selbsteinschätzung nach Unterstützung verlangt.

---

[79] Bei diesem Vergleich wurde unter Ausschluß des neutralen Skalenpunktwertes „3" die polaren Werte zusammengefaßt.

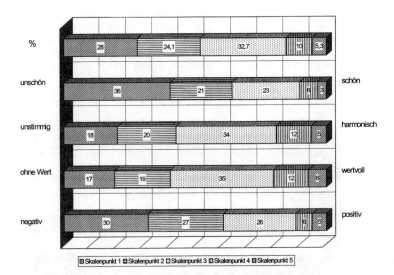

27. Abbildung: Einschätzung des kritischen Ereignisses: Bewertung (F 16)

Die *Bewertung (evaluation)* des kritischen Ereignisses „Diagnose Down-Syndrom" wurde unter der einfachen Perspektivenübernahme[80] der Betroffenen aus der Sicht anwohnender Menschen vorgenommen. Es wurde gefragt: „Wie würden Ihrer Meinung nach die Menschen Ihres Wohngebietes die Situation beschreiben, Eltern eines Kindes mit Down-Syndrom zu sein?"
Im Spiegel des nachbarschaftlichen Urteils nahmen die Befragten eine überwiegend negative Bewertung vor. Mit einem Anteil von 49 % (negativ) zu 14 % (positiv) entstand eine Polarität, die bei der Einschätzung der Kraft des Ereignisses nicht verzeichnet wurde. Vorausgesetzt, dieses Ergebnis bildet nicht die Bewertung der Nachbarn, sondern die der Eltern ab, wird deutlich, dass die als eindeutig empfundene Kraftausübung des Ereignisses in ihrer Bewertung zweideutig ist. Für jede zweite Person besitzt das Ereignis eine negative und für nur jede siebte Person eine positive Dynamik. Führen wir uns vor Augen, dass die Geburt ihres Down-Kindes durchschnittlich schon 8 Jahre zurückliegt und die Kraftausübungen täglich auf die Eltern einwirken, erscheint der Anteil von ca. der Hälfte der Eltern, die das kritische Ereignis als negativ, ohne Wert, unstimmig bzw. unschön bewerten, erschreckend hoch. Heißt dies doch, dass sie ihr Leben tagtäglich in einem negativen Kräftefeld meistern müssen.[81]

---

[80] Vgl. die Theorie der Rollenübernahme von Robert Selman z. B. in Fowler 1991, 89ff.
[81] Anders als bei der einzuschätzenden Kraft und Bewertung des kritischen Ereignisses fielen die Ergebnisse zur Aktivität recht heterogen aus. Die Mittelwerttendenzen, die erhöhte Anzahl fehlender Werte und acht kritische Randbemerkungen von Untersuchungsteilnehmer/innen zu den Fragen 15 bis 17 sowie die schlechten faktorenanalytischen Ergebnisse (vgl. Teil B, 2.3.4.1.) waren Gründe, die Auswertung der Aktivität (F 17) unberücksichtigt zu lassen.

Einschätzung der kritischen Ereignisparameter

Das jeweils erste Adjektiv des polaren Eigenschaftspaares am linken Rand ist das im theoretischen Teil aus der objektiven bzw. intersubjektiven Perspektive postulierte kritische Merkmal des Ereignisses „Diagnose Down-Syndrom". Es bezieht sich auf den Skalenpunkt „1", das jeweils zweite Eigenschaftswort am rechten Rand auf den Skalenpunkt „5".

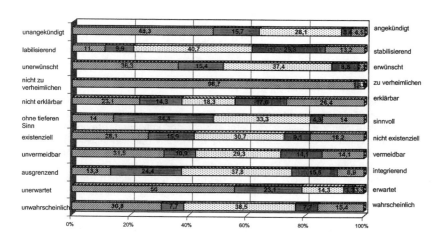

28. Abbildung: Einschätzung kritischer Ereignisparameter (F 18)

Zu den Ergebnissen:
Augenfällig ist die fehlende Eindeutigkeit der Bewertung und die damit einhergehende große individuelle Varianz. Nur in einem Fall, bei „nicht zu verheimlichen", wurde nie das Gegenteil angekreuzt. Dies ist aufgrund der omnipräsenten Sichtbarkeit des Down-Syndroms, das in der Gnomophysiologie durch zahlreiche Besonderheiten ins Auge springt, leicht nachvollziehbar. In allen übrigen Fällen gab es mindestens 7 % oder mehr Teilnehmer/innen, die eine konträre Bewertung abgegeben haben.

Die **Hypothese 15**, die davon ausgeht, dass die betroffenen Eltern die kritischen Ereignisparameter so einschätzen, wie wir dies aufgrund theoretischer Erwägungen in Teil A angenommen haben, kann nur teilweise erhärtet werden.

Eindeutig bestätigt wurde die Annahme, das kritische Ereignis sei „nicht zu verheimlichen" und „unerwartet". Etwas schwächer wurden von den Eltern die kritischen Merkmale „unangekündigt" und „unerwünscht" bestätigt. Es fällt auf, dass die Befragten die Behinderung ihres Kindes auch aus heutiger Sicht überwiegend als „unerwünscht" eingeschätzt haben. Die Werte der affektorientierten Skala „unerwünscht-erwünscht" decken sich weitgehend mit der Osgood-Skala „Bewertung"[82].

Nur tendenziell bestätigt, nicht aber auf eindeutige Weise, wurden die Parameter „unwahrscheinlich" (43,4 % zu 24,5%), „ausgrenzend" (37,7 % zu 24,5 %), „unvermeidbar" (42,4 % zu 28,2 %), „existenziell" (42 % zu 27,3 %) und „ohne tieferen Sinn" (48,4 % zu 18,3 %). Denn eine nicht geringe Minderheit der Eltern sprach sich auch für den positiven Gegenbegriff aus. Es überrascht, dass sich die Eltern nicht eindeutig als ausgegrenzt wahrnehmen.

Eindeutig widerlegt wurde die Hypothese in drei Fällen. Die Befragten hielten das kritische Ereignis nach ihrer heutigen Einschätzung tendenziell sogar für erklärbar (44 % zu 37,4 %) und stabilisierend (38,5 % zu 20,9 %). Das kritische Ereignis kann aus der subjektiven Sicht der Betroffenen nicht als „unerklärbar" und „labilisierend" gelten.

Wie lässt sich dieses Ergebnis verstehen?
Bei der theoretischen Erarbeitung der kritischen Parameter wurde von der Elementardiagnose und der peri- und postnatalen Einschätzung der Eltern ausgegangen. Eine im Verlauf der Zeit sich verändernde Sicht der kritischen Ereignismerkmale blieb unberücksichtigt. Da die Einschätzung der Eltern durchschnittlich 8,2 Jahre nach der Geburt erfolgte, werden die Merkmale, die in der ersten Zeit möglicherweise eine eindeutige kritische Kraft hatten, neu beurteilt. Dieses Ergebnis widerlegt die Hypothese von einer zeitlos negativen Beurteilung des kritischen Ereignisses zugunsten einer zeitlichen Entwicklung der Eltern in Richtung Sinnfindung, Erklärbarkeit, Stabilisierung und Bewusstsein für die relative Wahrscheinlichkeit dieses Ereignisses.
So könnte die Abwertung des kritischen Merkmals „unerklärbar" in einem erfolgreichen Deutungsprozess der Betroffenen seinen Grund haben. Teilweise erklärbar wird das kritische Ereignis nicht nur durch die Aufhellung der Wodurch-Frage. Gerade die Ergebnisse zu den Warum- und noch mehr zu den Wozu-Antworten legen nahe, dass das allmähliche Finden von Deutungen in den Augen von zahlreichen Eltern als „Erklärbarkeit" des Ereignisses gewertet werden konnte. Zugleich leuchtet ein, dass eine gelungene Bewältigung der kognitiven und praktischen Anforderungsflut über die Jahre zu einer Sichtweise führen kann, die das kritische Ereignis als stabilisierend bezeichnet.

Letzlich wird mit der teilweisen Widerlegung der Hypothese 15 die theoretische Grundannahme des systemischen ABC-X-Modells bestätigt, nach welcher die individuelle Deutung maßgeblich dafür verantwortlich ist, inwiefern die Merkmale eines Ereignisses eine kritische, negative oder stressreiche Wirkung entfalten. Im Licht der subjektiven Deutung können sich die vermeintlich kritischen Eigenschaften eines Ereignisses auch ins Gegenteil verkehren. Dies wurde durch die elterliche Einschätzung der kritischen Ereignismerkmale bestätigt.

---

[82] In der Übereinstimmung dieser Skalen sehen wir den Hinweis, dass der Perspektivenwechsel in der Osgood-Skala tatsächlich die Sichtweise der befragten Eltern widergibt.

Zusammenfassung der Ergebnisse (Deutung Faktor A)
Die wichtigsten Ergebnisse zur Deutung des kritischen Ereignisses (C→A) ergaben:
- Das Ereignis „Diagnose Down-Syndrom" impliziert keine Zwangsläufigkeit, sich die existenziellen Fragen nach der Schuld, nach dem „Warum-ich" oder nach dem „Wozu" zu stellen.
- Die Schuldfrage wird (geschlechtskonform) am seltensten gestellt und am seltensten beantwortet.
- Die Warum-Frage nimmt bei beiden Geschlechtern eine Mittelposition ein, was die Häufigkeit der Fragestellung und -beantwortung betrifft.
- Die Wozu-Frage wurde am häufigsten, insbesondere von Frauen gestellt und am häufigsten geschlechtskonform beantwortet.
- Diese drei Fragen wurden - mit Einschränkung der Wozu-Frage - immer schon und fast ausschließlich im ersten Lebensjahr des behinderten Kindes gestellt.
- Die affektive Einschätzung charakterisiert das kritische Ereignis als eindeutig dynamisch bis sehr dynamisch und bewertet sie als zweideutig, primär negativ (ca. 50 %) und sekundär positiv (ca. 15 %).
- Als kritische Ereignismerkmale wurden die Merkmale „nicht zu verheimlichen" und „unerwartet" bestätigt; in eingeschränktem Maß, nicht aber in der zu erwartenden Eindeutigkeit die Merkmale „unwahrscheinlich", „ausgrenzend", „unvermeidbar", „existenziell" und „ohne tieferen Sinn"; von der Mehrheit als nicht kritisch wurden die Merkmale „unerklärbar" und „labilisierend" eingeschätzt.

2.3.3.2 Deutung der sozialen Ressourcen (Faktor B obj.)

Angesichts der Anforderungsflut, die auf die Eltern eines Kindes mit Down-Syndrom zukommt, fragen sich Mütter und Väter, wie sie zu bewältigen ist. Darum versuchen sie, die ihnen zur Verfügung stehenden Ressourcen einzuschätzen und wo dies möglich ist, zu vermehren. Im Folgenden wurde nun ein kleines, aber für unsere Untersuchung wichtiges Spektrum der sozialen Ressourcen ausgewertet: Die verstehende Begleitung und Unterstützung durch Personen und Institutionen.

Verstehende Unterstützung durch Personen und Institutionen
Die Betroffenen wurden gefragt, ob sie in ihrem existenziellen Suchen und Fragen nach Ursache, Sinn oder Schuld von anderen Menschen oder Institutionen Unterstützung und Begleitung erhielten.
Jede vierte Person erhielt in ihrem existenziellen Suchen und Fragen nach eigenen Angaben nie eine Unterstützung durch Personen und Institutionen, mehr als ein Drittel (36,4 %) der betroffenen Mütter und Väter nie („1") oder selten („2"). Dies ist angesichts der existenziellen Nöte, die viele Betroffene erleiden, ein zu hoher Anteil an Menschen, die sich selbst überlassen werden.

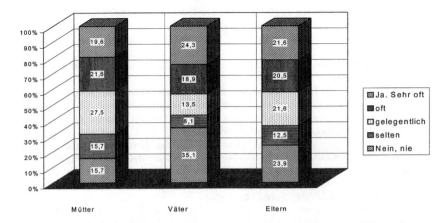

29. Abbildung: Verstehende Unterstützung durch Personen und Institutionen (F 11)

Zugleich ist hier zu beachten, dass diese Angaben die Empfindungen und Erinnerungen der Betroffenen widerspiegeln. Sie geben nicht notwendigerweise die erfolgten Hilfebemühungen wider, mit Sicherheit aber die subjektiv als erfolgreich empfundene Hilfeleistungen. Diese subjektiven Einschätzungen können sich auch auf Unterstützungsmaßnahmen beziehen, die faktisch geleistet, von den Betroffenen aber nicht in ihrer Qualität als solche empfunden wurden. Das Empfinden, in diesem spezifischen Feld nicht unterstützt worden zu sein, ist aber in seinem Ausmaß deutlich größer als in Tamm (1994, 43). Dort gaben 17 % der Eltern an, nach der Geburt ihres Kindes mit Down-Syndrom völlig allein gelassen worden zu sein.

Bei den *Vätern* fällt der Hang zur polaren Bewertung auf. Stärker als die Mütter tendieren sie in der Frage nach erhaltener Unterstützung entweder zur Bejahung oder zur Verneinung. Bemerkenswert ist, dass sie im Verhältnis zu den Müttern mehr als doppelt so häufig angeben, in ihrem existenziellen Suchen und Fragen nie unterstützt worden zu sein. Ein Drittel von ihnen hat offensichtlich überhaupt keinen Zugang zu unterstützenden Personen und Institutionen. Orientieren wir uns am arithmetischen Mittelwert, ist die Hilfe, die Väter empfinden (2,9), etwas geringer als die der Mütter (3,1)[83].

Wunsch nach mehr verstehender Unterstützung

Die betroffenen Eltern wurde gefragt, ob sie sich in den kritischen Zeiten mehr Unterstützung durch Personen und Institutionen gewünscht hätten. Wie die Antworten der Eltern im untenstehenden Diagramm zeigen, ist der Wunsch nach mehr verstehender Unterstützung stark ausgeprägt. Zugleich ist der *hohe Grad an Unzufriedenheit* über die erhaltene Unterstützung alarmierend.

---

[83] Im Vergleich zu anderen Studien überrascht hier die geringe Einschätzungsdiskrepanz der Geschlechter. Nach Krause 1997, 120f nehmen z. B. signifikant weniger Väter (2,7 %) als Mütter (12,9 %) behinderter Kinder häufig therapeutische Unterstützung für sich in Anspruch.

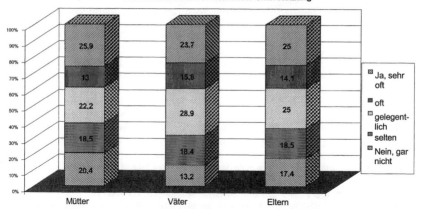

30. Abbildung: Wunsch nach mehr verstehender Unterstützung (F 12)

Ob das „Mehr" an gewünschter Unterstützung auf *die Quantität und/ oder die Qualität* des Angebotes zu beziehen ist und welche Unterstützungsagenten noch mehr gefragt sind, kann hier nicht eindeutig beantwortet werden.

Fünf von sechs Eltern (83 %) hatten sich auf irgendeine Weise mehr Hilfe im Umgang mit existenziellen Nöten gewünscht. Dies bedeutet, dass nur ungefähr jede sechste Person (17,4 %) mit der erhaltenen Unterstützung ohne Einschränkung einverstanden war.

Dittmann 1999, der sich auf etwa denselben Pool an Eltern bezieht, untersuchte u. a. das psychologische Unterstützungsangebot *im Rahmen der Frühförderung*. Er kommt zu dem Ergebnis, dass die Frühberater/innen den Wunschvorstellungen der Eltern nur bedingt nachkommen. So ergeben sich zwischen den real erhaltenen und den für wichtig erachteten Gesprächsangeboten jeweils deutliche Differenzen. Von den 77 % Eltern, denen ihre psychische Situation wichtig war, erhielten nur 45 % eine wie auch immer geartete Unterstützung in Gesprächen, 32 % gar keine. Größere Diskrepanzwerte zwischen Wunsch und Wirklichkeit ergaben sich auch bei den Hilfen zur psychischen Bewältigung der persönlichen Lebensituation (27 %), der Familiensituation (22 %) und der Ehe bzw. Partnerschaft (23 %)[84].

Dass der hohe Grad an Unzufriedenheit bei unserer Untersuchung über die von Dittmann erhobenen Diskrepanzanteile noch hinausgeht, ist aufgrund unserer Ergebnisse zum Wunsch nach mehr verstehender Unterstützung naheliegend. Denn die quantitativen Gesprächsangebote innerhalb der Frühförderung (je nach Gesprächsinhalt 30-50 %) liegen weit höher als der Grad an völliger Zufriedenheit bezüglich einer Krisenbegleitung (17 %).

Da die Diskrepanzwerte allein auf die quantitative Dimension ausgerichtet sind, d. h. unabhängig davon, ob Gesprächsangebote gemacht wurden oder nicht, ist zu vermuten, dass die durchgeführten Gespräche zur psychischen Befindlichkeit auch in ihrer *Qualität* als nicht zureichend empfunden wurden.

Im Rahmen der Frühförderung wurde die Möglichkeit von Gesprächsangeboten zur

---

[84] Dittmann 1999, 10f, Tabelle 9 u. 10.

psychischen Lebenssituation bei 45 % der Eltern angesprochen und bei 43 % konkrete Hilfen zur psychischen Bewältigung auch gewährt (Dittmann 1999). Dies legt den Schluss nahe, dass fast alle Eltern, denen eine psychische Unterstützung angeboten wurde, sie auch in Anspruch genommen haben. Damit wird indirekt bestätigt, dass hier ein ernstzunehmender Unterstützungsbedarf besteht.
Insgesamt wurde von einem erschreckend hohen Anteil der Eltern eine *Defizitanzeige bezüglich der Qualität und der Quantität* gemacht. Zu einem noch drastischeren Ergebnis kommt E. Schuchardt in ihrer Analyse von über 1000 literarischen Selbsterfahrungsberichten. Sie konstatiert „das Fehlen jeglicher Betreuung, Beratung oder gar Begleitung, das von allen Biographen ausnahmslos als Mangel erlebt, dargestellt und als Defizit beklagt wurde."[85] Das von ihr erhobene Extrem eines totalen Unterstützungsdefizits, liegt m. E. im Bias ihrer spezifischen Untersuchungsmethode begründet. Realistischer und empirisch verifizierbar scheint mir dagegen, von einer kleinen Gruppe auszugehen, die mit der erhaltenen Unterstützung zufrieden ist. In unserer Studie liegt sie bei ca. 20 %. Diese Gruppe könnte sich jedoch auch auf diejenigen beziehen, die keinen Bedarf an Unterstützung in diesem Bereich sehen oder denen „möglicherweise dieser Bedarf nicht bewußt ist"[86]. Dennoch bleibt der erschreckend hohe Anteil der mit der erlebten Unterstützung Unzufriedenen und der darin begründete Appell zur Verbesserung der verstehenden Begleitung und psychosozialen Unterstützung. Von welchen Agenten mehr Unterstützung erwartet worden wäre, wurde nicht erhoben[87]. Dies steht noch aus.
In ihrem Verlangen nach mehr existenzieller Unterstützung stimmen Väter und Mütter überein. An den Deskriptionswerten und den prozentualen Anteilen lässt sich *kein geschlechtsspezifisches Wunschverhalten* ablesen. Jedoch waren 1,5-mal mehr Mütter (20 %) als Väter (13 %) mit der erhaltenen Unterstützung in existenziellen Fragen völlig zufrieden. Diese Geschlechterdifferenz könnte damit zusammenhängen, dass mehr als doppelt so viel Väter wie Mütter nie eine verstehende Unterstützung erhalten haben. Sie macht deutlich, dass Männer sich weit schwerer tun, eine befriedigende Begleitung zu finden bzw. aufzusuchen als Frauen.[88]

---

[85] Schuchardt 1990, 97. Dieses Ergebnis dürfte nicht repräsentativ sein. Denn gerade das Defizit an Unterstützung war für die Biographen möglicherweise eine sehr bedeutende Motivationsquelle, ihre Erfahrungen zu Papier zu bringen.

[86] Dittmann 1999, 11.

[87] In Bailey et al 1992, 6 läßt sich beim Mehrbedarf an Unterstützung folgende Rangfolge aufstellen: Freunde (38 %), Mitbetroffene (35 %), Sonderschullehrer/in und Frühförderung (27 %), Berater (18 %), PartnerIn (16 %) und PfarrerIn (10 %).

[88] Nach Bailey et al 1992a, 4ff wies das Family Needs Survey unter den Rubriken „Family and Social Support" und „Professional Support" in der Faktorenstruktur eine geschlechtsspezifische Differenz auf.

Zusammmenhang zwischen realer und erwünschter Unterstützung

Die **Hypothese 9**, im sonderpädagogischen Niemandsland zwischen Diagnosemitteilung und Frühförderung herrsche eine Diskrepanz zwischen Beratungsnachfrage und -angebot, konnte mit einer kleinen Einschränkung bestätigt werden. Nicht für alle betroffenen Eltern war das Angebot nach Unterstützung zu gering. Ungefähr eine von sechs Personen (17,4 %) hätten sich gar nicht mehr Unterstützung gewünscht. Ist es Zufall, dass sowohl ein Drittel der Eltern keine bzw. kaum eine Unterstützung erhielt (36,4 %), als auch ein gutes Drittel (39,1 %) sich mehr Hilfe gewünscht hätte? Betrachten wir Mütter und Väter zusammen, könnte ein chiastischer Zusammenhang zwischen realer und erwünschter Hilfe aufgestellt werden. Dies hieße, eine gering empfundene Unterstützung würde generell zu einem verstärkten Wunsch nach mehr Unterstützung führen.

Ein Blick auf die geschlechtsspezifische Verteilung kann diesen Zusammenhang nicht uneingeschränkt bestätigen. Die Schlußfolgerung, Personen, die keine Unterstützung erhalten haben, hätten sich eine solche sehr gewünscht, kann nicht pauschal bestätigt werden: So erhielten 19 Teilnehmer/innen (10 Frauen, 9 Männer) sehr oft Unterstützung. Dennoch gaben vier von ihnen (4 Männer), d. h. ca. jede fünfte Person an, sich mehr Hilfe sehr gewünscht zu haben. Umgekehrt kreuzten 21 Personen (8 Frauen, 13 Männer) „nie Unterstützung erhalten" an; vier von ihnen, d. h. ca. jede fünfte Person (3 Frauen, 1 Mann) äußerten definitiv keinen Wunsch nach Unterstützung.

Folglich ist davon auszugehen, dass es sowohl eine kleine „abstinente Gruppe" von Eltern gibt (in unserem Fall ca. 3 %), die in ihren Deutungs- uns Anschauungsfragen nach dem Warum, Wodurch und Wozu nie eine Begleitung erhielt und sich erklärtermaßen auch keine gewünscht hätten, dazu eine ebenso kleine „unersättliche Gruppe", die sich sehr viel mehr Unterstützung gewünscht hätte, obwohl sie sehr viel Unterstützung erhielt. Der Zusammenhang zwischen realer und erwünschter Unterstützung ist in Wirklichkeit vielschichtig und kompliziert. Es ist jedenfalls deutlich geworden, dass eine erhaltene Unterstützung nicht immer zu einem für die Betroffenen befriedigenden Ziel geführt hat. Offensichtlich hängt die Zufriedenheit der Betroffenen auch ganz entscheidend von der Qualität der Unterstützung ab.

Agenten der verstehenden Unterstützung

Es sind immerhin drei Viertel der Betroffenen, die in ihrer existenziellen Auseinandersetzung mit dem kritischen Ereignis Hilfe in irgendeiner Form erhalten. Im zweiten Teil der Frage 11 wurden die betroffenen Eltern aufgefordert, in einer hierarchischen Reihenfolge die Personen bzw. Institutionen zu nennen, von denen sie Unterstützung erhielten.

Die untenstehende *Tabelle* enthält Personen und Institutionen, von denen die Untersuchungsteilnehmer/innen nach eigenen Angaben unterstützende und begleitende Hilfe in Anschauungs- und Deutungsfragen erhalten haben.

Person	Rangordnung 1			2			3			4			5			Σ		
	w	m	Σ	w	m	Σ	w	m	Σ	w	m	Σ	w	m	Σ	w	m	Σ
FAMILIE / VERWANDTE																29	23	52
Partner / Partnerin	13	8	21	1		1										13	9	22
(Schwieger-) Eltern	1		1	4	3	7										5	3	8
Geschwister							2		2							2		2
sonstige / allgemein	2		2	3	6	9	5	3	8	1		1				11	9	20
BEKANNTE																28	15	43
(betroffene) Eltern	3		3	2		2				1	1	2				6	1	7
Freunde/innen	4	4	8	7	1	8	3	3	6	1	1	2				15	9	24
im Beruf				2		2										2		2
in relig.-weltansch. Gruppe				2		2	1		1	1		1				4		4
sonstige / allgemein	1	1	2	1		1	1	1	2	1		1				3	3	6
FACHKRÄFTE																28	14	42
Mediziner	2	2	4	1	1	2	4	1	5	1	1	2	1	1		8	6	14
Pädagogen																14	5	19
Frühförder/er/in	3		3	2		2	2	2	4	2	1	3				9	3	12
Heilpädagog/e/in							1		1							1		1
Lehrer/innen				2		2	1	1								2	1	3
sonstige	1	1		2		2										2	1	3
Psycholog/en/innen													1	1		1	1	
Theolog/en/innen	1	1		2	1	3										2	2	4
Therapeuten/innen				2		2				1		1	1		1	4		4
SELBSTHILFEORGANE																5	5	10
DS-Vereinigungen				1		1				1		1				1	1	2
Lebenshilfe	2	2	4	1		1	1		1							4	2	6
Selbsthilfegruppe	1	1		1		1										2		2
INSTITUTIONEN																11	3	14
Beratungsstellen							1		1							1		1
Gesundheitsamt	1		1	1		1										2		2
Schule f.Geistigbeh.							1		1							1		1
Humangenet. Inst.				1		1										1		1
Kindergarten				2		2	1		1							1	2	3
Kinderzentr. /HPZ	1		1	1		1										1	1	2
Kirche(ngemeinde)				2		2										2		2
Krankenhaus	1		1													1		1
Tagesstätte / Heim							1		1							1		1
LITERATUR	2		2	1		1				1		1				3	1	4
Anzahl der Angaben																104	61	165

31. Abbildung: Agenten der verstehenden Unterstützung nach Rang und Zahl (F 12)

Die von den Eltern genannten Agenten der Unterstützung werden in der linken Spalte aufgeführt und in die sechs Rubriken „Familie, Bekannte, Fachkräfte, Selbsthilfeorgane und Institutionen" unterteilt. Die Spalten mit der Nummer eins bis fünf geben die Häufigkeiten in der Rangfolge der Nennungen an. Wurde ein Unterstützungsagent zuerst genannt steht er unter der Nummer eins. Das „w" in der Kopfzeile steht für die Angaben der Mütter (weiblich) und das „m" für die Angaben der Väter (männlich). Das „Σ" gibt die Summe der Nennungen aller Befragten, d. h. der Väter und Mütter an.

Von 96 Eltern gaben 70 Personen (45 Mütter, 25 Väter) durchschnittlich 2,4 Personen bzw. Institutionen an, von denen sie Unterstützung in existenziellen Fragen erhielten. Wenn Eltern Unterstützung erhielten, dann in den meisten Fällen (87 %) gleich von mehreren Seiten. Gab es nur Unterstützung von einer Seite, ging die Hilfe vom Partner bzw. der Partnerin oder von der Frühberatung bzw. –förderung aus. Fallen diese beiden Säulen weg, scheint die Wahrscheinlichkeit groß zu sein, dass eine betroffene Person keine Unterstützung findet. Insgesamt dürfte die existenzielle Unterstützung durch eine verstehende Begleitung wesentlich geringer sein als die praktischen Unterstützung der Körperpflege, Freizeitgestaltung u. s. w..[89]

Betrachten wir die *Häufigkeitsverteilung* der absoluten Angaben zu einzelnen Agenten, werden Freunde/ Freundinnen am häufigsten genannt (24), dann Partner/in (22), Pädagog/en/innen (19) und Mediziner/innen (14). Im Blick auf die *Gewichtung* fällt auf, dass Partner und Partnerin fast ausschließlich auf Rang eins zu stehen kommen. Geht von den Partner/n/innen Unterstützung aus, scheint sie von hoher Bedeutsamkeit für die Betroffenen zu sein.
In Bezug auf Unterstützungsgruppen ergibt sich nach der Häufigkeit der Nennungen (ungewichtet) folgende *Rangordnung*: Familie / Verwandte (52), Bekannte (43), Fachkräfte (42), Institutionen (14), Selbsthilfeorgane (10).

Die *prozentuale Verteilung* der Unterstützungsagenten weist, wie die untenstehende Abbildung zeigt, drei große Gruppen auf: Ca. ein Drittel Verwandte, ein Viertel Bekannte und ein Viertel Fachkräfte. Die Rubriken Selbsthilfe, Institutionen und Literatur sind von untergeordneter Bedeutung.
Berücksichtigen wir den ordinalskalierten *Grad der Unterstützung*, indem wir die Nennungen mit Gewichtungsfaktoren multiplizieren, erweist sich die Verwandtschaft (inklusive Kernfamilie) noch deutlicher als diejenige Instanz, von der die größte Hilfe ausgeht. Die Fachkräfte verlieren dagegen an Bedeutung. Sie wurden von den betroffenen Eltern nach dem Grad ihrer Bedeutsamkeit den Verwandten und Bekannten tendenziell nachgeordnet.

Allgemein ist zu beobachten, dass die Personengruppen, die sich durch eine enge soziale Beziehung auszeichnen, in der subjektiven Gewichtung der Betroffenen an Bedeutung gewinnen.

---

[89] Nach Lang 1999, 379 wurden zwischen 49 % und 89,5 % der Eltern von verschiedenen Agentengruppen durch *praktische Hilfen* unterstützt. Auch hier nimmt der Grad der Unterstützung von nahestehenden zu fernstehenden Personen ab: Partner (89,5 %), Kinder (72,3 %), Großeltern (72,3 %), Verwandte (48,9 %), Freunde/ Nachbarn (59,6 %).

Das *Verhältnis von professioneller und informeller Hilfe* ist, wenn wir Verwandte und Bekannte (95) als Laien, sowie Fachkräfte und Institutionen (56) als Professionelle betrachten[90], 1 zu 1,7. Unter Berücksichtigung der ordinalen Gewichtung ist es sogar 1 zu 2. Es zeigt sich: Die Unterstützung bei der emotionalen und lebensanschaulichen Bewältigung wird primär von den im weitesten Sinn mitbetroffenen Personen geleistet.

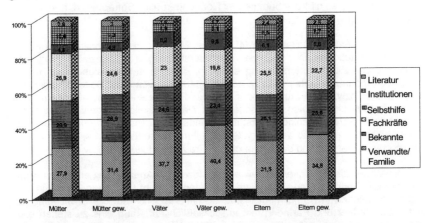

32. Abbildung: Agenten der verstehenden Unterstützung in Prozent ungewichtet und gewichtet[91] (F 12)

Die Begleitung durch mitbetroffene bzw. nahestehende Personen wird zugleich stärker gewichtet als die Begleitung durch Professionelle. Dies bedeutet zum einen, dass die meisten Eltern ihre existenziellen Fragen allein oder durch die informelle Unterstützung ihres sozialen Umfelds bearbeiten (müssen). Zum anderen bestätigt dieses Ergebnis, dass in der professionellen Unterstützung die lebensanschauliche und religiöse Dimensionen der Bewältigung quantitativ weitgehend ausgeblendet wird bzw. qualitativ unterbelichtet bleibt. Das Resultat deckt sich mit der Beobachtung von Lang (1999, 16) „dass religiöser Glaube und sein möglicher Einfluß auf die Bewältigung der Behinderung des Kindes von Seiten des jeweiligen medizinischen, psychologischen und pädagogischen Fachpersonals kein Gesprächsthema war und ist."

Überraschend ist, dass nur etwa 5 % der Eltern Psychologen/innen und Therapeuten/innen als Unterstützer in existenziellen Frage genannt haben. Dieser Wert liegt weit unter dem Anteil der Eltern behinderter Kinder, die nach anderen Studien psychologische und therapeutische Hilfe in Anspruch genommen haben[92]. Es ist

---

[90] Die nicht formelle Unterstützung der Selbsthilfeorgane wurde aus der Berechnung ausgeschlossen, da sie z.T. auch aus Professionellen und aus kompetenten Laien und Professionellen bestehen. Zur Unterscheidung von professioneller, informeller und nicht formeller Hilfe vgl. Lanners/ Lambert 1999, 40.

[91] Die Gewichtung wurde vorgenommen, indem die erste Nennung der Ordinalskala mit dem Faktor 5, die zweite Nennung mit dem Faktor 4, die dritte mit dem Faktor 3 etc. multipliziert wurde.

[92] Nach Krause 1997, 119 nehmen 9,6 % psychotherapeutische Dienste häufig und 14,3 % gelegentlich in Anspruch. Insgesamt ist der psychologische Hilfebedarf bei Eltern behinderter Kinder deutlich höher als in der Gesamtbevölkerung, wo von ca. 0,5 % Psychotherapiepatienten aus kassenärztlichen und psychologischen Ersatzleistungen auszugehen ist (ebd. 120).

folglich nicht auszuschließen, dass Eltern trotz einer psychologisch-therapeutischen Beratung keine lebensanschauliche Unterstützung von dieser Seite erhalten haben. Wir vermuten folglich, dass diese Fachkräfte zwar zum sozialen Netzwerk der betroffenen Familien gehören, aber nicht genannt wurden, weil von ihnen keine soziale, deutungsrelevante Hilfe ausging. Nach diesen Ergebnissen liegt hier ein quantitatives und qualitatives *Defizit an professioneller Hilfe* vor.

Die Angaben zu den Unterstützungsagenten haben *auch geschlechtspezifische Aspekte*. Frauen haben im Durchschnitt zwei Angaben gemacht, Männer nur 1,7. Wider Erwarten ist der Bekanntenkreis im Beruf für Männer von kaum nennenswerter Bedeutung. Fachkräfte, insbesondere Pädagog/en/innen, Bekannte und Institutionen bieten Männern im Vergleich zu Frauen ein geringeres Unterstützungspotential. Für Frauen scheinen dagegen Fachkräfte und Institutionen und damit professionelle Kräfte von größerer Bedeutung zu sein.

Dieses Ergebnis kann nur bedingt mit der traditionellen, geschlechtsspezifischen Rollenverteilung von Familien- und Erwerbsarbeit erklärt werden. Müttern kommt, da sie i. d. R. die Haus- und Kinderarbeit übernehmen, in der Regel die Kontaktaufnahme mit Behörden, Organisationen und Institutionen zu[93]. Andererseits müssten Männer, da sie in traditioneller Weise ihre Zeit außerhalb des Hauses verbringen, über intensivere außerfamiliäre Kontakte und Unterstützungspotentiale verfügen als Mütter. Dies ist, wie neben anderen auch unsere Studie belegt, nicht der Fall[94]. Die Väter beziehen ihre Unterstützung tendenziell eher aus den Familien- und Verwandtschaftsbeziehungen bzw. den Feierabend- und Wochenendkontakten. Diese Tendenzen bei Männern finden in dem Vergleich der ungewichteten und gewichteten Unterstützungsagenten eine Bestätigung.

Unsere Ergebnisse haben einen paradoxalen Charakter: Die familien-intern arbeitenden Frauen finden ihr Unterstützungspotenzial eher familien-extern; die extern tätigen Männer eher familien-intern.

---

[93] Vgl. Byrne 1988,17: „As the principal carer the mother is the direct consumer and mediator of services".

[94] Nach Hinze 1993, 96 und 208 erhalten Mütter eine größere außerfamiliäre Unterstützung als Väter.

Zusammenfassung der Ergebnisse (Deutung von Faktor B)

Zur verstehenden Unterstützung von betroffenen Eltern in existenziellen Fragen kann festgehalten werden:

- Ein Viertel der Eltern gab an, nie eine Unterstützung erhalten zu haben, von ihnen mehr als doppelt so viel Männer wie Frauen, so dass mehr als jeder dritte Vater ohne Unterstützung war.

- Bei den befragten Eltern besteht ein hoher Grad an Unzufriedenheit: Fünf von sechs Eltern (83 %) hätten sich mehr verstehende Unterstützung gewünscht. Nur für jede sechste Person, für deutlich mehr Mütter als Väter, war sie ausreichend. Der Bedarf liegt verstärkt bei den Vätern.

- Das Verhältnis von erhaltener Unterstützung und Wunsch nach mehr Unterstützung ist bei einzelnen Eltern auch gegenläufig. Dort korreliert ein hoher Grad an Unterstützung mit dem Wunsch nach mehr Unterstützung. Offenbar ist die Qualität der erhaltenen Unterstützung für die Zufriedenheit entscheidend.

- Bei 75 % der Eltern, die Unterstützung erhielten, kam sie zu 85 % von mehreren Seiten. Wo sie nur von einer Seite kam, ging sie von den Partnern oder von der Frühberatung bzw. –förderung aus.

- Die Unterstützung wird zu einem Drittel von Partnern/ Verwandten, zu einem Viertel von Bekannten und zu einem Viertel von Fachkräften geleistet. Selbsthilfeorgane, Institutionen und Literatur spielen hier eine untergeordnete Rolle.

- Die entscheidende Hilfe wird in existenziellen Fragen vom sozialen Umfeld erbracht. Gewichten die Betroffenen die erhaltene Unterstützung nach Bedeutung, sind die Fachkräfte die Verlierer und das Verhältnis von professioneller und informeller Hilfe verschlechtert sich auf eins zu zwei.

- Männer können auf weniger professionelle und berufliche Unterstützungsressourcen zurückgreifen als Frauen.

2.3.3.3 Deutung der Lebensanschauung (Faktor B 1 sbj.)

Nach der Deutung des kritischen Ereignisses (A) und der sozialen Ressourcen (B obj.) wenden wir uns der subjektiven Einschätzung der persönlichen Lebensanschauung (B 1 sbj.) zu. Die Lebensanschauung einer Person wird im Deutungsprozess als bedeutsame intrapsychische Ressource betrachtet. Für die Nutzung dieser Ressource ist u. a. entscheidend, welche Relevanz die Betroffenen ihrer Lebensanschauung beimessen, wie sie ihren Nutzen einschätzen und ob sie ins Wanken gerät und reorganisiert werden muss.

Relevanz der Lebensanschauung

Gefragt wurde nach dem Einfluss der persönlichen Lebensanschauung im Blick auf fünf unterschiedliche Lebensbezüge, die in der folgenden Abbildung festgehalten sind.

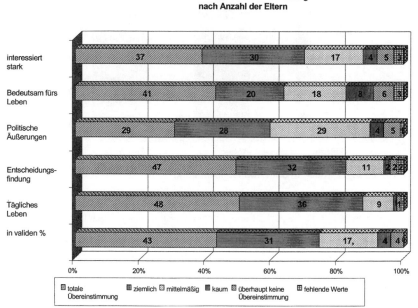

33. Abbildung: Relevanz der Lebensanschauung (F 4.1)

Wie die Ergebnisse zeigen, hat die eigene Lebensanschauung für fast die Hälfte der betroffenen Eltern (43 %) einen sehr großen Einfluß auf unterschiedliche Lebensbereiche. Mit einem niedrigen Mittelwert von 1,96 besteht eine sehr große Übereinstimmung mit fünf Aussagen, die alle auf eine hohe Relevanz der Lebensanschauung abzielen. Nur ein geringer Teil von 8 % sieht die eigene Anschauung in diesen Lebensbereichen kaum oder überhaupt nicht als bedeutsam an. Die Bewertungen der Items sind im Ganzen sehr homogen. Eine deutliche Abweichung ist lediglich beim Einfluss der Lebensanschauung auf die politischen Äußerungen erkennbar.

Aufgrund dieser recht eindeutigen Werte muss davon ausgegangen werden, dass die Befragten ein waches Bewußtsein dafür haben, dass ihre Lebensanschauung für ihren Deutungs- und Bewältigungsprozess von großer Bedeutung ist. Zugleich wird unsere hermeneutische Basishypothese, die persönliche Lebensanschauung sei für die Lebensbewältigung in hohem Maß relevant, durch die Einschätzung der Betroffenen untermauert.

Zweifel an der Lebensanschauung

Die Eltern wurden gefragt, ob sie wegen der Behinderung ihres Kindes an ihrer Lebensanschauung, an Gott oder an einer höheren Wirklichkeit gezweifelt haben.

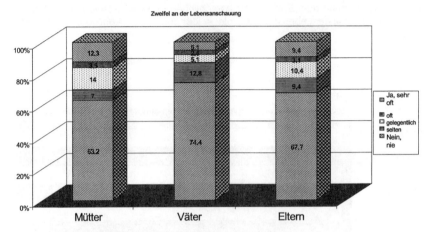

34. Abbildung: Zweifel an der Lebensanschauung (F 10)

Die Fragestellung wurde unter der Prämisse formuliert, dass das kritische Ereignis Down-Syndrom i. d. R. auch die Lebensanschauung in Frage stellt und eine Reorganisation erforderlich macht. Folgen wir aber den Selbsteinschätzungen der Eltern, ist der Zweifel an der eigenen Lebensanschauung nicht die Regel, sondern die Ausnahme (12,5 %)[95]. Rund zwei Drittel der betroffenen Eltern gaben an, sie hätten nie an ihrer Lebensanschauung, an einer höheren Wirklichkeit oder an Gott gezweifelt. Bei diesem hohen Maß an Stabilität ist jedoch zu beachten, dass die Fragerichtung auf den Kern der Lebensanschauung abzielt. Die lebensanschauliche Konstanz bezieht sich darum nicht auf periphere Anschauungsaspekte wie Einstellungen und Werte, sondern auf die Grundanschauungen sowie die Wert- und Machtzentren.

Betrachten wir *die geschlechtspezifischen Aspekte*, ist bei den Vätern mit einem Anteil von drei Vierteln sogar eine erhöhte Anschauungsresistenz zu verzeichnen. Männer (8 %) scheinen deutlich weniger zur Infragestellung der Lebensanschauung zu neigen als Frauen (16 %). Transformationen und Umbrüche im persönlichen An-

---

[95] Dieses Resultat stimmt mit der in Lang 1999, 31 zitierten Studie von H.W. Stubblefield (Religion, parents and mental retardation. Mental Retardation, August, 8-11) überein, nach welcher 15 % von 220 katholischen und protestantischen Seelsorgern angaben, dass die Behinderung ihres Kindes bei den Eltern Zweifel an Gottes Güte ausgelöst habe.

schauungssystem sind nach diesem Ergebnis bei Müttern wahrscheinlicher. Dies sollte bei der Begleitung von lebensanschaulichen Reorganisationsprozessen im Bewusstsein gehalten und berücksichtigt werden.

Nutzen der Lebensanschauung

Gefragt wurde, ob die Lebensanschauung bzw. der religiöse Glaube geholfen oder eher geschadet habe, die neue Lebenssituation mit dem behinderten Kind besser zu bewältigen.

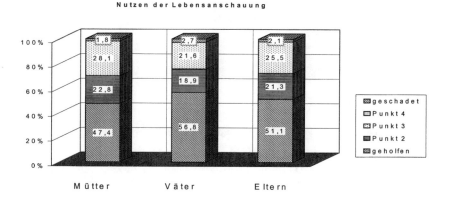

35. Abbildung: Nutzen der Lebensanschauung (F13)

Die hilfreiche Funktion der Lebensanschauung bzw. des religiösen Glaubens für die Bewältigung der Lebenssituation mit einem Kind mit Down-Syndrom liegt nach Einschätzung der Betroffenen klar auf der Hand. Eine schädigende Wirkung der Lebensanschauung wird von ihnen fast vollständig bestritten.
Die elterliche Einschätzung, die eigene Lebensanschauung sei für die Krisenbewältigung nützlich, keinenfalls aber schädlich, ist auf dem Hintergrund unserer Ergebnisse zur Attitüdenforschung und zum einstellungskonträren Parameter des kritischen Ereignisses „Diagnose Down-Syndrom" überraschend. Denn die gesellschaftlich vermittelte, internalisierte Negativhaltung gegenüber Menschen mit einer geistigen Behinderung bringt Eltern in eine konflikthafte Dilemmasituation gegenüber ihrem Kind. Es ist nicht zu vermuten, dass Eltern gegenüber diesen ungünstigen Einflüssen von Negativeinstellungen eine „partielle Blindheit" zeigen. Vielmehr muss angenommen werden, dass der Begriff „Lebensanschauung" im Bewusstsein der Betroffenen nicht so sehr mit einzelnen Einstellungswerten assoziiert wird, sondern mit elementaren, religiösen Sichtweisen und Grundüberzeugungen. Die befragten Eltern dürften bei ihrer Beantwortung eher die Ausrichtung auf das, „was sie unbedingt angeht" in den Blick genommen haben und weniger einzelne Werte, Attitüden und Sichtweisen.

Eine signifikante *Geschlechtsspezifik* ist bei diesen Ergebnissen nicht zu erkennen. Es zeigt sich aber, dass Männer (57 %) ihre Anschauung tendenziell als hilfreicher bewerten als Frauen (47 %).

Veränderung der Lebensanschauung

Die Eltern wurden gefragt, ob sich ihr Glaubensverständnis bzw. ihre Lebensanschauung durch die Tatsache der Behinderung ihres Kindes verändert habe.

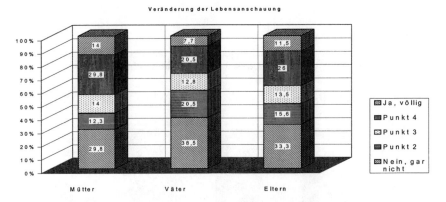

36. Abbildung: Veränderung der Lebensanschauung (F 14)

Nach Einschätzung der Eltern wurde die persönliche Lebensanschauung durch das Ereignis, ein Kind mit Down-Syndrom (bekommen) zu haben, nicht zwangsläufig verändert. Die **Hypothese 8,** ein Kind mit Down-Syndrom führe bei den Eltern zu einem zwangsläufigen und grundlegenden Anschauungswandel, konnte keine generelle Bestätigung finden. Sie muss modifiziert und differenziert werden.

Jeder dritte Elternteil meint, sein Lebens- und Glaubensverständnis habe sich dadurch im Kern überhaupt nicht geändert. Dies schließt nicht aus, dass an den Rändern ihrer Lebensanschauung Werte und Einstellungen transformiert wurden. Immerhin zwei Drittel der Eltern sprechen von einem ereignisbedingten Wandel der Lebensanschauung, sei er auch noch so gering, jede zehnte Person (11,5 %) von einer völligen Veränderung.

Dieses Ergebnis weist einen geschlechtsspezifischen Hintergrund auf. Ein Drittel mehr Väter (38,5 %) als Mütter (29,8 %) meinen, ihre Lebensanschauung habe sich gar nicht verändert[96] und etwa doppelt so viel Mütter (14 %) wie Väter (7,7 %) sprechen von einer völligen Veränderung. Insgesamt wird also die real vollzogene lebensanschauliche Reorganisation von den Müttern höher angegeben als von den Vätern. Die Werte zum „Zweifel" an und zur „Veränderung" der Lebensanschauung legen nahe, dass die Lebensanschauung der Mütter stärker in Zweifel gezogen und verändert wurde als die der Männer. Dies muss nicht bedeuten, dass das Anschauungssystem der Frauen anfälliger oder flexibler ist. Ein naheliegender Grund ist auch, dass der Veränderungsdruck des Ereignisses für Mütter größer ist als für Väter und dadurch der Zweifel und die Modifikation der Anschauung begünstigt wird.

---

[96] In Lang 1999, 295 geben 40,4 % der Mütter an, ihr religiöser Glaube habe sich nicht verändert. Dieser im Vergleich zu unserer Studie höherer Anteil könnte auch ein Hinweis auf eine höhere Konstanz der theistischen bzw. deistischen Grundanschauung gegenüber der nicht-religiösen Anschauung sein.

Zusammenfassung der Ergebnisse (Deutung des Faktors B 1 sbj.):

Zur eigenen Lebensanschauung bzw. zum Glaubensverständnis der Eltern von Kindern mit Down-Syndrom ist nach ihrem subjektiven Urteil festzuhalten:

- Für fast die Hälfte (43 %) der Eltern hat ihre Lebensanschauung einen sehr großen Einfluß auf unterschiedliche Lebensbereiche. Damit wird die hermeneutische Basishypothese von der Anschauungs-Deutungs-Korrelation aus der Sicht der Betroffenen gestützt.
- Bei zwei Dritteln der Eltern kam durch das kritische Ereignis nie ein Zweifel an der Lebensanschauung auf.
- Die Hälfte der Eltern gab an, ihre Lebensanschauung habe ihnen geholfen, fast niemand meinte, sie hätte geschadet.
- Zwei Drittel der Eltern sprachen von einem Wandel der Lebensanschauung in irgendeiner Form, aber nur jede zehnte Person von einer völligen Veränderung der Lebensanschauung.
- Die Lebensanschauung und das Wert- und Machtzentrum der Mütter wurde von ihnen stärker in Zweifel gezogen und hat sich stärker verändert als bei den Vätern.

2.3.4 Analytische Statistik

In der analytischen Untersuchung von quantitativen Methoden und Ergebnissen geht es im Folgenden um den Nachweis der Dignität von Fragebogenitems (1), um die Korrelationsberechnungen zwischen intervenierenden und unabhängigen Variablen (2), eine Pfadanalyse (3) und die analytische Überprüfung von einzelnen Hypothesen (4).

2.3.4.1 Faktoren- und Reliabilitätsanalysen

Die in unserer Studie durchgeführte Faktorenanalyse bezieht sich weder auf unabhängige Variablen als Wirk*faktoren*, noch auf die *Faktoren* ABC-X. Bei Faktoren im faktoranalytischen Sinn handelt es sich „abweichend von der varianzanalytischen Terminologie um hypothetische Größen, die das Zustandekommen von Korrelationen erklären sollen"[97]. In unserem Fall wenden wir die Faktorenanalyse zur Datenreduktion und Überprüfung der Skalenkonstruktion an. Wir überprüfen, ob die im Fragebogen vorgegebene Zahl an Items tatsächlich in unserer Stichprobe eine gemeinsame, latente Variable, z. B. den Faktor „Familialismus" bilden. In explorativen Faktorenanalysen versuchen wir die Präsenz dieser „synthetischen" Variablen empirisch aufzuklären[98]. Der Nachweis zur Faktorendignität der Fragebogenitems erfolgt durch die drei Kennwerte der Hauptkomponentenanalyse (1) Eigenwert λ, (2) erklärende Varianz und (3) Reliabilitätskoeffizient α[99].

---

[97] Vgl. Bortz 1993, 473.
[98] Vgl. Ven 1990, 168f. und Bortz 1993, 473.
[99] Die hier aufgestellten Gütekriterien wurden aus Gründen der Vergleichbarkeit in Übereinstimmung

Kulturelle Werte

Kulturelle Werte	Eigenwert	% erklärt. Varianz	α- Reliabilität
Familialismus	2,05	41,1	.61
Ökonomismus	2,13	53,3	.70
Gesellschaftskritik	2,33	58,2	.76
Hedonismus	1,57	78,7	.73
Autonomie	2,27	56,8	.75

37. Abbildung: Faktorenanalyse: Kulturelle Werte

Die Fragebogenitems der kulturellen Werte konnten in Hinblick auf die Ergebnisse der Faktoren- und Reliabilitätsanalyse unverändert übernommen werden. An der Variablen Familialismus wurde in der gegebenen Form festgehalten, obgleich die erklärte Varianz und der Reliabilitätkoefizienten im Bereich des Grenzwertes lag, da der Ausschluss unterschiedlicher, mit dem Familialismus-Faktor nicht korrelierender Items zu keiner Verbesserung der Ergebnisse führen konnte.

Grundanschauungen

Grundanschauungen	Eigenwert	% erklärt. Varianz	α- Reliabilität
Theismus	1,75	86,8	.85
Deismus	2,20	73,3	.82
Naturalismus	1,42	70,9	.59
Nihilismus	1,83	91,3	.89

38. Abbildung: Faktorenanalyse: Grundanschauungen

Der Reliabilitätswert des Naturalismus unterschritt mit .59 den Grenzwert von .60. Da die erklärende Varianz mit 70,9 % hoch genug ist und die Variable Naturalismus nicht weiter reduziert werden konnte - sie besteht aus nur zwei Variablen - wurde an den vorgegebenen Fragebogenitems festgehalten.

Theodizeesymbole

Die Faktorenanalyse wird bei den Theodizeesymbolen - wie bei van der Ven (1990) - als Bottom-up-Prozedur auf drei oder mehr Analyseebenen durchgeführt. Auf Niveau 1 wird überprüft, ob die im Fragebogen verwendete Zahl an Items, mit der eine bestimmte Haltung erhoben wird, tatsächlich einen Faktor bildet. Items mit gemeinsa-

---

mit van der Ven (1990, 169 und 216) festgelegt. Zu den Kennwerten der Faktorenanalyse vgl. Bortz 1993, 480ff:
1. Mit dem *Eigenwert* (λ) wird angegeben, wieviel von der Gesamtvarianz aller Items durch den gemeinsamen Faktor erfasst wird. Der Varianzanteil des Faktors sollte größer gleich eins ($\geq 1,00$) sein, um als bedeutsam gelten zu können.
2. Die *erklärte Varianz* gibt an, wieviel Prozent an Gesamtvarianz durch den einen Faktor erklärt werden kann. Das Kriterium wurde bei $\geq$ 40 % festgelegt.
3. Mit dem *Reliabilitätskoeffizienten* (α) auf der Basis der Alpha-Faktorenanalyse von Cronbach wird die Messgenauigkeit der Skalen, die einen Faktor ergeben, überprüft. Das Maß gibt die Reproduzierbarkeit an, d. h. inwieweit die Skalen bei wiederholten Messungen dasselbe Ergebnis hervorbringen würden. Das Gütekriterium für die Reliabilität wurde bei einer Skala mit drei Items bei $\alpha \geq .60$ festgesetzt.

mem Faktor werden auf Niveau 2 untersucht, ob sie auch paarweise einen Faktor ergeben. Auf Niveau 3 wird geprüft ob die Paarkombination von Niveau 2 mit einer weiteren Skala zu einer Dreierkombination ausgeweitet werden kann. Durch die Hinzunahme zusätzlicher Skalen können immer höhere Analyseniveaus erreicht werden.

Theodizeesymbole	Eigenwert	% erklärt. Varianz	α- Reliabilität
Apathie	1,78 (2,49)[100]	89,1 (62,2)	.88 (.80)
Vergeltung	2,00 (1,84)	66,6 (61,4)	.73 (.68)
Plan	1,94 (2,03)	64,8 (67,8)	.73 (.76)
Therapie	2,16 (1,75)	71,9 (58,2)	.80 (.64)
Mitleid	2,20 (1,88)	71,9 (62,6)	.80 (.70)
Stellvertretung	2,00 (1,77)	66,6 (59,1)	.75 (.64)
Mystik	2,00 (2,17)	66,5 (72,4)	.75 (.81)

39. Abbildung: Theodizeesymbole: Faktorenanalyse Niveau 1

Bei der Variable Apathie wurde, da der α-Wert mit .41 den Grenzwert tangierte, das Item „Gott steht über dem Leiden" herausgenommen; dieses Item hatte mit r = -.14 eine negative Korrelation zum Faktor Apathie. Durch seine Herausnahme erhöhte sich der Anteil der Varianz der verbleibenden Items, der mit dem Faktor Apathie erklärt werden kann, von 59,7 % auf 89,1 %. Zugleich verdoppelte sich der Reliabilitätskoeffizient.

Kombinationen	Eigenwert	% erklärt. Varianz	α- Reliabilität
Apathie	1,78	89,1	.88
Vergeltung	2,00	66,6	.73
Plan & Therapie	1,76 (3,14)	88,2 (52,3)	.87 (.78)
Plan & Mitleid	1,50	75,2	.67
Plan & Stellvertretung	1,53	76,3	.69
Plan & Mystik	1,61	80,9	.76
Therapie & Mitleid	1,48	73,8	.64
Therapie & Stellvertr.	1,60	80,0	.74
Therapie & Mystik	1,74	87,1	.85
Mitleid & Stellvertret.	1,57 (2,49)	78,5 (41,4)	.72 (.70)
Mitleid & Mystik	1,54 (2,67)	77,0 (44,6)	.70 (.74)
Stellvertret. & Mystik	1,63 (3,09)	81,3 (51,5)	.77 (.80)

40. Abbildung: Theodizeesymbole: Faktorenanalyse Niveau 2

Keine einzige Kombination eines Theodizeesymbols mit den Symbolen Apathie und Vergeltung konnte Kennwerte erzielen, die unseren Kriterien entsprochen hätte. Anders verhielt es sich mit den fünf weiteren Symbolen. Ihre Kombinationsmöglichkeiten blieben alle im Rahmen der Sollwerte.

---

[100] Die Werte in Klammern sind (auch in den zwei nachfolgenden Tabellen) Vergleichszahlen der Studie von van der Ven (1990, 217ff).

Kombinationen	Eigenwert	% erklärt. Varianz	α- Reliabilität
Plan & Therapie & Stellvert.	2,26	75,4	.84
Plan & Therapie & Mitleid	2,18	72,8	.81
Plan & Therapie & Mystik	2,42	80,6	.88
Therapie & Mitleid & Stellvert.	2,10	69,9	.78
Therapie & Mitleid & Mystik	2,18	72,6	.80
Mitleid & Stellvertr. & Mystik	2,16 (3,6)	72,0 (40,0)	.80

41. Abbildung: Theodizeesymbole: Faktorenanalyse Niveau 3

Wie Ergebnisse des Analyseniveaus 2 schon zu erkennen gaben, sind Kombinationen zwischen Pädagogiksymbolen (Plan, Therapie) und Solidaritätssymbolen (Mitleid, Stellvertretung, Mystik) möglich. Dies bestätigen auch alle Dreierkombinationen auf Niveau 3.

Kombinationen	Eigenwert	% erklärt. Varianz	α- Reliabilität
Plan & Therapie & Mitleid & Stellvertretung & Mystik	3,41	68,3	.88

42. Abbildung: Theodizeesymbole: Faktorenanalyse Niveau 4

Eine auf Niveau 5 durchgeführte Faktorenanalyse, die alle fünf Theodizeesymbole des Pädagogik- und Solidaritätssymbols kombinierte, ergab einen einzigen Faktor mit erstaunlich hohen Kennwerten. Auf der Grundlage dieses empirischen Befundes könnten die Theodizeesymbole faktorenanalytisch auf drei reduziert werden. Neben Apathie und Vergeltung hätten wir ein Symbol, das mit „Zuwendung" umschrieben werden kann. Neben der Gleichgültigkeit Gottes (Apathie) haben wir dann zwei Formen der Beteiligung Gottes, eine negative (Vergeltung) und eine positive (Zuwendung).

Da wir an einer größeren Differenzierung der Deutungssymbole, nicht aber an einer groben Schematisierung interessiert sind, ist gemäß unserer Theorie die „Grenze einer sinnvollen Interpretation" (Ven 1990, 168) auf Niveau 1 erreicht. In den folgenden statistisch-analytischen Berechnungen gehen wir von der Siebenzahl der Theodizeesymbole aus. Probeberechnungen für das Symbol „Zuwendung" erbrachten keine nennenswerten Ergebnisse[101].

---

[101] Es ergab sich ein zu erwartender Zusammenhang zwischen Religionsmitgliedschaft (F 26) und dem Symbol Zuwendung und eine positive Korrelation (r = .33) von Zuwendung und „unerwartetes Ereignis", die sich bei der multiplen Regression mit den intervenierenden Variablen Deismus und Plan als irrelevant herausstellte.

Verschiedene Variablen

Skalen	Eigenwert	% erklärt. Varianz	α- Reliabilität
Extrins. Religiosität	1,91	63,8	.71
Intrins. Religiosität	3,15	78,7	.91
Relevanz	2,71	54,2	.77
Ausbildung (Schul- u. Berufsabschluss: F 29)	1,67	83,6	.77

43. Abbildung: Faktorenanalyse: Extrinsität, Intrinsität, Relevanz, Ausbildung

Die Items der Skalen Extrinsität, Intrinsität, Relevanz und Ausbildung konnten durch die Faktorenanalyse validiert und für die weiteren Berechnungen übernommen werden.

	Eigenwert	% erklärt Varianz	α- Reliabilität
Potenz	2,50	62,6	.80
Evaluation	3,10	77,8	.90
Aktivität	Faktor 1: 1,74	43,5	.56
	Faktor 2: 1,07	27,0	

44. Abbildung: Faktorenanalyse der Osgood-Skalen

Die Osgood-Skala Potenz (F 15) und Evaluation (F 16) bestand mit je vier Einschätzungsitems die Kriterien der Faktorenanalyse. Die vier Items der Skala Aktivität (F 17) konnten jedoch nicht auf einen Faktor reduziert werden. Dies gelang auch nicht unter Ausschluss von ein oder zwei Items, da der Reliabilitätskoeffizient jeweils zu gering war. Die Skala Aktivität des kritischen Ereignisses wurde darum im Folgenden ausgeschlossen und die Ergebnisse weder dargestellt noch diskutiert.
Da für die beiden ersten Osgood-Skalen kein gemeinsamer Faktor gefunden werden konnte, wurden die Werte der Skalen Potenz und Evaluation im weiteren Analyseprozess als separate Variablen behandelt.

2.3.4.2 Korrelationen zwischen intervenierenden und abhängigen Variablen

Die Berechnungen der Produkt-Moment-Korrelationen zwischen intervenierenden und abhängigen Variablen ergaben folgende Ergebnisse. Das Signifikanzniveau der Korrelationskoeffizienten (r) wird in den folgenden Abbildungen mit p = .01 (*) bzw. p = .001 (**) angegeben.

interv. Vars \ Abh. Vars	Warum? selten	Wozu? selten	Schuld? selten	Warum-Antwort selten	Wozu-Antwort selten	Schuld-Antwort selten	Relevanz groß
Familialismus	.06	.30*	.05	.14	.00	.14	-.01
Ökonomismus	.07	.51*	-.15	.25	.23	-.08	.18
Gesellschaftskritik	-.13	.17	-.16	-.03	-.04	-.03	.47**
Hedonismus	.17	.34*	-.01	.04	-.01	.04	-.12
Autonomie	-.22	.25	-.02	.01	-.02	-.12	.27
Theismus	.02	.16	.08	-.10	-.30	-.18	.08
Deismus	.04	.12	-.02	-.11	-.21	-.20	-.01
Naturalismus	-.08	.12.	.09	.16	.08	.27	.02
Nihilismus	-.04	-.01	-.11	.10	.27	-.06	.19
Apathie	.04	-.05	.00	.28	.46**	.17	.14
Vergeltung	-.29	.15	-.29	.12	.18	-.02	.10
Plan	.03	.00	.04	.00	-.14	-.21	-.11
Therapie	-.12	-.16	.00	-.17	-.21	-.11	.16
Mitleid	.05	.07	.10	-.27	-.22	-.36*	-.02
Stellvertretung	-.30	.20	-.14	.00	.04	.01	.03
Mystik	-.25	-.07	-.17	-.02	-.13	-.03	.02
Intrinsität	-.04	-.10	.05	-.21	-.34*	-.36*	.33*
Extrinsität	.16	.06	-.04	.06	-.21	-.13	.29

interv. Vars \ abh. Vars	Potenz groß	Evaluation negativ	Zweifel gering	Unterstützung gering	mehr Begleitung gering	Anschauung geholfen	kaum verändert
Familialismus	.10	-.32*	-.06	-.22	.03	-.14	-.03
Ökonomismus	.01	.09	.11	-.13	.09	.02	.19
Gesellschaftskritik	.09	-.01	.03	-.12	-.29	-.04	-.20
Hedonismus	.10	-.14	-.12	-.08	-.08	-.01	.11
Autonomie	.11	.12	-.06	.01	-.24	.00	-.04
Theismus	.04	.08	.05	.05	.25	.08	.20
Deismus	-.03	.13	.01	.03	.14	.18	.12
Naturalismus	.11	-.17	-.14	-.16	-.09	-.15	-.28
Nihilismus	.02	-.09	.01	-.13	-.06	.02	-.14
Apathie	.13	.05	.13	.18	-.14	-.06	-.16
Vergeltung	.16	.05	.05	-.13	.18	.27	-.06
Plan	.16	.25	.08	-.08	-.13	.21*	.14
Therapie	.11	.23	.-01	-.02	-.25	.17	-.03
Mitleid	-.04	-.02	.19	-.09	.20	.27	.18
Stellvertretung	.05	-.15	-.13	-.37*	-.08	.04	-.11
Mystik	-.03	-.06	-.07	-.28	-.07	.06	-.23
Intrinsität	-.03	.16	-.02	-.09	.10	.37*	.05
Extrinsität	.00	.09	-.06	-.12	-.09	.21	-.07

Signifikanzniveau: * -.01 ** -.001

45. Abbildung: Korrelationen zwischen intervenierenden und unabhängigen Variablen

Die Zusammenhänge zwischen den intervenierenden und abhängigen Merkmalen zeigen in den meisten Fällen eine sehr geringe Enge. Die positiven und negativen Korrelationskoeffizienten gehen sogar häufig gegen null. Variablenpaare, die einen höheren linearen Zusammenhang (r > .30) aufweisen, sind hingegen signifikant bzw. hochsignifikant.
Die Deutung der sozialen Unterstützung (B obj.), d. h. die Variablen „Verstehende Unterstützung erhalten" (F 11) und der „Wunsch nach mehr verstehender Unterstützung" (F 12), sind die einzigen, zu welchen keine signifikanten Korrelationen nachweisbar sind. Bei den übrigen Zielvariablen sind ausreichend signifikante Zusammenhänge belegt.

	Apathie	Vergeltung	Plan	Mitleid	Therapie	Stellvertretung	Mystik
Theismus	-.46**	.14	.37**	.64**	.26	.29*	.29*
Deismus	-.22	.07	.43**	.37*	.34*	.16	.16
Naturalismus	.09	-.05	-.12	-.10	.05	.16	.16
Nihilismus	.48**	.02	-.37**	-.37**	-.38**	-.16	-.15
Intrinsität	-.39**	.26	.59**	.69**	.49**	.35*	.35*
Extrinsität	-.10	.36*	.60**	.46**	.55**	.33*	.33*

46. Abbildung: Korrelation zwischen Grundanschauungen und Theodizeesymbolen

2.3.4.3 Pfadanalyse

Bei den Pfadanalysen sollen die im theoretisch-konzeptuellen Modell postulierten Kausalverbindungen zwischen unabhängigen, intervenierenden und abhängigen Variablen durch wiederholt angewandte multiple Regressionsanalysen nach der Stärke ihres linearen Zusammenhangs bestimmt werden. Es ist jedoch zu betonen, dass die Kausalität selbst durch eine Pfadanalyse nicht bewiesen werden kann[102].
Die in den Pfaddiagrammen angegebenen Werte sind standardisierte Regressionskoeffizienten, d. h. Beta-Werte (β).
Auf der ersten Stufe der Pfadanalyse, der sogenannten *einfachen Regressionsanalyse* wurden die linearen Zusammenhänge zwischen den Merkmalen der Variablenklassen errechnet. Auf diesem Niveau entspricht der Regressionskoeffizient dem Korrelationskoeffizienten. Er wird *partieller Regressionskoeffizient* genannt, weil der Einfluss anderer Variablen unberücksichtigt bleibt, d. h. auspartzelliert wird[103]. Nur diejenigen Variablen werden weiter berücksichtigt, deren Zusammenhänge signifikant bzw. hochsignifikant sind. Das *Signifikanzniveau* wurde hier mit $p = .01$ bzw. .001 sehr hoch angesetzt.
Auf der zweiten Stufe der multiplen Regression wurden die signifikanten Koeffizienten, die auf eine gemeinsame Zielvariable gerichtet sind, neu berechnet. Die neuen *multiplen Regressionskoeffizienten* geben nun die relative Stärke an, mit der die unabhängigen bzw. intervenierenden Merkmale auf ihre Zielvariable wirken. Diese Regressionswerte liegen häufig unter den Korrelationswerten der ersten Analysenstufe. Sank der multiple Regressionswert unter + 1 bzw. - 1, wurde die unabhängige bzw. intervenierende Variable aus der Pfadanalyse ausgeschlossen und die verbleibenden Variablen neu berechnet.

---

[102] Vgl. Bortz 1993, 436-440, Holm 1977, Bd. 5, 10f und van der Ven 1990, 173f.
[103] Siehe Holm 1977, Bd. 5, 41.

Das Pfaddiagramm wurde in den Berechnungen von rechts nach links, d. h. von den abhängigen Variablen zu den unabhängigen Variablen aufgebaut. Aus Gründen der Übersichtlichkeit wurden die Pfade zu den kritischen Ereignisparametern in einem separaten Schaubild aufgeführt.

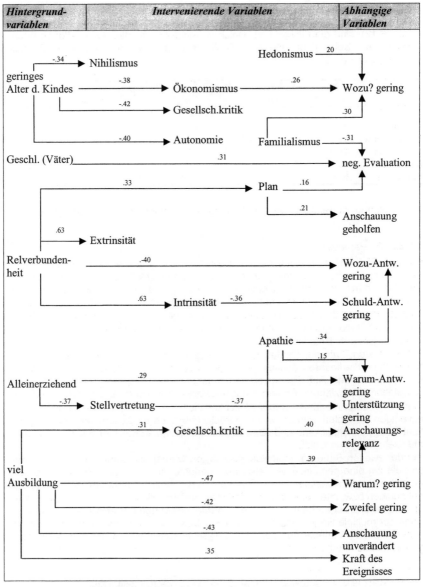

47. Abbildung: Pfaddiagramm (ohne kritische Ereignismerkmale)

Ein erster Blick auf die Ergebnisse der Pfadanalyse zeigt, dass die drei im konzeptuellen Modell postulierten Kausalbezüge zwischen den Variablenklassen in den Diagrammen wiederkehren.
Gleichzeitig gibt es unter Auslassung der intervenierenden Variablen auch direkte kausale Zusammenhänge zwischen Hintergrundvariablen und abhängigen Variablen. Dies ist insbesondere bei der Bedeutung der Ausbildung für die Deutung von Faktor A (Kraft des Ereignisses/ Warum-Frage) und B 1 sbj. (Zweifel und Veränderung der Anschauung) der Fall.
Bei den intervenierenden Variablen fällt auf, dass die Theodizeesymbole und Grundanschauungen als vermittelnde Instanzen zwischen Hintergrundvariablen und Deutung unbedeutend sind, während die Form der Religiosität und insbesondere die kulturellen Werte eine zentrale Rolle spielen.
Im Folgenden sollen nun einzelne Pfade eingehender besprochen werden.

Alter des Kindes und kulturelle Werte

Das Alter des Kindes gibt die Zeitspanne an, die seit der Geburt des Kindes vergangen ist und gilt damit als Indikator für Veränderung. Die drei negativen Pfade vom Alter des Kindes zu den drei kulturellen Werten Ökonomismus, Gesellschaftskritik und Autonomie geben an, dass sich diese Werte entlang der Zeitachse verändert und im Lauf der Zeit an Bedeutung gewonnen haben.
Die mit dem Alter des Kindes verbundene Zunahme der Werte *Gesellschaftskritik und Autonomie* kann leicht plausibel gemacht werden. Denn über die Jahre werden betroffene Eltern mehr und mehr mit den gesellschaftlichen Lebensbedingungen von behinderten Menschen und ihren Angehörigen konfrontiert. Sie machen einschlägige Erfahrungen, müssen diskriminierende Einstellungen und soziale Ausgrenzung ertragen. Dabei verändern sie sich häufig dahingehend, dass sie den gesellschaftskritischen Kampf um die Rechte ihres Kindes aufnehmen. Dieser Wertewandel kann zugleich als Reifungsprozess hin zu einer größeren persönlichen Autonomie gegenüber äußeren Autoritäten verstanden werden.
Die Autonomie der Eltern gewinnt auch im Kontext der Kindesentwicklung an Bedeutung. Je älter das Kind mit Down-Syndrom wird, desto mehr gehen Lebensalter und Entwicklungsalter auseinander. Die Abhängigkeit des Kindes gegenüber den Eltern nimmt im Verhältnis zum nichtbehinderten Kind zu. Das Engagement für die eigene Unabhängigkeit und die Bedeutung dieses Wertes beginnt darum mit zunehmendem Alter zu wachsen.

Viel schwerer zu erklären ist, warum der Ökonomismus und auch die Grundanschauung Nihilismus mit steigendem Alter zunimmt. Möglicherweise spielen die ökonomischen Werte in der ersten Zeit der Auseinandersetzung und Elternschaft eine geringere Rolle, weil zuerst Probleme nicht-finanzieller Art zu bewältigen sind. Sobald die betroffenen Eltern einen neuen Lebensrhythmus gefunden, soziale Beziehungen neu geknüpft und Reorganisationsprozesse vollzogen haben, gewinnt der materielle Wohlstand zunehmend an Bedeutung. Insgesamt ist jedoch zu vermuten, dass ökonomische Werte bei betroffenen Eltern im Vergleich zu Nichtbetroffenen proportional abnehmen.

Die Zunahme der *nihilistischen Grundanschauung* bei steigendem Kindesalter könnte u. a. im Wesen des kritischen Ereignisses „Diagnose Down-Syndrom" begründet liegen. Als non-selektives Ereignis kann es voraussetzungslos jeden und jede Person treffen. Hinter der Zufallsverteilung dieses Ereignisses läßt sich nur schwer eine höhere Wirklichkeit erkennen, die sich als gerecht, vorherbestimmend,

gegenwärtig oder gar gütig ausgibt. Mehr noch:
Das kritische Ereignis provoziert die Radikalisierung der Theodizeefrage, stellt die Existenz einer höheren Instanz in Frage und begünstigt damit die nihilistische Grundanschauung des Zufalls und der Gleichgültigkeit.

Kulturelle Werte und Wozu-Frage

Der Pfad, der vom zunehmenden Alter des Kindes zur Abnahme des Ökonomismus führt, setzt sich fort in den wenig häufigen Fragen nach dem Wozu der Behinderung. Es läßt sich also eine zeitliche Entwicklung feststellen, die in der Abnahme von materiellen Werten und der Zunahme an lebensanschaulicher Integration und Sinnfindung besteht.

Insbesondere bei der Wozu-Frage ergaben sich signifikante Ergebnisse. So neigen Eltern, die die kulturellen Werte *Familialismus, Ökonomismus und Hedonismus* bevorzugen, dazu, sich die Frage nach dem Sinn und Ziel der Behinderung ihres Kindes seltener zu stellen.

Es leuchtet nicht unmittelbar ein, dass kulturelle Werte wie materieller Wohlstand, Leistungsfähigkeit und Lebensgenuss durch die Behinderung des eigenen Kindes, das mehr Geld, Zeit, persönliches Engagement und Begleitung „kostet", die Wozu- und Sinnfrage weniger häufig hervorrufen. Diese ökonomischen und hedonistischen Werte treten ja geradezu in einen krassen Widerspruch zum Ereignis „Diagnose Down-Syndrom" und provozieren dadurch die Frage: Wozu diese Behinderung? Andererseits könnte es sein, dass sich die Wozu-Frage auf dem Hintergrund ökonomischer und hedonistischer Werte erst gar nicht stellt, weil in dieser Werthaltung die Sinnlosigkeit der Behinderung bereits impliziert ist. Beim Familialismus könnte jedoch auch das Gegenteil eine Rolle spielen. Die Wozu-Frage stellt sich nicht so häufig, weil die Wertschätzung von Kindern an sich schon die Sinnfrage beantwortet und damit diese Fragestellung erübrigt.

Apathie und Wozu-Antwort

Die Vorstellung von der Gleichgültigkeit Gottes gegenüber dem eigenen Leiden steht in einem hochsignifikanten Zusammenhang mit der seltenen Antwort auf die Wozu-Frage. Dies bedeutet, dass eine Person, die von der Apathie Gottes ausgeht, es sehr schwer hat, eine persönliche Antwort auf das Wozu zu finden. Wie läßt sich das erklären? Die Gleichgültigkeit Gottes bedeutet ja, dass die höhere Wirklichkeit keine Intention und keine tiefere Haltung mit dem Down-Syndrom des Kindes verbindet. Damit aber kann sie auch nicht zu einer Quelle des Sinnfindungs- und Deutungsprozesses werden. Eine Antwort auf die Wozu-Frage wird dadurch unwahrscheinlicher.

Väter und negative Evaluation

Die Korrelation von Geschlecht und Evaluation (F 16) weist darauf hin, dass Väter eher zu einer negativen und Müttern eher zu einer positiven Bewertung des kritischen Ereignisses neigen. Dies könnte damit zusammenhängen, dass das Kind mit Down-Syndrom durch den engeren Lebensbezug zur Mutter stärkere Impulse zur Veränderung ihrer Lebensanschauung, ihrer Sinnsuche oder ihrer sozialen Kontakte (s.o.) auslöst und damit auch für die Mütter einen höheren Persönlichkeitsgewinn bewirkt als für die Väter. Der Pfad der von den Vätern zu einer negativen Einschätzung ($r = -.40$) führt, dass das kritische Ereignis sinnvoll sei (s.u.), bestätigt diesen geschlechtsspezifischen Zusammenhang.

Bildung und Deutung

Ein hoher Bildungsgrad scheint die kognitive Auseinandersetzung mit dem kritischen Ereignis „Diagnose Down-Syndrom" zu verschärfen. So führt ein hoher Schul- und Berufsabschluss dazu, dass die Warum-Frage häufiger gestellt wird, die Zweifel an der eigenen Lebensanschauung zunehmen und die Veränderung der Lebensanschauung begünstigt wird. Diese signifikanten Korrelationen leuchten unmittelbar ein, denn mit einer höheren geistigen Bildung werden kognitive Dissonanzen klarer und zugespitzter wahrgenommen. Somit ist auch zu vermuten, dass die Theodizeefrage, die kognitiv unlösbar zu sein scheint, für intellektuell geschulte Menschen eine ungleich größere Tragweite hat als für kognitiv weniger gebildete Menschen.

Ferner bewirkt ein hoher Bildungsgrad, dass Menschen die Intensität des Ereignisses „Diagnose Down-Syndrom" stärker empfinden.

Diese Ergebnisse erhärten die Annahme, dass Personen mit einem hohen Bildungsgrad stärker zur Auseinandersetzung mit existenziellen Fragen herausgefordert werden als Personen mit einem niedrigen Bildungsgrad. Ob damit ein größeres Bedürfnis nach verstehender Begleitung bei Personen mit einer höheren Bildung impliziert ist, kann nur vermutet, mit den Ergebnissen dieser Studie aber nicht gestützt werden. Inwiefern sich der bildungsspezifische Stichprobenbias auf die Ergebnisse zur verstehenden Krisenbegleitung auswirkt, müsste an einer zukünftigen Vergleichsstudie überprüft werden.

Im Folgenden werden nun die Pfade zu den kritischen Ereignismerkmalen besprochen.

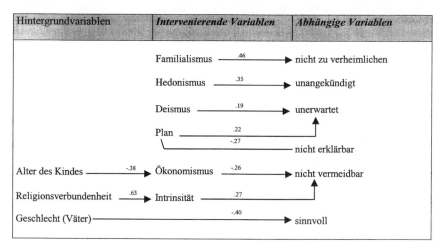

48. Abbildung: Pfaddiagramm der kritischen Ereignismerkmale

Kulturelle Werte und kritische Merkmale

Es führt ein Pfad von der Hochschätzung der Familie zu der Einschätzung, dass die Behinderung des eigenen Kindes nicht zu verheimlichen ist. Hohe Werte für die Familie lassen annehmen, dass viel Zeit und Energie für die Familie eingesetzt wird und die Eltern zu ihrer Familie auch in der Öffentlichkeit stehen.

Vom Hedonismus geht ein Pfad zu der Bewertung, dass das kritische Ereignis unan-

gekündigt sei. Es ist anzunehmen, dass Personen, die den Genuß und damit die „Sonnenseite des Lebens" wertschätzen und verwirklichen, die Schattenseiten eher verdrängen bzw. nicht im Blick haben. Für sie erscheint darum das Eintreffen des kritischen Lebensereignisses weniger angekündigt.
Der Pfad vom Alter des Kindes zum zunehmenden Ökonomismus führt weiter zu der Einschätzung, das kritische Ereignis hätte vermieden werden können. Hinter dem Ökonomismus steckt häufig ein Denken von Machbarkeit und Kontrollierbarkeit. Es liegt darum nahe, dass Menschen, die sich dem Ökonomismus verbunden fühlen, das kritische Ereignis aufgrund der technischen Möglichkeiten (Pränataldiagnostik, und Schwangerschaftsabbruch) als vermeidbar bewerten.

Deismus zu „unerwartet"
Warum vom Deismus und Plan aus ein Pfad zum kritischen Merkmal „unerwartet" führt, ist schwer zu erklären, am ehesten dadurch, dass von den Eltern ein Determinismus angenommen wird, der ihnen eine positive Zukunft vorherbestimmt hat. Auf dem Hintergrund dieser positiven Perspektive wird das aversive Ereignis um so weniger als erwartet eingeschätzt.

Plan und kritische Merkmale
Dass die Übereinstimmung mit dem Plansymbol die Erklärbarkeit des Ereignisses erhöht, ist plausibel. Denn wer annimmt, dass ein Ereignis aufgrund einer Intention und Planerfüllung eingetreten ist, kennt mit dem Plan i. d. R. auch den „Planer", d. h. die übergeordnete, verursachende Instanz. Damit ist das Plansymbol ein Erklärungsmodell für den Ereigniseintritt und trägt somit zu einer größeren Erklärbarkeit dieses Phänomens bei.

2.3.4.4 Analytisch-statistische Überprüfung von Hypothesen

Hypothese 3:
Die Annahme, ein höherer Bildungsstand führe zu einer Abnahme der Akzeptanz der traditionellen Theodizeesymbole, konnte weiter erhärtet werden. Die Eltern mit höheren Schul- und Berufsabschlüssen stimmten mit den traditionellen Symbolen weniger stark überein (AM = 4,58) als solche mit niederem Bildungsstand (AM = 4,25). Diese relativ geringe Differenz der Bildungsgruppen war beim Vergeltungssymbol doppelt so hoch wie beim Apathiesymbol.

Hypothese 4:
Die Hypothese, der Familialismus ($r = .39^{**}$) und der Ökonomismus ($r = .09$) bewirke einen positiv kausalen Effekt gegenüber dem Solidaritätssymbol, wurde auch durch Mittelwertberechnungen (siehe B, Abb. 48) bestätigt. Dies gilt aber nicht zugleich für die traditionellen Symbole. Hier trifft z.T. die Nullhypothese zu. Der Familialismus übt keinen positiven, sondern vielmehr einen negativen Effekt auf das traditionelle Symbol der Apathie aus. Nur zwischen Ökonomismus und Vergeltung ist der Zusammenhang positiv kausal ($r = .33^{*}$).

kulturelle Anschauungswerte	Apathie (AM)	Vergeltung (AM)	Solidarität (AM)
Familialismus pro (≤ „2")	4,3	4,5	3,0
Familialismus contra (> „2")	3,5	4,7	4,0
Ökonomismus pro (≤ „2")	4,2	4,0	2,9
Ökonomismus contra (> „ 2")	4,2	4,6	3,2

49. Abbildung: Berechnungen zu Hypothese 4

Hypothese 5:

Die Hypothese von einem kausalen Pfad, der von der Ausbildung über die Relevanz der Lebensanschauung zum Theismus führt, danach im negativen Sinn zur Apathie und dann wiederum negativ zu den traditionskritischen Theodizeesymbolen, wurde in seinen zwei ersten Etappen falsifiziert, in den zwei weiteren erhärtet. Der geringe, nicht signifikante Regressionskoeffizient zwischen Ausbildung[104] und Relevanz (.09), sowie Relevanz und Theismus (-.04) könnte mit dem überdurchschnittlich hohen Bildungsstand unserer Stichprobe im Zusammenhang stehen, so dass die Hypothese von der via negativa - zumindest für ihre zweite Hälfte - weitere Bestätigung findet.

Hypothese 6:

Wie schon bei Hypothese 5 konnte der Pfad Ausbildung → Relevanz → Theismus nicht erhärtet werden, die positiv-kausale Beziehung zwischen Theismus und Plan- bzw. Therapiesymbol (r = .41** bzw. .32*[105]) sowie Plan- bzw. Therapiesymbol und traditionskritische Symbole (r = .78** bzw. .83**) konnte dagegen als signifikant nachgewiesen werden.

Hypothese 7:

Die Annahme, es gebe einen kausalen Pfad, der im negativen Sinn von der Ausbildung zum Familialismus und von dort im positiven Sinn zum Plan- und Therapiesymbol und weiter positiv-kausal zu den traditionskritischen Symbolen verläuft („via familialis paedagogica") konnte nur in ihrem letzten Teil bestätigt werden. Ausbildung und Familialismus konnten bei dieser Hypothese nicht als signifikante Kausalbedingungen nachgewiesen werden. Auch beim Familialismus könnte dies mit der stichprobenspezifisch einseitig hohen Bewertung dieser Variable in Verbindung stehen.

Hypothese 16:

Die hypothetische Annahme, traditionelle Theodizeesymbole würden die Einschätzung des kritischen Ereignisses „Diagnose Down-Syndrom" negativ, traditionskritische Symbole dagegen positiv beeinflussen, kann durch unsere Ergebnisse nicht erhärtet werden. Wie erwartet gibt es eine signifikante Korrelation zwischen traditionellen und traditionskritischen Symbolen von r = -.30*, doch die Korrelationen dieser beiden konträren Symbolgruppen und der Einschätzung des kritischen Ereignisses (P-E-A-Dimensionen der Osgood-Skalen) waren nicht signifikant. Der Korrelationskoeffizient lag in keinem Fall jenseits r = +/- .10.

---

[104] Ausbildung ist die Zusammenfassung der Variablen Schulabschluß und Berufsabschluß (F 29).
[105] Signifikanzniveau: * .01; ** .001.

Hypothese 17:
Die Hypothese, die Ausrichtung auf eine transzendente Grundanschauung begünstige eine positive, die Ausrichtung auf eine imanente Grundanschauung eine negative Einschätzung des kritischen Ereignisses, kann durch die Korrelationskoeffizienten kaum erhärtet werden. Die Werte sind zu gering und nicht signifikant[106].
Durch den Vergleich der arithmetischen Mittelwerte zwischen den vier Grundanschauungen und den Einschätzungen des kritischen Ereignisses konnte eine teilweise Bestätigung der Hypothese 17 gewonnen werden. Bei den Berechnungen wurden von den vier Grundanschauungen je zwei Teilstichproben gezogen: eine Pro-Gruppe, die mit der jeweiligen Anschauung total übereinstimmte (1) und eine Contra-Gruppe, die überhaupt keine Übereinstimmung zeigte (> 4). Die Einschätzungswerte dieser beiden Gruppen wurden jeweils verglichen. Niedere Werte stehen für Übereinstimmung.

	Theismus (AM)		Deismus (AM)		Naturalismus (AM)		Nihilismus (AM)	
	pro	contra	pro	contra	pro	contra	pro	contra
Potenz	1,84	1,69	1,69	1,75	1,65	1,70	1,83	1,83
neg. Evaluation	2,45	2,20	2,04	2,37	2,53	1,87	2,13	2,37
Aktivität	3,26	2,83	3,44	3,02	3,18	3,10	2,96	3,21
unerwünscht	2,14	2,04	2,10	1,73	1,90	1,64	1,44	2,29
Anzahl (n)	16	23	20	13	10	9	7	51

50. Abbildung: Vergleich von Grundanschauungen und Einschätzung des kritischen Ereignisses

Die Ergebnisse beim Theismus und Nihilismus bieten ein hypothesenkonformes, einheitliches Bild, mit z.T. erheblichen Einschätzungsdiskrepanzen. So schätzen die Personen mit einer eindeutig nihilistischen Anschauung das Ereignis, ein Kind mit Down-Syndrom (bekommen) zu haben, rund einen Skalenpunkt negativer, d. h. unerwünschter ein als solche, die den Nihilismus ablehnen.
Beim Deismus und Naturalismus sind die Werte divergent. Die Hypothese 17 kann, so wie sie formuliert ist, nicht erhärtet werden. Vielmehr muss in einer differenzierten Weise anstelle von Transzendenz und Immanenz von Theismus und Nihilismus gesprochen werden.

---

[106] Vgl. in B, Abb. 44 die Korrelationskoeffizienten zwischen Theismus/ Deismus/ Naturalismus/ Nihilismus und Potenz/ Evaluation.

3 Qualitative Untersuchung:
Offene W-Fragen des Fragebogens und halbstrukturierte Interviews

In einer zweiten empirischen Sequenz sollen die statistischen Ergebnisse der Fragebogenerhebung durch qualitative Methoden vertieft und ergänzt werden. Ziel ist es, einen direkten Zugang zur Weltsicht der betroffenen Eltern zu eröffnen. In dieser Phase der Untersuchung sollen die impliziten Anschauungen und subjektiven Deutungstheorien der Befragten induktiv erschlossen werden[1].

Zu diesem Zweck wurden zwei verschiedene empirische Erhebungsverfahren durchgeführt: Die offenen W-Fragen nach dem Wodurch, dem Warum und dem Wozu innerhalb der schriftlichen Befragung (F 5-7) und das teilstrukturierte Interview.

3.1 Auswertung der offenen W-Fragen des Fragebogens

Zuerst wenden wir uns den schriftlichen Deutungsversuchen zu, die Eltern im Rahmen des Fragebogens zur Schuld-, Warum und Wozu-Frage gemacht haben. Die W-Fragen sind die drei einzigen Fragen der schriftlichen Erhebung, in welchen die Eltern die Möglichkeit erhielten, Aussagen in eigene Worte zu fassen. Sie wurden darauf hingewiesen, ihre persönlichen Antworten seien von ganz besonderer Bedeutung und für ihre Aussagen stünde genügend Raum zur Verfügung. Die befragten Eltern nutzen diese Gelegenheit. Sie nahmen durchschnittlich bei zwei Dritteln der existenziellen W-Fragen (F 5-7), in welchen sich immer auch eine ungelöste Verarbeitungsproblematik widerspiegelt, ausführlich Stellung.

Charakter von Frage und Antwort

Mit der offenen Form der Fragestellung wurde das enge Frageraster des Erhebungsbogens, das nur die Wahl zwischen Zustimmung oder Ablehnung ermöglicht, erweitert. Die Befragten konnten ihre Erfahrungen in beliebiger Länge und mit reiflicher Überlegung schriftlich darlegen. Ihre Antworten sind aber nicht als eine zureichende logische Beantwortung der Fragestellung zu begreifen. Es sind Deutungsversuche mit einem hohen oder auch geringen Beantwortungsgehalt und mit emotionalen „Zutaten", derer sich die Deutenden sehr gut oder auch kaum bewusst sind. Jedenfalls gewähren uns die Eltern mit diesen persönlichen Antworten einen Einblick in ihre kognitiv-emotionalen Deutungsprozesse. Wie weit ihre Anpassungsleistungen hierbei über den kognitiven Bereich hinausreichen, läßt bereits das Antwortverhalten erkennen.

Die im Fragebogen vorgenommene theoretische Einteilung der existenziellen Fragen in das Wodurch? (causa efficiens), Warum? (causa formalis) und Wozu? (causa finalis) wurde von den Befragten nicht stringent unterschieden. Die Deutungsinhalte ihrer Antworten flossen vielfach ineinander. Unter der Warum-Frage waren auch Wozu-Antworten zu finden und umgekehrt und bei der Schuld-Frage wurden auch Deutungsmuster zur Warum-ich-Frage aufgeführt[2]. Dieses Ineinanderfließen der Antworten kann als Hinweis gelten, dass diese drei Fragekategorien nur in der Theorie, nicht aber in der ganzheitlichen Bewältigungspraxis der Betroffenen unterschieden werden.

---

[1] Vgl. Huber 1992, 115f.
[2] Vgl. z. B. Warum-Antwort 0641-0642.

Untersuchungsmethode: Qualitative Textanalyse
Zur Auswertung dieser Antworten auf die offenen W-Fragen wurde eine Form der qualitativen Textanalyse gewählt, wie sie in Huber (1992) beschrieben wird. Diese Analysemethode fußt auf der „grounded theory" von Strauss & Corbin (1990) und ist geeignet, Deutungskonzepte und Erklärungsansätze der Befragten auf der Grundlage des empirischen Textmaterials zu rekonstruieren. Um die qualitative Inhaltsanalyse der Texte professioneller bewältigen zu können, wurde mit dem Softwareprogramm AQUAD Five (Huber 1997) auf die Unterstützung des Computers zurückgegriffen. Es erleichtert nicht nur mechanische Arbeitsabläufe, sondern eröffnet zugleich eine bessere Dokumentation, Kontrolle, Modifikation und Kommunikation des Forschungsprozesses[3].

3.1.1 Deutung der Wodurch-Frage

Die Eltern sollten angeben, ob sie sich je die Frage gestellt haben, wer oder was an der Behinderung ihres Kindes schuld ist. Ungefähr ein Drittel der Eltern (30 %) antworteten mit „nein, nie"[4]. Von den zwei Drittel der Eltern, die sich die Schuldfrage stellten, fanden fast die Hälfte (43 %), deutlich mehr Mütter als Väter, keine Antwort. Bei der Fragestellung wurde zwischen Entstehungsursache und Entstehungsweise wissenschaftlich nicht differenziert. Bewußt wurde nach der existenziellen Dimension „Schuld" gefragt, um neben pathobiologischen Erkenntnisse und wissenschaftlichen Entstehungshypothesen das gesamte Spektrum subjektiver Theorien zu ermitteln, das für die Bewältigung und Beratung der Eltern von Bedeutung ist[5].
Einzelne Eltern übten an der Fragestellung Kritik, lehnten den moralischen Unterton der Schuldfrage ab bzw. hätten lieber von Ursache gesprochen. Andere schlossen eine Person als Ursache kognitiv aus oder hielten dem inneren Druck stand, extern zu attribuieren: *„Einfacher wäre es gewesen, wenn man alles bei einem Schuldigen hätte abladen können"*[6].

Selbstzuschreibung
Hypothese 12 nimmt an, dass Schuldgefühle und Schuldzuweisungen bei betroffenen Eltern keine bzw. eine geringe Rolle spielen, da sie über die Entstehungsweise und die externen Entstehungsursachen des Down-Syndroms i.d.R. informiert sind. Diese eingangs aufgestellte Hypothese soll nun überprüft werden.
Wie bereits erwähnt gab es keine einzige Zuschreibung der Ursache an eine andere Person. Dass die Schuld bei der eigenen Person liege, vermuteten dagegen (ganz) am Anfang zwei Väter und eine Mutter[7]. Sich auch *„selbst für schuldig gehalten, ein behindertes Kind zur Welt gebracht zu haben"*[8], hat sich nur eine einzige Mutter. Bei allen Eltern wichen solche Gedanken jedoch der besseren Information über die Entstehungsweise des Down-Syndroms. Da die Häufigkeit der Selbstzuschreibungen

---

[3] Siehe Huber in Flick et al. 1995, 245-248.
[4] Vgl. Schuld-Antwort 0121 und 0143: „für mich nicht wichtig".
[5] Krebs 1990, 219 betont zurecht, dass die pathobiologische Antwort der Chromosomenaberration für die Beratung der Eltern kaum etwas austrägt.
[6] Schuld-Antwort 0255-0256, auch 0281-0283. Siehe 0319: *„Schuld ist niemand"*, 0044, 0185, 0273 und 0281.
[7] Siehe Schuld-Antwort 0003-0005, 0033-0034 und 0322.
[8] Schuld-Antwort 0227-0228.

mit ca. 4 % der Gesamtstichprobe gering ausfiel, konnte der erste Teil der *Hypothese 12* erhärtet werden.

Vererbung
Eine ältere, in den 20er Jahren geborene Mutter ging davon aus, dass das Down-Syndrom ihres Kindes inzestuös bedingt sei: *„Meine Großeltern waren Vettern und Cousinen zweiten Grades"*[9]. Ebenfalls unzutreffend ist die Vorstellung einer jüngeren Mutter, es handle sich um eine *„nicht feststellbare Vererbung"*[10]. Hier scheint keine Verwechslung von genetischer und erbbiologischer Verursachung vorzuliegen, sondern ein resistentes Relikt überkommener Vererbungsideologie. Abgesehen von zwei Vätern, die sich (anfangs) u. a. gefragt haben, ob ein *„erblicher Fehler"*[11] vorliegen könnte, gab es nur eine schon ältere Mutter, die aufgrund mangelnder Informationslage lange Zeit einer vorausgehenden Fehlgeburt die Schuld gab[12].
Ein generell guter Informationsstand der Eltern wird mit diesen Einzelaussagen nicht in Frage gestellt. Viele Äußerungen belegen, dass die Eltern mit der Entstehungsweise der Trisomie 21 sehr gut vertraut sind und zugleich um die wissenschaftliche Unerklärbarkeit der Entstehungsursache des Down-Syndroms wissen[13].

Alter der Eltern
Die einzige gut nachweisbare ätiologische Variable ist das Alter der Eltern. Es wird von drei befragten Müttern mit in Erwägung gezogen: *„... und mit 35 zu alt für eine Schwangerschaft*[14]. Diese seltene und vorsichtige Überlegung dieser Entstehungskomponente steht ganz im Einklang mit der jüngst relativierten und begrenzten Reichweite dieser demographischen Hypothese: *„Früher hieß es das Alter, aber dem wurde schon sehr widersprochen"*[15].

Exogene Faktoren
Auch zahlreiche exogene Entstehungsfaktoren wurden von den Eltern aufgeführt. Dabei wurde das Auftreten des Down-Syndroms häufig mit eigenen Beobachtungen und Erfahrungen in einen kausalen Zusammenhang gebracht: *„Strahlungsschaden (Röntgenapparat und die väterliche Zahnarztpraxis in meiner Kindheit, Atomkraftwerk in der Umgebung) und ... ."*[16] Wie in diesem Beispiel gingen insgesamt zehn Eltern von einer heterogenen Verursachung aus. Bis zu sechs mögliche Faktoren wurden gleichzeitig aufgezählt[17].
An die oberste Stelle der Nennungen kam die Verschmutzung, Belastung oder der Einfluss der Umwelt zu stehen. Konkretisiert wurden diese Vermutungen mit den

---

[9] Schuld-Antwort 0162.
[10] Schuld-Antwort 0191.
[11] Schuld-Antwort 0039; vgl. 0069-0070.
[12] Schuld-Antwort 0222-0223.
[13] Siehe Schuld-Antwort 0056-0057: *„Zellteilungsfehler ... nicht mal von der Forschung beantwortet"*, Nicht erklärbar: 0035-0036 und 0139-0140. Anders 0063: *„Die Frage ist wissenschaftlich geklärt"*. Siehe auch 0230-0232: *„von Anfang an für die biologisch-wissenschaftliche Ursache des Down-Syndroms interessiert"*.
[14] Schuld-Antwort 0208; siehe auch 0153 und 0166-0167.
[15] Schuld-Antwort 0166-0167.
[16] Schuld-Antwort 0206-0208.
[17] Siehe z. B. Schuld-Antwort 0003-0007 oder 0116: *„in Kombination mit ..."*.

Angaben, die radioaktive Strahlung der Atomkraftwerke oder des Reaktorunfalls in Tschernobyl, sowie Röntgenstrahlen hätten das Down-Syndrom (mit) ausgelöst[18].

Weltanschauliche Faktoren
Die Schuldfrage wurde von vielen Eltern mit philosophisch-weltanschaulichen Erklärungen beantwortet, die letztgültige Verursachungsprinzipien implizieren. In Ansätzen sind hier schon die wichtigsten Deutungsmuster zu finden, die bei der Warum-ich-Frage genannt wurden. Als einen letzten Kausalgrund haben die Eltern Gott angeführt, die Laune bzw. den Plan der Natur, das Schicksal und besonders häufig den Zufall. Da diese philosophischen Deutungen in gleicher Weise bei der Warum-Frage vorgenommen wurden, sollen sie erst im nächsten Abschnitt besprochen werden.

Ursachengruppen	Spezifizierung	Anzahl
Endogene Faktoren	Selbstzuschreibung	4
	Vererbung	4
	Alter der Eltern	3
	Insgesamt	*11*
Exogene Faktoren	Umwelt allgemein	11
	Strahlungen (radioaktive, Röntgen-)	8
	Medikamente	1
	Stress	1
	Insgesamt	*21*
Weltanschauliche Faktoren	Gott	3
	Laune bzw. Plan der Natur	3
	Schicksal	2
	Zufall	8
	Insgesamt	*16*
Zur Fragestellung	Niemand ist schuld	5
	Keine Frage von „Schuld"	6
	Keine Erklärung möglich	3
Zum Antwortverhalten	Mehrfache Nennungen	10
	Auf Wodurch-Frage geantwortet	56
	Auf Wodurch-Frage nichts geantwortet	40

51. Abbildung: Häufigkeit von Deutungen auf die offene Wodurch-Frage[19]

Zusammenfassung
Insgesamt ist bei den befragten Eltern ein sehr hoher Informationsgrad bezüglich ihrer persönlichen Schuldlosigkeit und der wissenschaftlichen Antwortlosigkeit festzustellen (Hypothese 12). Die tabellarische Übersicht zeigt, dass die Eltern die Ursache für die Behinderung ihres Kindes ca. zweimal häufiger außerhalb ihres Wirkungskreises lokalisieren als innerhalb. Zugleich spiegeln die exogenen Antworten und Mehrfachnennungen einen Großteil der wissenschaftlichen Entstehungshypo-

---

[18] Tschernobyl wurde genannt in Schuld-Antwort 0194-0195 und 0224.

[19] Da Eltern bis zu sechs verschiedene Antworten gleichzeitig und mit unterschiedlichem Gewissheitsgrad genannt haben, können die Zahlen der Antwortmodelle nicht zu Personen aufaddiert werden. Sie dienen als Richtwerte.

thesen wider. Vorstellungen, die den wissenschaftlichen Erkenntnissen widersprechen, wurden kaum geäußert. Wo sie der „Realität" nicht entsprechen, handelt es sich ausschließlich um erbbiologische Vorstellungen (ca. 4 %) oder um Selbstzuschreibungen (ca. 4 %). Dies zeigt, welchen hohen Stand die Aufklärung über die Verursachung des Down-Syndroms bei der Diagnosemitteilung bzw. den sich anschließenden Informationsgesprächen erreichen konnte. Dies kann selbst unter Berücksichtigung des Stichprobenbias (s. Bildungsgrad) festgehalten werden.

Zugleich wird aber auch deutlich, dass die naturwissenschaftlichen Erkenntnisse zur Beantwortung ihrer Frage nicht zureichend sind. Eine rein medizinisch-genetische Aufklärung blieb für fast die Hälfte der Personen ungenügend. Die Schuldfrage scheint im Denken der betroffenen Eltern sehr eng mit ihrer persönlichen Lebensanschauung verwoben zu sein. Obwohl die Frage nach der Schuld auf den ersten Blick keine philosophische Dimension zu implizieren scheint, ist jede dritte inhaltliche Antwort der Betroffenen nicht naturwissenschaftlicher, sondern lebensanschaulicher Natur. Die lebensanschaulich-philosophische Dimension der Schuldfrage dürfte auch ein Grund sein, warum sich Eltern bei dieser Frage am schwersten taten, eine Antwort zu finden. Dass bei der Antwortfindung der Zufall deutlich dominiert, kann aufgrund des non-selektiven Ereignisses der Diagnose Down-Syndrom nicht überraschen.

Weil die Schuld-Frage für Eltern eine philosophische Dimension hat, muss eine Begleitung in dieser Frage so ausgerichtet sein, dass sie über die Grenze der naturwissenschaftlichen Beantwortbarkeit hinausführt und den existenziellen Gehalt der Ursachen-Frage ernst nimmt.

3.1.2 Deutung der Warum-Frage

Von den Müttern und Vätern, die sich die Warum-Frage gestellt hatten, konnten sich mehr als ein Viertel (28 %) zu keiner Zeit eine persönliche Antwort geben. *„Warum dieses Zufallsereignis gerade uns getroffen hat - diese Frage bleibt unbeantwortet"*[20]. Es gab auch Eltern, die diese Frage mit dem Ergebnis, dass es *„in diesem Leben keine Antwort geben wird"*[21] bewusst beiseite schoben. Alle anderen (72 %) fanden zu einer wie auch immer gearteten Deutung der Frage: „Warum habe gerade ich ein behindertes Kind bekommen?"

Veränderung der Fragestellung
Nicht alle Eltern haben sich die Warum-Frage so gestellt wie sie im Fragebogen formuliert war: *„Am Anfang habe ich die Frage auch etwas anders gestellt: Warum hat Gott mein Gebet während der Schwangerschaft um ein gesundes Kind nicht erhört?"*[22]. Neben „Warum ich?" wurde auch gefragt „Warum es?": *„Ich habe mir mehr die Frage gestellt, warum das Kind behindert ist, als die Frage, warum gerade wir ein behindertes Kind bekommen haben"*[23].

---

[20] Warum-Antwort 0057-0059; hier ist zu erkennen, dass keine Antwort dennoch mit einer Deutung (hier: Zufall) verbunden sein kann.
[21] Warum-Antwort 0659-0662; vgl. auch 0293-0294 und 0529-0531.
[22] Warum-Antwort 0648-0652
[23] Warum-Antwort 0255-0259.

Gegenfrage
Eine häufig gewählte Form, die Fragestellung zu verändern, war die Umkehrung der Frage. Sie wurde von neun Personen vorgenommen. *„Als Antwort fällt mir nur immer die Gegenfrage ein: Warum sollte es nicht mich treffen?"*[24]. Mit diesem Schritt wird die Wende zu einer positiveren Sichtweise vollzogen, die zu einer Sinndeutung führen kann. Einige Eltern haben bereits bei der Warum-Frage geschrieben, es ginge ihnen nicht um die Wirkursache des Ereignisses, sondern um seine Zielursache: *„... die Frage wurde und wird mit einer Gegenfrage bzw. immer wiederkehrenden Gegenfrage, dem Wozu, beantwortet"*[25].

Warum-Frage als Anklage
„Die Warum-Frage habe ich sehr schnell aufgegeben, da es keine Antwort gibt, lediglich eine Anklage ist."[26] Diese an die Nieren gehende Frage kann auch zur Anklage werden und somit eine Zielgerichtetheit auf einen kausalen Agenten bekommen. Transzendenzgläubige Menschen können ihre vorwurfsvolle Empörung, wie bei dieser Mutter, auch gegen Gott richten, vorausgesetzt, ihre religiöse Sozialisation gestattet es ihnen[27]. Die Warum-Frage ist dann nicht primär als eine informatorische Suche nach möglichen Gründen für die Deutung des Leidens zu verstehen[28], sondern in weit höherem Maße als Ausdruck von Wut, Trauer und Verzweiflung.

Antwort als offener Prozess
Zugleich muss bei der Bewältigung durch Deutung von einem offenen Suchprozess ausgegangen werden, der nie ganz abgeschlossen ist: *„Der Prozess des Antwortfindens ist bei mir - wie bei Hiob - noch nicht abgeschlossen"*[29]. Es ist ein Prozess, der immer wieder neu aktiviert werden kann: *„Nicht, dass man dann sagen kann: So, jetzt ist das für mich abgeschlossen, sondern das kommt immer wieder"*[30].
Die Beantwortung bedarf nicht selten der Zeit. *„Es vergehen Monate, ja Jahre, bis man eine Antwort findet"*[31]. Sie erschließt sich oft erst aus der Retrospektive, indem die dazwischenliegenden Erfahrungen und Veränderungen mit dem kritischen Ereignis in Verbindung gebracht werden.

---

[24] Warum-Antwort 0694-0696. Vgl. weiter die in der Wortwahl fast identischen Formulierungen unter Warum-Antwort 0241, 0354, 0493, 0566, 0552, 0638, 0622.
[25] Warum-Antwort 0126-0129. In Lang 1999, 155 wurde diese Deutungsform zweimal vorgenommen.
[26] Warum-Antwort 0699-0702.
[27] Noch immer empfinden die meisten gläubige Menschen die klagende Frage gegenüber Gott als Sakrileg, obwohl die jüdische Tradition des Klagepsalms ein gutes und hilfreiches Beispiel bietet. Vgl. z. B. Enders 1998, 112, der in seiner Fallstudie keine praktizierte Klage gegen Gott belegen konnte.
[28] Heckel 1997, 115ff und ders. 1998 hebt mit guten Gründen den Klagecharakter der Warum-Frage hervor. Dabei spielt er jedoch die diametral entgegengesetzte informatorische Frageform der Warum-Frage gegenüber ihrer Klageform einseitig herunter. Es ist m. E. aber davon auszugehen, dass beide Aspekte, das nach Erklärung suchende *maddua* und das vorwurfsvoll klagende *lam(m)a* der Warum-Frage, immer zugleich - wenn auch oft ungleich gewichtet - in dieser Frage mitschwingen und befriedigt werden wollen.
[29] Warum-Antwort 0101-0103, vgl. auch 0574-0576.
[30] Interview Nr. 9, S. 6.
[31] Warum-Antwort 0575-0576.

Subjektive Relevanz der Deutung
Nicht selten werden mehrere Deutungen gleichzeitig vorgenommen, fließen ineinander oder stehen unverbunden nebeneinander[32]. Ein Beispiel: „*Jedes Kind stellt für seine Eltern auch eine Chance dar. Vielleicht steckt hinter allem auch eine gewisse Vorsehung*"[33]. Beiworte wie „*vielleicht*", „*oder*", „*wohl*", sowie „*mehr oder weniger*" zeigen, dass ein Deutungsversuch immer auch mit einer subjektiven Einschätzung verbunden ist. Sie unterscheidet sich jeweils nach ihrer Intensität an persönlicher Gewissheit („*aber stimmt das?*"), nach ihrem Grad an Beantwortung („*was ich ausschließe ist ...*"), und ihrer lebenspraktischen Bedeutsamkeit („*sehr geholfen*"). Die subjektive Bewertung der Deutung und diese selbst ist nicht zuletzt auch zeitlichen Wandlungsprozessen unterworfen.

Bedeutung der religiösen Anschauung
Eltern schrieben, ihre religiöse Lebensanschauung sei hilfreich für sie gewesen[34], ihr Glaube habe sich durch das kritische Ereignis verändert und stabilisiert[35].
Religiöse Deutungen wurden auch dort vorgenommen, wo die Warum-ich-Frage offen blieb: „*Es gibt keine Antwort. Gottes Wege sind nicht erklärbar*"[36]. Die Beantwortung wird an eine höhere Macht übergeben: „*Gottes Gedanken sind höher als meine Gedanken*"[37]. Die Spannung der Unerklärbarkeit lässt sich durch das Eingestehen menschlicher Begrenztheit und die Annahme eines göttlichen Geheimnisses leichter ertragen.
Das Unbehagen der offenen Antwort kann auch mit einer eschatologischen Hoffnung verbunden werden: „*In der Ewigkeit wird uns sicher vieles klarer sein*"[38]. Eltern, die an eine höhere Wirklichkeit glauben, können von der Existenz einer zureichenden, letztgültigen Beantwortung ausgehen, auch wenn sie ihnen unzugänglich bleibt. Auch jenseits einer kognitiven Lösung kann der persönliche Gottesglaube eine für die Bewältigung entscheidende Kraftquelle werden und sein: „*Nur der Glaube an Jesus Christus hat die Kraft gegeben, dies alles zu tragen und trotz allem den Blick in die Zukunft zu erhalten.*"[39]

Einzelne Eltern berichteten aber auch von der Aporie ihres Glaubens: „*Ich bin zwar gläubig, aber kann es mit dem Glauben nicht in Einklang bringen*"[40]. Sie konnten das kritische Ereignis nicht in ihre religiöse Lebensanschauung integrieren. Das Ereignis trat in Widerspruch zu ihrem Glauben an eine gerechte Welt, an einen guten Gott. Dieser Konflikt, der in der Theologie von großer Bedeutung ist, scheint in der kognitiven Bewältigung der Eltern eine untergeordnete Rolle zu spielen. Kein einziges Mal wurde die Warum-ich-Frage zur Theodizeefrage hin verändert: „Warum konnte Gott es zulassen?"[41].

---

[32] Vgl. Warum-Antwort 0012-0015 und die Ergebnisse von van der Ven 1990.
[33] Warum-Antwort 0012-0015.
[34] Siehe Warum-Antwort 0327-0328, 0539-0542, 0221-0224.
[35] Siehe Warum-Antwort 0361-0365, 0164-0168, 0427-0434.
[36] Warum-Antwort 0147-0148; vgl. 300-304.
[37] Warum-Antwort 0860-0861, ebenso 0303-0304.
[38] Warum-Antwort 0305-0307.
[39] Kommentar zu Wozu-Antwort 0221-0224.
[40] Warum-Antwort 0274-0276; vgl. auch 0457-0459.
[41] Die Theodizeefrage wird von betroffenen Eltern aber durchaus gestellt: „*Wie konnte Gott es zulassen, dass das Kind einer wunderbaren Liebe mit so furchtbaren Problemen zur Welt kommt? Schließ-*

Nur einmal wurden Zweifel an Gott geäußert: "*Anfangs habe ich sehr mit Gott und der Welt gehadert*"[42]. Ein anderes Mal wurde die Theodizeefrage rein hypothetisch formuliert: Wenn es Gott entgegen der eigenen Überzeugung geben sollte, "*dann ist er schon ein hundsgemeiner, bösartiger alter Mann*"[43]. Zu einem ernsthaften Anschauungskonflikt kam es nicht, wo das Ereignis mit dem persönlichen Gottesbild in Einklang gebracht werden konnte: "*Doch warum sollte ich Gott wegen diesem Kind anklagen?*"[44] oder wo Gott als Verursacher ausgeschlossen wurde: "*Was ich ausschließe, ist, dass es Gottes Wille war*"[45].

Geheimnis Gottes

Obwohl im Fragebogen jede zehnte Person mit der Vorstellung, Gott lasse das eigene Schicksal kalt, völlig übereinstimmte, konnte keine einzige Warum-Antwort als Apathie Gottes kodiert werden. Das kritische Ereignis wurde von den Eltern nicht mit göttlichen Eigenschaften wie etwa der Apathie einer höheren Wirklichkeit in Verbindung gebracht. Für sie stand die fehlende Einsicht in die tieferen Beweggründe einer höheren Instanz vor Augen. Die Gründe für das Eintreten des Ereignisses bzw. die nicht vergönnte Vermeidung blieb ihnen verborgen: "*Warum hat Gott mein Gebet während der Schwangerschaft um ein gesundes Kind nicht erhört?*"[46]. Dass gerade das geschieht, was in krassem Widerspruch zum geäußerten Gebetsanliegen steht, ist unverständlich. Damit wird auch das adressierte Gegenüber, insbesondere das Wirken dieser Instanz rätselhaft: "*Gottes Wege sind unerklärbar*"[47]. Eine mit diesem Geschehen konfrontierte Person kann mit der Unerklärbarkeit auch dadurch umgehen, dass sie die Begrenztheit der eigenen Erkenntnisfähigkeit anerkennt: "*Zudem sind ja 'Gottes Gedanken höher als die unseren*"[48]. Obwohl die persönliche Einsicht verdeckt bleibt, wird mit der Annahme einer höheren Wirklichkeit auch eine verborgene Sinnhaftigkeit verbunden.

Die mangelnde Kenntnis tieferer Beweggründe ist den Deutungsversuchen „Geheimnis Gottes" und den naturalistischen sowie nihilistischen Vorstellungen „Zufall" und „Schicksal" gemeinsam. Der Unterschied besteht jedoch darin, dass Schicksal und Zufall tiefere Gründe ausschließen, das Geheimnis Gottes sie dagegen nur der menschlichen Erkenntnis vorenthält.

---

lich hatten wir dieses Kind gewollt. Wir hatten unser Leben so sorgfältig geplant, und von einem Moment auf den anderen ist alles, an was du jemals geglaubt hast, in Frage gestellt." (Miller 1997, 48).

[42] Warum-Antwort 0457-0458.

[43] Warum-Antwort 0831-0832; vgl. auch Schuld-Antwort 0052-0053: "*wer sollte schuld sein (...), wenn nicht ein Gott, an den ich nicht glaube?*"

[44] Warum-Antwort 0702-0703.

[45] Warum-Antwort 0133.

[46] Warum-Antwort 0649-0652; vgl. auch 0133: "*Was ich ausschließe ist, dass es Gottes Wille war*".

[47] Warum-Antwort 0147-0148. In der Interviewstudie von Lang 1999, 151 haben 14 von 74 Müttern die Deutung mit der Antworttendenz „Gott kennt die Antwort" gewählt.

[48] Warum-Antwort 0303-0304. Vgl. Jes. 55,9.

Schicksal
Für viele Eltern bleibt der Beweggrund für das Ereignis „Down-Syndrom" im Nebel. Er existiert außerhalb der eigenen Person, lässt sich aber nicht benennen. Sie umschreiben ihn mit dem schillernden Begriff „Schicksal".
In der wissenschaftlichen Literatur wird das Schicksal entweder als die Wirkung einer unpersönlichen Macht ohne Absicht verstanden oder als die persönliche Absicht einer göttlichen Wirklichkeit[49].
Von den betroffenen Eltern wurde das Schicksal ausschließlich als Geschehen einer unpersönlichen Macht verstanden und diente damit als Ersatzbegriff für die göttliche Fügung.
Zwei Mütter benutzen den Begriff „Schicksalsschlag", um das Getroffen-Sein von schwer Ertragbarem zum Ausdruck zu bringen[50]. Die Herkunft oder Absicht des Schicksals ließen sie unbestimmt.

Schicksal und Plan
Entgegen der wissenschaftlichen Annahme, das Schicksal einer unpersönlichen Macht sei zugleich absichtslos, konnten Eltern auch in der unpersönlichen Schicksalsmacht eine Absicht erkennen. Drei Elternteile verstanden das Schicksal im Sinne eines absichtsvollen Plans: *„... ich denke, es gibt eine gewisse Vorbestimmung, ein Schicksal, dem man nicht entgehen kann"*[51]. Für sie stand Plan und Schicksal in einer engen Verbindung.
Die Unvermeidbarkeit des Eintretens ist ein wesentliches Kennzeichen des Schicksals. Als ein Fatum im Sinne einer leidvollen Fügung, der ein Mensch ohnmächtig ausgeliefert ist[52], wurde das kritische Ereignis von allen Eltern empfunden, die das Deutungsmodell „Schicksal" wählten.

Zufall (Planlosigkeit)
Zufall und Schicksal haben das ohnmächtige Ertragen des Unvermeidbaren gemeinsam: *„Dummes Pech!"*[53] Im Unterschied zum Schicksal steckt hinter dem Deutungsmodell „Zufall" aber kein tieferer Beweggrund. Dies dürfte die Erklärung sein, warum die Eltern die Deutungsmodelle „Schicksal" und „Zufall" kein einziges Mal miteinander in Verbindung gebracht haben. Mit beiden Erklärungsmustern konnten betroffene Eltern eine Deutung vornehmen, ohne einen tieferen Sinn ergründen zu müssen.
Im Gegensatz zum Plan ist der Zufall absichtslos. Die Geburt eines Kindes mit Down-Syndrom kann als Resultat einer Wahrscheinlichkeitsverteilung, als *„ein biologischer Un-/ Zufall*[54] empfunden werden. Dieses Zufallsereignis ist seiner Natur nach unpersönlich, apathisch und planlos. Es kann darum als das Gegenmodell zum Plansymbol verstanden werden.

---

[49] Ringgren 1986, 1404f.
[50] Vgl. Warum-Antwort 0555-0560 und 0851-0854: *„Ich denke, dass jeder Mensch in seinem Leben irgendeine Form von 'Schicksalsschlag' erlebt, in welcher Form auch immer".*
[51] Warum-Antwort 0669-0671, sowie 0099-0100 und 0157-0159. Vgl. auch Schuld-Antwort 0304 und 0084-0085: *„Schicksalsweg, der gegangen und begleitet werden muss".* In Lang 1999, 154 gelangten 5 von 47 Müttern zu der Deutung „Vorherbestimmung/ Schicksal".
[52] Siehe Duden „Etymologie" 1997, 629/2 unter „Schicksal".
[53] Warum-Antwort 0635.
[54] Warum-Antwort 0085-0086; ähnlich in Warum-Antwort 0028:*"Biologische Zufälligkeit"* oder in Schuld-Antwort 0152 und 0265: *„Laune der Natur".*

Eine gemeinsame Schnittmenge von Plan und Zufall gab es in einem Fall, weil die gleichbleibende Wahrscheinlichkeitsverteilung beim Auftreten des Down-Syndroms als Planmäßigkeit interpretiert wurde: *„Es gibt immer einen gewissen Prozentsatz von Behinderung, der einfach erfüllt werden muss (statistisch gesehen)"*[55]. Das Eintreten des Ereignisses wird von zwei Müttern mit einem Gewinn beim Glücksspiel verglichen: *„Es gibt die Möglichkeit, ein behindertes Kind zu bekommen, genauso wie es die Möglichkeit gibt, im Lotto zu gewinnen. Und obwohl die letztere mehr als wesentlich geringer ist, wird sie erhofft und es wird nicht nach dem WARUM gefragt bei 6 Richtigen"*[56]. Hier wird der Versuch gemacht, sich mit einer Tatsache abzufinden, die durch ein Naturgesetz hervorgerufen zu sein scheint und damit so unumstößlich feststeht wie dieses selbst. Der Zufall ist weder zu vermeiden, noch zu besiegen, ihm muss jede und jeder unterliegen. Deshalb kann es nur darum gehen, sich mit ihm in der Niederlage zu versöhnen. Diese Versöhnung gelingt eher mit dem Bewusstsein, dass der Zufall nicht nur die schlechten, sondern auch die guten Ereignisse herbeiführt. Gleichgültig und gerecht wirkt er das eine wie das andere ohne Ansehen der Person. Warum also sich gegen ihn auflehnen, wenn er Schlechtes bringt, wo er doch wie selbstverständlich gepriesen wird, wenn er mit Gutem beglückt?

Der Rückgriff auf den Zufall mag eine Möglichkeit sein, die Warum-Frage zu beantworten. Diese Antwort kann aber zugleich als unbefriedigend empfunden werden: *„Letztlich keine andere, als dass es statistisch ja immer wieder einmal jemanden „treffen" muss; das ist aber keine!"*[57].

Die Deutungsversuche „Geheimnis Gottes", „Zufall" und „Schicksal" wurden unter dem Symbol „Apathie" zusammengefaßt. Denn diese Bedeutungszuschreibungen haben gemeinsam, dass sie keine höhere Wirklichkeit voraussetzen, die mit dem kritischen Ereignis in einem aktiven Zusammenhang stehen. Entweder verhält sich die höhere Macht passiv oder sie wird als nichtexistent vorausgesetzt.

Plan
Die Anschauung, das Leiden habe einen festen Platz in der Bestimmung Gottes, wurde von 38,9 % der Eltern geteilt. Das Bedürfnis dieser Eltern scheint groß zu sein, dem kritischen Ereignis eine Begründung zu geben, die tiefer reicht. Die Behinderung des eigenen Kindes nur als ein Wahrscheinlichkeitsprodukt von Raum und Zeit anzusehen, wird von vielen Eltern als unbefriedigend empfunden. So geschieht es, dass Eltern, die an keine göttliche Wirklichkeit glauben, nun die Existenz einer prädestinierenden Macht in Erwägung ziehen: *„Obwohl es für mich, aufgrund meiner Erziehung, nie den Glauben an einen Gott o.ä. gegeben hat, erwischte ich mich doch ab und an, gerade nach der Geburt, bei dem Gedanken an jemanden, der das Kind für uns ausgesucht hat"*[58]. Es ist ein Kind „nach Plan", auch wenn der Planer sehr unterschiedliche Gestalten annimmt. Die diversen Agenten des Plans geben diesem Symbol eine große Vielfalt und stellen zugleich das diakritische Merkmal seiner Varianten dar.

---

[55] Warum-Antwort 0445-0458; vgl. 0194-0196. Unter Schuld-Antwort wurde acht Mal „Zufall" genannt, u. a. 0198-0200 und 0028-0029: *„Ich war halt einer von den Tausend, wo so ein Kind bekommt."*

[56] Warum-Antwort 0520-0526; Entgegen der Annahme dieser Mutter geht die kritische Lebensereignisforschung davon aus, dass auch positive Ereignisse, wie z. B. ein Lottogewinn, Menschen in die Krise führen können. Vgl. auch 0449-0451.

[57] Warum-Antwort 0106-0109.

[58] Warum-Antwort 0429-0434; vgl. auch 0417-0422.

In fünf Fällen wurde „Gott"[59] oder eine personale Macht als die hinter dem Plan stehende Größe verantwortlich gemacht. Einmal wurde eine anonyme Größe angenommen: *„Unser Kind wurde bestimmt durch eine höhere Macht"*[60]. In zwei Fällen war die bestimmende Instanz irdischer Natur. Im ersten Fall war es das Kind selbst: *„Zumindest hat aber wohl unser Sohn einigermaßen Glück mit der Wahl seiner Eltern gehabt"*[61]. Im zweiten Fall war es ein Elternteil: *„Die Anwort war mir klar in dem Sinne als es mein vorheriges Leben dazu hinzuführen schien"*[62]. Neun Eltern hatten das vorherbestimmende Moment nicht weiter umschrieben: *„Vieles, was geschieht, ist unabhängig von uns und bestimmt doch unser Leben. Es ist wohl so, dass alles vorherbestimmt ist"*[63]. Sie benutzten Begriffe wie Bestimmung, Vorherbestimmung oder Vorsehung[64] oder Wendung mit „sollte" oder „musste": *„eine Schicksalsbewegung, die so kommen musste"*[65].

Strafe

Das in der Vergangenheit weit verbreitete Deutungsmuster der Strafe (Gottes) wurde nur zweimal in Ansätzen genannt: *„Anfangs habe ich (...) das Geschehen als Strafe gewertet"*[66]. Diese Deutung wurde, wie bereits die statistischen Ergebnisse bei der Einschätzung des Vergeltungssymbols gezeigt haben, entschieden abgelehnt. Darüber hinaus wurde seine Überwindung mit einer erfolgreichen Bewältigung in Verbindung gebracht: *„ nicht als Schock empfunden, da ich Gott nicht als Strafenden empfinde, sondern glaube, dass man mit den Aufgaben wachsen kann und soll"*[67]. Zugleich kann aber nicht ausgeschlossen werden, dass die Deutung Strafe in der ersten Zeit häufiger als erwähnt vorgenommen wurde. Zwar schließen die Informationen zur Ursache des Down-Syndroms eine Selbstverschuldung auf der rationalen Ebene aus. Ein emotional empfundener Tun-Ergehens-Zusammenhang wird dadurch aber nicht automatisch unwirksam gemacht: *„Trotzdem, trotzdem forscht man alles durch. Es ist so als wär man schwerhörig auf diesem Gebiet, als würde man es hören, aber noch nicht begreifen"*[68]. Es ist also davon auszugehen, dass das Deutungssymbol Strafe auch gegen besseres Wissen aufrecht erhalten werden kann.

---

[59] Siehe Warum-Antwort 0093-0096, 0417-0422, 0431-0434, 0630-0632, 0664-066, Schuld-Antwort 0251 und Wozu-Antwort 0484-0487: „Ich halte mich an die Aussage der Bibel in Römer 8, 28"; an dieser Stelle steht nach der Übersetzung von Martin Luther (rev. 1975): „Wir wissen aber, dass denen, die Gott lieben, alle Dinge zum Besten dienen, denen, die nach seinem Ratschluß berufen sind."
[60] Warum-Antwort 0727-0728.
[61] Warum-Antwort 0816-0818.
[62] Warum-Antwort 0735-0737.
[63] Warum-Antwort 0684-0686.
[64] Siehe Warum-Antwort 0014-0015, 0669-0671., 0684-0686 und 0739-0741.
[65] Warum-Antwort 0157-0159 sowie 0099-0100, 0106-0109, 0445-0448 und 0845-0848.
[66] Warum-Antwort 0457-0459; vgl. auch 0829-0832: „Ich will zur Ehre des ‚lieben Gottes' annehmen, dass es ihn nicht gibt. Wenn aber doch, dann ist er schon ein hundsgemeiner, bösartiger alter Mann." und das konvergente statistische Ergebnis von 2,8 % völliger Übereinstimmung beim Vergeltungssymbol unter B, 2.3.2.
[67] Warum-Antwort 0752-0756. Diese subjektive Einschätzung bekräftigt die Hypothese, dass Deutungsmodelle der Bewältigung sowohl dienen als auch schaden können.
[68] Interview Nr. 6, 0253-0256.

Nutzen
Eine Möglichkeit, das kritische Ereignis positiv umzudeuten, ist das Erkennen eines Nutzens. Welchen Vorteil bringt das Handicap des eigenen Kindes mit sich? Warum ist es gut oder sogar besser so wie es gekommen ist? Dieser Deutungsansatz hat eine ökonomisch-utilitaristische Wurzel. Gefragt wird nach dem Profit des Ereignisses. Es ist eine Denkweise, die in unserer Leistungsgesellschaft alltäglich ist und eine stabilisierende Funktion ausübt.
Die Deutungsversuche, die ihre Antwort in einem Mehrwert oder Nutzen finden, sind vielseitig. Sie beziehen die positiven Auswirkungen des kritischen Ereignisses auf unterschiedliche Personen.

Nutzen für das Kind
Zum einen wird der Nutzen des Kindes in Erwägung gezogen. Es wird angenommen, das Kind profitiere von den familiären Bedingungen, die es antrifft. Die Wahl des „Standortes" wird mit den für das Kind guten bzw. besseren Voraussetzungen in einen kausalen Zusammenhang gebracht: *„In Ansätzen auch schon die Idee, dass besser wir ein behindertes Kind erziehen können als andere. Aber stimmt das?"*[69].
Diese Deutung wurde auch selbstbewusster, im Vertrauen auf die eigene Leistungsfähigkeit vorgenommen: *„Weil ich fähig bin, sehr gut für dieses Kind zu sorgen und es zu fördern"*[70].
Auch der Gedanke, das Kind habe seine Eltern aufgrund ihrer guten Eignung selbst ausgesucht, gleicht einem Auswahlverfahren in der freien Wirtschaft: *„Dieses Kind hat sich seine Eltern herausgesucht, weil es wusste, dass wir es annehmen wollen und können"*[71]. Diese Vorstellung von der Wahl einer präexistenten Seele kann auf die Reinkarnationslehre von Rudolf Steiner zurückgeführt werden, die weit über die Grenzen der Anthroposophie hinaus Verbreitung gefunden hat[72].
Diese Vorstellungen vom förderlichen Leben in der eigenen Familie sehen in der Behinderung kein Defizit des Kindes, sondern eine Auszeichnung der Eltern.

Nutzen für die Eltern
Zu der Deutung, das Ereignis habe sie getroffen, weil sie als Eltern gute Bedingungen für das Kind bieten würden, tritt eine weitere: Das Kind bietet gute Bedingungen für die Eltern. *„Weil es insgesamt einfach am besten für unseren Sohn war, dass er gerade in unsere Familie kam. Und für uns auch!"*[73]. Die Eltern sind zu der Überzeugung gelangt, dass dieser Weg für sie etwas „gebracht" hat: *„Es war ‚Arbeit', harte Arbeit in vielerlei Hinsicht, aber diese Arbeit ist auch immer ‚belohnt' worden"*[74]. Sie haben gute Erfahrungen gemacht, die ihnen ohne dieses Kind nicht möglich gewesen wären: *„Außerdem habe ich sehr wertvolle Menschen durch unsere Tochter kennen und schätzen gelernt"*[75].

---

[69] Warum-Antwort 0110-0112. Diese Deutung kommt dem Stellvertretungssymbol schon recht nahe, verzichtet aber auf die entscheidende Pro-Aussage. Vgl. auch 0488-0489: *„Weil wir gute Voraussetzungen haben, ein solches Kind tragen zu können."*

[70] Warum-Antwort 0472-0473 und Wozu-Antwort: 0070-0074: *„... Glück für unser Kind, bei uns geboren zu sein"*.

[71] Warum-Antwort 358-360.

[72] Steiner 1986, 88: *„... mit anderen Worten, dass wir in der Mitte des vorhergehenden Lebens die ausgewählt haben, die jetzt unsere Eltern und Geschwister geworden sind."*

[73] Warum-Antwort 0478-0480.

[74] Warum-Antwort 0719-0721.

[75] Warum-Antwort 0582-0584. Vgl. auch 0571, 0722-0724 und 0864-0865.

Nutzen für die Eltern: Geschenk
Mit dem etwas anderen Kind wird auch das Leben anders. Es verändert sich, wie betroffene Eltern selbst beurteilen, zum Positiven. Das Leben wird intensiver, bewusster, kämpferischer, barmherziger. Darum wird dieses Kind rückblickend als ein Geschenk empfunden: „Weil ich gleichzeitig mit dem Herzen sehen kann, um es - nach anfänglicher Verzweiflung - als großes Geschenk dankbar und in Liebe anzunehmen"[76].
Für viele Christen hat dieses Geschenk seinen Ursprung in Gott: „Auch das behinderte Kind ist ein Geschenk Gottes"[77]. Die Tatsache der Behinderung kann daran nichts ändern. Andere Eltern, die das Ereignis „Kind mit Down-Syndrom" nicht so positiv beurteilen, schließen dagegen explizit aus, dass dies Gottes Wille gewesen sein könnte[78].

Nutzen für Eltern: Positiver Wandel
Väter und Mütter beobachten, wie sich durch ihr behindertes Kind vieles in ihrem Leben verändert. In unserer Befragung beschreiben die Eltern die Veränderung wertfrei oder sie berichten, was sich „zum Positiven (...) gewandelt"[79] habe. Eine negative Bewertung wird von keinem der Betroffenen vorgenommen.
Ein Kind, das nicht ist wie jedes andere, ermöglicht seinen Eltern neue Perspektiven und andere Lebenserfahrungen. Die neue Situation begünstigt Wandlungsprozesse im kognitiven, emotionalen und lebenspraktischen Bereich.

- Wahrnehmungs- und Bewusstseinswandel
Das andere Kind bringt auch eine andere Sichtweise mit sich. Das Leben wird von einem neuen Standpunkt aus betrachtet, der die Wahrnehmung schärft und bislang Ungesehenes erkennen lässt, aber auch das schon Erkannte verunsichert und in Frage stellt: „Auf einmal scheint einem alles nicht mehr so wichtig; man versteht sozusagen die Welt nicht mehr"[80]. Der Perspektivenwechsel verändert das Bewusstsein und die Anschauung der Welt.
Doch nicht nur Perzeption und Kognition werden durch das Anders-Sein des eigenen Kindes verändert. Auch das Gefühlsleben ist herausgefordert.

- Emotionswandel
Der Umgang mit dem Handicap des eigenen Kindes ist von großer emotionaler Intensität. Besonders am Anfang brechen Gefühle wie Angst, Groll und Verzweiflung auf[81]. Sie verändern sich oft zum Positiven, verhindern aber auch in ihrer bedrohlichen Gestalt ein „emotional vielfach 'dahinplätscherndes' Leben"[82] und machen es an affektiver Erfahrung reich. Das Einfühlungsvermögen und Verständnis für andere

---

[76] Warum-Antwort 00474-0477.

[77] Warum-Antwort 0206-0207; vgl. auch 0363. Auch Geschwister können zu solchen Deutungen kommen: „Wir müssen Gott danken, dass er uns aus Versehen so einen süßen Max geschenkt hat" so in Bundesvereinigung Lebenshilfe 1998, 26. Siehe auch die zwei Frauen in Lang 1999, 153f, die diese Deutung vorgenommen haben.

[78] Siehe Warum-Antwort 0132-0133.

[79] Warum-Antwort 0165-0166. Nach Wikler et al. 1983 in Lang 1999, 37 gaben 75 % der 27 Eltern an, durch die Erfahrung der Behinderung ihres Kindes an persönlicher Stärke und Selbstbewußtsein gewonnen zu haben.

[80] Warum-Antwort 0884-0886.

[81] Vgl. Warum-Antwort 0397-0400, 0475-0477, 0604-0606.

[82] Warum-Antwort 0617-0618.

nimmt zu und unerwartete Empfindungen können durch das eigene Kind erfahrbar werden: *„Ich habe gelernt, dass Freude ungeahnte Gesichter haben kann"*[83].

- Wertewandel
Das persönliche Wertesystem verflüssigt sich und festigt sich neu: *„Werte sind wichtig geworden, die vorher nicht so wichtig waren und umgekehrt"*[84]. Dieser Wandlungsprozess ist dabei individuell. Was dabei herauskommt, wird unterschiedlich wahrgenommen: *„Bei mir ganz persönlich habe ich festgestellt, dass ich ohne unsere Tochter sehr egoistisch geworden wäre, materiell eingestellt und andere wahrscheinlich nicht ernst genommen hätte"*[85]. Insgesamt zeichnet sich ein Trend von materiellen zu ideellen Werten ab.

- Lebens-Wandel
Die Warum-Frage wurde für einige Eltern auch vom Leben beantwortet, nicht allein durch den Wandel des Lebens, sondern auch durch seine Konstanz. Die Erfahrung, dass eine Behinderung nicht alles verändern muss, nahm der bohrenden Frage die Schärfe: *„Man kann mit einem behinderten Kind ziemlich 'normal' weiterleben, ohne sein Leben völlig umkrempeln zu müssen"*[86]. Nicht selten nahm die Lebensgestaltung der befragten Eltern jedoch durch das Down-Syndrom ihres Kindes eine Wendung, die wertvoll empfunden und als Antwort auf die Warum-Frage gedeutet wurde[87]. Hier zeigt sich, welche enorme Kraft zu einer positiven Veränderung durch diese Kinder freigesetzt wird.

Retrospektive Deutungen
Die bis jetzt aufgeführten Deutungen, wie z. B. Geschenk und Nutzen, setzen in der Regel eine Zeit der Erfahrung voraus, auf die zurückgeblickt werden kann. In diesen Fällen erhält das kritische Ereignis seinen Sinn erst im Nachhinein aus der Retrospektive. Die Antwort auf das Warum erschließt sich aus den vielen positiven Veränderungen, die durch die Behinderung des eigenen Kindes angestoßen wurden: Ein Wertewandel, eine Veränderung der Perspektive, der Wahrnehmung und der Lebensweise oder etwa eine neue Einstellung zu gesellschaftlichen Normen. Zahlreiche Äußerungen von Müttern und Vätern nehmen auf diese erfahrungsorientierte Sinnstiftung Bezug[88].

Prospektive Deutungen
Diese Deutungsmöglichkeiten stehen den betroffenen Eltern in der kritischen Anfangssituation nicht unmittelbar zur Verfügung. Werden ihnen aber frühzeitig Erfahrungen anderer Eltern vermittelt, können hoffnungsvolle Perspektiven erschlossen werden in dem Sinne: Wenn es bei diesen Eltern gut ausging, dann besteht auch Aussicht auf ein gewinnbringendes Zusammenleben mit unserem Kind. Auf

---

[83] Warum-Antwort 0515-0517. Vgl. 0182-0183, 0313-0314, 0585-587, 0709-0710.
[84] Warum-Antwort 0204-0205. Siehe auch 0162-0163.
[85] Warum-Antwort 0577-0581. Vgl. 0368-0385, 0616-0619,
[86] Warum-Antwort 0767-0770.
[87] Vgl. Warum-Antwort 0159-0168, 0182-0183, 0368-0385.
[88] Auf sie wird auch noch unter „Lernchance" bei den Wozu-Antworten Bezug genommen. Exemplarisch sind zu nennen: Warum-Antwort 0159-0168, 0372-0385; 0577-0581.

diese Weise können retrospektive Erfahrungen anderer für Eltern, die am kritischen Anfang stehen, eine Chance zur prospektiven Deutung werden[89].

Aufgabe
Ein anderer Versuch, mit der Behinderung des eigenen Kindes prospektiv umzugehen, ist, sie als eine Aufgabe wahrzunehmen: *„Und seither habe ich den Zustand unserer Tochter einfach als Herausforderung, als große Aufgabe angesehen"*[90]. Dieses Deutungsmuster erwies sich als geschlechtsspezifisch. Sieben Mütter, aber nur ein Vater benutzten das Wort "Aufgabe". Wobei der Vater neben der elterlichen Aufgabe auch die der Gesellschaft, der Freunde und des Kindes im Blick hatte[91]. Die Mütter bezogen dagegen die Aufgabe primär auf sich selbst[92]. Sie sprachen von *ihrer* Aufgabe, taten dies aber auf so unterschiedliche Weise, dass sich ihre Äußerungen zu keinem eigenständigen, abgrenzbaren Deutungsmodell zusammenfassen lassen. Wenn sie die eigene Aufgabe beschreiben, stellen sie zugleich Bezüge zu den Deutungsmustern Nutzen, Plan und Pragmatismus her.
In Verbindung mit dem pädagogischen Symbol „Therapie" wird die Aufgabenstellung z. B. auf ein Lernziel hin ausgerichtet: *„Um an der Aufgabe zu wachsen - besonders, was Liebesfähigkeit und Geduld und Toleranz betrifft."*[93]
Die Aufgabe kann auch im Sinne des Plansymbols durch einen „Auftraggeber" vorgegeben sein: *„Gott hat mir eine nicht einfache Aufgabe gestellt, doch er hilft mir auch, diese Aufgabe zu bewältigen."*[94] Oder sie wird ganz pragmatisch behandelt: *„Es steht mehr im Vordergrund: Was machen wir aus unserer Situation? Wie gehen wir unsere Aufgabe gemeinsam an?"*[95].
Der gemeinsame Nenner der Aufgabe ist, dass sich die Betroffenen zur aktiven, kreativen Gestaltung und Problemlösung ihrer Situation beauftragt sehen.

„Schul-Aufgabe" (Prüfung)
Wird die Aufgabe unter dem Aspekt einer abschließenden Leistungsbeurteilung betrachtet, kann sie zur Probe oder Prüfung werden: *„Das sogenannte 'Schlechte' ist mehr oder weniger eine Prüfung oder eine Bürde"*[96]. Je nach Grad der Herausforderung bzw. Überforderung kann sie auch zu einer Last werden, die ertragen werden muss.

Realismus
Beim Deutungssymbol „Realismus" gehen die Eltern von der vorfindlichen Sachlage aus: *„Ich denke das Leben (hier: die Behinderung) ist so wie es ist"*[97]. Das Woher

---

[89] Das aus der Sicht betroffener Eltern geschriebene „erste Lesebuch" (Bundesvereinigung Lebenshilfe 1998) verfolgt genau diesen Gedanken, Mut machende Elternerfahrungen weiterzugeben, um Perspektiven zu öffnen.
[90] Warum-Antwort 0625-0627. Vgl. auch Warum-Antwort 0097: *„als Aufgabe"* und 0421-0425.
[91] Warum-Antwort 0136-0141.
[92] Warum-Antwort 0412-0414, 0513-0515, 0625-0627, 0739-0744, 0753-0756, 0805-0810, 0887-0888. Pretis 1998, 58 betont aufgrund seiner Ergebnisse, es bestehe *„die Gefahr, dass die Behinderung des Kindes zur Aufgabe der Mutter wird"*.
[93] Warum-Antwort 0513-0515; vgl. auch 0139-0144, 0513-0515, 0753-0756.
[94] Warum-Antwort 0464-0466; vgl. 0097-0100, 0739-0744 und 0805-0810.
[95] Warum-Antwort 0412-0414.
[96] Warum-Antwort 0097-0100; vgl. auch 0391-0394. In Lang 1999, 151 haben die Antworttendenz „Aufgabe" bzw. „Prüfung" 12 von 47 Müttern gewählt.
[97] Warum-Antwort 0064-0066.

und das Wohin des Ereignisses spielt keine Rolle. Entscheidend ist allein sein Resultat. Dies gilt es zu akzeptieren: *„Eine Antwort auf diese Frage ist mir nicht wichtig. Wichtiger für mich ist der Umgang und die Akzeptanz dieser Behinderung."*[98] Im Vordergrund steht, die neuen Gegebenheiten als einen Bestandteil des eigenen Lebens anzunehmen: *„Es 'gehört zu' meiner Biographie."*[99] Die realistische Sichtweise kann dort, wo der Gedanke der Unabänderlichkeit hinzutritt, auch einen resignativen Charakter bekommen. In jedem Fall aber gelingt es mit dieser Perspektive, die Warum-Frage zu entschärfen oder überflüssig zu machen: *„Nein, da bei Down-Syndrom eh' nichts mehr geändert werden kann; auch keine direkte Suche Warum"*[100]. Es ist ein Deutungsansatz, der sich der Spekulation über Begründungs- und Sinnzusammenhänge enthält: *„Mein Hauptansatz ist nicht die Frage, warum, sondern die Tatsache, dass. Diese Ausgangslage bestimmt mein Denken und Handeln"*[101].

Pragmatismus
Der lebensanschauliche Hintergrund des pragmatischen Umgangs mit dem kritischen Ereignis ist der Realismus. Auch hier ist die Tatsache der neuen Situation der Ausgangspunkt der gedanklichen Auseinandersetzung. Die (unabänderlichen) Tatsachen werden jedoch nicht nur hingenommen. Sie sollen, wo möglich, verändert und ins Handlungs- und Lebenskonzept integriert werden: *„Versuchen, das Beste daraus zu machen"*[102] Es geht diesen Eltern darum, ihre Situation *„so zu nehmen und möglichst gut damit zu leben"*[103]. Ihnen ist wichtig, mit den neuen Gegebenheiten *praktisch* umzugehen, sie nicht nur als Vorgegebenes zu akzeptieren, sondern sie auch als Aufgegebenes konstruktiv zu gestalten. Die in der Erhebung gestellte Warum-Frage bekommt dadurch eine andere Wendung: Sie wird zu einer *„Warum-Frage aus der Sicht: Kann ich damit umgehen?"*[104].

Offen bleibt, wie dieser praktische Zugang zu interpretieren ist. Wird diese Bewältigungsstrategie durch eine positivistische Grundanschauung bzw. durch das Apathiesymbol bedingt und hat folglich Permanenz? Oder ist dieser Pragmatismus zeitlich begrenzt, wie es das Phasenmodell der Krisenbewältigung nahelegt? Nach dem Phasenmodell würde jede Person in der Zeit während der Spiralphasen 6 und 7 völlig unabhängig von Grundanschauungen die neue Situation als gegebene Tatsache annehmen und aktiv gestalten[105]. Ist die pragmatische Deutung des Ereignisses aber primär ein Resultat der persönlichen Lebensanschauung, wäre denkbar, dass für einen positivistisch eingestellten Menschen der pragmatische Umgang bereits von Anfang an im Vordergrund stünde.

Eines ist jedoch deutlich. Die pragmatische Deutung beantwortet die Warum-Frage nicht, kann sie aber zum Verschwinden bringen bzw. sie von Grund auf überflüssig

---

[98] Warum-Antwort 0120-0123. Siehe auch 0445-451 und 0520-0526.
[99] Warum-Antwort 0596.
[100] Warum-Antwort 0115-0117.
[101] Warum-Antwort 0279-0282.
[102] Warum-Antwort 0507. Siehe die fast identische Antwort in Lang 1999, 155: *„Du kannst es nicht ändern, du mußt das Beste draus machen. Ich habe dann gesagt: Okay, das Kind ist behindert, warum und wieso ist uninteressant."*
[103] Warum-Antwort 0064-0068. Vgl. 0412 und 0531-0533.
[104] Warum-Antwort 0601-0602.
[105] So z. B. Schuchardt 1993, 36f.

machen. Denn wo die Realität mit der Feststellung „es ist wie es ist" unhinterfragt anerkannt wird, gibt es keine Veranlassung für ein Warum und ein Wozu.

Deutungssymbole	Spezifizierung	Anzahl
Apathie	Geheimnis Gottes	4
	Zufall	8
	Schicksalsschlag	2
	Insgesamt	*14*
Strafe	Strafe	2
Plan	Gottes bzw. einer höheren Macht	6
	einer unbestimmten Macht	9
	des Kindes bzw. des vorherigen Lebens	2
	des Schicksals	3
	Insgesamt	*20*
Nutzen	für das Kind	4
	für die Eltern	5
	- Geschenk	4
durch Wandel	- Wahrnehmungs- und Bewusstseinswandel	1
	- Emotionswandel	6
	- Wertewandel	9
	- Lebens-Wandel	4
	Insgesamt	*33*
Aufgabe	der Eltern	8
	der Freunde, der Gesellschaft	1
	als Prüfung oder Probe	2
	Insgesamt	*11*
Positivismus	Realismus	6
	Pragmatismus	5
	Insgesamt	*11*
Zum Antwortverhalten	Auf Warum-Frage geantwortet	75
	Auf Warum-Frage nichts geantwortet	21

52. Abbildung: Häufigkeit von Deutungen auf die offene Warum-Frage[106]

Zusammenfassung

Der Blick auf die Tabelle der Abb. 51 zeigt eine große Varianz unterschiedlicher Deutungsversuche, die zu sechs Modellen zusammengefasst wurden. Die Varianz der Deutungen entspricht aber auch der Varianz der Warum-Fragestellung, die mit dieser Untersuchung nur unzureichend erfasst wurde.

Am häufigsten werden Deutungen vorgenommen, die im kritischen Ereignis einen „Nutzen" sehen. Dieses hohe Ergebnis überrascht nicht, denn es spiegelt die weite Verbreitung dieser ökonomisch-utilitaristischen Denkform wider. Im Unterschied zur unmittelbar nach der Diagnoseeröffnung vorherrschenden negativen Bewertung der

---

[106] Da zahlreiche Personen mehrere Antwortmodelle benutzt haben, kann die Anzahl nicht zu Personen hochaddiert werden.

Folgen werden sie hier aus der Retrospektive positiv eingeschätzt. Die Denkstruktur aber ist dieselbe.
Etwa ein Drittel seltener wird mit dem Planmodell gedeutet, wobei die bestimmende Macht oft undefiniert bleibt. Nur ca. halb so häufig wie das Plansymbol erscheinen die Modelle Apathie, Aufgabe und Positivismus. Die alte Vorstellung von der „Strafe" ist dank eines guten Informationsstandes der Eltern quantitativ unbedeutend geworden. Der pädagogisch als destruktiv zu bewertende Tun-Ergehens-Zusammenhang der Strafe wurde in seiner Bedeutung vom Plansymbol beerbt. Der Plan setzt ebenso eine unabhängige Macht voraus, beinhaltet aber keine moralische Komponente der Selbstverantwortung.

3.1.3 Deutung der Wozu-Frage

Die *Fragestellung* in der schriftlichen Befragung wurde wie folgt formuliert: „So schwierig die Situation für Sie und Ihre Familie auch sein mag, haben Sie persönlich einen Sinn in der Behinderung Ihres Kindes gefunden, eine Antwort auf die Frage, *wozu* es sie gibt?".

Vom Warum zum Wozu
Zum Teil wurde von den Eltern eine bewusste, durch Erfahrung begründete Wende in der Fragestellung vollzogen: Eine Abkehr vom Warum und eine Hinwendung zum Wozu: *„Ich lebe nicht nach der Frage 'warum?', sondern frage nach dem Sinn für die Zukunft. Die Frage 'warum?' zerstört! Welche Bedeutungen, welchen Sinn Ereignisse in meinem Leben machen, eröffnen mir eine Zukunftsperspektive"*[107]. Die Wozu-Frage wird als hilfreich erfahren. Sie eröffnet, wo sie beantwortet werden kann, eine Perspektive und richtet die eigene Lebenssituation auf ein Ziel aus, das - wie bei einer Wanderung - einen Orientierungspunkt für den Lebensweg bietet und die Bestimmung des eigenen Standortes erleichtert.
Mit der Frage nach dem Wozu wird die aktuelle Lebenssituation nicht retrospektiv durch die „Brille" der Vergangenheit wahrgenommen. Es ist nicht die schon festgeschriebene Vergangenheit, sondern die noch offene Zukunft, die von den Eltern zum Bezugspunkt für die Deutung der Gegenwart gemacht wird. Ihre Perspektive, die ihnen das gegenwärtige Handicap ihres Kindes sinnvoll erscheinen lässt, ist der prospektive Blick in die Zukunft.
Diese Sichtweise des Lebens von der Zukunft her ist eine spezifisch christliche: *„Als Christen sind wir eigentlich gelehrt, nicht nach dem „Warum", sondern eher nach dem„Wozu" zu fragen"*[108]. Dieser Vater bezieht sich auf die Grundlage christlicher Tradition, die davon ausgeht, dass nicht eine wie auch immer geartete Vorsehung Gottes den Geist und die Schriften des Christentums bestimmt, sondern die noch ausstehende Zukunft des Reiches Gottes, das in den Taten Jesu bereits angebrochen ist und in seiner Auferstehung von den Toten ein Hoffnungszeichen für seine Vollendung gefunden hat.

Die perspektivische Ausrichtung der Wozu-Frage auf die Zukunft lässt erwarten, dass Deutungsmuster, die ihre Antwort ausschließlich in der Vergangenheit finden,

---

[107] Warum-Antwort 0022-0027. Dazu auch 0126-0129, 0404-0414, 0597-0598 und 0704-0705.
[108] Warum-Antwort 0297-0299. Das Leben von der Zukunft (Gottes) her zu betrachten, wird z. B. in der „Theologie der Hoffnung" Moltmann (1969) als spezifisch christliche Sicht ausgewiesen.

nicht auftreten. Diese Erwartung ist tatsächlich eingetreten. Die befragten Eltern haben als Wozu-Antwort keine Vorstellungen genannt, die als Apathie, Strafe, Plan oder Probe hätten kodiert werden können. Auch Deutungen ohne tieferen Sinn wie z. B. Pragmatismus, Schicksal oder Zufall wurden nicht vorgenommen.

Vielfalt

Einen Sinn in der Behinderung des eigenen Kindes konnten einzelne Eltern darin entdecken, dass durch die Andersartigkeit von Menschen mit Down-Syndrom das Menschsein bereichert und damit zur Vielfalt des Lebens beigetragen wurde: *"Ich denke, es ist sinnvoll, dass es möglichst viele ganz unterschiedliche Menschen gibt, das beinhaltet eine Bereicherung für die Menschen, die zur Zeit leider nicht gesehen wird!"*[109]. Statt mit einem genormten Gesellschaftsblick Abweichungen als Defizit zu betrachten, wurde von den Eltern in der Andersartigkeit ein Gewinn erkannt, *„ein Ausdruck von mehr Individualität der Familie"*[110]. Das Augenmerk wurde nicht auf die Normabweichung der einzelnen Kreatur gerichtet, sondern auf die Bereicherung der gesamten Schöpfung: *„Ich glaube, dass es eine unendliche Vielfalt an Menschen, Tieren , Pflanzen, eben an Lebewesen geben soll. Die Welt soll nicht 'perfekt' sein!"*[111] Gerade in der Vielfalt wird von Betroffenen der Gewinn ihrer Kinder gesehen. „'Kinder mit Down-Syndrom sind wie vierblättrige Kleeblätter' sagte eine Schwester, ‚sie sind selten und (...) sie bringen Glück' ergänzte eine Mutter des eben geborenen Kindes, die dieses Bild auch noch im Rückblick von acht Jahren als wohltuend und richtig empfindet."[112] Indem die glückliche Hand des Schöpfers in der Vielgestaltigkeit der Natur erkannt wird, bekommt das Down-Syndrom einen sinnvollen und festen Ort in der Ordnung der Kreatur zugewiesen. Doch gerade diese Gleichberechtigung und Verschiedenheit der Normalitäten wird von vielen Mitmenschen *„leider nicht gesehen"*. Sie ist selbst in der Theologie umstritten[113].

Auch wenn der Sinn der Behinderung von der Mehrheit der Eltern nicht in der Vielfalt der Natur entdeckt werden kann, so doch darin, was sie indirekt an Gutem bewirkt: *„Die Behinderung ist eine Form des Lebens auf unserer Welt. Sie hat zunächst keinen besonderen Sinn, man kann aber durch sie viele sinnvolle Erfahrungen machen"*[114].

Lernchance: Kind als „Lehrmeister"

Wie wir gesehen haben, beantworteten viele Eltern die Warum-Frage mit dem Hinweis, sie hätten von ihrem Kind auf unterschiedliche Weise profitiert. Von ihnen sahen einige den Nutzen ihrer Situation in der Chance zu „wachsen" oder zu lernen. Da

---

[109] Wozu-Antwort 0454-0458; ebenso als Bereicherung des Lebens: 0165-0166, 0245-0246 und 0525-0528. Den Umkehrschluss zieht die „Elterninitiative Down-Syndrom Braunschweig e.V." im Internet: „Was wäre ein Puzzle aus 600 Teilen wert, wenn darin eines fehlte?".

[110] Wozu-Antwort 0075-0076.

[111] Wozu-Antwort 0605-0608; vgl. auch 0165-0169, 0004-0005. Vgl. auch Lang 1999, 156 „Teil der unvollkommenen Natur".

[112] Stengel-Rutkowski/ Andrlik 1998, 5.

[113] Ulrich Bach richtet sich gegen einen „Sozialrassismus in Theologie und Kirche" und zählt, anders als viele seiner theologischen Kollegen, nicht nur den Menschen mit Behinderung, sondern auch die Behinderung selbst zur guten Schöpfung Gottes. Das hebräische Wort für „gut" deutet er in Abgrenzung zum griechischen Perfektionsdenken als Beziehungsbegriff mit der Bedeutung nützlich oder sinnvoll. Vgl. Bach 1991, 50-52.[114] Wozu-Antwort 0475-0478; vgl. auch 0373: *„Varianz des Lebens ohne Zweck"*.

dieses Deutungsmuster „Lernchance" nach systematischen Gesichtspunkten finalen Charakter hat und eher die Wozu-Frage beantwortet, sollen diese Deutungen hier mitbehandelt werden.
Der Sinn der Behinderung wurde von den Eltern gerade darin erkannt, was das Kind durch seine Besonderheit den Eltern, der Familie und der Gesellschaft gibt. Die besonderen Qualitäten werden von den Befragten im einzelnen benannt und als eine große Bereicherung empfunden: *„Unsere Tochter ist durch ihre echte, ansteckende Fröhlichkeit ein so liebenswertes Kind, dass sie anderen Lebensmut und Freude schenken kann"*[115]. Ein fröhliches Naturell ist bei Kindern mit Down-Syndrom immer wieder beobachtet worden, auch wenn dies nicht generalisiert werden darf: *„Unser Sohn ist ein Sonnenschein, dessen Existenz ich als Glück empfinde*[116].
Die Chance, das eigene Leben neu zu überdenken, es bewusster zu führen oder durch das Leiden zu lernen, wird immer wieder dankbar dem Kind zugeschrieben. Das Kind mit Handicap wird als ein persönlicher Gewinn empfunden, das Leben besser zu meistern: *„Heute sehe ich eine Bereicherung in der Existenz meines Sohnes; denn er zeigt uns, wie man sich freuen kann, wie zufrieden und genügsam man sein kann, rundum glücklich!"*[117]. Ja, dieses Kind ist noch mehr. Es lehrt die Lektionen zu einem erfüllten Leben: *„Mein behinderter Sohn ist mein Lehrmeister. Niemand außer ihm hatte mich so unerbittlich und unablässig zur Geduld, Ausgeglichenheit, Offenheit und Herzlichkeit erzogen"*[118]. Das behinderte Kind zeigt die eigenen Defizite und „Behinderungen" auf und ist ein lehrreiches Vorbild für bedingungslose Liebe[119].
Eine andere Mutter versucht die Inhalte dieses Lebensunterrichts so zu umschreiben: *„vom behinderten Menschen kann der nichtbehinderte lernen! (nicht nur der Verstand ist wichtig; Liebe schenken ohne Zweckdenken)"*[120]. Es werden besonders die menschlichen, atmosphärischen und emotionalen Qualitäten des Down-Kindes hervorgehoben, die in unserer Leistungsgesellschaft oft zu kurz kommen.

Lernchance für die Gesellschaft
„Diese Menschen sollen und müssen immer sein, um uns zu zeigen, dass es auch andere Werte gibt"[121]. Sie sind dazu da, um mit ihrem Dasein und Wesen unsere Gesellschaft an Humanität, Solidarität und soziale Gerechtigkeit zu erinnern: *„Damit die Welt nicht in einem Meer aus Selbstgefälligkeit, Gier nach 'mehr' und Lieblosigkeit ertrinkt"*[122]. Das Leben von Menschen mit einer Behinderung kann dazu beitragen, dass es auf der Erde etwas menschlicher zugeht und nicht das Recht des Stärkeren siegt. Es ist die Überzeugung einer Mutter, *„dass auch Behinderte eine Aufga-*

---

[115] Wozu-Antwort 0387-0390; vgl. auch 0525-0534, 0412-0414.

[116] Wozu-Antwort 0197-0198.

[117] Warum-Antwort 0459-0463; vgl. dazu auch Warum-Antwort 0332-0334, 0578-0581, 0459-0463.

[118] Wozu-Antwort 0624-0628. Siehe auch Lang 1999, 172 „Die Behinderung des Kindes als ‚Katalysator' für die Persönlichkeitsentwicklung der Mutter/ anderer Angehöriger."

[119] So in Wozu-Antwort 0015-0018: *„zeigt (...) eigene Behinderungen"*, 0366-0368: *„zeigt (...) meine Defizite, z. B. in Bezug auf soziales Verhalten oder Zeigen von Gefühlen"*, 0378: *„intensiver zu lieben"* und 0223-0225 *„viele positive Ansätze für mein Leben aus der Behinderung unserer Tochter gezogen"*.

[120] Wozu-Antwort 0447-0450; vgl. 0329-0332: *„ihre Stärken liegen nicht im kognitiven Bereich, dafür aber im menschlichen."*

[121] Wozu-Antwort 0335-0337.

[122] Wozu-Antwort 0467-0469, so auch 0562-0565: *„haben ihren Platz in unserer Gesellschaft, um zu zeigen, dass andere Qualitäten wichtig ..."*.

be in unserer materiell ausgerichteten Welt haben, daran sind auch die Eltern eines solchen Kindes verantwortlich beteiligt"[123].

Lernchance für die Familie
Auch zeigt es sich, dass das Kind mit Down-Syndrom im System der Familie immer wieder eine bedeutsame und heilsame Funktion übernehmen konnte, *„dass es sehr wichtig für uns alle (von Opa bis zu mir) war, dass wir Michaela in unserer Familie haben, ich möchte sogar behaupten, dass wir erst wieder lernten eine Familie zu sein, nachdem sie da war, vorher drohte alles auseinanderzubrechen"*[124]. So kann ein Kind mit Down-Syndrom dazu beitragen, das Leben und Zusammenleben zu stabilisieren und neu zu lernen.

Lernchance für die Eltern
Mehrere Eltern werten das kritische Ereignis trotz schmerzhafter Erfahrungen als eine Chance zur Veränderung des eigenen Lebens: *„Ich sehe hier auch eine Chance, nämlich ein sinnvolleres und erfahrungsreicheres Leben zu führen"*[125]. Fast zwangsläufig öffnet sich ein neuer Erfahrungshorizont, der ohne das Down-Kind verschlossen geblieben wäre: *„Zudem habe ich durch diese Situation Zugang zu Dingen bekommen, an die ich vorher nicht 'im Schlaf' gedacht hätte (viele Familien kennengelernt, Einarbeitung in ein für mich 'neues Gebiet'. Auseinandersetzung z. B. mit Utilitarismus u. s. w.)"*[126]. Wie hier im Rückblick einer Mutter verdanken viele Eltern bestimmte Lern- und Erfahrungsfelder ganz der Behinderung ihres Kindes. Im Blick auf die Zukunft wird die Behinderung zur Lernchance: *„Sie dient dazu, zu reifen und zu wachsen und für immer neue Probleme Lösungen zu suchen"*[127]. In den besonderen Lebensumständen mit einem Down-Kind entdecken Eltern die Gelegenheit, Eigenschaften wie Geduld, Barmherzigkeit oder Engagement zu erwerben[128]. Diese prospektive Sicht kann auch schon frühzeitig eingenommen werden: *„Ich habe in der Tatsache, ein behindertes Kind zu haben, relativ schnell eine Chance für mich gesehen"*[129].
Die „Lernchance" wurde bislang unter dem formalen Aspekt betrachtet, wer sie wem eröffnet. Jetzt soll dieses Deutungsmodell inhaltlich betrachtet und der von den Eltern genannten „Lerninhalt" aufgeführt werden.

Lernchance: Wahrnehmung und Bewusstsein
Mit einem Kind, das anders ist, verändert sich auch die Wahrnehmung der Eltern. Es vollzieht sich ein *„Perspektivenwechsel zum Leben im So-Sein"*[130].

---

[123] Wozu-Antwort 0267-0271; vgl. 0007-0009: *„kann der Welt sicher viel geben, oftmals mehr als wir 'Normalchromosomer".* Siehe auch Lang 1999, 178f.
[124] Wozu-Antwort 0586-0592. Ganz ähnlich: 0199-0201; vgl. auch 0075-0076.
[125] Warum-Antwort 0688-0691; vgl. auch 0012-0014 und 0504-0506. In 0723-0726 zitiert eine Mutter Theodor Fontane: *"Ein großer Schmerz kann oft der innerste Kern, der beste Gehalt und Wert unseres Lebens werden."* Vgl. hierzu auch das Theodizeesymbol Mystik.
[126] Warum-Antwort 0487-0493. Vgl. Wozu-Antwort 0081-0082: *„Horizonterweiterung".*
[127] Wozu-Antwort 0577-0579.
[128] Siehe Wozu-Antwort 0516-0517, Warum-Antwort 0313-0314.
[129] Warum-Antwort 0611-0614.
[130] Wozu-Antwort 0354-0355; vgl. Wozu-Antwort 0600-0602: *„Blick für die wesentlichen Dinge (...) verändert",* 0611-0612: *„sehe viele Dinge anders als früher",* 0016-0017 und 0307-0310: *„'weitsichtiger' gemacht, sensibler für Probleme."*

Die Wahrnehmung des Lebens, auch der sogenannten Schattenseite wird sensibler und schärfer. Der „*Blick für Behinderung erweitert*"[131] sich durch das eigene Kind und es beginnt sich ein Verständnis zu entwickeln für Menschen, die behindert oder „im Leid" sind.[132]
Im Zusammenleben mit dem eigenen Kind wird die lehrreiche Gelegenheit wahrgenommen, Handicaps mit neuen Augen zu sehen[133]. Eltern erfahren z. B., dass die Behinderung „*nur ein einzelnes Attribut*"[134] ihres Kindes ist. Das Kind ist für sie kein „Behinderter", sondern ein unverwechselbares Individuum, bei dem die Behinderung eine Eigenschaft unter vielen ist. Das Merkmal „Behinderung" verliert allmählich an Bedeutung. Im Gegenüber zum behinderten Kind reift ein Sensorium für die eigenen Schwächen[135]: „*Mir ist bewusst geworden, dass jeder zu jeder Zeit behindert werden kann und dass eigentlich jeder in irgendeinem Punkt behindert ist.*"[136]
Ein neuer Blickwinkel lässt Neues wahrnehmen und Altgewohntes von einer anderen Seite. Dies verändert das Bewusstsein. Es entsteht ein Verständnis für die Unverfügbarkeit und Gefährdung des Lebens: „*Jeder kann behindert werden, von einer Minute auf die andere.*"[137] Die in der Regel verdrängte allgegenwärtige Möglichkeit der eigenen Verletzbarkeit dringt nachhaltiger ins Bewusstsein. Es wird erfahren, dass ein Leben ohne Handicaps und gesundheitliche Einschränkungen nicht selbstverständlich ist[138], auch „*dass es in allen Bevölkerungsschichten und auf der ganzen Welt behinderte Menschen gibt, was mir vorher nicht so bewusst war.*"[139]

Lernchance: Emotionen
Drei Mütter berichten, sie hätten die Fähigkeit zur Freude an den kleinen, einfachen und alltäglichen Dingen gewonnen: „*Ich habe durch unser 'behindertes' Kind gelernt, mich über die 'kleinen Dinge' im Leben zu freuen*[140].

Lernchance: Verhalten
Ein neues Bewusstsein verändert auch die innere Haltung und das Verhalten. Eltern berichten, dass sie dankbarer, demütiger, geduldiger, wesentlicher, ehrlicher oder selbstsicherer geworden sind: „*Ich denke, die Behinderung unserer Tochter hat bewirkt, dass wir dankbarer und demütiger wurden. Vielleicht liegt darin auch der Sinn?*"[141]. Der Umgang mit behinderten, aber auch mit nichtbehinderten Menschen sei offener, toleranter und herzlicher geworden[142]. Der Sinn der Behinderung kann

---

[131] Wozu-Antwort 0390-0392. Siehe auch 0541-0542: „*sensibler und bewußter für unser Leben und unsere Umwelt geworden.*"
[132] Vgl. Wozu-Antwort 0323-0325, 0307-0313, 0621.
[133] Vgl. Wozu-Antwort 0089-0091 und 0193-0194.
[134] Wozu-Antwort 0385-0386.
[135] Wozu-Antwort 0366-0368.
[136] Wozu-Antwort 0431-0434.
[137] Wozu-Antwort 0302-0304.
[138] Vgl. Wozu-Antwort 0038-0042, 0113-0114 und 0428-0431.
[139] Wozu-Antwort 0207-0210.
[140] Wozu-Antwort 0260-0262. Siehe auch 0297-0298 und 0325-0326.
[141] Wozu-Antwort 0461-0464.
[142] Vgl. Wozu-Antwort 0509-0510, 0411-0412, 0612-0614, 0625-0628 und 0381-0382: „*Fähigkeit, intensiver zu lieben, geschenkt bekommen.*"

von den Eltern aber auch prospektiv darin erkannt werden, sich selbst und das Verhalten dahingehend zu verändern[143].

Lernchance: Anschauung und Werte
„Behinderung relativiert vieles"[144]. Sie beeinflusst auch das Wertesystem der betroffenen Eltern und kann eine gesellschaftliche Normenkritik nach sich ziehen[145]. Besonders häufig wird die Distanzierung vom Leistungsbegriff erwähnt: „man (...) lernt weniger auf die 'irdischen' Leistungen eines Menschen zu schauen"[146]. Zu ihr gehört auch die Vorherrschaft der intellektuellen Leistung: „die geistige Dimension ist nicht die einzige, die zum Menschen gehört (obwohl heute Intellekt so hoch bewertet wird)"[147].
Durch das etwas andere Kind werden die „materialistischen und perfektionistischen Neigungen (...) eher in die rechte Bahn gelenkt"[148] und das Streben nach Erfolg weicht mehr Menschlichkeit: „Menschen können auch ohne das ständige Bestreben nach schöner, besser, intelligenter, wohlhabender u. s. w. sehr glücklich leben"[149]. Nicht die Optimierung der Verhältnisse, sondern ihre Akzeptanz gewinnt an Bedeutung: „das Einfach-Dasein genügt"[150]. Und darum rücken nun Werte wie etwa Toleranz und Integration in den Vordergrund[151].
Die möglichen Veränderungen reichen von der Werteverschiebung bis zur grundlegenden Reorganisation der Anschauung: „Änderung unserer gesamten Lebensanschauung"[152].

Herausforderung: Nachdenken über den Sinn des Lebens
Die Konfrontation mit der Behinderung des eigenen Kindes stößt die Eltern an die Grenze ihrer Machbarkeit. Selbstverständliche Werte wie Leistung, Wohlstand und Erfolg verlieren ihre Tragfähigkeit. Dies führt nicht nur zu einem Wertevakuum, das neu gefüllt werden muss, sondern auch zur Frage nach dem höchsten aller Werte (summum bonum). Das eigene Lebenskonzept muss neu überdacht werden: „Die Behinderung hat mich gezwungen, den Sinn meines Lebens ganz klar herauszubringen"[153]. Der Sinn der Behinderung wird damit beantwortet, dass sie nach dem Sinn der eigenen Existenz fragt. Mit mehr oder weniger Intensität fordert sie zum „Nachdenken über den Sinn des Lebens und die Ziele des Daseins"[154] auf. Diese Her-

---

[143] Siehe zu „ehrlicher zu leben" Wozu-Antwort 0343-0345, zu „dankbarer" 0558-0559 und zu „Geduld erlernen" 0516.

[144] Wozu-Antwort 0364.

[145] Vgl. Wozu-Antwort 0287-0290, 0595-0597, 0637-0638 und 0373-0375: „... führt sie dazu, dass ich viele Normen in Frage stelle", aber auch Wertekonstanz wird in 0510-0513 festgestellt: „sehe ich nicht kritischer als vor der Geburt unserer Tochter".

[146] Wozu-Antwort 0243-0245. Siehe auch 0045-0047, 0185 und 0364-0366.

[147] Wozu-Antwort 0293-0295 sowie 0316-0318 und 0448-0450.

[148] Wozu-Antwort 0398-400.

[149] Wozu-Antwort 0316-0318. Siehe auch 0403-0405 und 0262-0263: „... nicht ständig weiter nach 'mehr' zu streben."

[150] Wozu-Antwort 0045-0047.

[151] Vgl. Wozu-Antwort 0312-0313 und 0411.

[152] Wozu-Antwort 0568-0569.

[153] Wozu-Antwort 0497-0499. Siehe Lang 1999, 174: „Der Junge ist die Erfüllung meines Lebens, der Grund, weshalb ich jetzt so überzeugt glauben kann."

[154] Wozu-Antwort 0188-0189. Vgl. auch 0619-0620: „Um über das Wichtigste im Leben nachzudenken".

ausforderung sehen Eltern über die persönliche Betroffenheit hinaus auch an die Allgemeinheit gerichtet: *„Damit Menschen über sich und ihr Leben nachdenken, das ja doch irgendwann auch in Behinderung, Krankheit oder Tod endet"*[155]. Die durch die Behinderung veranlasste Suche nach einem tragfähigen Wert- und Machtzentrum, nach dem „wirklich Wichtigsten im Leben", wird zum Kristallisationspunkt für neue Werte und neues Handeln.

Herausforderung: Annahme der Begrenztheit
Von einer Mutter wurde der Sinn der Behinderung ihres Kindes u. a. so formuliert: *„In Begrenztheit Freiheit finden"*[156]. Die Herausforderung besteht darin, die Grenzen zu akzeptieren, sie nicht als Einengung zu erfahren, sondern den gegebenen Raum in Freiheit zu gestalten. Welche Grenzen gemeint sind, bleibt offen. Möglicherweise sind es die Grenzen des Kindes, der Lebensumstände, der gesellschaftlichen Bedingungen, des eigenen Lebens oder alle gemeinsam.

Herausforderung: Soziales Engagement
Viele Eltern und in verstärktem Maße die Eltern unserer Stichprobe suchen die Veränderung der sozialen Lebensbedingungen. Sie bleiben nicht beim Wandel der Einstellungen und Werte stehen. Ihre neu erworbenen sozialen Werte drängen zur Tat: *„Wir haben viel mehr Mut, uns zu engagieren (...). Wir haben die Kraft und das Selbstbewusstsein, aber auch die Energie bekommen, uns für soziale und humanitäre Aufgaben einzusetzen."*[157] Durch lebendige Erfahrungen mit dem eigenen Kind motiviert und in der Persönlichkeit durch tägliche Herausforderungen gestärkt, wird es vielen Eltern zum Anliegen, sich für die Interessen benachteiligter Menschen in der Gesellschaft einzusetzen. Die Behinderung des Kindes selbst wird zur Aufforderung, *„die soziale und einstellungsmäßige Umgebung zu schaffen,* (um) *mit diesen behinderten Menschen zusammen leben zu können."*[158] Eine Mutter empfindet dieses Engagement sogar als ethische Verpflichtung, die es einzulösen gilt, um dem Kind gerecht zu werden: *„Sollte mein Kind 'behindert' leben, so sind wir - die Eltern - und die Gesellschaft 'schuld'; alles andere ist vergeudete Zeit."*[159] Sie wendet die Schuldfrage neuartig in die Zukunft. Sie fragt nicht: Welche Umweltbelastung war schuld an der bisherigen (primären) Behinderung des Kindes?, sondern: Wie kann eine „Umweltbelastung", die das Kind durch Eltern und Gesellschaft (sekundär) behindert, in Zukunft vermieden werden?
Eine Mutter sieht sich durch die Situation mit ihrem Kind herausgefordert, *„ein überzeugterer Christ zu werden und folglich dementsprechend zu leben."*[160]
Aus persönlichen Erfahrungen kann sich das Bedürfnis entwickeln, anderen Eltern den Weg mit ihrem Kind zu erleichtern, sie zu beraten und zu begleiten: *„Behindertenarbeit, die ich vorher nicht gemacht hatte, jetzt anzugehen, mich für Behinderte*

---

[155] Wozu-Antwort 0252-0254. Siehe auch 0289-0290: *„... für wichtigere Dinge zu kämpfen und nachzudenken".*
[156] Wozu-Antwort 0296.
[157] Wozu-Antwort 0540-0546, vgl. auch 0611-0614.
[158] Wozu-Antwort 0128-0131; zu „Behinderung als Aufforderung" siehe 0229-0232.
[159] Schuld-Antwort 0176-0178.
[160] Wozu-Antwort 0417-0418.

und deren Eltern einzusetzen."[161] Auch dies ist *eine* von zahlreichen Möglichkeiten, mit der eigenen Situation besser leben zu können und ihr einen Sinn zu geben[162].

Deutungssymbol	Spezifizierung	Anzahl
Vielfalt		7
Lernchance	durch das Kind als „Lehrmeister"	15
	für die Gesellschaft	5
	für die Familie	1
	für die Eltern	9
	- Wahrnehmung und Bewusstsein	16
	- Emotionen	3
	- Verhalten	9
	- Werte und Anschauung	18
	Insgesamt	*76*
Herausforderung	zum Nachdenken über Lebenssinn	6
	zur Annahme der Begrenztheit	1
	zu sozialem Engagement	7
	Insgesamt	*14*
Zum Antwortverhalten	Auf Wozu-Frage geantwortet	79
	Auf Wozu-Frage nichts geantwortet	17

53. Abbildung: Häufigkeit von Deutungen auf die offene Wozu-Frage[163]

Zusammenfassung
Obwohl 78 % der befragten Eltern auf die offene Wozu-Frage gelegentlich und sehr oft eine Antwort gefunden haben, müssen diese Deutungsversuche als Annäherungen an Sinnhaftigkeit verstanden werden. Denn nur 14 % der Eltern sehen das Down-Syndrom des eigenen Kindes eindeutig als „sinnvoll" an (F 18).
Wie die Tabelle in Abb. 52 zeigt, konnten aus den Wozu-Antworten nur drei klar unterscheidbare Deutungssymbole herausgearbeitet werden. Trotz gleicher Häufigkeit an einzelnen Deutungen waren dies im Vergleich zur Warum-Frage nur halb so viele Symbole. Offenbar fiel es den Befragten ungleich schwerer, unterschiedliche finale Deutungsformen zu finden.
Zwei der drei finalen Deutungsmodelle, die „Vielfalt" und die „Herausforderung", sind neue Symbole, die unter der Schuld- und Warum-Frage nicht aufgetreten sind. Bei dem überproportional stark vertretenen Symbol „Lernchance" gibt es dagegen inhaltliche Überschneidungen mit dem Symbol „Nutzen". Hier wie dort sehen die Eltern eine Chance bzw. einen Nutzen im kognitiven, emotionalen, konativen und ethischen Bereich. Die ethische Lernchance zum Wertewandel stellt - anders als es die Fachliteratur darstellt - nur eine von vier Dimensionen dar. Denn für die befragten

---

[161] Wozu-Antwort 0501-0503; vgl. auch 0267-0271.
[162] Dies zeigen auch Erfahrungsberichte von „Lebenshilfe-Eltern der ersten Stunde" (vgl. Bundesvereinigung 1997b, 3).
[163] Da zahlreiche Eltern mehrere Antwortmodelle benutzt haben, deckt sich die Anzahl der Modelle nicht mit der Anzahl der Personen.

Eltern war auch bedeutsam, dass sich ihre Wahrnehmung, Emotionen und Verhaltensweisen positiv verändert haben. Bei der „Lernchance" fällt ferner auf, dass der Kreis möglicher bzw. realer „Nutznießer" auf die Familie und die Gesellschaft ausgeweitet wurde und der Gedanke vom Kind als „Lehrmeister" dazugekommen ist. Insgesamt wird deutlich, wie viel positive Veränderungskräfte und Entwicklungschancen von Kindern mit Down-Syndrom ausgehen.

3.1.4 Diskussion der Ergebnisse

Die subjektive Beantwortung der existenziellen Fragen Wodurch, Warum, Wozu erbrachte eine weit größere Vielfalt an Deutungsmöglichkeiten, als sie in der Fachliteratur bis dato angeführt wird[164]. Dabei wird deutlich, dass die existenziellen Versuche, mit der Behinderung des eigenen Kindes lebensanschaulich bzw. religiös umzugehen, nicht primär und zwangsläufig mit Trauer, Leid und Verlust in Verbindung stehen. Schon bei der Warum-ich-Frage, mehr noch bei der Wozu-Frage besitzen sie eine positive und optimistische Ausrichtung, die einen möglichen oder realen Gewinn ins Auge fasst.

3.1.4.1 Deutungssymbole und Fragestellung im Vergleich

Vergleichen wir die Deutungssymbole, die unter den drei W-Fragen nach dem Wodurch, dem Warum und dem Wozu gegeben wurden, lassen sich Kontinuität und Diskontinuität feststellen.
Sich kontinuierlich durchziehende Deutungsmuster gibt es bei der Wodurch- und Warum-Frage. Beide Fragen konnten sich die betroffenen Eltern mit den weltanschaulichen Deutungsmustern Zufall, Schicksal und Plan beantworten. Bei den Fragen „Warum ich?" und „Wozu?" gab es keine identischen Deutungsmuster. Dennoch konnten auch hier inhaltliche Überschneidungen zwischen der Warum-Deutung „Nutzen" und der Wozu-Deutung „Lernchance" und in gleicher Weise zwischen „Aufgabe" und „Herausforderung" beobachtet werden.

Eine klare Diskontinuität zeigt sich dagegen bei den endogenen und exogenen Deutungsmustern der Ursachenfrage. Sowohl die exogenen Umweltfaktoren als auch die endogenen Vererbungstheorien sind ungeeignet, die Warum-Frage oder/und die Wozu-Frage zu beantworten. Allein die Zuschreibung der Ursache an die eigene Person eröffnet unter Umständen auch eine Antwort auf das Warum der persönlichen Betroffenheit. Damit ist mit Ausnahme der „Selbstzuschreibung" keine Wodurch-Antwort geeignet, andere Existenzfragen zu erhellen.

Im Gegensatz dazu können die drei Warum-Deutungen Apathie, Strafe und Positivismus das Wodurch der persönlichen Betroffenheit benennen bzw. die Frage erübrigen, sind aber für den Deutungsprozess in der Wozu-Frage nicht zureichend.

---

[164] Pretis 1998, 56 gibt z. B. folgende sinngebende Erklärungen an: *„Vorahnung vor der Geburt, Strahlenbelastungen durch Röntgenuntersuchungen und den Reaktorunfall von Tschernobyl, als Lebensaufgabe und vorbestimmtes Skript, als Strafe für gesellschaftsnormabweichende Lebensformen und –einstellungen, als göttliche Fügung, Prüfung u. a."*. Erst mit Lang 1999 liegt in diesem Bereich eine detaillierte, wenn auch auf den religiösen Glauben beschränkte Studie vor.

Alle empirisch erhobenen Deutungen sind partieller Natur. Ein universales Deutungssymbol, das gleichzeitig alle drei W-Fragen interpretieren kann, ist nicht vorhanden. Ziehen wir jedoch die enge Verwandtschaft von Vielfalt- und Plansymbol in Betracht, erscheint der Plangedanke als eine mögliche Generaldeutung für alle drei W-Fragen. Die Letztverantwortung für Ursache, Betroffenheit und Ziel des kritischen Ereignisses „Diagnose Down-Syndrom" könnte dann mit der vorbestimmenden Intention einer natürlichen bzw. übernatürlichen Größe beantwortet werden.

Deutungssymbole	Wodurch-Frage	Warum-Frage	Wozu-Frage
Selbstzuschreibung	X	X	
Zufall	X	X	
Schicksal	X	X	
Plan	X	X	X
Nutzen/ Lernchance		X	X
Aufgabe/ Herausforderung		X	X

54. Abbildung: Kontinuität der Deutungsmodelle bei den W-Fragen

Insgesamt weist die Warum-Ich-Frage die größte Deutungsvielfalt auf. Dies lässt sich m. E. verständlich machen. Denn wo die Fragestellung am stärksten auf die Existenz der eigenen Person zielt, ist die Kreativität im Deutungsprozess am größten. Die geringere Deutungsvielfalt bei der Wozu-Frage kann darüber hinaus mit der fokussierenden und damit einschränkenden Ausrichtung der Finalfrage verständlich gemacht werden.

3.1.4.2 Systematisierung der Deutungssymbole

Es stellt sich nun die Frage nach dem Zusammenhang der unterschiedlichen Deutungssymbole. Nach welchen Gesichtspunkten können die Deutungsmuster systematisiert werden? Bei der Auswahl der Kriterien soll das Deutungsverhalten der Eltern ausschlaggebend sein. Entscheidend ist, wie die Eltern selbst Bezüge zwischen unterschiedlichen Deutungssymbolen herstellen. Wir fragen also nach Antworten, bei welchen unterscheidbare Deutungsmodelle ineinanderfließen, also Antworten, die mehrfach kodiert werden konnten. Die Aussage *„dass es eine unendliche Vielfalt an Menschen (...) geben soll"*[165] kann z. B. als Plan- und als Vielfaltsymbol verstanden werden.
Die Analyse der mehrfachen Kodierungen innerhalb derselben Textdistanz ergab folgende Bezüge:

---

[165] Wozu-Antwort 0605-0607.

Deutungs-symbole	Gleich-gültig-keit	Auf-gabe	Heraus-for-derung	Lern-chance	Nutzen	Plan	Positi-vismus	Strafe	Vielfalt
Gleichgült.	--				X	X	X		
Aufgabe		--		X	X	X	X		
Herausford.			--						
Lernchance		X		--	X				
Nutzen	X	X			--		X		X
Plan	X	X				--	X		X
Positivismus	X	X			X	X	--		
Strafe	X							--	
Vielfalt					X	X			--

55. Abbildung: Inhaltliche Korrelationen der Deutungssymbole von Eltern[166]

Die inhaltlichen Korrelationen der Deutungssymbole stellen ein wichtiges, aber - aufgrund multipler Bezüge - kein hinreichendes Kriterium einer Systematisierung dar. Darum wird nun ein ergänzendes Ordnungsprinzip herangezogen. Die Deutungssymbole sollen auch unter dem Aspekt betrachtet werden, ob sich die Eltern in ihren Deutungsversuchen als aktive, kooperative oder passive Subjekte wahrnehmen. Dieser Zugang entspricht den von Pargament et al. (1988) konzipierten Copingsstilen. In ihrer Studie unterscheiden sie nach dem Kriterium der persönlichen Aktivität drei Copingstile: Den aktiven „self directing style", den „collaborative style" und den passiven „deferring style"[167]. Je nach Art des kritischen Ereignisses, ob es kontrollierbar oder eher unkontrollierbar ist, kann die eine oder die andere Bewältigungsform hilfreicher sein. Insgesamt aber ist die kooperierende Form zwischen eigener und fremder Aktivität für den Adaptionsprozess die hilfreichste.
Ordnen wir die korrelierenden Deutungssymbole der zweipoligen Achse dieser drei Bewältigungsstile zu, ergibt sich folgendes Bild:

---

[166] Wird der Deutungsmodell Positivismus in Realismus und Pragmatismus unterteilt betrachtet, korreliert der Realismus mit den Symbolen Nutzen, Plan und Apathie, der Pragmatismus mit dem Symbol Aufgabe.
[167] Vgl. oben unter Teil A, 3.2.3.

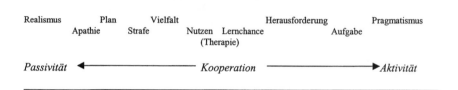

56. Abbildung: Systematik der Deutungssymbole von Eltern

Überblicken wir diese Abbildung, lässt sich ein leichter Überhang an passiven Deutungsmodellen erkennen. Diese Überzahl hat evtl. darin ihren Grund, dass es sich bei der Diagnose Down-Syndrom um ein unkontrollierbares Ereignis handelt, das durch die persönliche Aktivität der Betroffenen nicht verhindert werden kann. Zudem dient nach den Ergebnissen von Pargament et al. (1988) der passive Copingstil in diesem Fall eher der Bewältigung als der aktive.
Betrachten wir einzelne Deutungssymbole, fällt auf, dass der Positivismus nicht eigenständig auftaucht. Er ist aufgeteilt in seine passive Dimension als Realismus am linken und in seine aktive Dimension als Pragmatismus am rechten Rand. Der Positivismus verbindet in seiner gegenläufigen Ausrichtung die zweipolige Linie der Deutungsmuster zu einem Kreis. Der Ausgangspunkt des Zirkels ist somit der passive Realismus der Tatsachenorientierung, „es so unabänderlich zu nehmen, wie es ist" und sein Endpunkt ist die aktive Variante „das Beste daraus zu machen". In der Mitte dieses Kreises befinden sich die kollaborierenden Symbole Nutzen und Lernchance, wobei das erst retrospektiv auf das Gegebene, das zweite prospektiv auf das zukünftig Veränderbare ausgerichtet ist. Da beide Symbole trotz unterschiedlicher Perspektiven in der Sache eng verwandt sind, wurden sie zu dem Deutungsmuster „positive Veränderung" zusammengefasst.

3.1.4.3 Deutungssymbole und Theodizeesymbole im Vergleich

Bei der qualitativen Auswertung der offenen W-Fragen ging es um die induktive Gewinnung der Theodizee- und Kosmodizeegedanken in den Köpfen betroffener Eltern. Jetzt fragen wir nach dem Verhältnis dieser impliziten Deutungsversuche von sogenannten Laien und den expliziten Deutungssymbolen der theologischen Wissenschaft, die von van der Ven (1990) beschrieben und empirisch überprüft wurden.
In der folgenden Tabelle sollen unsere empirischen Ergebnisse den Theodizeesymbolen gegenüber gestellt werden.

Explizite Theodizeesymbole		Implizite Deutungssymbole
Apathie Gottes		Apathie allgemein
Vergeltung		Strafe
Plan	Pädagogik	Plan
Therapie	Pädagogik	Nutzen und Lernchance
Mitleid	Solidarität	
Stellvertretung	Solidarität	
Mystik	Solidarität	
		Herausforderung
		Aufgabe
		Positivismus

57. Abbildung: Theodizeesymbole (van der Ven) und Deutungssymbole (Eltern)

Die oben stehende Tabelle in Abb. 56 lässt Übereinstimmungen und Unterschiede erkennen. Den vier traditionellen Theodizeesymbolen (Apathie, Vergeltung, Plan und Therapie) konnten entsprechende Deutungsmuster betroffener Eltern zugeordnet werden.
Das *Apathiesymbol* der Eltern weist mit den Deutungen Geheimnis Gottes, Zufall und Schicksal eine viel größere weltanschauliche Bandbreite auf als das gleichnamige Theodizeesymbol. Da die Formen der Gleichgültigkeit bei den Eltern auch auf eine höhere Wirklichkeit bezogen waren, kamen neue Deutungsformen dazu, so dass das Apathiesymbol bei den impliziten Deutungsversuchen ein größeres Gewicht einnimmt als bei der Einschätzung der expliziten Theodizee-Skala.
Das *Vergeltungssymbol* spielt sowohl in der Skalenbewertung als auch in der Deutung der Eltern eine unbedeutende Rolle. Ein immanenter Tun-Strafe-Zusammenhang kam in den Deutungen der Eltern nicht zur Sprache, auch wenn dies im Kontext der exogenen Wodurch-Antworten (Stress etc.) denkbar gewesen wäre.
Die *pädagogischen Symbole Plan und Therapie* sind hier wie dort von herausragender Bedeutung. Das Therapiesymbol erhält gegenüber dem Plansymbol in den Deutungen der Eltern sogar einen Zugewinn an Häufigkeit und Vielfalt.

Da die Theodizeesymbole ausschließlich auf eine theistische Gottesvorstellung ausgerichtet sind, ist es verständlich, warum Eltern über diese expliziten Symbole hinaus weitere Deutungen vorgenommen haben, die mit theologischen Erklärungsmodellen identifiziert werden können. Die weitergehenden Deutungen sind die drei selbstdirektiven Symbole „Herausforderung", „Aufgabe" und „Pragmatismus", die sehr stark mit der Aktivität des betroffenen Individuums verbunden sind. Und schließlich ist es die realistische Sichtweise des Positivismus, die eine transzendente Wirklichkeit per definitionem ausschließt.
Am stärksten jedoch überrascht es, dass die drei progressiven Theodizeesymbole der *Solidarität* (Mitleid, Stellvertretung und Mystik) in den Deutungsversuchen betroffener Eltern keine Entsprechungen finden. Nicht ein einziges Mal wurden Deutungen vorgenommen, die mit diesen Symbolen identifiziert werden könnten. Dies verwundert, weil eine kleine Gruppe der Eltern (9-10 %) völlig mit den Vorstellungen der Stellvertretung und der Mystik übereinstimmten. Für das Mitleidsymbol, das eine ebenso hohe Einschätzung wie das Plansymbol erzielte, gilt dies um so mehr.
Obwohl 14,3 % der betroffenen Eltern den Symbolen der Solidarität Gottes, die in der Theologie eine herausragende Rolle spielen, völlig zugestimmt haben, sind diese expliziten Symbole für die implizite Deutung bedeutungslos geblieben. Den betroffe-

nen Eltern gelang es nicht, diese christlichen Symbole in ihre Situation zuübersetzen und neu zu formulieren. Ein „Ver-sprechen" (E. Lange) dieser christlichen Deutungen mit der konkreten Erfahrung der Geburt eines behinderten Kindes kam nach den Äußerungen der Betroffenen nicht zustande. Das bedeutet zugleich, dass diese theologischen Deutungsformen für die Bewältigung nicht fruchtbar gemacht werden konnten.

Das Ergebnis gibt zu denken: Offenbar klafft zwischen der Lehre in Theologie und Kirche auf der einen Seite und den Auffassungen von theologisch nicht geschulten Laien auf der anderen Seite ein großer und tiefer Graben[168]. Ausgerechnet Deutungen, die in der heutigen Theologie vorherrschend sind und als hilfreich bewertet werden, kommen in der Bewältigungspraxis der Befragten nicht vor. Liegt dies etwa an den spezifischen Merkmalen dieses Lebensereignisses? Sind diese Deutungsformen mit dem Ereignis „Diagnose Down-Syndrom" nicht kompatibel? Oder ist es nur eine Frage der Zeit, weil die Volksfrömmigkeit der Theologie hinterherhinkt? Vielleicht liegt es aber auch an der mangelnden Vermittelbarkeit bzw. der mangelhaften Vermittlung dieser Gedanken? Jedenfalls zeigt das Ergebnis zweierlei:

1. Den betroffenen Eltern ist es nicht gelungen, bedeutsame theologische Deutungssymbole für ihre konkrete Lebenssituation fruchtbar zu machen.
2. Zwischen impliziter und expliziter Deutung klafft trotz einzelner brückenartiger Verbindungen ein tiefer Graben.

Diese Beobachtung deckt sich auch mit dem Erfahrungsbericht von Frau Nagel, deren Sohn Volker das Down-Syndrom hat: *"Meine religiöse Einstellung (...) ist aber wegen meiner ständig sich erneuernden Zweifel und auch Anklagen nicht identisch mit jener Art, wie sie Theologen und Dogmatiker voraussetzen."*[169]

3.1.4.4 Chancen und Gefahren der Deutungssymbole

Ob ich ein kritisches Ereignis als Strafe oder als Herausforderung betrachte, macht für seine Bewältigung einen Unterschied. Die Art der Deutung ist für die Bewältigung des kritischen Ereignisses bedeutsam. Gleichzeitig gehe ich jedoch davon aus, dass ein Deutungssymbol weder als ideales noch als katastrophales Modell verallgemeinert werden kann. Vielmehr birgt jede Deutung zugleich Chancen und Gefahren. Beide Dimensionen sollen nun auf der empirischen Grundlage der Elternaussagen theoretisch erwogen werden.

Apathie
Unter das Deutungssymbol Apathie habe ich das Geheimnis Gottes, das Schicksal und den Zufall zusammengefasst. Alle drei Teilaspekte haben das fremdbestimmte, ohnmächtige Erleiden des Ereignisses gemeinsam. Darum wurde dieses Symbol in der Systematik der Deutungsmuster dem äußeren passiven Rand zugeordnet. Eine Beteiligung am Zustandekommen des Ereignisses oder ein persönlicher Handlungsspielraum bei der Bewältigung wird durch diese Deutung ausgeschlossen. Auf der einen Seite ist dies eine enorme Entlastung für die betroffene Person und schützt sie

---

[168] Einen umfangreichen Nachweis für die Diskrepanz zwischen kirchlich orientierter Theologie und einem nicht von Theologie geleitetem Glauben liefern die Studien in Jörns 1997; vgl. insbes. S. 7.
[169] Zeile 1991, 64. Erst viel später konnte Frau Nagel schreiben: „*Ich ahnte den Sinn der Kreuzigung Christi.*" (S. 69).

vor interner Schuldzuschreibung und Selbstüberforderung. Auf der anderen Seite kann diese Interpretation in ein selbst errichtetes Gefängnis führen, in welchem die eigenen Hände gebunden scheinen. Die wahrgenommene Hilflosigkeit kann lähmende Initiativelosigkeit und willenloses Ertragen des Schicksals begünstigen. Die Gefahr dieser „apathischen" Deutungsformen ist die abgründige Apathie des Deutenden[170].

Ein weiteres Merkmal des Deutungsmusters Apathie ist eine weitgehende Antwortlosigkeit auf das Woher und das Wohin des kritischen Geschehens: *„Es gibt keine Antwort. Gottes Wege sind nicht erklärbar"*[171]. So wie hier führt das Apathiesymbol eher zu einem Sich-Abfinden mit den Tatsachen als zu einer kognitiv befriedigenden Antwort. Alle vier Eltern, deren Aussagen mit „Geheimnis Gottes" kodiert wurden, stellen fest, dass es für sie trotz dieser Deutung keine Antwort gibt[172].

Im Unterschied zu Schicksal und Zufall umfasst das Geheimnis Gottes aber auch die Möglichkeit einer zwar uneinsichtigen, aber dennoch vorhandenen Sinnhaftigkeit „über den Wolken". Auf diese Weise kann die Annahme einer verborgenen Antwort zu einem Trost werden.
Selbst wenn das Wirken dieses Gottes uneinsichtig sein mag, seine Existenz und Ansprechbarkeit wird nicht bestritten. Er kann zu einem Gegenüber der eigenen Not, Wut und Hilflosigkeit gemacht werden. Klage und Anklage können an ihn gerichtet werden. Dies ist eine alte jüdisch-christliche Tradition. Und es kann eine Wende, eine erneute Zuwendung des abwesenden Gottes eingefordert werden.
Solche aktiven Verhaltensweisen gegen das eigene Los und die Sinnlosigkeit sind bei den Deutungsmustern Schicksal und Zufall nicht in gleicher Weise möglich. Schicksal und Zufall sind gesichtslose, absolute Größen, die sich nicht bewegen lassen. Sie stehen fest, ersparen dem Betroffenen aber gerade dadurch ein kräftezehrendes Zweifeln und Ringen mit einer höheren Wirklichkeit[173].

Plan
Eine Chance des Plansymbols besteht darin, dass der irreversible Tatbestand „Down-Syndrom" nicht als ein zufälliges, sinn-loses Ereignis wahrgenommen wird. Das geplante Ereignis ist vielmehr ein bewusstes und geordnetes Geschehen, in dem sich die betroffene Person auf dem Boden einer plan-vollen Intention getragen wissen kann. Das Unbegreifliche kann in einer umfassenden Intentionalität eingeordnet werden. Die Deutung Plan impliziert eine Zielbestimmung und begünstigt eine Wozu- und Schuld-Antwort[174]. Sie regt an, die Intention dieses Planes in einem Sinnfindungsprozess zu entschlüsseln. Auf diese Weise kann der Plan zur *Aufgaben-Bestimmung* werden, wie es bei einigen betroffenen Eltern auch geschehen ist.

---

[170] Kurz 1991, 101 sieht in der Sinnleere, dem sogenannten existenziellen Vakuum, auch die Gefahr, sich in nihilistische Anschauungen zu vergraben.
[171] Warum-Antwort 0147-0148. Ein direkter Zusammenhang von „keine Antwort" und „Apathiesymbol" liegt auch in Warum-Antwort 0300-0304 vor.
[172] Dieser qualitative Befund stimmt mit der analytischen Statistik überein, die eine hoch signifikante Korrelation ($r = .46$) zwischen Apathie und seltener Wozu-Antwort ergab.
[173] Zum Zusammenhang von „Verborgenheit Gottes" und den Fragen nach dem Sinn von Behinderung siehe die hilfreichen Erwägungen von Bach 1991, 148-164.
[174] Vgl. die Korrelationswerte von „Plan" in B, Abb. 45.

Wird der Plan zu einer unumstößlichen Prädestination[175], in die sich die betroffene Person nur fügen kann, besteht die Gefahr, dass dieser Deutungsversuch in die Tatenlosigkeit führt und vorhandene Handlungsspielräume wegdeutet. Das Ergebnis wäre auch hier eine selbst verordnete Hilflosigkeit.

Strafe
Die Vorstellung einer Strafe für vorausgehendes Fehlverhalten muss als eine möglicherweise sogar hilfreiche Bewältigungsstrategie ernst genommen werden. Ihr Vorzug liegt in der Kontrollfunktion. Wird ein Tun-Ergehens-Zusammenhang gedeutet, ist anzunehmen, dass das Strafmodell die Kontrolle begünstigt und u. a. die Möglichkeit eröffnet, ein zukünftiges Ereignis durch verändertes Verhalten zu vermeiden. Dies kann u. U. Eigeninitiative und Verantwortung stärken.
Mit der Wahrnehmung einer persönlichen Mitverantwortung nimmt jedoch auch die Brisanz der Schuld- und Warum-Frage zu. Die Beantwortbarkeit dieser Fragen scheint aber dadurch eher geringer zu werden[176].
Entscheidend bei dieser Deutungsform ist der Grad der Realitätsangemessenheit. Dass er beim Ereignis Down-Syndrom gegen Null geht, macht das kognitive Schema Strafe höchst problematisch. Bei geringer Realitätsangemessenheit besteht die Gefahr dieser Deutung in der grundlosen Verstrickung in Schuld und Selbstanklage, die zur Selbstzerfleischung und Maladaption führen kann[177].

Vielfalt
Es ist zu fragen, in wieweit das Symbol „Vielfalt" nur eine ereignisspezifische Deutung der Diagnose Down-Syndrom darstellt und inhaltlich dem Plan- oder Nutzensymbol zugeordnet werden müsste. Seine Stärke ist jedenfalls, dass mit diesem Ansatz eine positive Umdeutung des als Makel empfundenen Handicap vorgenommen wird. Normdevianz wird nicht als Defizit, sondern als nützliche Besonderheit wahrgenommen. Die persönliche Beteiligung an der Entstehung dieser kreatürlichen Vielfalt ist das positive Gegenmodell zur internen Schuldzuschreibung und Vergeltung. Selbst an der Bereicherung des Lebens beigetragen zu haben, zieht Lohn statt Strafe nach sich.
Die Schwäche dieser Deutung ist ihre nonkonforme Sichtweise. Sie widerspricht den allgemeinen Negativeinstellungen gegenüber behinderten Menschen. Die Gefahr ist, dass betroffene Eltern mit dieser Deutung auf Unverständnis stoßen und weiter marginalisiert werden. Die Chance für die Betroffenen besteht in der Entwicklung einer geistigen Autonomie gegenüber Andersdenkenden und in der Attitüdenmodifikation hin zu einer positiven Bewertung von Behinderung.

---

[175] Die wirkungsgeschichtlich bedeutendste Prädestinationslehre stammt von dem Genfer Theologen Calvin. Was aus jedem Menschen werden soll, das liege ihmzufolge allein im Ratschluß Gottes begründet und werde nach seiner ewigen Anordnung vollzogen. [176] Vgl. die Korrelationswerte von „Vergeltung" in B, Abb. 45.
[177] Wie Ergebnisse der Copingforschung zeigen, fördert die Selbstzuschreibung den Anpassungsprozess i.d.R. nicht; vgl. Dalbert 1996, 141 etc. Theologisch-exegetisch betrachtet ist bei einer angeborenen Behinderung jede Schuldzuweisung strikt abzulehnen. In Joh. 9,2f weist Jesus das Erklärungsmuster „Strafe" entschieden zurück. Auf die Frage seiner Jünger angesichts eines blind geborenen jungen Mannes, wer gesündigt habe, dieser oder seine Eltern, dass er blind geboren ist, antwortet er: „Weder dieser, noch seine Eltern".

Therapie (Nutzen und Lernchance)
Hinter der Deutung „Therapie" steckt die Vorstellung, dass die Behinderung des Kindes dazu verhilft, im Leiden reifer zu werden und zu gesunden. Sie bezieht sich auf die verändernde Kraft der Krise, die zur Chance für ein anderes Leben werden kann, das tiefer, bewusster und menschlicher ist.
Diese Deutungskategorie ist in unserer Befragung in einer großen inhaltlichen Varianz am stärksten ausgeprägt.Die Schwäche dieser Deutung sind spezifische Voraussetzungen, die als Bedingung ihrer Möglichkeit gegeben sein müssen. Sie korreliert positiv mit einer häufigen Warum- und Wozu-Fragestellung, erschwert aber zugleich die Beantwortung aller Elementarfragen[178]. Kommt es zur retrospektiven Deutung Therapie, muss eine Zeit positiver Erfahrungen verstrichen sein. Eine therapeutische Wirkung oder ein Nutzen lässt sich also erst nachträglich im Vergleich „früher - heute" erkennen. Soll diese Deutung prospektiv vorgenommen werden, bedarf es einer Vision von der Zukunft oder eines Vertrauens in die Gegenwart.
Ein Vertrauen in die Gegenwart könnte z. B. auf Gott gerichtet sein[179]. Interessant ist, dass Eltern, die den Deutungsversuch Therapie gemacht haben, alle ohne eine höhere Wirklichkeit auskommen. Der Therapeut ist das Kind oder das Leben.
Ein Vertrauen in die Zukunft erfordert Visionen oder konkrete Entwicklungsperspektiven. Hier können andere Eltern und Kinder mit Down-Syndrom zum Lernmodell werden. Ohne solche Vor-Bilder geht es nicht. Eigene oder fremde Vorerfahrung sind die conditio sine qua non des Deutungssymbols Therapie.
Die große Chance dieser Form der Sinnfindung liegt in dem hohen Maß der Interaktivität zwischen Person und Situation, bei gleichzeitiger Rückbindung an reale Erfahrungen. Zudem lässt sich der Adressatenkreis der Therapie weit über die unmittelbar Betroffenen ausweiten. Nicht nur die Eltern, auch die Gesellschaft kann durch behinderte Menschen dazulernen. Dies könnte bewirken, dass die materielle Kosten-Nutzen-Rechnung aus dunkler Vergangenheit endgültig durch eine therapeutische Rechnung mit positiver Bilanz abgelöst wird und neu bewusst gemacht wird: Nicht nur Menschen mit Behinderung müssen „therapiert" werden, sondern auch sogenannte Nichtbehinderte. Die bleibende Bedrohung dieser utilitaristischen Deutungsstruktur besteht jedoch in den vorausgehenden Bewertungskriterien, die je nach ihrer Beschaffenheit alles auch ins Negative kippen können.

Herausforderung und Aufgabe
Die Herausforderung, das bisherige Lebenskonzept zu überprüfen, um zur Eigentlichkeit des Lebens vorzudringen, ist grundsätzlich und anspruchsvoll. Es ist wie die Aufgabe, ein behindertes Kind zu erziehen, mit einer Flut an Anforderungen verbunden. Die Begrenztheit der persönlichen Situation anzunehmen oder gar die Grenzen der gesellschaftlichen Toleranz zu weiten, sind tiefgreifende und weitreichende Zielformulierungen, an denen eine betroffene Person auch zerbrechen kann. Die Wirksamkeit dieses Deutungssymbols steht und fällt mit der praktischen Realisierung. Die Gefahr der Herausforderung liegt in der Überforderung, der Aufgabe im Aufgeben bzw. im Sich-selbst-aufgeben. Von ihr sind insbesondere die primären Bezugs- und Betreuungspersonen bedroht. In der Regel sind dies die Mütter.

---

[178] Vgl. die Korrelationswerte von Therapie in Tabelle 55.
[179] Siehe z. B. Psalm 25,9: „Der Herr leitet die Elenden recht und lehrt ihnen seinen Weg".

Positivismus
Die Chance der realistischen Sichtweise liegt in der unverschleierten Wahrnehmung der „nackten Tatsachen", in der Vermeidung von Verdrängung und Abwehrmechanismen. Weil die Tatsachen zumeist als unabänderlich betrachtet werden, kann diese Optik die Annahme des Gegebenen begünstigen. Da man sowieso nichts ändern kann, bleibt eben nur die Akzeptanz. Die negative Kehrseite des Realismus aber ist eine möglicherweise daraus resultierende Passivität, ein Hände-in-den-Schoß-legen und eine sinnlose Entzauberung jeglicher Bedeutungszusammenhänge. Neben Schicksal und Zufall zeigt sich keine Deutungsvariante so sinnentleert wie der Realismus[180].

Beim Pragmatismus, der aktiven Wendung des Positivismus, wird die Sinnleere der Tatsachen durch die Tätigkeit des Subjekts abgefedert. Wo es gelingt, aus der Lebenssituation das Beste zu machen, wird durch schöpferische Werte (Frankl) Sinn realisiert. Zudem vermag das konkrete Handeln auch auftauchende Ohnmachtsgefühle zu überwinden. Die Konzentration auf die praktischen Bewältigungsressourcen, bei gleichzeitiger Zurückstellung quälender Begründungsfragen, ist die Stärke dieser Deutung: Sie bearbeitet existenzielle Fragen in den Lebensvollzügen des Alltags.

Mit dem Werk-Konzept des Pragmatismus sind aber auch Risiken verbunden. Sie werden gefördert durch ein soziokulturell vorherrschendes Plan- und Machbarkeitsdenken. Mehr als die Deutungen Herausforderung und Aufgabe, kann der Pragmatismus unrealistische Hoffnungen nähren und den einzelnen unter einen immensen Veränderungszwang und Erfolgsdruck setzen. Führt dieses Handlungskonzept nicht zum Ziel, reibt sich die betroffene Person bis zur Erschöpfung auf. Ist es dagegen der Person und Situation angemessen, kann die Krise „praktisch" überwunden werden.

---

[180] Die analytische Statistik zeigt bei den verwandten Grundanschauungen Nihilismus und Naturalismus einen positiven Zusammenhang auf. Vgl. B, Abb. 45.

3.2 Auswertung der halboffenen Interviews

Im zweiten Teil der qualitativen Untersuchung sollen nun zehn Interviews, die mit Vätern und Müttern von Kindern mit Down-Syndrom geführt wurden, ausgewertet werden. Das Augenmerk ist zunächst darauf gerichtet, ob Zusammenhänge zwischen der Grundanschauung der Eltern und ihrem Deutungs- und Bewältigungsverhalten erkennbar sind. Danach lenken wir den Blick darauf, welche Erfahrungen die Betroffenen in den kritischen Zeiten mit ihrer Umwelt gemacht haben, welche Bedürfnisse für sie im Vordergrund gestanden haben und wie ihre Erwartungen an eine zukünftige Krisenbegleitung und -beratung aussehen.

3.2.1 Untersuchungskonzept

Mit dem methodischen Zugang der halbstrukturierten Interviews wurde den Befragten im Unterschied zum standardisierten Fragebogen die Freiheit gegeben, Erfahrungen und Einschätzungen zu äußern, die außerhalb des Forschungsrasters des Interviewers liegen. Statt den Gesprächspartnern ein allgemeines Klassifikationssystem aufzuzwingen, ging es gerade darum, ihr *individuelles* Deutungssystem zu entziffern. Dazu wurde der Vorteil der Kommunikation von Subjekt zu Subjekt genutzt. In der dialogisch-diskursiven Form des Gesprächs konnte der Interviewer zugleich das Verstandene durch Nachfrage bestätigen oder korrigieren lassen. Auf diese Weise sollte eine höhere Validierung der Ergebnisse erzielt werden.[181]

Planung der halboffenen Interviews
Als Gesprächspartner/innen der halboffenen Interviews wurden Mütter und Väter aus der Gesamtstichprobe der Fragebogenerhebung ausgewählt. Drei Auswahlkriterien waren entscheidend:
Die Geschlechterverteilung (1), die Streuung des Kindesalters (2) und der ortsnahe Wohnort Baden-Württemberg (3).
Zur Durchführung der Interviews diente ein Leitfaden mit einer Liste möglicher Fragestellungen zu den Themenfeldern Deutungsprozess, Lebensanschauung und Beratungssituation. Im Vordergrund stand jedoch, den Befragten die Chance zu bieten, auch nicht antizipierte Gesichtspunkte zur Sprache zu bringen.

Durchführung der halboffenen Interviews
Im Juli und August 1995 wurden zehn Interviews in den Wohnungen der befragten Eltern durchgeführt. In vier Einzelinterviews mit Müttern und sechs Paarinterviews kamen sechs Väter und zehn Mütter zu Wort. Sie erhielten die Gelegenheit, ihre Erfahrungen und Wünsche in einem ihnen vertrauten Rahmen zu äußern. Der Einstieg ins Gespräch wurde bewusst offen gestaltet. Nach einer Kennenlern- und Aufwärmphase wurden die Beteiligten aufgefordert, sich zu erinnern, wie es für sie war, als sie erfahren hatten, dass ihr Kind das Down-Syndrom hat.
Die Bereitschaft und Offenheit der Eltern, sich mitzuteilen, war ohne Ausnahme sehr groß. Die Gespräche, die auf Band mitgeschnitten und später transkribiert wurden, dauerten zwischen 45 und 80 Minuten. Im direkten Anschluss an die Gespräche wurden Interviewprotokolle zum Setting erstellt.

---

[181] Vgl. Ammermann 1994, 78ff und zum diskursiven Interview Flick et al.1995, 197f.

Forschungsinstrument: Qualitative Textanalyse
Wie bei der Auswertung der schriftlichen Antworten auf die W-Fragen kam auch bei den verschriftlichten Interviews das Verfahren der qualitativen Textanalyse (Strauss/ Corbin 1990) zur Anwendung. Auch hier wurde mit dem Analyseprogramm AQUAD Five (Huber 1997) auf die Unterstützung des PCs zurückgegriffen.

3.2.2 Grundanschauung und Deutung

Wie in Hypothese 1 formuliert, gehen wird davon ausgegangen, dass der Subfaktor Lebensanschauung (B 1 sbj.) einen unmittelbaren Einfluss auf die Deutung des kritischen Ereignisses „Diagnose Down-Syndrom" ausübt. Diese Basishypothese soll nun aufgrund der halboffenen Interviews weiter überprüft werden. Dabei ist das Interesse darauf gerichtet, ob Personen mit einer bestimmten Grundanschauung auch ein spezifisches, diakritisches Deutungs- und Bewältigungsverhalten zeigen. Ausgewählt wurden Interviewpartner/innen, die im Fragebogen einer der vier Grundanschauungen (Theismus, Deismus, Naturalismus, Nihilismus) eindeutig zugestimmt haben.

3.2.2.1 Theismus

Herr A. reagierte auf die Erstmitteilung „Down-Syndrom" gefasst und ohne emotionale Einbrüche. Als ehemaliger Zivildienstleistender in einer Sonderschule war ihm der Umgang mit behinderten Menschen vertraut. Dennoch stellte er sich vor allem im ersten Lebensjahr seines Kindes häufig die *Theodizeefrage*: „Warum ließ Gott dies zu?". Da er sich der evangelischen Konfession sehr verbunden fühlt und eine persönliche Gottesbeziehung lebt, waren ihm unterschiedliche theoretische Antwortversuche zur Theodizeeproblematik bekannt. Er fand aber keinen einzigen, den er auch existenziell hätte teilen können. Für ihn ist es darum ehrlicher, sich und anderen einzugestehen, dass dieses Ereignis in Blick auf Gott intellektuell nicht erklärbar ist.

Das Trilemma der Unvereinbarkeit von göttlicher Allmacht und Güte bei gleichzeitiger Duldung des Übels stellt für Herrn A. einen unauflösbaren Widerspruch dar. Daran vermag auch die Favorisierung des Symbols eines mitleidenden Gottes nichts zu ändern. Herr A. stimmte zwar im Fragebogen dieser Gottesvorstellung zu, sie konnte von ihm als hilfreiches Deutungssymbol aber nicht verinnerlicht und gelebt werden. Die Allmacht Gottes bleibt für ihn als Dorn der Theodizee bestehen. Eine Entschärfung der kognitiven Unvereinbarkeit durch Verzicht auf das Allmachtpostulat im Sinne eines freiwilligen Machtverzichts Gottes in der Menschwerdung, wie sie in der Theologie nach Auschwitz vollzogen wurde[182], ist für ihn zu kein begehbarer Weg.
Die Theodizeefrage und die Unvereinbarkeit des kritischen Ereignisses mit der persönlichen Lebensanschauung zieht sich bei Herrn A. bis zum Interview durch. Sein Kind ist zu diesem Zeitpunkt drei Jahre und ein Monat alt.
Es überrascht, dass die fehlende kognitive und spirituelle Integration des Ereignisses nach eigenen Angaben weder zum Zweifel noch zur Veränderung der Lebens-, Glaubens- und Gottesanschauung geführt hat. Ein Grund hierfür könnte in der

---

[182] Siehe z. B. Schiwy (1995).

hohen Schul- und Berufsbildung zu finden sein, die - wie unsere Ergebnisse zeigen - die Stabilität der Lebensanschauung begünstigen.
Obgleich die Lebensanschauung von Herrn A. nicht ins Wanken geraten ist und er seine Emotionen weitgehend zu kontrollieren vermochte, empfindet Herr A. das kritische Ereignis als sehr existenziell und äußert den dringenden Wunsch nach mehr Unterstützung und Begleitung in diesen Anschauungsfragen. Dies zeigt, wie belastend Herr A. das Spannungsverhältnis zwischen der Behinderung des eigenen Kindes und der eigenen Lebensanschauung empfindet und nach intellektuellen Lösungen sucht.
Bei Herrn A. ist zu erkennen, dass sich die Theodizee-Frage nicht in eine Wozu-Frage umformulieren oder in eine Wozu-Antwort auflösen lässt. Herr A. lehnt diese Form der Umdeutung ausdrücklich ab. Dies wirft die Frage auf, ob eine existenziell unbewältigte Theodizeeproblematik einer prospektiven Sinnfindung im Weg steht. Die Wozu-Frage kann von Herrn A. zwar als Nutzen im Sinne einer positiven Veränderung seines Leistungsbegriffs beantwortet werden. Diese Deutung erfolgt aber im Nachhinein. Eine pädagogisch-prospektive Antwort im Sinne einer Lernchance oder Aufgabenstellung schließt Herr A. dagegen aus.

Auch *Frau A.* glaubt wie ihr Mann an einen personalen Gott (Theismus) und ist der evangelischen Konfession sehr verbunden. Auf die Warum- und Wozu-Frage, die sie sich weniger oft stellte als ihr Mann, hat sie keine letztgültigen Antworten. Sie spricht von „Teilantwort" und davon, dass sie die Aussage der Bibel im Römerbrief 8,28 „noch nicht oder nie verstehen werde"[183]. Die Vorläufigkeit dieser Erkenntnis steht ganz im Einklang mit der Teilantwort ihrer Warum-Frage, die ich mit „Geheimnis Gottes" bezeichnet haben. Zu ihrem Gedanken *„Gott hat es so gewollt, ohne dass ich weiß warum"* tritt ein weiterer, spannungsreicher Gedanke: *„Gott hätte es verhindern können, aber er wollte es nicht"*[184].

Doch im Gegensatz zu ihrem Mann erzeugt der Widerspruch dieser Gedanken in ihr keinen Anschauungskonflikt. Die kognitive Dissonanz wird für sie im „Geheimnis Gottes" aufgehoben und vom Vertrauen und der Hoffnung getragen, „dass denen, die Gott lieben, alle Dinge zum Besten dienen" (Römer 8,28). Hier wird deutlich, wie Frau A. von der intrinsischen Religiosität ihres gelebten Gottvertrauens[185] durch die Theodizeeproblematik hindurchgetragen wird und ihr gravierende Anschauungszweifel und -veränderungen erspart bleiben. Sie bewältigt das kritische Ereignis nicht durch einen *Denkakt* (fides quae), der die Widersprüche auflöst. Ihr Zugang ist der religiöse *Lebensakt* (fides qua) des Sich-auf-Gott-Verlassens[186]. Anders als bei ihrem Mann bestand bei Frau A. kein Bedarf an Begleitung in Anschauungsfragen. Emotionale Turbulenzen sind bei diesem Prozess nicht aus-, sondern eingeschlossen. Anders als bei ihrem Mann war der Beratungsbedarf in Anschauungsfragen bei Frau A. befriedigend abgedeckt.

---

[183] Wozu-Antwort 0518-0522.

[184] Vgl. Interview Nr. 1, S. 4.

[185] Mit den vier intrinsischen Items auf der Religiositätsskala stimmt Frau A. völlig überein. Noch ein Beispiel für die intrinsische Glaubenshaltung von Frau A.: Gegen allen Widerspruch, der sich auch in ihr selbst regt, hält sie am Taufspruch ihres Sohnes mit Down-Syndrom hoffnungsvoll fest: „Du sollst ein Segen sein" (1.Mose 12,2).

[186] Zu der hilfreichen Unterscheidung von Denkakt und Lebensakt in der Daseinsbewältigung siehe Eibach 1991, 32.

Auf einem Bild, das sie zwei Wochen nach der Diagnoseeröffnung zu Papier brachte, ist sie mit ihrem Kind in einem dunklen Loch zu sehen: *„Ich kam mir vor wie in einem tiefen Brunnen. Die Fußspuren, die wegführen, waren für mich die Fußspuren Gottes. Er warf mich in diesen Brunnen und ging weg. Ganz allein ließ er mich und das Baby aber nicht. Er **schickte** mir viele liebe Leute, die mit kleinen Lichtlein kamen und mir und dem Baby die Dunkelheit in diesem Brunnen etwas erhellten"*[187].

Auch *Frau G.* glaubt an einen persönlichen Gott und fühlt sich der christlichen Religion verbunden. Trotz einzelner Vorerfahrungen mit behinderten Kindern in ihrer Berufspraxis als Hebamme setzte sie sich vorher nicht damit auseinander. Die Behinderung ist *„das Allerletzte"*, was sie sich für ihr Kind gewünscht hatte. Das Warum ist bei ihr „ganz kurz schon auch da" gewesen, aber nicht brennend. Schnell hat sie gedacht: *„Warum eigentlich nicht du auch?"*[188]. Im Fragebogen berichtet Frau G., sie habe die Warum-Frage schnell aufgegeben, da es keine Antwort gebe[189]. Zu einer Anklage gegen Gott und der Theodizeefrage ist es nie gekommen[190]. Obwohl große Zukunftsängste da waren, hatte Frau G. keine großen Probleme, die Diagnose Down-Syndrom mit ihrer Anschauung in Einklang zu bringen[191]. Ihre Glaubens- und Lebensanschauung hat sich nach eigenen Angaben nicht verändert, obwohl sich ihre Einstellung zur Behinderung gründlich gewandelt hat[192].

Frau G. gelang es, sich der ihrer Meinung nach viel interessanteren Frage nach dem Wozu zuzuwenden und Antworten zu finden. Sie erkannte in der Behinderung ihres Kindes eine Aufgabe und Herausforderung, die an sie selbst gerichtet ist[193]. Diese anzunehmen ist für Frau G. sehr bedeutsam: *„Und ich glaube, das Allerwichtigste ist das Annehmen. Und immer, wenn man das annimmt, kann man darin das Ganze, die ganze Familie irgendwie glücklich sein, trotz alledem"*[194]. Im Hintergrund dieser Dialektik von Glück und Belastung steht die klare Präferenz für das Planmodell und die Ablehnung des Zufalls[195]. Die Aufgabe, die angenommen werden soll, hat für Frau G. einen tieferen Grund. Gleichzeitig pflegt sie einen pragmatischen Umgang mit den Gegebenheiten: *„Wir haben jetzt einfach diese Belastung bekommen. Mit der müssen wir leben. Und wir versuchen das Beste daraus zu machen"*[196]. Neben dieser mehrfach so geäußerten realistischen, fast positivistisch erscheinenden Grundeinstellung ist bei Frau G. auch eine besondere Sensibilität für einen zukünftigen Nutzen zu beobachten, der sich aus dem Zusammenleben mit ihrem Kind ergeben könnte[197].

---

[187] Erklärung von Frau A. zum Bild in einem Brief vom 26.10.1995.

[188] Interview 7, 0817 und 0830. Vgl. dieselbe Wendung von Eltern im Ratgeber (Bundesvereinigung 1997, 6).

[189] Vgl. Warum-Antwort 0699-0703.

[190] Vgl. Interview 7, 0824-0833.

[191] Siehe Interview 7, 0837-0843.

[192] Vgl. Interview 7, 0966-0982. Frau G. gab im Fragebogen an, ihre Anschauung habe sich durch das kritische Ereignis gar nicht verändert (F 14), sie habe dabei nie an Gott gezweifelt (F 10) und ihr religiöser Glaube habe ihr sehr geholfen (F 13).

[193] Siehe Interview 7, 0347ff, 0402ff und 0889ff.

[194] Interview 7, 0351-0356.

[195] Vgl. Interview 7, 0374-377: *„Ja, das Ganze war ja irgendwo auch eingebettet. Das war kein Zufall"*.

[196] Interview 7, 0321-0325.

[197] Vgl. Warum-Antwort 0706-0710: *„Noch ist das Kind klein, doch ich erahne, dass es mein eigenes Leben verändern wird, dass es schwieriger werden wird, aber dadurch auch intensiver und bereichernd"*, sowie Interview 7, 0968-0970.

Abschließend stelle ich fest, dass eine theistische Grundanschauung nicht per se die Theodizeefrage provoziert. Wie schon bei Frau G. zu sehen ist, lässt sich das kritische Ereignis mit der Vorstellung von einem personalen Gott durchaus harmonisieren. Allerdings scheint bei ihr der Übergang zur Wozu-Frage eine Brücke über den Graben der unbeantworteten Warum-Frage zu schlagen. Es ist zu vermuten, dass Frau G. dieser Brückenschlag gelang, weil ihr eine breite Deutungs- und Bewältigungspalette zur Verfügung stand (Plan, Nutzen, Aufgabe, Herausforderung, Pragmatismus), die erst im Interview sichtbar geworden ist. Ferner stelle ich die Vermutung an, dass der unterschiedliche Umgang mit der Theodizeeproblematik durch die intrinsische und extrinsische Form der Religiosität sowie durch geschlechtsspezifische Person- und Situationsmerkmale bedingt ist.

3.2.2.2 Deismus

Frau C. gehört der katholischen Kirche an, fühlt sich aber ihrer Religion nicht sehr verbunden. Sie sagt sich: *„Welche Religion ist egal; es ist nur wichtig, dass da etwas ist"*[198]. Ihre Lebensanschauung ist weitgehend privatisiert, autonom und selbstgeformt. Wie bei einer modernen Patchwork-Lebensphilosophie hat sie sich *„das selber so zusammengereimt"* und *„immer sehr viel beobachtet"*[199]. Ihre persönliche Anschauung zeichnet sich durch große Offenheit und Toleranz, zugleich aber auch durch ein geringes Differenzierungsbedürfnis aus. So konnte Frau C. mit den z.T. widersprüchlichen Aussagen der Theismus-, Deismus- und Naturalismus-Skala in gleicher Weise völlig übereinstimmen, während sie den Nihilismus eindeutig ablehnte. Im Interview stellte sich dann heraus, dass Frau C. *„nicht so eng, mehr frei"*[200] an Gott glaubt und eine theistische Gottesvorstellung herzhaft lachend ausschließt: *„Also, wenn ich ihm eine Person gebe, dann ist das, das ist auch so ein Quatsch, auch so ein Quatsch"*[201].

Zum Zeitpunkt der Befragung war ihre Tochter mit Down-Syndrom sechzehn Jahre alt. Wie Frau C. auf die Diagnoseeröffnung und ihre Behinderung reagiert hatte, fasst sie so zusammen: *„Also gleich war's Schock und wie reagiert die Umwelt. Dann war's: Warum ich? Kurz und dann, aber es war nur kurz. Und dann war's: So, und jetzt schaff ich das"*[202]. Ihre ersten Gedanken waren: *„Oh Gott, meine Nachbarn. Weil ich gewusst habe, wir werden wie Aussatz behandelt und das sind wir auch worden"*[203]. Der Schock am Anfang wurde bei Frau C. nicht durch eine Verlusterfahrung ausgelöst, die in der Diskrepanz zwischen gewünschtem und geborenem Kind resultierte. Es war die von ihr gefürchtete Reaktion der *„stockkonservativen"* dörflichen Umgebung, die sie in Schock versetzte und als Bedrohung erlebte[204].

---

[198] Interview Nr. 3, 0820-0821.
[199] Interview Nr. 3, 0894-0897. Vgl. auch ebd 01188f: *„... einfach mehr nach meinem Gefühl, was ich für richtig ..."*.
[200] Interview Nr. 3, 0818f.
[201] Interview Nr. 3, 0833-0835.
[202] Interview Nr. 3, 0942-0946.
[203] Interview Nr. 3, 0393-0395.
[204] Hier wird das kritische Merkmal „ausgrenzend" prädominant. Vgl. zur Bedrohung Interview Nr. 3, 0948-0959.

Für Frau C. wurde weniger die lebensanschauliche Integration des kritischen Ereignisses zum Problem. Die Warum-ich-Frage konnte von ihr aufgrund günstiger Anschauungsbedingungen schon nach kurzer Phase beantwortet werden. Denn für sie sind Negativerfahrungen integrale Bestandteile ihrer Lebensphilosophie. Für sie ist jeder Mensch unvollkommen und lebt in einer guten Schöpfung, in der überall auch ein Minus dazugehört: „... *egal ob es jetzt plus oder minus ist. Es gehört beides zusammen. Es kann nicht nur Glück geben"*[205].
Frau C. lehnt das Vergeltungs-, aber auch das Planmodell strikt ab und sagt stattdessen: „*Ich empfind' das alles als eine Prüfung, ob ich das besteh' oder schaff' oder stark genug bin*[206]. Sie nimmt diese göttliche Probe als Herausforderung an, einen Weg zu gehen, der zu einer größeren persönlichen Reife führt[207]. Diese Vorstellung leitet Frau C. seit ihrer Kindheit von Ikebana, dem Blumenweg, ab. „*Das kommt aus der japanischen Blumensteckkunst, führt aber weiter. Es ist eigentlich ein Weg, der nie aufhört. Und da gehört das alles auch dazu, die Prüfungen und das Lernen, das Sehen und dass weniger mehr ist und so weiter"*[208].
Ohne Zweifel wird die Bewältigung bei Frau C durch eine Lebensanschauung begünstigt, die sich durch einen hohen Integrationsgrad an Negativerfahrung, viel Individualität und ein Deutungsmodell mit kooperativer Beteiligungsstruktur auszeichnet. Der positive Copingeffekt des Deutungssymbols Aufgabe bzw. Prüfung scheint dadurch begünstigt zu werden, dass diese Anschauung von Frau C. bereits als Lebensweg praktiziert und eingeübt wurde.

3.2.2.3 Naturalismus

Frau B. stimmt mit der naturalistischen Grundanschauung überein (1,5). Der Konfession nach ist sie evangelisch, fühlt sich aber ihrer Religionsgemeinschaft nicht verbunden. Sie betont: „*Also ich muss gleich vorausschicken. Ich bin nicht gläubig. Und wenn's so etwas gäbe, dann hätt' ich ja sagen müssen: Ja gut, dann hab' ja ich vielleicht etwas Schlimmes getan. Dafür werd' ich bestraft oder so. Oder ich muss etwas lernen, und das soll ich jetzt mit ihm lernen oder in die Richtung. Das Gefühl hab ich nicht*[209]. Mit dem „Kirchengott" verbindet sie die traditionellen Deutungsmodelle Vergeltung und Pädagogik, hinter denen sich die Vorstellung von einem vergeltenden und erziehenden Gott verbirgt[210]. Einen solchen Gott kann es für sie nicht geben. Die Behinderung ihrer zehnjährigen Tochter hat ihrer Meinung nach nichts zu tun mit etwas Höherem oder Tiefsinnigem. Sie ist eine Spielart der Natur, ein Schicksal, das

---

[205] Interview Nr. 3, 0846-0848. Vgl. auch ebd. 1243-1248.

[206] Interview Nr. 3, 0998-0999. Zu Strafe und Herausforderung siehe ebd. 0917-0923 und zu Fügung ebd. 0972-0978.

[207] Vgl. Interview Nr. 3, 0780-0804 und 0849: „... *man wird erst reif durchs Leid*". Der Weg zur Reife korrespondiert im Fragebogen am ehesten mit dem Therapiesymbol, das von Frau C die höchste Zustimmung erhielt. Eine völlige Übereinstimmung wurde jedoch nicht erzielt, da das Symbol Auf-gabe bzw. Probe in den Frage-Items nicht enthalten war.

[208] Interview Nr. 3, 0880-0885.

[209] Interview Nr. 2, 0149-0158; vgl. auch ebd. 0809-0818 die begründete Ablehnung eines intendierten Sinns: „*Ne, dann würd' ich ja wieder sagen, was war ich für ein Mensch, dass ich das gebraucht hab', ne*".

[210] Wie unsere Untersuchung gezeigt hat, sind die traditionellen Theodizeesymbole des gleichgültigen, vergeltenden und determinierenden Gottes nicht nur bei den Kirchenfernen bestimmend, sie beherrschen auch die Bewältigungspraxis der Kernkirchlichen.

rein biologisch zu verstehen ist und zum Leben dazugehört: *"Überall auch bei den Tieren gibt's eben auf so und so viel Geburten behinderte Kinder. Und es gibt auch manchmal bei den Geburten behinderte Kinder, weil irgend etwas schief läuft"*.[211] Handicaps wird es für Frau B. immer geben. Lebensprobleme sind für sie ein unvermeidbarer Bestandteil menschlicher Biographie. Die Verteilung der Probleme empfand sie aber von Anfang an als zufällig und oft ungerecht[212]: *"Ich fand mich ungerecht behandelt. Es war so, dass - ich kann nur von mir sprechen. Es war so: Ich lag in der Klinik und konnte nach draußen sehen, da war Rasen und da sprangen die ganzen Geschwister der anderen Babys rum. Die kamen ihre Eltern zu besuchen und die sprangen dann draußen auf dem Rasen rum und ich dachte die ganze Zeit: Wieso haben die alle das Glück, wieso haben die alle das Normale und ich hab das Unnormale? Sie gehen in die Klinik und es ist alles wunderbar und bei mir war es ein einziger Horror"*.[213] Obwohl es für Frau B. der *"absolute Alptraum"* war, hat sich ihr die Wieso-Ich-Frage nur selten und nicht sehr intensiv gestellt. Nun versucht sie sich mit der Tatsache, die der Zufall geschaffen hat, abzufinden. Der Gedanke, es hätte schon viel früher etwas Schlimmes passieren können, tröstet sie: *"Ich denke, wir sind schon an so vielen Unfällen vorbei gekommen durch irgendwelche Zufälle (...). Und da hat es eben mal nicht geklappt, dass wir davongekommen sind"*.[214] Mit den Deutungen Zufall und Schicksal findet sie zum Symbol Apathie, das nach unserer systematischen Einordnung mit hoher persönlicher Passivität einhergeht. Frau B. bleibt aber keinem passiven Realismus verhaftet. Sie möchte die gegebene Realität im Sinne des Pragmatismus optimal verändern und gestalten. Gerade weil sie an der unabänderlichen Tatsache der Behinderung *nichts* machen kann, will sie aus dieser Tatsache *alles* machen.

Rückblickend sieht sie sich am besten durch praktische Ratschläge und Hilfestellungen unterstützt: *"Und die Ärztin sagte uns nach vier Tagen: Jetzt macht Gymnastik, jetzt macht das. So können wir ihn fördern, so geht's vorwärts. Und da war 'was zu tun. Da war ein Rahmen, wo man gewusst hat, hier könnt' ich aktiv werden. Das bringt wirklich etwas"*.[215]

Kognitive Bewältigungsversuche spielen bei Frau B. eine untergeordnete Rolle. Sie strebt nicht nach wirklicher Veränderung der Sichtweise, sondern nach den sichtbaren Veränderungen der Wirklichkeit, nicht nach der Sinngebung unabänderlicher Tatsachen, sondern nach ihrer tatsächlichen Abänderung. Eine problematische Variante dieses pragmatischen Zugangs ist der immer wieder zu beobachtende Versuch, die Behinderung weg-therapieren oder weg-fördern zu wollen. Das Handicap wird zwar als gegebenes Faktum akzeptiert, aber nur insofern hingenommen, wie es nicht aus der Welt zu schaffen ist[216]. Es ist wie eine pragmatische Kampfansage an den fatalistischen Realismus.

---

[211] Interview Nr. 2, 0130-0135 (sprachliche Umstellung durch Verf.). Vgl. auch ebd. 0111-0129 und 0143-0149

[212] Vgl. Interview Nr. 2, 0311-0332 und 1174-1177: *"jeder Mensch hat irgendwo eine Art Päckchen zu tragen und ich denke halt manchmal, das ist unser Päckchen"* sowie 1184-1192.

[213] Interview Nr. 2, 0086-0102.

[214] Interview Nr. 2, 1163-1169. Zu *"Alptraum"* vgl. ebd. 0104.

[215] Interview Nr. 2, 0514-0522.

[216] Frau B. macht unmissverständlich klar, dass die Behinderung ihres Kindes unerwünscht ist und sie bei rechtzeitiger Pränataldiagnose die Schwangerschaft abgebrochen hätte. Vgl. Interview Nr. 2, 0254-0260, 1566-1570: Ihr Vorschlag: *"Chromosomentest für jede Frau"* und 1618-1629: *"missionarischer Eifer"*.

Der Copingstil und der Unterstützungsbedarf von Frau B. ist „*praktischer Natur*"[217]. Bei der Bewältigung setzt sie in erster Linie auf die eigenen intrapersonalen Ressourcen. Am Ende des Fragebogens schreibt sie: „*Die Lebenseinstellung, das Vertrauen auf sich selbst und die eigene Kraft, die innere Stärke, aus sich selbst heraus etwas zu erreichen, hilft Leiden zu mildern*". Frau B. hat gelernt, die Behinderung ihrer Tochter als eine Herausforderung zur Förderung des Kindes und zur Mobilisierung aller ihrer Möglichkeiten zu begreifen. Sie setzt hohe Erwartungen in sich selbst, das Leid aus eigener Anstrengung erfolgreich zu reduzieren. Dies setzt sie aber der Gefahr aus, Misserfolge sich selbst zuzuschreiben und sich permanent zu überfordern: „*Ja, ich dachte mit jedem Tag, ich war da wirklich unter einem unheimlichen Druck, wenn ich mal seine Gymnastik (...) oder einfach absichtlich, oder na ja, wenn ich gedacht hatte, das geht halt nicht, dann lassen wir's, hatte ich ein wirklich schlechtes Gewissen und hab' dann am nächsten Tag mehr gemacht*".[218] Besonders in Zeiten des Schocks, der Lähmung und der Betäubung kann eine pragmatische Lebenseinstellung zur selbstgestellten Falle werden, in die Menschen treten, die eine Problemlösung ausschließlich in der eigenen Aktivität erkennen können.

Zu einem immer wieder zu beobachtenden professionellen und gesellschaftlichen Förderdruck, der den Eltern die Verantwortungslast, das Co-Therapieren oder gar die „Haftbarkeit" aufbürdet, treten anschauungsbedingte Selbstansprüche[219]. Um die erhöhte Anforderungsflut besser bewältigen zu können, äußert Frau B. den Wunsch nach einer Verbesserung der praktischen Unterstützung etwa durch familienentlastende Dienste[220].

Bei Frau B. legt sich die Vermutung nahe, eine naturalistische Grundanschauung impliziere eine Tendenz zu Deutungssymbolen am aktiven oder passiven Pol der Systematik und sei häufig mit einem Pragmatismus verbunden, der nach einer handlungsorientierten Unterstützung verlangt. Dieser Trend lässt sich durch Interviews mit Gesprächspartnern erhärten, die eine naturalistische Grundanschauung teilen.

Herr B. stimmt in erstaunlich vielen Anschauungsfragen und Bewältigungsformen mit seiner Frau (s.o.) überein. Er teilt mit ihr nicht nur die naturalistische Grundanschauung, sondern auch die Deutung „Zufall". Da sich die Lebensanschauung der Ehepartner nach eigenen Angaben gar nicht bzw. kaum verändert hat, dürfte ihre Grundanschauung konstant geblieben sein. Aber wie kommt es, dass sie auch dasselbe Deutungsmodell teilen? Vermutlich führte hier das „gemeinsame Schicksal" der Familie zu einem gemeinsamen Deutungsprozess mit dem Resultat einer gemeinsamen Definition des Ereignisses.

Wie bei seiner Frau ist für Herrn B. das spekulative Verstehen und Deuten im Vergleich zur praktischen Tatsachenbewältigung bedeutungslos: „*Aber so, dass ich da im Nachhinein eine Sinnhaftigkeit versuche, hineinzuinterpretieren, das mach' ich eigentlich auch nicht. Das ist halt so gekommen wie es gekommen ist und damit basta.*"[221] Für Herrn B. sind Sinnfragen an eine bestimmte Art von Anschauung ge-

---

[217] Siehe Interview Nr. 2, 1078-1093.
[218] Interview Nr. 2, 1513-1525. Vgl. z. B. auch Aicher-Scholl 1996, 84: „*Nie werde ich das Gefühl los, dass ich zu wenig mit ihr tue*".
[219] Vgl. Bundesvereinigung 1997b, 6f u. 16.
[220] Vgl. Interview Nr. 2, 1093-1104, z. B. „*Und die ständige Gymnastik mit ihm und das alles. Also, wenn da noch irgendwie jemand dagewesen wär', der gesagt hätte: So und die Mutter braucht jetzt auch einmal endlich Urlaub*".
[221] Interview Nr. 2, 0847-0852. Zum „Pragmatismus" vgl. ebd. 0854-0867 und 1233-1241.

bunden. „*Und wenn die fehlt dann brauch' ich auch* (nicht) *über die Sinnhaftigkeit drüber zu reden, da brauch' ich mir auch keine Gedanken zu machen*"[222].
Die relative Bedeutungslosigkeit der W-Fragen spiegelt sich auch in der naturalistischen Lebensauffassung von Herrn D. wider[223]. Sie zeichnet sich aus durch „*eine sehr große Akzeptanz für Dinge, die passieren*" und nicht zu beeinflussen sind und durch ein praktisches Eingreifen, wo Einflussnahme möglich ist[224].
Frau F. hat sich die Frage gestellt, warum ihr so eine Katastrophe passieren konnte. Doch im Alltag habe sie bemerkt, dass die Katastrophe nicht so ist, wie sie es sich vorgestellt hatte und „*sich dieser Säugling so verhält wie ein anderes kleines nichtbehindertes Kind auch. Und das wurde immer wichtiger als die Warum-Frage. Der Alltag hat die Frage verdrängt.*"[225] Ihren Kindern ein gutes Zuhause zu bieten, hat für Frau F. Vorrang vor philosophischen Fragen. Dafür lebe sie viel zu sehr in der Praxis[226].
Auch Herr E. unterstreicht, er sei „*für reelle Sachen und zwar der Herr X. von der Frühförderung, der Mann war für mich maßgebend. Der hat uns Kinder zeigen können (...), die das gleiche haben und älter sind und das war für mich maßgebend.*"[227] Das Praktische, das Handlungsorientierte sei genau seine Wellenlinie: "*Da muss was rauskommen dabei. Im Endeffekt, wenn man was macht, dann muss irgendwann ein bestimmtes Ziel rauskommen. Das ist wie mit dem Fahrradfahren. Ich tu mit ihm Fahrrad fahren, von mir aus jeden Tag, aber im Endeffekt muss er irgendwann einmal Fahrrad fahren können*"[228]. Auch hier wird der hohe Erwartungsdruck, der auf dem Kind und der elterlichen Anstrengung lastet, spürbar. Die Enttäuschung des Vaters, sollte das Fahrradfahren misslingen, läßt sich erahnen. Herr E. versuchte auch philosophische Frage pragmatisch oder wie er es ausdrückt „*reell*" zu beantworten: „*ich habe die Lösung gefunden mit dem Warum oder so, indem dass ich gesagt hab': Gut, wahrscheinlich sind wir eben zwei (Personen), die das bewältigen können*"[229].

An diesen Äußerungen der Eltern konnte ein direkter Zusammenhang von naturalistischer Grundanschauung und pragmatischer Bewältigungs- bzw. Deutungsstrategie aufgezeigt werden. Dieser Befund hat auch für den spezifischen Beratungs- und Unterstützungsbedarf der betroffenen Eltern weitreichende Konsequenzen.

---

[222] Interview Nr. 2, 1110-1113.
[223] Vgl. Interview Nr. 4, 1791-1797, 0043-0047 und zum nicht vorhandenen Bedarf an Begleitung in W-Fragen 0860ff.
[224] Interview Nr. 4, 0200-0201 und 0133-0146, z. B.: „*ab Geburt da kann ich dann wieder eingreifen*".
[225] Interview Nr. 6, 0375-0380.
[226] Siehe Interview Nr. 6, 0521-0547 und 0682-0685.
[227] Interview Nr. 5, 1476-1482,
[228] Interview Nr. 5, 1542-1550.
[229] Interview Nr. 5, 1560-1564. Vgl. auch ebd. 1727-1731: „*Das war die einzigste Lösung (...) wir könnten es schaffen dieses Kind aufzuziehen*".

3.2.2.4 Nihilismus

Herr K. gehört keiner Religionsgemeinschaft an und schließt die Existenz einer höheren Wirklichkeit aus. Ich habe *„überhaupt keinen Glauben"*[230], betont er. Seine Lebensanschauung bezeichnet er als Fatalismus: *„Wir können in unserem Leben machen, was wir wollen. Wenn etwas passieren sollte, dann passiert's einfach.*[231] Was hinter den Ereignissen des Lebens steckt, ist für ihn nicht erklärbar. Jedenfalls haben sie keinen tieferen Sinn. Die Behinderung seiner fünfjährigen Tochter betrachtet er als eine *„arithmetische Geschichte"*, die einfach akzeptiert werden muss: *„Ist okay, passiert halt"*[232].
Die persönlichen Handlungsspielräume sind nach Herrn K.'s Ansicht sehr gering. Denn zu seiner Lebensanschauung schreibt er im Fragebogen: *„Wir haben auf unser Leben und dessen Verlauf nur sehr bedingt Einfluss"*. Seine Devise ist: *„Füge dich in dein Schicksal."*[233]
Mit dieser fatalistischen Anschauung sind Herrn K. die Hände weitgehend gebunden. Zum einen kann ihm diese nihilistische Sicht keine befriedigende Deutung auf die anfangs häufig aufbrechende Warum-Frage bieten[234]. Zum anderen lässt sich das Dasein kaum verändern: *„Es kommt wie's kommt."*[235] Um so erstaunlicher ist sein pragmatischer Umgang mit dem kritischen Ereignis. Denn Herr K. übte sich weder in Schicksalsergebenheit noch in stoischer Gelassenheit. Er suchte das Wissen und die Tat: *„Das einzige was uns wirklich wichtig war, war Information (...) Input, Input, Input."*[236] Und mit diesem Fachwissen hatte er sich *„gleich reingestürzt so nach dem Motto: Was können wir tun?"*[237]
Handelt es sich hier um einen Pragmatismus aus Not, weil die kognitiven Wege einer Sinndeutung durch die fatalistische Anschauung versperrt waren? Oder soll das noch verbleibende kleine Etwas an Weltgestaltung sinnvoll genutzt werden?

Bei *Frau H.* ist die nihilistische Grundanschauung weniger fatalistisch, eher handlungsoptimistisch gefärbt und von der individuellen Freiheit des Menschen geprägt[238]. Auch Frau H. sah sich nie vor die Aufgabe gestellt, den gordischen Knoten kognitiver Dissonanzen zu lösen. Das Wozu wurde ihr nie zur Frage: *„Also, ich muss sagen, ich hab' eigentlich mit der Akzeptanz, und mit dem ganzen, was sich im Kopf abspielt, nicht so viel Probleme. Eigentlich mehr mit dem ganzen Praktischen drum herum. Da könnte ich mir einiges anders vorstellen."*[239] So kann Frau H. z. B. sehr

---

[230] Interview Nr. 10, 0307-0308. Siehe auch ebd. 1926-1930.
[231] Interview Nr. 10, 1931-1934.
[232] Interview Nr. 10, 1844-1845. Vgl. ebd. 1873-1874.
[233] Interview Nr. 10, 1992-1993. Siehe dazu die Ausführungen zur geringen Machbarkeit in Erziehung und Lebensgestaltung ebd. 2014-2057.
[234] An die Deutung einer Freundin, Gott schenke nur solch einer Familie so ein Kind, von der er auch weiß, dass es dort das Kind gut haben wird, konnte sich Herr K. wohl deshalb anhängen, weil sie eine pragmatische Ausrichtung bot; vgl. Interview Nr. 10, 0325-0363 und 0287-0293.
[235] Fragebogen zu Frage 26.
[236] Interview Nr. 10, 1443-1446.
[237] Interview Nr. 10, 0867-0869 und siehe ebd. 1448-1456.
[238] Vgl. Interview Nr. 8, 1167, 2095-2113 und 1980-1982: *„dass ich im Endeffekt doch machen kann, was ich will und wozu ..."*.
[239] Interview Nr. 8, 1313-1320.

gut damit leben, dass ihr neunjähriger Sohn „*nicht das Abitur macht, das ist überhaupt nicht schwierig, aber wenn seine Brüder spielen gehen und er nicht mit kann oder wir gehen Besuch machen und er wird nie mit eingeladen*"[240]. Das sind die praktischen Aufgaben des alltäglichen Lebens, die für Frau H. viel schwieriger zu bewältigen sind. Die Warum-Frage dagegen war für sie mit dem Apathiesymbol Zufall schon nach kurzer Zeit beantwortet. Ihr Bedürfnis nach Begleitung richtete sich von Beginn an nicht auf Anschauungsfragen. Es war praktischer Natur: Noch heute wünscht sie sich familienunterstützende Hilfen und eine soziale Umwelt, die mit ihrem Kind und seiner Behinderung einen vorurteilsfreien und natürlichen Umgang pflegt[241].

3.2.2.5 Ergebnisse und Diskussion

Im Blick auf die Grundanschauungen hat die qualitative Auswertung der Interviews eine klare Tendenz erkennen lassen: Eltern mit einer immanenten Anschauung unterscheiden sich von Eltern mit einer transzendenten Grundanschauung in der Art ihres Bewältigungsverhaltens. Dies führt auch zu einer weiteren Differenzierung bisheriger Annahmen.

Grundanschauung und W-Fragen
Der klare Befund ist, dass Anschauungsfragen für Personen mit einer transzendenten Lebenseinstellung von größerer Bedeutung sind als für die mit einer immanenten Grundanschauung. So bricht die Theodizeefrage z. B. ausschließlich bei Menschen auf, die an einen persönlichen Gott glauben.
Bei Eltern mit einer immanenten Grundanschauung haben praktische Fragestellungen Vorrang vor kognitiv-philosophischen. Nicht selten geschieht es, dass sie sich existenzielle Fragen wie z. B. die Wodurch- oder Warum-Fragen gar nicht stellen bzw. diese in den praktischen Handlungsvollzügen des Alltags zurückgedrängt oder aufgelöst werden. Das Prinzip der Akzeptanz (Realismus) und/oder des Handelns (Pragmatismus) ist das zentrale Merkmal ihres Bewältigungsverhaltens.
Auf dem Hintergrund dieser Erkenntnis läßt sich die Annahme von Hypothese 13, unbeantwortbare Wodurch- und Warum-Fragen würden in Wozu-Fragen umgewandelt werden, nicht generell bestätigen. Für eine Transformation in die Wozu-Frage ist kein Automatismus erkennbar, auch nicht bei Eltern mit einer theistischen oder deistischen Grundanschauung. Bei der immanenten Grundanschauung Naturalismus und insbesondere beim Nihilismus wird die Wozu-Frage sogar vermehrt nicht oder nur selten gestellt. Dort kommt es anstelle einer Umwandlung in die Wozu-Frage häufig zu einer pragmatischen Auflösung der existenziellen Fragestellungen. An diesem Bewältigungsverhalten von Personen mit einer immanenten Grundanschauung liegt es, dass Wozu-Fragen entgegen unserer Annahme in Hypothese 13 statistisch weniger häufig gestellt wurden als Wodurch- und Warum-Fragen.

---

[240] Interview Nr. 8, 1347-1352.
[241] Vgl. Interview Nr. 8, 1045-1054 (Anschauungsfragen), 1426-1450 (Familienentlastung) und 1086-1133 (natürlicher Umgang).

Dass der Naturalismus und Nihilismus eine weniger häufige Wozu-Fragestellung begünstigt, wird auch indirekt durch die signifikante Korrelation von transzendenter Anschauung und häufiger Wozu-Frage bestätigt[242].

Grundanschauung und Deutung

Unser Blick in die Interviews läßt vermuten, dass die vier Grundanschauungen mit spezifischen Deutungspräferenzen verbunden sind. Dieser Vermutung wurde mit einer AQUAD-Tabellenanalyse[243] auf den Grund gegangen. Alle Aussagen von betroffenen Eltern, die mit einem Deutungssymbol kodiert waren, wurden - nach Grundanschauung geordnet - gegenübergestellt und quantifiziert. An den Häufigkeiten lassen sich Tendenzen ablesen: So bevorzugen Eltern mit einer immanenten Grundanschauung Deutungsmodelle wie Realismus, Pragmatismus oder die Varianten des Gleichgültigkeitssymbols (Geheimnis Gottes, Zufall und Schicksal). Zugleich sind auch innerhalb der immanenten Anschauungsformen starke Unterschiede zu beobachten. So wurde mit einer nihilistischen Grundanschauung im Gegensatz zur naturalistischen das Deutungssymbol Nutzen nie gewählt, während die positivistischen Deutungen Realismus und Pragmatismus deutlich öfter von Eltern mit einer naturalistischen Grundanschauung vorgenommen wurden als von Eltern, die einer nihilistischen Haltung zuzurechnen sind.

Deutungen \ Grundansch.	Theismus	Deismus	Naturalismus	Nihilismus
Realismus	3	2	14	4
Gleichgültigkeit	5	2	11	10
Strafe	1	0	0	0
Vielfalt	1	1	0	1
Nutzen	9	8	10	0
Lernchance	7	1	2	1
Herausforderung	5	3	3	1
Aufgabe	2	6	1	2
Pragmatismus	10	10	30	9

58. Abbildung: Grundanschauung und Häufigkeit von Deutungen in den Interviews

Eltern mit einer transzendenten Anschauung wählen tendenziell eher die Deutungssymbole Nutzen, Lernchance, Herausforderung und Aufgabe als Eltern, die ein immanentes Weltbild teilen. Auffällig ist, dass der Glaube an einen persönlichen Gott im Unterschied zu den drei anderen Grundanschauungen die Deutung des ganzen Symbolspektrums ermöglicht. Dabei dürften insbesondere die Deutungssymbole Strafe und Lernchance durch den Theismus begünstigt sein.

Betrachten wir die Systematik der Deutungssymbole in Teil B, Abb. 55, bedeutet dies, dass eine transzendente Anschauung die Deutungsmodelle im Zentrum ten-

---

[242] Vgl. hierzu die Religionsverbundenheit und Wozu-Antwort im Pfaddiagramm (B, Abb. 46). Eine hohe Religionsverbundenheit kann in unserer Stichprobe weitgehend mit einer transzendenten Anschauung gleichgesetzt werden. Auch die signifikante Korrelation von Apathiesymbol und seltener Wozu-Frage erhärtet diesen Zusammenhang.
[243] Zur Tabellenanalyse in AQUAD vgl. Huber 1997, 101-106.

denziell bevorzugt und damit einen kooperativen Bewältigungsstil begünstigt. Eine immanente Anschauung zielt dagegen auf Symbole an den Rändern der Systematik und damit auf eine einseitig passive oder aktive Bewältigungsform. Dieses Ergebnis steht im Einklang mit den Korrelationsberechnungen der vier Formen der Grundanschauung und der sieben Theodizeesymbole von van der Ven[244]. Darüber hinaus läßt sich diese Tendenzaussage auch mit Resultaten anderer Studien erhärten[245].

Wie wir sahen, verfügen Eltern mit einer theistischen oder deistischen Grundanschauung über eine große Bandbreite an Deutungssymbolen, deren sie sich z.T. auch gleichzeitig bedienen können. Dies läßt sich damit erklären, dass in unserem abendländischen Kulturraum die für die individuelle Deutung zur Verfügung stehenden kollektiven Anschauungssysteme überwiegend in einer transzendent-christlichen Tradition stehen. Menschen mit naturalistischen und nihilistischen Grundanschauungen können sich dagegen nicht in gleicher Weise auf differenzierte Symbole, Mythen oder Erzählungen beziehen, um das Unerklärbare zu deuten. Aufgrund dieses weltanschaulichen Vakuums kollektiver Anschauungssysteme ist der Deutungsspielraum von nihilistisch und naturalistisch denkenden Menschen nachweislich eingeengt[246]. Dies erschwert es ihnen, sich mit ihren existenziellen Fragen in einem vorgegebenen Deutungshorizont zu bewegen, in dem sie auch zu befriedigenden Antworten gelangen können. Zu der Tendenz, einseitig passive oder aktive Erklärungsmuster zu wählen, tritt bei immanenten Grundanschauungen die Tendenz, auf intensiv gestellte W-Fragen keine befriedigende Antworten zu finden.

Grundanschauung und ihre Reorganisation
Eine transzendente Grundanschauung steht im Zusammenhang mit Konstanz, eine immanente mit Reorganisation der Lebensanschauung, besagen die (nicht signifikanten) Korrelationsberechnungen[247]. Die Interviews scheinen diesem Ergebnis auf den ersten Blick zu widersprechen. In ihnen war bei Transzendenzgläubigen ein verstärktes Aufbrechen an existenziellen Fragen bis hin zur Theodizeeproblematik zu erkennen und bei Immanenzgläubigen eine größere Akzeptanz des Gegebenen, das häufig als Schicksal, Realität oder Zufall gedeutet wurde. Bleibt den einen die Theodizeefrage erspart, führt sie die anderen nicht selten in eine tiefe Auseinandersetzung über die eigene Vorstellung von Gott. Die Anschauung der Immanenzgläubigen zeigt bei der ersten Konfrontation mit dem kritischen Ereignis eine höhere Resistenz, verbunden mit einer größeren Akzeptanz. Diese grundanschauliche Differenz bezüglich der Reorganisation des Anschauungssystems kann an einem Beispiel aus der Literatur weiter verdeutlicht werden:

Am Down-Syndrom ihres Sohnes Volker brach bei Frau Nagel mit großer Vehemenz die Theodizeefrage auf. Intensiv setzte sie sich mit ihrem Gott auseinander, warum und wofür er das getan habe. Sie stellt seine Güte in Frage und in unmittelbarer

---

[244] Vgl. B, Abb. 45. Der Nihilismus korreliert negativ und hochsignifikant mit den Symbolen Plan, Mitleid und Therapie, der Theismus korreliert hochsignifikant positiv mit Plan und Mitleid und der Deismus signifikant positiv mit Plan, Mitleid und Therapie.
[245] Siehe z. B. Jörns 1997, 135 weist eine Beziehung zwischen Gottgläubigkeit (Transzendenz) und Chance sowie Prüfung nach.
[246] Vgl. etwa Weisner et al. 1991, 658: So greifen 89,3 % der hoch-religiösen Eltern auf ihr Glaubenssystem als Deutungshilfe für ihr „Schicksal" zurück, während 86,3 % der stark nicht-religiösen Eltern dies ausdrücklich ablehnen.
[247] Siehe B, Abb. 44: „Korrelationen zwischen intervenierenden und unabhängigen Variablen".

Konsequenz ihre eigene Gottesvorstellung: „*War es überhaupt möglich, einen so persönlichen Gott zu erwarten?*"[248] Dabei wurde ihr zwingend klar, dass ihr „*Gottesbild halt eine ziemliche schiefe Sache sei, durchaus korrekturbedürftig für einen modernen Menschen, der sich in dieser Welt behaupten muss. (...) Mein Mann, ein passionierter Unitarier, also Pantheist, wurde mit dem 'Irrtum der Natur' in religiöser Hinsicht ohne Probleme fertig. Vom rein naturwissenschaftlichen Aspekt her blieb wenigstens das Weltbild wie gewohnt. Ins Mosaik des Alls gehören dann wie selbstverständlich diese Schönheitsfehler.*"[249]
Bei Gottesgläubigen ist anfangs immer wieder ein großer Veränderungsdruck zur Reorganisation ihres persönlichen Wert- und Machtzentrum zu erkennen. Er fordert zur Gestaltung des Gottesbildes heraus und führt gerade dadurch zur Untermauerung der theistischen bzw. deistischen Grundanschauung. Hingegen scheint die anfängliche Anschauungsresistenz bei Immanenzgläubigen erst später, durch jahrelange existenzielle Erfahrungen mit dem Down-Kind, aufgeweicht zu werden, so dass in der Retrospektive eine Veränderung ihrer Lebensanschauung wahrgenommen werden kann. Dies führt zu der eigens zu prüfenden Hypothese, dass Erfahrungen, die mit geistig behinderten Menschen gemacht werden, eine religiöse Grundstruktur und Veränderungskraft besitzen.

Grundanschauung und Wertewandel
Die Auswertung der Interviews ergab keinen direkten Zusammenhang von Grundanschauung und der Veränderung des Wertesystems. Es war vielmehr zu beobachten, dass sich die Wertekonstanz und -reorganisation unterschiedslos durch alle Grundanschauungen zog. Bei allen vier Anschauungsformen ließen sich solche Veränderungen im Denken und Handeln nachweisen, wie sie unter der Wozu-Deutung Lernchance ausgeführt wurden (s.o.). Die leichte Korrelation von Immanenz und Anschauungswandel bzw. Transzendenz und Konstanz ist folglich nicht auf das Wertesystem zu beziehen.
Darüber hinaus äußerten immanent-gläubige Eltern Vorbehalte, den von ihnen selbst vollzogenen Wertewandel retrospektiv als Sinn der Behinderung des Kindes zu deuten. Trotz einer positiven Bewertung ihrer Gesinnungsänderung waren sie oft nicht bereit bzw. in der Lage, diesen Wandel als eine Antwort auf ihre Frage nach dem Wozu der Behinderung zu verstehen.
Am deutlichsten berichteten Eltern aller Grundanschauungen von Veränderungen der kulturellen Anschauungswerte Ökonomismus und Familialismus. Die geringe Übereinstimmung mit materialistischen und die hohe Zustimmung zu familialen Werten beurteilen die Eltern übereinstimmend als Wirkung ihrer neuen Lebenssituation mit einem behinderten Kind.

Grundanschauung und Beratungsbedarf
Das unterschiedliche Frage- und Deutungsverhalten von betroffenen Eltern wirkt sich auch auf ihren Beratungsbedarf aus. Das Bedürfnis nach Unterstützung ist hinsichtlich der Grundanschauungen zwar quantitativ gleich[250], aber qualitativ verschieden. So sprachen sich alle Eltern mit einer naturalistischen oder nihilistischen Auffassung

---

[248] Zeile 1991, 62.
[249] Zeile 1991, 62f. Die von Frau Nagel beschriebene pantheistische Anschauung kann unschwer als Naturalismus bewertet werden.
[250] Die Korrelationswerte ergeben zwar, dass eine immanente Anschauung im Unterschied zur transzendenten nicht auf den Wunsch nach mehr Unterstützung zielt. Sie sind aber nicht signifikant. Vgl. A, Abb. 44.

im Interview für eine handlungsbezogene Beratung oder Unterstützung aus. Ihr Anliegen an ein Unterstützungsangebot war primär: „Was können wir tun?", „Was müssen wir wissen?" und „Wie können wir entlastet werden?". Die Lösung dieser praktischen Fragen ist das, was diese Eltern von einer Beratung erwarten. Auf die Beantwortung ihrer philosophischen Fragen setzen sie dagegen wenig Hoffnung. In der Tat fällt es ihnen mangels eines kollektiven Anschauungssystems schwerer, befriedigende Deutungen zu finden.

Eltern, die an eine höhere Wirklichkeit glauben, signalisieren zum Teil einen intensiven Beratungsbedarf in Anschauungsfragen. Im Unterschied zu Eltern, die eine Transzendenz ablehnen, stellt sich ihnen auch die Problematik der Theodizee, die am besten im Gespräch bearbeitet werden kann. Ein Teil der transzendenzgläubigen Eltern sieht keinen weiteren Beratungsbedarf in Anschauungsfragen, wohl aber in anderen Bereichen.

Das Ergebnis zeigt, dass der Unterstützungsbedarf bei transzendenzgläubigen Eltern heterogen und vielfältig ist. Die befragten immanentgläubigen Eltern sehen in fast homogener Übereinstimmung keinen Unterstützungsbedarf in Anschauungsfragen und machen diesen Bereich kaum als Bewältigungsressource fruchtbar. Bezogen auf das ABC-X-Modell erwarten sie alles von den handlungsorientierten Ressourcen des Faktors B, aber kaum etwas von Faktor C (Deutung) oder Faktor B 1 sbj. (Anschauung).

Grundanschauung und Basishypothese
Mit diesen qualitativen Ergebnissen kann unsere hermeneutische Basishypothese weiter erhärtet werden. Dass der Subfaktor Lebensanschauung einen unmittelbaren Einfluß auf die Deutung und einen mittelbaren Einfluß auf die Bewältigung bzw. Krisenprävention ausübt, ließ sich an den Äußerungen von Eltern mit einer spezifischen Grundanschauung nachweisen. Die Grundanschauung wirkt sich aus auf das Frageverhalten, das Deutungsmodell, den Beratungs- und Unterstützungsbedarf, nicht aber auf die Reorganisation ihrer selbst[251]. Am schärfsten ließ sich diese Wirkung am Gegensatz von transzendenter und immanenter Anschauung nachweisen.

---

[251] Dies ist ein Hinweis darauf, dass eine Grundanschauung (b 1 sbj.) sich nicht per se auf ihre Veränderung auswirkt (B 1 sbj.), was die Basishypothese auch nicht behauptet. Eine Grundanschauung kann darum auch nicht generell als copingfreundlich oder -feindlich bewertet werden. Aber ihre spezifische Wirkung im systemischen Kontext kann von anderen Grundanschauungen unterschieden werden.

Zusammenfassung der Ergebnisse:

- W-Fragen sind bei einer transzendenten Grundanschauung häufiger und bedeutsamer als bei einer immanenten Grundanschauung.
- Die Notwendigkeit, das Weltbild, insbesondere die Vorstellung vom Wert- und Machtzentrum (Gottesbild), zu bearbeiten, ist bei der transzendenten Grundanschauung größer.
- Die Theodizeefrage tritt nur bei der theistischen Grundanschauung auf.
- Philosophische Anschauungsfragen werden bei immanenten Grundanschauungen von praktischen Bewältigungsfragen in den Hintergrund gedrängt.
- Eine transzendente Grundanschauung neigt zu kooperativen Deutungssymbolen, eine immanente Grundanschauung zu aktiv- bzw. passiv-polaren Deutungssymbolen.
- Eine transzendente Grundanschauung besitzt gegenüber einer immanenten Grundanschauung eine größere Deutungspotenz und -varianz.
- Eine immanente Grundanschauung ist i.d.R. mit dem starken Wunsch nach einer handlungsorientierten, informierenden und entlastenden Unterstützung verbunden, eine trans-zendente Grundanschauung in einzelnen Fällen mit einem intensiven Bedürfnis nach einer verstehenden Beratung in Anschauungsfragen.

3.2.3 Deutungsprozesse vor der Diagnoseeröffnung

Immer mehr Eltern müssen sich heute aufgrund der Forcierung der Pränataldiagnostik schon während der Schwangerschaft mit der Behinderung ihres Kindes auseinandersetzen. Die Eltern *unserer* Befragung erfuhren vom Down-Syndrom ihres Kindes definitiv erst nach der Geburt. Doch auch viele von ihnen mussten sich schon viel früher mit der drohenden Behinderung ihres Kindes auseinandersetzen. In jedem zweiten Interview erzählten Mütter und Väter unaufgefordert, wie es kam, dass sie sich schon während der Schwangerschaft darüber Gedanken machten. Die Auslöser waren vielseitig. Es war z. B. ein zufälliger Kontakt der hochschwangeren Frau G. mit einem behinderten Kind auf der Straße: *„Das hat mir schon ein' Schock versetzt, damals: Ja, und also sooo ein Kind."*[252] Schlagartig drang es ins Bewußtsein der werdenden Mutter. Auch mein Kind könnte... .

Schwangere haben oft ein ausgesprochen feinfühliges Sensorium, eine tiefe Intuition dafür, ob alles in Ordnung ist, um so mehr, wenn sie zuvor schon schwanger waren. *„Ich hab' schon von Anfang an g'sagt, das stimmt nicht. Die ganze Schwangerschaft war ganz verrückt und ich hab' g'sagt, weil ich auch schon ..., sie war's zweite Kind. Ich mein, bei jedem ist es anders. Aber ich hab' von Anfang an einfach auch Angst gehabt. Und ich hab' grad auf das hin, ich weiß nicht warum, aber irgendwie wie wenn ich das g'spürt hätt'"*[253]. Frau C. wurde von ihren Ärzten ausgelacht. Sie solle sich nichts einbilden. Beunruhigt wie sie war, verlangte sie nach einer Fruchtwasseruntersuchung, um Gewissheit zu bekommen.

Ganz anders versucht Frau D. ihre innere Unsicherheit mit eigenen Gedanken zu beschwichtigen: *„Ich dachte immer: Gut, vielleicht baust du auch was auf, sugge-*

---

[252] Interview Nr. 7, 0566-0569.
[253] Interview Nr. 3, 0048-0056. Vgl. auch Nr.10, 457-458: *„Ich hab' wie gesagt, diese Ahnung gehabt".*

rierst dir selber 'was ein. Bleib ruhig und lass die Dinge kommen wie sie kommen[254]".

Eine andere, häufig praktizierte Methode, Gewissheit zu erlangen, ist die pränatale Untersuchung mit Ultraschall: „Ständig, ständig hat er Ultraschall gemacht, andauernd. Und ich war also sehr schmal. Ich hab' ein bisschen Bauch gehabt. Aber es war sehr mässig. Und er hat immer und immer wieder Ultraschall gemacht. Und mich immer vergewissert, sicherheitshalber und das[255]". Doch wie so häufig, bringt diese Untersuchungsmethode keine Sicherheit, sondern neue Unklarheiten. Frau K. wird in ein Wechselbad der Gefühle gestürzt. Von häufigen Ultraschall-Untersuchungen ihres Frauenarztes verunsichert, eröffnet ihr ein zweiter, ihn vertretender Arzt, auf mehrmaliges Nachfragen, es gebe drei Möglichkeiten: Entweder sie sei noch gar nicht im siebten Monat oder das Kind sei einfach klein, sie sei ja auch nicht so kräftig „oder, oder mit dem Kind stimmt 'was nicht. Sagt er mir im siebten Monat. Ich bin heulend nach Hause gerannt[256]. Kurz darauf wird Frau K. wieder von ihrem Frauenarzt versichert: Nein, es spreche überhaupt nichts dafür. Dennoch bittet ihn Frau K., eine Fruchtwasseruntersuchung zu veranlassen. Er lehnt ab aufgrund ihres geringen Alters. „Im Nachhinein sag' ich immer: Ich bin froh, dass ich es nicht gemacht hab'. Weil, ich hätt' mich ja entscheiden müssen[257]: Dass sie die Pränataldiagnose nicht mit Nachdruck eingefordert hatte, deutet Frau K. retrospektiv als einen Selbstschutz. Und Herr K., für welchen das Ja zum Test einem Ja zur Abtreibung gleichgekommen wäre, bekräftigt: Wir haben „gesagt: Komm, abtreiben oder abtöten, nur weil eine Behinderung droht, das können wir wahrscheinlich nicht verkraften. Dann Augen zu und durch, ja[258]". Herr und Frau K. fällten ihr moralisches Urteil nicht deontologisch aufgrund einer ethischen Grundsatzüberzeugung, sondern utilitaristisch aufgrund der leichter verkraftbaren Folgen und setzten mit einer Prise Verdrängung auf das Prinzip Hoffnung: „Wird schon gut gehen![259]".

Unabhängig von Ultraschall-Ergebnissen müssen sich Mütter ab dem 35. bzw. Väter ab dem 50. Lebensjahr wegen der pränatalen Untersuchungsempfehlung zwangsläufig mit der potentiellen Behinderung ihres Kindes auseinandersetzen. „Ich bin in einem Alter, wo man kein, normalerweise kein Kind mit Down-Syndrom bekommt. Weil jeder Arzt einen auch so schiebt: 'Also da sollte man schon die Chromosomenuntersuchung machen in ihrem Alter'"[260]. Mit den mehr oder weniger sachlichen Informationen des Arztes ist immer auch ein gesellschaftlicher Selek-tionsdruck spürbar, dem immer weniger werdende Mütter und Väter standhalten. „Da haben ganz viele die Fruchtwasseruntersuchung machen lassen. Und wir haben damals bewusst gesagt: Wir machen das nicht!"[261]. Um dem nicht selten internalisierten Erwartungsdruck von außen standhalten zu können, bedarf es einer klaren und entschiedenen Gegenposition, wie immer sie auch begründet sein mag. Dabei sind nicht nur ethisch-anthropologische Maßstäbe von Bedeutung. Auch die primäre Einschätzung der Möglichkeit des kritischen Ereignisses „behindert" kann entscheidend werden.

---

[254] Interview Nr. 4, 0415-0418.
[255] Interview Nr. 10, 0499-0506.
[256] Interview Nr. 10, 0522-0524.
[257] Interview Nr. 10, 0559-0562.
[258] Interview Nr. 10, 0598-0602.
[259] Interview Nr. 10, 0605; vgl. 0590-0592: „Das konnten wir nicht. Und deshalb haben wir es wohl verdrängt."
[260] Interview Nr. 7, 0378-0383. Vgl. A, 1.2.2.1. [261] Interview Nr. 8, 0583-0587.

Frau H. zieht aufgrund ihrer Deutung den Schluß: *"Warum soll man das jetzt alles machen, wenn wie gesagt die Wahrscheinlichkeit so gering ist. Es sprach ja nichts dafür, dass bei uns irgendwas nicht so ist wie es sein sollte*[262]*"*. Das drohende, zukünftige Ereignis konnte von Frau H. als irrelevant bewertet werden, da sie wegen der geringen Eintrittswahrscheinlichkeit keine negativen Folgen für ihr Wohlbefinden befürchten musste: *"Weil man einfach davon ausgeht, dass es uns natürlich nicht passiert, klar. Und ich hab´ gedacht: 'Mein Gott, Untersuchung, das birgt auch wieder ein Risiko"*[263]. Auf der Basis ihrer überzeugt nihilistischen Grundanschauung kann Frau H. ihre Entscheidung ganz auf der Ebene von Zufallsverteilungen treffen, Wahrscheinlichkeiten abwägen und ein kalkulierbares Risiko bewußt verdrängen. Ethische Gesichtspunkte, die mit einem Ja zur invasiven Diagnostik unmittelbar verbunden sind, konnte sie zu diesem Zeitpunkt völlig ausblenden. Wie sie zu einem Schwangerschaftabbruch stehen würden, soweit gingen ihre Überlegungen gar nicht: *"Ne, soweit haben wir uns das nicht überlegt, einfach aufgrund der geringen..".*[264]

Hier zeigt sich von neuem, wie unmittelbar die Grundanschauung einer Person Einfluß auf den Deutungsprozess und die Entscheidungsfindung nimmt. Sowohl der individuelle Umgang mit einer positiven Pränataldiagnose als auch der politische Streit um den § 218 StGB machen den inneren Zusammenhang zwischen Lebensanschauung, Deutung und Krisenbewältigung mustergültig sichtbar. Was wir für die postnatale Krisenbewältigung herausgefunden haben, gilt in verschärftem Maß auch für die an Relevanz gewinnende pränatale Konfliktbewältigung. Es ist darum an der Zeit, gezielte Studien zu erstellen, die zu einer verstehenden Begleitung bei der pränatalen Diagnosebewältigung und beim Schwangerschaftskonflikt beitragen können. Die vereinzelt angeführten pränatalen Bezüge dieser Untersuchung sollen und können nur als Hinweise auf dieses Defizit verstanden werden.

Schließlich sind diese pränatalen Auseinandersetzungen mit der potenziellen Behindert des eigenen Kindes aufschlussreich für die postnatale Einschätzung der kritischen Ereignismerkmale „unerwartet", „unangekündigt" und „unwahrscheinlich". Zahlreiche Auslöser wie z. B. alltägliche Begegnungen mit behinderten Menschen, intuitive Verdachtsmomente bei Müttern, kritische Hinweise diagnostizierender Ärzte oder invasive Untersuchungsempfehlungen machen verständlich, warum einige Eltern die Behinderung als erwartet, angekündigt und wahrscheinlich bewertet haben. Dass mehr als ein Viertel der befragten Eltern das Down-Syndrom ihres Kindes als vermeidbar bezeichnet haben, gewinnt auf dem Hintergrund einer eugenischen Indikationsmöglichkeit, eines erhöhten Selektionsdrucks und der verbesserten pränataldiagnostische Untersuchungsverfahren an Plausibilität[265].

---

[262] Interview Nr. 8, 0617-0621.
[263] Interview Nr. 8, 0613-0616. Zur primären Einschätzung vgl. unter A, 2.2.3.1.
[264] Interview Nr. 8, 0610-0612; vgl. weiter 0625-0629.
[265] Vgl. auch Interview Nr. 2, 1618-1623: *„Ich hatte z. B. am Anfang nach P.s Geburt einen missionarischen Eifer, jeder schwangeren Frau zu einer Untersuchung zu raten bis ich dann gedacht habe: 'Hoppla, was machst du eigentlich?'"*

3.2.4 Diagnoseeröffnung und ganzheitliche Bewältigung

Die Diagnose Down-Syndrom führt, wie wir gesehen haben, nicht zwangsläufig in die Krise. Misslingt es aber im Zusammenspiel der Faktoren a, b und c, das kritische Ereignis im persönlichen Anschauungssystem kognitiv zu integrieren, kommt es - der Prämisse einer Psychologie der kognitiven Wende folgend - zu individuell verschiedenen emotionalen, kognitiven und handlungsbezogenen Reaktionen[266]. Existenzielle Fragen zu deuten und die eigene Lebensanschauung der neuen Lebenssituation anzupassen, ist nur *eine* von mehreren Möglichkeiten auf dem Weg einer den ganzen Menschen umfassenden Krisenbewältigung.

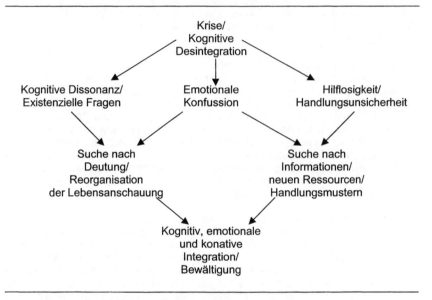

59. Abbildung: Deutung im Kontext ganzheitlicher Bewältigung

3.2.4.1 Emotionale Reaktionen

„Es kam keine Freude auf. Es war eine unendliche Trauer in mir. Eine Traurigkeit von morgens bis abends. Und ich hab' geweint in der Zeit."[267]. Die emotionalen Wogen, die vom dissonanten Ereignis angestoßen die Seele überfluten, sind von vielfältiger und individueller Gestalt. Sie reichen über Betäubung, Enttäuschung, Angst,

---

[266] Zur kognitiven Wende vgl. Teil A unter 2.1.2. Wie in Interview Nr. 4, 0477f ist eine Tendenz zu beobachten, dass Kognitionen Emotionen zugeschrieben werden: *„Also, mein Gefühl hat mir gesagt: ‚Du musst das Kind akzeptieren.'"*

[267] Interview Nr. 4, 0569-0572. Zu ersten Reaktionen vgl. auch Clemens 1979, 23ff.

Zorn und Wut bis hin zum Todeswunsch gegenüber dem Kind: *"Ja, ich muss ganz ehrlich sagen: In der ersten halben Stunde, wie gesagt, in diesen bangen Minuten voller Angst und und und, ja Angst, es ist glaub' nur Angst gewesen, dacht' ich schon für 'nen Moment: Es wär' wohl's Beste, wenn das Kind sterben würde, dachte ich."*[268] Diese für die Betroffenen oft so problembeladenen und schuldbesetzten Gedanken können sehr gut nachvollzogen werden, wenn sie als Abwehrreaktionen auf eine massiv empfundene Existenzbedrohung verstanden werden.

Die betroffenen Väter und Mütter wurden in den Interviews nach den drei Subtypen der subjektiven Folgen von Lazarus befragt. Sie sollten einschätzen, ob sie das kritische Ereignis in ihrer Erstreaktion eher als Herausforderung, als Verlust oder als Bedrohung empfunden haben. Ihren Angaben zufolge war die erste Reaktion nie „Herausforderung", sondern „Verlust"[269] und häufig akute „Bedrohung": *„... die ersten Tage war' s eine unheimliche Bedrohung und so das Gefühl: So, das war jetzt dein schönes Leben, und jetzt kommt nur noch der Rest bis zum Tod, die Richtung, also ganz schlimm am Anfang."*[270]

Die in den Interviews vorherrschende Form der Bedrohung war die Angst vor der ungewissen, das bisherige Leben gefährdenden Zukunft: *„so viel Angst und, ja Angst, Angst war´s Größte. Angst vor der Zukunft, vor der Aufgabe. Werden wir es schaffen? Was kommt auf uns zu? Sind wir dem gewachsen? Und was werden alle sagen? Die Freunde, die Nachbarn, die Eltern?"*[271]. Hier zeigt sich, wie hautnah die Gefühlswelt mit der evaluativen Einschätzung der Betroffenen in Verbindung steht. Die bangen Fragen, ob die eigenen Ressourcen ausreichen (c→b_1) und wie hilfreich oder belastend die soziale Umgebung reagieren wird (c→b_2), sind ein verzweifelter Ausdruck des Krisengefühls, dem allem wohl kaum gewachsen zu sein. Einen Unsicherheitsfaktor kann bei der Einschätzung der neuen Lebenslage die ungewisse Reaktion der nahen Umwelt darstellen, die statt zur Stützung, häufig zur Hauptlast werden kann: *„Ansonsten habe ich vor allen anderen Verwandten sozusagen einfach Angst gehabt, dass das nicht ernst genommen wird"*[272].

Die ersten angstvollen Gedanken eines Vaters reichten sogar bis an die Grenzen der eigenen Zukunft: *„Die gleichen Ängste; es gab (...) vierzig Jahre voraus gedacht, völlig unsinnig: Was wird einmal sein, wenn wir einmal nicht mehr sind?"*[273] Zukunftsängste können aber auch zeitlich nah, auf den unmittelbar bevorstehenden Schritt gerichtet sein: *„Das war meine eigentliche Angst, dass ich geistig keinen Kontakt aufnehmen kann zu so einem Kind."*[274]

---

[268] Interview Nr. 10, 0165-0172. Allein in vier von zehn Interviews haben Mütter unaufgefordert von Todesgedanken gegenüber ihrem Kind erzählt; vgl. Interview Nr. 4, 2110-2120, Nr. 3, 0198-0209 und Nr. 6, 0728-0731. Vgl. auch Bölling-Bechinger 1998, 98.

[269] Siehe Interview Nr. 2, 0720-0721: *„Man begräbt das Kind, das man erwartet hat und man muss sich damit abfinden.",* sowie 0183: *„enttäuschte Hoffnungen, verletzte Eitelkeiten"* und Nr. 5, 1289-1292: *„Ich habe schon meine Wunschvorstellungen gehabt, bevor er auf die Welt gekommen ist. Musste die halt drastisch ...".*

[270] Interview Nr. 2, 1480-1485. Siehe auch Nr. 5, 0447-0450: *„... gedacht, so jetzt hast du ein behindertes Kind und ausgerechnet du, kannst das nicht mehr machen, und das kannst nicht mehr machen."*

[271] Interview Nr. 10, 0118-0125. Vgl. auch Nr. 8, 0246-0249: *„Ja, die Angst, ja die Ungewißheit und vor allem: Wie schafft man das oder so? Was wird überhaupt? Man wußte eigentlich gar nicht ..."*

[272] Interview Nr. 9, 0259-0262. Siehe Interview Nr. 3, 0392-0395: *„Meine ersten Gedanken: 'Oh Gott, meine Nachbarn!'. Weil ich gewusst habe, wir werden wie Aussatz behandelt und das sind wir auch worden."*

[273] Interview Nr. 10, 0184-0187.

[274] Interview Nr. 6, 0399-0402.

3.2.4.2 Handlungsorientierte Reaktionen

Schwere emotionale Belastungen führen immer wieder zu psychosomatischen Reaktionen, die eine Einschränkung der körperlichen Funktions- und Handlungsfähigkeit zur Folge haben: *„Wie soll das überhaupt - ich hab' ja kein Milcheinschuss, nichts gehabt. Da verebbt alles, versiegt. Da war überhaupt nichts da. Also ich war wahnsinnig schockiert. Ich war unheimlich schockiert."*[275]
Der psychische Schockzustand, der mit der Diagnoseeröffnung häufig ausgelöst wird[276], kann zur Lähmung unterschiedlicher physisch-psychischer Funktionen führen. So kann z. B. das Bewußtsein getrübt und die Verarbeitung der Wahrnehmung eingeschränkt werden: *„Ich konnt' überhaupt nichts realisieren. In keinster Form konnt' ich etwas realisieren.*[277] Die oft stark reduzierte Aufnahmefähigkeit sollte von der mitteilenden Person beim Erstgespräch durch empathische Vergewisserung erkannt und bei der Informationsvermittlung berücksichtigt werden. In einen Menschen, der *„blockiert oder vernagelt oder versperrt"*[278] ist, kann kaum etwas eindringen und ebenso wenig von ihm nach außen dringen. *„Man ist erst 'mal vor den Kopf geschlagen. Weiß noch gar nicht, was man jetzt fragen soll oder will. Also, im Moment musst man das erst 'mal verdauen."*[279] Ein Vater meint sogar, es müsse zuerst die Situation akzeptiert sein, bevor die Sprachfähigkeit wieder hergestellt sei: *„Also, zuerst muss man selber einmal so weit sein, dass man ja sagen kann. Und dann erst kann man drüber reden."*[280]
Es scheint, als ob die häufigste Erstreaktion auf die Bedrohung der Diagnoseerkenntnis der psychische Schock sei, nicht aber der biologische Reflex des „fight or flight". Der Schock liegt als ratiogener Lähmungszustand zwischen Flucht und Angriff und eröffnet Wege in beide Richtungen.

Der Übergang vom schockartigen Zustand zur Flucht kann wie etwa bei Frau K. fließend sein: *„Ich wollte in meiner Panik, offensichtlich hatte ich einen Schock oder was, ich wollte fort. Ich wollt' erst 'mal weg aus dem Kreißsaal. Ich wollt' fort."*[281] Eine andere Form, den Tatsachen zu entfliehen, ist das Nicht-wahrhaben-wollen. Es schiebt sich wie ein schützender Puffer zwischen den Betroffenen und die Diagnose: *„Ich hab' dann g'sagt: ‚Das ist nicht mein Kind. Das ist nicht unser Kind. Das haben sie mit Sicherheit verwechselt!'"*[282] Das bewußte oder halbbewußte Leugnen als in-

---

[275] Interview Nr. 4, 0743-0748. Auch die Emotionen können im Schockzustand erstarren; vgl. Nr. 6, 0334-0335: *„Das Gefühl ist erst noch wie betäubt. Das wacht auch 'ne Weile nicht auf."*
[276] In Lang 1999, 141ff berichten nur zwei Mütter von keiner Schockphase, 24 von 47 dagegen von einem großen Schock bzw. Schlag.
[277] Interview Nr. 4, 0381-0383. Siehe auch Nr. 9, 0128-0131: *„... irgendwie in einen Schock verfallen. Ich hab' dann überhaupt nichts mehr um mich herum wahrgenommen."*
[278] Interview Nr. 4, 1551-1552, sowie 1454f: *„ich war einfach verschlossen noch."* und in Nr. 7, 0069: *„Da erstarrt man dann."* oder die Lähmung in der religiösen Praxis in Nr. 4, 0715f: *„Weil ich auch im Gebet steh' und das konnte ich in der Zeit überhaupt nicht."*
[279] Interview Nr. 8, 0112-0116. Dasselbe gilt auch für das Antworten: *„Ich war auch nicht in der Lage, großartig Fragen zu beantworten, gelt."* (Nr. 5, 0476f).
[280] Interview Nr. 9, 0327-0329.
[281] Interview Nr. 10, 0380-0384. Ebenso Nr. 7, 0132f: *„Also, ich wollte kein Tag länger in der Klinik bleiben."*
[282] Interview Nr. 4, 0347-0351. Vgl. auch Nr. 7, 0073-0076: *„Meine Reaktion war dann die, dass ich sagte: ‚Das kann ich mir nicht vorstellen. Das glaub ich nicht. Sie sollten doch die Chromosomenuntersuchung veranlassen.'"* Siehe dazu die erste Phase der Ungewißheit bei Schuchardt 1993,29ff bzw. des Nichtwahrhabenwollens und der Isolation bei Kübler-Ross 1972, 41ff.

nere Selbstverteidigung durch Rückzugsgefecht hat auch eine räumliche Dimension: *„Ich war wirklich, ich hätt' mich am liebsten in mein Mauseloch reingesetzt und hätt' den Deckel oben zugeklappt und hätt' der Dinge gewartet, die da kommen."*[283] Gut ist, wenn sich die Partner in ihren Reaktionsweisen ergänzen. Herr D. war fähig, das Unveränderbare auf sich beruhen zu lassen und das Veränderbare „in Angriff" zu nehmen, z. B. sofort bekannt zu geben, dass das neugeborene Kind behindert ist: *„...danach ab irgend einem Punkt. Das heisst also, ab Geburt da kann ich dann wieder eingreifen."*[284]

Angriff kann aber auch der verzweifelte Versuch sein, sich die unerträgliche Tatsache oder Gefühlslage etwas vom Hals zu schaffen: *„Die leibliche Mutter hatte ihn gleich im ersten Schock umbenannt."*[285] Oder es entsteht der Drang, die letzte Konsequenz zu ziehen: *„Das war eben das Erleben, dass der Schock am Anfang so groß sein kann, dass man auch ein Kind weggibt."*[286] Doch viel häufiger zeigt sich die Reaktion „Angriff", die auch ohne vorausgehenden Schock oder Lähmung erfolgen kann, in dem konstruktiven Anpacken der neuen Situation: *„Und wir sind dann halt gleich zur Lebenshilfe marschiert. Also, sobald wir aus der Klinik daheim waren."*[287]

Häufig ist die neue, unerwartete Situation mit einem Verlust des Handlungskonzeptes verbunden: *„Dann auch im Moment so, so, das Gefühl, ah nicht zu wissen wie's weiter geht, wo man anpacken kann."*[288] Auf ein „gesundes Kind" hatte man sich ja eingestellt, ist dafür sozialisiert und vorbereitet. Die Behinderung aber sprengt nun den gegebenen Handlungsrahmen und löst Unsicherheit aus: *„Ja, also, Welt zusammen gebrochen. Nein, das nicht. Es war mehr so als hätt' ich einen riesigen Berg vor mir gesehen und wüßte noch nicht so richtig, wie ich den bewältige. So ungefähr."*[289] Die Schwierigkeit bestand hier nicht in *„bestimmten Vorstellungen, die man sich gemacht haben muss, damit´s zusammenbricht"*[290]. Vorherrschend war die Handlungsunsicherheit und Hilflosigkeit (vgl. A, Abb.2), die das unvorhersehbare, traditionslose Ereignis bei den unvorbereiteten Eltern hervorgerufen hatte: *„Das sind so Situationen, die hat man ja nie irgendwie erlernt."*[291]

---

[283] Interview Nr. 4, 2105-2109. Ihr Mann beschreibt Frau D. in dieser Zeit als *„schwer zugänglich"* (1564), *„an der Grenze des Unnahbaren"* (1566) und *„nach innen gekehrt" (1568)*.

[284] Interview Nr. 4, 0143-0146; vgl. 0602-0604.

[285] Interview Nr. 6, 0816-0818. Zu „angreifenden" Gefühlen vgl. oben Todeswunsch oder z. B. Interview Nr. 10, 0097: *„Da hätt´ ich ihn würgen können"*. So die Reaktion einer Mutter auf den Verdacht ihres Mannes, die Tochter habe einen *„mongoloiden Touch"*.

[286] Interview Nr. 6, 0566-0568.

[287] Interview Nr. 10, 1468-1471; siehe auch 1373: *„Also, es war keine Lähmung ..."* und Nr. 3, 0032-0034: *„Aber ich hab´ nicht das Gefühl gehabt, dass ich in irgend einer Form schockiert wäre oder sagen wir vielleicht traurig, dass es so ist."*

[288] Interview Nr. 2, 0186-0187.

[289] Interview Nr. 8, 0225-230. Ähnlich Nr. 7, 0844-0846: *„Obwohl große Ängste eben da waren, aber es war einfach: ‚Ja, wie geht's weiter?', nicht."*

[290] Interview Nr. 8, 0186-0188.

[291] Interview Nr. 10, 1639f.

3.2.4.3 Kognitive Reaktionen

Die Diagnose Down-Syndrom provoziert in vielen Fällen einen geistigen Widerspruch, der mit handlungsorientierten und emotionalen Reaktionen eng verflochten ist: *"Es war eine unendliche Trauer in mir. Eine Traurigkeit von morgens bis abend. Und ich hab' geweint in der Zeit. Und ich konnt's einfach nicht verstehen, dass das uns passieren muss. Und die Warum-Frage war täglich da. Warum wir? Warum wir? Warum müssen wir so ein Kind haben? Warum bei uns? Das war ständig vorhanden. Und das hat in mir gebohrt."*[292] Wenn das kritische Ereignis nicht mit dem geistigen Anschauungssystem in Einklang gebracht werden kann, entstehen kognitive Spannungen. Sie sind, wie auch das folgende Zitat zeigt, ein Nährboden für existenzielle Fragen: *"Ja, oder irgendwie muss man sich dann fragen, irgendwas stimmt doch da nicht. Warum man jetzt da ausgerechnet (...). Andere rauchen, andere trinken, andere nehmen Drogen (...). Wir rauchen nicht und wir trinken nicht übermäßig (...) im Prinzip überhaupt rein gesund gelebt."*[293] Die Vorstellung, eine Behinderung würde durch einen ungesunden Lebenswandel selbst verursacht, gerät durch plötzliche Betroffenheit in krassen Widerspruch zur eigenen Lebenssituation. Wie hier können solche „Unstimmigkeiten" auf einen Teilbereich der eigenen Lebensanschauung bezogen sein: *"Nein, also, im Moment konnte ich nicht begreifen, dass Gott das jetzt so gemacht hat."*[294] Die Unbegreiflichkeiten können aber auch die Grundfesten des Weltbildes gefährden: *"bei beiden, irgendwo brach eine Welt zusammen, bei beiden ähnlich und bei beiden wieder verschiedene."*[295] Kognitive Dissonanzen dieses Ausmaßes verlangen nach einer Wiederherstellung der Balance[296], nach einer Anpassung von Anschauung und Wirklichkeit: Einerseits muss die neue Lebenssituation in das Weltbild eingegliedert, andererseits das Weltbild dem Leben mit einem behinderten Kind angeglichen werden. Gefordert ist eine doppelte hermeneutische Integration des kritischen Ereignisses, die von den Betroffenen zu allen physischen und psychischen Anforderungen hinzu auch eine geistige Höchstleistung verlangt. Dazu aber sind betroffene Eltern im ersten Schock nach der Diagnoseeröffnung noch kaum in der Lage. Kognitiv geradezu paralysiert können sie in weit geringerem Umfang Informationen aufnehmen, was sich im Nachhinein auch in Erinnerungslücken äußern kann[297].

---

[292] Interview Nr. 4, 0569-0579.
[293] Interview Nr. 5, 0168-0184. Auf die zahlreichen Belege für das Aufbrechen von existenziellen Fragen in den Interviews kann hier verzichtet werden.
[294] Interview Nr. 9, 0440-0442.
[295] Interview Nr. 2, 0709-0712. Vgl. Nr. 5, 0445-0446: *"ich habe halt gedacht, es bricht eine Welt zusammen."* Dies muss nicht so sein. Von Frau G. wurde die weltanschauliche Integration z. B. als *"kein großes Problem"* angesehen (Nr. 7, 0835-0846).
[296] Vgl. Heider unter A, 2.2.3.2.
[297] Vgl. Bölling-Bechinger 1998, 98.

3.2.5 Krisenbegleitung und -beratung

3.2.5.1 Erfahrungen

Die befragten Mütter und Väter erhielten Unterstützungsangebote von unterschiedlichen Personengruppen und Institutionen. Über die Erfahrungen, die sie machen durften bzw. mussten, haben sie in den Gesprächen berichtet.

Einschätzungen von Mitmenschen
Während sich Fachleute weitgehend auf sachliche Informationsvermittlung beschränkten, versuchten Angehörige und Bekannte den Betroffenen durch eigene Einschätzungen und Deutungen behilflich zu sein[298]. Was von ihnen gut gemeint und in bester Absicht getan wurde, rief bei Eltern ausschließlich negative Reaktionen hervor. Sie reichen vom Unverständnis bis zur Kränkung und Aggression: *„Diese Bemerkungen tun dann eher weh. Also, dass man gesagt bekommt: 'Na ja, Hauptsache das Kind ist gesund'. Und dann sagt man selbst halt: 'Aber es ist nicht gesund!'. ‚Ach, wird schon werden.' Das kann man langsam nicht mehr hören, das Wegwischen oder am liebsten ungeschehen machen."*[299] Die Tatsachen wegwischen, die Behinderung am liebsten ungeschehen machen, weil man sie so schlimm findet, ist eine von vielen Abwehrreaktionen, mit denen die Umwelt sich selbst und den Betroffenen Entlastung verschaffen möchte. Doch jeder Versuch, die Tatsachen zu vernebeln, verfehlt die intendierte Wirkung und wird von den Eltern feinfühlig und scharfsinnig entlarvt. Der gut gemeinte Trost gerät zur verletzenden Vertröstung.
Nicht weniger problematisch verhält es sich mit dem bagatellisierenden „Vergleich nach unten", den Leute, die nicht unmittelbar betroffen sind, angestellt haben wie z. B. eine Großmutter *„so nach dem Motto: 'Es wird schon nicht so schlimm sein. Es gibt Schlimmeres'. Das hilft einem auch nicht weiter in der Situation. Man empfindet es ja als schlimm und fühlt sich ja auch noch schlecht, weil man es als schlimm empfindet"*[300]. Viele Schwierigkeiten von betroffenen Eltern werden von außenstehenden Personen gar nicht angemessen wahrgenommen, relativiert oder nivelliert: *„Ja, da könnt ihr noch zufrieden sein. Die kann doch laufen, ja schwätzen und so."*[301]. Beschwichtigende Einschätzungen der Sachlage oder ablenkende Vergleiche nach unten wurden von Betroffenen einstimmig negativ bewertet: *„Und dann wenn andere kamen oder gesagt haben: Au guck einmal, da ist es viel schlimmer. Oder schau 'mal, was da jetzt passiert ist. Das war für mich nicht wichtig. Das war für mich kein Trost und nichts."*[302] Auch Betroffene nehmen gelegentlich Abwärtsvergleiche

---

[298] Auch Professionelle nahmen Deutungen vor. Sie bezogen sich beim medizinischen Personal aber fast ausschließlich auf ein naturwissenschaftlich-positivistisches Weltbild: *„Worauf dann der Oberarzt da eingehakt und gesagt hatte, ich hätte keine Schuld. Dass es Zufall ist, wenn Kinder mit einem überschüssigen Chromosom auf die Welt kommen."* (Interview Nr. 7, 0193-0197)
[299] Interview Nr. 6, 0169-0175. Ähnlich verhält es sich mit der Vertröstung *„ihr könnt ja nochmal eins kriegen"* (Nr. 6, 0203f).
[300] Interview Nr. 6, 0210-0218.
[301] Interview Nr. 9, 0876-0878.
[302] Interview Nr. 4, 1489-1494 und ebd. 1509-1517: *„Du, sei doch froh, dass dein Kind alle Gliedmaßen hat (...). Dann hab' ich gesagt: ‚Was soll das, Menschenskind?!'"*

vor[303]. Aber es macht einen fundamentalen Unterschied, ob sie es selbst tun oder von außen dazu genötigt werden. Denn der aufgedrängte Vergleich mit dem Schlimmeren dient nicht selten dazu, sich die Sorgen der Betroffenen vom Leib zu halten und den eigenen Empathie- und Solidarbeitrag auf sie abzuwälzen: *„In der Regel war es eher so, dass wenn man sich artikuliert hat, dass man halt Probleme hat, dass man Sorgen hat oder so, dass es g'heißen hat: Was wollt ihr denn? Ihr habt's doch schön, habt's doch schön. Da hast du das Gefühl gehabt, du wirst nicht ernst genommen."*[304]

Die vorgetragenen Einschätzungen von Außenstehenden wurden von Eltern ohne Ausnahme negativ bewertet. Statt zu entlasten, haben sie belastet. Sie sind Abwehrmechanismen der Umwelt, die bewusst oder unbewusst dazu eingesetzt werden, sich mit den Herausforderungen der Betroffenen nicht befassen zu müssen. Anstatt den Betroffenen eine Brücke der Solidarität zu bauen, haben solche von außen hereingetragenen Einschätzungen die Gräben des Unverständnisses weiter vertieft.

Stellvertretende Deutungen für Betroffene

Kritische Ereignisse drängen auch Außenstehende zur Deutung. Sie fordern das soziale Umfeld heraus, besprochen, interpretiert und in die jeweiligen Anschauungen integriert zu werden. Diese Deutungsprozesse haben Rückwirkungen auf die Betroffenen. Immer wieder werden sie unausweichlich mit den Interpretationen ihrer Umwelt konfrontiert: *„Es ging das Gerücht in der Ortschaft: Bleibt dem Kinde fern, das ist ansteckend (...) Das war ganz schlimm (...) Das wurde nicht von alten Leuten gesagt, das wurde von jungen Leuten behauptet, ansteckend (...) Oder: Was haben die gemacht? Die müssen Sünden gehabt haben? Oder: Was haben die gemacht, denen ihr Vorleben?!"*[305] Deutungen wurden auch *für* die Betroffenen vorgenommen. Mehrfach erzählten Eltern, wie ihnen Interpretationsmuster von Mitmenschen angepriesen oder aufgedrängt wurden: *„Herr B: Gerade solche Leute, die dann christlich verbrämt kamen... . Frau B. (synchron): Das war's schlimmste für uns. Herr B.: ... und das noch anpreisen wollten, was für ein großes Glück wir überhaupt hatten, dass der P. kam. Frau B.: Engel wären vom Himmel zu uns gekommen und solchen Schwachsinn haben sie uns erzählt. Herr B.: Mit dem konnte ich also in dem Moment gar nichts anfangen, aber überhaupt gar nichts."*[306] Hier zeigt sich, wie problematisch es für Betroffene ist, wenn sie Deutungsangebote „übergestülpt" bekommen, noch dazu, wenn sie mit ihrer eigenen Lebensanschauung nicht kongruent sind. Es geht ihnen wie der Schildkröte in der Fabel, die zu ihrem Geburtstag vom Löwen ei-

---

[303] Der Aufwärtsvergleich mit den sogenannten Normalen oder Fitteren ist bei Betroffenen häufiger und wird oft zur *„Dauerauseinandersetzung, die an und für sich nicht abgehakt ist, sondern immer weitergeht."* (Nr. 9, 0580-0582). Aber auch der Abwärtsvergleich wurde in den Interviews mehrmals vorgenommen, z. B. in Nr. 4, 1898-1902: *„Ja, bis jetzt bin ich eigentlich gut weggekommen. (...) Wenn man da andere Eltern oder Mütter hört."* Vgl .auch Meinicke 1993, 80-82 oder Clemens 1979, 25: *„Tröstlich kann auch der Gedanke sein, dass es noch wesentlich schwierigere Fälle gibt."*

[304] Interview Nr. 9, 0859-0866. Nach Aussagen von Herrn und Frau D. waren Freunde, Eltern und Bekannte keine Hilfe im Umgang mit der bohrenden Warum-Frage (Nr. 4, 0637-0646).

[305] Interview Nr. 3, 0669-0701. Diese Aussagen beziehen sich auf die Jahre 1979 ff.

[306] Interview Nr. 2, 0455-0475. Ebd. 1355-1359 Herr B: *„Nicht jedes Geschenk ist einem grad willkommen und man empfindet es nicht, zumindestens in diesem Moment empfand ich es nicht als ein Geschenk und da möchte ich mir auch von niemand sagen lassen: ‚Du hast ein Geschenk, du hast etwas geschenkt gekriegt.'!"*

nen Knochen, vom Flußpferd ein Schlammbad, vom Pelikan einen Fisch geschenkt bekommt, obwohl sie nichts lieber gehabt hätte als einen Salatkopf. So verständnisvoll und einfühlsam, dies zu erkennen, war allein ein einziges Tier: die Maus[307]. Die Erfahrungen der Eltern zeigen in Übereinstimmung mit der Fabel, dass nicht das Verstehen des anderen das Selbstverständliche ist, sondern das Missverstehen. Denn ganz selbstverständlich wird im Alltag vom Vorverständnis der eigenen Anschauung ausgegangen, die unreflektiert verallgemeinert wird, so dass die milde Form des Missverstehens den Prototyp der Alltagskommunikation darstellt.[308]"
Die Problematik der stellvertretenden Deutung spitzt sich zu, wenn persönliche Lieblingsdeutungen auch noch im Schafspelz von moralischen Ratschlägen präsentiert werden: „Die haben auch immer gesagt: ‚Ihr müßt es annehmen, das ist praktisch eine Fügung!', so auf die Art. Und: ‚Ihr müßt das tragen!' Und dann haben wir gesagt: ‚Mit euren Sprüchen könnt ihr uns auch fortbleiben, ja. Wir werden das auch alleine schaffen!'"[309] Wieviel Unverständnis und Entsetzen fremdverordnete Deutungen hervorrufen können, macht Frau D. gegenüber einer gutmeinenden Tante unmissverständlich klar: „Dann sagt sie: ‚Du, unser Herrgott lädt nur soviel auf wie man tragen kann, das weiss man.' Da bin ich schier ausgerastet. Da hab ich gedacht: ‚Das darf doch wohl nicht wahr sein, dass ich so eine Antwort darauf krieg', gelt. ‚Was muss ich noch alles tragen? Ich hab doch schon genug am Hals und jetzt noch ein Päckle und noch ein Päckle. Ich brech' ja unter der Last schier zusammen.' Ich konnt' das nicht verstehen."[310] Dennoch räumt Frau D. ein, sie habe sich im Nachhinein die Warum-wir-Frage selbst ein Stück weit so beantwortet wie diese Schwester ihrer Mutter: „Ich konnte einfach besser mit dieser Antwort umgehen und ich seh' das heut' auch mit ganz anderen Augen."[311] Erst im Laufe der Jahre konnte Frau D. mit dieser Deutung, die von außen an sie herangetragen wurde, umgehen, sich ihr annähern. Ihre heutige Sichtweise „mit ganz anderen Augen" läßt ahnen, dass ihr interner Deutungsprozess von der externen Antwort der Tante rückblickend profitiert haben könnte. Die der betroffenen Nichte angebotene Deutung war aber in erster Linie, wie auch die übrigen Beispiele belegen, kontraproduktiv und belastend.
Bei stellvertretenden Deutungen muss aufgrund dieser Erfahrungsberichte von einer Deutungs-Falle gesprochen werden, in die Leute treten, die gutgläubig meinen, ihre subjektiven Anschauungen und Einschätzungen hätten für andere objektive Gültigkeit oder subjektiven Nutzen. Nicht genug, dass ihre Unterstützungsversuche nicht ankommen. Sie ziehen die Betroffenen in die Fallgrube der Objektivierung und Ideologisierung mit hinein: Eine Ironie der Wohltat. Statt die klaffenden psychischen

---

[307] Siehe „Die Schildkröte hat Geburtstag" in: Das kleine Shaw-Buch. Berlin: Kinderbuchverlag, 1983, 35-58. Hier erweist es sich, dass nicht das Verstehen das Selbstverständliche ist.

[308] Ruschmann 1999, 197. Auf S. 194 führt er eine ältere Studie von Carkhuff et al. 1967 an, die belegen soll, dass Alltagsmenschen zu einem angemessenen Verstehen eines anderen Menschen gewöhnlich nicht imstande sind.

[309] Interview Nr. 3, 0972-0979. Auf die Problematik des Annahme-Postulats weist Weiss 1993 hin. Vgl. Interview Nr. 3, 1207-1207: „Aber es kam so: ‚Na ja, das müssen sie tragen. Und es ist eben ein schweres Los und so auf die Art. Und das hab' ich so furchtbar empfunden." bzw. ebd. 0365-0369: „Und jeder hat mir halt immer gesagt: ‚Du musst das Kind annehmen!' Jeder hat mir so kluge Ratschläge gegeben, von der Verwandtschaft und immer .... Und ich hab' das so scheußlich gefunden."

[310] Interview Nr. 4, 0687-0698. Siehe auch Frau J. auf die Frage, ob sie beratende Unterstützung bekommen habe: „Überhaupt nichts, im Gegenteil. Dumme Sprüch' an mich hin und das war alles." (Nr. 9, 0239-0240)

[311] Interview Nr. 4, 0712-0714.

Wunden des kritischen Ereignisses zu pflegen, werden sie durch nahestehende Personen oft noch tiefer eingerissen bzw. neue verursacht[312].

Enttäuschungen
Ein erster Zugang zur Begleitung und Beratung wird i.d.R. vom Arzt- und Pflegepersonal eröffnet. Es steht den Betroffenen in der Klinik jederzeit zur Verfügung, leider aber nicht primär für den Zweck der verstehenden Begleitung: *„Ja, einen Mediziner hat man ja, ob man will oder nicht, den hat man immer, mehr oder weniger geschickt."*[313] Für das Krankenhauspersonal ist das „Kind als Patient" im Zentrum, nicht der Vater und auch nicht die Mutter. Und die in der Klinik verfügbaren Heilmittel eignen sich gegen das körperliche Leiden, nicht aber gegen seelische. Auch im Kontext des schon besprochenen Verhältnisses von Krankenhaus und Behinderung verwundert es nicht, dass betroffene Eltern in ihrem Wunsch nach einer verständnisvollen Begleitung, von positiven Ausnahmen abgesehen, enttäuscht wurden: *„Die haben gesagt: Also, so genau, außer den medizinischen Fakten, wissen sie eigentlich auch nicht viel drüber (...) z. B. Ärzte, auch die Kinderärzte in dem Krankenhaus, also, die konnten nicht viel sagen (...) es kam auch nichts Brauchbares, was man für uns jetzt in der Situation verwenden konnte."*[314] Dieses Zitat macht die Dringlichkeit einer interdisziplinären Ergänzung überaus deutlich. Jedoch werden trotz aller interdisziplinären Zusammenarbeit psychologische und heilpädagogische Grundkenntnisse und Fähigkeiten auch dem medizinischen Personal abverlangt werden müssen, um den Betroffenen gerecht zu werden: *„Und nach dem Klinikgespräch stellt man das Kind möglichst bald dem Hausarzt vor und da hatten wir auch wieder ein Gespräch, das nicht positiv verlaufen war. Wir haben recht bald (den Arzt) gewechselt, weil wir das Gefühl hatten, der Arzt ist überfordert, auch mit dieser Behinderung."*[315]
Die negative Erfahrungspalette mit dem medizinischen Personal reicht von *„dann haben sie mich ausgelacht"*, *„mich wirklich psychisch fertig g'macht"*, *„zwei Stunden bearbeitet"*, *„ein Käs' erzählt"*, *„einfach glatter Quatsch"*, *„auf das Übelste beschimpft"*, *„unschön, schwach verhalten"* bis hin zu dem nicht unbegründeten Verdacht, das eigene Kind sei bei der Frischzellentherapie *„ein Versuchskaninchen für die Pharmaindustrie"*[316] gewesen. Erfahrungen dieser Art bergen die Gefahr, dass, wie bei Herrn K. geschehen, Vertrauenskapital zu Professionellen aufs Spiel gesetzt wird: *„einfach das ganze Vertrauen zu solchen Fachleuten, zu sogenannten Fachleuten ist dann im Endeffekt schon zerstört"*[317].
Betroffene Eltern erinnern sich oft sehr genau an entscheidende Gespräche mit Medizinern *„und viele können noch Jahrzehnte danach wortwörtlich die Sätze wiederholen, die ihnen so viel Schmerz bereitet haben.*[318] Selbst wenn in Rechnung gezogen wird, dass die Erfahrungsberichte der befragten Eltern von der Retrospektive und vom Trauerprozess getrübt sein können, einzelne Erinnerungslücken aufweisen

---

[312] Vgl. dazu auch Dittmann 1995, insbes. 126.
[313] Interview Nr. 6, 0047-0049.
[314] Interview Nr. 8, 0937-0952.
[315] Interview Nr. 6, 0279-0287.
[316] Siehe der Reihe nach Interview Nr. 3, 0027f, 0039, 0127, Nr. 6, 0914, Nr. 8, 0736, 0743, Nr. 10, 1273 und Nr. 9, 1158f.
[317] Interview Nr. 9, 1179-1182. Vgl. hierzu die Erfahrungen, Eltern würden nach der Diagnosephase „häufig unerwartet aggressiv, ablehnend, die Kompetenz der Fachleute in Frage stellend" reagieren (Bölling-Bochinger 1998, 92).
[318] Jupp 1999, 8.

und z.T. schon mehrere Jahre zurückliegen, weisen sie große und unakzeptable Defizite in der ärztlichen Beratungspraxis auf. Das größte Defizit ist, dass für Mediziner noch immer das sogenannte Krankheitsbild „Morbus Down" der Dreh- und Angelpunkt der Gespräche bildet und dadurch der Blick auf die Nöte der Eltern verstellt wird: *„Wir kamen nicht zum Nachdenken, weil, wir mussten uns gleich mit den Ärzten da wieder rumstreiten..."*[319] Auch wenn Begegnungen mit Ärzten gewöhnlich konfliktfrei ablaufen, führen die Aktivitäten in der medizinisch-therapeutischen Sphäre häufig von der existenziellen Auseinandersetzung der betroffenen Eltern weg und kreisen allein ums Kind: *„Und, also man kam dann gleich in diesen Ärzte-Therapeuten-Sog rein."*[320]

Mehr als die medizinische Fachkraft müssen Betroffene einen psychologischen, genetischen oder seelsorgerlichen Berater selbst aussuchen und aufsuchen, da er i.d.R. keine nachgehende Hilfe praktiziert. Doch gerade die dazu erforderliche Kraft, für sich selbst zu sorgen, wird ihnen im Sog ihrer kindzentrierten Anstrengungen und Krisengefühle entzogen.

Es ist darum verständlich, warum betroffene Eltern erwarten, dass Unterstützungsangebote von außen auf sie zukommen. Diese Erwartung wurde insbesondere von Personen geäußert, die ihrer Kirche nahestehen. So ging Frau D., als sie der Meinung war, ihr Seelsorger sei über ihre Situation informiert, davon aus: *„Eigentlich müsste er jetzt kommen und sagen: ‚Können wir einmal miteinander sprechen? Dürft' ich sie einmal besuchen?' Nichts, es kam überhaupt nichts. Da war ich unsagbar enttäuscht. Da war ich unsagbar enttäuscht."*[321] Doch selbst wo Pfarrer oder Pfarrerinnen auf die Betroffenen zukommen, müssen sie nicht zu jeder Zeit und zu jedem Anlass die besten SeelsorgerInnen sein: *„Nein, der Mann (Pfarrer) war zu dem Zeitpunkt mit sich selber wahrscheinlich ärger beschäftigt, dass der das gar nicht richtig verarbeiten hat können"*[322], so eine Mutter im Rückblick auf das Taufgespräch. Den Gründen, warum Familien mit behinderten Kindern in ihren Erwartungen an die Amtskirche oft enttäuscht werden, bin ich an anderer Stelle nachgegangen[323]. Dieses Problemfeld sollte ernster genommen werden.

Enttäuschungen mussten Betroffene nicht nur von Fachleuten hinnehmen. Die zahlreichen, z.T. bitteren Ernüchterungen durch Menschen der persönlichen Umgebung kamen schon in den vorausgehenden Abschnitten zur Sprache. Besonders schmerzhaft wurden sie erlebt, wo es sich um nahestehende Personen handelte: *„Mit meinen Eltern haben wir den Kontakt abgebrochen, weil wir enttäuscht waren, dass sie nicht die richtigen Worte gefunden haben. Dass sie überhaupt erst - und*

---

[319] Interview Nr. 8, 0699-0703.

[320] Interview Nr. 8, 0897f. Vgl. dazu die Beobachtung von Sparrer/ Stephan 1997, 130: „dass gerade im Alltag einer Familie mit einem behinderten Kind oft wenig Zeit zur Auseinandersetzung und Reflexion bleibt."

[321] Interview Nr. 4, 0801-0808.

[322] Interview Nr. 5, 1425-1428.

[323] Siehe Schweiker 1997, 6ff und 37ff. In der vorliegenden Studie wurden bei 14 Nennungen von Institutionen zweimal die Kirche(ngemeinde) als Unterstützungsagentin erwähnt (F 11). Nehmen wir die Angaben von Kirchengemeinde und TheologInnen zusammen, ergibt sich die Zahl 6 im Vergleich zu 165 Nennungen insgesamt. Das ist ein Verhältnis von 1 zu 27. Die reale Unterstützung durch die Kirche wurde von den betroffenen Eltern quantitativ sehr gering bewertet. Wo es aber zu Kontakten kam, wurde die Unterstützung in ihrer Bedeutung hoch eingeschätzt. Vgl. auch das in Lang 1999, 34 zitierte Ergebnis, dass der private religiöse Glaube, nicht aber die enge Anbindung an eine religiöse Institution für die Bewältigung von zentraler Bedeutung war.

das war eigentlich der Knackpunkt, an dem sich alles entschieden hat - dass sie fünf Tage gewartet haben bis sie überhaupt 'mal gekommen sind, gelt!"[324]

Erfahrene Unterstützung
Gegen alle negativen Erfahrungen sollten gelungene Begleitungen, die es mit allen genannten Personengruppen auch gab, gewürdigt und als zukunftweisend betrachtet werden.
Frau D. erinnert sich, wie *„äußerst behutsam"* der Oberarzt ihr die Diagnose vermittelt habe: *„Und er hat auch immer wieder betont: ‚Mit einem Kind mit Down-Syndrom kann man ohne weiteres leben. Es ist kein solcher Einschnitt ins Leben, dass sich alles verändern muss, dass alles umgestülpt werden muss. Man kann mit so einem Kind ohne weiteres leben.' Das höre ich heute noch, wie er mir das sagt.* Ein richtiges Wort zur richtigen Zeit kann lösende Wirkung entfalten. Nicht weniger hilfreich kann aber auch eine positive Haltung oder eine überzeugende Handlung sein wie die eines Arztes, der das Kind und seinen Lebenswillen sah und gegen die medizinischen Meßwerte und die Meinung des OP-Teams aktiv wurde: *„Und hat gesagt: ‚Das geht nicht. Das können wir nicht einfach so sterben lassen. Da müssen wir etwas tun."*[325]
Nicht erst das Wort, schon das zugewandte herzliche Verhalten gegenüber dem Kind mit Down-Syndrom wurde von den Betroffenen als Ermutigung und Unterstützung empfunden: *„Das ganze Personal, Pflegepersonal, hat sich also vorbildlich verhalten. Die haben sich also sehr liebevoll um die D. gekümmert und haben uns Mut gemacht, ganz ganz viel Mut gemacht."*[326] Gerade eine ganz selbstverständliche Solidarität in Wort und Tat, das Drauf-Zugehen, Aushalten und Mittragen tut gut: *„Aber was von Außenstehenden und von Eltern gekommen ist, das ist klar, das waren tröstende Worte und: ‚Das schafft ihr schon.' Und: ‚Wir halten alle zusammen."*[327] Viel Unterstützung und Trost erfuhren Betroffene dort, wo nahestehende Menschen auf sie zukamen, Interesse zeigten und ihre Situation teilten: *„Wir haben unheimlich viel Zuspruch erfahren. Speziell von meinem Vater. Also immens viel Zuspruch. Der hat mich unheimlich getröstet. Meine Mutter auch, nur konnte sie es nicht so verbalisieren, so äussern wie mein Vater. Dann die ganzen Geschwister meiner Eltern haben einmal in der Woche angerufen. Sind heut noch um die D. bemüht und fragen nach ihr."*[328] Die Verwandten konnten Frau B. in ihren existenziellen Fragen, die sie sich täglich mit einer schmerzlichen Intensität stellte, nicht weiterhelfen. Aber es war für sie *„tröstlich zu wissen, ach guck, die mögen die D., die fragen andauernd wie es ihr geht, ob sie zugenommen hat, was sie trinkt. Aber die Warum-Fragen sind mir nicht beantwortet worden."*[329]

---

[324] Interview Nr. 10, 2151-2159. Vgl. ebd. 1594-1597: *„Aber es konnten nur ihre Eltern damit umgehen und meine nicht. Und seitdem haben wir auch den Kontakt abgebrochen."*
[325] Interview Nr. 10, 0791-0794. Allein schon das Lachen und der Lebenswille des Kindes habe ihnen Kraft gegeben, berichtet die Mutter (ebd. 0910ff).
[326] Interview Nr. 10, 1296-1302.
[327] Interview Nr. 10, 1392-1396.
[328] Interview Nr. 2, 0618-0631.
[329] Interview Nr. 4, 0650-0655.

Zusammenfassung
Viele Unterstützungsangebote wurden von betroffenen Eltern nicht als Entlastung, sondern als Belastung erfahren und verfehlten ihre intendierte Wirkung. Besonders externe Einschätzungen und stellvertretende Deutungen von nahestehenden Personen stießen bei den Betroffenen auf Unverständnis und Entsetzen. Nicht selten wurden sie zu Opfern der Abwehrreaktionen ihrer Umwelt (z. B. durch Vertröstung, Verdrängung, Abwärtsvergleich, partielle Blindheit), oder sie landeten von fremdverordneten Interpretationen „zwangsbeglückt" in der Deutungsfalle ihrer „Helfer". Hier stellt sich die Frage, wie Betroffene sich in ihren existenziellen Fragen vor solchen unbeholfenen Hilfeversuchen schützen können.
Bei nahestehenden Personen verkehrte sich die verstehende Begleitung häufig ins Negative, bei Fachleuten fand sie dagegen meist gar nicht statt. In der medizinisch-klinischen Sphäre des „Morbus Down" wurden die seelischen Nöte der Eltern zu marginal wahrgenommen, und der „Ärzte-Therapeuten-Sog", wie eine Mutter es formulierte, verdrängte die Auseinandersetzung mit existenziellen Fragen. Dieser Raum bot den Eltern keine geeignete Atmosphäre für eine gelingende Trauer- und Deutungsarbeit. Waren die vielfältigen Enttäuschungen gegenüber den medizinischen Fachleuten m. E. primär durch eine Von-oben-nach-unten-Behandlung bedingt, die in den Betroffenen keine ernstzunehmenden, gleichberechtigten Gesprächspartner sah, wurden die Erwartungen an die Seelsorger eher aufgrund ihres Nichterscheinens enttäuscht. Aus diesen Defiziten muss gelernt. Zugleich sollte auf zahlreiche positive Erfahrungen der Solidarität, auf ermutigende Worte und hilfreiche Einstellungen weiter aufgebaut werden.

3.2.5.2 Bedürfnisse und Erwartungen

Ausschlaggebend für die Konzeption einer Krisenbegleitung aber sollten die subjektiven Bedürfnisse und Erwartungen der betroffenen Eltern sein.

Ruhe und Entlastung
In der Situation der Ersterkenntnis und des psychischen Schocks berichteten Väter und Mütter häufig von einem starken Bedürfnis nach Rückzug und Ruhe. Frau H. wollte so früh wie möglich aus der Klinik entlassen werden, musste sich aber zuvor mit dem diensthabenden Arzt wegen Formalitäten auseinandersetzen, wozu sie in dieser Situation keine „Nerven" hatte: *„Und dann nachdem er* (der Arzt) *irgendwo mitbekommen hatte, dass ich gehen will, dann kam er wieder und hat mir erklärt: Also, das sei jetzt so: Wenn ich am nächsten Tag vor 8.12 Uhr gehe, bekommt der Krankenschein das Krankenhaus oder umgekehrt, ich weiß nimmer. Und wenn ich nach 8.12 Uhr gehe, weil das ist ja die Geburtszeit von...., dann bekommt der Krankenschein eben er oder umgekehrt. Wie gesagt, ich weiß es nicht mehr. Und ich hab' ein Wut zwar gehabt in mir. Ich hab' gedacht: ‚Das interessiert mich in dem Moment so einen feuchten Kehricht wer diesen Krankenschein jetzt bekommt. Aber irgendwie war ich nicht so weit, dass ich das dem jetzt gesagt hätte.' Ich hab' gedacht: ‚Geh' nur wieder raus und laß mich in Ruhe!"*[330] Betroffene Eltern werden gezwungen, sich in einer Zeit mit Formalitäten, Behörden und alltäglichen Belastungen auseinanderzusetzen, in der sie dafür „keinen Kopf haben". Zusätzliche Belastungsfaktoren

---

[330] Interview Nr. 8, 0337-0359. Siehe ebd. 0333-0336: *„Ich mein, man ist ja nicht in der Verfassung, sich mit jedem gleich zu streiten oder so, man hat irgendwie andere Gedanken."*

sollten ihrer Meinung nach vermieden bzw. möglichst minimiert werden. Das gilt eben auch für bürokratische Abläufe. Denn dort, wo sie nicht wirksam entlastet werden, droht das, was sie wirklich umtreibt, in den Hintergrund zu geraten: *„wir wollten eigentlich nur Ruhe in die Situation bringen und uns in Ruhe auseinandersetzen mit dem Ganzen, was passiert war und kamen überhaupt nicht dazu, weil wir uns sofort mit allen möglichen Institutionen auseinandersetzen mussten."*[331] Bis eine Ruhe einkehrt, die es ermöglicht, sich mit der persönlichen Betroffenheit des Geschehens und den kognitiven Dissonanzen zu befassen, vergeht oft kostbare Zeit: *„Tja, die Verschnaufpause, ja die kam danach erst 'mal so langsam. (...) Also, vorher hatten wir alle Probleme."*[332] Um nichts zu versäumen, sollten Freiräume für die existenzielle Auseinandersetzung der Betroffenen geschaffen werden.

Verstehende Unterstützung

Die in den Interviews geäußerten Bedürfnisse nach Begleitung in existenziellen, lebensanschaulichen Fragen sind, was auch die statistischen Ergebnisse belegen, extrem gestreut. Sie zeigen eine Bandbreite, die von einer eindeutigen Ablehnung bis zu einer klaren Zustimmung reicht. Die einen kommen bei der Einschätzung ihrer eigenen Bewältigungsmöglichkeiten zu dem Schluss, dass ihre eigenen Ressourcen ausreichend sind und sie es in eigener Kompetenz, ohne zusätzliche Unterstützung schaffen: *„Eigentlich nicht. Ich denk', so etwas kann ich sehr gut selber verarbeiten."*[333] Andere aber wünschen und brauchen, was sie sich nicht selbst geben können: *„Ich hab' da eigentlich mehr Hilfe für mich erwartet, muss ich ganz ehrlich sagen. Jetzt nicht in Bezug auf die Entwicklung der D. , sondern einfach für mich. Mich zu stützen, mich zu kräftigen, mir wieder mein Rückrat zu geben."*[334] Nicht Hilfe in Bezug auf das Kind wird hier erwartet, vielmehr ein externer Gesprächspartner für ganz persönliche Fragen und Bedürfnisse: *„Ja, der wär' schon wichtig. Wenn da jemand da wäre, mit dem man reden und mit dem man sich austauschen könnte."*[335] Welche Person es sein sollte, ist individuell verschieden: *„Schon Beistand irgendwo, aber wer? (...) Ein Seelsorger irgendwie, aber da war keiner... . Ich hätt' ihn vielleicht selber anfordern können, aber in diesem Moment denkt man vielleicht auch gar nicht so weit."*[336] Der eigene Bedarf nach Begleitung wurde in der Komplexität der Situation oft gar nicht wahrgenommen und umgesetzt. Zudem haben ihn die betroffenen Eltern unterschiedlich begründet. Die Ablehnung einer externen Begleitung wurde z. B. auch aufgrund bestimmter Vorstellungen und Befürchtungen ausgesprochen: *„Also, wenn da jetzt einer gekommen wäre und auf mich eingeredet hätte. Also, wir reden jetzt von den ersten zwei Tagen. Ich weiß nicht, ich hätt's vielleicht als Belästigung empfunden. Ich war froh, als wir allein im Zimmer waren und die*

---

[331] Interview Nr. 8, 0747-0753.
[332] Interview Nr. 8, 0776-0785. Siehe ebd. 0666-0669: *„Die ersten Tage waren ausgefüllt mit, hach ja, mit medizinischen Dingen eigentlich, das Kind betreffend, weil da lief einiges schief."*
[333] Interview Nr. 7, 1019-1021.
[334] Interview Nr. 4, 2013-2019.
[335] Interview Nr. 9, 0709-0712. Vgl. auch Schuldantwort 0085: *„Schicksalsweg, der begangen und begleitet werden muss!"* und eine Mutter in Fuchs 1995, 39: *„Es besteht hier* (in der Frühförderung) *offenbar auch die Möglichkeit, Ängste und Probleme der Familie anzusprechen.* **Familienbegleitung** *gerade in den ersten Jahren ist wichtig. Die hat uns gefehlt."*
[336] Interview Nr. 9, 0270-0280.

Schwestern nicht rein kamen und nichts."³³⁷ Der Wunsch nach mehr Unterstützung bekam in den Gesprächen eine stark qualitative Färbung. Wichtiger als die Existenz und das Ausmaß einer Begleitung war den Eltern ihre Qualität.

Nachgefragt werden
Eine Erwartung, die an die hilfreiche Unterstützung außenstehender Personen gerichtet wird, ist, nachgefragt zu werden. Es wird viel über Eltern von behinderten Kindern gesprochen und *„rumerzählt"*, berichtet Herr J., aber *„es gibt ja wenige Leute, die einen dann ansprechen und fragen: Stimmt das? Die meisten haben dann Angst gehabt und denken: Wie gehen sie damit um, können sie überhaupt etwas sagen? Es war für mich sehr bedrückend, so dass es viele Leute gewußt haben und selber konnte man nicht drüber reden."*³³⁸ Angst und Unsicherheit im Umgang mit Menschen, *„denen es passiert ist"*, sind weit verbreitet. Sie äußern sich oft in einem Vermeidungsverhalten. Das „heikle Thema" wird umgangen oder die betroffenen Personen gemieden. *„Wie Aussatz behandelt"* zu werden, war für Herrn und Frau C. die schlimmste Erfahrung. Das Gegenteil, die Anteilnahme und Integration, hätten sie erwartet und nötig gehabt.

Zeitig kommen und Zeit haben
Eine Unterstützung und Begleitung, die persönlich auf sie zukommt, bringen einige Eltern insbesondere mit Seelsorge und Kirche in Verbindung: *„Das hätt' ich erwartet, dass einfach unser Gemeindepfarrer einmal auf uns zukommt und da einmal das anspricht. Aber das war nicht der Fall"*³³⁹. Diese Mutter, die am Leben ihrer Kirchengemeinde aktiv beteiligt war, wurde von ihrem Gemeindepfarrer enttäuscht. Sie war fest davon ausgegangen, er würde die Initiative ergreifen. Solche Erwartungen sind nicht nur auf die schwere Anfangszeit begrenzt. Sie geht weit darüber hinaus: *„Aber die andere Pfarrerin, die war ja 13 Jahre da und in der Zeit hätte sie ja auch einmal auf uns zukommen können. Aber das war gar nicht der Fall. Ja, so 'mal nebenbei gefragt, gelt, aber direkt gekommen... ."*³⁴⁰
Mit einem Gespräch im Vorbeigehen oder zwischen Tür und Angel ist es für diese Mutter nicht getan. Sie erwartet, dass die Pfarrerin rechtzeitig zu ihr kommt und sich richtig Zeit für sie nehmen kann. Bei Frau D. war eine solche Voraussetzung gegeben: *„Während mein Chef, der Pfarrer von der Gemeinde in H. (kam) sofort hierher, mit seiner Frau, und hat versucht mich zu trösten. Das hat mir unheimlich viel gebracht bei dem Gespräch."*³⁴¹ Was einzelne Eltern brauchen, ist verständlich: Jemand, der kommt, rechtzeitig kommt, nicht nur einmal, Zeit mitbringt und Verständnis.
Auf die Frage, ob sie in der Anfangszeit von Christen aus der Gemeinde Unterstützung erhalten hätten, antwortete Frau D.: *„Nein, das habe ich ganz arg bedauert. Ich hab' eigentlich erwartet - weil das ist ja rumgegangen wie ein Lauffeuer, dass ich dieses Kind zur Welt gebracht hab' - ich hab' eigentlich gedacht: Jetzt müsst doch eigentlich unser Gemeindepfarrer einmal fragen, wie es mir geht oder nach dem Kind*

---

337 Interview Nr. 10, 1554-1562. Bölling-Bochinger 1998, 98ff kennt „den zu respektierenden Wunsch der Eltern, ihren Kummer mit sich alleine abmachen zu wollen" und „den Abbruch von Kontakten auch aus Beratungsgesprächen.
338 Interview Nr. 9, 0396-0404.
339 Interview Nr. 9, 0776-0779.
340 Interview Nr. 9, 0851-0856.
341 Interview Nr. 4, 0809-0813.

gucken. Einfach zeigen, er hat ein... . Da war ich ganz arg enttäuscht."[342] Frau D. erwartet von ihrem Pfarrer, dass er von sich aus auf sie zukommt. Wie selbstverständlich geht sie davon aus, er sei über das „Lauffeuer" in Kenntnis gesetzt worden. Vielen betroffenen Eltern fällt es schwer, im Sog der Ereignisse das Thema Behinderung oder das Bedürfnis nach Unterstützung deutlich zur Sprache zu bringen: *„Ja, das gibt so ein komisches Gefühl, wenn man dann immer von sich aus fragen muss, Hilfe anfordern muss."*[343] Gerade dann, wenn Betroffene durch das kritische Ereignis schockiert, von Gefühlen überflutet und gelähmt sind, ist es ihnen aufgrund ihres Zustandes unmöglich, sich selbst um existenzielle Begleitung und Unterstützung zu kümmern.

Allein in den Interviews kamen drei wichtige Gründe zur Sprache, die eine „Geh-Struktur" in der Begleitung von betroffenen Angehörigen dringend erforderlich machen: (1) Die Erwartungshaltung der Betroffenen (insbesondere im Raum der Kirche), (2) das Bedürfnis, nachgefragt und besucht zu werden, und (3) die Unmöglichkeit, aufgrund psychischer Schock- und Lähmungszustände selbst zu gehen.

Bevorzugung vertrauter, verständnisvoller Personen

So wurde z. B. der Wunsch nach einer Person geäußert, die die Anschauung der Betroffenen verstehen und teilen kann: *„Es wär' leichter gewesen, im Glauben dies zu besprechen, wenn jetzt jemand aus dem Bereich auf uns zugekommen wäre und hätte gesagt: Du, brauchst du Hilfe?"*[344] Es wurden nahestehende Personen gewünscht, wie z. B. die Eltern, und erzählt, eine zufriedenstellende verstehende Begleitung sei durch den Ehemann erfolgt.[345] Neben dem Verlangen nach einer vertrauten Person steht auch das Bedürfnis nach einer vertrauten und geschützten Umgebung, in die man sich zurückziehen kann, um gemeinsam über alles zu reden: *„und dann war ich aber so weit, dass ich gesagt habe: ,So, jetzt will ich hier raus!' Das geht nicht. Und ich wollte unbedingt mit meinem Mann zusammen sein. Wir hatten ja irgendwie ein Problem. Und ich empfand das nicht als sehr glücklich, dass ich alleine war. Und er war alleine, sozusagen mit seinem ..., er konnte ja nicht ständig im Krankenhaus sein."*[346] Die Partnerbeziehung bekommt in dieser existenziellen Situation eine exponierte Bedeutung: *„Und ich konnt' also gar nicht alleine sein oder von meiner Frau weg sein. Und ich war wohl der erste Mann, der auf der Wöchnerinnenstation übernachtet hat."*[347]

Einfühlsame Begleitung

In jedem Fall wurde ein großes Bedürfnis nach Sensibilität und Verständnis in der Begleitung geäußert: *„Aber da ist man ja ganz empfindlich in der Zeit. Da kann man ja gar nicht viel brauchen."*[348] Was Betroffene in dieser Zeit nicht brauchen können, ist neben dem Vergleich mit Leuten, die es *noch* schlechter haben, eine unsensible

---

342 Interview Nr. 4, 0771-0781.
343 Interview Nr. 9, 0815-0817. Vgl. auch die Aussage einer Mutter in Fuchs 1995, 38: „Es ist oft schwierig für mich/ für uns, uns nichtbetroffenen Menschen mitzuteilen und uns diesen verständlich zu machen."
344 Interview Nr. 9, 0768-0772.
345 Siehe Interview Nr. 10, 1577-1588 und Nr. 8, 1056-1062.
346 Interview Nr. 8, 0303-0313. Und ebd. 0143-0144: „Auf jeden Fall waren wir dann alleine. Ja, war vielleicht ganz gut so."
347 Interview Nr. 8, 0225-0229. Bölling-Bechinger 1998, 98 bezeichnet in dieser Phase „die reale und emotionale Präsenz des Partners von zukunftsweisender Bedeutung für die Stabilität der Beziehung."
348 Interview Nr. 9, 0253-0255.

Konfrontation mit den Entwicklungserfolgen anderer Kinder, die fast zwangsläufig schmerzliche Vergleiche hervorrufen: *„Ne, also die ersten Jahre sind ganz arg schlimm und ich bin heilfroh, dass ich da drüber hinaus bin, ich bin heilfroh. Ich wollt' früher von niemand, von irgend einer anderen Mutter hören, was ihr Kind macht, ich hab die sofort verteufelt die Frau und hab gedacht: ‚Wie kann die mir jetzt von ihrem gesunden Kind irgend etwas sagen? Die muss doch spüren, dass mir das weh tut, weil mein Sohn das nie macht.‟*[349] Eine Person des Vertrauens muss aus der Sicht der Betroffenen eine besondere Antenne für ihre Befindlichkeiten besitzen und in der Lage sein, ihre Gefühlswelt zu erspüren. Die Voraussetzung, sich ihnen in existenziellen Belangen anzuvertrauen, ist *„das Gefühl zu haben, da ist jemand, der kümmert sich um einen, weiß um die Nöte von solchen Familien, da fühlt man sich irgendwie angenommen und dann kann man über solche Sachen auch reden."*[350] All diese Eigenschaften scheinen bei Eltern behinderter Kinder auch deshalb so gefragt zu sein, weil sie durch das wenig einfühlsame Verhalten ihrer Umwelt immer wieder schmerzliche Erfahrungen machen mußten.

Zusammenfassung
In der ersten Zeit nach der Diagnoseeröffnung berichteten viele Betroffene von einem Bedürfnis nach Ruhe und Rückzug. Sie wünschten sich Entlastungen von äußeren Anforderungen und „Verschnaufpausen", um sich „in Ruhe mit dem auseinanderzusetzen, was passiert ist".
Einige Eltern forderten neben einer kindorientierten Unterstützung auch eine Hilfe für sich selbst. Sie wünschten sich einen ihren Bedürfnissen entsprechenden Gesprächspartner, den sie jedoch in der jeweiligen Situation oft gar nicht erkennen und anfordern konnten. Entscheidend für sie ist die Qualität der Begleitung: Nachgefragt werden, nicht selbst anfragen müssen, ein zeitiges Kommen, Zeit mitbringen und vor allem Verständnis. Bevorzugt wird eine vertraute Person, mit der man sich in eine vertraute Umgebung zurückziehen kann. Sie sollte Vergleiche nach oben oder unten meiden, sich durch Einfühlsamkeit auszeichnen, eine Antenne für die Befindlichkeiten der Betroffenen besitzen und um die Nöte solcher Familien wissen.

3.2.5.3 Erwartungen und Visionen

Die Visionen, die Betroffene von einer gelungenen Begleitung entwickelt haben, werden von ihren ureigenen Bedürfnissen genährt. Väter und Mütter von Kindern mit Down-Syndrom erwarten, dass sie selbst in ihrer Lebenslage und in ihren Bedürfnissen ernst- und wahrgenommen werden.

Einfühlungsvermögen
An oberster Stelle der Wunsch-Hitliste steht für Eltern das Einfühlungsvermögen: *„Die Einfühlung des Psychologen. Was die selbst immer sagen: ‚Man soll sich in den anderen einfühlen, ja!‟*[351] Von den begleitenden Menschen wird emotionale Beteili-

---
[349] Interview Nr. 2, 0414-0425.
[350] Interview Nr. 9, 0957-0962.
[351] Interview Nr. 3, 1141-1143. Ähnlich Nr. 7, 0927f: *„Und auch ein Mitgefühl den betroffenen Eltern gegenüber."*

gung und empathische Perspektivenübernahme eingefordert: *„Nicht nach dem Holzhackerprinzip, sondern feinfühlig (...) nicht nur seine vorgefertigten, sagen wir einmal vom Fragebogen abgelesen und vom Blatt runtergelesen: ‚So müßt ihr euch verhalten und dann ist Schluß, ja!' Sondern er sollte tatsächlich auf die Leute eingehen."*[352]
Die Begleitung wird so gewünscht, dass sie auf die Betroffenen eingeht und von ihnen ausgeht, also personen-zentriert und bedürfnis-orientiert. Eine direktive, besserwissende Beratung, die alle über *einen* Kamm schert oder bevormundet, wird abgewiesen. Anzustreben ist ein non-direktiver, gleichberechtigter Austausch, in dem die individuelle Person und die spezifische Situation ins Zentrum gerückt werden: *„Es hätt' halt jemand sein müssen, der es ernst nimmt."*[353] Für Frau F. legitimiert sich die geeignete Person nicht durch eine berufliche Qualifikation, sondern durch eine menschliche Qualität, die nicht grundsätzlich jede und jeder sich zu eigen machen kann: *„Das hängt bei mir nicht von Scheinen ab. Also ich glaube nicht, dass das jemand studieren kann. Ich glaube, dass dies eine Frage der Einfühlsamkeit ist."*[354]
Die Stärke der Profession kann es sein, durch die Distanz zum Ereignis einen kühlen Kopf zu bewahren, während ihre Gefahr darin besteht, dass auch das Herz kühl bleibt und sich nicht betreffen lässt, *„so, dass man den Eindruck hat, das war meine Erfahrung im Gesundheitsamt: ‚Ich bin froh, dass ich wieder gehen kann.' Das war eine Pflichtübung, eine unbequeme Pflichtübung so einen Besuch zu machen, was halt zum Auftrag dazugehört."*[355]
Was betroffene Eltern hier einfordern, weist in Richtung auf eine einfühlsame und verstehende Begleitung, der auch Grenzen gesetzt sind. Frau D. antwortet auf die Frage, wie denn ein Mensch zuhören, reden und handeln muss, um hilfreich zu sein: *„Das ist unsagbar schwer. Also, es gibt Mütter, die ich kennengelernt habe, die haben sich von Anfang an geöffnet, haben es akzeptiert. Und für die war jegliches Gespräch oder jegliche Hilfe von außen, sei's vom Psychologen, sei's vom Arzt gewesen, sei's von einer Mutter gewesen, eine Hilfe. Und die haben das auch angenommen. Ich konnt' ja gar nichts annehmen."*[356]

Perspektiven aufzeigen
Betroffene Eltern mussten die Erfahrung machen, wie der Schock, die kognitiv-emotionale Lähmung oder die Handlungsunsicherheiten einer traditionslosen Elternschaft ihnen die Zukunft „verbrettert und vernagelt" haben. Im Rückblick ist ihnen darum wichtig, *„die Möglichkeit aufgezeigt zu kriegen, es ist nicht der Stillstand aller Tage, sondern es gibt Formen wie man hier aktiv werden kann."*[357] Diese perspektivische Hilfestellung sollte von außen kommen und Auswege aus dem „Stillstand" aufzeigen: *„Dass man den Leuten als erstes zeigt, dass es kein Ende hat, sondern dass man einen Neuanfang, zwar jetzt nicht so gewollt, aber dass es genügend Sachen gibt, dass man wieder handeln kann, dass man aus der Lethargie, die da einen*

---

[352] Interview Nr. 3, 1119-1127. Siehe auch Nr. 3, 1132-1134: *„Nicht so kalt drauf. Ihr müßt jetzt dies und jenes tun. Und ihr müßt dort und dort."*
[353] Interview Nr. 8, 2309f.
[354] Interview Nr. 6, 0058-0062.
[355] Interview Nr. 9, 0949-0956. Das erwünschte Engagement des Professionellen bringt Herr D. auf dem Hintergrund von gegensätzlichen Erfahrungen mit zwei Pfarrern auf den Begriff „Berufung": *„Es gibt Pfarrer, die sehen das als Beruf an und es gibt andere, die sehen es als Berufung an."* (Nr. 4, 2068-2071)
[356] Interview Nr. 4, 2095-2104.
[357] Interview Nr. 2, 1236-1239.

*zunächst mal erfaßt in der tiefen Trauer, dass man da einen Weg findet, da rauszukommen."*358

Im schwierigen Prozess der kognitiv-emotionalen Bewältigung ist es ein großes Bedürfnis, gesagt zu bekommen, dass und wie es möglich ist, mit einem behinderten Kind glücklich zu leben. Die Orientierung am gelungenen Beispiel wird ausdrücklich gewünscht: *„Also ich find's wichtig, dass man dann auch schöne positive Sachen aufgezeigt kriegt."*359 Was einem dabei begegnet, sollte möglichst lebensnah und anschaulich sein. Frau B. kann es sich z. B. so vorstellen, *„dass wenn man da in der Klinik liegt, eine Mutter, die muss man natürlich gut aussuchen, die das einigermaßen, ohne gleich in Emotionen, in Tränen auszubrechen, machen kann, zum Beispiel ein Kinderordner oder so von ihrem behinderten Kind mitbringt, wo eben nicht grad Bilder drin sind, wo er fürchterlich aussieht, sondern Bilder, wo man sieht: 'Hoppla Mensch, das kann ja was werden und das will ich mal sehen, was daraus wird. Und vielleicht kann ich ja dazu etwas beitragen und so."*360

Begleitung durch Betroffene
Die perspektivische Hilfestellung und die verstehende Kompetenz von Betroffenen stehen bei den befragten Eltern hoch im Kurs. Für Herrn K. können diese Qualifikationen, die statt im Hörsaal mitten im Leben als Erfahrungswissen erworben wurden, von Professionellen nicht eingeholt werden: *„So 'was kann ja höchstens kommen - und das ist ja unser Anliegen und deshalb führen wir ja zum Beispiel dieses Interview - das kann ja nur von Leuten kommen, die das halt ´mal selber mitgemacht haben."*361 Seine Frau relativiert diese Ausschließlichkeit: Sie kann es *„nicht ganz"* so sehen. Auch Herr D. traut einem Pfarrer, der zugleich Vater eines behinderten Kindes ist, mehr Verständnis und Einfühlung zu als dessen Kollegen: *„Der hat mit Sicherheit mehr diese Situation, in die sich meine Frau sagen wir einmal gebracht hat, die hat er mit Sicherheit mehr verstehen können, weil er, er war selbst Betroffener."*362
Wer im Bewältigungsprozess gereift ist, hat selbst die Krise durchlebt und gelernt, sie auszuhalten. Möglicherweise selbst getroffen zu werden, muss von ihnen weder verharmlost noch ängstlich abgewehrt werden. Die an ihr Gewachsenen sind wie der Ton durchs Feuer gegangen und können der Krise anderer Menschen furchtloser standhalten. Solche Leute *„sagen: 'Das ist ein Schmerz und wir können das verstehen. Und das kann man auch nicht wegwischen und gut machen, und nicht sagen: 'Ihr könnt´ ja noch mal eins kriegen"*363.

Lernen am Modell
Immer wieder ziehen befragte Eltern Gleichbetroffene als Begleiter vor, weil diese das alles schon durchgemacht haben: *„Mir wär´s lieber gewesen, ich hätte jemand*

---

[358] Interview Nr. 2, 1202-1210. Siehe auch ebd., 1215-1218: „was dann eine Form von christlicher Nächstenliebe wär', dass man den Leuten sagt, es gibt einen Weg, den ihr begehen könnt ..."
[359] Interview Nr. 2, 1311-1313.
[360] Interview Nr. 2, 1314-1328.
[361] Interview Nr. 10, 1404-1409.
[362] Interview Nr. 4, 0824-0829.
[363] Interview Nr. 6, 0199-0204.

fragen können, jemand der da schon Erfahrung da drin gehabt hat. Das wär' mir sehr hilfreich gewesen, vielleicht."[364] Die reiche Erfahrungskompetenz vom Leben geprüfter Eltern ist gerade am Anfang gefragt. Im Umgang mit einem behinderten Kind müssen Eltern oft bei Null anfangen. Bei der Übernahme der traditionslosen Elternschaft sind sie auf der Suche nach neuen Handlungsmustern und ermutigenden Zukunftsbildern: „Ich hatte mir sehr gewünscht, einen jungen Mann, eine Person mit Down-Syndrom kennen zu lernen, die auch fit ist, die nicht nur eben vom Negativen geprägt ist, so, was man sich normalerweise so vorstellt."[365] Gerade auch für Eltern, die eine pränatale Diagnose gestellt bekamen, kann das Leben von Familien mit einem behinderten Kind eine wichtige Entscheidungshilfe sein.[366] Positive Beispiele von Eltern, „die es geschafft haben", und von Kindern, „die sich entwickelt haben", können zu Modellen der eigenen Lebensgestaltung werden. Was aber ist mit den Negativbeispielen? Die Furcht, schlimme Ahnungen bestätigt zu bekommen, ist groß und Berührungsängste gegenüber ähnlich Betroffenen lassen sich vielfältig begründen.

Hemmschwellen zu Gleichbetroffenen
„'Ne Hemmschwelle, das ist das Gebiet, das Dazuzugehören, jetzt dazuzugehören (...) Es war tatsächlich so, dass ich mich in der Anfangszeit sehr gewehrt hatte, mit Kindern konfrontiert zu werden mit Down-Syndrom."[367] Gleichbetroffene und ihre Kinder werden nicht generell als willkommene und ideale Partner betrachtet. Sich auf sie einzulassen, heißt, sich einzugestehen, einer von ihnen geworden zu sein und nicht mehr den sogenannten Normalen anzugehören. Frau B. möchte um jeden Preis vermeiden, als sogenannte Sonderfamilie in eine Sonderwelt der Behinderten hineingezogen zu werden: „Wir hatten auch am Anfang ganz große Probleme damit, mit so Solidarisierungsversuchen von andern Behinderten, weil wenn man dann so ein Kind kriegt, dann kommt gleich irgendwie, dann, ja, man wird dann vielleicht auch Mitglied in Lebenshilfe z. B. oder irgendwas und kommt dann auch mit anderen Eltern zusammen. Und am Anfang waren wir, also wir haben uns so richtig dagegen gesträubt. Wir wollten nicht von dem Tag an quasi jeden Sonntag mit Behinderten nur Freizeit machen. Das wollten wir nicht. Wir wollten unser Leben so weitermachen wie bisher."[368] Eine reservierte Haltung zur Kontaktaufnahme mit anderen betroffenen Familien wurde auch mit den Risiken eines Aufwärtsvergleichs und eines möglichen Verlusts an Autonomie begründet: Es „ist kein Gesprächsbedarf da, weil ich dann vielleicht der Gefahr unterliege, irgend etwas zu kopieren oder etwas bei den

---

[364] Interview Nr. 3, 0166-0169. Wir sprechen von „Gleichbetroffenen" statt von „Mitbetroffenen", da unter Mitbetroffenen auch Geschwister, Großeltern etc. verstanden werden können.

[365] Interview Nr. 7, 0547-0552. Ähnlich in Nr. 8, 0962-0965: „Also, daraus kam dann, dass man einfach auf ein Kind gesehen hatte, was ein bißchen größer war und das war dann die positive Erfahrung, denk' ich."

[366] Interview Nr. 8, 1321-1327: „Mich hat letztens eine Mutter angerufen, die meine Adresse bekommen hat. Sie ist schwanger mit dem zweiten Kind, hat eine Fruchtwasseruntersuchung machen lassen und wird vermutlich ein Down-Syndrom-Kind bekommen.

[367] Interview Nr. 7, 0669-0682. Siehe auch ebd. 0695-0699: „Also, für den Anfang glaub' ich schon. Dieses Konfrontiert-Werden, das weiß ich doch eben, dass ich mich da ziemlich lang gesträubt hab' dagegen, sogar als die Frühförderung dann anfing." oder Nr. 7, 0777-0780 „Vielleicht hatte ich Angst, dass das ganze positive Bild zerstört werden könnte. Ich wollte erstmal keinen Kontakt haben mit dem H. (Kind mit Down-Syndrom)"

[368] Interview Nr. 2, 0746-0761.

anderen in anderer Art feststellen muss, dass also die Kinder dann vielleicht besser reden können oder dass sie besser rechnen können."[369] Wenn einzelne Bedenken wie diese von Herrn D. auch von marginaler Natur sein mögen, sollten sie dennoch in der Konzeption und Durchführung von Selbsthilfeaktivitäten berücksichtigt und uneingeschränkt ernst genommen werden.

Selbsthilfegruppen
Berührungsängste und Schwierigkeiten sind auch innerhalb von Selbsthilfegruppen anzutreffen: „Wenn dann wirklich über Kinder gesprochen wird, wie sie sich entwikkeln und wie man die Trauer am Anfang bewältigt hat, (...) da hab' ich es wiederholt erlebt, dass die Eltern, die gerade anfangen und in dieser Trauer stecken, noch tiefer reingezogen werden, weil sie sagen: ‚Und ich hab' Gedanken, dass am liebsten dieses Kind sterben wird und hier sitzen sie alle und lieben ihre Kinder.'"[370] Der Vergleich mit den positiven Vorbildern kann auch negative Folgen haben, dort, wo der Bewältigungsprozess als normative Abfolge auf ein Idealziel zuläuft und die Aggression z. B. als ein Durchgangsstadium des notwendigen Übels verkannt wird.
Entsteht aber eine Atmosphäre des gegenseitigen Austausches, die sich einer normativen Bewertung der Bewältigung im Sinne von „sie ist weiter" oder „er ist noch nicht so weit" enthält, bietet die Elterngruppe eine gute Chance, über innere Prozesse, wie etwa den Umgang mit Verlusterfahrungen, offen ins Gespräch zu kommen: „Ja, dass man sagt, hier ist ein Stück kaputtgegangen und was ist eigentlich kaputtgegangen, was hatte ich für Erwartungen. Und man erst einmal darüber sprechen kann: Wie hat man sich dieses Kind eigentlich gedacht. Da fließen Tränen. Da können auch Frauen weinen, die es nicht nötig haben müssen, sich stark zu zeigen. Man muss ja sonst immer stark sein. Man kann ja nicht beim Kinderarzt hocken und heulen oder in der Klinik und heulen. (...) Und wenn man das in der Gruppe kann, wenn der Raum dafür da ist. Also, so begreif' ich auch unsere Aufgabe auch von dieser Elterngruppe, dass es grade auch sein darf."[371]

Nach Meinung von Frau F. sollte die Selbsthilfegruppe ein geschützter, vertrauensvoller Raum sein, in den hinein sich Eltern öffnen können. „Es ist eine gewisse Intimität da. Es ist nicht schlimm, wenn man das einfach sagen kann. Und das Gespräch geht eigentlich ein bißchen von den Kindern weg. Das muss gehen, sonst kommt man an das Eigentliche nicht ran."[372] Die Elterngruppe sollte nicht nur ein Vertrauens-Raum von Eltern, sondern auch ein Frei-Raum von den Kindern sein. Ein Freiraum, der die Möglichkeit bietet, sich in Ruhe mit sich selbst zu beschäftigen, mit dem eigenen Verhältnis zum Kind, ausnahmsweise aber einmal nicht mit dem Kind selbst. Die Gefahr bestehe zwar, dass das „eigene Anliegen" der Eltern immer wieder vom Thema „Kind" überlagert werde, auch lasse es sich nicht strikt trennen. Der Schwerpunkt müsse aber bei einem selbst liegen, so Frau F.. Es sei Aufgabe der Gesprächsleitung, immer wieder dorthin zurückzuführen, so wie es die Psychologin

---

[369] Interview Nr. 4, 0930-0936.
[370] Interview Nr. 6, 0720-0731. Vgl. auch die in Miller 1997, 241f angeführten möglichen Bedenken von Betroffenen gegen eine Selbsthilfegruppe.
[371] Interview Nr. 6, 0733-0758.
[372] Interview Nr. 6, 0770-0776. Bölling-Bochinger 1998, 100 spricht im Kontext der Frühberatung von einem „neutralen Raum".

in ihrer begleiteten Elterngruppe regelmäßig praktiziere: *"Es ist immer wieder, dass sie sagt: ‚Jetzt kommt ihr überhaupt nicht mehr von eueren Kindern los."*[373]

Interdisziplinäre Frühberatung

Zur Beratung und Unterstützung von betroffenen Eltern müssen die individuell passenden Personen gefunden werden. Weder eine professionelle, eine gleichbetroffene noch eine nahestehende Person ist in jedem Fall von vornherein geeignet. Dies läßt sich allein in der Beurteilung der konkreten Bedarfssituation klären. Sehr gute Voraussetzungen sind aber nach Meinung von Eltern gegeben, wenn Selbsterfahrung, Fachkompetenz und soziale Nähe in einer Person zusammenfließen: *"Auch Eltern dann, auch betroffene Eltern, beide. Auch betroffene Ärzte, auch Mediziner. Es gibt Mediziner, die inzwischen Zentren für Down-Syndrom eröffnen, so etwas sucht man am Anfang."*[374] Da die idealen Voraussetzungen sich selten in einer Person vereinen, ist es erforderlich, Kompetenzen an interdisziplinären Frühberatungs- und -förderstellen bzw. Heilpädagogischen Zentren zu koordinieren. Bei einem ersten Kontakt zwischen Eltern und solchen Anlaufstellen sollte geprüft werden, so Frau F., wie auf dem Hintergrund der persönlichen Bedarfslage ideal weiterverfahren werden könnte. „Anlaufstelle" sollte ganz neu, im Sinne eines Genetivus subjektivus verstanden werden. Die entsprechende Stelle läuft die Betroffenen an, nicht umgekehrt, damit in Zukunft das Lotteriespiel der Hilfeleistung, von der Herr J. berichtet, überwunden werden kann: *"Also, das ist so: Einfach, dass man im Endeffekt abhängig ist von Personen. Je nachdem zu welchen Personen, zu welchen Ärzten, zu welchen Therapeuten, zu welchen Helfern man kommt. Ja, das ist einfach manchmal Zufall."*[375] Eine interdisziplinäre Beratungs- und Vermittlungsstelle sollte das Prinzip der Zufälligkeit frühzeitig durchbrechen und gezielte Kontakte zu den gewünschten Personen und Ressourcen eröffnen, je nachdem, wo Bedarf ist: *"Ja, und ich denke, dass so jemand nicht alles wissen müßte, aber in der Lage sein müßte weiterzuvermitteln, entsprechende Kontakte auch zu pflegen, auch zur psychologischen Beratung zum Beispiel."*[376] Das Leitprinzip sollte sein, dass sich das Angebot nach der Nachfrage richtet: *"Oder da sind Schicksalsfragen, die dann mehr theologisch geprägt sind. Es gibt ja auch Pfarrer, die behinderte Kinder haben, ganz geeignete."*[377] Eine Beratung in existenziellen Fragen ist nicht immer gefragt, aber sie sollte immer zur Stelle sein, wenn sie gebraucht wird. Darum muß sie zu einem integralen Bestandteil im interdisziplinären Kanon der Ressourcen jeder Frühberatung werden. Einer Empfehlung der Bundesvereinigung Lebenshilfe zufolge sind Gleichbetroffene gerade in der existenziellen Beratung von großer Bedeutung: „Gemeinsam können Eltern versuchen, Antworten auf die existenziell bedrängende Frage: Warum gerade ich/wir?' zu finden. Besonders hier sind Fachpersonen Grenzen gesetzt, Eltern mit

---

[373] Interview Nr. 6, 1176-1178 und ebd. 1181. Auch die Fülle möglicher Gruppenaktivitäten und -themen, die Miller 1997, 253 auflistet, führen eher von der existenziellen Auseinandersetzung der Eltern weg.

[374] Interview Nr. 6, 0132-0137.

[375] Interview Nr. 9, 0987-0992. Vgl. auch Nr. 8, 0953-0961: *„Und das Beste, was dann passierte, das war eigentlich die Hebamme, die mich betreut hatte, und die rief mich an und meinte, sie hätte vor einem dreiviertel Jahr schon einmal ein Down-Kind entbunden und ob ich Interesse hätte, diese Familie kennenzulernen. Und das war dann, so praktisch, eine Eigeninitiative."*

[376] Interview Nr. 6, 0073-0078.

[377] Interview Nr. 6, 0089-0092.

behinderten Kindern zu verstehen."[378] Es ist also hinzuzufügen: Im interdisziplinären Kanon kompetenter Kontaktadressen dürfen in Zukunft Betroffene nicht mehr fehlen, wobei sich nicht jede betroffene Person per se eignet[379]. Es wäre die Aufgabe der koordinierenden Stelle, Kontakte zu geeigneten Personen herzustellen: *„Dass die Frühberatung sich bemüht, Verbindungen zu schaffen, solche Leute zu befragen: ‚Wären sie bereit, ein beratendes Gespräch zu führen mit jemand, der gerade so ein Kind bekommen hat?' Das zu zentralisieren und zu initiieren. Betroffene Eltern zu befragen: ‚Sie haben jetzt ein Kind, das ist jetzt vielleicht drei Jahre alt. Wären sie bereit, Eltern, die gerade eins bekommen haben, zu berichten über ihre Erfahrungen?'"[380]*
Bei einer ehrenamtlichen Tätigkeit ist die Auswahl, Weiterbildung, Begleitung und Supervision von Betroffenen sicherzustellen und zu klären, inwieweit Gleichbetroffene nicht schon bei der Diagnosemitteilung einbezogen werden sollten.

Zusammenfassung

An oberster Stelle der Wunschliste steht das Einfühlungsvermögen und die empathische Perspektivenübernahme der begleitenden Person. Gefragt ist nicht primär eine berufliche Qualifikation, schon gar keine „Pflichtübung", sondern eine menschliche Qualität. Die Unterstützung sollte personenzentriert und bedürfnisorientiert ausgerichtet sein, nicht besserwisserisch, sondern nondirektiv und dialogisch gleichberechtigt praktiziert werden.

Für diese Aufgabe stehen Gleichbetroffene hoch im Kurs. Denn wo immer sie „wie der Ton durchs Feuer" hindurchgegangen sind, konnten sie sich i.d.R. eine Festigkeit und verstehende Kompetenz erwerben, die im Unterschied zu Nichtbetroffenen erfahrungsgesättigt sind. Gleichzeitig kamen auch Hemmschwellen und Vorbehalte gegenüber Gleichbetroffenen zur Sprache, die u. a. mit der Angst vor schädlichen Vergleichen, Autonomieverlusten und dem Ausgegrenztwerden in eine Sonderwelt der Behinderung begründet wurden.

So bietet eine Elterngruppe zwar auch die Gefahr, durch divergierende Bewältigungsprozesse überfordert, noch tiefer in die Trauer hineingezogen oder normativ festgelegt zu werden. Insgesamt wird aber die Selbsthilfegruppe als eine einzigartige Chance gewertet, einen Vertrauensraum von Eltern und einen Freiraum von den Kindern zu genießen, der die eigenen existenziellen Anliegen zum Zug kommen läßt.

Ein Rückblick auf den empirischen Teil unserer Untersuchung macht eines ganz deutlich. Obwohl alle Mütter und Väter die Gemeinsamkeit teilen, Eltern eines Kindes mit Down-Syndrom zu sein, besitzen sie keine homogene Belastungs-, Bewältigungs- und Bedürfnisstruktur. Am sinnfälligsten ist diese Tatsache an der Vielfalt individueller Deutungsversuche geworden. Aber auch die statistischen Ergebnisse zeigen übereinstimmend, dass eine Generalisierung vermieden und eine Automati-

---

[378] Bundesvereinigung 1997b, 13.
[379] Vgl. auch Interview Nr. 6, 1189-1192: *„Das könnte durchaus auch eine Mutter übernehmen. Aber es kann auch nicht jede Mutter übernehmen oder jeder Vater."*
[380] Interview Nr. 6, 0100-0110. Siehe auch ebd., 0022-0026: *"Vielleicht schon eine Frau, die Frühförderung macht oder ein Mann, der Frühförderung macht, sich da auskennt, Eltern vermitteln kann, an den man später herantreten kann."*

sierung der Reaktions- und Bewältigungsformen ausgeschlossen werden muss. Dieser allgemeine Befund ist bei der Konzeption einer hilfreichen Krisenbegleitung zu berücksichtigen. Sie darf sich nicht an vorgegebenen Schemata oder Phasen orientieren, sondern muss auf die Offenheit individueller und systemischer Prozesse adäquat reagieren können.

C. PRAKTISCHER TEIL

Im letzten Teil der Studie werden nun die Ergebnisse der Theorie (Teil A) und der Empirie (Teil B) für die Praxis fruchtbar gemacht. Das Anliegen dieses praktischen Teils ist es, die Rahmenbedingungen für die Krisenbewältigung der primären Bezugspersonen von Kindern mit Down-Syndrom günstiger zu gestalten. Im Zentrum des Interesses steht, betroffene Menschen in ihrem Deutungsprozess und in der Reorganisation ihrer Lebensanschauung kompetent zu unterstützen. Die Frage ist, wie die theoretischen und empirischen Erkenntnisse dieser Studie für die Frühberatung und –begleitung von Fachleuten und Laien gewinnbringend eingesetzt werden können. Wie können vorhandene Dispositionen der Betroffenen positiv verändert und neue interpersonale sowie soziokulturelle Ressourcen im existenziellen Auseinandersetzungsprozess mit Krisenereignissen erschlossen werden? Dabei bleibt der Blickwinkel nicht auf das kritische Ereignis „Diagnose Down-Syndrom" eingeengt. Über dieses *spezifische* Ereignis hinaus richten wir das Augenmerk auf die Unterstützung der existenziellen Bewältigung von kritischen Lebensereignissen *im allgemeinen*. Was wir in diesem Abschnitt erreichen können, ist noch nicht das Ziel, aber ein Auftakt zur ersten Etappe auf dem Weg einer hermeneutischen Krisenbegleitung.

1 Verstehende Krisenbegleitung

Zuerst soll erläutert werden, was mit „verstehender Krisenbegleitung" gemeint ist. Die Verbindung dieser beiden Begriffe wurde bewußt gewählt, weil sie zwei bedeutsame Aspekte zum Ausdruck bringt.
Zum einen ist von *Begleitung* oder auch von Unterstützung die Rede, nicht aber von Betreuung oder Beratung. Menschen in der Krise wollen nicht „betreut" werden. Dieser vor allem in der Kinderbetreuung geläufige Begriff ist mit einer unangemessenen Abwertung der einen Seite und einer starken Überbewertung der anderen Seite verbunden. „Betreuung" infantilisiert die Betroffenen und glorifiziert die Unterstützer, was sich auf das gemeinsame Bemühen um Bewältigung eher blockierend als hilfreich auswirkt[1]. Auch der Begriff „Beratung" betont zu einseitig die fachliche Kompetenz bzw. Omnipotenz des Begleiters, als ob dieser im Voraus den Weg und das Ziel in der Krisensituation schon wüßte. Assoziationen von einer Einbahnstraße des Ratgebens und einem damit verbundenen Hierarchiegefälle von professioneller Klugheit und laienhafter Dummheit sollen mit dem Begriff „Begleitung" vermieden werden[2].
In der Etymologie von „begleiten" fließen die beiden alten Verbformen „leiten" und „geleiten" zusammen. Die erste Bedeutung „leiten/ führen" ist heute aber zu „mitgehen" abgeschwächt, wie es im französischen Verb „accompagner" und im italienischen „accompagnare" zum Ausdruck kommt. Der Begleiter ist also der Weggenosse, der „Kompagnon" bzw. „Kumpan"; einer, der im wörtlichen Sinn das harte „Brot" (lat. *cum pane*) mit dem anderen teilt[3]. Diese Wortbedeutung von „Begleitung" als

---

[1] Vgl. Trost 1991, 185. Zugleich ist „Betreuung", was so viel bedeutet wie „in Festigkeit erhalten", auch der Sache, d.h. der Unterstützung in der Krise, nicht angemessen; siehe Duden 1997, 757 unter „treu".

[2] Auch Schuchardt 1993, 31 spricht von „Begleitung" bzw. „Prozessbegleitung", führt aber nicht weiter aus, was sie unter einer „angemessenen Begleitung" (31, 34, 37 etc.) versteht. Eine Zwischenposition nimmt Steinebach 1997, 33 ein, wenn er die Unterstützung „begleitende familienbezogene Beratung" nennt.

[3] Siehe Duden 1989, 70 (begleiten), 368 (Kompagnon) und 394 (Kumpan).

ein gegenseitiges (Mit-) Teilen und Ergänzen findet in der Musik ihren sinnfälligsten Ausdruck. Die musikalischen Begleiter, in der Fachsprache Akkompagnisten genannt, spielen ergänzend zur Stimme des Solisten. Ihre Begleitung ist so gesetzt, dass sie in vielfältigen Harmonien und Rhythmen die Melodie des Virtuosen zur Entfaltung bringt. Sie halten sich zurück, um nicht zu überdecken, sie akzentuieren, bereiten Wendungen und Durchbrüche vor oder verstummen völlig, wie etwa beim Jazz oder in der Kadenz einer Synphonie. Am diesem Sinnbild der Musik könnte sich m. E. die Begleitung im existenziellen Bewältigungsprozess von Krisen gewinnbringend orientieren.

Zum anderen wird diese Begleitung mit dem Adjektiv „verstehend" detaillierter qualifiziert. Es geht um eine *verstehende* Krisenbegleitung, zu deren Verwirklichung es auch einer „Verstehenslehre", also einer Hermeneutik bedarf. Wir beziehen uns im Folgenden auf die geisteswissenschaftliche Tradition Friedrich D. E. Schleiermachers. Mit seiner subjektbezogenen Hermeneutik, die von W. Dilthey weiterentwickelt wurde, vollzog er im Anschluss an Immanuel Kant die „transzendentale Wende in der Hermeneutik"[4]. Mit dieser Wende wird die Vorherrschaft der zu erkennenden Sache zugunsten des erkennenden Subjekts gebrochen.
Der Verstehensprozess kann in Schleiermachers Hermeneutik als das Rekonstruieren der „erkennenden Tätigkeit" eines anderen Menschen aufgefaßt werden. Dabei ist nicht das Verstehen das Selbstverständliche, sondern das Missverstehen. „Die strenge Praxis geht davon aus, dass sich das Missverstehen von selbst ergibt und das Verstehen auf jedem Punkt muss gewollt und gesucht werden."[5] Wirkliches Verstehen, das dazu führt, dass sich ein Mensch tief verstanden fühlt, wird betrachtet als eine bewusste, hermeneutische Leistung und ist im Alltag ein seltener Vorgang. Der Ausgangspunkt des Verstehensprozesses bildet, so paradox das klingen mag, das Faktum des Nichtverstehens, das sich bis zum Ende des Prozesses in der Anerkennung einer partiellen Nichtverstehbarkeit durchzieht.
Der Annäherungsprozess wirklichen Verstehens bewegt sich zwischen den Polen des Individuellen und Allgemeinen. Einerseits bedarf es einer empathischen Kompetenz zum Nachspüren der individuellen Äußerung, die immer auf komplexe Weise mit der Lebensanschauung des Individuums verbunden ist. Andererseits ist ein metakognitives Wissen über allgemein menschliche Verarbeitungs- und Informationsprozesse erforderlich.[6] Wo das Verstehen nach den Kunstregeln der Hermeneutik zwischen diesen Polen vollzogen wird, wächst die Wahrscheinlichkeit, das alltägliche Aneinander-Vorbeireden und Missverstehen zu überwinden.
Die Kunst des Verstehens bildet geradezu die Voraussetzung für eine gelingende Krisenbegleitung. Denn nur dort, wo ein Akkompagnist den musikalischen Ausdruck des Solisten angemessen nachempfinden und seine künstlerische Leistung verstärken kann, entfaltet sich ein Zusammenklang, eine „Symphonia", die auch den Virtuosen beflügelt.
Wie bedeutsam eine verstehende Begleitung in Lebenskrisen im Allgemeinen und bei Eltern von Kindern mit Down-Syndrom im Besonderen ist, soll nun auf der Grundlage unserer theoretischen und empirischen Befunde erörtert werden.

---

[4] Schleiermacher/ Frank 1999, 7f. Die hermeneutische Theorie von Schleiermacher kann hier nur fragmentarisch angedeutet werden.
[5] Schleiermacher/ Frank 1999, 92. Vgl. auch Ruschmann 1999, 194 und die dort aufgeführten empirischen Belege, dass ein wirkliches Verstehen im Alltag die Ausnahme darstellt.
[6] Vgl. zu diesen Ausführungen Ruschmann 1999, 196f.

1.1 Notwendig und ergänzend

Ob eine verstehende Krisenbegleitung notwendig ist, hängt davon ab, inwiefern die Not durch eine *externe* Hilfe gewendet werden muss. Ein unbedingtes Erfordernis für diese Form der verstehenden Unterstützung ist allerspätestens dann gegeben, wenn die vorhandenen Ressourcen der betroffenen Person bzw. Familie durch die äußeren und inneren Anforderungen überschritten werden. Das entscheidende Kriterium für die Leistung dieser Hilfe ist der persönliche Bedarf.

Kein Bedarf
Von einem grundsätzlichen Unterstützungsbedarf bei allen Betroffenen kann nach den empirischen Ergebnissen unserer Erhebung nicht ausgegangen werden. Die Diagnose Down-Syndrom führt zwar i. d. R., nicht aber zwangsläufig zur Krise und zu existenziellen Nöten. Allerdings ist die Gruppe der betroffenen Eltern, in der existenzielle Fragen kein einziges Mal aufgebrochen sind (4 %) und *kein Wunsch nach mehr* verstehender Unterstützung geäußert wurde(17 %), sehr klein. Der Anteil der Betroffenen, die *gar keinen Wunsch* nach Unterstützung in dieser Richtung hegten, liegt deutlich unter 10 %.

Bedarf
Dagegen haben sich ungefähr 84 % der befragten Eltern die Warum- und Wozu-Frage gestellt und 60 % die Schuldfrage. Rund einem Drittel von ihnen ist es nie gelungen, eine persönliche Antwort bzw. Deutung zu finden. Bei zwei Dritteln der Betroffenen hat sich nach eigenen Angaben die Lebensanschauung durch ihr behindertes Kind verändert, bei ca. 10 % sogar völlig gewandelt und bei ebenso vielen wurden sehr oft Zweifel an der eigenen Anschauung ausgelöst. Für 26 % von ihnen handelt es sich bei der Diagnose Down-Syndrom um ein sehr existenzielles Ereignis. Nur für 14 % ist es mit einem tieferen Sinn verbunden. Diese Daten und die aufgeführten Hinweise der Fachliteratur zeigen, dass die lebensanschauliche, existenzielle Auseinandersetzung im Bewältigungsprozess eine bedeutsame, umfassende Rolle spielt[7].
Auch die Äußerungen in den Interviews lassen einen Bedarf an nahestehenden, gleichbetroffenen und professionellen Unterstützern erkennen; ein Bedarf, der aber in der akuten Krisensituation von den Betroffenen nicht immer erkannt und artikuliert werden kann. Wie die Nachfrage nach Unterstützung in Bezug auf unterschiedliche professionelle und nichtprofessionelle Gruppen ist, muss erst noch erhoben werden. Die Gewichtung der faktisch erhaltenen verstehenden Unterstützung gibt den nahestehenden Personen gegenüber den Professionellen den Vorzug. Am wichtigsten ist den Betroffenen, dass die unterstützende Personen einfühlsam, verständnisvoll, engagiert und zukunftsweisend sind.

Mehrbedarf
Ein Mehrbedarf an verstehender Begleitung ist in qualitativer und quantitativer Hinsicht gegeben.
Die *quantitative Lücke* in der Begleitung besteht darin, dass ein Viertel der Eltern und davon doppelt so viel Väter als Mütter nie eine verstehende Unterstützung erhalten

---

[7] Vgl. z. B. Bölling-Bechinger 1998, 92: „... lenkten viele Gespräche mit Eltern meine Aufmerksamkeit auf das Thema: Trauer von Eltern über die Behinderung ihres Kindes.", sowie Lauth 1985, 102: „Eltern Behinderter (...), deren persönliche und emotionale Anpassung gefährdet ist und die der Unterstützung bedarf."

haben. Der hohe Grad an Unzufriedenheit mit der faktisch erhaltenen Hilfe ist erschreckend. 83 % der Betroffenen, deutlich mehr Väter als Mütter, hätten sich ein besseres Unterstützungsangebot gewünscht. Fünf von sechs Personen haben demnach die für sie notwendige Begleitung nicht erhalten. Dies ist ein alarmierender Befund!

Auf der anderen Seite weist die umfangreiche Liste der unterstützenden Personen und Institutionen ein großes Spektrum an helfenden, sozialen Ressourcen auf. Dieses umfangreiche Unterstützungspotential provoziert die Frage, warum die Unzufriedenheit dennoch so hoch ist. Es legt sich die Antwort nahe, dass das Defizit an verstehender Unterstützung nicht nur quantitative, sondern in gleichem Ausmaß *qualitativ* ist. Dafür spricht auch das hohe Maß an Unzufriedenheit, das betroffene Eltern in ihren Erfahrungsberichten über die Professionellen in den sogenannten helfenden Berufen zum Ausdruck gebracht haben.

Wir haben es also mit einem *doppelten Notstand* zu tun. Einerseits mit dem existenziellen Notstand der Betroffenen selbst, andererseits mit dem qualitativen und quantitativen Notstand der zur Verfügung stehenden Unterstützungsangebote. Wie wir gesehen haben ist diese doppelte Not am stärksten in der ersten Zeit nach der Diagnoseeröffnung und bei der professionellen Begleitung ausgeprägt.

Notwendige Ergänzung

Der augenfällig hohe Bedarf und Mehrbedarf an verstehender Begleitung bei zu geringem Angebot macht den Ausbau dieses Unterstützungsfeldes notwendig. Dort, wo der Bedarf nach einer unterstützenden Zuwendung nicht befriedigt wird, kann dies schlimme Konsequenzen nach sich ziehen, so Erika Schuchardt (1993) in ihrer vierten Grundannahme: „... *fehlende und unzureichende* menschliche wie seelsorgerische *Begleitung* führt zum *Abbruch des Lernprozesses* Krisenverarbeitung ..."[8]. Es bedeutet, dass der Weg aus der Krise heraus für lange Zeit versperrt bleibt und die Menschen in ihrem Elend im Stich gelassen werden. Die Notwendigkeit einer psychischen Ersten Hilfe und einer anhaltenden Krisenbegleitung ist nicht geringer als die physische Erste Hilfe des Roten Kreuzes. Die Erfahrungen aus der Krisenintervention und Notfallseelsorge zeigen, dass von einem Unglück betroffene Menschen gerade kurz nach der Katastrophe viel Nähe und Beistand brauchen. Die Verletzungen der Psyche und des Lebenskonzeptes müssen ebenso ernst genommen werden wie die Verletzung des Körpers. Bis dahin ist aber noch ein weiter Weg zurückzulegen, auch in der Sonderpädagogik.

In diesem psychosozialen Bereich ist noch viel Entwicklungsarbeit zu leisten. Warum sie nur zögerlich vorankommt, liegt neben finanziellen Gründen auch daran, dass der psychische und philosophische Bedarf in der Praxis der Frühberatung aus unterschiedlichen Gründen[9] nicht so fokussiert in den Blick genommen wird wie in der hier vorliegenden Studie. Ein wesentlicher Grund ist auch die Äußerlichkeit, dass der „Blutverlust" der Seele und der Lebenskonzeption weder sichtbar noch medizinisch kurierbar ist.

Die Wahrnehmungs- und Angebotslücken bei der psychisch-existenziellen Not finden auch in der *sonderpädagogischen Fachliteratur* ihren Niederschlag. So wird der

---

[8] Schuchardt 1993, 149.

[9] Zu diesen Gründen zähle ich die Privatisierung und Tabuisierung von religiösen und lebensanschaulichen Themen, die traditionelle Fixierung der Frühförderung auf das behinderte Kind in Qualifikation und Praxis, die Schwierigkeit der Eltern, existenzielle Bedürfnisse geltend zu machen, die durch die sozial arrangierte Abhängigkeit der Mütter (Jonas 1990) verschärft wird, der hohe Kraftaufwand, geeignete Unterstützung zu finden, und die größere Augenfälligkeit körperlicher gegenüber psychischer und existenzieller Not.

Bedarf nach verstehender Unterstützung im Kanon anderer Bedürfnisgruppen bislang weitgehend ausgeblendet und von praktischen Forderungen nach Krisenentlastung überlagert. Die Familien-Bedürfnis-Skala z. B., deren psychometrische Qualität empirisch überprüft wurde, umfasst 35 Grundbedürfnisse, die sechs großen Gruppen zugeordnet werden können[10]. Der von uns erhobene Bedarf nach verstehender Begleitung wird aber nur bei einzelnen Items dieser Skala marginal gestreift und läßt sich nur mühsam einer Bedürfnisgruppe zuordnen, am ehesten der zweiten: „Unterstützung innerhalb und außerhalb der Familie". Ein besonderer Unterstützungsbedarf in existenziellen und lebensanschaulichen Fragen wird als eigenständige Größe weder wahrgenommen noch ausgewiesen.

Beratungskonzept und Frühförderung

Zwar betont die sonderpädagogische Fachliteratur vermehrt, dass „die Trauer von Eltern (...) als eigenes Thema in das Konzept der pädagogisch-psychologischen Frühförderung einbezogen werden sollte" und die Zusammenarbeit mit den Eltern und deren Beratung ein integraler Bestandteil jeder Frühförderung werden müsse[11], doch nach wie vor herrscht eine große Ignoranz gegenüber dem Coping-Prozess der Angehörigen. Ein wissenschaftlich fundiertes, familienorientiertes Beratungskonzept liegt innerhalb der Frühförderung noch immer nicht vor[12], und die praktische Umsetzung von Frühberatung wird nur vereinzelt an Sonderpädagogischen Beratungszentren, Sozialpädiatrischen Zentren oder an Interdisziplinären Frühförderstellen konsequent vollzogen.

Die Emanzipation der Frühberatung von Familien gegenüber der Frühförderung von Kindern ist mit Nachdruck zu fordern und in naher Zukunft zu realisieren[13]. Die Frühberatung darf nicht als Manövriermasse zwischen Tür und Angel oder in Therapielücken praktiziert werden, sondern sollte als ein gleichberechtigtes und ergänzendes Angebot einen festen, eigenständigen Ort im System der Frühförderung und im Koordinatensystem der frühen Hilfen erhalten[14].

---

[10] Lanners/ Lambert 1999, 37ff führt den *Familiy Need Survey* der Forschergruppe Bailey/ Simeonsson auf und nennt sechs Bedürfnisgruppen: „Suche nach Informationen, Bedürfnisse in Bezug auf Unterstützung innerhalb und außerhalb der Familie, Wunsch nach Unterstützung bei der Aufklärung anderer Personen bezüglich der Schwierigkeiten einer Familie mit einem behinderten Kind, finanzielle Bedürfnisse, Bedürfnisse bezüglich des Familienlebens.

[11] Bölling-Bechinger 1998, 96. Siehe auch die Rahmenkonzeption 1998, 19 und vgl. Bundesvereinigung Lebenshilfe 1998a, 10: „Frühberatung ist Bestandteil aller Hilfen im Rahmen der Frühförderung." Auf Seite 29f nimmt sie zwar zur Aufgabe der Psychologie Stellung, die Frühberatung als eigenständiger Bereich bleibt aber innerhalb der Frühförderung marginal und subsistenzlos.

[12] Siehe auch Steinebach 1995, 22f. Ein wichtiger, jedoch kind- und förderzentrierter Beratungsansatz wurde am Sonderpädagogischen Beratungszentrum Heidelberg entwickelt (Bölling-Bechinger 1998, bes. 147ff).

[13] Vgl. z. B. Sparrer/ Stephan 1997, 124: „gleichwertige Ergänzung" und Blinkle 1989, 186 mit These 4: „Frühförderung muss in der ersten Phase (...) primär nicht kindzentriert, sondern bejahungszentriert sein, d.h. auf eine verstärkte Beratung zu Beginn der Fördersituation ist zu achten" und der Forderung in These 5 nach „Räumlicher und zeitlicher Trennung von Eltern und Kind während der Beratungssituation".

[14] Diese doppelte Säule von „interdisziplinärer Frühförderung und Familienbegleitung" wird z. B. im Modell „Steiermark" praktiziert (Pretis et al. 1998, bes. 180 u. 182). Auch Jonas 1990, 17ff kritisiert, dass die Frühförderung in Praxis und Forschung zu kindzentriert ist und das Erleben der Mütter als eigenständige Personen ausblendet. Zwischen Tür und Angel kann u. U. ein idealer Ort für ein begleitendes Gespräch sein, er darf aber nicht zu dem allein möglichen Ort werden.

Emanzipation der Frühbegleitung
Frühförderung muss nach Ansicht von Betroffenen nicht nur als Förderung der Kinder, sondern auch als Förderung der Eltern verstanden werden. Stellvertretend drückt eine betroffene Person dies folgendermaßen aus: *„Ich denke, dass der Begriff Frühförderung auch auf die Eltern zutrifft. Denn auch sie müssen gefördert werden. Sie müssen früh gefördert werden (...) Ich denke, dass Frühförderung eine Familiensache ist. Die trifft nicht nur auf das Kind zu. Die Eltern müssen wieder auf die Beine kommen."*[15] Die Forderung nach einer ergänzenden Frühberatung und -begleitung stützt sich nicht allein auf den Wunsch der Eltern. Sie gründet ebenso in der Erkenntnis einer engen, systemischen Verflechtung von psycho-dynamischen Prozessen der Eltern und psychosozialer Entwicklung ihrer Kinder[16]. Die Begleitung der Eltern und der Familie darf jedoch nicht für die Förderung des Kindes verzweckt werden, wie es über Jahre im Kontext des nachwirkenden techno-funktionalistischen Kotherapeutenmodells praktiziert wurde[17]. Auch weiterhin muss in der Eltern- und Familienarbeit daran gearbeitet werden, die Zentrierung und Fixierung auf das behinderte Kind und seine Förderung aufzugeben, damit die Angehörigen mit ihren ureigensten Bedürfnissen besser in den Blick kommen und ihre Begleitung um ihrer selbst willen geleistet wird[18]. Darum ist mit Sorgfalt auf die Emanzipation und Eigenständigkeit der hermeneutischen Frühbegleitung gegenüber der Frühförderung des Kindes zu achten.

Primat der Frühbegleitung am Anfang
Nach allem, was wir über die Bedürfnisse und den Bewältigungsprozess der Angehörigen gehört haben, ist die bloße Gleichberechtigung von Frühförderung und Frühbegleitung nicht ausreichend. Gerade am Anfang ist die Trauerarbeit um das virtuell verstorbene Wunschkind und die Anpassung an das unerwartet andersartige, geborene Kind ein Türöffner für alle weiteren Prozesse der Eltern-Kind-Beziehung und der Kindesentwicklung. Denn jedes Kind nimmt sensibel wahr, wenn es von seiner Umwelt mit der Haltung „du bist nicht so, wie wir dich uns vorgestellt haben" behandelt, therapiert und gefördert wird. Es wird darauf angemessen reagieren und die „Behandlung" (z. B. der Frühförderung) ins Leere laufen lassen.
Um nicht an der falschen Stelle Energie zu verschleudern, ist es anfangs am allerwichtigsten, den Eltern zur Kraft zu verhelfen (Enpowerment), einen positiven Bezug zu ihrem Kind aufzubauen, ihren Verlust zu verschmerzen und neue Anschauungsmuster zu entwickeln. Erst eine wiedergewonnene emotionale und hermeneutische Kompetenz bringt die Wand, die sich unsichtbar zwischen Eltern und Kind geschoben hat, zum Verschwinden. Dann erst wird für die Eltern der Weg frei, sich konstruktiv daran zu beteiligen, ob, wann und wie ihr Kind gefördert werden kann. Dazu braucht es das Primat der frühen Elternunterstützung mit der Reihefolge: Zuerst Frühbegleitung, dann Frühförderung[19].

---

[15] Heinen/ Simon 1997, 96.
[16] Vgl. dazu Bölling-Bechinger 1998, 92-117 und Krause 1997.
[17] Siehe Weiss 1997, 104ff, Dittmann 1995, 123 und die 7. These in Haberstock et al. 1999, 83.
[18] Vgl. z. B. Sparrer/ Stephan 1997, 131: „Der Focus liegt (...) ganz bewußt auf der ‚restlichen Familie' und ihren Einzelmitgliedern, etwa nach dem Motto 'wir sind auch noch da.'" Vgl. auch Krause 1997, 124: „Für die praktischen Belange von Frühförderung bzw. der Heilpädagogik in Kindergarten und Schule muss eine noch stärkere Sensibilität für die Prozesse der Stressbewältigung gefordert werden."
[19] Diese Auffassung wird auch von Stengel-Rutkowski 1999, 3 geteilt: „In den ersten Lebensmonaten und -jahren scheint vielmehr die Unterstützung der Eltern wichtiger zu sein als das Training der Kinder."

Frühberatung und Frühbegleitung

Was bis dato unter „Frühberatung" verstanden wird, ist eine Vielfalt heterogener Angebote. Zwei Grundformen dieser Angebote sollten auch im Blick auf die Eigenständigkeit gegenüber der Frühförderung begrifflich unterschieden werden. Bei der einen Form bezieht sich die Beratung mit entwicklungsdiagnostischen und therapeutischen Informationen auf das Kind. Die andere Form ist auf den Auseinandersetzungs- und Anpassungsprozess der Eltern ausgerichtet. Es geht also einerseits um eine sonderpädagogische Fachberatung (consulting) mit dem Zentrum Kind, andererseits um die psychologisch-hermeneutische Begleitung (counseling) mit dem Zentrum der primären Bezugspersonen[20]. „Counseling" ist das, was wir „verstehende Krisenbegleitung" nennen und aus oben genannten Gründen vom informatorischen und beratschlagenden „consulting" unterscheiden. Die frühen Hilfen der Eltern müssen etwas ganz Flexibles sein zwischen technischer Informationsvermittlung und persönlicher Begleitung. Das Letztere ist dabei „eine Hilfe zur Klärung der persönlichen Situation und zur Umorientierung auf das Leben mit dem behinderten, entwicklungsverzögerten Kind. Sie erfordert andere Qualifikationen und Methoden als die fachliche entwicklungsdiagnostische Beratung der Eltern."[21]

Als geeignete konzeptionelle Bausteine der beruflichen Qualifikation zur verstehenden Krisenbegleitung scheinen mir – neben dem Konzept des ABC-X-Modells - besonders folgende drei Ansätze geeignet zu sein: (1) Die klientenzentrierte Gesprächsführung nach Rogers, (2) der logotherapeutische Ansatz nach Frankl und (3) das Konzept der philosophischen Beratung nach Ruschmann.

1.1.1 Klientenzentrierte Gesprächsführung (Rogers)

Auch ohne auf den theoretischen Bezugsrahmen der Gesprächspsychotherapie von Carl R. Rogers einzugehen, kann in Kürze deutlich gemacht werden, dass sein Konzept der klientenzentrierten Gesprächsführung den Erwartungen betroffener Eltern entspricht und einen sinnvollen theoretisch-methodischen Zugang zu einer verstehenden Krisenbegleitung eröffnet. Auf diesen Ansatz wurde in Veröffentlichungen zur Frühberatung bislang nur vereinzelt hingewiesen[22].
Als notwendige und hinreichende Bedingung des psychotherapeutischen Gesprächsverhaltens stellt Rogers (1957) drei Verhaltensmerkmale auf:
Uneingeschränktes Akzeptieren, empathisches Verstehen und *Kongruenz.*

a. Das *uneingeschränkte Akzeptieren* und Wertschätzen des Klienten durch den Therapeuten ist die positive Ausgangsbasis der klientenzentrierten Gesprächsführung. Der Respekt vor dem Individuum und sein Recht auf Selbstbestimmung sollte in der Philosophie der Begleiter/innen den ersten Rang einnehmen. Der Begleiter haben durchweg nach der Hypothese zu handeln, „dass der einzelne die hinlängliche Fähigkeit hat, konstruktiv mit all jenen Aspekten seines Lebens

---

[20] Diese Begriffsunterscheidung wird angedeutet in Arbeitsstelle Frühförderung Bayern 1998, 6.
[21] Arbeitsstelle 1998, 6.
[22] Siehe Bölling-Bechinger 1998, 167; Fabich/ Klein 1985, 76; Weiss 1993, 319. Inhaltliche Bezüge finden sich auch in Roos 1968 und in Hildeschmidt/ Sander 1987, 139 die „Kooperative Gesprächsführung" nach D. Wahl und „Themenzentrierte Interaktion" nach R. Cohn.

fertig zu werden, die potenziell dem Bewußtsein gegenwärtig werden können."[23] Dieses Ansetzen bei der Kompetenz des Klienten begründet ein non-direktives, empathisches Vorgehen im Gesprächsverhalten.

b. Das einfühlende, *empathische Verstehen* des Klienten durch den Begleiter ist der Modus der Gesprächsführung. Die Funktion des Begleiters ist es, „soweit er dazu imstande ist, das innere Bezugssystem des Klienten zu übernehmen, die Welt so zu sehen, wie der Klient sie sieht, den Klienten zu sehen, wie er sich selbst sieht, dabei alle Vorstellungen vom äußeren Bezugssystem abzulegen und dem Klienten etwas von diesem einfühlenden Verstehen mitzuteilen."[24] Es geht hier um ein aktives Nachvollziehen und -empfinden der Gedanken und Gefühle, denen der Klient Ausdruck verleiht. Mit einem Maximum an Anstrengung versucht er verstehend „unter die Haut" der Person zu gelangen, mit der er kommuniziert, um ihr das Verstandene fortwährend in eigenen Worten mitzuteilen.

c. Die *Kongruenz bzw. Echtheit* im Verhalten des Begleiters ist der Garant dafür, dass er die klientenzentrierte Gesprächstechnik nicht als eine „Methode" benutzt oder als intellektuelles Werkzeug gebraucht, sondern als seine Einstellung verwirklicht. So kann er z. B. „nur soweit ‚nicht-direktiv' sein, wie dieser Respekt vor anderen in seiner eigenen Persönlichkeitsstruktur verankert ist."[25] Es ist also nicht möglich, diese Methode auszuüben, solange sie nicht mit der eigenen Grundeinstellung übereinstimmt und als Grundhaltung internalisiert ist.

Diese drei Verhaltensgrundsätze des therapeutischen Gesprächs lassen sich auch im Setting des alltäglichen Gesprächs mit nahestehenden und gleichbetroffenen Personen realisieren. Sie sind fundamental, weil sie sich als „klientenzentrierte" Grundsätze an den Erfahrungen, Bedürfnissen und Erwartungen ihrer Gesprächspersonen orientieren[26]. Ihre Verinnerlichung wird jedoch ohne eine entsprechende Einübung nicht gelingen. Denn zwischen dem umgangssprachlichen „Verständnis für andere" und dem „empathischen Verstehen" nach Rogers liegen Welten.

1.1.2 Logotherapeutische Unterstützung (Frankl)

Die Erfahrungen betroffener Eltern haben gezeigt, wie schwer es außenstehenden Personen fällt, die von einem kritischen Ereignis betroffenen Menschen in ihrem Deutungs- und Sinnfindungsprozess hilfreich zu unterstützen. Die Mehrzahl der Versuche scheiterte oder verkehrte sich ins Gegenteil. Die Deutungen für die Betroffenen wurden eben gerade nicht „klientenzentriert" bzw. personenorientiert vorgenommen. Ein therapeutischer und philosophischer Ansatz, der sich damit befasst, wie Menschen in ihrer individuellen Sinnsuche unterstützt werden können, ist die Logotherapie und Existenzanalyse, die als sogenannte dritte Wiener Schule auf Viktor E.

---

[23] Rogers 1972, 37f. Wo Rogers vom „Berater" oder „Psychotherapeuten" spricht, sprechen wir vom „Begleiter" bzw. von der „Begleiterin".
[24] Rogers 1972, 42.
[25] Rogers 1972, 36.
[26] Vgl. z. B. oben unter B, 2.1.3.4 die Bedürfnisse der Betroffenen nach „verstehender Unterstützung", nach „Einfühlungsvermögen" und „Nachgefragt werden".

Diese drei therapeutischen Ansätze sind in ihrer Ausrichtung auf eine verstehende, hermeneutische Unterstützung kongruent. Sie schließen sich gegenseitig nicht aus, könnten sich aber in ihren unterschiedlichen Gewichtungen perspektivisch ergänzen[38]. So ist die philosophische Beratung bzw. eine entsprechende weltanschaulich gebundene Seelsorge in besonderer Weise auf die verstehende Hermeneutik des individuellen Anschauungssystems ($B_{1\ sbj}$) ausgerichtet. Der logotherapeutische Ansatz zielt primär auf eine katalysatorische Unterstützung des Deutungsprozesses (C) und die klientenzentrierte Psychotherapie vermittelt eine grundlegende Orientierung für eine verstehende Gesprächstechnik und eine maieutische Grundhaltung der begleitenden Person.

1.2 Systemisch und transdisziplinär

Ist ein kritisches Lebensereignis eingetreten, stehen die Betroffenen vor der Schwierigkeit, drei grundlegende Aufgaben zu meistern. (1) Sie müssen einschätzen, ob ihre bisherigen Ressourcen ausreichen, die neue Situation zu bewältigen. (2) Sind weitere Ressourcen notwendig, ist zu klären, welche neuen Unterstützungsquellen erschlossen werden müssen, um die Anforderungsflut zu bewältigen. (3) Und schließlich müssen sie in Erfahrung bringen, welche Ressourcen im persönlichen Lebenssystem und im öffentlichen System der frühen Hilfen ihnen zur Verfügung stehen.

Clearing-Gespräch
Zur Lösung der beiden ersten Aufgaben, ob und welche Ergänzung an Ressourcen erforderlich ist, sind Betroffene meist zureichend kompetent. Um sich jedoch im Zuständigkeitswirrwarr der frühen Hilfen zu orientieren, müssen sie nicht selten lange, kraft- und zeitraubende Wege gehen. Soll in den oft unübersichtlichen Unterstützungssystemen das Lotteriespiel der zufällig gefundenen Hilfeleistung durchbrochen werden, bedarf es mehr als einer Kooperation und Koordination der unterschiedlichen Hilfearten[39]. Dazu könnte eine zentrale Informations-, Anlauf- und Vermittlungsstelle (IAV-Stelle) hilfreich sein, wie sie im Bereich der Altenhilfe bereits zur bewährten Praxis gehört. Sie sollte mit den diagnosemitteilenden Stellen in direkter Verbindung stehen. Ihre Aufgabe wäre, (1) den Klärungsprozess von Betroffenen bezüglich ihrer individuellen Bedürfnislage zu begleiten, (2) bedarfsgerechte Informationen zur Verfügung zu stellen sowie (3) Kontakte zu vermitteln[40]. Hierbei sind auch Informationsbroschüren zum sozialen Unterstützungssystem hilfreich, die auf Zielgruppen und Regionen spezifiziert sind.[41]

Eine IAV-Stelle könnte über eine zentral gelegene sonderpädagogische Beratungsstelle bzw. einen Beratungsstellenverbund verschiedener Fachrichtungen, eine interdisziplinäre Frühförderstelle, eine überregionale Arbeitsstelle Frühförderung oder ein sozialpädiatrisches bzw. heilpädagogisches Zentrum ambulant und stationär angeboten werden. Ein klärendes Schaltgespräch an einer IAV-Stelle würde die Funk-

---

[38] Vgl. insbesondere den engen Zusammenhang von klientenzentrierter Psychotherapie und Logotherapie bezüglich der therapeutischen Beziehung in Kurz 1991, 116-132.
[39] Siehe Trost 1991, 136ff.
[40] Vgl. Jupp 1999, 11/ 3 und die Erfahrungen und Visionen von betroffenen Eltern unter B 2, 1.4.4.3.
[41] Siehe z. B. die Handreichung von Dittmann/ Schweiker 1994.

tion einer Abklärung in Unterstützungsfragen übernehmen. Das Ziel dieses Clearing-Gesprächs wäre die bewußte Einschätzung der betroffenen Person, welche ergänzenden Unterstützungsangebote für die Bewältigung der persönlichen Lebenslage notwendig und nützlich sein könnten. Sein Ergebnis könnten unterschiedliche fokussierende Unterstützungsmaßnahmen wie z. B. familienentlastende Dienste, Krankengymnastik, finanzielle Nachteilsausgleiche, systemische Familienberatung[42] oder auch hermeneutische Krisenbegleitung sein.
Beim Clearing-Gespräch und bei der fokussierenden Unterstützung sollte systemisch gedacht und interdisziplinär gehandelt werden. Dies gilt in besonderer Weise für die verstehende Begleitung der Krise.

Systemisch denken

Für das Clearing-Gespräch und die fokussierende Unterstützung in existenziellen Anschauungsfragen empfiehlt sich ein Orientierungskonzept, das geeignet ist, den Unterstützungsbedarf in den unterschiedlichen Subsystemen des Lebenssystems von Betroffenen zu erheben. Bei der Erhebungsmethode kann es sich nicht um eine Elternbefragung in standardisierter Form handeln. Sarimski (1999) schlägt beim Klärungsgespräch mit Eltern frühgeborener Kinder vor, sich flexibel an sieben Leitfragen zu orientieren, die im Gegensatz zur konventionellen Anamneseerhebung weniger auf das Kind selbst als vielmehr auf die Interaktion mit dem Kind und die elterliche Wahrnehmung des Kindes bezogen sind[43]. An diesen Leitfragen ist positiv zu würdigen, dass ihr Ausgangspunkt die Perspektiven und Erfahrungen der Eltern sind. Dennoch erscheinen diese Leitfragen fragmentarisch und lassen einen übergreifenden konzeptionellen Zusammenhang vermissen.
Ein theoretisches Konzept für ein klärendes Gespräch, das der Diagnoseeröffnung und Erst-information zeitlich nachgeordnet ist, könnte m. E. auf der Grundlage des doppelten ABC-X-Modells entworfen werden. Die einzelnen Themen im individuellen Gesprächsverlauf können von der beratenden Fachperson den unterschiedlichen Faktoren und Bereichen des Krisen- und Bewältigungsprozesses zugeordnet werden. Das ABC-X-Modell dient dabei als kognitive Matrix, mit der systemische Zusammenhänge vor dem geistigen Auge der beratenden Person leichter durchschaut werden können. Mit diesem theoretischen Konzept ist es z. B. eher möglich, den inneren Widerspruch, der sich zwischen der Intention der Frühförderung, die Behinderung des Kindes zu überwinden einerseits und der Forderung der Frühförderung, die Eltern zur Annahme der Behinderung ihres Kindes zu bewegen andererseits auftut, zu erkennen[44]. Besteht das Annahmepostulat darin, die Deutung der Behinderung ($c_{neg} \rightarrow a$) positiv zu verändern ($C_{pos} \rightarrow A$), bleiben die Anstrengungen der Förderung weitgehend darauf fixiert, die negativen Folgen der Behinderung bzw. diese selbst zu überwinden ($C_{neg} \rightarrow A$). Mit dem ABC-X-Modell kann dieses konfliktreiche Spannungsverhältnis ($C_{neg} \Leftrightarrow C_{pos}$) sichtbar gemacht werden. Dies ist von Bedeutung. Denn erst, wenn dieser unauflösliche Widerspruch auch erkannt wird, ist es möglich, mit ihm auf dialektische Weise so zu leben, dass Fördern und Akzeptieren in ein verantwortungsvolles Gleichgewicht gebracht werden.

---

[42] Luxburg 1991, 7 bietet etwa 10 % der Familien, die in seiner Frühfördereinrichtung teilstationär oder über längere Zeit ambulant behandelt werden, eine systemische Familienberatung an.
[43] Sarimski 1999, 38 bezieht sich dabei auf das „Working Model of the Child Interview" (ebd. Zeanah et al. 1997).
[44] Zu dieser dialektischen Spannung vgl. z. B. Luxburg 1991, 7ff. Vgl. auch Weiss 1993.

Zugleich können Fachleuten auf der systemischen Grundlage des ABC-X-Modells besser abklären, welche Bereiche im Gespräch ausgesprochen und welche ausgespart werden. Mit einem Fundus an bereichsspezifischen Leitfragen können sie diese Bereiche vertiefend oder ergänzend ins Gespräch einflechten.

Interdisziplinär handeln
Wo in der Frühförderung und –beratung systemisch gedacht wird, muss auch interdisziplinär gehandelt werden; denn das Ineinanderfließen unterschiedlicher Subsysteme in der Wirklichkeit erfordert nicht nur eine systemische „Diagnose", sondern auch eine ganzheitliche Unterstützung. Von den Professionellen muss darum zweierlei erwartet werden können:

1. Dass sie nicht nur fachbezogene Spezialisten, sondern auch interdisziplinäre Generalisten sind und über die Grenzen ihrer Profession hinaus qualifiziert sind bzw. denken und handeln können.
2. Dass sie teamfähig mit anderen Kolleg/en/innen einen gleichberechtigten, interdisziplinären Austausch pflegen und an sie weitervermitteln, wenn die Grenzen ihrer eigenen Kompetenz durch Anforderungen deutlich überschritten werden[45].

Ganz gleich, ob in einem multidisziplinären Team einer Förderinstitution eine *interne Interdisziplinarität* vor Ort praktiziert wird (wie z. B. in Bayern) oder aber die Frühfördereinrichtung im offenen System der Zusammenarbeit mit niedergelassenen Therapeuten und Fachkräften eine *externe Interdisziplinarität* verwirklicht (wie z. B. in Baden-Württemberg), in jedem Fall wird von den Fachleuten eine hohe Kooperationsbereitschaft gefordert, die viel Zeit und Zähigkeit abverlangt[46]. Um sie zu gewährleisten, ist eine Regelmäßigkeit und Institutionalisierung der interdisziplinären Praxis unerläßlich.

Im Blick auf eine verstehende Krisenbegleitung greift eine rein professionelle, d. h. interdisziplinäre Kooperation jedoch zu kurz. Wie wir gesehen haben, wird die verstehende Krisenbegleitung primär von nahestehenden Personen, d. h. im ökologischen Mikro- und Mesosystem geleistet und gewünscht. Darüber hinaus besteht bei Betroffenen ein Bedürfnis nach Austausch mit erfahrungskompetenten, gleichbetroffenen Menschen. Die große Bedeutung der Unterstützung durch nahestehende und gleichbetroffene Personen führt zwingend zu der Konsequenz einer Kooperation, die über die professionellen Fachdisziplinen hinausgeht und auf eine *transdisziplinäre Zusammenarbeit bzw. Unterstützung* abzielt.

---

[45] Die interdisziplinäre Teamarbeit ist in der Praxis noch lange nicht ausreichend gewährleistet. Vgl. Trost 1991, 126ff: Nur ein Drittel der sonderpädagogischen Beratungsstellen führen wöchentliche Teamgespräche durch, nur 41 % treffen sich unregelmäßig zu bestimmten Anlässen.

[46] Siehe Trost 1991, 132ff, Arbeitsstelle 1998, 10 und die Voraussetzungen bzw. Schwierigkeiten der interdisziplinären Teamarbeit in Bundesvereinigung 1998a, 13f sowie die Forderung der Lebenshilfe, die Anzahl der Bezugspersonen möglichst gering zu halten.

1.2.1 Ökologische Begleitung durch Nahestehende (B 2)

Danach befragt, von welchen Personen oder Institutionen sie in ihrer existenziellen Not eine hilfreiche Begleitung erhielten, gaben die betroffenen Eltern mit 58 % aller Nennungen Personen aus ihrer Kernfamilie sowie aus ihrem Verwandten- und Bekanntenkreis an. Da die verstehende Krisenbegleitung überwiegend vom engen sozialen Umfeld geleistet wurde, kann die ökologische Begleitung durch nahestehende Personen als die primäre verstehende Unterstützung bezeichnet werden. Die verstehende Hilfe durch vertraute Personen wurde von den befragten Eltern auch als tendenziell bedeutsamer und wünschenswerter eingestuft als die formelle Unterstützung durch Fachleute. Die Form der nicht-professionellen, ökologischen Begleitung sollte darum in ihrer quantitativen und qualitativen Bedeutsamkeit als interpersonale Ressource (B 2) bewußter wahrgenommen und konsequenter gefördert werden.
Allerdings haben wir auch gesehen, dass die ökologische Begleitung durch nahestehende Personen von Betroffenen nicht nur als hilfreich, sondern auch häufig als belastend empfunden wurde. Es ist darum zu fragen: Wie kann die Qualität der ökologischen Krisenbegleitung gesichert und verbessert werden? Ist es möglich, diese Form der Begleitung hilfreich zu unterstützen und ihre Rahmenbedingungen günstiger zu gestalten?

Neben der Optimierung der Kommunikation bei der Diagnosemitteilung ist es auch wichtig, ideale Bedingungen für einen guten Austausch innerhalb der Familie, Verwandtschaft und Bekanntschaft zu schaffen. Es ist ratsam, die betroffenen Eltern im Erstgespräch *gemeinsam* zu informieren. Sie sollten ermutigt werden, mit vertrauten Menschen das Gespräch aktiv zu suchen, um sich mit ihnen über die Behinderung des Kindes und die neue Lebenssituation offen auszutauschen. Bei der Auswahl von geeigneten Gesprächspartner/innen und der Kontaktaufnahme zu nahestehenden Personen können, wo dies gewünscht wird, Fachleute und Gleichbetroffene unterstützend mitwirken. Jedenfalls sollten betroffene Eltern nicht, wie beklagt wurde, mit bürokratischen Anforderungen überhäuft werden oder gar darum kämpfen müssen, mit ihrem Partner in der Klinik zusammen bzw. allein sein zu können. Vielmehr ist für Voraussetzungen zu sorgen, die kommunikationsfördernd sind und das ökologische System in die neue Situation der Betroffenen einbinden. So ist z. B. nach dem Erstgespräch ein günstiges Setting zu arrangieren, in der Weise, dass Angehörige eine „längere Zeit in einem ruhigen Raum alleine miteinander reden können und gegebenenfalls Kontakte mit Freunden und Verwandten aufnehmen"[47] können, sofern sie das wünschen.

Weitaus schwieriger als die Herstellung idealer Rahmenbedingungen, ist es, betroffene und mitbetroffene Personen in einer hilfreichen Gesprächsführung zu unterstützen[48]. Oftmals sind die Nahestehenden nicht weniger schockiert als die primären Bezugspersonen. Aber gerade diese Form der Solidarität mitleidender Begleiter/innen kann eine entlastende und integrierende Wirkung entfalten, die von großer Bedeutung ist. Ob dabei die Sprachlosigkeit, das Unverständnis oder aber die verstehende Begleitung vorherrscht, kann und braucht von außen nicht beeinflußt zu

---

[47] Lauth 1985, 111. [48] Tips für ein gutes Gespräch und Hilfen, Missverständnisse aufzuklären (Miller 1997, 159ff), sind mögliche Unterstützungsmaßnahmen auch für Nahestehende.

werden. Würden Nahestehende in Zukunft stärker als Mitbetroffene und als bedeutsame Weggenossen im existenziellen Auseinandersetzungsprozess wahrgenommen werden, wäre für die Krisenbewältigung der Familie viel gewonnen. Diese neue Wahrnehmung könnte etwa in ein bedarfsorientiertes Unterstützungsangebot für nahestehende Personen münden[49].

1.2.2 Erfahrungskompetente Begleitung durch Gleichbetroffene (B 2/ B 3)

Betroffene Eltern erwerben sich im Bewältigungsprozess Kompetenzen, die viele von ihnen an Gleichbetroffene weitergeben möchten. Nicht selten ist durch bittere Erfahrungen in ihnen das Anliegen gereift, anderen betroffenen Eltern diesen Prozess zu erleichtern. Wo es in Elterngruppen oder in Begleitungssituationen zu Begegnungen kommt (B 3), können auch sehr nahe, freundschaftliche Beziehungen entstehen (B 2). Mit der positiven Motivation zur persönlichen Unterstützung und einer reichen Erfahrungskompetenz bringen viele betroffene Eltern ideale Voraussetzungen für eine verstehende Krisenbegleitung mit.

Verstehende Gesprächskompetenz
„Das tiefe Verständnis und die Geborgenheit, die gleichbetroffene Menschen einander bieten können, ist mit professionellen Mitteln kaum zu erreichen."[50] Was Professionelle sich durch Schulungen in Persönlichkeitsbildung, Beratungskompetenz und Gesprächsführung mühsam erwerben müssen, ist bei betroffenen Angehörigen durch einen jahrelangen intensiven Lebensprozess auf alltägliche Weise gewachsen. Die Qualitätsmerkmale der personenzentrierten Gesprächsführung, das *uneingeschränkte Akzeptieren* von gleichbetroffenen Menschen, das *empathische Verstehen* ihrer Befindlichkeiten und die *Echtheit* im Umgang mit ihnen, haben sich bei Angehörigen von behinderten Kindern oftmals, wenn auch nicht immer, durch Erfahrung verinnerlicht.
Dieses große Potential an Erfahrungskompetenz ist zu kostbar, um es brach liegen zu lassen. Selbsthilfegruppen, Elternstammtische bzw. –cafés oder Familien-Wochenend-Seminare sind geeignete Felder, um es auszusäen und fruchtbar werden zu lassen. Zugleich gehen die erworbenen Fähigkeiten weit über die Kompetenzen der Gesprächsführung hinaus.

Reorganisations- und Deutungskompetenz
Wie wir gesehen haben, werden gleichbetroffene Menschen als Informationsquelle, aber auch als Vorbilder geschätzt, um neue Elternrollen zu erwerben und zukunftsweisende Vorstellungen zu entwerfen. Bezugsgruppen gleichbetroffener Angehöriger können für den Aufbau und die Erprobung neuer Identitäts- und Deutungsmuster sehr hilfreich werden.[51] In der Selbsthilfegruppe lernen Betroffene eine große Bandbreite unterschiedlicher Formen ereignisbezogener Deutungen und lebensanschaulicher Anpassungsversuche kennen. Es steht ihnen frei, sich von ihnen zu einer

---

[49] So ist etwa daran zu denken, dass Angebote wie Geschwisterwochenende oder Großelterntag (Sparrer/ Stephan 1997, 126) auch auf ökologisch bedeutsame Personen ausgeweitet werden.
[50] Bundesvereinigung 1997b, 3.
[51] Vgl. auch Scharrer/ Stephan 1997, 129f.

individuellen Form der Bewältigung inspirieren zu lassen. Für die positiven Einflüsse von Elterngruppen auf die soziale Unterstützung, Wahrnehmungsfähigkeit, adaptive Einstellung und emotionale Ausgeglichenheit im Vergleich zu Kontrollpersonen ohne Gruppenanbindung gibt es bereits empirische Hinweise[52]. Ob die hilfreiche Wirkung auch auf den Deutungs- und Reorganisationsprozess zutrifft, ist naheliegend, aber noch nicht nachgewiesen.

Begleitung braucht Frei-Räume
Selbsthilfegruppen wirken auch nach außen. In ihnen entsteht oft ein vertrautes Klima der Solidarisierung, das einer sozialen Isolation vorbeugt und ein öffentliches Eintreten für gemeinsame Interessen ermöglicht. Diese aktionsorientierte Form der Betroffenenarbeit kann als „äußere Selbsthilfe" von der psychologisch orientierten Form der „inneren Selbsthilfe" unterschieden werden. Diese Unterscheidung sollte in der praktischen Durchführung z. B. in der Trennung von Informationsveranstaltungen und Gesprächsabenden oder in der Differenzierung von Beratung und Begleitung berücksichtigt werden.[53] Denn wo es um eine verstehende Krisenbegleitung geht, ist ein Raum ohne Therapie, ohne Kinder, ohne Bildung, Stress und Anforderung anzustreben, damit sich betroffene Angehörige in einem vertrauensvollen, entlasteten Setting auf sich selbst und ihre existenziellen Anliegen einlassen können.

Diagnosemitteilung und Gleichbetroffene
Eine verstehende Begleitung durch Gleichbetroffene ist nicht nur im Kontext der Elterngruppe denkbar. Auch gezielte Einzelgespräche können bei Bedarf arrangiert werden. Es ist zu überlegen, ob die Erfahrungskompetenz von Eltern nicht schon in der frühen Phase des Erstgesprächs fruchtbar gemacht werden sollte. Dabei ist etwa an eine sehr enge Zusammenarbeit mit den Ärzten zu denken. Intendiert wäre eine Ergänzung der fachlichen Information des medizinischen Personals durch die menschliche, erfahrungsbezogene Unterstützung betroffener Eltern.

Grenzen und Gefahren
Allgemeingültige Kriterien für den Erfolg einer Begleitung durch Gleichbetroffene gibt es nicht. Dass eine verstehende Begleitung unter gleichbetroffenen Menschen gelingt, ist nicht selbstverständlich. Jede Elternbegleitung hat auch ihre Gefahren und Grenzen. Sie dürfen angesichts psychosozialer Vorzüge und sozialpolitischer bzw. finanzpolitischer Gewünschtheit nicht ausgeblendet werden.
Erfahrungskompetenzen führen z. B. nicht automatisch zu einem „klientenzentrierten" empathischen Verstehen. Sie schützen nicht davor, eigene Erfahrungen in die Äußerungen betroffener Menschen hineinzulesen, sie zu verallgemeinern oder gar absolut zu setzen. Dies trifft in analoger Weise auch auf Deutungen und Anpassungsprozesse zu.
Die Elterngruppe ist für manche Betroffene mit Schwellenängsten verbunden, mit Befürchtungen, von einer Sonderwelt behinderter Menschen und ihrer Angehörigen absorbiert zu werden oder aufgrund unterschiedlicher Verarbeitungsstände noch stärker in die Trauer hineinzugeraten. Es gibt Ängste, sich selbst und das behinderte Kind auf ungute Weise mit anderen zu vergleichen, andere zu kopieren oder die

---

[52] Siehe Vonderlin 1999.
[53] So Nöcker-Ribaupierre 1999, 69 und 74.

Freiheit zu verlieren, autonom den individuellen Weg gehen zu können[54]. Dazu kommt eine natürliche Scheu vor der Auseinandersetzung mit sich selbst und existenziellen Themen, die leicht dazu führen kann, wieder beim Thema Kind und seinen Alltagsproblemen zu landen.
Diese exemplarisch aufgeführten Gefahren zeigen die Begrenztheit einer verstehenden Begleitung durch Gleichbetroffene auf.
Wo betroffene Angehörige in einer Selbsthilfegruppe zusammenkommen, müssen ferner Verantwortlichkeiten für Planung, Organisation und Leitung übernommen werden. Dies bedeutet, dass nicht für alle Teilnehmer/innen ein stressfreier Raum gewährleistet ist. Elterngruppen sollten darum dort, wo sie es wünschen, auf ein logistisches, finanzielles und fachliches Unterstützungsnetz zurückgreifen können. Auf eine gruppeninterne oder -externe Kooperation mit psychologischen, philosophischen oder seelsorgerlichen Begleiter/inne/n sollte bei Bedarf zurückgegriffen werden können.
Wo erfahrene Eltern ehrenamtlich in die Diagnosemitteilung und das Erstgespräch einbezogen werden, ist auch auf die Befähigung für diese Aufgabe zu achten. Ihnen sollte in jedem Fall Unterstützung in Form von Fortbildung und Supervision angeboten werden.

1.2.3 Inter- und transdisziplinäre Begleitung durch Fachleute (B 3)

Da Menschen, die über eine große Kompetenz an Selbsterfahrung verfügen, und nahestehende Personen für die Begleitung von Eltern behinderter Kinder von zentraler Bedeutung sind, ist zu überlegen, ob diese beiden Personengruppen nicht stärker in das professionelle System der frühen Hilfen eingebunden werden sollten. Eine bessere Durchlässigkeit und Anbindung der Unterstützungssysteme von Nahestehenden (B 2), Gleichbetroffenen (B 2/ B 3) und Fachleuten (B 3) wäre wünschenswert und an den zwei folgenden Stellen denkbar:

Transdisziplinäre Kooperation und Unterstützung
Zum einen könnte eine *transdisziplinäre Kooperation* von Fachkräften und copingrelevanten Laien initiiert und intensiviert werden. Dabei ist ein wechselseitiger Austausch und eine Lerngemeinschaft auf gleicher Ebene anzustreben. Dies gilt insbesondere für erfahrungskompetente Betroffene, die sich zu einer ehrenamtlichen Mitarbeit bereitfinden. Fachleute unterschiedlicher Disziplinen könnten durch die Zusammenarbeit mit erfahrungskompetenten Experten im Bereich der existenziellen und verstehenden Begleitung entlastet werden und in ihrer Beratungs- und Mitteilungspraxis von der subjektiven Perspektive betroffener Eltern profitieren. Diese Kooperation wäre zugleich ein Beitrag zur vollständigen Überwindung des Laien- und Co-Therapeutenmodells in der Frühförderung.
Zum anderen wäre anzustreben, dass gleichbetroffene Mitarbeiter/innen bei ihrer freiwilligen Tätigkeit in der verstehenden Krisenbegleitung von professioneller Seite durch ein Angebot an Fortbildungen und Supervisionen psychologisch und fachlich unterstützt werden.
Mit der *transdisziplinären Unterstützung* ließe sich eine gegenseitige „Begleitung der Begleiter/innen" verwirklichen. Dadurch könnte der Horizont der Fachdisziplinen um

---

[54] Vgl. oben unter B, 3.2.5.3. unter „Hemmschwellen zu Gleichbetroffenen".

die Dimension der existenziellen Betroffenheit und der Blickwinkel gleichbetroffener Personen um die Perspektive unterschiedlicher Professionen erweitert werden. Die Realisierung einer transdiziplinären Zusammenarbeit und Unterstützung dürfte sich auch auf das Klima in der Begegnung von Fachleuten und Betroffenen auswirken. Denn Gleichbetroffene (B 2/ B 3), die durch existenzielle Erfahrung und Fortbildung geschult sind, könnten eine begehbare Brücke zwischen Fachleuten (B 3) und dem sozialen Umfeld von Betroffenen (B 2) schlagen. Eine verbesserte Interaktion dieser drei Unterstützungssysteme auf unterschiedlichen ökologischen Ebenen des Faktors B würde eine vertrauens- und verständnisweckende Wirkung entfalten.

Interdisziplinärer Klärungsbedarf

Im interdisziplinären System ist nicht nur eine „Begleitung der Begleiter/innen" erforderlich, sondern auch ein „Beratschlagen der Berater" darüber, welche Beratungsinhalte unabdingbar sind, um die Informationssuchenden nicht einem Wirrwarr divergierender Rat-„schläge" auszusetzen[55]. Weitergehend müsste im System der frühen Hilfe vor Ort beraten werden, ob eine verstehende Krisenbegleitung als notwendig und sinnvoll angesehen wird und wie sie gegebenenfalls in die vorhandene Praxiskonzeption zu integrieren ist. Darüber hinaus bedarf es überregionaler, interdisziplinärer Diskurse und sozialpolitischer Bemühungen, eine verstehende Krisenbegleitung innerhalb der frühen Hilfen zu institutionalisieren[56].

Ergänzung der Disziplinen

Über eine intensive Interdisziplinarität hinaus (s.o.) sollte auch *eine extensive Interdisziplinarität* praktiziert werden. Eine Engführung der Fachdisziplinen auf den medizinisch-therapeutischen Bereich ist zu vermeiden.

Die interdisziplinäre Zusammenarbeit mit Psychologen/innen ist noch lange nicht überall selbstverständlich. Dennoch hat sich die Psychologie neben der Medizin, Sonder- und Sozialpädagogik bereits an vielen Orten als eigenständiges Fachgebiet in der interdisziplinären Frühförderung und –beratung etablieren können[57]. Anders verhält es sich mit dem lebensanschaulichen und religiösen Bereich. Er wird in den gängigen Praxiskonzepten durch keine Profession repräsentiert[58] und innerhalb der vorhanden Professionen weitgehend ausgeblendet. In ihrer Studie über Bewältigung und Religiösen Glauben bei 47 Müttern von Kindern mit einer schweren und mäßigen geistigen Behinderung kommt Lang (1999) zu dem Ergebnis, dass religiöse Vorstellungen und Erfahrungen für die Bewältigung von Betroffenen häufig eine zentrale Rolle spielen, aber „diesem Bereich von den Fachleuten keine Bedeutung zugemessen oder religiöser Glaube lediglich in abwertender Weise angesprochen wurde."[59]

---

[55] Vgl. Bolz 1996, 146.

[56] Der gesetzlich vorgegebene Rechtsanspruch auf Leistungen der Frühförderung als Eingliederungshilfe gemäß § 40 BSHG Abs. 1 Nr. 2a, sowie Nr. 7 (nachgehende Hilfe) u. Nr. 8 (Hilfe zur Teilnahme am Leben in der Gemeinschaft) bietet noch keine Voraussetzung für eine hinreichende Finanzierung einer verstehenden Krisenbegleitung.

[57] Siehe Rahmenkonzeption 1998, 20. Nach Trost 1991, 128 haben Frühfördereinrichtungen in Baden-Württemberg, nach Wochenarbeitsstunden gemessen, 2,8 % Psycholog/innen an Sonderpädagogischen Beratungsstellen und 8,1 % bei freien Trägern beschäftigt.

[58] Vgl. Bundesvereinigung 1998a und 12f, Rahmenkonzeption 1998, 20 u. 73.

[59] Lang 1999, 335. Vgl. weitere Belege ebd. S. 16, 30 und das Ergebnis des Coping Health Inventory for Parents (CHIP) auf S. 417ff: Hier wird deutlich, dass die befragten Mütter das Copingmuster I, bei

Auch auf dem Hintergrund der elterlichen Bedarfsanalyse unserer Untersuchung ist zu fordern, dass die interdisziplinäre Zusammenarbeit um den philosophisch-religiösen Bereich erweitert werden sollte. Die Erweiterung des Zuständigkeitsbereichs im Sinne einer lebensanschaulichen und religiösen Begleitung muss auch die Ausweitung der interdisziplinären Kooperation zur Folge haben. Eine solche extensivierte Interdisziplinarität umfasst dann auch philosophische Berater/innen, Theologen/innen, Seelsorger/innen und Hodschas sowie ihre durch die interdisziplinäre Zusammenarbeit erweiterte professionelle Kompetenz. Unter solchen personellen Voraussetzungen können betroffene Menschen in ihrem religiösen Zweifel an Gott, ihrer Lebensanschauung oder ihren Deutungsversuchen geeignete Gesprächspartner/innen finden, denen sie ihre Gedanken anvertrauen können, weil sie auf Verständnis stoßen. Gerade bei lebensanschaulichen Vorstellungen, wie z. B. göttliche Strafe, Bestimmung der präexistenten Seele des Kindes oder Prüfung einer höheren Instanz, kann eine verstehende Würdigung dieser Deutungsformen nicht von jeder Person geleistet und erwartet werden. Naturwissenschaftliche Reaktionen von Professionellen, bestimmte Vorstellungen müssten aus medizinischen Gründen ausgeschlossen werden, bleiben für die Betroffenen unbefriedigend, weil bei dieser professionellen Vermeidungsstrategie ihre lebensanschauliche Auseinandersetzung weder ernst genommen noch unterstützt wird[60]. Nicht zuletzt darum ist es sinnvoll, dass fachkompetenten und autorisierten Vertreter der lebensanschaulichen Sphären als gleichberechtigte Mitglieder in die interdisziplinären Teams aufgenommen bzw. als externe-interdisziplinäre Kooperationspartner/innen von Kliniken, Sozialpädiatrischen Zentren und Einrichtungen der Frühberatung hinzugezogen werden.

1.3 Qualitätsmerkmale einer verstehenden Krisenbegleitung

Die Grundsätze der Frühförderung haben auch für die verstehende Krisenbegleitung Gültigkeit und Berechtigung. Ganzheitlichkeit, Familienorientierung, Interdisziplinarität, Regionalisierung und die Kooperation, sowie Koordination aller Hilfen müssen auch die tragenden Säulen einer verstehenden Krisenbegleitung sein[61]. Über diese Grundsätze hinaus gibt es ergänzende Qualitätsmerkmale, die für diese Form der Hilfe spezifisch sind. Drei Merkmale wurden schon genannt: (1) *Das systemische Denken*, (2) die Interdisziplinarität ergänzende *transdisziplinäre Kooperation* der Fachleute mit nahestehenden und selbsterfahrenen Personen und (3) die *Eigenständigkeit* und räumliche Trennung der Krisenbegleitung gegenüber der Frühförderung und der sonderpädagogischen Frühberatung im engeren Sinn eines fachlichen Beratschlagens (consulting).

---

dem es um Familienzusammenhalt, -kooperation und -deutung geht, höher einschätzen als die beiden anderen Muster, die sich um psychologisch-soziale und medizinische Aspekte ranken.
[60] Siehe dazu den Erfahrungsbericht einer Mutter in Lang 1999, 166.
[61] Siehe Rahmenkonzeption 1998, 18-21.

1.3.1 Verstehend und begleitend

Wie zu Beginn dieses Kapitels schon ausgeführt, bildet die Kunst des Verstehens die Grundlage für eine gelingende Krisenbegleitung. Verstehen als ein vertrauensbildender Prozess, der dazu führt, dass sich ein Mensch tief verstanden fühlt, ist die authentische Rekonstruktion der kognitiven und emotionalen Selbst- und Welterfassung einer Person. Die hermeneutische Kunstfertigkeit, ein solches Verstehen herzustellen, ruht auf unterschiedlichen Säulen.
Noch viel zu oft wird die professionelle Hilfe technokratisch und routinemäßig zugeteilt. Dabei wird, im Bild gesprochen, der Wagen vor das Pferd gespannt. Bevor die Nöte und Bedürfnisse verstanden und erkannt werden (Diagnose), wird schon gehandelt (Therapie). Die Vermittlung von Ressourcen der Bedarfserhebung voranzustellen, führt auf den Holzweg. Der Lösung näher ist, wer sich dagegen zuallererst in die Betroffenen hineinfühlt und –denkt, um herauszufinden, wie sie ihre Situation, ihr Kind und seine Behinderung wahrnehmen, empfinden und einschätzen[62].

Hinein-Fühlen
Um sich in betroffene Menschen einzufühlen, bedarf es einer affektiven Empfindsamkeit, sozusagen „eines dritten Auges" (Halbfas), das die innere Landschaft der Betroffenen mit all ihren emotionalen Konturen wahrnehmen kann. Neben der affektiven Wahrnehmung ist aber auch eine Empathiefähigkeit, sozusagen „ein zweites Herz" nötig, das ermöglicht, die wahrgenommenen Gefühle nachzuempfinden. Es ist ein *zweites* Herz, weil dieser Prozess von den Begleitern ein Sich-Distanzieren von der eigenen Befindlichkeit erfordert und ihnen im wörtlichen Sinn Empathie mit dem anderen abverlangt. Dieses teilnehmende, passionierte „Mitleiden" geht unter die Haut und verlangt darum auch nach einer Supervision der Begleiter/innen. Doch es ist gerade diese Form der verständnisvollen Einfühlsamkeit, die Eltern im Rückblick geschätzt haben, sich gewünscht hätten und für die Zukunft einfordern. Sie ist zugleich das Gegenteil einer routinemäßigen Pflichterfüllung.[63]

Hinein-Denken
Beim Hinein-Denken durch aktives Zuhören geht es darum, sich gedanklich ganz in die betroffene Person hineinzuversetzen. Es ist der Versuch, die Perspektive zu wechseln, um die Welt so zu sehen, wie diese Person sie sieht. Die Aufgabe ist es, zu entschlüsseln, wie *sie* wahrnimmt, denkt und erlebt, welche Bedürfnisse und Absichten *sie* hat. Wissenschaftlich gesprochen geht es darum, die spezifischen epistemischen Modalitäten einer Person im Kontext ihres Lebenssystems zu erfassen. Dieser Prozess ist also das exakte Gegenteil einer fachlichen Steuerung, Beratschlagung oder Beeinflussung. Er fordert vielmehr dazu auf, die persönliche Lebensauffassung und fachkundliche Sichtweise vorübergehend zurückzustellen.

Hinein-Begeben
Das Sich-Hinein-Fühlen und -Denken fällt Menschen, die selbst gleich- oder mitbetroffen sind, leichter als den Fachleuten. Sich aber nicht nur mental und emotional, sondern auch auf agierende Weise in die Lage der Betroffenen hineinzubegeben, ist von großer Relevanz. Diese tätige und solidarisierende Form der Begleitung gibt dem Verstehen eine weitere Tiefe. Sie bleibt aber weitgehend den nahestehenden

---

[62] Siehe dazu Orr 1991, 449.
[63] Vgl. oben unter Teil B 2, 1.4.4.2.

und gleichbetroffenen Menschen vorbehalten. Dies könnte einer der Gründe sein, warum diese Personen für betroffene Angehörige so wichtig sind.

Aus-Kennen
Neben emotionaler Einfühlsamkeit, kognitiver Perspektivenübernahme und praktischer Solidarisierung benötigt die Kunst des Verstehens auch ein metakognitives Wissen, denn der Annäherungsprozess des Verstehens besteht in einer kontinuierlichen Pendelbewegung zwischen den Polen des Individuellen und des Allgemeinen. Will man die Befindlichkeit des Individuums tiefer erfassen, bedarf es einer allgemeinen Kenntnis über menschliche Informations- und Verarbeitungsprozesse. Hierzu sind psychologische, epistemologische und philosophische Kenntnisse nützlich. Weil diese Prozesse immer in einen spezifischen kulturellen Kontext eingebettet sind, kann auf ein soziologisches, kultur- und religionswissenschaftliches Know-how bzw. Erfahrungswissen nicht verzichtet werden. Zu den allgemeinen Kenntnissen gehören auch die Ergebnisse aus der empirischen Forschung der Sozialwissenschaften. Geht es z. B. darum, sich in die individuelle Deutung eines kritischen Ereignisses hineinzudenken und hineinzufühlen, können empirische Ergebnisse zur Verstehenshilfe werden, die individuelle Deutungsstruktur zu erkennen bzw. seine Chancen und Gefahren zu bewerten. Das Vorverständnis eines fachkundigen Hintergrundwissens hat die dienende Funktion, den Erkenntnisprozess über die individuelle Befindlichkeit des Gegenübers zu schärfen, nicht aber die Fachkundigkeit in die Befindlichkeit hinein- oder aus ihr herauszulesen. Das Ziel ist, das individuelle, originäre So-Sein zu verstehen, nicht aber, die Betroffenen auf Deutungsmuster, Trauerphasen oder Diagnosen zu fixieren.

Aus-Sprechen
Was der begleitende Mensch mit Herz, Hand und Verstand von den Betroffenen wahrnimmt, teilt er ihnen mit. Er spricht aus, was er selbst versteht, um zu prüfen, ob er sie richtig verstanden hat. Dabei muss er sich an die Sprache der betroffenen Person anpassen, d.h. sich von seinem eigenen Fachjargon distanzieren und die „Fremdsprache" des individuellen Sprachsystems seines Gegenübers „erlernen"[64]. Dies erfordert sprachliche Flexibilität und Beredsamkeit. Zur mitteilenden Kommunikation gehört aber auch die nonverbale Sprache. Ein tiefes Durchatmen oder ein hilfloses Achselzucken durch die begleitende Person kann z. B. als nachempfindende Rückmeldung und als Trost für den trauernden Menschen weit bedeutsamer und nützlicher sein als eine verbale Spiegelung. Wo der Hilfesuchende sich in den Signalen seines Gesprächspartners wiedererkennt, entsteht Vertrauen und ein besseres Sich-Selbst-Verstehen.
Gelingt es den Begleiter/innen, sich kunstgerecht und authentisch in Betroffene hineinzudenken und hineinzufühlen und ihr Verständnis so auszusprechen, dass diese sich selbst verstanden fühlen, wird das Kommunikationsproblem überwunden und ein erster Schritt auf dem Weg zu einer personzentrierten und bedarfsgerechten Unterstützung vollzogen.

---

[64] Vgl. Ferel 1996, 366.

Rolle der Begleiter/innen

Anders als bei der fachlichen, d.h. medizinischen oder sonderpädagogischen Beratung (consulting), geht es bei der verstehenden Begleitung darum, die *Expertenrolle abzulegen* bzw. neu zu definieren. Das Wissen um den rechten Weg ist der begleitenden Person nicht *vor*gegeben, sondern *auf*gegeben. Es kristallisiert sich erst nach und nach im Laufe des Verstehensprozesses und unter Federführung der betroffenen Personen heraus, welche Schritte sie zum Ziel führen könnten. Vorgefertigte „Rezepte" einer gelungenen Bewältigung von Personen und Situationen gibt es nicht. Die Faktoren des Krisen- und Anpassungsprozesses sind so vielgestaltig und individuell, dass die Begleitenden immer nur über ein nachgehendes, niemals aber über ein vorausgehendes Wissen verfügen. A priori erteilte Ratschläge und Anleitungen aus professioneller Besserwisserei müssen dagegen fast zwangsläufig in die Irre führen.

Sich in die Betroffenen verstehend hineinzudenken, hineinzufühlen und sich in ihre Situation hineinzubegeben, ist das Erste und Wichtigste, was Begleiter/innen tun können. Darüber hinaus gehört es zu ihrer Aufgabe, die Selbstheilungs- und Deutungskräfte des Systems zu stärken und gleichsam wie Katalysatoren „die selbstbestimmte Entwicklungsdynamik der Betroffenen positiv zu unterstützen."[65] Ein ihnen angemessenes Rollenverständnis ist das von *kooperierenden/ unterstützenden Assistent/innen*, die bei der krisenbedingten Reorganisation individuellen Lebens[66] nach Bedarf aktiv werden.

Haltung gegenüber Betroffenen

Eine hilfreiche Haltung gegenüber den Betroffenen konkretisiert sich, wie wir es oben bei Rogers referiert haben, primär in der uneingeschränkten Wertschätzung, dem einfühlsamen Verstehen und der Echtheit der Begleiter/innen. Wertschätzung äußert sich einerseits darin, die Selbstbestimmung und Autonomie der Betroffenen uneingeschränkt zu akzeptieren. Zur verstehenden Krisenbegleitung bedarf es ausdrücklichen Anfrage oder nachgefragten Zustimmung der Betroffenen. Ohne „Auftrag" ist die Krisenbegleitung ein illegitimes Eindringen in einen hochsensiblen Bereich und überschreitet die Grenze des Respekts. Wertschätzung geht auf der anderen Seiten aber auch darüber hinaus, die ureigenen Bedürfnissen und Entscheidungen zu achten. Sie bedeutet z. B. auch, dass der Bewältigungsprozess der betroffenen Angehörigen als eine physische und psychische Höchstleistung ausgesprochen und unausgesprochen gewürdigt wird. Eltern von behinderten Kindern sind weder krank noch therapiebedürftig. Ihre Besonderheit ist, dass sie mehr zu leisten haben als viele andere Eltern und sich dabei hohe Kompetenzen erwerben, die noch zu wenig wahrgenommen und anerkannt werden[67]. Gerade auch bei Fachleuten besteht bei der Anerkennung der real vorhandenen Kompetenzen von Angehörigen und der Wahrnehmung ihrer potenziellen Kräfte Nachholbedarf. „Eltern nicht nur als Hilfsbedürftige zu sehen, sondern ihnen Recht und Chancen zur Selbstgestaltung und Einflussnahme zu ermöglichen, damit diese sich auch als selbstbestimmte Partner professioneller Dienste erleben können"[68], ist eine noch längst nicht überall geübte und verinnerlichte Haltung. Noch immer wird die Frage des „Beraters" in der Expertenrolle

---

[65] Sparrer/ Stephan 1997, 122.
[66] Vgl. auch die Definition der professionellen Rolle von Orr 1991, 449 als „cooperative-supportive".
[67] Solche Kompetenzen kommen z. B. unter „Nutzen für Eltern", „Wandel" (B, 3.1.2) und „Lernchance" (B, 3.1.3) zur Sprache.
[68] Bundesvereinigung 1998a, 8.

formuliert: „'Wie könnte ich Ihnen behilflich sein?'"[69], statt in der Assistentenrolle: „Wie könnten *sie* bzw. *wir gemeinsam* eine Lösung finden?".
Nicht nur Menschen mit Down-Syndrom werden von einem Defizit, einer Schädigung oder Hilfsbedürftigkeit aus definiert. Dieses Verdikt trifft auch ihre Eltern. Der Prozess, den die Andersartigkeit des Kindes bei den Eltern in Bewegung setzt, wurde in Forschung und Praxis häufig pathologisiert[70] und einseitig als Verlust oder Trauer gekennzeichnet. Gewinn, Lernchance und neue Ressourcen werden dagegen noch immer „professionell" ausgeblendet. Diese „partielle Blindheit" gilt es, auf dem Weg zu einer uneingeschränkten Wertschätzung der Betroffenen weiter zu überwinden.

Rolle der Betroffenen
Wo eine gewinnorientierte Sichtweise bei Begleitenden und Betroffenen gelingt, „wird eine Kommunikation gestiftet, bei der er oder sie (oder das System der Familie) vom Anfang bis zum Ende *Experte des Problems und der Lösung* ist und bleibt."[71] Damit werden im Begleitungsprozess die traditionellen Rollen umgekehrt: Fachkompetente Professionelle verwandeln sich in einfühlsame Assistenten und hilfsbedürftige Angehörige in erfahrungskompetente Experten. Dies ist für beide Seiten gewöhnungsbedürftig. Indem sich die einen zurücknehmen und die anderen wertgeschätzt werden, vollzieht sich eine Angleichung der Ebenen und eine Einebnung der Ungleicheit. Bei der dadurch erzielten Partnerschaft bleibt die Definitions- und Deutungsgewalt allein bei den Betroffenen[72]. *Ihre* Interessen, *ihre* Bedürfnisse und *ihre* Möglichkeiten bilden den Ausgangspunkt allen Handelns. Auf diese Weise werden sie in ihrer Beziehung zu den assistierenden Begleiter/innen selbstbestimmende Partnerinnen und Partner, die in ihrer Autonomie eine vorbehaltlose Anerkennung finden.

1.3.2 System- und lösungsorientiert

Ein bedeutendes Qualitätsmerkmal der verstehenden Krisenbegleitung ist die Systemorientierung. Im Zuge des Paradigmenwechsels in der Frühförderung vom linear-kausalen zum systemischen Denken (Schlack 1989), wurden auch die Eltern und das soziale Umfeld des Kindes stärker ins Blickfeld gerückt. Familienorientierung avancierte zu einem Kern- und Leitbegriff der Frühförderung.[73] Dennoch ist die Grundhaltung dieser frühen Hilfe bis heute stark kind- und förderzentriert geblieben. Geht es in diesem sonderpädagogischen Bereich um entwicklungsoptimierende Maßnahmen für behinderte Kinder, fehlt es kaum an detaillierten Vorstellungen über theoretische Inhalte und handlungsrelevante Konzepte[74]. Beziehen sich die unterstützenden Maßnahmen auf den existenziellen Bewältigungsprozess der betroffenen Angehörigen, ist eher das Gegenteil der Fall. Egal welche Systeme im sozialen Umfeld des Kindes unter die Lupe genommen werden, sei es die Kernfamilie, die Ver-

---

[69] Ferel 1996, 373.
[70] Vgl. Hodapp 1998, 67f: „Over the past 20 years, researchers have gone from viewing these families as pathological to acknowledge that they face increased stress, though they often cope reasonably well."
[71] Ferel 1996, 373.
[72] Erich Lindemann in diesem Zusammenhang von einem „therapeutischen Bündnis" zwischen Fachleuten und Betroffenen. Vgl. Schibilsky 1996, 45f.
[73] Siehe Steinebach 1997, 16 und Rahmenkonzeption 1998, 19.
[74] Vgl. Lauth 1985, 114.

wandtschaft, der Freundeskreis oder der Kindergarten; die Anpassung des Kindes mit Down-Syndrom ist überall stärker im Zentrum als die Anpassung dieser Systeme an das Kind. Doch gerade bei der Begleitung von Eltern, Großeltern und nahestehenden Menschen sollte die Engführung auf das Kind als „Stressor" oder „Auslöser" vermieden werden. Es gilt *alle* wirksamen Faktoren und beteiligten Personen in den Blick zu nehmen und den Horizont auf die inneren Lebens- und Anschauungssyteme zu weiten.

Anschauungsorientierung
Die äußeren Lebensumstände werden wie selbstverständlich wahrgenommen, und soziologische Rahmenbedingungen fallen „offensichtlich" leicht ins Auge. So gibt es z. B. keine ernst zu nehmende empirische Studie, in der Hintergrundvariablen wie Geschlecht, Bildung, Beruf oder materiellen Verhältnisse fehlen. Während diese äußere Welt große Beachtung findet, wird die innere repräsentationale Welt der Anschauungssysteme häufig übersehen. Bei der verstehenden Krisenbegleitung ist eine solche Ausblendung verhängnisvoll. Denn wie wir gesehen haben, sind die hermeneutischen Ressourcen wie z. B. Lebensanschauung, Attitüde, Werte, religiöse Bindung für die Anpassung an ein Leben mit einem behinderten Kind sehr bedeutsam. Dies gilt insbesondere dann, wenn unveränderbaren Tatsachen, wie z. B. dem Down-Syndrom, durch die Reorganisation von Deutungsvoraussetzungen eine neue, veränderte Bedeutung zugeschrieben wird, um das Leben besser zu meistern. Weil die Modifikation des Anschauungssystems ein wesentlicher Schlüssel für die Anpassung an irreversible Tatsachen ist, muss eine verstehende Begleitung anschauungsorientiert sein.

Lösungsorientierung
Wo sich betroffene Angehörige in einer Krise befinden und eine verstehende Unterstützung in Anspruch nehmen, bedarf es i. d. R. keiner psychoanalytischem Aufarbeitung der Vergangenheit. Die Betroffenen müssen nicht auf die „Couch", um eine biographisch-aufdeckende Intervention über sich ergehen zu lassen. In der nach rückwärts gerichteten, biographisch orientierten Sichtweise der Tradition Freuds stehen die Phasenmodelle der Trauerarbeit, die auch im sonderpädagogischen Bereich der frühen Hilfen sich großer Beliebtheit erfreuen. Sie neigen jedoch dazu, den Fokus beim Anpassungsprozess der Eltern einseitig auf das Leiden und die Pathologie zu richten.[75]
Die hier vorgeschlagene verstehende Krisenbegleitung soll sich nicht am Problem, sondern an der Lösung orientieren. Es geht nicht primär um die Bearbeitung der psychosozialen Faktoren, die zur Krise beigetragen haben, wie z. B. die Erwartungen, die in das Wunschkind gesetzt wurden oder die negative, gesellschaftskonforme Einstellung gegenüber einer geistigen Behinderung. Der Blick ist nicht auf die Vergangenheit, sondern auf die Gegenwart und Zukunft gerichtet. Ausschlaggebend ist, wie die gegenwärtige Situation bewältigt, die vorhandenen Möglichkeiten ausgeschöpft und neue Ressourcen erschlossen werden können. Diese lösungsorientierte Ausrichtung liegt unserer Untersuchung nach auch stärker im Interesse der betroffenen Eltern. Es ist unser Anliegen, dass ihre Kompetenzen wahrgenommen und gefördert werden. Die verstehende Krisenbegleitung sollte darum auch zur Wahrnehmung des Produktiven, Schönen und Hilfreichen fähig sein und die Betroffenen zum Erkennen dieser Aspekte anregen können. Sie hat eine ästhetische Dimension[76].

---

[75] Siehe Freud 1917, Hodapp 1998, 68f und Abbott/ Meredith 1986.
[76] Vgl. Kurz 1991, 17.

Wichtig aber bleibt auch hier, betroffene Eltern assistierend darin zu bestärken, dass sie selbst die Schlüssel zur Problemlösung und Veränderung in der Hand haben bzw. sie auch in Gebrauch nehmen.[77]

1.3.3 Aufsuchend und rechtzeitig

Eine verstehende Krisenbegleitung braucht unbedingt eine aufsuchende Grundstruktur. Gründe dafür wurden bereits genannt.[78] Es ist die von vielen Eltern ausgesprochene Erwartungshaltung und Bedürfnislage, dass Leute auf sie zukommen, ernsthaft nachfragen und Unterstützung anbieten. Wie sehr sie die Eigenheit einer auf sie zukommenden Hilfe erwarten, spiegelt sich auch in vielen Enttäuschungen wider, z. B. darin, niemand sei *„direkt gekommen"*, oder aber in der tröstenden Erfahrung eines interessierten Anrufers bzw. einer nachgehenden Teilnahme. Doch der wohl triftigste Grund für die Geh-Struktur der Krisenbegleitung ist die Krise selbst. Der nach einer Diagnoseeröffnung häufig erlittene Schock- und Lähmungszustand von Eltern macht es ihnen unmöglich, selbst aktiv zu werden. Sei es, dass sie sich außerstande fühlen, die enormen Kräfte zu mobilisieren, die erforderlich sind, um im Zuständigkeitswirrwarr der frühen Hilfen das für sie richtige Angebot zu suchen und zu finden. Sei es, dass sie im emotionalen Chaos der Gefühlsverwirrung nicht wahrnehmen, welche Bedürfnisse wie zu befriedigen sind, oder die vorrangige Sorge um ihr Kind ihre Kräfte absorbiert. Einigen Eltern gelingt es dennoch, sich eine psychologische Unterstützung selbst zu suchen. Die Versorgungslage verhindert aber nicht selten, dass eine angemessene und erreichbare Hilfe in Anspruch genommen werden kann. Erschwerend wirkt sich auch der fehlende Informationsfluss aufgrund der ärztlichen Schweigepflicht und der wegen der schlimmen NS-Erfahrungen zu Recht fehlenden Meldepflicht von behinderten Kindern aus. Dadurch kann eine Unterstützung der Betroffenen i. d. R. nur durch ihre direkte Veranlassung angefordert werden, was die Möglichkeit einer nachgehenden Hilfe deutlich einschränkt. Dies macht es um so nötiger, den Betroffenen bereits im Erstgespräch eine verstehende Krisenbegleitung und weitere Gespräche anzubieten. Schon in dieser frühen Phase sollte eine vertrauensvolle und verstehende Beziehung zu den betroffenen Personen geknüpft werden und mit ihnen abgeklärt werden, ob sie zum aktuellen Zeitpunkt eine nachgehende Begleitung wünschen.
Bei der verstehenden Krisenbegleitung und Frühberatung handelt es sich noch immer um eine Angebotslücke. Insbesondere herrscht ein Mangel an einer psychischen Ersten Hilfe. Dass die Erste Hilfe bei einem Verkehrsunfall schnell und aufsuchend agieren muss, ist unbestritten. Dagegen bleiben die psychischen Verletzungen meist „unversorgt". Eltern von behinderten Kindern wird zugemutet, die Erste Hilfe selbst aufzusuchen. Wenn sie Glück haben, bekommen sie für ihre Suche eine Wegbeschreibung in die Hand. Zu wem sie dann finden, ist oft Zufall.
Häufig aber werden ihre psychischen „Wunden" von fachfremden professionellen Helfer/innen „behandelt" und dies so ungeschickt, dass es zu neuen Verletzungen kommt; ein Personalverhalten, das bei den Rettungsorganisationen auf unseren Straßen zu Regressforderungen und zu fristlosen Kündigungen führen würde.
Die hier skizzierten Schwierigkeiten von Betroffenen, eine kompetente Krisenbegleitung zu erhalten, spiegeln sich auch in den empirischen Befunden von Krause

---

[77] Siehe dazu oben die „Rolle der Begleiter/innen und Sarimski 1999, 40.
[78] Vgl. oben in Teil B unter 3.2.4.1 und 3.2.4.2.

(1997) wider. Er kommt bei 678 befragten Eltern von behinderten Kindern zu dem Ergebnis, dass drei Viertel von den subjektiv hoch stressbelasteten Müttern keine psychologisch-psychotherapeutische Unterstützung in Anspruch genommen haben. Bei den Vätern waren es sogar 83 % und damit signifikant mehr als Mütter.[79]

Frühzeitig
Anders als bei der Diagnosemitteilung gibt es bei der psychosozialen Begleitung keinen zu frühen Zeitpunkt. Die Rechtzeitigkeit wird, wie bei der Ersten Hilfe, durch eine möglichst frühe Intervention definiert. Die Frühzeitigkeit ist dann gegeben, wenn die psychische Unterstützung zeitgleich mit dem Auftreten einer „psychischen Verletzung" gewährleistet werden kann[80]. Dies ist mit hoher Wahrscheinlichkeit bei der Diagnosemitteilung bzw. -eröffnung gegeben. Eine frühzeitige verstehende Begleitung hat demnach bereits durch die übermittelnden Mediziner/innen bzw. mit ihnen zusammen zu erfolgen. Dies ist in gleicher Weise bei der pränatalen wie bei der postnatalen Diagnose der Fall. Bis zur Erreichung der Gleichzeitigkeit von Diagnose und Begleitung ist aber noch ein weiter Weg. Dies liegt zum einen daran, dass die mitteilenden Mediziner/innen nicht qualifiziert und finanziert werden, verstehende Krisenbegleitung zu leisten, und zum anderen, dass die Beratungsstellen, wie z. B. die PUA (Pränatale Untersuchung und Aufklärung) im Diakonischen Werk Württemberg[81] oder eine psychosoziale Frühberatungsstelle, nicht am Diagnose-Ort präsent sind. Noch schwieriger ist dieses Ziel bei neu aufbrechenden Krisen an biographischkritischen Übergängen, wie z. B. der Einschulung oder Berufsfindung zu verwirklichen.
Um die Qualitätskriterien der Geh-Struktur und Frühzeitigkeit einer verstehenden Begleitung zu sichern, ist zuerst ein flächendeckendes, effizientes Angebot zu etablieren, das in den Krisenzeiten präsent ist oder doch zumindest in Anspruch genommen werden kann. Angesichts von immer wieder neu aktualisierbaren Krisensituationen ist die Kontinuität des Angebots vom Kleinstkind bis zum Erwachsenen für betroffene Eltern von besonderer Bedeutung. Bei jeder institutionalisierten, aufsuchenden und frühzeitigen Unterstützung sollte aber die Freiheit des Angebots-charakters nicht in Vergessenheit geraten.

---

[79] Siehe Krause 1997, 122f. Problematisch erscheint mir, dass Krause zwischen Hilfe „in Anspruch nehmen" und Hilfe „suchen" (121/1) verbal und der Sache nach nicht differenziert.
[80] Die Forderung nach Frühzeitigkeit der psychosozialen Unterstützung der Familie stellt auch Pretis et al. 1998, 179.
[81] Siehe Mann 1998.

2 Konzeptionelle Bausteine einer verstehenden Krisenbegleitung

Bislang fehlt im Kontext der frühen Hilfen ein umfassendes Theorie-Praxis-Konzept der psychosozialen Unterstützung von Familien mit behinderten Kindern. Es kann auch im Rahmen dieser Arbeit nicht entworfen werden. Dieses Feld gleicht bislang einer Baustelle. Als Vorschlag für einen richtungsweisenden theoretischen Bauplan möchte ich das systemisch interpretierte doppelte ABC-X-Modell in die Diskussion einbringen. Da es für unterschiedliche psychische Bereiche und soziale Systeme anschlussfähig ist, bietet es eine zentrale Voraussetzung für eine übergreifende Konzeption. Mit diesem Modell könnte es gelingen, die verstehende Krisenbegleitung mit der sonderpädagogischen Frühberatung, die Frühberatung mit der Frühförderung und die Frühförderung mit dem System der frühen Hilfen zu einer konzeptionellen Einheit zu verbinden.

Das ABC-X-Modell umspannt einen weiten Horizont. Einerseits ermöglicht es, die betroffenen Personen im systemischen Gesamtkontext ihrer Person- und Situationsbedingungen wahrzunehmen. Andererseits liefert es, wie wir gesehen haben, die entscheidenden Faktoren und Orientierungspunkte des Krisen-, Bewältigungs- und Unterstützungsprozesses. Gerade darum eignet sich dieses Modell für das theoretisches Rahmenkonzept der hermeneutischen Krisenbegleitung. Es bietet gleichsam den Rohbau, in welchem unterschiedliche Räume für weitere methodische und theoretische Konzepte wie etwa die erwähnten Ansätze von Rogers, Frankl und Ruschmann eingerichtet werden können. Unverzichtbare Baumaterialien im Gebäude der psychosozialen, verstehenden Begleitung sind neben den inhaltlichen Aspekten die für dieses Tätigkeitsfeld relevanten empirischen und theoretischen Befunde. Einzelne wichtige Bausteine der Krisenbegleitung werden im nun folgenden Abschnitt im Blick auf das Ereignis (A), die Situationsbedingungen (B) und die Deutung (C) erörtert.

2.1 Orientierung am kritischen Ereignis (A)

In der Begleitung von Menschen, die in ihrer Lebenslage an die Grenzen ihrer Bewältigungsmöglichkeiten stoßen, ist es gut, sich an dem initialen Ereignis zu orientieren. Dazu leistet die kritische Lebensereignisforschung hilfreiche Dienste. Um im persönlichen Gespräch in Erfahrung zu bringen, welche Aspekte des Lebensereignisses eine Person bzw. Familie *in ihrem besonderen Einzelfall* am stärksten belasten, ist es nützlich, die Merkmale zu kennen, die von Menschen *im Allgemeinen* und in dem sie betreffenden Ereignis *im Spezifischen* als kritisch empfunden werden.

2.1.1 Ereignismerkmale

Beim spezifischen Ereignis „Diagnose Down-Syndrom" haben wir eingangs eine Taxonomie der kritischen Merkmale erstellt. Sie kann Begleiter/innen als heuristisches Instrument dienen, um mit den Betroffenen gemeinsam herauszufinden, welche Eigenschaften ihrer neuen Lebenssituation ihnen am meisten Stress verursachen. Ist es die ausgrenzende Reaktion der Nachbarn, die Unumkehrbarkeit der Tatsache „Behinderung" oder die ungewissen, bedrohlichen Zukunftsaussichten? Die

Leitfrage ist: „Was sind für die Betroffenen die neuralgischen, kritischen Merkmale bei diesem Ereignis und wie werden sie subjektiv bewertet?"
Wer sich als Begleiter oder Begleiterin mit der Theorie der allgemeinen und spezifischen Merkmale eines Lebensereignisses beschäftigt hat, tut sich leichter, betroffene Menschen bei der aktuellen Suche und Formulierung ihrer persönlichen Schwierigkeiten zu unterstützen. Die Unterscheidungskriterien der Taxonomie von kritischen Ereignissen können zur Differenzierung der eigenen Wahrnehmung hilfreich werden. Zum einen werden sich die Begleitenden fragen, ob sich die von den Betroffenen als kritisch empfundenen Merkmale auf die Ursache, das Wesen oder die Folgen des Ereignisses beziehen. Dabei können die Ursachenlehre Aristoteles' und die reinen Verstandesbegriffe Kants zur Verfeinerung der Aufmerksamkeit dienen. Zum anderen sind die Perspektiven zu klären. Handelt es sich eher um eine subjektive, intersubjektiv-gesellschaftliche oder eine objektiv-irreversible Problemstellung[82]. Dass eine Taxonomie der kritischen Ereignismerkmale jedoch nicht als Lösungsset, sondern nur zu einem heuristisch-maieutischen Werkzeug taugt, verdeutlichen u. a. die empirischen Ergebnisse unserer Studie.

Die elterliche Einschätzung der kritischen Ereignisparameter erbrachte eine große individuelle Varianz. Mit nur einer Ausnahme wurden alle sogenannten kritischen Merkmale von einzelnen Eltern auch gegenteilig, d.h. „unkritisch" bzw. positiv bewertet. Für die Begleitungspraxis bedeutet dies, dass in Bezug auf individuelle Personen immer mit der Ausnahme von der allgemeinen und ereignisspezifischen Regel zu rechnen ist. Einzelne Aspekte aus der Taxonomie kritischer Merkmale können für Betroffene von Anfang an unbedeutend sein, während negativ empfundene Eigenschaften im Laufe der Zeit eine Umwertung erfahren können. Die Tatsache, Vater oder Mutter eines Kindes mit Down-Syndrom (geworden) zu sein, kann, wie die Ergebnisse gezeigt haben, auch durchaus als stabilisierend, integrierend oder sinnvoll empfunden werden.

Die Aufgabe der verstehenden Unterstützung hinsichtlich des kritischen Ereignis ist zum einen, den Betroffenen das Bewusstsein für die eigenen positiven Erfahrungen schärfen zu helfen, damit das familiäre Bild vom Kind nicht von Schwarzmalerei übertüncht wird. Zum anderen ist wichtig, sie im Erkenntnisprozess zu unterstützen, dass negative Eigenschaften nicht mit dem Wesen bzw. dem Down-Syndrom ihres Kindes identisch, d.h. objektiv naturgegeben sind, sondern ihm subjektiv zugeschrieben werden. Betroffene können so in der Bewußtwerdung unterstützt werden, dass sie selbst es in der Hand haben, die negativen Vorzeichen durch Neueinschätzungen und Persönlichkeitsveränderung ins Positive zu verkehren. Wie hilfreiche Einschätzungs- und Wandlungsprozesse realisiert werden können, ist Betroffenen von niemand besser zu vermitteln als von Menschen, die in diesem Vollzug gereift sind. Sie verkörpern diesen Prozess als Person und sind somit „Wahr-Zeichen", dass ein Leben durch ein Kind, das die Gesellschaft „behindert" nennt, um viele einzigartige Qualitäts-Merkmale bereichert werden kann. Auf dem Lebensweg, der von der Leidensstrecke negativer Ereignismerkmale zur Entdeckungsreise positiver Qualitätsmerkmale führt, sollten betroffene Familien mit hilfreichen Begleiter/innen rechnen können.

---

[82] Siehe Teil A, 1.3., insbesondere die erste Abbildung.

2.1.2 Erwartungskollision

Ein Kennzeichen der Diagnose Down-Syndrom ist, dass sie i. d. R. völlig unerwartet kommt. Nur 7 % der befragten Eltern haben mit diesem Ereignis gerechnet. Für 79 % kam es unerwartet. Unerwartet bedeutet nicht nur, dass sie darauf nicht vorbereitet waren, sondern auch, dass sie Erwartungen in ihr ungeborenes Kind gelegt haben, die enttäuscht wurden. Mit dem erwartungskonträren Ereignis stirbt das imaginierte Wunschkind der Eltern. Wie in einem realen Todesfall müssen sie von diesem Kind Abschied nehmen, es betrauern und begraben. Denn dieses Kind hat in der Vorstellung der Eltern real gelebt und ist geliebt worden[83].

Darum sollte in der Begleitung der familiären Trauerarbeit die Aufmerksamkeit auf das ersehnte Wunschkind gerichtet werden. Die Erinnerungen an das imaginierte Kind sind hier von großer Bedeutung. Die Leitfrage lautet: „Wie war das Kind, das ich geliebt und nun verloren habe?" Für die Meditation dieser Frage bedarf es der Zeit und der Ruhe. Es ist wichtig, dass der Verlust des „gestorbenen" Wunschkindes vergegenwärtigt und betrauert wird, damit in den Herzen der Angehörigen ein Freiraum für das geborene Kind entstehen kann. Dies ist die eine Seite des Anpassungsprozesses.

Die Erwartungskollision des kritischen Ereignisses spielt sich jedoch nicht zwischen dem imaginierten Kind und dem realen Kind ab. Auch vom real geborenen Kind entwickelt die Umwelt Vorstellungen, die sich etwa im Stigma seiner Diagnose widerspiegeln. Die Kollision der Erwartungen spielt sich darum zwischen zwei Imaginationen ab, zwischen dem ungeborenen Wunschkind und dem geborenen Sonder- bzw. Horrorkind. Betroffene Angehörige stehen also nicht nur vor der Aufgabe, von ihrem Wunschkind Abschied zu nehmen, sondern ebenso von den schlimmen Bildern, Erwartungen und Befürchtungen, die von ihnen auf dieses besondere Kind projiziert werden. Denn nicht allein durch das verlorene Wunschkind, sondern auch in ganz erheblichem Maße durch die Zerrbilder vom „behinderten" Kind wird der Zugang zum real existierenden Kind verbaut[84].

Eine verstehende Krisenbegleitung sucht mit den Betroffenen in ihrer Grabesstimmung, dass jetzt eh' alles aus, nichts mehr zu erwarten sei, nach einem Hymnus der Hoffnung. Die Leitfrage lautet: „Was kann ich von meinem Kind erwarten?" Sie zielt auf den Entwurf eines realitätsnahen Bildes, das die Wirklichkeit des Kindes, seine prognostizierte Entwicklung und die familiären Konsequenzen so treffend wie möglich widerspiegelt. Als Orientierungspunkt für das zu entwerfende Erwartungsbild vom Kind können Erfahrungen von gleichbetroffenen Eltern hilfreich werden. Sie bieten, wie die Auswertung der W-Fragen gezeigt hat, eine Vielzahl profitabler Aspekte.

2.1.3 Einstellungskollision

Beide Prozesse, der Abschied vom „Wunschkind" und der Abschied vom „Horrorkind", sind von analoger Natur, da sie auf die Beseitigung eines Trugbildes abzielen. Sie vollziehen sich aber unter gegenteiligen Vorzeichen.

---

[83] Siehe Stengel-Rutkowski/ Anderlik 1998, S. 6.
[84] Gerade im Kontext negativer, gesellschaftsbedingter Einstellungen zur Behinderung zeigt sich, dass eine umfassende Bildungsarbeit im Sinne der moralischen Erziehung, Einstellungsveränderung und Persönlichkeitsbildung eine sehr bedeutende Form der Krisenprävention darstellt.

Bei der Überwindung des Zerrbildes „Behinderung" geht es nicht um die Bewältigung eines Verlustes, sondern auch um die Bewusstwerdung eines Gewinns. Statt Trauerarbeit bedarf es hier der Deutungs- und Einstellungsarbeit, die neue Perspektiven und Haltungen eröffnet. Eltern müssen nicht nur „ihr gestorbenes Wunschkind begraben", sondern sehen sich in gleicher Weise herausgefordert, mit neuen Erwartungen und Einstellungen gegenüber ihrem geborenen Kind „schwanger zu gehen".
Alte Negativ-Einstellungen zur Behinderung, die gesellschaftlich vermittelt wurden, verlieren angesichts der persönlichen Betroffenheit an Tragfähigkeit. Weil sie in Konflikt mit der physisch-emotionalen Eltern-Kind-Bindung geraten, müssen sie einer kritischen Prüfung unterzogen werden. Soll ein gutes Zusammenleben in der Familie gelingen, bedarf es darum einer Anpassung der ablehnenden Einstellung zur Behinderung an die neue Lebenssituation. Dieser schwierige Adaptionsprozess der Attitüden bleibt i. d. R. ein lebenslang unabgeschlossener Prozess.
Zum Zeitpunkt der Diagnosemitteilung hätten die Eltern das Down-Syndrom ihres Kindes vermutlich fast ausnahmslos abgelehnt. Durchschnittlich acht Jahre nach der Geburt ihres Kindes bewerteten dagegen nur 52 % von ihnen die Behinderung ihres Kindes als „negativ" (F 16) und als „unerwünscht" (F 18).
Ohne Zweifel läßt sich eine positive Beziehung zum behinderten Kind auch mit einer negativen Einstellung zur Behinderung aufbauen. Herr B. berichtet z. B., wie sehr er seinen Sohn liebt und wie sehr er zugleich seine Behinderung „auf den Mond schießen" könnte[85]. Diese Einstellungskollision läßt sich selten ganz aus der Welt schaffen. Wo sie aber in extremen Formen durchgehalten wird, führt sie zur Abspaltung der Behinderung und zur Beschneidung des originären So-Sein des Kindes.
Die Leitfrage für die Einstellungsänderung setzt beim Kind an: „Was bekomme ich von meinem Kind und seiner sogenannten Behinderung?" Diese Frage nimmt die Gewinnperspektiven und Chancen in den Blick, die sich den betroffenen Eltern durch das So-Sein des eigenen Kindes eröffnen und anderen Eltern verschlossen bleiben. Die Frage kann dazu anregen, die rein defizitäre Sicht von „Behinderung" zu verlassen, um das Bewusstsein für mögliche Bereicherungen zu schärfen. Die positive Fragerichtung, ob das Kind nicht auch eine „Förderung des Lebens" darstelle, stemmt sich gegen die allseits postulierte Behauptung von der „Behinderung des Lebens". Gegen das „Herzliche Beileid!" zielt die verstehende Krisenbegleitung auf den „Herzlichen Glückwunsch!" zu tiefen Erfahrungs- und Reifungsprozessen, die insbesondere den Eltern solcher Kinder vorbehalten bleiben.

Mit der Trauerarbeit an enttäuschten Erwartungen und fraglich gewordener Einstellungen einerseits, sowie dem Aufbau realistischer Erwartungen und hilfreicher Einstellungen andererseits, versucht die verstehende Krisenbegleitung die schrittweise Auflösung der Erwartungs- und Einstellungskollision zu unterstützen.

2.2 Orientierung an der individuellen Lebensanschauung (B 1 sbj)

Bei der Unterstützung kognitiver Anpassungsprozesse reicht es nicht, sich allein auf konträre Einstellungen und Erwartungen zu begrenzen. Sie sind zwar von großer Bedeutung, weil sie von der Kraft des Ereignisses direkt tangiert werden. Da sie aber keine unabhängigen, freischwebenden Größen darstellen, sondern in die gesamte Lebensanschauung fest eingebunden sind, wirkt sich der Veränderungsdruck auch

---

[85] Interview Nr. 2, 0892-0897.

auf die inneren Schichten der Lebensanschauung aus. Er berührt direkt oder indirekt die Strukturbereiche der Wert- und Moralanschauung, der Sinnanschauung, des Menschenbildes und der Wert- und Machtzentren. Ein Bemühen, das einseitig auf eine Änderung der Einstellung abzielt, dürfte hinsichtlich der Krisenbewältigung ohne nachhaltigen Erfolg sein. Darum ist die individuelle Lebensanschauung immer in ihrer Gesamtheit ins Blickfeld zu nehmen.

2.2.1 Bedeutung der Lebensanschauung

Die Bedeutung der Lebensanschauung kann vom Standpunkt unserer Theorie gar nicht hoch genug eingeschätzt werden. Sie bildet den Deutungsrahmen und die hermeneutische Basis für alle primären und sekundären Einschätzungsprozesse. Diese theoretische Position wird auch durch die subjektiven Einschätzungen der betroffenen Eltern bestätigt. Sie vertreten mit wenigen Ausnahmen die überzeugte Meinung, ihre Lebensanschauung habe eine hohe Bedeutung und einen großen Einfluss auf ihre Lebens- und Entscheidungsprozesse. Eine verstehende Unterstützung, die den Kontext der individuellen Weltsicht ausblendet, wird darum zum Scheitern verurteilt sein. Ohne die Berücksichtigung der Lebensanschauung kann der Bewältigungsprozess weder angemessen beschrieben noch effizient begleitet werden[86].

Wenn sich, um ein Beispiel zu nennen, eine Mutter die Frage stellt, warum Gott ihr Gebet während der Schwangerschaft um ein gesundes Kind nicht erhört habe[87], greift jede Begleitung zu kurz, die nur die Erwartungskollisionen zwischen dem gesunden Wunschkind und dem geborenen Kind mit Down-Syndrom in den Blick nimmt. Hier muss die gesamte Glaubens- und Lebensanschauung der Person einbezogen werden. Da die Frage dieser Mutter die Dimension ihres individuellen Gottesverständnisses berührt, zielt sie auf ihr persönliches Wert- und Machtzentrum. Ihre Enttäuschung, dass Gott ihr trotz inniger Bitten kein „gesundes" Kind geschenkt hat, muss im Horizont ihres Gottesbildes bearbeitet werden. Da diese Gottesfrage auf das Zentrum zielt, das ihr Leben zusammenhält, durchdringt diese Frage alle Schichten ihrer Lebensanschauung. Darum müssen auch prinzipiell *alle fünf Strukturbereiche des Anschauungssystems im Gesprächshorizont* bleiben[88]. Neben den enttäuschten Erwartungen an ein gesundes Kind, ist u. a. auch von Bedeutung, welche *Einstellungen* zu sozialen Randgruppen eingenommen werden, wieviel *Wert* der Unversehrtheit und Leistungsfähigkeit des Lebens zugeschrieben wird, was dem Leben *Sinn* gibt und wie der Wert bzw. die Würde des *Menschen* bemessen wird. Erwartungskollisionen müssen im gesamten Kontext der Lebensanschauung betrachtet werden. Wer hilfreich begleiten will, sollte sich bemühen, die individuelle Sichtweise der betroffenen Person im Gespräch wie das Werk eines Philosophen verstehend zu erschließen[89]. Das begleitende Verstehen einer Person vollzieht sich wesentlich in der Erschließung der Innenperspektive (Spilka) bzw. der Rekonstruktion der persönlichen Lebensanschauung.

---

[86] Siehe dazu auch Lang 1999, 40.
[87] Vgl. Warum-Antwort 0648-0652.
[88] Siehe dazu Teil A, Abb. 10.
[89] Zu diesem Vergleich siehe Ruschmann 1999, 33f.

Zugleich ist jede Lebensanschauung biographisch gewachsen. Die Lebensanschauung resultiert aus der Lebensgeschichte. Wer die subjektive Sichtweise eines Menschen verstehen und in ihrer Krisensituation begleiten will, kommt an seiner Lebensgeschichte nicht vorbei. Sie ist der Schlüssel zum Verständnis einer Person und ihrer Situation. Dieser Zusammenhang wird vom „lebensgeschichtlich orientierten Ansatz" der Humanwissenschaften unterstrichen, der insbesondere in der Soziologie, Sozialpsychologie und in der Pastoraltheologie für helfende Berufe fruchtbar gemacht wird[90].

Indem sich die Krisenbegleitung mit großer Aufmerksamkeit der Lebensanschauung und Lebensgeschichte zuwendet, wendet sie sich zugleich von der Problemzentrierung auf die Behinderung des Kindes ab und rückt die Krisenbewältigung in den größeren Horizont der persönlichen und kollektiven Anschauungsveränderung.

Dass bei der lebensanschaulichen Bewältigung die kritische Auseinandersetzung mit gesellschaftlichen Welt- und Wertanschauungen nicht ausbleiben kann, liegt auf der Hand. Der oft schwierige entwicklungspsychologische Prozess der Persönlichkeitsveränderung, der u. a. zu einer Neuverortung von Autorität, zu einem Übergang von der konventionellen zur postkonventionellen Urteilsfähigkeit oder zu einer größeren Autonomie gegenüber Mehrheitsmeinungen führen kann[91], sollte vom Verstehenshorizont und Aktionsradius einer verstehenden Krisenbegleitung eingeschlossen werden. Ebenso verhält es sich mit dem Bedürfnis der Betroffenen, einen gesellschaftlichen Veränderungsprozess in Gang zu setzen. Darum dürfen sie nicht nur in ihrem Bemühen, zu gesellschaftlichen Werten innerlich auf Distanz zu gehen, unterstützt werden, sondern sollten auch in ihrer Kraftanstrengung, eine geistige und praktische Neugestaltung von gesellschaftlichen Rahmenbedingungen herbeizuführen, eine solidarisierende Unterstützung erfahren.

Mit der Aufwertung der Bedeutsamkeit von individuellen und kollektiven Deutungsprozessen vollzieht sich die Abwertung der Auffassung, das Problem sie die Behinderung selbst. Statt in der Behinderung des Kindes das Problem zu sehen, wird die „gesellschaftlichen Behinderung" des Kindes und seiner Angehörigen durch kollektive Negativdeutungen problematisiert. Dadurch kann, mit Epiktet gesprochen, die Erkenntnis reifen, dass nicht das Phänomen selbst das Schreckliche ist, sondern die Meinung, dass es etwas Schreckliches sei, das ist das Schreckliche.

2.2.2 Grundanschauungen

Die Grundanschauungen beantworten die Frage nach der *inneren Kohärenz* der Lebensanschauung. Sie ist das, was durch das Kohäsionszentrum bzw. durch mehrere Zentren die Binnenstruktur des individuellen Anschauungssystems zusammenhält. Die in dieser Studie vorgeschlagene Kategorisierung in die vier Grundanschauungen Theismus, Deismus, Naturalismus und Nihilismus stellt grobe, weit entfernte Orientierungspunkte dar. Für den Verstehensprozess in der praktischen Begleitung sind sie unzureichend und können zu ungünstigen Vereinfachungen führen. Eine kategoriale Einordnung in „Schubladen" ist zu vermeiden. Das Ziel des Prozesses ist und bleibt ein besseres Verstehen des einzelnen durch das Nachkonstruieren seiner individuellen Sichtweise respektive Grundanschauung. Hierbei muss

---

[90] Siehe Schibilsky 1996, 39-68, Nipkow 1994 und Gräb 1998.
[91] Vgl. dazu Fowler 1991, insbes. S. 262f.

der Individualität und der Pluralität der Anschauungsformen Rechnung getragen werden. Obwohl die vier Formen der Grundanschauung in jedem Gespräch individuell präzisiert werden müssen, können können sie als kategoriale Schemata dienen, die Wachsamkeit für gerade diese Präzision zu wecken. Die Auseinandersetzung mit Grundanschauungen geben dem Begleiter strukturierende Anregungen, einen *Sinn für Kohärenz* im Blick auf Lebensanschauungen auszuprägen[92]. Er „wird bzw. sollte dabei ein *Strukturverständnis* entwickeln, das ihm ermöglicht, angemessen mit der jeweiligen individuellen Weltsicht oder Lebensphilosophie umzugehen."[93]

Neben dem inneren Zusammenhalt von Lebensanschauungen ist auch nach der *äußeren Kohärenz* von individuellen Anschauungssystemen und kollektiven Weltanschauungssystemen zu fragen. Welchen religiösen und weltanschaulichen Traditionen oder Gedanken fühlt sich eine Familie verpflichtet? Wie groß ist die Nähe und Distanz zu weltanschaulichen Inhalten, Dogmen und Glaubenssätzen? Wie stark ist die innere Bindung und lebenspraktische Relevanz einzelner Personen in aktueller und biographischer, in intrinsischer und extrinsischer Hinsicht? Diese Bezüge sind, wie wir u. a. in der Pfadanalyse am Beispiel der Religionsverbundenheit gesehen haben, für den Deutungsprozess von nicht zu unterschätzender Bedeutung. Auch für diese Form des äußeren Zusammenhalts sollte die begleitende Person einen Sinn der Kohärenz entwickeln.

Wo persönliche Bindungen an kollektive Anschauungssysteme bestehen, vollziehen sich die lebensanschaulichen Anpassungsprozesse auch im Kontext und in der Auseinandersetzung mit diesen religiösen und weltanschaulichen Traditionen. Dies ließe sich z. B. an der Theodizeefrage aufzeigen.
Im Deutungsprozess ist es wichtig, die geistigen und spirituellen Ressourcen internalisierter und unbekannter Anschauungssysteme zu nutzen. Denn in ihnen finden sich auch vielfältige praktische Bewältigungsformen; eine ist z. B. die religiöse Praxis der Klage gegenüber Gott, wie sie in alttestamentlichen Psalmen eindrucksvoll zum Ausdruck kommt. Die Erschließung der religiösen-weltanschaulichen Unterstützungspotenziale ist jedoch durch einen standort-neutralen, quasi philosophischen Berater nur bedingt zu leisten. Die begleitende Person sollte neben der Wahrnehmung der weltanschaulichen Kohärenz darum zugleich die Grenzen der eigenen Möglichkeiten im Blick behalten und gegebenenfalls an Vertreter dieser Systeme weitervermitteln.

---

[92] Siehe auch Lang 1999, 54: Antonovsky spricht von einem „Sense of Coherence" und meint damit eine Grundeinstellung, die die Welt als sinnvoll, verstehbar und bewältigbar betrachtet. Wir sprechen hier davon, für diese kohärente Grundanschauung die Sinne der außenstehenden Person, im Sinne von Wahrnehmungsfähigkeit, zu schärfen.

[93] Ruschmann 1999, 18. Er weist zu Recht darauf hin, dass dabei sowohl eine dogmatische Beurteilung aus der eigenen Weltsicht als auch eine orientierungslose Laissez-faire-Haltung zu vermeiden ist.

2.2.3 Wandel und Konstanz

„*Mit der Zeit stellten wir fest, dass die Behinderung unserer Kinder zwar eine Änderung einiger unserer Lebensbereiche zur Folge hat, aber nicht automatisch die grundsätzliche Umstellung unseres Familienlebens bedeutet.*"[94] Was hier für das Familienleben gesagt wird, gilt auch für die Lebensanschauung. Nur 11,5 % der betroffenen Eltern sprachen von einem völligen Wandel ihrer Lebens- und Glaubensanschauung, die Mehrheit (55 %) dagegen von einem Wandel in Teilbereichen. Bei einer selbsteingeschätzten Anschauungskonstanz von einem Drittel der Eltern wird deutlich, dass sich durch ein Kind mit Down-Syndrom nicht alles verändern muss. Diese statistischen Zahlen geben jedoch keinerlei Aufschluss darüber, ob die lebensanschauliche Veränderung und Konstanz für die Bewältigung auch hilfreich und zureichend waren. Zur Aufgabe der verstehenden Begleitung gehört darum auch, mit den Betroffenen gemeinsam zu überprüfen, ob die persönliche Lebens*auf*fassung geeignet ist, die neuen Erfahrungen zu *er*fassen, die im Zusammenhang mit der Besonderheit des eigenen Kindes gemacht werden. Diese Erfassungs-Adäquatheitsprüfung muss auf die gesamte Lebensanschauung und ihre Strukturbereiche bezogen werden. Sie nimmt die Einstellungen, Erwartungshaltungen und Wertvorstellungen ebenso wahr wie die Wert- und Machtzentren des Anschauungssystems. Die Leitfrage ist: „Was bewährt sich und was ist hinderlich, beizubehalten zu werden?" Klärt sich diese Frage, sind Begleiter/innen herausgefordert, sowohl das Bewährte zu vergewissern als auch die Erschütterung des Selbstverständlichen katalysierend zu begleiten. Durch eine unterstützende „Dekonstruktion" (White)[95] lebensanschaulicher Aspekte vollzieht sich eine Entfremdung von gewohnten Denk- und Sichtweisen, die einen Freiraum entstehen läßt, um das schlechthin fremde Ereignis in die eigene Sicht vom Leben aufnehmen zu können. Diese Adaption der Lebensanschauung an das Leben mit Behinderung ist gleichsam ein Sich-Vertraut-Machen mit dem Besonderen. Positive Haltungen und integrative Deutungsformen gegenüber der Behinderung des Kindes und somit gegenüber dem Kind selbst entwickeln zu können[96], setzt häufig die Reorganisation der Lebensanschauung voraus.

2.3 *Orientierung an existenziellen Fragen und Deutungen (C)*

Ein Indikator für die Desintegration von kritischem Ereignis und Lebensanschauung ist das existenzielle Fragen der Betroffenen. Das Selbstverständliche passt mit dem Besonderen nicht zusammen, die Erwartungen werden enttäuscht und die Werte angesichts des Neuen wertlos bzw. wertvoller. Indem sie hinterfragen und deuten, ringen Betroffene darum, wie die Behinderung ihres Kindes zu ihrer Auffassung vom Leben in Bezug gesetzt werden kann. Es ist ein Ringen um lebensanschauliche Integration. Dieser Auseinandersetzungsprozess braucht Freiraum und Zeit, um zu seinem Ziel zu kommen. Wo er misslingt, kommt es zur bzw. bleibt es bei der lebensanschaulichen Abspaltung des eigenen Kindes oder seiner Behinderung. Dies

---

[94] So betroffene Eltern in Bundesvereinigung 1997a, 7.
[95] Siehe dazu Ferel 1996, 368.
[96] In Fuchs 1995, 41 wird betont, dass betroffene Eltern selbst von den familienentlastenden Diensten Unterstützung in der Entwicklung positiver Einstellungen zum Kind erwarten.

kann z. B. auch in dem Nicht-wahr-haben-wollen oder dem Aus-der-Welt-schaffen-wollen durch medizinisch-therapeutisches Shopping zum Ausdruck kommen. Darum muss die Krisenbegleitung bemüht sein, dass diese innere Entwicklung nicht in der Geschäftigkeit des Alltags versandet.

2.3.1 Existenzielles Fragen

Wo existenzielles Fragen durch Umweltverhalten zugedeckt oder von ihm abgelenkt wird, sei es aufgrund von Unsicherheiten, Berührungsängsten, Vermeidungsstrategien oder Aversionen, sollte eine verstehenden Begleitung Entfaltungsspielräume des Fragens schaffen. Krisenbegleitung fungiert in diesem Kontext als „Förderprogramm" für Betroffene, verschüttete Fragen ans Tageslicht zu bringen, um sich ihnen zu stellen. Hier gilt es, die Betroffenen zu unterstützen, sich ihrer Problem- und Fragestellung bewusst zu werden und sie in Worte zu fassen. Der Zielpunkt ist, betroffene Familien so zu begleiten, dass sie bei der Suche nach der eigentlichen Gestalt und Kontur ihrer Fragen erfolgreich sind. Dabei können die klassischen W-Fragen als Grundfragen hilfreiche Orientierungspunkte darstellen; sie müssen aber gemeinsam mit den Betroffenen individualisiert werden. Die Kunst des rechten Verstehens ist hier, wie auch bei der Hebammenkunst, die *Individualität der Fragestellung* ans Licht zu bringen[97].

Liegt eine Anforderungsflut an existenziellen Fragen und an dissonanten Kognitionen vor, stellt sich die Aufgabe, die *Fragenkomplexität zu sondieren* und in ihrer individuellen Bedeutsamkeit zu gewichten. Der Verunsicherung, die sich in der Unüberschaubarkeit von Fragestellungen spiegelt, kann durch die strukturierende Unterscheidung von praktischen und lebensphilosophischen Fragen, sowie durch die Aufschlüsselung, Gewichtung und einzelne Bearbeitung von gleichzeitig gestellten Fragen (s.o.), hilfreich begegnet werden. Dabei sollte die begleitende Person offene Fragen mitfragen, ohne fertige Antworten zur Hand zu haben. Durch das Nachfragen des Begleiters können sich die Betroffenen vergewissern, ob es sich tatsächlich um ihre ureigene Fragestellung oder um überlieferte Chiffren handelt. Neben der Vergewisserung der Fragestellung ist von der begleitenden Person auch auf *Fragerichtung und -charakter* zu achten. So ist z. B. zu prüfen, ob die persönliche Warum-ich-Frage eher auf Information, Klage, Wut oder Abspaltung zielt. Eine Hintergrundfrage ist: „Welche tieferliegenden Aspekte der emotionalen und kognitiven Welt bringt diese Frage zum Ausdruck und welche Aspekte der Lebensanschauung werden hierdurch berührt?" In diesem Kontext können die in der Pfadanalyse aufgeführten Zusammenhänge zwischen Hintergrundvariable, Lebensanschauung und Fragestellung zu unterstützenden Verstehenshilfen werden.

Den Weg, sich der unterschiedlichen Dimensionen der eigenen Fragen bewusst zu werden, sollten Begleiter/innen durch ein verstehendes Hineinfühlen und Aussprechen initiieren und motivieren. Bei diesem Prozess des Bewusstwerdens können neue Fragen aufbrechen, alte verschwinden, sich ins Gegenteil verkehren (Gegenfrage) oder eine andere lebensanschauliche bzw. -praktische Ausrichtung erhalten. Die Veränderung des Fragens kann, wie wir bei der Umwandlung von der Warum- in die Wozufrage gesehen haben, auch für die Entwicklung neuer Deutungsmöglichkeiten bedeutsam werden[98]. Insgesamt ist aber darauf zu achten, dass der Frage-

---

[97] Siehe Teil B, 3.1.2 unter „Veränderung der Fragestellung".
[98] Siehe Teil B unter 3.1.3 unter „Vom Warum zum Wozu".

prozess in der Krisenbegleitung nicht durch eine zu schnelle Ausrichtung auf die Antwort- und Deutungsfindung zu kurz kommt.

2.3.2 Existenzielles Deuten des Ereignisses

Ist ein Bewusstsein für die eigene Fragestellung gereift, gilt es den Wechsel von der Position des Fragenden in die Rolle des Antwortgebenden zu begleiten. Der Vollzug dieses Rollenwechsels ist zentral, weil jeder Mensch seine Deutungen und Sinnmöglichkeiten selbst finden, verantworten und realisieren muss. Diese logotherapeutische Maxime hat auch für den Deutungsprozess Gültigkeit. Deutungen müssen mit der eigenen Existenz vollzogen werden, sollen sie hilfreich und für das Indivi-duum bedeutsam sein[99]. Die Notwendigkeit der Selbsttätigkeit bestätigt auch Frau C. mit ihrer Randnotiz zur Frage, ob sie in ihrem existenziellen Suchen Unterstützung erhalten habe (F 11): *„Die Anschauungen von anderen haben mich verwirrt. Ich musste selbst am Anfang damit fertig werden."*
Begleiter/innen sehen sich darum vor die *evokative und appellative Aufgabe* gestellt, das subjektive Deutungspotenzial der Betroffenen zu aktivieren und in ihnen die Lust zur selbsttätigen Sinnsuche zu wecken. Dies kann z. B. mit ermutigenden Worten geschehen: „Sie tragen in sich die Fähigkeit, ihrer neuen Lebenssituation eine positive Bedeutung zuzuschreiben (evokativ). Machen sie von dieser Möglichkeit Gebrauch!" (appellativ)[100]. Um den Willen zum Sinn und zur Deutung zu wecken, gibt es unterschiedliche methodische Zugänge[101]. Einer ist die „Reise durch die Zeit", in der die Betroffenen aufgefordert werden, aus der Sicht einer erfahrenen, weisen Person, sich selbst die eigene Situation zu deuten. Konzentrieren sich Begleiter/innen eingehend auf diese evokativ-appellative Aufgabe, werden sie sich weder unbehaglich fühlen, keine passende Antwort präsentieren zu können, noch der Versuchung erliegen, im Habitus fachkundiger Beratschlagung „richtige Deutungen" anzupreisen. Sie werden vielmehr in die Lage versetzt, ihren Gesprächspartnern einzugestehen, keine fertigen Antwort oder allgemeingültige Lösungen zu besitzen und ihnen gegenüber betonen, es können nur Wege zum Ziel führen, die von ihnen selbst gesucht und beschritten werden. Beschränkt die Krisenbegleitung ihre Unterstützung in dieser Weise auf die *formale Dimension* des Deutungsprozesses, vermeidet sie die Gefahr, in die „Deutungsfalle" zu rutschen[102] oder gewählte Antwortversuche selbst zu bewerten.
Eine bedeutsame formale Förderung der Deutungsarbeit besteht darin, den Betroffenen hilfreiche Kommunikations- und Interaktionsräume zur psychosozialen Verarbeitung zu erschließen. Solche Räume können z. B. Selbsthilfegruppen sein, Fachtagungen für Betroffene und Fachleute, ein geeignetes Setting für die familiäre Kommunikation nach der Diagnoseeröffnung, Gespräche mit Mitgliedern der eigenen

---

[99] Vgl. dazu auch Kurz 1991, 103, Weiss 1993, 317 und Lauth 1985, 113.
[100] Siehe Kurz 1991, 115 und ein Beispiel in Bundesvereinigung 1997a, 9: *„... es kommt mit auf Sie an, diesen Veränderungen auch positive Seiten abzugewinnen."*
[101] So Kurz/ Sedlak 1995, 302ff. Ebenda finden sich weiter methodische Zugänge wie z. B. die sinnorientierte Meditation (352f), die existenzielle Imagination (345f), Humor und Witz als Mittel der Selbstdistanzierung und –transzendierung (387ff) etc.
[102] Siehe Teil B2, 1.4.4.1 und die Beratschlagung bzw. zugeschnappte Falle in Bundesvereinigung 1997a, 9: „Vielleicht können Sie die neuen Anforderungen, die sich nun ebenso an Ihr Leben stellen, auch als Chance begreifen ..."

Religionsgemeinschaft oder das Lesen von Erfahrungsberichten gleichbetroffener Personen[103]. Auch das Internet ist inzwischen zu einem bedeutenden Medium der Kommunikation geworden. Dieses neue Instrument kann sinnvoll eingesetzt werden. Es bietet Chaträume für den gegenseitigen Austausch von Betroffenen, Kontaktadressen und aktuelle Informationen von lokalen Selbsthilfegruppen, Erfahrungsberichte und vieles mehr.

In diesen Kommunikationsräumen kommt der verstehenden Krisenbegleitung des Deutungsprozesses auch eine *materiale Dimension* zu. Die Auseinandersetzung mit konkreten Deutungen dritter Personen kann für Betroffene hilfreich werden, wenn sie nicht in der Form eines Anwendungsrezepts, sondern als eine persönliche Erfahrung in der „ersten Person Singular" geäußert werden. Ein Ich-Stil, der die Subjektivität der eigenen Deutung unterstreicht, kann den Betroffenen autonome Handlungsspielräume eröffnen und sie durch nachahmungswürdige Modelle zu selbständigen Deutungsprozessen anregen.

Die inhaltliche Dimension der Deutung ist auch für die begleitende Person bedeutsam. Das Spektrum der Deutungsmodelle, die Beurteilung ihrer Stärken und Schwächen und ihre Systematisierung dienen ihr als „phänomenologische Wahrnehmungshilfen"[104].

Auch wenn die begleitende Person den Betroffenen keine Antworten vorgibt, ist es für sie dennoch sinnvoll, vorhandene Deutungswege zu kennen, um die Betroffenen darin zu unterstützen, ihren eigenen Weg zu finden. Da dem römischen Sprichwort gemäß viele Wege zum Ziel führen, ist es gut, wenn sich die Begleiter/innen in der „Deutungslandschaft" auskennen, um sie auf Abzweigungen, Gabelungen oder Wegzeichen aufmerksam machen zu können. Die empirisch erhobenen, erfolgreichen Deutungsversuche von Betroffenen dienen den „Weggefährten" sozusagen als Landkarte. Ein guter Kenntnisstand über die Beschaffenheit der unterschiedlichen Deutungsmodelle dient dazu, die Betroffenen auf die Gefahren, Vorzüge und mögliche Konsequenzen ihres eingeschlagenen Weges hinzuweisen. Auch die Systematisierung der Deutungsmodelle nach dem Gesichtspunkt der eigenen Aktivität bzw. Passivität ist dahingehend ausgerichtet, den Betroffenen Klarheit zu verschaffen, ob ein bestimmter Deutungsweg möglicherweise die eigenen Kräfte übersteigt oder außer Acht läßt[105].

Die formale und materiale Begleitung des Deutungsprozesses ist nicht anschauungsneutral, sondern *sinnorientiert*. Sie besitzt eine tendenziöse Ausrichtung zur Auffindung positiver Wertigkeiten und Sinnhaftigkeiten, indem sie von der erfahrungsgesättigten Annahme ausgeht, dass die Behinderung eines Kindes „nicht automatisch und erschöpfend gekoppelt (ist) mit Leid, Trauer und Unglück."[106] Gegen eine Trauer- und Leidorientierung setzt sie auf eine Perspektive des Positiven. So fragt sie die Betroffenen z. B. auch nach ihren Glücksempfindungen im Zusammenleben mit ihrem Kind, nach seiner unverwechselbaren Besonderheit, nach bereichernden Erfahrungen, nach gelungenen Problembewältigungen und versucht somit,

---

[103] Für die Empfehlung literarischer Erfahrungsberichte ist Schuchardt 1993 eine Fundgrube, für themenbezogene Psalmworte Heckel 1997, 227-236. Zur Bedeutung „Vom Lesen in Krisensituationen: Bücher als Lebenshilfe" vgl. den gleichnamigen Aufsatz von Ilse Tornscheidt im Deutschen Pfarrerblatt 7 (96), 366-368.
[104] Heimbrock 1996, 336.
[105] Vgl. oben unter B, 3.1.4.2 und 3.1.4.4.
[106] Lang 1999, 41.

die perspektivische Engführung auf die „Behinderung" aufzubrechen. Ein solches „Refraiming" der Sichtweise kann auch durch eine authentische Einschätzung eines Begleiters angestoßen werden, wie hier von einem Kinderarzt: *„Wir waren das erste Mal zur Behandlung bei einem Kinderarzt. Als er Martha sah, waren seine ersten Worte: ‚Was haben Sie doch für ein hübsches Baby!' und er sagte es mit echter Wärme und Herzlichkeit. Zum ersten Mal, fünf Wochen nach Marthas Geburt, hatte das jemand gesagt – und es stimmt!"*[107]

2.3.3 Existenzielles Deuten der Ressourcen

Bei der evokativen und appellativen Aktivierung der formalen Deutungspotenzialität ist die Bezugnahme auf die Ressourcen der persönlichen Lebensanschauung und der mit ihnen assoziierten, kollektiven Anschaungssysteme fundamental.
Es kommt hier darauf an, Betroffene zu unterstützen, die Kraft ihrer eigenen Lebensanschauung und ihres religiösen Glaubens zu nutzen und sich von den alternativen Vorstellungen ihrer Weltanschauungssysteme zu einer lebensanschaulichen Re-Organisation bzw. Re-Deutung inspirieren zu lassen. Die Aufgabe der begleitenden Person ist es, die Betroffenen in ihrem Deutungsprozess auch zur Auseinandersetzung mit ihrer Lebensanschauung zu motivieren. Die hohen Selbstbewertungen zur Relevanz (F 4.1) und zum Nutzen (F 13) der eigenen Lebensanschauung bietet für diese Form der Unterstützung einen günstigen Ausgangspunkt. Sie machen deutlich, wie sehr sich betroffene Personen dieser Bewältigungsressource bereits bewusst sind.
Da hinsichtlich der eigenen Lebensanschauung i. d. R. auch Adaptionsleistungen erforderlich sind, müssen die vorhandenen lebensanschaulichen Ressourcen auf ihre Effizienz überprüft, bestätigt oder verworfen werden. Neue, bislang nicht genutzte Ressourcen gilt es zu mobilisieren. Dies kann dadurch geschehen, dass neue Kommunikations- und Interaktionsräume erschlossen, sowie andere Formen der Lebensanschauung und Deutungsmöglichkeiten kennengelernt und rezipiert werden.
Hier schließt sich der Kreis. Was wir zum besseren theoretischen Verständnis unterschieden haben, fließt im praktischen Deutungs- und Reorganisationsprozess ineinander. Das existenzielle Fragen, das Deuten des Ereignisses, das Eingebundensein in weltanschauliche Systeme und die Einschätzung der lebensanschaulichen Resourcen sind transaktionale Prozesse, die in ihren wechselseitigen Bezügen keinenfalls ausgeblendet werden dürfen, soll ein schädlicher Reduktionismus vermieden werden.
Darum ist hier abschließend noch einmal zu betonen, dass sich die Deutung der Bewältigungsressourcen (B) nicht allein auf die lebensanschaulichen Prozesse (B 1 sbj.) bezieht, sondern auf alle Aspekte der diversen ökologischen Dispositionsbereiche. Es gilt nicht nur, die eigene Lebensanschauung zu reorganisieren, sondern beispielsweise auch, den Verwandten- und Bekanntenkreis auf seine Einstellung und sein Verhalten hin zu überprüfen und nach Bedarf neu zu gestalten[108]. Zur Lösung eines Problems bedarf es nicht immer der subjektiven Bearbeitung existenzieller Fragen. Häufig sind pragmatische, soziale, finanzielle oder familienentlastende Maßnahmen gleichzeitig oder sogar vorrangig zu ergreifen.

---

[107] Bundesvereinigung 1997a, 7.
[108] Vgl. Bölling-Bechinger 1998 und 101, Sarimski 1999, 40.

Um jedoch frühzeitig abklären zu können, welche Unterstützungsmaßnahmen in einer spezifischen Situation angemessen erscheinen, muss zuvor der persönliche Hilfebedarf in seiner Gesamtheit reflektiert werden. Diese (sekundäre) Einschätzung der persönlichen Ressourcen im Verhältnis zur subjektiv empfundenen Anforderungsflut ist ein Prozess, den die betroffene Person bzw. Familie selbst durchschreiten muss. Bei diesem Einschätzungsprozess sollte sie durch kompetente Fachkräfte an einer zentralen Informations-, Anlaufs- und Vermittlungsstelle (o.ä.) unterstützt werden, um unter fachkundiger Beratung aus dem Spektrum der vorhandenen Netzwerkressourcen die bedarfsgerechte Hilfe auswählen und in Anspruch nehmen zu können[109], wo gewünscht, auch eine eigenständige verstehende Krisenbegleitung.

---

[109] Vgl. Pretis 1998, 59/2.

3 Folgerungen für die Praxis, Forschung und Bildung

Im letzten Kapitel werden nun abschließend einzelne Linien von den empirischen und theoretischen Befunden dieser Studie in Richtung auf Forschung und Bildung ausgezogen. Zu fragen ist, was die hier vorliegenden Resultate zur Deutung und Krisenbegleitung der Eltern von Kindern mit Down-Syndrom für die frühen Hilfen, die Copingforschung und die berufliche Qualifizierung einer verstehenden Krisenbegleitung austragen.

3.1 Folgerungen für die frühen Hilfen

Wie im ersten Kapitel des Praktischen Teils ausgeführt wurde, hat die schriftliche und mündliche Befragung der betroffenen Eltern eine beträchtliche Angebotslücke im Netzwerk der frühen Hilfen sichtbar werden lassen. Bei fünf von sechs Personen fand nach eigenen Angaben die von ihnen gewünschte Begleitung ihres lebensanschaulich-psychosozialen Bewältigungsprozesses nicht statt. Der in dieser Studie erhobene qualitative und quantitative Versorgungsnotstand macht eine psychische Erste Hilfe und eine weiterführende, kontinuierliche Unterstützung der existenziellen Anpassung zwingend erforderlich. Er verlangt nach einer notwendigen Ergänzung und damit nach einem zusätzlichen Glied in der Angebotskette der frühen Hilfen. Diesem neuen Aufgabenfeld, das wir als hermeneutische Krisenbegleitung der betroffenen Familie bezeichnen, ist eine Eigenständigkeit innerhalb der frühen Hilfen einzuräumen. Zur Emanzipation der verstehenden Krisenbegleitung gegenüber der physiotherapeutischen Förderung des Kindes bedarf es aber auch einer schlüssigen Konzeption der Krisenbegleitung, die in eine Gesamtkonzeption der frühen Hilfen eingebettet ist. Einzelne konzeptionelle Bausteine einer verstehenden Krisenbegleitung wurden oben bereits vorgeschlagen.

Zu einer faktischen Aufwertung der Begleitung im Deutungs- und Reorganisationsprozess betroffener Familien wird es aber nur kommen, wenn rechtliche, finanzielle, personelle und berufsqualifizierende Schritte nicht ausbleiben. Betroffenen Familien ist nicht nur, wie bislang, ein Rechtsanspruch auf Leistungen der Frühförderung als Eingliederungshilfe zu gewähren, sondern zukünftig auch ein *Rechtsanspruch auf psychosoziale Krisenbegleitung*. Eine solche Gesetzesgrundlage wäre eine zureichende Voraussetzung für die Finanzierung einer effizienten Krisenbegleitung, die innerhalb der frühen Hilfen bzw. Frühberatungsstellen eigene Zeitbudgets und Freiräume ermöglichen könnte. Für diesen eigenständigen Versorgungsbereich der Krisenbegleitung müsste sich das interdisziplinäre Personal spezifische Zusatzqualifikationen erwerben, die es in die Lage versetzt, betroffene Menschen in ihren existenziellen Krisensituationen hilfreich zu unterstützen. Darüber hinaus wäre es ratsam, in der interdisziplinären Arbeit auch mit Repräsentaten der jeweiligen Lebensanschauungen bzw. Religionsgemeinschaften intern oder extern zu kooperieren und die transdisziplinäre Zusammenarbeit mit gleichbetroffenen und nahestehenden Personen zu suchen.

Würden die Schlussfolgerungen der empirischen Ergebnisse in die Tat umgesetzt werden, ließe sich die in den frühen Hilfen klaffende Angebotslücke der Krisenbegleitung schließen. Es darf jedoch nicht unberücksichtigt bleiben, dass diese Angebotslücke mit einer Wahrnehmungslücke korrespondiert, die sich bis in das wissenschaftliche Feld der Sonderpädagogik, Religionspsychologie und Copingforschung hinein erstreckt.

3.2 Folgerungen für die Copingforschung

Die vorliegende Studie konnte an einigen Stellen aufzeigen, welche Zusammenhänge in der Krisenbewältigung zwischen dem spezifischen Ereignis „Diagnose Down-Syndrom" (A), den Person- und Deutungsvoraussetzungen der Betroffenen (B) und ihrer Deutung (C) bestehen. Zwischen den Variablen der Lebensanschauung und dem existenziellen Frage- und Deutungsverhalten ließen sich signifikante Korrelationen errechnen und in den explorativen Interview-analysen Abhängigkeiten aufzeigen. Die hermeneutische Basishypothese, die persönliche Lebensanschauung sei für die Deutung der Krisensituation und ihre Bewältigung von großer Bedeutung, konnte empirisch weiter erhärtet werden.
Dennoch haben die theoretischen Anstrengungen, das empirische Material und das Forschungsinstrumentarium unserer Studie nicht ausgereicht, die Auswirkung der spezifischen Formen der Lebensanschauung und der Deutung auf eine gelingende Bewältigung auch nur annähernd zu erhellen. Da die lebensanschaulichen Deutungsmöglichkeiten in ihrer individuellen Variabilität sich als sehr reichhaltig und heterogen erwiesen haben, bedarf es umfangreicher Untersuchungen, den Deutungsprozess in seinen Auswirkungen auf die Bewältigung nicht nur phänomenologisch zu beschreiben, sondern, auch in seiner Wirksamkeit zu qualifizieren.

Für die *Copingforschung* wäre die Folgerung zu ziehen, die subjektiven Theorien und individuellen Anschauungssysteme stärker zum Gegenstand ihrer Untersuchung zu machen. Noch existieren viel zu wenig empirische Studien, die auf differenzierte Weise den Faktor der Deutung (C) ergründen und zugleich die unterschiedlichen Formen der Lebensanschauung bzw. des religiösen Glaubens einbeziehen. Vor allem Längsschnittstudien, die den engen Horizont des Wertewandels hinter sich lassen und den kognitiven Reorganisationsprozess von Deutung und Anschauung in seiner Breite zu erfassen suchen, wären wünschenswert. Die Lebensgeschichte als biographische Dimension der Lebensanschauung sollte hierbei einbezogen werden. Es darf z. B. nicht unberücksichtigt bleiben, welche Vorerfahrung bzw. welches Vorverständnis der Diagnoseeröffnung vorausgehen.

Auch die *Life-Event-Forschung* sollte die subjektive Dimension der Bewältigung noch stärker berücksichtigen. Kritische Lebensereignisse müssen subjektbezogen analysiert und die durch subjektive Deutungsprozesse bedingte Relativität der kritischen Potenz von Ereignismerkmalen muss schärfer ins Auge gefasst werden. Da kritische Merkmale nicht ontogenetisch gegeben sind, sondern erst im Einschätzungsprozess der Betroffenen entstehen, unterliegen sie individuellen und soziokulturellen Einflüssen und bedürfen einer regelmäßigen sozialwissenschaftlichen Exploration. Darum steht die Lebensereignisforschung immer wieder neu vor der Aufgabe, Taxonomien von spezifischen Ereignissen theoretisch zu rekonstruieren und empirisch zu überprüfen.

Die *stress- und systemorientierte Copingforschung* umfasst ein umfangreiches, fast unüberschaubares Feld wissenschaftlicher Erkenntnisse. Der praktische Nutzen dieser Erkenntnisse wird aber von helfenden Berufen, die mit der Krisenbewältigung ihrer Klienten konfrontiert sind, kaum erkannt oder rezipiert. Die Prozessmodelle der Stresstheorie spielen in der (nicht-klinischen) Praxis der existenziellen Krisenbegleitung nach wie vor eine unbedeutende Rolle. So steht die stresstheoretische Forschung neben der Notwendigkeit, die Orientierung an Deutungs- und Anschauungsprozessen zu forcieren, ferner vor zwei weiteren Aufgaben; einerseits vor der didaktischen Herausforderung, ihr empirisches und theoretisches Wissen für die praktische Anwendung in der Krisenbegleitung fruchtbar zu machen, andererseits, ihre Forschung praxisorientiert auszurichten.

In der professionellen Krisenberatung dominiert die *psychoanalytische Tradition der Bewältigungsforschung*. Schon seit Jahren sind die *Phasenmodelle der Trauerarbeit* zum allgemeinen Bildungsgut der helfenden Berufe geworden. Auch in die Praxis der Frühförderung haben diese Theoriemodelle Eingang gefunden[110]. Sie werden gelehrt und gelernt, weil sie leicht lehrbar und lernbar sind. Wegen ihrer einfachen, übersichtlichen und linearen Strukturierung lassen sie sich gut ins Gedächtnis einprägen und einfach in die Praxis umsetzen. Auch Betroffenen können sie dazu dienen, eigene Gefühle und Gedanken besser zu verstehen und einzuordnen. Sie sind benutzerfreundlich, weil sie ihrem Anwender scheinbar kein tieferes Theorieverständnis abverlangen, ihm eine vermeintlich klare Einteilung der Krisenverarbeitung bieten und ihm eine normative Zielgröße des Bewältigungsprozesses vorgeben. Doch gerade hierin liegt ein dreifaches Problem, das eine grundlegende *Kritik am Phasenmodell* unausweichlich macht.

Erstens weisen die Phasenmodelle in der mangelnden Kongruenz von Theorie und Praxis ein *Theoriedefizit* auf, denn sowohl der regelhafte Verlauf als auch die inhaltliche Festlegung der einzelnen Stadien läßt sich durch Längsschnittuntersuchungen nicht bestätigen[111]. Auch zahlreiche Querschnittsstudien, einschließlich der hier vorliegenden, widerlegen das Vorhandensein des ontogenetischen, identisch ablaufenden Bewältigungsprozesses beim Menschen. Differenzierte empirische Untersuchungen können die Gesetzmäßigkeit und Unumkehrbarkeit der Sequenzialität, d.h. den Ausschluss von Phasensprüngen und Irregularitäten, nicht bestätigen. Entgegen der Annahme eines universalen Krisenverlaufs belegen sie die Vielfalt und Individualität der Anpassungsprozesse. Dies wird auch durch die vielfältigen Ergebnisse der hier vorliegenden Studie bestätigt, insbesondere bezüglich der W-Fragen und -Antworten, der Zusammenhänge von Grundanschauung und Deutung, sowie der Widerlegung einer Zwangsläufigkeit, die Warum-ich-Frage zu stellen (Hypothese 11)[112].

Dass die Phasentheorie die Wirklichkeit des Bewältigungsprozesses verzerrt und unzureichend abbildet, wird in der Fachliteratur weitgehend erkannt und anerkannt. Dennoch werden die Phasenmodelle auch weiterhin billigend rezipiert, wie z. B. von Bölling-Bechinger (1998): „Wohl ist uns die kritische Stellungnahme (...) gegenüber einem Coping-Konzept ‚Phasenmodell' bekannt (...), doch nehmen wir eine gewisse Vereinfachung aus den o.g. Gründen in Kauf."[113] Gemeint sind die oben genannten Gründe der Anwendungs- und Praxisfreundlichkeit. Dieses pragmatische Argument

---

[110] Vgl. Thurmair 1990, 52 und Jupp 1999, 9f.
[111] Siehe Lauth 1985, 107.
[112] Siehe oben unter B, 2.3.3.1 und B, 3.2.2 sowie die Untersuchungen von Affleck et al. 1991, 31ff, Meinicke 1993, 77f, Dalbert 1996, 144ff, Wöhrlin 1997, 54 und Lang 1999, 44f u. 147ff.
[113] Bölling-Bechinger 1998, 96.

gleicht m. E. einer bedingungslosen Kapitulation theoretischer Bemühungen und sollte in Zukunft aufgrund besserer Alternativen obsolet werden.

Zweitens führt das Theoriedefizit der Phasenmodelle zu einem *Wahrnehmungsdefizit*, das dazu verleitet, „die Vielschichtigkeit und Vielfalt seelischer Wirklichkeit in künstliche, lebensferne Schemata, individuelle Bewältigungs- und Anpassungsprozesse in vorfixierte Verarbeitungsstadien zu pressen."[114] Durch eine theoriegeleitete Reduktion der wahrgenommenen Phänomene auf die phasenspezifische Bewältigungsnorm entsteht die Gefahr, dass betroffene Personen auf eine bestimmte Phase festgelegt, emotional etikettiert und in ihrer wahren Befindlichkeit nicht verstanden werden[115]. Auf diese Weise können die Phasentheorien, die selbst keinen Freiraum für intersubjektive Differenzen und originäre Deutungsprozesse vorsehen, den Blick auf die unverwechselbare, biographisch bedingte Individualität der Anschauung und Anpassung verstellen.

Drittens besitzen die Phasenmodelle einen *Normüberschuss*, weil sie nicht nur den Verlauf, sondern auch das Ziel der Bewältigung inhaltlich vorgeben. Ob das Resultat des Verarbeitungsprozesses nun in der „Annahme des Kindes" oder in der „Solidarität" besteht[116], in jedem Fall wird mit einem normativen Terminalstadium auch die Spur der „verstehenden Begleitung" zugunsten einer „vorauswissenden Beratschlagung," verlassen. Der Grundsatz, dass die Betroffenen die Experten ihrer Situation sind, die es in der Rolle als Assistenen zu begleiten gilt, sowie die logotherapeutische Maxime, dass sie ihren individuellen Weg selbst finden, verantworten und realisieren, läßt sich mit den Phasenmodellen nicht aufrechterhalten. Entweder der Weg der Bewältigung ist ontogenetisch *vor*gegeben oder aber er ist in einem Verstehens- und Findungsprozess *auf*gegeben.

Nicht nur im Interesse einer realitätsnahen Theoriebildung und Wahrnehmung, sondern letztlich im Interesse der Betroffenen, ihrer bedürfnisorientierten Unterstützung und ihrer selbstbestimmten Bewältigung, ist nach den bestimmenden Faktoren und Subfaktoren des Krisen- und Bewältigungsprozesses zu fragen. Entscheidend ist, die individuellen und ökologischen Bestimmungsgrößen, die in die Krise hinein- und aus ihr herausführen, kennen und verstehen zu lernen. Doch gerade darüber geben die Phasenmodelle keine Auskunft.

Die größte *Herausforderung der Copingforschung* besteht m. E. in der Aufgabe, über die theoretisch-empirische Grundlagenforschung hinaus, Praxiskonzepte für die Krisenverarbeitung und -begleitung zu entwickeln, die effizient, rezipierbar und praxistauglich sind. Bislang fehlt ein umfassendes Theorie-Praxis-Modell der psychosozialen Unterstützung. Das hier für den Bereich der frühen Hilfen als „Rohbau" vorgeschlagene doppelte ABC-X-Modell muss noch stärker differenziert. In ihm sollten unterschiedliche konzeptionelle Bausteine, nach Qualitätsprüfung auch die hier aufgeführten, zu einem sinnvollen Gesamtwerk zusammengefügt werden. Bei der Entwicklung dieses Theorie-Praxis-Modells sollten die synergistischen Kräfte der verschiedenen Copingtraditionen zur vollen Entfaltung kommen und die Dimension der lebensanschaulichen Deutung und Reorganisation sollte als integraler Bestandteil eingefügt werden. Ein interdisziplinärer Dialog mit der philosophischen, theologi-

---

[114] Weiss 1993, 309.
[115] Vgl. auch K.-J. Schmidt 1986, 23 u. 27.
[116] Siehe Schuchardt 1993, 37 und Thurmair 1990, 52.

schen und religionspsychologischen Wissenschaft wäre förderlich, das genannte Forschungsproblem und Praxisdefizit zu beheben.

3.3 Folgerungen für die Aus- und Fortbildung

Die Lehre lebt von der Forschung und lehrt für das Leben. So ist die Aus- und Fortbildung auf die Ergebnisse der Forschung angewiesen und auf die Erfordernisse des Berufsleben ausgerichtet.

Insbesondere bei der psychosozialen Krisenbegleitung im Bereich der frühen Hilfen hat die vorliegende Studie ein *Defizit an professioneller Unterstützungsleistung* erkennen lassen[117]. Mediziner/innen, Krankenpfleger/innen, Sozialarbeiter/innen, Sozialpädagogen/innen und Heilpädagogen/innen nehmen Eltern von behinderten Kindern in ihrer religiösen und lebensanschaulichen Wirklichkeit zu wenig wahr und lassen sie mit ihren quälenden existenziellen Fragen oft allein[118]. Diese Versorgungslücke in der fachkundigen Krisenbegleitung bekommt nicht nur diese hier in den Blick genommene Personengruppe zu spüren. Ebensowenig handelt es sich hier um ein reines Angebotsdefizit, das durch den Mangel an Finanzierung und Institutionalisierung zureichend erklärt werden könnte. Für das professionelle Unterstützungsdefizit haben wir bereits eingangs *Gründe* aufgeführt, die von weit größerer Bedeutung sind.

Erstens hat die Ausdifferenzierung und Pluralisierung der Lebenswelten dazu geführt, dass Menschen in der modernen Gesellschaft immer weniger Gemeinsamkeiten teilen. Die dadurch allgegenwärtige, zwischenmenschliche Entfremdung spitzt sich dort weiter zu, wo Menschen durch tragische Ereignisse außergewöhnliche Lebenssituationen zu meistern haben. Die Besonderheit ihrer spezifischen Lebenswirklichkeit führt zu einer verschärften Diskrepanz der Lebenswelten von Betroffenen und Fachleuten *(sozio-kulturelles Problem)*.

Zweitens gehen plurale Lebenswelten mit pluralen Lebensanschauungen und heterogenen Codierungssystemen einher. Es kann nicht (mehr) davon ausgegangen werden, dass Denkvoraussetzungen und Erfahrungen selbstverständlich wahrgenommen und wechselseitig verstanden werden. Die Schwierigkeit, sich zu verständigen, ist insbesondere dort sehr groß, wo es sich um Grenzerfahrungen oder grenzüberschreitende, transzendierende Vorstellungen handelt. Hier kommt die Privatisierung und Tabuisierung der Religion bzw. der persönlichen Lebensauffassung erschwerend hinzu *(Kommunikationsproblem)*.

Drittens herrscht nicht nur eine Scheu, sich auf ein persönliches Gespräch über religiöse und existenzielle Themen einzulassen. Zu beobachten ist auch ein natürliches Unbehagen, mit der Leiderfahrung anderer Menschen konfrontiert zu werden. Es ist desto größer, je weniger das Leid mit technischen Mitteln aus der Welt zu schaffen ist. Ein begleitender Umgang mit Tränen und Trauer hat jedoch sehr viel damit zu tun, die Konfrontation mit Leid und der persönlichen Hilflosigkeit auszuhalten. Dies fällt Helfer/innen der sogenannten helfenden Berufe besonders schwer, weil es nicht

---

[117] Siehe. oben B, 2.3.3.2 unter „Verhältnis von professioneller und informeller Hilfe" und „Wunsch nach mehr Unterstützung", sowie B, 3.2.5.1 unter „Enttäuschungen".

[118] Vgl. dazu auch Roos, 1975, 344, Weiss 1993, 317 und Lang 1999, 16.

nur allgemein menschlichen Regungen zuwiderläuft, sondern auch mit ihrem spezifischen Berufsethos unvereinbar zu sein scheint. Dadurch wird die Aneignung eines quasi professionellen Vermeidungsverhaltens und eines „Abweisungs-Repertoirs" (Schibilsky) begünstigt, das nicht selten differenzierte und facettenreiche Formen annimmt[119]. Der Rückzug auf das vertraute, berufstechnische Handlungsfeld ist nur eine von vielen Möglichkeiten *(Vermeidungsproblem)*.

Viertens ist das professionelle Unterstützungsdefizit in der Krisenbegleitung nicht allein durch finanzielle, zeitliche, sozio-kulturelle, kommunikative oder psychohygienische Schwierigkeiten bedingt. Es liegt in erster Linie in einem *Bildungsdefizit und Qualifikationsproblem* der helfenden Berufe begründet. Wären die Helferinnen und Helfer auf die existenzielle Begleitung ihres Klientels besser vorbereitet, könnten viele Schwierigkeiten überwunden oder kompensiert werden. *(Qualifikationsproblem)*.

Eine Aus- und Fortbildung, die dieses Bildungsdefizit zu bearbeiten sucht, tut gut daran, sich an den ersten drei Problemstellungen zu orientieren. An ihnen entlang sollte sie ihre Curricula erweitern, um die Auszubildenden und Studierenden für eine verstehende Begleitung von Menschen in kritischen Lebenslagen zu qualifizieren.
Im Blick auf das *sozio-kulturelle Problem* sollten Helfer/innen in ihrer Ausbildung dafür sensibilisiert werden, die Lebenswelt (B) und die Lebensanschauung (B 1 sbj.) der betroffenen Personen im Kontext ihrer Lebensgeschichte wahrzunehmen[120]. Diese hermeneutische Anstrengung ist nötig, damit für Betroffene ein Verständnis entwickelt werden kann und sie sich wirklich verstanden fühlen. Nebem dem Hineinfühlen und Hineindenken kann insbesondere das solidarisierende Sich-Hineinbegeben in die Situation der Betroffenen hilfreich werden[121]. Wie dies auf professionelle Weise möglich ist, ohne selbst absorbiert zu werden, kann auch gelehrt und gelernt werden.

Zur Überwindung des *Kommunikationsproblems* sollten geeignete Theorien vermittelt und Techniken eingeübt werden, wie etwa die themenzentrierte Gesprächsführung von Rogers oder Sprachschulen der nonverbalen Kommunikation[122]. Die Unsicherheit, „wie führe ich ein Gespräch mit den Betroffenen?", läßt sich jedoch nicht im Hörsaal oder Seminarraum beseitigen. Dazu sind praktische Etüden in der Krisenbegleitung im Rahmen einer *praxisbegleitenden Ausbildung* und einer *fortbildungsbegleitenden Praxis* erforderlich. Nur mit praktischen Übungen und einer reflektierten Praxis, z. B. durch Praxisbeobachtung, Verbatimarbeit oder Supervision, kann das Bildungsziel einer verstehenden Kommunikation erreicht werden. Doch selbst der praktische Erwerb einer Gesprächstechnik ist nicht zureichend, der Konfrontation mit dem Leid standzuhalten.

---

[119] Schibilsky 1996, 39 nennt drei verbreitete Kommunikationsmuster der Abweisung: *Beschwichtigung* (z. B. „Warten Sie mal ab, morgen sieht die Welt schon wieder ganz anders aus!"), *Gegensteuerung* (z. B. „Ich werde ihr Kind jetzt erst einmal untersuchen!") und *Nicht-zu-Wort-kommen-lassen* (z. B. Flucht in medizinische oder therapeutische Geschäftigkeit).

[120] Vgl. z. B. die „Lebens-Bilanz-Arbeit" von Schibilsky 1996, 46ff, die er auch in der Ausbildung für den Lernprozess des Selbst- und Fremdverstehens fruchtbar macht.

[121] Vgl. oben Teil C, unter 1.3.1.

[122] Eine bewährte Lern- und Praxisanleitung der klientenzentrierten Gesprächsführung für helfende Berufe ist Weinberger 1992. Vgl. auch die Ausführungen oben zu Frankl und Ruschmann unter Teil C, 1.1.2. und 1.1.3.

Soll dem *Vermeidungsproblem* effizient begegnet werden, bedarf es einer Persönlichkeitsbildung. Ziel dieses Lernprozesses muss das Vermeiden des Vermeidungsverhaltens sein. Dieses Lernen läßt sich jedoch nicht durch eine behavioristische Konditionierung auf der Ebene des Handelns verwirklichen. Helfer und Helferinnen müssen sich mit den tieferen Schichten ihrer eigenen Existenz auseinandersetzen, sich ihrer eigenen Leiderfahrung und Todesangst stellen und die religiöse Dimension ihres Lebens enttabuisieren, um den Schattenerfahrungen ihrer Gesprächspartner standhalten zu können. Wo diese persönlichkeitsbildende Auseinandersetzung mit sich selbst in der Ausbildung oder bereits in der frühen Erziehung eingeübt wird, erhöht sich die Wahrscheinlichkeit, dass Menschen im helfenden Beruf stehen, die mit existenziellen Fragen, mit geweinten und ungeweinten Tränen umgehen können. Solche Menschen sind bitter nötig, denn ohne sie ist eine verstehende Krisenbegleitung nicht möglich.

Würde diese erfahrungs- und praxisorientierte Einübung der hermeneutischen Krisenbegleitung an allen heilpädagogischen Fachseminaren, Fachschulen für Heilerziehungspflege, pastoraltheologischen Seminaren, sozialpädagogischen Fachhochschulen und universitären Fakultäten für Medizin, Psychologie und Erziehungswissenschaften in angemessenem Umfang zum obligatorischen Bestandteil der Curricula erhoben, wären wir der Lösung des *Qualifikationsproblems* im Blick auf die psycho-soziale-lebensphilosophische Unterstützung einen wesentlichen Schritt näher[123].

Das *Defizit an professioneller Unterstützungsleistung* läßt sich in diesem Bereich nur überwinden, wenn das *Qualifikations- und das Forschungsproblem vereint gelöst wird* und die Aus- und Fortbildung in ein schlüssiges Theorie-Praxis-Konzept eingebettet werden kann. Für den Bereich der frühen Hilfen sollte die Befähigung zur verstehenden Krisenbegleitung sowie die praktische Durchführung derselben innerhalb eines Gesamtkonzepts erfolgen, das Förderung, Beratung und Begleitung in ein begründetes Verhältnis setzt. Sheehan et al. (1996) schätzen „die Arbeit in der Frühförderung zunehmend als konzeptlos und wenig theoretisch fundiert ein" und „stellen mit Besorgnis fest, dass die Mitarbeiter der Frühförderung im 21. Jahrhundert über keine ausreichenden theoretischen Kenntnisse verfügen werden, um bei Bedarf die Förderkonzepte zu modifizieren oder sie kritisch zu hinterfragen."[124]

---

[123] Im Ausbildungsplan zur Frühförderer/in im Modell „Steiermark" der Interdisziplinären Frühförderung und Familienbegleitung (Pretis et al. 1998) liegt bereits ein guter Ansatz vor. Bei einer Gesamtstundenzahl von 1150 ist der Bereich „Persönlichkeitsbildung und Beratungskompetenz" mit 300 Stunden (26,1 %) gut repräsentiert, der „Psychologische Bereich (Grundlagen, Entwicklungspsychologie u. a.) mit 45 Stunden (3,9 %) dagegen viel zu schwach vertreten und vermutlich zuwenig auf das Coping ausgerichtet, während ein Bereich wie „Philosophie, Religionspsychologie, Theologie" völlig fehlt (Pretis et al. 1998, 182).
[124] Sheehan 1996, 168f.

Zu Beginn des neuen Jahrhunderts möge die hier vorliegende Studie einen Beitrag dazu leisten, dass diese düstere Bildungsprognose nicht eintrifft und es vielmehr zur theoretischen, empirischen und praktischen Verwirklichung einer verstehenden Krisenbegleitung kommt, die betroffene Menschen und Familien in ihrer psychischen und hermeneutischen Bewältigung nicht allein läßt bzw. durch Unbeholfenheit nicht noch zusätzlich belastet.

Literaturverzeichnis

ABBOTT, Douglas A./ MEREDITH, William H.: Strengths of Parents With Retarded Children. Familiy Relations 35/3 (1986), 371-375.
AFFLECK, Glenn/ ALLEN, D.A./ TENNEN, H./ McGRADE, B.J./ RATZAN, S.: Causal and Control Cognitions in Parents´ Coping With Chronically Ill Children. Journal of Social and Clinical Psychology, 3/3 (1985a), 367-377.
AFFLECK, Glenn/ McGRADE, B.J./ ALLEN, D./ McQueeney, M.: Mother´s Beliefs about behavioral Causes of their developmentally disabled Infant´s Condition. What do they signify? Journal of Pediatric Psychology, 10/3 (1985b), 293-303.
AFFLECK, Glenn/ TENNEN, H./ GERSHMAN, K.: Cognitive Adaptions to high Risk Infants: The Search for Mastery Protection from Future Harm. American Journal of Mental Deficiency 89 (1985c), 653-656.
AFFLECK, Glenn/ TENNEN, Howard/ ROWE, Jonelle: Infants in Crisis: How Parents Cope with Newborn Intensive Care and Its Aftermath. New York: Springer, 1991.
AICHER-SCHOLL, Inge: Eva: Weil Du bei mir bist, bin ich nicht allein. Riedhausen: Direktverlag, 1996. (Tagebuchaufzeichnungen einer Mutter, deren Tochter das Down-Syndrom hat)
ALLPORT, Gordon W./ ROSS, J. Michael: Personal Religious Orientation and Prejudice. Journal of Personality and Social Psychology, 5/6 (1967), 432-443.
AMMERMANN, Norbert: Zur Konstruktion von Seelsorge: Seelsorge, Erkenntnistheorie und Methodenfrage unter dem Aspekt der Psychologie der persönlichen Konstrukte und auf dem Hintergrund konstruktivistischer Erkenntnistheorien. Frankfurt a. M. et al.: P. Lang, 1994.
ARBEITSSTELLE FRÜHFÖRDERUNG BAYERN (Hg.): Leistungsbeschreibung der interdisziplinären Frühförderung an Frühförderstellen. München: Weiss, 1998.
ARNOLD, Wilhelm et al. (Hg.): Lexikon der Psychologie. 11., überarb. Aufl., Freiburg: Herder, 1993.
BACH, Ulrich: Boden unter den Füßen hat keiner: Plädoyer für eine solidarische Diakonie. 2., durchges. Aufl., Göttingen: Vandenhoeck & Ruprecht, 1986.
BACH, Ulrich: Getrenntes wird versöhn:. Wider den Sozialrassismus in Theologie und Kirche. Neukirchen-Vluyn: Neukirchner, 1991.
BADENHOP, Hartmut: Krisenverarbeitung als Herausforderung an den christlichen Glauben. In: Ders. et al.: Krisenverarbeitung als Ermutigung zum Leben. (Fernstudium für evangelische Religionslehrer an Sonderschulen, Studieneinheit 7) Tübingen: DIFF, 1984, 88-105.
BAILEY; Donald B./ BLASCO, Patricia M./ SIMEONSSON, Rune J.: Needs Expressed by Mothers and Fathers of Young Children With Disabilities. American Journal of Mental Retardation 97/1 (1992), 1-10.
BALZER, Brigitte/ ROLLI, Susanne: Sozialtherapie mit Eltern Behinderter: Orientierungen für eine Konzeption im Rahmen eines psychohygienischen Gemeindeprogramms. Weinheim/ Basel: Beltz, 1975.
BECKER, Peter: Sinnfindung als zentrale Komponente seelischer Gesundheit. In: Längle, A. (Hg.): Wege zum Sinn: Für Viktor E. Frankl. München: R. Piper, 1985, 186-207.

BENESCH, Hellmuth: „Und wenn ich wüßte, dass morgen die Welt unterginge ...": Zur Psychologie der Weltanschauungen. Weinheim/ Basel: Beltz, 1984.
BENESCH, Hellmuth: Weltanschauung. In: Dunde, S.R. (Hg.): Wörterbuch der Religionspsychologie. Gütersloh: Gütersloher Verlagshaus G. Mohn, 1993, 339-345.
BERG, J.M./ GILDERDALE, Susie/ WAY, Jean: On Telling Parents of a Diagnosis of Mongolism. British Journal of Psychiatry 115 (1969), 1195- 1196.
BERGER, Peter L./ LUCKMANN, Thomas: Die gesellschaftliche Konstruktion der Wirklichkeit: Eine Theorie der Wissenssoziologie. Frankfurt a.m.: Fischer Taschenbuch, 1980 (Original: The Social Construction of Reality. New York, 1966).
BERGER, Peter L.: Der Zwang zur Häresie: Religion in der pluralistischen Gesellschaft. Freiburg: Herder, 1980.
BERGER, Peter L.: Zur Dialektik von Religion und Gesellschaft: Elemente einer soziologischen Theorie. Frankfurt a.M.: S. Fischer, 1973.
BEUTEL, Manfred: Bewältigungsprozesse bei chronischen Erkrankungen. Weinheim: Ed. Medizin, 1988.
BEUYS, Barbara: Eltern behinderter Kinder lernen neu leben. Reinbek b. Hamburg: Rohwohlt, 1993 (Erstausgabe: "Am Anfang war nur Verzweiflung: Wie Eltern behinderter Kinder neu leben lernen", 1984).
BIERHOFF, Hans W.: Attribution. In: Asanger, R./ Wenninger, G. (Hg.): Handwörterbuch der Psychologie. 4., völlig neubearb. Aufl., Weinheim: Psychol.-Verl.-Union, 1992, 60-66.
BLINKLE, Reiner: Behinderte Kinder − „behinderte" Väter?: Eine handlungsorientierte Analyse der emotionalen Reaktionen und Bewältigungsstrategien auf die Geburt eines behinderten Kindes. Dissertation an der Universität Tübingen, 1989.
BLUMENBERG, Hans: Naturalismus: I. Naturalismus und Supranaturalismus. In: Die Religion in Geschichte und Gegenwart. Handwörterbuch für Theologie und Religionswissenschaft, Bd. IV. 3., völlig neu bearb. Aufl., Tübingen: J.C.B.Mohr, 1986 (bzw. 1962), 1332-1336.
BÖCKLE, Franz: Die geistige Bewältigung des Stress. In: Von Eiff, A.W. (Hg.): Stress: Phänomenologie, Diagnose und Therapie in verschiedenen Lebensabschnitten. Stuttgart: G. Thieme, 1980, 212-222.
BÖLLING-BÖCHINGER: Frühförderung und Autonomieentwicklung: Diagnostik und Interventionen auf personzentrierter und bindungstheoretischer Grundlage. Heidelberg: Ed. Schindele, 1998.
BOLZ, Wolfgang: Ärztliche Aufgaben bei der interdisziplinären Frühberatung: Ärztliche Mitarbeit und strukturelle Bedingungen in der Frühberatung. Frühförderung interdisziplinär 15 (1996), 145-151.
BOOS-NÜNNING, Ursula: Dimensionen der Religiosität.: Zur Operationalisierung und Messung religiöser Einstellungen. München: Chr. Kaiser, 1972.
BOOTH, Tony: Labels and Their Consequences. In: Lane, D./ Stradford, B. (Hg.): Current Approaches to Down's Syndrome. London, New York, Sydney, Toronto: Holt, Rinehart and Winston, 1985, 3-24.
BORN, Armin: Geschichte der Erwachsenenbildungsforschung: Eine historisch-systematische Rekonstruktion der empirischen Forschungsprogramme. Bad Heilbrunn/ Obb.: J. Klinkhardt, 1991.
BORTZ, Jürgen: Lehrbuch der empirischen Forschung für Sozialwissenschaftler. Berlin et al.: Springer, 1984.

BORTZ, Jürgen: Statistik für Sozialwissenschaftler. 4., vollst. überarb. Aufl., Berlin et al.: Springer, 1993.
BOS, W./ TARNAI, Ch. (Hg.): Angewandte Inhaltsanalyse in Empirischer Pädagogik und Psychologie. Münster: Waxmann, 1989.
BRACKEN, Helmut von/ COTANITIS, Waltraud: Untersuchungen zur Einstellung der Bevölkerung gegenüber geistig behinderten Kindern. Bericht über eine Repräsentativ-Befragung an den Bundesminister für Jugend, Familie und Gesundheit. Marburg, 1971.
BRACKEN, Helmut von: Vorurteile gegen behinderte Kinder, ihre Familien und Schulen. 2., unveränd. Aufl., Berlin: C. Marhold, 1981.
BRANTSCHEN, Johannes B. et al.: Leiden. In: Böckle, F. et al. (Hg.): Enzyklopädische Bibliothek: Christlicher Glaube in moderner Gesellschaft, Bd. X. Freiburg: Herder, 1980.
BRONFENBRENNER, Urie: The Ecology of human Development: Experiments by Nature and Design. Cambridge, Massachusetts, London: Harvard University Press, 1979.
BRÜDERL, Leokadia (Hg.): Theorien und Methoden der Bewältigungsforschung. Weinheim/ München: Juventa, 1988b.
BRÜDERL, Leokadia.: Belastende Lebenssituationen. Weinheim/ München: Juventa, 1988a.
BRÜDERL, Leokadia/ HALSIG, Norbert/ SCHRÖDER, Annette: Historischer Hintergrund, Theorien und Entwicklungstendenzen der Bewältigungsforschung. In: Brüderl, L. (Hg.): Theorien und Methoden der Bewältigungsforschung. Weinheim, München: Juventa, 1988b, 25-45.
BRUNSTEIN, Joachim C.: Gelernte Hilflosigkeit: Ein Modell für die Bewältigungsforschung? In: Brüderl, L. (Hg.): Theorien und Methoden der Bewältigungsforschung. Weinheim/ München: Juventa, 1988b, 115-128.
BULLACK, Kerstin/ DITTMANN, Werner: Diagnosemitteilung "Down-Syndrom" an die Eltern: Grundlage für die Zusammenarbeit mit den Eltern? In: Hiller, G.G./ Kautter, H.: Chancen stiften: Über Psychologie und Pädagogik auf den Hinterhöfen der Gesellschaft. Langenau-Ulm: Vaas, 1990, 39-48.
BULLACK, Kerstin: Untersuchung über die Mitteilungspraxis der Diagnose Down-Syndrom an die Eltern. Unveröffentlichte wiss. Hausarbeit. Reutlingen, 1989.
BUNDESMINISTERIUM FÜR FAMILIE UND SENIOREN (Hg.): Familie und Beratung: Familienorientierte Beratung zwischen Vielfalt und Integration. Gutachten der wissenschaftlichen Berater für Familienfragen beim Bundesministerium für Familie und Senioren. Schriftenreihe 16, Stuttgart: Kohlhammer, 1993.
BUNDESVEREINIGUNG LEBENSHILFE e.V. (Hg.): Liebe Mutter, lieber Vater ...: Ein Ratgeber von Eltern für Eltern von Kindern mit geistiger Behinderung. 8., neu gest. u. überarb. Aufl., Lebenshilfe-Verlag: Marburg, 1997a.
BUNDESVEREINIGUNG LEBENSHILFE e.V. (Hg.): Elterngruppen und Lebenshilfe: Bedeutung, Aufgaben und praktische Tips. Marburg: Lebenshilfe-Verlag, 1997b.
BUNDESVEREINIGUNG LEBENSHILFE e.V. (Hg.): Frühe Hilfen: Frühförderung aus Sicht der Lebenshilfe. 5. Aufl., Marburg: Lebenshilfe-Verlag, 1998a.
BUNDESVEREINIGUNG LEBENSHILFE e.V. (Hg.): Unser Kind mit Down-Syndrom: Ein erstes Lesebuch mit Informationen für Eltern, für ihre Angehörigen und Freunde. Marburg: Lebenshilfe-Verlag, 1998b.
BUNDESVEREINIGUNG LEBENSHILFE e.V. (Hg.): „Was können wir jetzt tun?": Eine Information der Bundesvereinigung Lebenshilfe für Ärztinnen und Ärzte. 4. Auflage. Lebenshilfe-Verlag: Marburg (ohne Jahreszahl).

BUNDSCHUH, Konrad: Heilpädagogische Psychologie. München/ Basel: E.Reinhardt, 1992.
BURR, Wesley R./ KLEIN, Shirley R. (Hg.): Reexamining Family Stress: New Theory and Research. Thousand Oaks/ CA: Sage Publications, 1994.
BYRNE, Elisabeth A.: The effects of mentally handicapped children on families: A conceptual review. Journal of Child Psychology and Psychiatry and Allied Disciplines 26/6 (1985), 847-864.
BYRNE, Elisabeth A.: Families and their children with Down's Syndrome: one feature in common. London: Routledge, 1988.
CANNON, Walter B.: The interrelations of emotions as suggested by recent physiological researches. American Journal of Psychology 25 (1914), 256-282.
CARR, Janet: Down-Syndrom in früher Kindheit: Entwicklung, Erziehung und Familiensituation. München: E. Reinhardt, 1978.
CHAMBERLAIN, Kerry/ ZIKA, Sheryl: Religiosity, Life Meaning and Well-being: Some Relationships in a Sample of Women. Journal for the Scientific Study of Religion 27/3 (1988), 411-420.
CHRISTIANSEN-BERNDT, Kerrin: Vorurteile gegenüber geistig behinderten Kindern. Meinungen, Einstellungen und Handlungsabsichten gegenüber schwer geistig behinderten Kindern und ihren Familien. Wien, München: Jugend und Volk, 1981.
CLEMENS, Emil: Eltern- und Umweltreaktionen auf die Geburt eines geistigbehinderten Kindes. In: Bach, H. (Hg.): Familien mit geistig behinderten Kindern: Untersuchungen zur psychischen, sozialen und ökonomischen Lage. Berlin: C.Marhold, 1979, 2-59.
CLOERKES, Günther: Einstellung und Verhalten gegenüber Behinderten: Eine kritische Bestandsaufnahme der Ergebnisse internationaler Forschung. 3., erw. Aufl., Berlin: C. Marhold, 1985.
COOK, Judith A./ WIMBERLEY, Dale W.: If I Should Die Before I Wake: Religious Commitment and Adjustment to the Death of a Child. Journal for the Scientific Study of Religion 22/3 (1983), 222-238.
COX-GEDMARK, Jan: Coping with Physical Disability. Philadelphia, PA: Westminster Press, 1980.
CRNIC, K.A./ FRIEDRICH, W.N./ GREENBURG, M.T.: Adaption of families with mentally retarded children: A model of stress, coping, and familiy ecology. American Journal of Mental Deficiency 88 (1983), 125-138.
CROOG, Sydney H./ LEVINE, Sol: Religious Identity and Response to Serious Illness: A Report on Heart Patients. Social Science & Medicine, 6 (1972), 17-34.
CROWNE, Douglas P./ MARLOWE, David: A New Scale of Social Desirability Independent of Psychopathology. Journal of Consulting Psychology 24/4 (1960), 349-354.
CUNNINGHAM, Cliff C./ MORGAN, P.A./ McGUCKEN, R.B.: Down's Syndrome: Is Dissatisfaction With Disclosure of Diagnosis Inevitable? Dev Child Neurol 26 (1984), 33-39.
CUNNINGHAM, Cliff C.: Down Syndrome: An Introduction for Parents. Rev. Ed., Cambridge, MA: Mc Naughton & Gunn, 1988.
DALBERT, Claudia: Über den Umgang mit Ungerechtigkeit: Eine psychologische Analyse. Bern et al.: Verl. H.Huber, 1996.
DEAN, William: American Religious Empiricism. New York: State University of New York Press, 1986.
DENGER, Johannes (Hg.): Plädoyer für das Leben mongoloider Kinder: Down-Syndrom und pränatale Diagnostik. Stuttgart: Freies Geistesleben, 1990.

DETHLEFSEN, Thorwald/ DAHLKE, Rüdiger: Krankheit als Weg: Deutung und Be-Deutung der Krankheitsbilder. Erw. u. bearb. Fassung, München: Bertelsmann, 1989.
DeVELLIS, Brenda McE./ DeVELLIS, Robert F. / SPILSBURY, James C.: Parental Actions When Children Are Sick: The Role of Belief in Divine Influence. Basic and Applied Social Psychology 9/3 (1988), 185-196.
DEVENISH, Philip E.: Theodicy and Cosmodicy. The contribution of neoclassical theism. Journal of Empirical Theology 4/2 (1991), 5-23.
DITTMANN, Werner: Intelligenz beim Down-Syndrom: Forschungsstand zur Problematik der Intelligenz-Leistungen beim Down-Syndrom. Heidelberg: G. Schindele, 1982.
DITTMANN, Werner (Hg.): Kinder und Jugendliche mit Down-Syndrom: Aspekte ihres Lebens. Bad Heilbrunn: J. Klinkhardt, 1992a.
DITTMANN, Werner (1992b): Elternberatung - Ein Schlüssel zur Autonomie des Kindes mit Down-Syndrom. In: Ders., 1992a, 31-48.
DITTMANN, Werner: Eltern von Kindern mit Down-Syndrom begegnen sich. In: Hofmann, Th./ Klingmüller, B. (Hg.): Abhängigkeit und Autonomie: Neue Wege in der Geistigbehindertenpädagogik. Berlin, 1994a, 115-129.
DITTMANN, Werner: Mitteilung der Diagnose Down-Syndrom: Praxis – Probleme - Folgerungen. In: EDSA Deutschland e.V. (Hg.): Dokumentation der Tagung "Down-Syndrom heute" vom 8. bis 10. Oktober 1993 in Dresden, 1994b, 37-43.
DITTMANN, Werner (1995): Botschaften nach der Geburt eines Kindes mit Down-Syndrom, die verletzen: Überlegungen zur postnatalen Begleitung der Eltern. In: Schäfer, E. (Hg.): Behinderung und verstehendes Helfen: Spuren der Tübinger Psychologie in der Reutlinger Sonderpädagogik. FS für E. Höhn zum 80. Geburtstag. Berlin, 1995.
DITTMANN, Werner: Reintegration von Eltern von Kindern mit Down-Syndrom in das ökosoziale Umfeld – eine Aufgabe der Frühförderung? In: Down-Syndrom Netzwerk Deutschland e.V. (Hg.): Perspektiven für Menschen mit Down-Syndrom (Reader der Fachtagung vom 1.-3. Okt.). Bochum, 1999, R1, 1-17 (Doppelseiten!).
DITTMANN, Werner/ KLATTE-REIBER, Monika: Elternberatung nach der Geburt eines Kindes mit Down-Syndrom. In: Thurmair, M. (Hg.): Beiträge zur Frühförderung interdisziplinär Bd. III: Früherkennung von Entwicklungsrisiken. München/ Basel 1993a, 128-134.
DITTMANN, Werner/ KLATTE-REIBER, Monika (1993b): Zur veränderten Lebenssituation von Familien nach der Geburt eines Kindes mit Down-Syndrom. Frühförderung interdisziplinär 12 (1993), 165-175.
DITTMANN, Werner/ SCHWEIKER, Wolfhard: Handreichung für Mütter und Väter von Kindern mit Down-Syndrom im Landkreis Reutlingen. Herausgeg. vom Forschungsprojektes „Mitteilung der Diagnose Down-Syndrom an die Eltern". Reutlingen, 1994.
DÖBERT, Rainer: Die methodologische Bedeutung von Evolutionstheorien für den sozialwissenschaflichen Funktionalismus - diskutiert am Beispiel der Evolution von Religionssystemen. Frankfurt a.M.: Suhrkamp, 1973.
DÖBERT, Rainer: Sinnstiftung ohne Sinnsysteme? Die Verschiebung des Reflexionsniveaus im Übergang von der Früh- zur Spätadoleszenz und einige Mechanismen, die vor möglichen Folgen schützen. In: Fischer, W./ Marhold, W. (Hg.): Religionssoziologie als Wissenssoziologie. Stuttgart et al.: Kohlhammer, 1978.

DONAHUE, Michael J.: Intrinsic and Extrinsic Religiousness: Review and Meta-Analysis. Journal of Personality and Social Psychology 48/2 (1985), 400-419.
DÖRNER, Klaus: Tödliches Mitleid. Gütersloh: J.van Hoddis, 1988.
DOUGLAS, Abbott A./ MEREDITH, William H.: Strengths of Parents With Retarded Children. Family Relations Journal of Applied Family and Child Studies 35/3 (1986), 371-375.
DOWN, John L.H.: Betrachtungen zu einer rassenspezifischen Klassifikation Geistesschwacher (1866). Heilpädagogische Werkblätter 1966, 274-279.
DRILLIEN, C.M./ WILKINSON, E.M.: Mongolism: When Should Parents be Told? British medical Journal 2 (1964), 1306-1307.
DUDEN "Fremdwörterbuch": Wissenschaftlicher Rat der Dudenredaktion: Drosdowski, G. et al. (Hg.). 4., neu bearb. u. erw. Aufl., Bd. V, Mannheim et al.: Dudenverlag, 1982.
DUDEN "Etymologie": Herkunftswörterbuch der deutschen Sprache. Wissenschaftlicher Rat der Dudenredaktion: Drosdowski, G. et al. (Hg.). 2., völlig neu bearb. u. erw. Aufl., Bd. VII, Mannheim et al.: Dudenverlag, 1999.
DUDENHAUSEN, Joachim W. (Hg.): Down-Syndrom: Früherkennung und therapeutische Hilfen: Ein Leitfaden der Stiftung für das behinderte Kind zur Förderung von Vorsorge und Früherkennung. Frankfurt am Main: Umwelt-und-Medizin-Verl.-Ges., 1992.
DUNKEL-SCHETTER, Christine et al.: Patterns of Coping With Cancer. Health Psychology 11/2 (1992), 79-87.
DYSON, Lily L.: Families of Young Children With Handicaps: Parental Stress and Familiy Functioning. American Journal of mental Retardation 95, 1991, 623-629.
DYSON, Lily L.: Response to the Presence of a Child with Disabilities: Parental Stress and Family Functioning Over Time. American Journal of Mental Retardation 98/ 2 (1993), 207-218.
ECKEY, Hans-Friedrich/ KOSFELD, Reinhold/ DREGER, Christian: Statistik: Grundlagen, Methoden, Beispiele. Wiesbaden: Dr. Th.Gabler, 1992.
EIBACH, Ulrich: Der leidende Mensch vor Gott: Krankheit und Behinderung als Herausforderung unseres Bildes von Gott und dem Menschen. In: Theologie in Seelsorge, Beratung und Diakonie, Bd. II. Neukirchen-Vluyn: Neukirchner, 1991.
EIFF, August W. von (Hg.): Stress: Phänomenologie, Diagnose und Therapie in den verschiedenen Lebensabschnitten. Stuttgart/ New York: G. Thieme, 1980.
EMLEIN, Günther/ BOLLER, Rita: Wider die Psychotherapeutisierung von Frühförderung. Frühförderung interdisziplinär, 14 (1995), 1-10.
ENDERS, Jochen: Seelsorge-Therapie-Aphasie: Zum Gespräch zwischen Heilpädagogik und Theologie. Berlin: Ed. Marhold im Wiss.-Verl. Spiess, 1998 (Schriften zur Sprachheilpädagogik; Bd 9).
EPIKTET: Was von ihm erhalten ist. Neubearb. der Übers. von R.Mücke. Heidelberg: C. Winters, 1926.
ERIKSON, Erik: Identität und Lebenszyklus. 13. Aufl., Frankfurt a.M.: Suhrkamp, 1993.
ERNE, Thomas: Der Alltag der Religion: Hans Blumbergs Phänomenologie des Rhetorischen als praktisch-theologische Theorie gelebter Religion. 1999 (Habilitationsschrift im Fach Praktische Theologie an der Universität Tübingen)
ESSER, Elisabeth/ STORM, Wolfgang: Krisenbewältigung der Eltern nach der Geburt eines Kindes mit Down-Syndrom. Sonderdruck aus: Sozialpädiatrie in Praxis und Klinik 11, Nr. 12 (1989), 876-879.

FABICH, Doris/ KLEIN, Ferdinand: Gesichtspunkte zur Verbesserung der Elternberatung in der Früherziehung. Frühförderung interdisziplinär 4 (1985), 75-81.
FACHGRUPPE PASTORALTHEOLOGIE an der katholischen Universität Nijmegen (Hg.): Fragebogen über Glaube und Kirche. Deutsche Fassung der neuen englischen Version. Nijmegen, Jan. 1994 (unveröffentlicht).
FELLING, Albert/ PETERS, Jan/ SCHREUDER, Osmund: Religion im Vergleich: Bundesrepublik Deutschland und Niederlande. Frankfurt a.M. et al.: P. Lang, 1987.
FILIPP, Sigrun-Heide: Kritische Lebensereignisse. München/ Wien/ Baltimore: Urban & Schwarzenberg, 1981, 3-52.
FISHBEIN, M. (Hg.): Readings in Attitude, Theory and Measurement. New York: Wiley, 1967.
FISHBEIN, M./ AJZEN, I.: Belief, Attitude, Intention and Behavior: An Introduction to Theory and Research. Reading/ Mass.: Addison-Wesley, 1975.
FISHER, Seymour: The psychology of adaption to absurdity: tactics of makebelieve. Hillsdale/ New Jersey: L. Erlbaum Association, 1993.
FLICK, Uwe/ KARDORFF, Ernst/ KEUPP, Heiner/ ROSENSTIEL von, Lutz/ WOLFF, Stephan (Hg.): Handbuch qualitative Sozialforschung: Grundlagen, Konzepte, Methoden und Anwendungen. 2. Aufl, Beltz: Psychologie-Verl.-Union, 1995.
FOLKMAN, Susan/ LAZARUS, Richard S.: An Analysis of Coping in a Middle-Aged Community. Journal of Health and Social Behavior 21 (1980), 219-239.
FOLKMAN, Susan/ LAZARUS, Richard S.: Stress, Appaisal and Coping. New York: Springer Publishing Company, 1984.
FOLKMAN, Susan/ LAZARUS; Richard S. et al.: Dynamics of a Stressful Encounter: Cognitive Appraisal, Coping, and Encounter Outcomes. Journal of Personality and Social Psychology 50/ 5 (1986), 992-1003.
FOWLER, James W./ JARVIS, David/ MOSLEY, Romney M.: Manual for Faith Development Resarch. Atlanta/ Georgia, 1986.
FOWLER, James W.: Pluralism, Particularity, and Paideia. Journal of Law and Religion 2 (1984), 263-307.
FOWLER, James W.: Glaubensentwicklung: Perspektiven für Seelsorge und kirchliche Bildungsarbeit. München: Chr. Kaiser, 1989.
FOWLER, James W.: Stufen des Glaubens: Die Psychologie der menschlichen Entwicklung und die Suche nach Sinn. Gütersloh: Verlagshaus G.Mohn, 1991.
FRAAS, Hans-Jürgen: Die Religiosität des Menschen: Ein Grundriss der Religionspsychologie. Göttingen: Vanderhoeck & Ruprecht, 1990.
FRANKL, Viktor E.: Homo Patiens: Versuch einer Pathodizee. Wien: Deuticke, 1950.
FRANKL, Viktor E.: Ärztliche Seelsorge. 7. Aufl., Wien, 1966.
FRANKL, Viktor E.: Der Mensch vor der Frage nach dem Sinn: Eine Auswahl aus dem Gesamtwerk. München: R. Piper, 1979.
FRANKL, Viktor E.: Logotherapie und Existenzanalyse: Texte aus fünf Jahrzehnten. München/ Zürich: R.Piper, 1987.
FRANKL, Viktor E.: Theorie und Therapie der Neurosen: Einführung in Logotherapie und Existenzanalyse. 6., erweit. Aufl., München/ Basel: E. Reinhardt, 1987.
FRANKL, Viktor E.: Die Sinnfrage in der Psychotherapie. 3. Aufl., München/ Zürich: R.Piper, 1988.
FREUD, Anna: Das Ich und die Abwehrmechanismen. Ungek. Ausg. München: Kindler Taschenbücher, 1964.

FREUD, Siegmund: Trauer und Melancholie (1917). In Ders.: Das Ich und das Es: Metaphysische Schriften. 7. unver. Aufl., Frankfurt a.M.: Fischer TB, 1999,171-189.
FRIEDRICH, William N./ COHEN, Donna S./ WILTURNER Lorna T.: Specific Beliefs as Moderator Variables in Maternal Coping With Mental Retardation. Children's Health Care 17/1 (1988), 40-44.
FRIEDRICH, William N.: Predictors of the coping behavior of mothers of handicapped children. Journal of Consulting and Clinical Psychology 47 (1979), 1140-1141.
FUCHS, Eduard: Behindertes Kind – Gehinderte Familie? Dokumentation zum Symposium im Rahmen des „Internationalen Jahres der Familie". Wien: REMAprint, 1995.
FURNHAM, Adrian/ BROWN, Laurence B.: Theodicy: A Neglected Aspect of the Psychology of Religion. The International Journal for the Psychology of Religion, 2/1 (1992), 37-45.
GALLIMORE, Ronald et al.: Family Response to Young Children with Developmental Delays: Accommodation Activity in Ecological and Cultural Context. American Journal of Mental Retardation 98/ 2 (1993), 185-206.
GASTIGER, Sigmund: Gesetzestexte für Sozialarbeit und Sozialpädagogik: Studienausgabe. 14. Aufl., Freiburg: Lambertus, 1992, 21. Ergänzungslieferung Stand 30. Juni 1993.
GATH, Ann: Down's Syndrome and the Family: the early years. London: Academic Press, 1978.
GLASER, B.G./ STRAUSS, A.L.: Die Entdeckung gegenstandsbezogener Theorie: Eine Grundstrategie qualitativer Sozialforschung. In: Hopf, C./ Weingarten, E. (Hg.): Qualitative Sozialforschung. Stuttgart: Klett-Cotta, 1979, 91-111.
GLOCK, Charles Y./ STARK, Rodney: Religion and Society in Tension. Chicago: R.McNally, 1965.
GÖRRES, Silvia: Leben mit einem behinderten Kind. Überarb. Neuausgabe, München: R. Piper, 1987.
GORSUCH, Richard L./ SMITH, Craig S.: Attributions of Responsibility to God: An Interaction of Religious Beliefs and Outcomes. Journal for the Scientific Study of Religion 22/4 (1983), 340-352.
GORSUCH, Richard L.: The Psychology of Religion. In: Rosenzweig, R./ Porter, L.W. (Hg.): Annual review of psychology, Bd. 52. Palo Alto, CA: Annual Reviews, Inc., 1988, 201-221.
GRAF, Evi: Zur Einstellung von Eltern gegenüber ihrem geistig behinderten Kind. Marhold: Berlin, 1987.
GRÄSER, Horst et al.: Einschätzung von Lebensereignissen und ihren Auswirkungen. In: Filipp, S.-H. (Hg.): Kritische Lebensereignisse. München/ Wien/ Baltimore: Urban & Schwarzenberg, 1981, 104-122.
HABERSTOCK, Barbara/ HÖCK, Sabine/ THURMAIR, Martin: Hilfsangebote einer Frühförderstelle für frühgeborene Kinder und ihre Eltern: 10 Thesen. Frühförderung interdisziplinär 18 (1999), 82-83.
HÄRING, Hermann: Theodizee. In: Drehsen, V. et al. (Hg.): Wörterbuch des Christentums. Gütersloh: Gütersloher Verlagshaus G. Mohn, 1988, 1235-1237.
HART, Joep de: Impact of Religious Socialization in the Family. Journal of Empirical Theologie 3/1 (1990), 59-78.
HATHAWAY, William L./ PARGAMENT, Kenneth I.: The Religious Dimensions of Coping: Implications for Prevention and Promotion. Prevention in Human Services 9/2 (1991), 65-92.

HAUTZINGER, Martin: Die CES-D Skala: Ein Depressionsmessinstrument für Untersuchungen in der Allgemeinbevölkerung. Diagnostica 34/2 (1988), 167-173.
HECKEL, Ulrich: Die Warum-Frage in der Seelsorge. Deutsches Pfarrerblatt 4 (1998), 202-206.
HECKEL, Ulrich: Schwachheit und Gnade: Trost im Leiden bei Paulus und in der Seelsorgepraxis heute. Stuttgart: Quell Verlag, 1997.
HECKHAUSEN, Heinz: Motivation und Handeln. 2., völlig neu überarb. u. erg. Aufl., Berlin et al.: Springer, 1989.
HEIDER, Fritz: Psychologie der interpersonalen Beziehungen. Stuttgart: Klett, 1977 (Übers. von: The Psychology of Interpersonal Relations. New York, 1958)
HEIMBROCK, Hans-Günter: Heilung als Re-Konstruktion von Wirklichkeit: Kulturelle Aspekte eines Problems moderner Seelsorgelehre. Wege zum Menschen 48 (1996), 325-328.
HEINEN, Norbert/ SIMON, Jutta: Frühgeborene Kinder und ihre Eltern in der Frühförderung. In: Thurmair, M. (Hg.): Beiträge zur Frühförderung interdisziplinär: Frühförderung und Integration, Bd. IV. München/ Basel: E. Reinhardt, 1997, 87-105.
HERMANN, Dieter (Hg.): SPSS /PC+ Benutzerhandbuch, Bd. II. Stuttgart et al.: G. Fischer, 1994.
HERRIGER, Norbert: Unverwundbar - Wie Familien mit kritischen Lebensereignissen umgehen. Sozialmagazin, 17. Jg., H.4 (1992), 47-49.
HERRMANN, Claudia: Die Rolle von Attribution im Bewältigungsgeschehen. In: Brüderl, L. (Hg.): Theorien und Methoden der Bewältigungsforschung. Weinheim/ München: Juventa, 1988b, 88-106.
HERVIEU-LÉGER: Present-Day Emotional Renewals: The End of Secularization or the End of Religion? In: Swatos, W.H.: A Future for Religion? New Paradigms for Social Analysis. Newbury Park et al.: Sage, 1993, 129-148.
HILL, Reuben: Family Under Stress. New York: Harper & Brothers, 1949.
HILL, Reuben: Social Stresses on the Family. Social Case Work 39 (1958), 139-150.
HILL, Reuben: Modern Systems Theory and the Family: A Confrontation. Family Science Information 72 (1971), 7-26.
HINZE, Dieter: Väter und Mütter behinderter Kinder: Der Prozess der Auseinandersetzung im Vergleich. 2., veränd. Aufl., Heidelberg: Edition Schindele, 1993.
HODAPP, Robert M.: Development and disabilities: Intellectual, sensory, and motor impairments. Cambridge: University Press, 1998.
HÖHN, Elfriede: Die geschichtliche Entwicklung der Einstellung zu geistig Behinderten. Geistige Behinderung 4 (1982), 214-223.
HOLM, Kurt (Hg.): Die Befragung. Bd. I-VI, München: A.Franke, 1977.
HOLZGREVE, Wolfgang: Vorgeburtliche Diagnostik durch Anmiozentese und Chorionzottenbiopsie. In: Dudenhausen, J.W., 1992, 35-47.
HUBER, Günter L. (Hg.): Qualitative Analyse: Computereinsatz in der Sozialforschung. München/ Wien: R. Oldenbourg, 1992.
HUBER, Günter L.: Analysis of qualitative data with Aquad Five for Windows. Schwangau: Huber, 1997.
HUBER, Günter L.: Qualität versus Quantität in der Inhaltsanalyse. In: Bos, W./ Tarnai, Ch. (Hg.): Angewandte Inhaltsanalyse in Empirischer Pädagogik und Psychologie. Münster: Waxmann, 1989.
HULTKRANTZ, A.: Geburt. In: Galling, K. (Hg.): Die Religion in Geschichte und Gegenwart: Handwörterbuch für Theologie und Religionswissenschaft. 3., völlig neu bearb. Aufl., Bd. II, Tübingen: J.C.B. Mohr, 1987.

HULTSCH, David F./ CORNELIUS, Steven W.: Kritische Lebensereignisse und lebenslange Entwicklung: Methodologische Aspekte. In: Filipp, S.-H. (Hg.), 1981, 72-90.
HUTSEBAUT, Dirk: Why Does God Allow This? An Empirical Approach to the Theodicy Question through the Themes of Suffering and Meaning. Ultimate Reality and Meaning 15/4 (1992), 287-295.
JANSSEN, Hans-Gerd: Gott-Freiheit-Leid: Das Theodizeeproblem in der Philosophie der Neuzeit. Darmstadt: Wiss. Buchgesellschaft 1989.
JANSSEN, Jacques/ De HART, Joep/ GERARDTS, Marcel: Images of God in Adolescence. The International Journal for the Psychology of Religion, 4/2 (1994), 105-121.
JETTER, Karlheinz: Leben und Arbeiten mit behinderten und gefährdeten Säuglingen und Kleinkindern [Schönberger, F. (Hg.): Schriftenreihe zur Kooperativen Pädagogik, Bd. II]. 4. Aufl., Stadthaben: U. Bernhardt-Pätz, 1988.
JONAS, Hans: Der Gottesbegriff nach Auschwitz. Frankfurt a.M.: Suhrkamp, 1987.
JONAS, Monika: Behinderte Kinder - behinderte Mütter? Die Unzumutbarkeit der sozial arrangierten Abhängigkeit. Frankfurt a.M.: Fischer Taschenbuch, 1990.
JONES, E.E./ DAVIS, K.E.: From acts to dispositions: The attribution process in person perception. In: Berkowitz, L. (Hg.): Advances in experimental social psychology, Bd. II New York: Academic Press, 1965, 219-266.
JÖRNS, Klaus-Peter: Die neuen Gesichter Gottes: Was die Menschen heute wirklich glauben. München: C.H. Beck, 1997.
JUPP, Kenn: Diagnosevermittlung. Leben mit Down-Syndrom 31 (1999), 7-13.
KÄHLER, Wolf-Michael: SPSS[x] für Anfänger: Eine Einführung in das Datenanalysesystem. 2., neubearb. Aufl., Braunschweig et al.: F. Vieweg & Sohn, 1988.
KAMMEIER, Heinz: Pränatale Diagnostik und (un-)auflösbare Einheit von Mutter und Kind: Eine natürliche Beziehung und ihre rechtliche Veränderung. Wege zum Menschen 51 (1999), 153-180.
KANT, Immanuel: Kritik der reinen Vernunft. Werkausgabe in 12 Bänden, Bd. III, Weischedel, W. (Hg.). 11. Aufl., Suhrkamp: Frankfurt a.M., 1990.
KANT, Immanuel: Kritik der Urteilskraft. Werkausgabe in 12 Bänden, Bd. X, Weischedel, W. (Hg.). 10. Aufl., Frankfurt a.M.: Suhrkamp, 1989.
KATSCHNIG, Heinz/ NOUZAK, Anita: Life-Event-Forschung. In: Asanger, R./ Wenninger, G. (Hg.): Handwörterbuch der Psychologie. 4., völlig neubearb. Aufl., Weinheim: Psychol.-Verl.-Union 1992, 398-405.
KLAUS, Marshall H./ KENNELL, John H.: Maternal-Infant Bonding. The Impact of Early Separation or Loss on Family Development. St. Louis: C.V. Mosby Company, 1976.
KLEE, Ernst: "Euthanasie" im NS-Staat. Die "Vernichtung lebensunwerten Lebens". Frankfurt a.M.: Fischer, 1985.
KLEIN, J.: Weltanschauung. In: Die Religion in Geschichte und Gegenwart. Handwörterbuch für Theologie und Religionswissenschaft, Bd. XI. 3., völlig neu bearb. Aufl., Tübingen: J.C.B. Mohr, 1986 (bzw. 1962), 1603-1606.
KOHLBERG, Lawrence: Development of Moral Character and Ideology. In: Hoffmann, M.L./ Hoffmann, L.W. (Eds.): Review of Child Development Research. Vol. 1, New York: Russel Sage, 1964.
KÖNIG, Karl: Der Mongolismus. Stuttgart: Hippokrates, 1959.
KRAUSE, Matthias Paul: „Empowered" oder ausgebrannt? Wie Eltern behinderter Kinder psychologisch-psychotherapeutische Unterstützung in Anspruch nehmen. Frühförderung interdisziplinär 16 (1997), 118-126.

KRAVETZ, S./ NATIVITZ, R./ KATZ, S.: Parental Coping Styles and the School Adjustment of Children Who Are Mentally Retarded. British Journal of Development Disabilities 39/ 1 (1993), Nr. 76, 51-59.
KREBS, Heinz: Über den Umgang mit der „Diagnose" geistige Behinderung: Kritische Aspekte zu Bewältigungsperspektiven für Eltern. Geistige Behinderung 3 (1990), 218-224.
KREITMEIR, Christoph: Sinnvolle Seelsorge: Der existenzanalytisch-logotherapeutische Entwurf Viktor E. Frankls, sein psychologischer und philosophischer Standort und seine Bedeutung für die kirchlich-praktische Seelsorge. St. Otilien: EOS-Verl., 1995.
KREUZER, Franz im Gespräch mit FRANKL, Viktor E.: Im Anfang war der Sinn: Von der Psychoanalyse zur Logotherapie. Wien: F. Deuticke, 1982.
KRIZ, Jürgen: Statistik in den Sozialwissenschaften: Einführung in die kritische Diskussion. Reinbeck b. Hamburg: Rowohlt, 1973.
KÜBLER-ROSS: Interviews mit Sterbenden. 3. Aufl., Stuttgart: Kreuz Verlag, 1972.
KÜNG, Hans: Gott und das Leid. 4. Aufl., Einsiedeln: Benziger, 1974.
KUNZE, Jürgen: Das Down-Syndrom: Eine Einführung. In: Dudenhausen, J.W.,1992, 9-12.
KURZ, Wolfram K.: Seel-Sorge als Sinn-Sorge: Zur Analogie von kirchlicher Seelsorge und Logotherapie. In: Längle, A. (Hg.): Wege zum Sinn: Für Viktor E. Frankl. München: R.Piper, 1985, 158-167. (Auch in 1991, 9-25)
KURZ, Wolfram K.: Suche nach Sinn: Seelsorgerliche, logotherapeutische, pädagogische Perspektiven. Würzburg: Stephans-Buchhandlung W. Mittelstädt, 1991.
KURZ, Wolfram/ SEDLAK, Franz (Hg.): Kompendium der Logotherapie und Existenzanalyse: Bewährte Grundlagen, neue Perspektiven. Tübingen: Verl. Lebenskunst, 1995.
LALLJEE, Mansur./ BROWN, Laurence B./ HILTON, Dennis: The Relationships between Images of God, and Invoking God's agency. Journal of Psychology and Theology 18/2 (1990), 166-173.
LAMBECK, Susanne: Diagnoseeröffnung bei Eltern behinderter Kinder: Ein Leitfaden für das Erstgespräch. Göttingen/ Stuttgart: Verlag für Angewandte Psychologie, 1992.
LANG, Monika: Geistige Behinderung - Bewältigung und Religiöser Glaube. Eine Interviewstudie mit Müttern von Jugendlichen und Erwachsenen mit einer geistigen Behinderung. Frankfurt a. M. et al.: P. Lang, 1999.
LÄNGLE, Alfried (Hg.): Wege zum Sinn: Logotherapie als Orientierungshilfe: Für Viktor E. Frankl. München: R. Piper, 1985.
LANNERS, Romain/ LAMBERT, Jean-Luc: Die Bedürfnisse der Eltern behinderter Kleinkinder. Vierteljahresschrift für Heilpädagogik und ihre Nachbargebiete 68 (1999) 1, 36-47.
LAUTH, Gerhard: Familiäre Adaption an die Behinderung und ihre psychologische Unterstützung. In: Wiedl, K. H. (Hg.): Rehabilitationspsychologie: Grundlagen, Aufgabenfelder, Entwicklungsperspektiven. Stuttgart et al.: Kohlhammer 1985, 101-116.
LAVEE, Yoav/ McCUBBIN, Hamilton I./ PATTERSON, Joan M.: The Double ABCX-Modell of Family Stress and Adaption. Journal of Marriage and the Family 47 (1985), 811-825.
LAVOIE, Bonnie B.: An Ecological Study of Families With Down's Syndrome Children in the Washington Metropolitan Area: Implications for Prevention and Care. Ann Arbor/ Michigan: Microfilm-Xerography, 1976.

LAZARUS, Richard S.: Psychological Stress and the Coping Process. New York et al.: McGraw-Hill Book Company, 1966.
LAZARUS, Richard S.: Stress und Stressbewältigung - Ein Paradigma. In: Filipp, S.-H. (Hg.), 1981a, 198-232.
LEFRINGHAUSEN, Klaus: Das Brot der Ermutigung wird knapp: Über den Umgang mit Krisen. Ev. Kommentare 26 (1993), 194-196.
LENZEN, Heinrich: Das Image von behinderten Kindern bei der Bevölkerung der Bundesrepublik. Heilpädagogische Forschung Bd. XII, (1985), H. 1, 43-72.
LENZEN, Heinrich: Heilpädagogische Frühförderung bei Kindern mit Down-Syndrom. In: Dittmann, W. (Hg.), 1992a.
LERNER, Melvin J.: The Belief in a Just World: A Fundamental Delusion. New York/ London: Plenum Press, 1980.
LEYSER, Yona/ DEKEL, Gad: Perceived Stress and Adjustment in Religious Jewish Families With a Child Who is Disabled. Journal of Psychology 125/4 (1991), 427-438.
LOEWENTHAL, Kate M./ CORNWALL, Nicola: Religiosity and Perceived Control of Life Events. The International Journal for the Psychology of Religion 3/1 (1993), 39-45.
LÜCK, Helmut E.: Geschichte der Psychologie: Strömungen, Schulen, Entwicklungen. Stuttgart et al.: W. Kohlhammer, 1991.
LUKAS, Elisabeth: Die magische Frage „wozu?": Logotherapeutische Antworten auf existentielle Fragen. Freiburg et al.: Herder, 1991.
LUPFER, Michael B./ BROCK, Karla F./ DePAOLA, Stephen J.: The Use of Secular and Religious Attributions to Explain Everyday Behavior. Journal for the Scientific Study of Religion 31/4 (1992), 486-503.
LUXBURG, Joachim von: Systemische Familienberatung in der Frühförderung: Ein Beitrag zum Akzeptieren des behinderten Kindes. Frühförderung interdisziplinär 10 (1991), 1-9.
MANN, Claudia: Über allem steht die Hoffnung: Pränatale Diagnostik fordert Entscheidung. Die Beratungsstelle PUA hilft, zu einem persönlich vertretbaren Entschluß zu kommen. In: Konsequenzen 6 (1998), 27-29.
MATON, Kenneth I.: The Stress-Buffering Role of Spiritual Support: Cross-Sectional and Prospective Investigations. Journal for the Scientific Study of Religion 28/3 (1989), 310-323.
McCUBBIN, Hamilton I./ CAUBLE, A. Elizabeth/ PATTERSON, Joan M. (Hg.): Family Stress, Coping, and Social Support. Springfield/ Illinois: Charles C. Thomas, 1982.
McCUBBIN, Hamilton I./ FIGLEY, Charles R.: Stress and Family: Coping With Normativ Transitions (Vol. I). New York: Brunner/ Mazel, 1983a.
McCUBBIN, Hamilton I./ FIGLEY, Charles R.: Stress and Family: Coping With Catastrophe (Vol. II). New York: Brunner/ Mazel, 1983b.
McCUBBIN, Hamilton I./ PATTERSON, Joan M.: The Family Stress Process: The Double ABCX Model of Adjustment and Adaption. In: McCubbin, H.I. et al. (Hg.): Social Stress and the Family. New York: Haworth Press, 1983, 7-37.
McINTOSH, Daniel N./ SILVER, Roxane C./ WORTMAN, Camille B.: Religion´s Role in Adjustment to a Negative Life Event: Coping With the Loss of a Child. Journal of Personality and Social Psychology, 65/4 (1993), 812-821.
MEINICKE, Dagmar: Die Rolle persönlicher Orientierungen bei der Bewältigung belastender Lebensereignisse: Empirische Untersuchungen an Eltern behinderter Kinder. Unveröff. Diplomarbeit in den Erziehungswissenschaften an der Universität Tübingen, 1993.

MERZ, Eberhard: Hinweisende Diagnostik durch Ultraschalluntersuchung. In: Dudenhausen, J.W., 1992, 24-30.
METZ, Johann B.: Jenseits bürgerlicher Religion: Reden über die Zukunft des Christentums. 2. Aufl., München: Chr. Kaiser, 1980.
METZ, Johann B.: Theologie als Theodizee? In: Oelmüller, W. (Hg.): Theodizee - Gott vor Gericht? München: W. Fink, 1990, 103-118.
MILLER, Nancy B.: Mein Kind ist fast ganz normal: Leben mit einem behinderten oder verhaltensauffälligen Kind: Wie Familien gemeinsam den Alltag meistern lernen. Stuttgart: G. Thieme, 1997.
MINISTERIUM FÜR ARBEIT; GESUNDHEIT; FAMILIE UND FRAUEN in Baden Württemberg (Hg.): Frühförderung in Baden-Württemberg: Bestandsaufnahme und Perspektiven der Weiterentwicklung. Stuttgart, 1991.
MINNES, Patricia M.: Family Resources and Stress Associated With Having a Mentally Retarded Child. American Journal of Mental Retardation 93/2 (1988), 184-192.
MOLTMANN, Jürgen: Theologie der Hoffnung: Untersuchungen zur Begründung und zu den Konsequenzen einer christlichen Eschatologie. München: Chr. Kaiser, 1969.
MOLTMANN, Jürgen: Trinität und Reich Gottes: Zur Gotteslehre. 3. Aufl., Gütersloh: Gütersloher Verlagshaus G. Mohn, 1994 (1980).
MUTHNY, Fritz A. (Hg.): Krankheitsverarbeitung: Hintergrundstheorien, klinische Erfassung und empirische Ergebnisse. Heidelberg et al., 1990.
NEUHÄUSER, Gerhard: Behinderte Menschen aus medizinischer Sicht. Theologia Practica 15 (1980), 294-302.
NIPKOW, Karl Ernst: The Issue of God in Adolescence under Growing Post-Christian Conditions: A Württembergian Survey. Journal of Empirical Theology 1/1 (1988a), 43-53.
NIPKOW, Karl Ernst: Erwachsenwerden ohne Gott? Gotteserfahrung im Lebenslauf. 2. Auflage, München: Chr. Kaiser, 1988b.
NIPKOW, Karl Ernst: Grundfragen der Religionspädagogik (3 Bde.): Gesellschaftliche Herausforderungen und theoretische Ausgangspunkte, Bd. I, 4. Aufl., Gütersloh: Gütersloher Verlagshaus G. Mohn, 1990.
NIPKOW, Karl Ernst/ RÖSSLER, Dietrich/ SCHWEITZER, Friedrich (Hg.): Praktische Theologie und Kultur der Gegenwart: Ein internationaler Dialog. Gütersloh: Gütersloher Verlagshaus G. Mohn, 1991.
NIPKOW, Karl Ernst: Empirical Research Within Practical Theology. Some general considerations in the context of modernity. Journal of Empirical Research 6/1 (1993), 50-63.
NIPKOW, Karl Ernst: Lebensbegleitende Bildung: Zur biographischen Wende der Erwachsenenbildung im Überschneidungsbereich von Pädagogik, Anthropologie und Theologie. In: Wiater, W. (Hg.): Erwachsenenbildung und Lebenslauf. Mündigkeit als lebenslanger Prozess. München, 1994.
NIPKOW, Karl Ernst: Bildung in einer pluralen Welt. Bd. I: Moralpädagogik im Pluralismus/ Bd. II: Religionspädagogik im Pluralismus. Gütersloh: Chr. Kaiser/ Gütersloher, 1998.
NIPPERT, Irmgard: Die Geburt eines behinderten Kindes: Belastung und Bewältigung aus der Sicht betroffener Mütter und ihrer Familien. Stuttgart: F. Enke, 1988.
NÖCKER-RIBAUPIERRE, Monika: Möglichkeiten und Grenzen von Selbsthilfegruppen bei früh- und risikogeborenen Kindern. Frühförderung interdisziplinär 18 (1999), 69-75.

OERTER, Rolf/ MONTADA, Leo (Hg.): Entwicklungspsychologie: Ein Lehrbuch. 2., völlig neu bearb. Aufl., Weinheim: Psychologie Verlags Union, 1987.
OLBRICH, Erhard: Vorwort. In: Brüderl, L. (Hg.), 1988b.
ORR, Robert R./ CAMERON, Sheila J./ DAY, David M.: Coping With Stress in Families With Children Who Have Mental Retardation: An Evaluation of the Double ABCX Model. American Journal on Mental Retardardation 95 (1991), 444-450.
OSER, Fritz/ GMÜNDER, Paul: Der Mensch - Stufen seiner religiösen Entwicklung: Ein strukturgenetischer Ansatz. 2., überarb. Aufl., Gütersloh: Verlagshaus G. Mohn, 1988.
OSGOOD, Charles E./ Suci, G.J./ Tannenbaum, P.H.: The Measurement of Meaning. Urbana: University of Illinois Press, 1957.
OSGOOD, Charles E.: The Nature and Measurement of Meaning. Psychological Bulletin 49 (1952), 197-237.
OSGOOD, Charles E.: Studies on the Generality of Affective Meaning Systems. American Psychologist 17 (1962), 10-28.
OSGOOD, Charles E.: On the Whys and Wherefores of E, P and A. Journal of Personality and Social Psychology 12/3 (1969), 194-199.
OSTENDORF, F.: Zur Taxonomie deutscher Dispositionsbegriffe. In: Hager, W./ Hasselhorn, M. (Hg.): Handbuch deutschsprachiger Wortnormen. Göttingen: Hofgrefe, 1994, 382ff.
PAPPI, Franz Urban (Hg.): Sozialstrukturanalysen mit Umfragedaten: Probleme der standardisierten Erfassung von Hintergrundsmerkmalen in allgemeinen Bevölkerungsumfragen. Königstein/ Ts: Äthenäum Verlag, 1979.
PARGAMENT, Kenneth I. et al.: Religion and the Problem-Solving Process: Three Styles of Coping. Journal for the Scientific Study of Religion 27/1 (1988), 90-104.
PARGAMENT, Kenneth I. et al.: God Help Me: (I): Religious Coping Efforts as Predictors of the Outcomes to Significant Negative Life Events. American Journal of Community Psychology, 18/6 (1990), 793-824.
PARGAMENT, Kenneth I./ HAHN, June: God and the Just World: Causal and Coping Attributions to God in Health Situations. Journal for the Scientific Study of Religion 25/2 (1986), 193-207.
PARK, Crystal/ COHEN, Lawrence H./ HERB, Lisa: Intrinsic Religiousness and Religious Coping as Life Stress Moderators for Catholics Versus Protestants. Journal of Personality and Social Psychology, 59/3 (1990), 562-574.
PETERANDER, Franz/ SPECK, Otto: Subjektive Belastungen: Mütter schwerbehinderter Kinder in der Frühförderung. Geistige Behinderung 2 (1995), 95-107.
PETERSEN, Paul: Effects of Moderator Variables in Reducing Stress Outcome in Mothers of Children With Handicaps. Journal of Psychosomatic Research 28/4 (1984), 337-344.
PETERSON, Larry R./ ROY, Anita: Religiosity, Anxiety, and Meaning and Purpose: Religion's Consequences for Psychological Well-Being. Review of Religious Research 27/1 (1985), 49-62.
PETZOLD, Matthias: Eltern werden Paare. Eine familienentwicklungspsychologische Längsschnittstudie. München: Quintessenz, 1991.
PEUKERT, Helmut: Kontingenzerfahrung und Identitätsfindung. In: Blank, J./ Hasenhüttl, G. (Hg.): Erfahrung, Glaube und Moral. Düsseldorf: Patmos, 1982, 76-102.
PIAGET, Jean: Das Erwachen der Intelligenz beim Kinde, Bd. I. In: Gesammelte Werke: Studienausgabe, Bd. I-X. Stuttgart: E. Klett, 1959.

PIAGET, Jean: Die Äquilibration der kognitiven Strukturen. Stuttgart: Klett, 1976. (Original: L'équilibration des structures cognitives. 1975)

POPPER, Karl R.: Objektive Erkenntnis: Ein evolutionärer Entwurf. 4. Aufl., Hamburg: Hoffmann und Campe, 1984.

POPPER, Karl R.: Logik der Forschung. 10., verb. u. vermehrte Aufl., Tübingen: J.C.B. Mohr, 1994.

PRETIS, Manfred/ MOSLER, Karin/ KURZ, Ronald: Das Modell „Steiermark" in der interdisziplinären Frühförderung und Familienbegleitung. Frühförderung interdisziplinär 17 (1998), 177-183.

PRETIS, Manfred: Evaluation interdisziplinärer Frühförderung und Familienbegleitung bei Kindern mit Down-Syndrom: Bedingungs- und Wirkfaktoren, kovariierende Variablen. Frühförderung interdisziplinär 7 (1998), 49-63.

PRETIS, Manfred: Krisenintervention in der Interdisziplinären Frühförderung und Familienbegleitung. Frühförderung interdisziplinär 18 (1999), 145-155.

PRINZ, Wolfgang P. et al. (Hg.): Wahrnehmung. In: Bierbaumer, Niels et al. (Hg.): Enzyklopädie der Psychologie, Bd. C 2,1. Göttingen: Hogrefe, 1994.

PSCHYREMBEL, Willibald et al.: Klinisches Wörterbuch mit klinischen Syndromen und Nomina Anatomica. 256. neu bearb. Aufl., Berlin: deGruyter, 1990.

PUESCHEL, Siegfried M./ PÜSCHEL, Eny V.: The Child With Down-Syndrome: The Impact on the Familiy. In: Dimitriev, V./ Oelwein, P.L. (Hg.): Advances in Down Syndrome. Seattle: Special Child Publications, 1988.

PUESCHEL, Siegfried M.: Changes of Counseling Practices at the Birth of a Child With Down Syndrome. Applied Research in Mental Retardation 6 (1985), 99-108.

RAMSEY, I.T.: Deismus: II. Begrifflich. In: Die Religion in Geschichte und Gegenwart. Handwörterbuch für Theologie und Religionswissenschaft, Bd. II, 3., völlig neu bearb. Aufl., Tübingen: J.C.B. Mohr, 1986 (bzw. 1962), 58-59.

RAUH, Hellgard et al.: Geburt eines behinderten Kindes. In: Beller, E.K. (Hg.): Forschung in den Erziehungswissenschaften. Weinheim: Deutscher Studienverlag, 1989.

RAUH, Hellgard/ HINZE, Dieter: Eltern geistig behinderter Kinder in der Gesellschaft. In: Schäfer, B./ Petermann, F.: Vorurteile und Einstellungen: Sozialpsychologische Beiträge zum Problem sozialer Orientierung. Köln 1988.

REDFIELD, Joel/ STONE, Arthur: Individual Viewpoints of Stressful Life Events. Journal of Consulting and Clinical Psychology 47/1 (1979), 147-154.

RETT, Andreas: Mongolismus: Biologische, erzieherische und soziale Aspekte. 2., erg. u. überarb. Aufl., Bern: H. Huber, 1983.

RICHTER, L.: Religion: IV. Begriff und Wesen der Religion. In: Die Religion in Geschichte und Gegenwart. Handwörterbuch für Theologie und Religionswissenschaft, Bd. V. 3., völlig neu bearb. Aufl., Tübingen: J.C.B. Mohr, 1986 (bzw. 1962), 968-976.

RINGGREN, H.: Schicksal. In: Die Religion in Geschichte und Gegenwart. Handwörterbuch für Theologie und Religionswissenschaft, Bd. V. 3., völlig neu bearb. Aufl., Tübingen: J.C.B.Mohr, 1986 (bzw. 1962), 1404-1405.

RINGLER, M.: Schwangerschaftsabbruch nach vorgeburtlicher Diagnose des Down-Syndroms? In: Dudenhausen, J.W. (Hg.): Down-Syndrom: Früherkennung und therapeutische Hilfen. Ein Leitfaden der Stiftung für das behinderte Kind zur Förderung von Vorsorge und Früherkennung. Frankfurt a.M.: Umwelt & Medizin, 1992.

RITTER-GEKELER, Mariele: Lebens- und Sterbenskrisen. Untersuchungen zur Entwicklung der Bewältigungskonzepte in Psychologie und Sterbeforschung. München: Juventa, 1992.
RITZEMA, R.J.: Attribution to supernatural causation: An important component of religious commitment? Journal of Psychology and Theology 7 (1979), 286-293.
ROGERS, Carl R.: Training individuals to engage in the therapeutic process. In: Strother, C.R.: Psychology and mental health. Washington D.C., 1957, 76-92.
ROGERS, Carl R.: Die klientenzentrierte Gesprächspsychotherapie (Orginal: Client-centered Therapy, 1951). München: Kindler, 1972.
ROHRMANN, Bernd: Empirische Studien zur Entwicklung von Antwortskalen für die sozialwissenschaftliche Forschung. Zeitschrift für Sozialpsychologie 9 (1978), 222-245.
ROOS, Philip: Psychologische Beratung mit Eltern retardierter Kinder. In: Bracken von, Helmut: Erziehung und Unterricht behinderter Kinder. Frankfurt a. M.: Akademische Verlagsgesellschaft, 1968.
ROOS, Philip: Parents and families of the mentally retardet. In: Kauffman, J.M./ Payne, J.S. (Hg.): Mental retardation: Introduction and personal perspectives. Columbus/ Ohio, 1975, 336-357.
ROTHBAUM, Fred/ WEISZ, John R./ SNYDER, Samuel S.: Changing the World and Changing the Self: A Two-Process Model of Perceived Control. Journal of Personality and Social Psychology 42/1 (1982), 5-37.
RÜGER, Ulrich/ BLOMERT, Albert. F./ FÖRSTER, Wolfgang: Coping - Theoretische Konzepte, Forschungsansätze, Messinstrumente zur Krankheitsbewältigung. Göttingen: Verlag für Medizinische Psychologie in Vandenhoeck & Ruprecht, 1990.
RYAN, Richard M./ RIGBY, Scott/ KING, Kristi: Two Types of Religious Internalization and Their Relations to Religious Orientations and Mental Health. Journal of Personality and Social Psychology, 65/3 (1993), 586-596.
SACHS, Lothar: Statistische Methoden: Planung und Auswertung. 7., überarb. Aufl., Berlin, Heidelberg: Springer, 1993.
SARIMSKI, Klaus: Beratung für psychisch besonders belastete Eltern frühgeborener Kinder nach der Entlassung. Frühförderung interdisziplinär 18 (1999), 35-41.
SAURWEIN, Karl-Heinz/ HÖNEKOPP, Thomas: SPSS/ PC+ 4.0: Eine anwendungsorientierte Einführung zur professionellen Datenanalyse. 2., überarb. Aufl., Bonn et al., 1992.
SAUTER, Gerhard: Was heißt nach Sinn fragen? Eine theologisch-philosophische Orientierung. München: Chr. Kaiser, 1982.
SCHAEFER, Charles A./ GORSUCH, Richard L.: Situational and Personal Variations in Religious Coping. Journal for the Scientific Study of Religion 32/2 (1993), 136-147.
SCHIBILSKY, Michael: Trauerwege: Beratung für helfende Berufe. 5. Aufl., Düsseldorf: Patmos, 1996.
SCHIEFERLE, U.: Einstellungen, Selbstkonsistenz und Verhalten. Göttingen 1990.
SCHINDLER, Sepp (Hg.): Geburt: Eintritt in eine neue Welt. Göttingen: Verlag für Psychologie Hogrefe, 1982.
SCHIWY, Günther: Abschied vom allmächtigen Gott. Kösel: München, 1995.
SCHLACK, Hans Georg/ BEHRINGER, Jutta: Partnerschaft zwischen Eltern behinderter Kinder und Fachleuten- ... aus der Sicht eines Fachmanns ... aus der Sicht einer Mutter: Utopie oder realistisches Ziel? Geistige Behinderung 3 (1991), 219-229.

SCHLACK, Hans Georg: Paradigmenwechsel in der Frühförderung. Frühförderung interdisziplinär 8 (1989), 13-18.
SCHLEIERMACHER, F.D.E.: Hermeneutik und Kritik. Hrsg. und eingeleitet von Manfred Frank. 7. Aufl. – Frankfurt a. M.: Suhrkamp, 1999.
SCHMID, Franz: Das Mongolismus-Syndrom. Mit Beiträgen von Patricia Braun, Margot und Nico Hansen, Heinrich Lenzen. Münsterdorf: Hansen & Hansen, 1976.
SCHMIDBAUER, Wolfgang: Die hilflosen Helfer: Über die seelische Problematik der helfenden Berufe. Hamburg: Rowohlt, 1977.
SCHMIDT, Klaus-Jürgen G.: Mein Kind ist behindert: Ein Beitrag zum Verständnis der Situation von Eltern behinderter Kinder. Heidelberg: Edition Schindele, 1986.
SCHMIDT, M.: Deismus: III. Englischer Deismus. In: Die Religion in Geschichte und Gegenwart. Handwörterbuch für Theologie und Religionswissenschaft, Bd. II, 3., völlig neu bearb. Aufl., Tübingen: J.C.B. Mohr, 1986 (bzw. 1962), 59-69.
SCHNELL, Monika/ WETZEL, Helmut: Krisenintervention und -therapie. In: Asanger, R./ Wenninger, G. (Hg.): Handwörterbuch der Psychologie. 4., völlig neubearb. Aufl., Weinheim: Psychologie Verlags Union, 1992, 371-376.
SCHNURR, Günther: Krise. In: Krause, G./ Müller, G. (Hg.): Theologische Realenzyklopädie, Bd. XX. Berlin/ New York: deGruyter, 1990, 61-65.
SCHUCHARDT, Erika: Warum gerade ich ...? Leiden und Glauben: Schritte mit Betroffenen und Begleitenden. 7., durchges. u. erw. Aufl., Göttingen: Vandenhoeck & Ruprecht, 1993.
SCHUHMACHER, Johannes: Die Situation von Eltern mongoloider Kinder. In: Hofmann, T. (Hg.): Beiträge zur Geistigbehindertenpädagogik. Rheinstetten: Schindele Verlag, 1979, 58-74.
SCHWEIKER, Wolfhard: Theorie der Glaubensentwicklung und Praktische Theologie bei James W. Fowler. Wurmlingen, 1991. (Hausarbeit für die I. Evang.-Theol. Dienstprüfung an der Universität Tübingen)
SCHWEIKER, Wolfhard: Deutung und Krise: Der religiöse und weltanschauliche Umgang von Müttern und Vätern mit der Diagnose Down-Syndrom. Reutlingen, 1995. (Diplomarbeit in den Erziehungswissenschaften an der Pädagogischen Hochschule Ludwigsburg mit Sitz in Reutlingen)
SCHWEIKER, Wolfhard: Deutung und Krise bei Eltern von Kindern mit Down-Syndrom: Herausforderungen an eine seelsorgerliche und diakonische Gemeinde. Köngen, 1997. (Hausarbeit für die II. Evang.-Theol. Dienstprüfung; Bibliothek des Ev. Oberkirchenrats Stuttgart und des Hauses Birkach, Stuttgart-Birkach)
SELBMANN, Hans K.: Epidemiologie des Down-Syndroms. In: Dudenhausen, J.W., 1992, 13-18.
SELIKOWITZ, Mark: Down Syndrome: The Facts. New York: Oxford University Press, 1990.
SEMMER, Norbert: Stress. In: Asanger, R./ Wenninger, G. (Hg.): Handwörterbuch der Psychologie. 4., völlig neubearb. Aufl. Weinheim: Psychologie Verlags Union 1992, 744-751.
SEYLE, Hans: Geschichte und Grundzüge des Stresskonzepts. In: Nitsch, J.H. (Hg.): Stress. Bern et al.: H. Huber, 1981.
SHEEHAN, Robert/ SNYDER, Scott/ SHEEHAN, Heather C.: Frühförderung zu Beginn des 21. Jahrhunderts: Was ist zu erwarten? In: Peterander, F./ Speck, O. (Hg.): Frühförderung in Europa. München/ Basel: E. Reinhardt, 1996, 158-171.

SLOPER, P./ CUNNINGHAM, C.C./ ARNLJOTSDOTTIR, M.: Parental Reactions to Early Intervention With Their Down's Symdrom Infants. Child Care, Health and Development 9 (1983), 357-376.
SLOPER, Patricia et al.: Factors Related to Stress and Satisfaction with Life in Families of Children with Down's Syndrome. Journal of Child Psychology and Psychiatry 32/4 (1991), 655-676.
SÖLLE, Dorothee: Leiden. Freiburg et al.: Herder Verlag, 1993.
SOZIALMINISTERIUM BADEN-WÜRTTEMBERG (Hg.): Frühförderung behinderter und von Behinderung bedrohter Kinder in Baden-Württemberg: Rahmenkonzeption. Stuttgart, 1998.
SPARN, Walter: Leiden - Erfahrung und Denken: Materialien zum Theodizeeproblem. München: Chr. Kaiser, 1980.
SPARN, Walter: Leiden. IV. Historisch/ Systematisch/ Ethisch. In: Krause, G./ Müller, G. (Hg.): Theologische Realenzyklopädie, Bd. XX. Berlin, New York: deGruyter, 1990, 688-707.
SPARRER, Bernhard/ STEPHAN, Günther: Elterngruppen. In: Fuchs, E./ Neugebauer, H. (Hg.): Frühe, rechtzeitige Förderung: Aufsätze zur Frühförderung sehgeschädigter Kinder. Würzburg: Bentheim, 1997, 121-132.
SPECK, Otto/ WARNKE, Andreas (Hg.): Frühförderung mit Eltern. 2.Aufl. München, 1989.
SPECK, Otto: System Heilpädagogik: Eine ökologisch-reflexive Grundlegung. 2., aktual. Aufl., München/ Basel: E. Reinhardt, 1991.
SPECK, Otto: Menschen mit geistiger Behinderung und ihre Erziehung. Ein heilpädagogisches Lehrbuch. 7., aktual. u. erg. Aufl., München/ Basel: E. Reinhardt, 1993.
SPILKA, Bernard/ ARMATAS, Philip/ NUSSBAUM, June: The Concept of God: A Factor-Analytic Approach. Review of Religious Research 6 (1964), 28-36.
SPILKA, Bernard/ HOOD, Ralph W., Jr./ GORSUCH, Richard L.: The Psychology of Religion: An Empirical Approach. Englewood Cliffs/ New Jersey: Prentice-Hall, 1985a.
SPILKA, Bernard/ SCHMIDT, G.: General attribution theory for the psychology of religion: The influence of event-character on attributions to God. Journal for the Scientific Study of Religion, 22 (1983), 326-340.
SPILKA, Bernard/ SHAVER, P./ KIRKPATRICK, L.A.: A general attribution theory for the psychology of religion. Journal for the Scientific Study of Religion 24/1 (1985c), 1-20.
SPILKA, Bernard/ ZWARTJES, William J./ ZWARTJES, Georgia M.: The Role of Religion in Coping with Childhood Cancer. Pastoral Psychology, 39/5 (1991), 295-304.
SPILKA, Bernard: The Meaning of Personal Faith: A Continuing Research Odyssey. Journal of Psychology & Christianity, 5/2 (1985b), 85-90.
SPILKA, Bernard: Functional and Dysfunctional Roles of Religion: An Attributional Approach. Journal of Psychology and Christianity 8/3 (1989), 5-15.
SPORKEN, Paul: Eltern und ihr geistig behindertes Kind: Das Bejahungsproblem. Düsseldorf: Patmos, 1975.
SPORKEN, Paul: Begleitung in schwierigen Lebenssituationen: Ein Leitfaden für Helfer. Freiburg, 1984.
STEFFENS, W./ KÄCHELE, H.: Abwehr und Bewältigung - Mechanismen und Strategien. Wie ist eine Integration möglich? In: Dies.: Bewältigung und Abwehr. Berlin/ Heidelberg: Springer, 1988, 1-50.

STEINEBACH, Christoph: Familiendynamik im Prozess der Frühförderung. Vierteljahresschrift für Heilpädagogik 63/1 (1994), 62-76.
STEINEBACH, Christoph: Familienberatung in der Frühförderung: Bedingungen und Wirkungen aus der Sicht der Mütter. Praxis der Kinderpsychologie und Kinderpsychiatrie 46 (1997), 15-35.
STENGEL-RUTKOWSKI, Sabine/ ANDERLIK, Lore: Neue Sichtweisen und Erfahrungen zum Entwicklungs- und Verhaltensphänotyp bei Kindern mit Down-Syndrom. In: Down-Syndrom Netzwerk Deutschland e.V. (Hg.): Perspektiven für Menschen mit Down-Syndrom (Reader der Fachtagung vom 1.-3. Okt.). Bochum, 1999, P 1, 1-12 (sowie Pädiatrie und Grenzgebiete 37 (1998), 5-21).
STENGEL-RUTKOWSKI, Sabine: Frühe Eltern-Kind Interaktion am Beispiel der Trisomie 21. In: Down-Syndrom Netzwerk Deutschland e.V. (Hg.): Perspektiven für Menschen mit Down-Syndrom (Reader der Fachtagung vom 1.-3. Okt.). Bochum, 1999, B 1, 1-5.
STORM, Wolfgang: Elternberatung nach der Geburt eines Kindes mit Down-Syndrom. Pädiatrische Praxis 36 (1987), 575-579.
STRASSMEIER, Walter: Frühförderung und Ökosystem. Frühförderung interdisziplinär 5 (1986), 151-162.
STRAUSS, Anselm/ CORBIN, Juliet: Basics of qualitative research. Newbury Park: Sage, 1990.
STROEBE, Wolfgang et al. (Hg.): Sozialpsychologie: Eine Einführung. Berlin et al.: Springer, 1990.
STUDIEN- UND PLANUNGSGRUPPE DER EKD (Hg.): Quellen religiöser Selbst- und Weltdeutung: Die themenorientierten Erzählinterviews der dritten EKD-Erhebung über Kirchenmitgliedschaft. Band 1: Dokumentation, Band 2: Interpretationen, Hannover 1998.
SWATOS, William H. (Jr.): A Future for Religion? New Paradigms for Social Analysis. Newbury Park et al.: Sage, 1993.
TAMM, Claudia: Diagnose Down-Syndrom. München/ Basel: E. Reinhardt, 1994.
TAYLOR, Shelley E./ BROWN, Jonathon D.: Illusion and Well-Being: A Social Psychological Perspective on Mental Health. Psychology Bulletin, 103/2 (1988), 193-210.
TEBBI, Cameron K. et al.: Religiosity and Locus of Control of Adolescent Cancer Patients. Psychological Reports 61 (1987), 683-696.
TENNEN, Howard/ AFFLECK, Glenn/ GERSHAM, Katherine: Self-Blame Among Parents of Infants With Perinatal Complications: The Role of Self-Protective Motives. Journal of Personality and Social Psychology 50/4 (1986), 690-696.
THEILE, B.: Die Mitteilung der Diagnose Down-Syndrom an die Eltern. Unveröffentlichte wiss. Hausarbeit. Reutlingen, 1978.
THUNG, Mady A. et al.: Exploring the new religious consciousness. An investigation of religious change by a Dutch Working Group. Amsterdam: Free University Press, 1985.
TILLICH, Paul: Systematic Theology: Reason and Relevation, Being and God, Bd. I. Chicago: University Press, 1951.
TOLMEIN, Oliver: Geschätztes Leben: Die neue "Euthanasie"-Debatte. Hamburg, 1990.
TRAUTMANN-SPONSEL, Rolf D.: Definition und Abgrenzung des Begriffs Bewältigung. In: Filipp, S.-H. (Hg.), 1988b, 14-24.
ULICH, Dieter et al. (Hg.): Psychologie der Krisenbewältigung. Eine Längsschnittuntersuchung mit arbeitslosen Lehrern. Weinheim/ Basel: Belz, 1985.

ULICH, Dieter: Krise und Entwicklung: Zur Psychologie der seelischen Gesundheit. München/ Weinheim: Psychologie Verlags Union, 1987.
VASKOVICS, Laszlo A.: Familie und religiöse Sozialisation. Wien: Notring, 1970.
VEN, Johannes A. van der: Unterwegs zu einer empirischen Theologie. In: Fuchs, O. (Hg.): Theologie und Handeln. Beiträge zur Fundierung der Praktischen Theologie. Düsseldorf: Patmos Verlag, 1984, 102-128.
VEN, Johannes A. van der: Theologische und lerntheoretische Bedingungen der Glaubenserfahrung. In: Fraas, H.-J./ Heimbrook, H.-G. (Hg.): Religiöse Erziehung und Glaubens-entwicklung. Göttingen, 1986, 39-62.
VEN, Johannes A. van der: Empirische Theologie. In: Drehsen, V. et al. (Hg.): Wörterbuch des Christentums. Gütersloh: Gütersloher Verlagshaus G. Mohn, 1988, 284-286.
VEN, Johannes A. van der: Theodicy or cosmodicy: a false dilemma? Journal of Empirical Theology 2/2 (1989a), 5-25.
VEN, Johannes A. van der: Entwicklung religiöser Deutungen des Leidens? In: Bucher, A.A./ Reich, K.H.: Entwicklung von Religiosität: Grundlagen, Theorieprobleme, praktische Anwendung. Freiburg/ CH: Universitätsverlag, 1989b.
VEN, Johannes A. van der: Practical Theology: from Applied to Empirical Theology. Journal of Empirical Theology 1/1 (1989b), 7-27.
VEN, Johannes A. van der: Entwurf einer empirischen Theologie (Serie theologie en empirie, 10). Weinheim: Deutscher Studien Verlag, 1990.
VEN, Johannes A. van der/ Ziebertz, Hans-Georg: Paradigmenwechsel in der Praktischen Theologie. Kampen/ NL: J.H.Kok, 1993, 69-111.
VEN, Johannes A. van der: Die quantitative Inhaltsanalyse. In: Ders./ Ziebertz, H.-G.: Paradigmenwechsel in der Praktischen Theologie. Kampen/ NL: J.H.Kok, 1993, 69-111.
VONDERLIN, Eva: Die Bedeutung von Gesprächsgruppen für die Bewältigung einer Frühgeburt durch die Eltern. Frühförderung interdisziplinär 18 (1999), 19-27.
VOSSEN, H.J.M. Eric: Symbolische Funktionen in der Leidenssinngebung von Kindern. Religionspädagogische Beiträge 23 (1989), 168-181.
VOSSEN, H.J.M. Eric: Images of God and coping with suffering: The psychological dynamics of the coping process. Journal of Empirical Theology 6/1 (1993), 19-38.
WAIDOSCH, Kurt: Der Umgang mit Leid in der Logotherapie und Existenzanalyse Viktor E. Frankls und in der mystischen Theologie: Möglichkeiten und Grenzen eines Vergleichs humanwissenschaftlicher und theologischer Ansätze unter besonderer Berücksichtigung ihrer Bedeutung für eine Ethik des Umgangs mit unabänderlichem Leid und der Frage nach deren Erlernbarkeit. Inauguraldissertation an der Eberhard-Karls-Universität Tübingen, 1997. (US 97.1737)
WEBER, G./ PARKER, T.: A study of family and professional views of the factors affecting family adaptation to a disabled child. In: Stinnett, N. et al. (Hg.): Family Strengths 3: Roots of well-being. Lincoln/ NE: University of Nebraska Press, 1981, 379-395.
WEINBERGER, Sabine: Klientenzentrierte Gesprächsführung: Eine Lern- und Praxisanleitung für helfende Berufe. 5., überarb. und erw. Aufl., Weinheim/ Basel: Belz, 1992.
WEINER, B.: Attribution, emotion and action. In: Sorrentino, R.M./ Higgins, E.T. (Hg.): Handbook of Motivation and Cognition. New York: Guildford, 1986.
WEISNER, Thomas S./ BEIZER, Laura / STOLZE, Lori: Religion and families of children with developemental delays. American Journal on Mental Retardation, 95,6 (1991), 647-662.

WEISS, Hans: Familie und Frühförderung: Analysen und Perspektiven der Zusammenarbeit mit Eltern entwicklungsgefährdeter Kinder [: Behindertenhilfe durch Erziehung, Unterricht und Therapie, 14. Speck, O. (Hg.)]. München/ Basel: E. Reinhardt, 1989.
WEISS, Hans: Verstehen und Verständigung mit Kind und Eltern: Zentrale Aufgaben der Zusammenarbeit. In: Vereinigung für interdisziplinäre Frühförderung e.V. (Hg.): Dokumentation des 6. Symposiums Frühförderung. München: E. Reinhardt, 1991, 95-99.
WEISS, Hans: Liebespflicht und Fremdbestimmung: Das Annahme-Postulat in der Zusammenarbeit von Eltern und Fachleuten. Geistige Behinderung 4 (1993), 308-322.
WEISS, Hans: Bedingungs- und Wirkungszusammenhänge in der Frühförderung: Stand, Bedeutung und (Methoden-) Probleme der Evaluationsforschung im Bereich „frühe Hilfen" unter besonderer Berücksichtigung körperbehinderter Kinder. Frühförderung interdisziplinär, 14 (1995), 59-71.
WEISS, Hans: Entwicklungslinien in der Zusammenarbeit von Eltern und Fachleuten im Rahmen der Frühförderung. In: Fuchs, E./ Neugebauer, H. (Hg.): Frühe, rechtzeitige Förderung: Aufsätze zur Frühförderung sehgeschädigter Kinder. Würzburg: Bentheim, 1997, 103-119.
WENDELER, Jürgen: Psychologie des Down Syndroms [Arbeiten zur Theorie und Praxis der Rehabilitation in Medizin, Psychologie und Sonderpädagogik, 32. Rett, A. (Hg.)]. Stuttgart: Hans Huber, 1988.
WENDELER, Jürgen: Geistige Behinderung. Pädagogische und psychologische Aufgaben. Weinheim, Basel: Beltz, 1993.
WILS, Jean-Pierre (Hg.): Streitfall Euthanasie: Singer und der "Verlust des Menschlichen". Tübingen: Attempto, 1990.
WITTER, Robert A. et al.: Religion and subjective wellbeing in adulthood: A quantitative synthesis. Review of Religious Research 26/4 (1985), 332-342.
WÖHRLIN, Ursula: Bewältigungsprozesse von Eltern behinderter Kinder. In: Leyendecker, Chr. (Hg.): Frühförderung und Frühbehandlung: Wissenschaftliche Grundlagen, praxis-orientierte Ansätze und Perspektiven interdisziplinärer Zusammenarbeit. Heidelberg: Schindele, 1997, 53-58.
WUNDERLICH, Christof: Das Mongoloide Kind: Möglichkeiten der Erkennung und Betreuung. Stuttgart: F. Enke, 1970.
WUTHNOW, Robert: The Consciousness Reformation. Berkeley, Los Angeles: University of California Press, 1976.
WUTHNOW, Robert: The Religious Dimension. New Direction in Quantitative Research. New York/ San Francisco/ London: Academic Press, 1979.
ZANGEL, Angelika: Familiäre Bewältigungsformen und Umweltbewusstsein bei Pseudokrupp aus der Sicht betroffener Mütter. In: Brüderl, L. (Hg.): Belastende Lebenssituationen: Untersuchungen zur Bewältigungs- und Entwicklungsforschung. Weinheim/ München: Juventa, 1988.
ZEILE, Edith (Hg.): Ich habe ein behindertes Kind: Mütter und Väter berichten. 3. Aufl., München: Deutscher Taschenbuch Verlag, 1991.
ZEITLIN, Shirley/ WILLIAMSON, Gordon G./ ROSENBLATT, William P.: The Coping with Stress Model: A Counseling Approach for Families with a Handicapped Child. Journal of Counseling and Development 65 (1987), 443-446.

ZIMMERMANN, Mirjam: Geburtshilfe als Sterbehilfe? Zur Behandlungsentscheidung bei schwerstgeschädigten Neugeborenen und Frühgeborenen: Medizinisch-empirische, juristische, sozialpsychologische und philosophische Grundlagen, ethische Beurteilung und Folgerungen, unter besonderer Berücksichtigung der Infantizidthesen von Peter Singer und Helga Kuhse. Frankfurt a.M. et al.: P. Lang, 1997.

Anhang A: Fragebogen

(Begleitbrief zum Fragebogen)

Fachbereich Sonderpädagogik
der Pädagogischen Hochschule Ludwigsburg
in Verbindung mit der Universität Tübingen mit Sitz in Reutlingen,

Forschungsprojekt "Mitteilung der Diagnose Down-Syndrom an die Eltern"
Prof. Werner Dittmann, M. Klatte-Reiber, Wolfhard Schweiker

Tel. 07121/27-276   Fax. 07121/271244
FB Sonderpädagogik, Postfach 2344, 72713 Reutlingen

Reutlingen, 6. September 1994

Betr: Fragebogen im Rahmen des Forschungsprojektes
"Mitteilung der Diagnose Down-Syndrom an die Eltern"

Liebe

durch Ihre freundliche Mitarbeit ist es gelungen, das Forschungsprojekt "Mitteilung der Diagnose Down-Syndrom an die Eltern" einzurichten. Auch heute hoffen wir wieder auf Ihr Engagement, um das wir Sie herzlich bitten möchten.

Zuerst möchte ich Ihnen mich und mein Vorhaben vorstellen. In den vergangenen 1,5 Jahren habe ich als studentische Hilfskraft im Forschungsprojekt von Prof. Dittmann und Frau Klatte-Reiber mitgearbeitet. Dabei habe ich u. a. eine Handreichung erstellt, die Eltern von Kindern mit Down-Syndrom im Landkreis Reutlingen eine erste Orientierungshilfe geben möchte.

Die Fragebogenerhebung, die Sie mit diesem Schreiben erhalten, ist nun Bestandteil meiner Diplomarbeit in "Sonderpädagogik", die ich im Rahmen des Forschungsprojektes schreibe.

Ich beschäftige mich dabei mit existentiellen Sinn- und Anschauungsfragen, die -wie Sie wissen- durch die Diagnose Down-Syndrom ausgelöst werden können. Da ich Diplomtheologe bin, interessiert mich besonders, warum Lebens- und Glaubensanschauungen die Bewältigung eines kritischen Ereignisses einerseits unterstützen, andererseits aber auch gefährden können. Welche religiöse und lebensanschauliche Deutungen eher zur "Gottesvergiftung" und welche eher zur Bewältigung führen, ist noch weitgehend unerforscht.

Ein besseres Wissen darüber soll -so hoffe ich- dazu beitragen, dass die Begleitungs- und Beratungssituation für Mütter und Väter von Kindern mit Down-Syndrom sensibler und wirklichkeitsnaher gestaltet werden kann. Wenn in der Frühberatung, sowie der religiösen und zwischenmenschlichen Begleitung mit existentiellen Fragen wie "warum gerade ich?" oder "wozu, mein Gott!?" von professioneller Seite in Zukunft angemessener umgegangen werden kann, ist schon viel gewonnen. Für dieses Vorhaben hoffe ich auf Ihre Unterstützung.

Die aktuelle Fassung dieses Fragebogens verdanke ich betroffenen Eltern. Sie haben in einem Probelauf durch konstruktive und kritische Anregungen an der Gestaltung des Fragebogens mitgewirkt.

Die Angaben, die Sie machen, werden durch Abtrennen des Deckblattes anonymisiert und nur für wissenschaftliche Zwecke im Rahmen dieses Forschungsprojektes genutzt.

Es wäre mir eine große Hilfe, wenn Sie die Fragebögen möglichst bald ausfüllen und an die oben angegebene Adresse zurückschicken würden. Ein Rücksendecouvert mit Adressenaufkleber liegt bei.

Herzlichen Dank für Ihre Mitarbeit !

Mit freundlichen Grüßen,

(Wolfhard Schweiker)

PS.: Wenn Sie Rückfragen haben, können Sie mich in der Zeit vom 26.9. bis 5.10.'94 unter der Telefon-Nr. 039975/ 201 erreichen, danach unter der Telefon-Nr. 07472/22847.

Fragebogen
für Mütter und Väter
im Rahmen des Forschungsprojektes
"Die Mitteilung der Diagnose Down-Syndrom an die Eltern"
September 1994

ausgefüllt von:

Vorname/ Name: ....

Straße/ Hausnummer: ....

Wohnort: ....

Tel.: ....

wichtig: *Diese Angaben werden anonymisiert.*

Hinweise zum Ausfüllen des Fragebogens

Um Ihnen nicht zu jeder Frage unnötig viele Anleitungen geben zu müssen, hier vorab ein paar **allgemeine Tips**, die zum Ausfüllen und Auswerten des Fragebogens wichtig sind:

⊃   *Bitte füllen Sie den Fragebogen **selbständig** als Mutter oder Vater aus.*

⊃   *Für Ihren Partner bzw. Ihre Partnerin ist **ein zweites Exemplar** des Fragebogens zur Beantwortung beigelegt.*

⊃   *Lassen Sie bitte keine Frage aus; achten Sie darauf, dass Sie **jede Frage so beantworten, wie sie gestellt ist**. Die Fragen und Aussagen lassen sich nur auf diese Weise sinnvoll auswerten.*

⊃   *Beantworten Sie die Fragen mit Antwortskalen, indem Sie für jede Frage jeweils **nur eine einzige** Zahl umkringeln.*

⊃   *Prüfen Sie bitte, bevor Sie den Fragebogen zurückschicken, ob Sie alles beantwortet haben, auch die Fragen auf den **Rückseiten**.*

⊃   *Zu den folgenden Fragen gibt es **keine richtigen oder falschen Antworten**. Die besten Antworten sind die, welche Ihre persönliche Meinung und Erfahrung am genauesten widergeben.*

(F 1)   **Lebenseinstellung**

Viele Eltern berichten, Ihre Einstellung zum Leben habe sich verändert, seit sie ein Kind mit einer Behinderung bekommen haben. Bitte geben Sie nun an, was Sie in Ihrem Leben als wichtig oder unwichtig erfahren.

Kennzeichnen Sie bitte jede Aussage auf der Skala durch **Umkringelung** einer Zahl. Geben Sie an, wie wichtig oder unwichtig Ihnen die beschriebene Aussage heute ist. Die Zahlen von 1 bis 5 haben eine Bedeutungsbreite von
    (1 =) "äußerst wichtig" bis **(5 =) "völlig unwichtig".**

	äußerst wichtig				völlig unwichtig
verheiratet sein	1	2	3	4	5
im Leben voran kommen	1	2	3	4	5
für eine größere Gerechtigkeit in der Gesellschaft sorgen	1	2	3	4	5
das Leben genießen	1	2	3	4	5
Kinder haben und großziehen	1	2	3	4	5
an einer Verbesserung von bestehenden ungleichen Einkommensverhältnissen mitarbeiten	1	2	3	4	5
Spaß haben	1	2	3	4	5
selbst herausfinden, was im Leben gut und was schlecht ist	1	2	3	4	5
für die Familie leben	1	2	3	4	5
finanziell gut gestellt sein	1	2	3	4	5
nicht an Regeln gebunden sein	1	2	3	4	5
die Zukunft der Kinder	1	2	3	4	5
das Aufheben von bestehenden Machtverhältnissen	1	2	3	4	5
tun und lassen können, was ich will	1	2	3	4	5
gesellschaftliche Sicherheit	1	2	3	4	5

*Es geht auf der **Rückseite** weiter.*

ein glückliches Familienleben　　　　　　　　　　1　2　3　4　5

das Gefühl, dass man es im Leben
zu etwas gebracht hat　　　　　　　　　　　　　　1　2　3　4　5

von niemandem abhängig zu sein　　　　　　　　　1　2　3　4　5

sich für eine Gemeinschaft einzusetzen,
in der jeder und jede mitentscheiden darf　　　　　　1　2　3　4　5

(F 2)　　　　　　　　**Höhere Wirklichkeit**

Nun folgen einige Aussagen über die Frage, ob es in dieser Welt eine höhere Wirklichkeit gibt. Die höhere Wirklichkeit wird an der einen oder anderen Stelle mit "Gott" bezeichnet.

Bitte geben Sie durch **Umkringelung** an, was sie von diesen Aussagen halten. Die Zahlen von 1 bis 5 haben ein Bedeutungsspektrum von
(1=) "**totale Übereinstimmung**" bis (5 =) "**überhaupt keine Übereinstimmung**.

	totale Übereinstimmung				überhaupt keine Übereinstimmung
Es gibt so etwas wie eine höhere Macht, die das Leben beherrscht.	1	2	3	4	5
Gott ist für mich nichts anderes als das Wertvolle im Menschen.	1	2	3	4	5
Ich glaube, es gibt weder einen Gott, noch irgendeine höhere Wirklichkeit.	1	2	3	4	5
Es gibt einen Gott, der sich mit jedem Menschen persönlich beschäftigt.	1	2	3	4	5
Es gibt etwas außerhalb dieser Welt.	1	2	3	4	5
Gott ist nicht oben, sondern in den Herzen der Menschen.	1	2	3	4	5
Es gibt einen Gott, der unser Gott sein will.	1	2	3	4	5
Gott ist nur ein Produkt des Menschen und seiner Sehnsüchte.	1	2	3	4	5
Ich glaube an die Existenz eines höheren Wesens.	1	2	3	4	5

Haben Sie alle Fragen beantwortet?

(F 3)   Vorstellungen von einer höheren Wirklichkeit

Wenn Sie in irgendeiner Weise an Gott oder an eine höhere Wirklichkeit glauben, bitte ich Sie, folgende theologische Deutungsmodelle der Leiderfahrung zu bewerten. Diese in der religiösen Beratung und persönlichen Sinnfindung weit verbreiteten Modelle sollen hier überprüft werden. Es geht um die Frage, wie die höhere Wirklichkeit dem Leiden gegenübersteht.

Wenn Sie an keine höhere Wirklichkeit glauben, wäre es interessant, wenn Sie aus Ihrer Sicht auf einem Extrablatt beschreiben würden, warum es das Leiden gibt.

Die höhere Wirklichkeit innerhalb oder außerhalb dieser Welt wird hier der Einfachheit halber mit Gott bezeichnet. Auch hier haben die Zahlen von 1 bis 5 das Bedeutungsspektrum von
     (1 =) "totale Übereinstimmung" bis (5 =) "überhaut keine Übereinstimmung".

	totale Übereinstimmung				überhaupt keine Übereinstimmung
Das Leiden ist eine Strafe Gottes.	1	2	3	4	5
Das Leiden hat einen Platz in der Bestimmung Gottes.	1	2	3	4	5
Gott ist voller Mitleid mit den Leidenden.	1	2	3	4	5
Gott ruft die Leidenden auf, vom Leiden zu lernen.	1	2	3	4	5
Das Leiden ist eine Vergeltung des Bösen durch Gott.	1	2	3	4	5
Gott ruft die Leidenden auf, aus dem Leiden eine Schule zu machen.	1	2	3	4	5
Im Leiden tritt der Mensch in das Geheimnis Gottes.	1	2	3	4	5
Das Leiden geschieht, ohne dass es Gott berührt.	1	2	3	4	5
Das Leiden paßt in den Plan Gottes.	1	2	3	4	5
Das Leiden lässt Gott kalt.	1	2	3	4	5
Gott stimuliert im Leiden zur Dienstbereitschaft für andere.	1	2	3	4	5
Gott gibt die Kraft, durch das Leiden anderen helfen zu können.	1	2	3	4	5
Gott leidet mit den Leidenden.	1	2	3	4	5
Das Leiden wird von Gott als Strafe für das Böse zugelassen.	1	2	3	4	5
Gott tröstet die Leidenden.	1	2	3	4	5
Im Leiden findet eine Einswerdung mit Gott statt	1	2	3	4	5

Bitte überprüfen Sie, ob Sie alle Aussagen beurteilt haben

	totale Übereinstimmung				überhaupt keine Übereinstimmung

Gott ruft die Leidenden auf, das Leiden
als ein Opfer für andere zu sehen.   1 2 3 4 5

Gott steht über dem Leiden.   1 2 3 4 5

Das Leiden existiert,
weil Gott mit dem Menschen ein Ziel verfolgt.   1 2 3 4 5

Im Leiden tritt der Mensch in direkten Kontakt zu Gott. 1 2 3 4 5

Gott gibt die Kraft,
durch das Leiden ein besserer Mensch zu werden.   1 2 3 4 5

(F 4) **Lebensanschauung**

Jetzt geht es darum, wie wichtig Ihnen im Leben Ihre Lebensanschauung und Ihr Glaube ist.
Geben Sie bitte bei den folgenden Aussagen an, ob Sie mit ihnen übereinstimmen oder nicht.
Die Zahlen von 1 bis 5 liegen auf der Bedeutungsbreite von
(1 =) "totale Übereinstimmung" bis (5 =) "überhaupt keine Übereinstimmung".

(F 4.1)
Meine Lebensanschauung hat einen großen Einfluss
auf mein tägliches Leben.   1 2 3 4 5

Wenn ich wichtige Entscheidungen treffen muss,
spielen meine Lebensanschauungen eine große Rolle.   1 2 3 4 5

Meine Lebensanschauung hat großen Einfluss
auf meine politischen Äußerungen.   1 2 3 4 5

Wenn ich keine Lebensanschauung hätte,
würde mein Leben ganz anders aussehen.   1 2 3 4 5

Eine Lebensanschauung ist etwas,
was mich sehr stark interessiert.   1 2 3 4 5

(F 4.2)
Mein religiöser Glaube ist Grundlage
meiner Ansichten über das Leben.   1 2 3 4 5

Ohne Glaube wäre mein Leben sinnlos.   1 2 3 4 5

Der Glaube dient mir hauptsächlich dazu,
Sicherheit und Schutz zu erhalten.   1 2 3 4 5

Haben Sie alle Fragen beantwortet?

	totale Übereinstimmung				überhaupt keine Übereinstimmung

Der Glaube ist besonders wichtig für mich,
da er mir Antworten auf viele Fragen gibt.   1 2 3 4 5

In schwierigen Situationen hilft mir mein Glaube an Gott.   1 2 3 4 5

Durch den Glauben habe ich schon oft die Nähe Gottes erfahren.   1 2 3 4 5

Ich versuche, meinen religiösen Glauben
in alle Lebensbereiche hineinzutragen.   1 2 3 4 5

Offene Fragen

Die Behinderung des eigenen Kindes kann erst einmal "Gott und die Welt" in Frage stellen. Im Folgenden soll es darum gehen, wie Sie mit diesen Herausforderungen und Fragen umgegangen sind.

Sie finden an einigen Stellen eine Gewichtungsskala von 1 bis 5. **Kringeln** Sie bitte die Zahl ein, die Ihrer Einschätzung am besten entspricht.
An anderen Stellen werden Sie gebeten, eine Antwort in eigenen Worten aufzuschreiben. Bitte schreiben Sie, wenn Ihnen der vorgesehene Platz nicht ausreicht, auf der letzten Seite oder einem zusätzlichen Blatt weiter. Ihre persönlichen Antworten sind von ganz besonderer Bedeutung.

(F 5)
Viele Eltern von behinderten Kindern fragen sich selbst "*Warum* habe gerade ich ein behindertes Kind bekommen?". Haben Sie sich diese Frage auch schon gestellt?

        Nein, nie   1 - 2 - 3 - 4 - 5   Ja, sehr oft

Falls ja: **Haben Sie eine Antwort auf die Warum-Frage gefunden ?**

....

....

....

....

....

....

(F 6)
So schwierig die Situation für Sie und Ihre Familie auch sein mag, haben Sie persönlich einen Sinn in der Behinderung Ihres Kindes gefunden, eine Antwort auf die Frage, *wozu* es sie gibt?

      Nein, nie   1 - 2 - 3 - 4 - 5   Ja, sehr oft

und zwar folgende(n):

....

....

....

....

(F 7)
Haben Sie sich jemals die Frage gestellt, wer oder was an der Behinderung Ihres Kindes *schuld* ist?

      Nein, nie   1 - 2 - 3 - 4 - 5   Ja, sehr oft

...mit folgender Antwort, bzw. Vermutung:

....

....

....

....

....

(F 8)
Falls Sie sich jemals die Warum-, Wozu- oder Schuldfrage gestellt haben:
Hat Ihre Lebensanschauung bzw. Ihr Glaube Ihnen eine Antwort auf diese drei Fragen gegeben?

Warum-Frage: Nein, nie   1 - 2 - 3 - 4 - 5   Ja, sehr oft

Wozu-Frage: Nein, nie   1 - 2 - 3 - 4 - 5   Ja, sehr oft

Schuld-Frage: Nein, nie   1 - 2 - 3 - 4 - 5   Ja, sehr oft

(F 9)
In welchen Zeiten haben Sie sich diese drei Fragen überwiegend gestellt?

	Geburt											
Warum?	I------------I-----I------I-----I---- I---- I---- I...-----I-----I											*bitte ankreuzen*
	Schwangerschaft	1	2	3	4	5	6	10	15	?		Alter Ihres Kindes in Jahren
	Geburt											
Wozu?	I------------I-----I------I-----I---- I---- I---- I...-----I-----I											*bitte ankreuzen*
	Schwangerschaft	1	2	3	4	5	6	10	15	?		Alter Ihres Kindes in Jahren
	Geburt											
Schuld?	I------------I-----I------I-----I---- I---- I---- I...-----I-----I											*bitte ankreuzen*
	Schwangerschaft	1	2	3	4	5	6	10	15	?		Alter Ihres Kindes in Jahren

---

(F 10)
Haben Sie wegen der Behinderung Ihres Kindes an Ihrer Lebensanschauung, an Gott, oder an einer höheren Wirklichkeit gezweifelt?

        Nein, nie   1 - 2 - 3 - 4 - 5   Ja, sehr oft

(F 11)
Erhielten Sie in Ihrem existentiellen Suchen und Fragen (z. B. nach Ursache, Sinn oder Schuld) von anderen Menschen oder Institutionen Unterstützung und Begleitung?

        Nein, nie 1 - 2 - 3 - 4 - 5   Ja, sehr oft.....

....und zwar von folgender Person/ Institution am meisten:

1.............................dann: 2.................................3...............................

4..(bitte nach Grad der Unterstützung angeben)

(F 12)
Hätten Sie sich in diesen Zeiten mehr Unterstützung und Begleitung von anderen Personen oder Institutionen gewünscht?

        Nein, gar nicht! 1 - 2 - 3 - 4 - 5   Ja, sehr!

(F 13)
Es heißt, der Glaube könne Berge versetzen. Hat Ihnen Ihr religiöser Glaube, bzw. Ihre Lebensanschauung geholfen, die neue Lebenssituation mit Ihrem behinderten Kind besser zu bewältigen oder eher geschadet?

        geholfen   1 - 2 - 3 - 4 - 5   geschadet

(F 14)
Hat sich Ihr Glaubensverständnis, bzw. Ihre Lebensanschauung durch die Tatsache, dass Ihr Kind das Down-Syndrom hat, verändert?

        nein, gar nicht   1 - 2 - 3 - 4 - 5   ja, völlig

Umschreibungen

Nun soll es um die Frage gehen, wie die Situation umschrieben werden kann, Vater oder Mutter eines Kindes mit Down-Syndrom zu sein.
Bitte geben Sie Ihre Einschätzung auf den folgenden Skalen gegensätzlicher Eigenschaftspaare an.
Es fällt nicht immer leicht, die gefragte Situation mit den vorgegebenen Eigenschaften zu umschreiben. Versuchen Sie darum, sich in die Eigenschaftspaare etwas hineinzufühlen und antworten Sie dann spontan "aus dem Bauch heraus", so wie Sie die Frage und die Eigenschaften verstanden haben..
Die Zahlen von 1 bis 5 haben die Bedeutung:

>1 = **ausschließlich die Eigenschaft links**
>3 = **genau zwischen der linken und rechten Eigenschaft**
>5 = **ausschließlich die Eigenschaft rechts**

(F 15)
Wie würden Sie Ihrer Erfahrung nach die Tatsache "mein Kind hat das Down-Syndrom", mit der betroffene Eltern konfrontiert sind, umschreiben?

Diese Tatsache ist...

stark	1 2 3 4 5	schwach
klein	1 2 3 4 5	groß
schwer	1 2 3 4 5	leicht
weich	1 2 3 4 5	hart

(F 16)
Wie würden Ihrer Meinung nach die Menschen Ihres Wohngebietes die Situation beschreiben, Eltern eines Kindes mit Down-Syndrom zu sein?

Sie würden sagen: "Diese Situation ist...

positiv	1 2 3 4 5	negativ
wertvoll	1 2 3 4 5	ohne Wert
unstimmig	1 2 3 4 5	harmonisch
schön	1 2 3 4 5	unschön..."

(F 17)
Auf welche Weise würden Ihrer Erfahrung nach andere betroffene Eltern die Situation beschreiben, Vater oder Mutter eines Kindes mit Down-Syndrom zu sein ?

Sie würden diese Situation....

aktiv	1 2 3 4 5	passiv
schnell	1 2 3 4 5	langsam
hastig	1 2 3 4 5	vorsichtig
kämpferisch	1 2 3 4 5	kooperativ....beschreiben.

(F 18)
Wie würden Sie *heute* das Ereignis, Mutter oder Vater eines Kindes mit Down-Syndrom *zu werden*, beurteilen ?

Das Ereignis, ein Kind mit Down-Syndrom zu bekommen, ist...

wahrscheinlich	1 2 3 4 5	unwahrscheinlich
erwartet	1 2 3 4 5	unerwartet
ausgrenzend	1 2 3 4 5	integrierend
existentiell	1 2 3 4 5	nicht existentiell
sinnvoll	1 2 3 4 5	ohne tieferen Sinn
erklärbar	1 2 3 4 5	nicht erklärbar
zu verheimlichen	1 2 3 4 5	nicht zu verheimlichen
erwünscht	1 2 3 4 5	unerwünscht
stabilisierend	1 2 3 4 5	labilisierend
angekündet	1 2 3 4 5	unangekündet

bitte überprüfen Sie, ob Sie nichts ausgelassen haben

Angaben zu Ihrer Person

Zum Schluss möchte ich Sie noch um Angaben zu Ihrer Person bitten. Dies ist auch nötig, wenn Sie in vorausgehenden Erhebungen bereits vergleichbare Angaben gemacht haben, da die Daten dieses Fragebogens anonym behandelt werden.

(F 19)
Sind Sie leibliche Mutter oder leiblicher Vater eines Kindes mit Down-Syndrom ?

Mutter: 0 Ja 0 Nein, sondern...................
Vater: 0 Ja 0 Nein, sondern...................

(F 20)
Wann sind Sie geboren ?   am .... 19......

(F 21)
Wieviel Kinder haben Sie?   ....Mädchen im Alter von...../...../...../....Jahren
....Jungen im Alter von........./...../...../.....Jahren

Mein Kind mit Down-Syndrom ist heute .... Jahre und .... Monate alt.

(F 23)
Wann haben Sie zum ersten Mal erfahren, dass Ihr Kind das Down-Syndrom hat ?

0 **vor** der Geburt; in der ..... .Schwangerschaftswoche
0 **um** die Geburt,.....Stunden, bzw. am......-ten Tag danach.
0 **nach** der Geburt,.......Wochen, bzw. ....Monate danach.

(F 24)
Sind Sie alleinerziehend ?   Ja 0   Nein..0

(F 25)
Wo wohnt Ihre Tochter, bzw. Ihr Sohn mit Down-Syndrom?

0 bei mir/ uns zuhause
0 außer Haus; seit dem ....-ten Lebensjahr

(F 26)
Sind Sie Mitglied einer Religion ? 0 **Ja**, und zwar im   *(bitte ankreuzen)*
0 Christentum: röm.-kathol. Konfession
0 Christentum: evangelischer Konfession
0 Christentum: ....
0 Islam:..
0 sonstige:...
0 **Nein,** aber ich habe folgende Weltanschauung:...

(F 27)
Meiner Religion fühle ich mich   *sehr* 1   2   3   4   5   *nicht verbunden..*

(F 28)
Was ist (oder war) Ihr Beruf ?   ....
                                        (bitte den zuletzt ausgeübten Beruf eintragen)

(F 29)
Was ist der höchste Ausbildungsabschluss, den Sie erreicht haben?

Schulabschluß?   ....

Berufsabschluss?   ....

Herzlichen Dank für Ihr Engagement !

Raum für ausführliche Antworten:
(bitte machen Sie deutlich, auf welche Fragen Sie sich beziehen)

....
....
....
....
....
....
....
....
....
....

Anhang B: Deutungen der offenen W-Fragen

1. Antworten auf die Schuld-Frage

0001 Antworten auf die Schuld-Frage (F 7):
0002 7-5m
0003 Ganz am Anfang fragt man sich sicher: „Habe ich etwas
0004 falsch gemacht?"
0005 Gab es Verhaltensweisen / Krankheiten / genetische?
0006 War die Umweltverschmutzung / Radioaktivität o.ä. schuld?
0007 Oder wollte es einfach Gott so?!
0008
0009 7-7m
0010 ein Fehler der Gene
0011
0012 7-8m
0013
0014
0015 7-10m
0016
0017
0018 7-11m
0019 0
0020
0021 7-12m
0022 Röntgenstrahlung
0023
0024 7-13m
0025 0
0026
0027 7-14m
0028 Ich war halt einer von den Tausend, wo so ein Kind
0029 bekommt.
0030 Aber ich lebe gut mit meinen vermeintlichen Problemen.
0031
0032 7-15m
0033 Meine Vermutung, dass die Eltern verantwortlich sind für
0034 die Behinderung, war anfänglich vorhanden.
0035 Mit der Zeit akzeptiert man, dass die Behinderung nicht
0036 erklärbar ist.
0037
0038 7-16m
0039 anfangs: erblicher Fehler oder schädigender Einfluss aus
0040 der Umwelt vor oder nach der Zeugung; spielt jetzt keine
0041 Rolle mehr.
0042
0043 7-17m
0044 Und was soll "Schuld"?
0045 Eine Sichtweise wie die Ihre (Down = Schuld = Wozu ach
0046 nur = Warum ich = Leiden = Gottes Lehrer - Zeigefinger =

0047 Vergeltung des Bösen) würde mir das Christentum zutiefst
0047 zuwider machen.
0048 7-20m
0049 0
0050
0051 7-21m
0052 Wer sollte schuld sein an einem Down-Syndrom, wenn nicht
0053 ein Gott, an den ich nicht glaube?
0054
0055 7-22m
0056 Keine Antwort: Wieso der Zellteilungsfehler auftritt, ist
0057 ja noch nicht mal von der Forschung beantwortet.
0058
0059 7-23m
0060 0
0061
0062 7-25m
0063 Die Frage ist wissenschaftlich geklärt.
0064
0065 7-26m
0066 Es gibt m.W. Lösungen, die in Umweltproblemen zu suchen sind.
0067
0068 7-27m
0069 Nur die Frage, ob medizinisch eine Schuld gegeben ist (z. B.
0070 Vererbung).
0071 Eine andere Schuldfrage hat sich nicht gestellt.
0072
0073 7-28m
0074 0
0075
0076 7-29m
0077 0
0078
0079 7-30m
0080 Die Antwort der Trisomie ist ja rein
0081 naturwissenschaftlich und insofern moralisch nicht
0082 maßgebend. Aber von SCHULD im geistig-geistlichen
0083 Zusammenhang möchte ich da sowieso nicht sprechen,
0084 sondern von einem Schicksalsweg, der gegangen und
0085 begleitet werden muss.
0086
0087 7-31m
0088 0
0089
0090 7-32m
0091 Selten, nach familienanamnetischer Ausleuchtung und
0092 genetischer Beratung bzgl. weiterer Wünsche nach Kindern
0093 nicht mehr. Vom Zeitraum belief sich dies im ersten 3/4
0094 Jahr nach der Geburt meines Kindes.
0095

```
0096  7-33m
0097  0
0098
0099  7-35m
0100  Im wissenschaftlichen Sinn. Aber keiner weiß warum! Ich
0101  sag aber lieber Ursache als Schuld.
0102
0103  7-36m
0104  ein Zufall
0105
0106  7-38m
0107  0
0108
0109  7-39m
0110  0
0111
0112  7-42m
0113  0
0114
0115  7-44m
0116  Röntgenstrahlen, Stress, Umweltbelastung in Kombination
0117  mit biologischer Instabilität während der Zellteilung;
0118  keinesfalls überirdische Kräfte.
0119
0120  7-45m
0121  für mich gibt es keine Schuldfrage.
0122
0123
0124  7-48m
0125  Erhöhte Umwelteinflüsse, eventuell Medikamente
0126  (Antibabypille), da meine Frau 5-6 Jahre die Pille nahm
0127  und genau im 1. Monat nach Absetzen der Pille der
0128  Menstruationszyklus so kurz war und sofort schwanger
0129  wurde.
0130  (Randbemerkung:) Ich bin zwar gläubig, aber ich kann es
0131  mit dem Glauben nicht in Einklang bringen.
0132
0133  7-49m
0134  0
0135
0136  7-51m
0137  "Schuld" allerdings nie in engem Sinne. Interessiert hat
0138  mich ausschließlich die Frage nach
0139  naturwissenschaftlicher Kausalität. Diese ist aber bei
0140  einer freien Trisomie 21 nicht zu klären.
0141
0142  7-52m
0143  für mich nicht wichtig
0144
0145  7-53m
0146  0
```

0147
0148 7-54m
0149 0
0150
0151 7-57m
0152 Laune der Natur
0153 Lebensalter (35 J)
0154
0155 7-59m
0156 0
0157
0158 7-1w
0159 0
0160
0161 7-2w
0162 Meine Großeltern waren Vettern und Cousinen 2. Grades.
0163
0164 7-3w
0165 Da es eine Chromosomenfehlbildung ist, wer sollte da
0166 schuld haben? Früher hieß es das Alter, aber dem wurde
0167 schon sehr widersprochen.
0168
0169 7-4w
0170 Am Anfang ja; mit zunehmendem Alter des Kindes vergisst
0171 man solche Fragen.
0172
0173 7-5w
0174 Mein Kind lebt - ich liebe es - und es soll lange als
0175 glücklicher Mensch weiterleben.
0176 Sollte mein Kind "behindert" leben, so sind wir - die
0177 Eltern - und die Gesellschaft "schuld"; alles andere ist
0178 vergeudete Zeit!!!
0179
0180
0181 7-6w
0182 0
0183
0184 7-7w
0185 Niemand.
0186
0187 7-8w
0188 0
0189
0190 7-9w
0191 Nicht feststellbare Vererbung
0192
0193 7-10w
0194 Für mich liegt die Antwort in der stärker werdenden
0195 Umweltbelastung (siehe Tschernobyl).
0196

0197 7-11w
0198 Trisomie 21 ist in den meisten Fällen reiner Zufall. Es
0199 kann also jedes Elternpaar treffen. Während der
0200 Schwangerschaft habe ich mich gut ernährt, ich rauche nicht,
0201 ich trinke nicht.
0202 7-13w
0203 Umwelteinflüsse
0204
0205 7-14w
0206 Strahlungsschaden (Röntgenapparat und die väterliche
0207 Zahnarztpraxis in meiner Kindheit, Atomkraftwerk in der
0208 Umgebung) und mit 35 zu alt für eine Schwangerschaft.
0209
0210 7-15w
0211 0
0212 7-16w
0213 mit geringer Wahrscheinlichkeit Röntgenaufnahmen am Tag
0214 der Zeugung.
0215
0216 7-18w
0217 kurz: Zufall.
0218
0219 7-19w
0220 0
0221 7-20w
0222 Ich vermutete lange, dass eine kurz vor der
0223 Schwangerschaft erfolgte Fehlgeburt schuld sei - oder
0224 aber Tschernobyl o. ähnliche Umwelteinflüsse.
0225
0226 7-21w
0227 Anfangs habe ich mich selbst für schuldig gehalten, ein
0228 behindertes Kind zur Welt gebracht zu haben; ich war mir
0229 über die Irrationalität dieser Gedanken im Klaren.
0230 Ich habe mich aber auch von Anfang an für die
0231 biologisch-wissenschaftliche Ursache des Down-Syndroms
0232 interessiert.
0233
0234 7-22w
0235 0
0236
0237 7-23w
0238 0
0239
0240 7-24w
0241 0
0242
0243 7-25w
0244 0
0245

0246 7-26w
0247 schädliche Umwelteinflüsse, Giftstoffe, die die
0248 menschlichen Eizellen geschädigt haben.
0249
0250 7-27w
0251 immer wieder mit dem Ergebnis, dass es Gottes Wille war.
0252
0253 7-28w
0254 Bei uns gibt es keinen Schuldigen.
0255 Einfacher wäre es gewesen, wenn man alles bei einem
0256 Schuldigen hätte abladen können.
0257
0258 7-29w
0259 0
0260
0261 7-30w
0262 0
0263
0264 7-31w
0265 Chromosomenstörung - Umweltbelastung oder Laune der Natur.
0266
0267 7-32w
0268 0
0269
0270 7-33w
0271 0
0272 7-34w
0273 Für diese Art Behinderung gibt es keine "Schuldigen". Es
0274 ist und wird immer wieder geschehen, wie Geburt, Leben -
0275 Tod.
0276
0277 7-35w
0278 0
0279
0280 7-36w
0281 Verstandesmäßig weiß ich, dass es keinen Schuldigen gibt,
0282 aber wenn es einen gäbe, ich würde ihm die Meinung sagen.
0283
0284 7-37w
0285 0
0286
0287
0288 7-38w
0289 0
0290
0291 7-40w
0292 Beim Down-Syndrom bietet einem die Wissenschaft an: "Es
0293 ist ein Zufall"! Da ich auch eine Schwester mit DS habe wird die Schuld mir
0294 bzw. meiner Familie zugewiesen.

0295 7-41w
0296 Da ich meine, dass in letzter Zeit mehr Kinder mit DS geboren werden, glaube
0297 ich, dass die Umwelteinflüsse daran schuld sind.
0298 7-42w
0299 0
0300 7-43w
0301 Zufall!
0302
0303 7-44w
0304 Vielleicht die Umwelt, radioaktive Strahlen oder Schicksal.
0305
0306 7-45w
0307 dass die Behinderung unseres Kindes keine "Schuldfrage"
0308 ist.
0309 Für mich sind wir als Eltern unseres Down-Kindes nicht
0310 "schuldiger" oder "unschuldiger" an der Behinderung
0311 unseres Kindes als alle anderen Eltern von Behinderten
0312 oder Nichtbehinderten an der Behinderung oder
0313 Nichtbehinderung ihres Kindes.
0314
0315 7-46w
0316 0
0317
0318 7-47w
0319 Schuld ist niemand. Es ist Zufall.
0320
0321 7-48w
0322 Ich habe sie bei mir selber gesucht.
0323
0324 7-49w
0325 0
0326
0327 7-50w
0328 "schuld" nicht, sondern Ursache in bestimmten
0329 Umweltbedingungen.
0330
0331 7-51w
0332 0
0333
0334 7-52w
0335 0
0336
0337 7-53w
0338 0
0339
0340 7-54w
0341 Das war eben Zufall.
0342
0343 7-55w
0344 Ganz am Anfang, nach Ulrikes (Name geändert) Geburt.

0345 Ich sehe es eher als etwas Besonderes, ein Kind mit der
0346 Behinderung zu haben.
0347
0348 7-56w
0349 0
0350 7-57w
0351 Ich weiß es nicht.
0352
0353 7-58w
0354 Mit Schuld ist die Tatsache der Behinderung nicht zu
0355 erfassen.
0356 Antworten zu Frage 12: Hilfe durch wen?
0357
0358 7-59w
0359 0

1. Antworten auf die Warum-Frage

0001 Antworten auf die Warum-Frage(F 6)
0002
0003 6-5m
0004 Allgemein gesagt, kann bei jeder Geburt
0005 bzw. danach etwas eintreten, was das
0006 jeweilige Kind schwächt/ krank macht
0007 oder behindert.
0008 Auch das Entstehen eines Menschen
0009 haben wir nicht im Griff.
0010 Jeder kann also ein Kind mit
0011 Behinderung bekommen.
0012 Jedes Kind stellt für seine Eltern auch
0013 eine Chance dar, ihr Leben neu zu
0014 überdenken. Vielleicht steckt hinter
0015 allem auch eine gewisse Vorsehung.
0016
0017 6-7m
0018 Um mit dem Kind zu leben und es
0019 glücklich zu machen
0020
0021 6-8m
0022 Ich lebe nicht nach der Frage "warum?",
0023 sondern frage nach dem Sinn für die
0024 Zukunft. Die Frage "warum?" zerstört!
0025 Welche Bedeutungen, welchen Sinn
0026 Ereignisse in meinem Leben machen,
0027 eröffnen mir eine Zukunftsperspektive.
0028
0029 6-10m
0030 0
0031

0032 6-11m
0033 0
0034
0035 6-12m
0036 0
0037
0038 6-13m
0039 0
0040
0041 6-14m
0042 Es ist ein Kind für mich, wie jedes
0043 andere. Wir müssen für es da sein und
0044 tun es auch gerne. Mein Problem ist,
0045 wenn wir nicht mehr sind, wie es weiter
0046 geht.
0047
0048 unter Schuldfrage: Ich war halt einer von
0049 den Tausend, wo so ein Kind bekommt.
0050 Aber ich lebe gut mit meinen
0051 vermeintlichen Problemen
0052
0053 6-15m
0054 Teilweise - aufgrund von ärztlichen
0055 Aussagen und Berichten wurde die Frage
0056 rein biologisch beantwortet.
0057 Warum dieses Zufallsereignis gerade uns
0058 getroffen hat - diese Frage bleibt
0059 unbeantwortet.
0060
0061
0062 6-16m
0063 Gefragt schon gelegentlich, aber im
0064 Grunde auf eine Antwort verzichtet. Ich
0065 denke das Leben (hier: die Behinderung)
0066 ist so, wie es ist, und es geht darum, es
0067 so zu nehmen und möglichst gut damit zu
0068 leben.
0069
0070 6-17m
0071 Eher eine Antwort darauf, warum Sie
0072 und andere Menschen diese Frage stellen.
0073 Ihr Gottesbild sieht Gott als den
0074 Überpädagogen. Dieser Oberlehrer
0075 arbeitet mit den pädagogischen Mitteln
0076 der Belohnung und Bestrafung, stimuliert
0077 und gibt Kraft (Fördern und Fordern).
0078 Da ich selbst Lehrer bin, möchte ich in
0079 aller Bescheidenheit nicht meinen
0080 Berufsstand ins Göttliche überhöhen.
0081 Meinen Sie nicht, dass Gott nach den
0082 Glaubensaussagen verschiedener

0083 Mitarbeiter den Protest gegen das Leiden
0084 will? Diese "protestantische" Haltung
0085 ("Auferstehung" = Protest gegen den
0086 Tod; Hiob als Protest gegen das Leid;
0087 Psalmen wie der, den Jesus am Kreuz
0088 zitierte) kommt in Ihrem Blatt wenig vor,
0089 schon gar nicht in Umsetzung in Praxis
0090 („Praxis" in gr. Schrift).
0091
0092 6-20m
0093 Die Antwort steht im Buch Hiob: "Gott
0094 hat dir soviel Gutes gegeben und nun
0095 willst du das Schlechte nicht
0096 annehmen!?"
0097 - Das sogenannte "Schlechte" ist mehr
0098 oder weniger eine Prüfung oder eine
0099 Bürde, die schicksalshaft getragen
0100 werden muss.
0101 Der Prozess des Antwort-findens ist bei
0102 mir - wie bei Hiob - noch nicht
0103 abgeschlossen.
0104
0105 6-21m
0106 Letztlich keine andere, als dass es
0107 statistisch ja immer wieder einmal
0108 jemanden "treffen" muss; das ist aber
0109 keine!
0110 In Ansätzen auch schon die Idee, dass
0111 besser wir ein behindertes Kind erziehen
0112 können als andere. Aber stimmt das?
0113
0114 6-22m
0115 Nein, da bei Down-Syndrom eh nichts
0116 mehr geändert werden kann; auch keine
0117 direkte Suche Warum.
0118
0119 6-24m
0120 Eine Antwort auf diese Frage ist mir
0121 nicht wichtig.
0122 Wichtiger für mich ist der Umgang und
0123 die Akzeptanz dieser Behinderung für
0124 mich persönlich, in der Familie, in
0125 unserem Umfeld und in der Gesellschaft.
0126 D.h. die Frage wurde und wird mit einer
0127 Gegenfrage bzw. immer
0128 wiederkehrenden Gegenfrage dem Wozu
0129 beantwortet.
0130
0131 6-25m
0132 Ich habe dazu keine Antwort gefunden.
0133 Was ich ausschließe, ist, dass es Gottes Wille war.

0134
0135 6-26m
0136 Ja. Für den behinderten Menschen
0137 bedeutet sie eine Aufgabe, die er mehr
0138 oder weniger gut zu lösen vermag.
0139 Genauso ist diese Aufgabe der
0140 Gesellschaft, den Freunden und Eltern
0141 gestellt. Diese Aufgabe zu meistern,
0142 bedeutet, auf ein "höheres geistiges
0143 Niveau" zu gelangen, und dem Idealbild
0144 näher zu kommen.
0145
0146 6-27m
0147 Es gibt keine Antwort. Gottes Wege sind
0148 nicht erklärbar.
0149
0150 6-28m
0151 0
0152
0153 6-29m
0154 0
0155
0156 6-30m
0157 Ich denke, dass das eine
0158 Schicksalsbegegnung war, die so
0159 kommen musste. Diese Begegnung hat
0160 mein Leben, vor allem im beruflichen
0161 Bereich, auf Dauer (zumindest seit 11
0162 Jahren) stark verändert, hat mir neue
0163 "moralische" Wertmaßstäbe gegeben und
0164 auch gerade in der Glaubensfrage meine
0165 Erkenntnis einer geistigen Welt zum
0166 Positiven wieder gewandelt, da ich lange
0167 mich dem Atheismus und Agnostizismus
0168 angenähert hatte.
0169
0170 6-31m
0171 0
0172
0173 6-32m
0174 Meine spontane Reaktion war zuerst,
0175 warum gerade meine Tochter ein Down-
0176 Syndrom hat. Mir selber hat sich diese
0177 Frage nie aufgedrängt. Ich bin zeit
0178 meines Lebens mit Behinderten
0179 aufgewachsen bzw. habe mit ihnen
0180 gelebt.
0181 Ich sehe hier auch eine Chance, nämlich
0182 ein sinnvolleres und erfahrungsreicheres
0183 Leben zu führen; zu unterscheiden nach
0184 Inhalten und nicht nach Wohlständen.

0185
0186 6-33m
0187 Nein.
0188
0189 6-35m
0190 Nein, natürlich nicht! Keiner weiß, warum
0191 es Kinder mit DS gibt!
0192
0193 6-36m
0194 Nach meinem heutigen Wissensstand
0195 gehe ich davon aus, dass die Behinderung
0196 unseres Kindes ein Zufall ist.
0197
0198 6-38m
0199 Nein
0200
0201 6-39m
0202 Durch das behinderte Kind sind die
0203 Werte des Lebens verändert worden.
0204 Werte sind wichtig geworden, die vorher
0205 nicht so wichtig waren und umgekehrt.
0206 Auch das behinderte Kind ist ein
0207 Geschenk Gottes.
0208
0209 (auf der letzten Seite:)
0210 Sehr geehrter Herr Schweiker
0211 Die von Ihnen gestellte Fragen sind
0212 schwer zu beantworten.
0213 Ihnen möchte ich sagen: Es geht oft über
0214 menschliche Kräfte, ein Down-Syndrom
0215 behindertes Kind großzuziehen. Es ist
0216 eine große Belastung für die ganze
0217 Familie.
0218 Es gab niemand in Verwandtschaft und
0219 Gesellschaft, der das notwendige
0220 Verständnis für diese Situation hatte.
0221 Nur der Glaube an Jesus Christus hat die
0222 Kraft gegeben, dies alles zu tragen und
0223 trotz allem den Blick in die Zukunft zu
0224 erhalten.
0225
0226 6-42m
0227 0
0228
0229
0230 6-44m
0231 Ich bin Naturwissenschaftler
0232 (Physiologe) und habe viele Jahre
0233 zellphysiologisch gearbeitet und
0234 betrachte die biologische Funktion und
0235 unvorstellbare Vielfalt und letztendlich

0236 Perfektion quasi als Wunder und bin
0237 somit erstaunt, dass so relativ selten
0238 Defekte (in dieser Umwelt!) entstehen.
0239
0240 6-45m
0241 Warum sollte es uns nicht treffen?
0242
0243 6-48m
0244 Ich habe nicht damit gerechnet, dass wir
0245 ein behindertes Kind bekommen würden,
0246 da in der Schwangerschaft alles in
0247 Ordnung war und wir jung und gesund
0248 waren.
0249 Da alle Ultraschalluntersuchungen in der
0250 Schwangerschaft i. O. waren und der
0251 Frauenarzt in einem Gespräch sagte, er
0252 würde lieber eine Untersuchung mehr
0253 machen, bevor das Kind in den Brunnen
0254 gefallen ist. Nach der Geburt meiner
0255 Tochter war ich sehr geschockt. Ich habe
0256 mir mehr die Frage gestellt, warum das
0257 Kind behindert ist, als die Frage, warum
0258 bzw. gerade wir ein behindertes Kind
0259 bekommen haben.
0260 (S.12:)
0261 Meine Tochter war nicht geplant, aber
0262 ich freute mich sehr, ein Kind zu
0263 bekommen.
0264 Nach der Geburt war die erste Euphorie,
0265 Vater geworden zu sein, zuerst einmal
0266 weg.
0267 Unsere Tochter macht uns sehr viel
0268 Freude, aber kostet uns auch sehr viel
0269 Kraft und Zeit. Unsere Tochter war nicht
0270 geplant, und jetzt wünschen wir unsseit 8
0271 Jahren ein zweites Kind und bekommen
0272 keines, obwohl wir beide organisch
0273 gesund sind.
0274 (Randbemerkung S. 7:) Ich bin zwar
0275 gläubig, aber ich kann es mit dem
0276 Glauben nicht in Einklang bringen.
0277
0278 6-49m
0279 Mein Hauptansatz ist nicht die Frage,
0280 warum..., sondern die Tatsache, dass; diese
0281 Ausgangslage bestimmt mein Denken
0282 und Handeln.
0283
0284 6-51m
0285 Nein; die Frage ist nicht zu beantworten,
0286 zumindest nicht in rationalen

0287 Denkkategorien.
0288
0289 6-52m
0290 Für mich ist die Frage jetzt nicht mehr
0291 wichtig. Direkt nach der Geburt habe ich
0292 mir die Frage häufig gestellt.
0293 Es gibt dazu aber keine Antwort. Ich
0294 such sie auch nicht mehr.
0295
0296 6-53m
0297 Als Christen sind wir eigentlich gelehrt,
0298 nicht nach dem "Warum", sondern eher
0299 nach dem "Wozu" zu fragen.
0300 Es gibt einfach Dinge, die wir heute nicht
0301 verstehen und man wird wohl öfter keine
0302 Antwort auf die Frage "warum" erhalten.
0303 Zudem sind ja "Gottes Gedanken höher
0304 als die unseren".
0305 In der Ewigkeit wird uns sicher vieles
0306 klarer sein (falls es uns dann überhaupt
0307 noch interessiert).
0308
0309 6-54m
0310 0
0311
0312 6-57m
0313 Durch Leiden werden wir barmherziger
0314 miteinander.
0315 Vielleicht gehöre ich zu den Menschen,
0316 denen solch ein Kind anvertraut sein
0317 kann.
0318
0319
0320 6-59m
0321 0
0322
0323 6-1w
0324 0
0325
0326 6-2w
0327 Durch Erkenntnisse, die Dr. Rudolf
0328 Steiner vermittelt hat.
0329
0330 6-3w
0331 Warum? Ich habe keine Antwort
0332 gefunden. Aber durch meinen Sohn
0333 erfahre ich viel Glück und Liebe,
0334 Hoffnung, Hilfe. Nur was ist, wenn ich
0335 nicht mehr da bin. Ich hoffe, dass Gott
0336 mich meinen Sohn überleben lässt.
0337 Ich denke, dass durch unsere Umwelt, die

0338 zerstört wird, viele behinderte Kinder zur
0339 Welt kommen.
0340
0341 6-4w
0342 Nein, die Frage verliert sich im Alltag,
0343 denn man lernt mit der Zeit, dass sich
0344 das Leben mit einem Kind mit DS
0345 eigentlich doch nicht wesentlich
0346 verändert.
0347 Hätte man entsprechende Vorinformation
0348 gehört, hätte sich die Frage sicher nicht
0349 gestellt.
0350 Ein Kind mit DS zu haben, ist kein
0351 Leiden!!
0352
0353 6-5w
0354 Nach der Frage "Warum gerade ich/
0355 wir?" kam die Frage „Warum nicht gerade
0356 ich/ wir?". Heute stelle ich keine Fragen
0357 mehr, denn die Antwort lautet für mich:
0358 Dieses Kind hat sich seine Eltern
0359 herausgesucht, weil es wusste, dass wir es
0360 annehmen wollen und können.
0361 Dieses "andere" Kind gab mir zum ersten
0362 Mal "stabilen" Glauben. Ich denke, dass
0363 M. ein Geschenk Gottes ist, der mir
0364 dadurch die Chance gab, mein Leben zu
0365 überdenken und zu verändern.
0366 Ich danke Gott für alle meine Kinder,
0367 aber besonders danke ich ihm für dieses
0368 Kind. Durch M. lebe ich bewusst
0369 und lehne seither Normen und
0370 Etikettierungen ab.
0371 (S.12):
0372 Verheiratet zu sein war für mich vor der
0373 Geburt M.'s eins der wichtigsten
0374 gesellschaftlichen Normen und
0375 Wertmaßstäbe. Es ist nicht mehr
0376 besonders wichtig, da mir "mein Mann"
0377 nicht mehr vor Gesellschaft und Kirche
0378 gehören muss. Ich liebe und verstehe
0379 meinen Partner mehr denn je für seine
0380 Fürsorge, Aufopferung, sein
0381 kämpferisches Mit-mir-ziehen im Kampf
0382 gegen Diskriminierung von Menschen
0383 mit Behinderung, mit mir im Gleichschritt
0384 zu gehen, machte aus uns
0385 wahrscheinlicher erst ein "Paar"!
0386
0387 6-6w
0388 0

0389
0390 6-7w
0391 Ich sehe es als Probe an, ob ich die Kraft
0392 habe, auch dieses Problem zu bewältigen
0393 und sehe es immer mehr als eine Prüfung
0394 und zugleich als Gnade oder Geschenk
0395 an, das Leben "sehenden Auges" zu
0396 leben.
0397 Ich habe überhaupt keinen Groll mehr
0398 wie zu Anfang und bin mir oft überhaupt
0399 nicht mehr bewusst ein sogenanntes
0400 behindertes Kind zu haben (wer ist nicht
0401 in einer Weise behindert?).
0402
0403 6-8w
0404 Vor allem in der ersten Zeit habe ich
0405 mich öfter gefragt "warum?".
0406 Je mehr ich gelernt habe, die Behinderung
0407 unserer Tochter zu akzeptieren und auch
0408 mehr und mehr die schönen Seiten, das
0409 Positive an diesem anderen Leben zu
0410 sehen, desto unwichtiger wurde die Frage
0411 "warum?".
0412 Es steht mehr im Vordergrund, was
0413 machen wir aus unserer Situation, wie
0414 gehen wir unsere Aufgabe gemeinsam an.
0415
0416 6-9w
0417 Meine Erklärung dafür sehen wir nicht
0418 tierisch ernst, sondern mit etwas Humor.
0419 Falls es einen Gott (oder etwas ähnliches
0420 gibt), hat eben dieser gewusst, dass es
0421 dieses Kind bei uns sehr schön haben
0422 wird.
0423 Dabei denken wir nicht darüber nach, wie
0424 groß die Belastung für uns ist, sondern
0425 nur über das Wohlbefinden des Kindes.
0426 (S.12):
0427 Ihre Fragen beziehen sich stark auf
0428 Religion und das Denken darüber.
0429 Obwohl es für mich, aufgrund meiner
0430 Erziehung, nie den Glauben an einen
0431 Gott o.ä. gegeben hat, erwischte ich mich
0432 doch ab und an, gerade nach der Geburt,
0433 bei dem Gedanken an jemanden, der das
0434 Kind für uns ausgesucht hat.
0435 Diese Gedanken würde ich allerdings
0436 nicht überbewerten, denn es gab nur ganz
0437 wenige Momente, an denen ich darüber
0438 nachdachte. Ich will aber gerne glauben,
0439 dass Eltern, die einen starken Glauben an

0440 Gott besitzen, mit der Situation, ein
0441 behindertes Kind zu haben, besser
0442 klar kommen.
0443
0444 6-10w
0445 Es gibt immer einen gewissen
0446 Prozentsatz von Behinderungen, der
0447 einfach erfüllt werden muss (statistisch
0448 gesehen).
0449 Bei einem Lottogewinn fragt man ja auch
0450 nicht laufend "warum ich?", man findet
0451 sich schnell damit ab.
0452
0453 6-11w
0454 Besonders im ersten Jahr nach der
0455 Geburt unseres Sohnes habe ich mir diese
0456 Frage immer wieder gestellt.
0457 Anfangs habe ich sehr mit Gott und der
0458 Welt gehadert, das Geschehene als Strafe
0459 gewertet. Heute sehe ich eine
0460 Bereicherung in der Existenz meines
0461 Sohnes; denn er zeigt uns, wie man sich
0462 freuen kann, wie zufrieden und genügsam
0463 man sein kann, rundum glücklich! Gott
0464 hat mir eine nicht einfache Aufgabe
0465 gestellt, doch er hilft mir auch, diese
0466 Aufgabe zu bewältigen.
0467
0468 6-13w
0469 0
0470
0471 6-14w
0472 1. Weil ich fähig bin, sehr gut für dieses
0473 Kind zu sorgen und es zu fördern.
0474 2. Weil ich gleichzeitig mit dem Herzen
0475 sehen kann, um es - nach anfänglicher
0476 Verzweiflung - als großes Geschenk
0477 dankbar und in Liebe anzunehmen.
0478 3. Weil es insgesamt einfach am besten
0479 für unseren Sohn war, dass er gerade in
0480 unsere Familie kam. Und für uns auch!
0481
0482
0483 6-15w
0484 Nein, bis jetzt habe ich noch keine
0485 Antwort auf diese Frage gefunden.
0486
0487 6-16w
0488 Weil wir gute Voraussetzungen haben, ein
0489 solches Kind tragen zu können.
0490

0491 6-18w
0492 Die Frage habe ich mir nur kurz nach der
0493 Geburt gestellt. Dann habe ich mir
0494 gedacht: "Warum nicht ich?". Wenn jedes
0495 700 oder 800te Kind mit Down-Syndrom
0496 zur Welt kommt, ist es bei uns vielleicht
0497 besser angenommen als in einer anderen
0498 Familie. Dann hat mir eine Bekannte das
0499 Buch empfohlen: "Wenn guten Menschen
0500 Böses widerfährt". Das entspricht genau
0501 meinem Weltbild. [Harold Kushner, GTB, 1981]
0502
0503 6-19w
0504 Um das Leben von einer anderen Seite
0505 kennen zu lernen. Mit der Behinderung
0506 des Kindes zu leben.
0507 Versuchen, das Beste daraus zu machen.
0508 Und ich hatte Erfolg. Dank meiner
0509 Ausdauer und Hilfen von den
0510 zuständigen Ämtern.
0511
0512 6-20w
0513 Um an der Aufgabe zu wachsen -
0514 besonders, was Liebesfähigkeit und
0515 Geduld und Toleranz betrifft. Ich habe
0516 gelernt, dass Freude ungeahnte Gesichter
0517 haben kann.
0518
0519 6-21w
0520 Es gibt die Möglichkeit, ein behindertes
0521 Kind zu bekommen, genauso wie es die
0522 Möglichkeit gibt, im Lotto zu gewinnen.
0523 Und obwohl die letztere mehr als
0524 wesentlich geringer ist, wird sie erhofft
0525 und es wird nicht nach dem WARUM
0526 gefragt bei 6 Richtigen.
0527
0528 6-22w
0529 Ich habe bewusst nicht nach dem Warum
0530 gefragt - eine Antwort hätte ich doch
0531 nicht bekommen. Ich habe es als
0532 Tatsache genommen und diese dann in
0533 Angriff genommen.
0534
0535 6-23w
0536 S.12: Unsere Tochter ist ein adoptiertes
0537 Kind. Sicher erfolgte dieser Schritt auf
0538 der Grundlage unserer Lebenseinstellung
0539 und -anschauung. Wer sich selbst von
0540 Mitmenschen und Gott getragen fühlt,
0541 weiß, dass jedes Kind ebenso akzeptiert

und gewollt ist. Aufgrund dieser Tatsache haben sich die Fragen nach dem "Warum" (S.6 unten) und der "Schuld" (S.7) gar nicht gestellt. Bezüglich dieser beiden Fragen war der Wunsch nach Unterstützung und Begleitung nicht so dringend (S.8).

6-24w
Ich habe die Frage sehr selten gestellt und bin dann zu dem Resultat gekommen: "warum nicht ich?". In meinem bisherigen Leben habe ich ansonsten keine schweren Schicksalsschläge zu verkraften gehabt; es war mir ein Trost, dass es doch um "Leben" geht, wenn auch um "behindertes" und nicht um Tod.

6-25w
0

6-26w
Direkt ernsthaft habe ich mich nie gefragt "warum?". Denn dann stellt sich mir sofort die Gegenfrage "warum nicht!"?

6-27w
Weil Gott es gut mit mir meint.

6-28w
Die Beantwortung der "Warum-Frage" lässt sich Zeit. Es vergehen Monate, ja sogar Jahre, bis man eine Antwort findet. Bei mir ganz persönlich habe ich festgestellt, dass ich ohne unsere Tochter sehr egoistisch geworden wäre, materiell eingestellt und andere wahrscheinlich nicht ernst genommen hätte. Außerdem habe ich sehr wertvolle Menschen durch unsere Tochter kennen- und schätzengelernt. Das Verständnis für andere ist normal und mein Einfühlungsvermögen ist gestiegen.

6-29w
Direkt eine Antwort habe ich nicht gefunden, aber die Frage war nach kurzer

0593 Zeit nicht mehr vorhanden.
0594
0595 6-30w
0596 Es "gehört zu" meiner Biographie, diese
0597 Erlebnisse haben einen wichtigen Sinn in
0598 meinem Leben.
0599
0600 6-31w
0601 Warum-Fragen aus der Sicht: Kann ich
0602 damit umgehen?
0603 Wie wird mein - unser Leben
0604 weitergehen? Angst vor der
0605 Ungewissheit! Angst sehr groß - weil ich
0606 damals auch sehr unwissend war.
0607
0608 6-32w
0609 Die spontane Reaktion war: "Warum soll
0610 es gerade mich nicht treffen!".
0611 Ich habe in der Tatsache, ein behindertes
0612 Kind zu haben, relativ schnell eine Chance
0613 für mich gesehen, ein bewusstes und
0614 kämpferisches Leben zu führen. Natürlich
0615 empfinde ich das nicht als einfach,
0616 andererseits beneide ich niemanden um
0617 ein bequemes, emotionales vielfach
0618 "dahinplätscherndes" Leben, das vom
0619 Streben nach Wohlstand bestimmt ist.
0620
0621 6-33w
0622 Ja. Ich habe mich bald gefragt, warum
0623 nicht gerade ich? Warum eigentlich
0624 immer nur die anderen?
0625 Und seither habe ich den Zustand unserer
0626 Tochter einfach als Herausforderung, als
0627 große Aufgabe angesehen.
0628
0629 6-34w
0630 Vgl. die symbolische Geschichte von
0631 Gott
0632 (Siehe im Anhang „Die Spezialmutter" unter 3.)
0633
0634 6-35w
0635 Dummes Pech!
0636
0637 6-36w
0638 Warum nicht ich?
0639
0640 6-37w
0641 Um meinem Leben einen tieferen Sinn zu
0642 geben, meine Einstellung zu vielen Dingen
0643 zu verändern, Menschen, die anders sind

als ich, zu akzeptieren und zu lieben.

6-38w
Ich habe keine Antwort auf das "Warum". Am Anfang habe ich die Frage auch etwas anders gestellt: Warum hat Gott mein Gebet während der Schwangerschaft um ein gesundes Kind nicht erhört? Darauf habe ich eine Teilantwort: Bei einer Untersuchung in München sagte der Professor: „Sie haben ein gesundes Kind, es ist nur anders".

6-40w
Ich bin schon ziemlich bald nach der Geburt von F. dazugekommen, dass es auf diese Frage, in diesem Leben, keine Antwort geben wird. Ich denke über diese Frage einfach nicht mehr nach - lege den Text der Spezialmutter bei, das hat mir sehr geholfen.

6-41w
Noch nicht so richtig, aber ich denke, es gibt eine gewisse Vorbestimmung, ein Schicksal, dem man nicht entgehen kann.

6-42w
0

6-43w
0

6-44w
Die Frage nach dem Warum habe ich mir hauptsächlich in den ersten zwei Lebensjahren nach der Geburt unseres Sohnes gestellt, später nur sehr selten noch. Vieles was geschieht ist unabhängig von uns und bestimmt doch unser Leben. Es ist wohl so, dass alles vorherbestimmt ist. (S.12:)
"Ein großer Schmerz kann oft der innerste Kern, der beste Gehalt und Wert unseres Lebens werden." (Theodor Fontane)

6-45w
Als Antwort fällt mir nur immer die

0695 Gegenfrage ein: Warum sollte es nicht
0696 mich treffen?
0697
0698 6-46w
0699 Die Warum-Frage habe ich sehr schnell
0700 aufgegeben, da es keine Antwort gibt,
0701 lediglich eine Anklage ist (sic).
0702 Doch warum sollte ich Gott wegen
0703 diesem Kind anklagen?
0704 Die Wozu-Frage finde ich viel
0705 interessanter, da es Antworten gibt.
0706 Noch ist das Kind klein, doch ich erahne,
0707 dass es mein eigenes Leben verändern
0708 wird, dass es schwieriger werden wird,
0709 aber dadurch auch intensiver und
0710 bereichernd.
0711
0712 6-47w
0713 Ja, aber trotzdem, es war ein Zufall.
0714 Uns ist es passiert.
0715 Besonders ich als Mutter habe mich in
0716 der Auseinandersetzung mit meinem
0717 Kind sehr weiterentwickelt.
0718 Ich denke im positiven Sinn.
0719 Es war "Arbeit", harte Arbeit in vielerlei
0720 Hinsicht, aber diese Arbeit ist auch
0721 immer "belohnt" worden.
0722 Vielleicht "brauchte" ich dieses Kind, um
0723 zu der Person zu werden, die ich heute
0724 bin.
0725
0726 6-48w
0727 Unser Kind wurde bestimmt durch eine
0728 höhere Macht.
0729
0730 6-49w
0731 Nein, aber im Laufe der Zeit wurde die
0732 Frage unwichtig. Unser Kind ist 14 Jahre.
0733
0734 6-50w
0735 Die Antwort war mir klar, in dem Sinne
0736 als es mein vorheriges Leben dazu
0737 hinzuführen schien;
0739 es deckt sich auch mit meiner Ansicht,
0740 dass ich irgendeine Aufgabe zu erfüllen
0741 habe, die nun für mich bestimmt ist.
0742 Bisher sieht es so aus, dass ich zur
0743 Erfüllung dieser "Rolle" den "unteren
0744 Weg" gehen muss.
0745

0746 6-51w
0747 Auch ich habe mir die Frage anfangs
0748 manchmal gestellt, jedoch bin ich nicht an
0749 ihr verzweifelt.
0750 Die Geburt unseres Sohnes P.
0751 (Down-Syndrom) gab natürlich sehr zu
0752 denken, jedoch habe ich sie nicht als
0753 Schock empfunden, da ich Gott nicht als
0754 Strafenden empfinde, sondern glaube,
0755 dass man mit den Aufgaben wachsen kann
0756 und soll.
0757 Das Kind kann ja am allerwenigsten
0758 dazu, so zu sein;
0759 warum also soll es Benachteiligungen,
0760 gleich welcher Art, erfahren?
0761 Hinzu kommt, dass ich offen bin für die
0762 Vielfalt von Menschen, die es gibt und
0763 versuche, an jedem Menschen das Gute
0764 oder Positive zu entdecken.
0765 Außerdem liegt es auch immer an einem
0766 selbst, was man aus einer bestimmten
0767 Situation macht. Man kann mit einem
0768 behinderten Kind ziemlich "normal"
0769 weiterleben, ohne sein Leben völlig
0770 umkrempeln zu müssen.
0771
0772 6-52w
0773 Die Warum-Frage habe ich mir nicht
0774 direkt gestellt, da ich unsere Michaela
0775 *(Name geändert)* von Anfang an
0776 annehmen konnte, wie sie ist.
0777
0778 *Auf der Rückseite:*
0779 Herr Schweiker,
0780 wie schon bei unserem Telefongespräch
0781 angedeutet, habe ich immer etwas
0782 Schwierigkeiten ‚Fragebögen auszufüllen
0783 (gleich welcher Art).
0784 Ich habe versucht, sie nach meinem
0785 Gefühl zu beantworten, wobei manches
0786 etwas schwierig bzw. die Fragen
0787 ineinander übergriffen.
0788 Zum Abschluss möchte ich mich noch
0789 einmal entschuldigen, dass es so spät
0790 wurde. Eigentlich hatten wir schon vor,
0791 damals am Buß- u. Bettag die Bögen
0792 fertig zu machen und wegzuschicken,
0793 aber irgendwie ging dieser Tag auch
0794 wieder so schnell vorbei und seither ist
0795 bei uns irgendwie der "Wurm"
0796 dringewesen, dauernd war irgendwer

0797 krank bis heute.
0798 Ich hoffe, dass die Bögen trotzdem noch
0799 verwertbar sind.
0800
0801 Herzliche Grüße und alles Gute für Ihre
0802 Arbeit wünschen .....
0803
0804 6-53w
0805 Ich empfinde es als eine Aufgabe, ein
0806 Down-Syndrom-Kind durchs Leben zu
0807 begleiten.
0808 Eine Aufgabe, die ich nicht mir selbst
0809 ausgesucht habe, sondern die mir und
0810 vielen anderen gestellt wurde.
0811
0812
0813 6-54w
0814 Das war eben "Murphy" *, und es ändert
0815 nichts, weiter darüber nachzugrübeln.
0816 Zumindest hat aber wohl unser Sohn
0817 einigermaßen Glück mit der Wahl seiner
0818 Eltern gehabt.
0819
0820 * Murphys Gesetz: Wenn etwas
0821 schiefgehen kann, wird es auch
0822 schiefgehen.
0823 Folgerung 10: Mutter Natur ist ein böses
0824 Weib.
0825 *(Arthur Bloch: Murphys Gesetz,*
0826 *Goldmann Verlag)*
0827
0828 *Auf der Rückseite:*
0829 Ich will zur Ehre des "lieben Gottes"
0830 annehmen, dass es ihn nicht gibt. Wenn
0831 aber doch, dann ist er schon ein
0832 hundsgemeiner, bösartiger alter Mann.
0833 Und das, obwohl ich meinen Sohn über
0834 alles liebe und um keinen Preis gegen
0835 irgend einen kleinen Einstein eintauschen
0836 würde.
0837 Aber ich habe wenige Jahre vor seiner
0838 Geburt meinen schwer erkrankten,
0839 erblindeten , ersten Verlobten jahrelang
0840 gepflegt, bis er mit 29 Jahren starb.
0841 Und ein derartiges Erlebnis sollte doch
0842 eigentlich reichen für das Leben.
0843
0844 6-55w
0845 Ich glaube, dass wir U.
0846 als "Geschenk" bekommen
0847 haben, weil sie gerade in unsere Familie

0848 kommen sollte.
0849
0850 6-56w
0851 Ich denke, dass jeder Mensch in seinem
0852 Leben irgend eine Form von
0853 "Schicksalsschlag" erlebt, in welcher
0854 Form auch immer.
0855 Man wächst daran, aber warum nun
0856 gerade wem wann etwas derartiges
0857 widerfährt - ich weiß es noch nicht.
0858
0859 6-57w
0860 Gottes Gedanken sind höher als meine
0861 Gedanken.
0862
0863 6-58w
0864 Ich hatte einen persönlichen Lebens-
0865 Lehrer nötig.
0866
0867 6-59w
0868 Ich habe für mich folgende Erklärung
0869 geschaffen. Ich hatte eine glückliche
0870 Kindheit, ein sehr gutes Verhältnis zu
0871 meinen Eltern. Alles verlief fast immer
0872 reibungslos; manches fiel mir sozusagen
0873 in den Schoß: zuerst Kindergarten, dann
0875 Schule, die erste große Liebe,
0876 Ausbildungsplatz, eine gute Arbeitsstelle,
0877 dann Heirat und Pläne für später (eigenes
0878 Haus, Kinder etc.), jedes Jahr 2x Urlaub;
0879 es verlief immer alles reibungslos; dann
0880 die Ernüchterung, mit 28 Jahren ein
0881 behindertes Kind zu bekommen (keine
0882 Selbstverständlichkeit); da steht man
0883 machtlos gegenüber.
0884 Auf einmal scheint einem alles nicht mehr
0885 so wichtig, man versteht sozusagen die
0886 Welt nicht mehr; es ist immer alles zu
0887 glatt gelaufen und jetzt hat (!) Gott uns
0888 eine schwierige Aufgabe gestellt.

3. Antworten auf die Wozu-Frage

```
0001  Antworten auf die Wozu-Frage (F 6)
0002
0003  6-5m
0004  Gott / höhere Wirklichkeit / Natur ist
0005  vielfältig und erprobt verschiedenes.
0006  Wir sind nicht der Weisheit letzter Schluss.
0007  Ein Mensch mit Down-Syndrom kann der
0008  Welt sicher viel geben, oftmals mehr als wir
0009  "Normalchromosomer".
0010
0011  6-7m
0012  0
0013
0014  6-8m
0015  Die Behinderung meines Kindes zeigt mir
0016  meine eigenen Behinderungen und lässt mich
0017  Seiten meines Lebens entdecken, die vorher
0018  unwichtig waren. Lerne mehr Toleranz!
0019
0020  6-10m
0021  Als Antwort auf eigene zu stark gewichtete
0022  Eitelkeiten.
0023
0024  6-11m
0025  0
0026
0027  6-12m
0028  Biologische Zufälligkeit
0029
0030  6-13m
0031  0
0032
0033  6-14m
0034  Der Sinn der Behinderung ist folgende: Ich
0035  habe ihn noch vielmehr lieb.
0036
0037  6-15m
0038  Die Behinderung soll mir deutlich machen,
0039  dass im Leben vieles als selbstverständlich
0040  aufgenommen wird, wobei sich niemand
0041  über dieses "Selbstverständliches" Gedanken
0042  macht.
0043
0044  6-16m
0045  Vielleicht dafür, dass ich noch weniger mich an
0046  Leistung orientiere, dass das Einfach-Da-
0047  Sein genügt.
0048
0049  6-17m
```

Mich „ärgert" ganz allgemein die negative Sicht der Behinderung und damit der Behinderten!!! (speziell der Down-Symptomatik). Nehmen sie zur Kenntnis, dass Down-Kinder in erster Linie Mitmenschen sind und erst in zweiter Linie behindert.
- Deshalb brauchen Behinderte keinen extra Sinn. Tod, Alter, Krankheit kommen auch in vielen anderen Leben vor. Auch meine nichtbehinderten Kinder geben Anlass zu denselben Fragen und auch behinderte Kinder geben Anlass zur Freude. Warum fragen Sie nicht: „Wozu gibt es überhaupt Kinder, wo sie doch eines Tages hinfällig, alt, krank, tot sein werden?" Warum fragen Sie nicht: „Wieviel Freude macht auch ein Down-Kind?"

6-20m
Man bekommt die Aufgaben gestellt, die man auch erfüllen kann, insofern ist es ein Glück für unser Kind, bei uns geboren zu sein, weil ich denke, dass wir mittlerweile diese Aufgabe ganz gut erfüllen können. Außerdem ist es ein Ausdruck von mehr Individualität der Familie.

6-21m
Es gibt nicht direkt ein "Wozu" im Sinne eines von "oben" bestimmten Zweckes.* Rein "technisch" kann ich jedoch eine Horizonterweiterung daraus beziehen. Streng genommen gibt es aber keinen Sinn in der Behinderung selbst.
* es ist und bleibt ein "biologischer Un-/Zufall".

6-22m
Das Besondere eines Kindes mit Handicap in seiner Entwicklung zu sehen, auch die Liebe, die es gibt.

6-23m
0

6-24m
als Aufgabe

6-25m
Wenn es einen Sinn darin geben sollte, so

kann ich mir nur es so erklären, dass sich in der Evolution viele Dinge entwickelt haben, die nicht erklärbar sind.

6-26m
Es gibt für mich einen Sinn, da unsere Familie "reif" für eine solche Herausforderung ist.
Sich mit "Gleichgesinnten" auszutauschen ist ein ständiges Lernen

6-27m
Bewusster zu leben und nicht alles als selbstverständlich zu nehmen.

6-28m
0

6-29m
0

6-30m
Mich und andere Menschen aufzurufen, im anderen, gerade auch dem Behinderten, den Menschen sehen zu lernen und nicht den äußeren Schein;
die soziale und einstellungsmäßige (ideelle) Umgebung zu schaffen, mit diesen behinderten Menschen zusammen leben zu können.

(S.12):
"Warum bzw. wozu":
Als derzeit wichtigstes persönlich-berufliches Ergebnis möchte ich die Entscheidung nennen, jetzt mit über 45 Jahren nach fast zwölfjährigem Zusammenleben mit einem DS-Kind im zweiten Jahr einer heilpädagogischen Ausbildung zu stehen.
Vor 3 Jahren hat die Familie zusätzlich ein weiteres DS-Kind als Dauerpflegekind aufgenommen, praktisch unmittelbar nach der Geburt.

"Lebenseinstellung" v.a. betr. Ehe / Familie:
In der Zwischenzeit sind allerdings eheliche Spannungen aufgetreten, die möglicherweise nicht unmittelbar mit der Behinderung des Kindes bzw. der Kinder mit Down-Syndrom

0152 in Zusammenhang stehen, aber die Ehe und
0153 somit auch familiäre Beziehungen nahezu
0154 zum Scheitern bringen.
0155
0156 6-31m
0157 Eine Behinderung hat Ursachen und keinen
0158 Sinn!
0159
0160 6-32m
0161 Manchesmal ist eine Situation schwierig,
0162 aber die Behinderung meines Kindes ist
0163 ebenso sinnerfüllt wie die Nichtbehinderung
0164 eines anderen Menschen.
0165 Die Vielfalt von Leben und
0166 Unterscheidungen ist bereichernd.
0167 Leider gibt es in unserer Gesellschaft hier
0168 häufig bzw. überwiegend andere
0169 Überzeugungen und Wirklichkeiten.
0170
0171 6-33m
0172 0
0173
0174 6-35m
0175 Der erste Teil der Frage: Alles im Leben hat
0176 Vor- und Nachteile. Auch eine Behinderung
0177 hat seine Vorderseite. Das besagt aber noch
0178 nicht, wozu es diese gibt. Der zweite Teil
0179 lässt sich daher nicht beantworten.
0180
0181 6-36m
0182 0
0183
0184 6-38m
0185 Die Relativierung meines Leistungsbegriffs.
0186
0187 6-39m
0188 Nachdenken über den Sinn des Lebens und
0189 die Ziele des Daseins.
0190
0191
0192 6-42m
0193 Dass sich das Leben auch jetzt noch wertvoll
0194 zeigt, oder von einer anderen Seite.
0195
0196 6-44m
0197 Unser Sohn ist unser Sonnenschein, dessen
0198 Existenz ich als Glück empfinde.
0199 Er hat in unsere Familie Harmonie und
0200 Stabilität gebracht, ein Leben ohne ihn wäre
0201 unvorstellbar.
0202

0203 6-45m
0204 0
0205
0206 6-48m
0207 Was ich gefunden habe, ist, dass es in allen
0208 Bevölkerungsschichten und auf der ganzen
0209 Welt behinderte Menschen gibt, was mir
0210 vorher nicht so bewusst war, obwohl ich
0211 derzeit gerade die Fachschule
0212 Sozialpädagogik besuchte.
0213 *(Randbemerkung bei F 8:)* Ich bin zwar gläubig,
0214 aber ich kann es mit dem Glauben nicht in
0215 Einklang bringen.
0216
0217
0218 6-49m
0219 Die Frage nach dem "Sinn" geht von einer
0220 "Zuteilung" des Faktums von einer
0221 übergeordneten Instanz aus;
0222 dieser Ansatz ist mir fremd.
0223 Ich habe aber viele positive Ansätze für
0224 mein Leben aus der Behinderung unserer
0225 Tochter gezogen.
0226
0227 6-51m
0228 *(Unter Warum-Frage bereits beantwortet):*
0229 Wenn überhaupt, sehe ich in der
0230 Behinderung meines Kindes eine
0231 Aufforderung, etwas für die Belange
0232 Behinderter in unserer Gesellschaft zu tun.
0233 Dies versuche ich auch im Rahmen meiner
0234 Möglichkeiten.
0235
0236 6-52m
0237 für mich ist es eine Rückbesinnung zu
0238 meiner Familie.
0239
0240 6-53m
0241 Es ist schwierig, hier eine eindeutige
0242 Antwort zu geben. Man bekommt mehr
0243 Verständnis für andere, und lernt weniger
0244 auf die "irdischen" Leistungen eines
0245 Menschen zu schauen. Ganz allgemein ist es
0246 eine Bereicherung des Lebens.
0247
0248 6-54m
0249 0
0250
0251 6-57m
0252 Damit Menschen über sich und ihr Leben
0253 nachdenken, das ja doch irgendwann auch in

0254 Behinderung, Krankheit oder Tod endet.
0255
0256 6-59m
0257 0
0258
0259 6-1w
0260 Ich habe durch unser "behindertes" Kind
0261 gelernt, mich über die "kleinen Dinge" im
0262 Leben zu freuen und nicht ständig weiter
0263 nach "mehr" zu streben.
0264
0265
0266 6-2w
0267 Ja, die Überzeugung, dass auch Behinderte
0268 eine Aufgabe in unserer materiell
0269 ausgerichteten Welt haben, daran sind auch
0270 die Eltern eines solchen Kindes
0271 verantwortlich beteiligt.
0272
0273 6-3w
0274 0
0275
0276 6-4w
0277 Warum sollte unsere Situation schwierig
0278 sein? Unsere Lage ist in Ordnung, so wie sie
0279 ist.
0280
0281 6-5w
0282 So schwierig sehe ich unsere Situation und
0283 die Behinderung von G. gar nicht an,
0284 denn sie kann laufen, singen hüpfen, einfach
0285 alles, was wir "Anderen" auch können - nur
0286 eben langsamer und einfacher - und vor
0287 allem gab G. den Ausschlag für uns,
0288 aus gesellschaftlichen Normen auszusteigen
0289 und für wichtigere Dinge zu kämpfen und
0290 nachzudenken.
0291
0292 6-6w
0293 1. die geistige Dimension ist nicht die
0294 einzige, die zum Menschsein gehört (obwohl
0295 heute Intellekt so hoch bewertet wird).
0296 2. in der Begrenztheit Freiheit finden.
0297 3. durch stärkere Betonung der Endlichkeit
0298 (Herzfehler) tiefere Freude am Alltäglichen.
0299
0300 6-7w
0301 Ich sehe jeden Tag, an dem ich gesund bin,
0302 als Geschenk an und denke: jeder kann
0303 behindert werden, von einer Minute auf die
0304 andere.

0305
0306 6-8w
0307 Die Behinderung unseres Kindes hat mich in
0308 vieler Beziehung "weitsichtiger" gemacht,
0309 sensibler für Probleme auch anderer
0310 Menschen. Selbstsicher im Umgang mit
0311 Menschen, ob behindert oder nicht.
0312 Toleranz und Integration sind wichtig für
0313 mich.
0314
0315 6-9w
0316 Menschen können auch ohne das ständige
0317 Bestreben nach schöner, besser, intelligenter
0318 wohlhabender u. s. w. sehr glücklich leben.
0319 Unsere Kinder legen auf ganz andere Dinge
0320 großen Wert als (geistig) Nichtbehinderte.
0321
0322 6-10w
0323 Seine Behinderung hilft mir, Menschen mit
0324 ähnlichen Problemen oder Defiziten besser
0325 zu verstehen und mich an einfachen Dingen
0326 des Lebens mehr zu erfreuen.
0327
0328 6-11w
0329 Kinder bzw. Menschen mit Down-Syndrom
0330 sind etwas Besonderes. Ihre Stärken liegen
0331 nicht im kognitiven Bereich, dafür aber im
0332 menschlichen.
0333 Natürlich passen sie nicht in eine
0334 Leistungsgesellschaft.
0335 Diese Menschen sollen und müssen immer
0336 sein, um uns zu zeigen, dass es auch andere
0337 Werte geben kann.
0338
0339 6-13w
0340 0
0341
0342 6-14w
0343 Wesentlicher zu sein, Menschliches zu
0344 sehen. Von Hybris zu befreien. Ehrlicher zu
0345 leben.
0346
0347 6-15w
0348 0
0349
0350 6-16w
0351 Um noch mehr zu lernen, dass jeder Mensch
0352 sich nach seinen Möglichkeiten entfalten
0353 kann.
0354 Perspektivenwechsel zum Leben im So-
0355 Sein.

0356
0357 6-18w
0358 Um zu wachsen. Neue Erfahrungen.
0359
0360 6-19w
0361 0
0362
0363 6-20w
0364 Behinderung relativiert vieles. Ich begann,
0365 Begriffe wie Leistungsfähigkeit u.ä. zu
0366 hinterfragen. Mein Kind zeigt mir, wie groß
0367 oft meine Defizite z. B. in Bezug auf soziales
0368 Verhalten oder Zeigen von Gefühlen sind.
0369
0370 6-21w
0371 Es gibt kein "Wozu". Die Behinderung
0372 meines Kindes ist in erster Linie eine
0373 Varianz des Lebens ohne Zweck. Trotzdem
0374 führt sie dazu, dass ich viele Normen in
0375 Frage stelle.
0376
0377 6-22w
0378 Ich denke, unser Kind hatte die Gabe,
0379 bedingungslos zu lieben und die
0380 Wahrhaftigkeit. Ich habe dadurch die
0381 Fähigkeit, intensiver zu lieben geschenkt
0382 bekommen.
0383
0384 6-23w
0385 Unser Kind zeigt uns immer wieder, dass die
0386 Behinderung nur ein einzelnes Attribut ist.
0387 Unsere Tochter ist durch ihre echte,
0388 ansteckende Fröhlichkeit ein so
0389 liebenswertes Kind, dass sie anderen
0390 Lebensmut und Freude schenken kann und
0391 dadurch unseren Blick für Behinderung
0392 erweitert.
0393
0394 6-24w
0395 Die Behinderung meines Kindes ist eine
0396 große Herausforderung an meine
0397 persönliche Entwicklung, an mein
0398 Reiferwerden; meine materialistischen und
0399 perfektionistischen Neigungen werden
0400 dadurch eher in die rechte Bahn gelenkt.
0401
0402 6-25w
0403 Ja, den Blick auf andere Dinge zu lenken -
0404 wichtige Dinge (vorher) - z. B. Erfolg
0405 weichen mehr Menschlichkeit -
0406 Oberflächlichkeit wird verringert.

0407
0408 6-26w
0409 Ich denke, im Umgang mit meinem Kind
0410 habe ich eine andere -bessere
0411 Wertvorstellung und eine neue Toleranz
0412 bekommen. Er bereichert mein Leben durch
0413 seine ganze Art, zu der auch die
0414 Behinderung gehört.
0415
0416 6-27w
0417 Um ein überzeugterer Christ zu werden und
0418 folglich dem entsprechend zu leben.
0419
0420 6-28w
0421 Ich kann in schwierigen Situationen nicht
0422 davonlaufen oder mich in mein
0423 Schneckenhaus verkriechen. Ich muss mich
0424 der Situation stellen und eine Neigung haben
0425 und mich damit auseinandersetzen.
0426
0427 6-29w
0428 Ich habe erfahren, dass ein gesundes Kind
0429 nicht selbstverständlich ist. Deshalb bedeutet
0430 mir mein erstgeborenes gesundes Kind jetzt
0431 noch mehr. Mir ist bewusst geworden, dass
0432 jeder zu jeder Zeit behindert werden kann
0433 und dass eigentlich jeder in irgendeinem
0434 Punkt behindert ist.
0435
0436 6-30w
0437 Es war für mich zweitrangig, als ich das
0438 Anderssein meines Kindes akzeptierten
0439 konnte.
0440
0441 6-31w
0442 - Natur "produziert" nicht nur Makelloses
0443 - Kraft und Denkvermögen des gesunden
0444 Menschen kann behinderten Menschen
0445 Brücken bauen und das Aufeinanderzugehen
0446 erleichtern
0447 - vom behinderten Menschen kann der
0448 nicht-behinderte lernen! (nicht nur Verstand
0449 ist wichtig; Liebe schenken ohne
0450 Zweckdenken)
0451
0452 6-32w
0453 siehe Frage nach dem "warum"!
0454 Ich denke es ist sinnvoll, dass es möglichst
0455 viele ganz unterschiedliche Menschen gibt,
0456 das beinhaltet eine Bereicherung f. d.
0457 Menschen, die z.Zt. leider nicht gesehen

0458 wird!
0459
0460 6-33w
0461 Ich denke, die Behinderung unserer Tochter
0462 hat bewirkt, dass wir dankbarer und
0463 demütiger wurden. Vielleicht liegt darin
0464 auch der Sinn?
0465
0466 6-34w
0467 Damit die Welt nicht in einem Meer aus
0468 Selbstgefälligkeit, Gier nach mehr und
0469 Lieblosigkeit ertrinkt.
0470
0471 6-35w
0472 0
0473
0474 6-36w
0475 Die Behinderung ist eine Form des Lebens
0476 auf unserer Welt. Sie hat zunächst keinen
0477 besonderen Sinn, man kann aber durch sie
0478 viele sinnvolle Erfahrungen machen.
0479
0480 6-37w
0481 siehe "warum"
0482
0483 6-38w
0484 Auch dazu habe ich keine endgültige
0485 Antwort. Ich halte mich an die Aussage der
0486 Bibel in Römer 8,28, auch wenn ich es noch
0487 nicht oder nicht verstehen werde. Zudem
0488 habe ich durch diese Situation Zugang zu
0489 Dingen bekommen, an die ich vorher nicht
0490 "im Schlaf" gedacht hätte (viele Familien
0491 kennengelernt, Einarbeitung in ein für mich
0492 "neues Gebiet" . Auseinandersetzung z. B.
0493 mit Utilitarismus u. s. w.)
0494
0495
0496 6-40w
0497 Die Behinderung hat mich gezwungen, den
0498 Sinn meines Lebens ganz klar
0499 herauszubringen, meine Lebensumstände
0500 (Ehe - Scheidung) zu ordnen, Ziele, z. B.
0501 Behindertenarbeit, die ich vorher nicht
0502 gemacht hätte, jetzt anzugehen, mich für
0503 Behinderte und deren Eltern einzusetzen.
0504
0505 6-41w
0506 Ich lerne durch meine Tochter sehr viel;
0507 geduldiger sein, ihr und anderen gegenüber;
0508 mehr Interesse für meine Mitmenschen;

0509 einen offeneren Umgang mit anderen
0510 behinderten Menschen; unsere Leistungs-
0511 oder Ellenbogengesellschaft sehe ich nicht
0512 kritischer als vor der Geburt unserer
0513 Tochter.
0514
0515 6-42w
0516 Ich kann Geduld erlernen und habe die
0517 Möglichkeit, meinen Egoismus zu
0518 bekämpfen. Menschen mit Leiden kann ich
0519 viel besser verstehen.
0520
0521 6-43w
0522 0
0523
0524 6-44w
0525 Durch unseren Sohn hat sich unser Leben
0526 verändert. Es ist schöner geworden und
0527 wurde um so vieles bereichert, was wir ohne
0528 ihn wohl nie erfahren hätten.
0529 Auch haben wir viele schwere Stunden in
0530 den letzten 6 Jahren gebracht (sic) bekommen,
0531 aber im Gegensatz dazu hat uns unser Sohn
0532 unendlich viel gegeben.
0533 Das trifft nicht nur auf uns Eltern zu,
0534 sondern auch auf seine große Schwester.
0535
0536 6-45w
0537 Vielleicht, um unser Leben zu verändern,
0538 uns wachzurütteln. Seit der Geburt unserer
0539 Tochter hat sich viel in unserem Leben
0540 geändert. Wir haben viel mehr Mut, uns zu
0541 engagieren, sind sensibler und bewusster für
0542 unser Leben und unsere Umwelt geworden.
0543 Wir haben die Kraft und das
0544 Selbstbewusstsein aber auch die Energie
0545 bekommen, uns für soziale und humanitäre
0546 Aufgaben einzusetzen, aber auch eigene
0547 Wünsche und Träume zu verwirklichen.
0548
0549 6-46w
0550 Ich weiß nicht, ob das soeben Geschriebene
0551 als Sinn in der Behinderung anzusehen ist,
0552 es könnte jedenfalls daraus resultieren.
0553
0554 6-47w
0555 Die Tatsache, dass es behinderte Menschen
0556 gibt, ist ein Bestandteil unseres Lebens.
0557 Vielleicht, um wieder "helfen" zu lernen, wo
0558 es nötig ist. Oder um "dankbar" zu sein
0559 dafür, dass man vielleicht nicht behindert ist.

0560
0561 6-48w
0562 Menschen mit Behinderungen haben ihren
0563 Platz in unserer Gesellschaft, um uns zu
0564 zeigen, dass andere Qualitäten wichtig für
0565 unser Leben sind.
0566
0567 6-49w
0568 Änderung unserer gesamten
0569 Lebensanschauung auch in Bezug auf unsere
0570 ältere, gesunde Tochter (positiv).
0571
0572 6-50w
0573 siehe Warum-Frage
0574
0575
0576 6-51w
0577 Sie dient dazu zu reifen und zu wachsen und
0578 für immer neue Probleme Lösungen zu
0579 suchen, auch was das Miteinander und die
0580 Akzeptanz des behinderten Kindes bei den
0581 sog. Nichtbehinderten (Erwachsenen
0582 insbesondere!) betrifft.
0583
0584 6-52w
0585 Es war eher eine Frage nach dem Sinn und
0586 die fiel sehr positiv aus, da ich meine, dass es
0587 sehr wichtig für uns alle (von Opa bis zu
0588 mir) war, dass wir M. in unserer
0589 Familie haben, ich möchte sogar behaupten,
0590 dass wir erst wieder lernten, eine Familie zu
0591 sein, nachdem sie da war; vorher drohte
0592 schon alles auseinander zu brechen.
0593
0594 6-53w
0595 Die Werte des Lebens werden verrückt. Es
0596 ist eine Frage, wo würde ich stehen, wenn
0597 ich dieses Kind nicht hätte.
0598
0599 6-54w
0600 Unser Blick für die wesentlichen Dinge des
0601 Lebens hat sich sicherlich verändert und
0602 geschärft.
0603
0604 6-55w
0605 Ich glaube, dass es eine unendliche Vielfalt
0606 an Menschen, Tieren, Pflanzen, eben an
0607 Lebewesen geben soll. Die Welt soll nicht
0608 "perfekt" sein.
0609
0610 6-56w

0611 Ich persönlich sehe viele Dinge anders als
0612 früher, mein Umgang mit manchen
0613 Menschen und Situationen hat sich
0614 geändert. Ich hoffe nicht, dass das den
0615 "Sinn" der Behinderung unserer Tochter
0616 darstellt.
0617
0618 6-57w
0619 Um *(über?)* das wirklich Wichtigste im
0620 Leben nachzudenken.
0621 Andere im Leid zu verstehen.
0622
0623 6-58w
0624 Mein behinderter Sohn ist mein Lehrmeister
0625 im Leben. Niemand außer ihm hat mich so
0626 unerbittlich und unablässig zur Geduld,
0627 Ausgeglichenheit, Offenheit und
0628 Herzlichkeit erzogen.
0629
0630 6-59w
0631 Man nimmt das Leben als junger Mensch oft
0632 viel zu leicht, denkt nicht daran wie viele
0633 Menschen es gibt, die mit einer mehr oder
0634 weniger schweren Behinderung leben
0635 müssen. Kommt man selbst in so eine
0636 Situation (ein beh. Kind zu bekommen),
0637 bekommen viele Dinge eine andere
0638 Wertschätzung.

Anhang C: Die Spezialmutter

Gott schaut auf die Erde; er beobachtet und diktiert dann seinen Engeln Anweisungen ins Hauptbuch:
"Meiner Irmgard: Sohn, Schutzheiliger: Matthias Förster Margot: Tochter, Schutzheiliger: Cäcilie Rüster Carola: Sohn, Schutzheiliger ... gebt ihr Gerhard, der ist es gewöhnt, daß geflucht wird".
Schließlich nennt er dem Engel einen Namen und sagt: "Der geb' ich ein behindertes Kind".
Der Engel ist neugierig: "Warum gerade ihr, Herr? Sie ist doch so glücklich!" "Eben deswegen", sagt Gott lächelnd. "Kann ich einem behinderten Kind eine Mutter geben, die das Lachen nicht kennt? Das wäre grausam".
"Aber hat sie denn die nötige Geduld?", fragt der Engel. "Ich will nicht, daß sie zuviel Geduld hat, sonst ertrinkt sie in einem Meer von Selbstmitleid und Verzweiflung. Wenn der erste Schock und Zorn abgeklungen sind, wird sie es tadellos schaffen. Sie hat den Sinn für Selbständigkeit und Unabhängigkeit, der bei Müttern so selten und doch so notwendig ist. Verstehst du, das Kind, das ich ihr schenken werde, wird in seiner eigenen Welt leben, und sie muß sich zwingen, in der ihren zu leben. Das wird nicht leicht."
"Aber Herr, sie glaubt nicht einmal an Dich."
Gott lächelt. "Das macht nichts, das bringe ich schon in Ordnung. Sie ist hervorragend geeignet und sie hat genügend Egoismus."
Der Engel ringt nach Luft: "Egoismus, ist das denn eine Tugend?"
Gott nickt: "Wenn sie sich nicht gelegentlich von dem Kind trennt, wird sie das alles nicht überstehen. Diese Frau ist es, die ich mit einem nicht ganz vollkommenen Kind beschenken werde. Sie weiß es zwar noch nicht, aber sie ist zu beneiden. Nie wird sie ein gesprochenes Wort als eine Selbstverständlichkeit hinnehmen, nie einen Schritt als etwas Alltägliches. Wenn ihr Kind zum ersten Mal „Mama" sagt, wird ihr klar sein, daß sie ein Wunder erlebt. Wenn sie ihrem Kind einen Baum, einen Sonnenuntergang schildert, wird sie ihn so sehen, wie nur wenige Menschen meine Schöpfung jemals sehen. Ich werde ihr erlauben, alles deutlich zu erkennen: Unwissenheit, Grausamkeit, Vorurteile. Ich werde ihr erlauben, sich darüber hinaus zu erheben. Sie wird niemals allein sein. Ich werde bei ihr sein, jeden Tag ihres Lebens, jede Minute, weil sie meine Arbeit ebenso sicher tut, als sei sie hier neben mir."
"Und was bekommt sie für einen Schutzengel für ihr Kind?" fragt der Engel.
Ja, lächelt Gott: "Ein Spiegel wird genügen."

*(Diese Geschichte hatte eine Mutter ihrem Fragebogen beigefügt.
Siehe Warum-Antwort 0630-0631)*

Jahrbuch für Pädagogik 2000

Gleichheit und Ungleichheit in der Pädagogik
Redaktion: Klaus Himmelstein / Wolfgang Keim

Frankfurt/M., Berlin, Bern, Bruxelles, New York, Oxford, Wien, 2001. 375 S.
Jahrbuch für Pädagogik.
ISBN 3-631-37364-3 · br. DM 53.–*

Das Jahrbuch 2000 greift mit dem Thema *Gleichheit und Ungleichheit in der Pädagogik* eine zentrale gesellschaftliche Konfliktlage an der Wende zum 21. Jahrhundert auf. Die weltweit vorherrschende neoliberale Modernisierungspolitik hat die Verteilung von Reichtum und Armut, von Arbeit und Beschäftigung am Ende des 20. Jahrhunderts auch in der Bundesrepublik polarisiert. Der Ausschluß eines Teils der Bevölkerung vom gesellschaftlichen Reichtum läßt die Möglichkeiten der Lebens- und Zukunftsgestaltung, vor allem der Teilnahme an Bildung und Qualifizierung innerhalb der Bevölkerung ungleicher werden.
Die Autorinnen und Autoren des Jahrbuchs gehen auf den für eine demokratische Gesellschaftsentwicklung tiefgreifenden Widerspruch ungleicher Teilhabe an Bildung und Erziehung aus unterschiedlichen Perspektiven ein, kennzeichnen die dafür zentralen pädagogisch-historischen Weichenstellungen im 20. Jahrhundert, beleuchten die aktuelle Auflösung oder Zurückweisung der Gleichheitsforderung in der neoliberalen Modernisierungspolitik an bedeutenden bildungspolitischen und pädagogischen Phänomenen und Tendenzen und stellen die Reflexion darüber in bildungspolitischen und erziehungswissenschaftlichen Diskursen dar.

Aus dem Inhalt: Gleichheitspostulat und Herrschaftsformierung in der bürgerlichen Gesellschaft · Die pädagogisch-politische Auseinandersetzung um Gleichheit im 20. Jahrhundert · Neoliberale Modernisierung von Ungleichheit in Bildung und Erziehung · Gleichheit und Ungleichheit in bildungspolitischen und erziehungswissenschaftlichen Diskursen beim Übergang ins 21. Jahrhundert

Frankfurt/M · Berlin · Bern · Bruxelles · New York · Oxford · Wien
Auslieferung: Verlag Peter Lang AG
Jupiterstr. 15, CH-3000 Bern 15
Telefax (004131) 9402131

*inklusive Mehrwertsteuer
Preisänderungen vorbehalten
Homepage http://www.peterlang.de